アラビア語の世界
The Arabic Language
歴史と現在

ケース・フェルステーヘ…[著]
Kees Versteegh
長渡陽一…[訳]

三省堂

Kees Versteegh

The Arabic Language , second edition

Translated by Youichi Nagato

序文 (第 2 版)

大学を退職する直前，これからの仕事として何かおもしろいことはないかと探していたちょうどその矢先に，エジンバラ大学出版局からこの本を全体にわたって改訂して出版してはどうかというオファーをいただいた。全面的に見直して，最新の情報を入れる機会を提案してくださったおかげで，古くなっていた本書がもう一度息を吹き返すことになった。この改訂版ではさまざまな変更をおこなった。まず，章を増やした。アラビア語の文法構造に関する章を 2 つに分け，1 つはアラビア語を現代言語学の視点から (第 6 章)，もう 1 つはアラブ伝統文法学の視点から (第 7 章) 概観するものとした。また，アラブ世界の社会言語学的な側面についての章も 2 つに分け，1 つは言語二層状態 (ダイグロシア) について (第 13 章)，もう 1 つはフランスの植民地であった国々の言語状況について (第 14 章) 扱った。新たな章として，アラビア語のピジン語・クレオール語の章を加えた。初版以降，ピジン語・クレオール語については非常にたくさんの研究が現れた。Fida Bizri による「奥様ピジン語」という新ピジン語の記述は，ピジン=アラビア語と対外国人話体の研究を切り開いたものである。もう 1 つ，アラビア語などの転写方法についてじゅうぶんな説明をつけ加えた。初版ではこれを省略したが，いくつかの書評でご批判をいただいていた。ここにはアラブ関連の諸研究で慣習的に使っている転写と，IPA (国際音声字母) による転写についての説明を加えた。

文献一覧を改訂することも，第 2 版の重要な役割であった。1997 年から 2013 年までの間には，膨大な数の研究が出版された。5 巻からなる『アラビア語とアラビア語学百科事典 (*Encyclopedia of Arabic Language and Linguistics*)』には，アラビア語の歴史や文法のテーマについて 500 を超える記事が載っており，しかもそれはあらゆる方言にわたっている。方言地理の分野では，さまざまな方言地図帳が出たことを忘れてはならないであろう。Peter Behnstedt と Manfred Woidich による大規模な『アラビア語方言の単語地図帳 (*Wortatlas der arabischen Dialekte*)』は第 2 巻まで刊行され，ほかにも完成したもの，まだ作成途上のものなど，さまざまな方言地図帳がある。

本書の文献リストに載せた研究は数多い。これらの多くは JSTOR といったインターネット=サイトで得ることができるが，残念ながら大学に所属している研究者しかそのようなサイトに登録ができない。www.academia.edu から無料で入手できる，アラビア語やアラビア語学に関する研究はますます増えており（現時点で 1,000 点以上），登録すればそのデータベースから論文の PDF ファイルをダウンロードすることができる。

最新の知見によって私が考えを変更した部分もある。まず，Michael Macdonald によってイスラム以前のアラビア半島の新しい言語地図が出され，他にもすべては追い切れないほどの新しい情報が出ており，それによってこの分野での方向性は修正を迫られている。イスラム以前の時代のアラブ人について，Jan Retsö が出した本には，アラブ人の歴史的位置に対するまったく新しい視点が入っている。アラビア語史に対する Jonathan Owens の見方は私の見方とは根本的に違っているが，彼の本はどれも刺激的で，とくにそのアラビア語史に関する本によって私は考えを改めることになった。アラブ世界以外でイスラム教教育に，アラビア語ではなく現地の通俗語がつかわれていることを書いた Travis Zadeh の本は，小さなことかも知れないが，私にとってはアラビア語とイスラム教の拡大に対する新しい視点であった。Enam Al Wer は方言内でのさまざまな違いについて書いており，威信方言の影響に気づかせてくれた。古典アラビア語の影響のおよぶ範囲については同意しないものの，古典語とは別の，威信ある模範の影響を過小評価してはならないことを学んだ。また，正真正銘の方言が文字で書かれているということにまだ完全には納得していないものの，一部，Jan Hoogland と Gabriel Rosenbaum による情報を通して，その可能性について認識するようになった。

アラビア語の社会言語学的な研究では，Catherine Miller による都市化とそのアラビア語への影響についての研究，Gunvor Mejdell と Reem Bassiouney による言語混合についての研究をはじめ，新しい研究がたくさん出ている。

中東や北アフリカにおける最近の出来事は政治状況を変えただけでなく，言語の様相をも変えている。これにはインターネット投稿交流媒体や国際的なニュース放送局の役割が大きい。イスラム教の説教師の中にも，現代風の説教師が方言を使うようになってきているなど，政治的，宗教的なさまざまな変化の中で，口語を使うことに対して，人々が新しい考え方をもつようになっていることがわかる。マグレブ諸国では 21 世紀初頭から，ベルベル語（アマズィグ語）や，社会のアラビア語化に対する政策が大きくかわってきている。

最後に，アラビア語学に携わる研究の世界も大きくかわりつつあることをつけ加えておく。言語学的な研究へのアラビア語の母語話者の参加は，本書の参考文献からもわかるように，この数十年で劇的に増えた。とくに一般言語学など，いくつかの分野では，大部分の研究者がアラビア語の母語話者である（研究のほとんどは英語で書かれている）。初版では，読者に，アラビア語を知らなくてはならない，あるいはアラビア語で文献を読まなくてはならないなどと思わせたくなかったために，意図的にアラビア語による文献は載せなかった。この方針を改訂版では変えることも考えたが，最終的には同じ方針のまま行くことにした。そのために，圧倒的大多数の参考文献は英語で，フランス語とドイツ語がそれに続いている。

毎度のことながら，Manfred Woidich 氏（在ネルトリンゲン市）は，アラビア語方言，とくにエジプト方言についての情報を提供し，執筆を支えてくださったが，とりわけ Jan Hoogland 氏（在ラバト市）がモロッコの言語状況についての情報を提供してくださったことにお礼を申し上げたい。本書の日本語訳に取り組んでいる長渡陽一氏は，初版におけるたくさんの間違いをリストにして送ってくださり，非常にありがたかった。このリストには，これまでの書評でも拾いあげられることのなかった間違いが拾いあげられていて，たいへんありがたいというほかない（中でも最悪の間違いは，スィーバワイヒの生誕地をハマダーンとしてしまっていたことである！）。Muhammad Sharkawi 氏には，本書のアラビア語訳を準備し，2003 年に『*al-Luġa al-ʿArabiyya*』という題名で出版していただいて感謝している。

エジンバラ大学出版局の編集者，とりわけ Michelle Houston 氏と Jenny Peebles 氏には，改訂版が完成するまで，その成功を信じて忍耐強く待っていただいたことを感謝する。

バーテンブルクにて，2013 年 7 月

序文（初版）

「かつて，ある法学者が，『アラビア語を完全に使いこなすことができるのは，ただひとり預言者のみである』と語った。この言葉は真実をついている。それは，われわれの知る限り，この言語をまるごと記憶しているといえる者などいまだかつていなかったからである。」（イブン=ファーリス著『言葉学に関するサーヒブの書』p. 26）

本書の目的は，2 億人を超える母語話者をもつアラビア語の歴史を概観することである。7 世紀に初めて世界語としてその姿を現わして以来，2 種類の異なるアラビア語が併存することがこの言語の特徴となっている。1 つは標準語（a standard language）で，威信ある位置を占め，宗教語，文化語，教育語として崇敬の対象となっている。もう 1 つは通俗語（a vernacular language）で，ほとんどの人は，この通俗語の母語話者であり，社会における生得のコミュニケーション手段である。この併存する 2 つのアラビア語の間の関係が，本書の主要なテーマを成している。

本書は基本的に時系列にもとづいて構成されている。西欧におけるアラビア語研究について紹介した後，第 2 章でセム諸語の中でのアラビア語の位置を，第 3 章ではアラビア語が歴史的にどのように成立したかを扱う。次に，イスラム出現の直前の時期のアラビア半島の言語状況について検証する（第 4 章）。

アラブ軍による征服の過程の中で，預言者ムハンマドの死後，アラブ人の宗教とともに，アラビア語は地中海世界や中東世界の大部分へと進出していった。続く 2 つの章では，アラビア語が文語の標準へと発展していく様子を分析する。第 5 章では，文学語，行政語としてのアラビア語の役割を描く。第 6 章では時系列の枠からはずれ，アラビア語のしくみを，ある種，かわった視点から議論する。それは，アラブ文法学者たちの視点であり，彼らは自分たちの言語を，西洋の方式とは多くの点で異なる方法によって分析しているのである。

アラビア語の話者と被征服地の住民との接触によってアラビア語が再編されることになり，それが標準語と通俗語の関係へとつながっていった。第 7 章では，アラビア語のさまざまな通俗語の成立について説明を試みる。第 8 章では，いわゆる中層アラビア語（Middle Arabic）と呼ばれるタイプの文面に現れている，通俗語からの影響を分析する。

続く 2 つの章では，現代アラビア語諸方言の研究を扱う。第 9 章はアラビア語諸方言の分類と方言地理について全般的に紹介する。第10章では，いくつかの主要な方言の特徴を扱うが，そのために各方言の実際の文例もごらんいただく。

第11章では，19世紀に現代標準アラビア語が成立していくさまを検証し，第12章では，現在のアラビア語世界における標準語と方言の間の社会言語学的な関係を扱う。

最後の2つの章は，アラブ世界の外側でのアラビア語を扱う。1つはいわゆる言語飛び地での少数派言語としてのアラビア語(第15章)，もう1つは，イスラム教が多数派を占めるイスラム諸国での宗教語としてのアラビア語(第17章)である。

本書は，概説的な教科書をめざしているので，大量の脚注をつけることはさけたが，その知見の多くは，いうまでもなく既存の文献によるものである。各章で用いた主な資料に関する情報は，その章に付した文献案内に示した。また，具体例を引用したものについては，その引用文の箇所に出典を示した。

手書きの原稿を読むことをいとわず，有益なコメントをしてくれた研究仲間たち，Erik-Jan Zürcher，Harald Motzki，Wim Delsman，Gert Borg の各氏に感謝を述べたい。Louis Boumans 氏，Jan Hoogland 氏は親切にもいろいろな情報を提供してくれた。

他人の手書き原稿を読むことがどれほど時間を要するかは私自身も経験して知っているので，友人であり研究仲間である Manfred Woidich 氏にかなりの時間をとらせてしまったことは面目なく思っている。とはいえ，彼が負った負担は，ある意味では彼自身のせいでもある。私が依頼したことに彼が大いに興味を示して，尽きることのない支援をしてくれたからである。彼の批判とそれについての私との議論から，私自身が見落としていた多くのことが明確になった。

Carole Hillenbrand 氏には特に感謝の意を表したい。この企画の完成には，当初の構想よりもはるかに長い年月を要したが，彼女は信頼を失うことなく私を励まし続けてくれた。彼女が手書き原稿のすべてを，批判的に読んでくれたことは非常にありがたかった。実際のところ，彼女がいなかったらこの本が世に出ることはなかっただろう。また，エジンバラ大学出版局のスタッフ，とくに Jane Feore 氏と Ivor Normand 氏にも感謝を述べたい。彼らの激励，忍耐，支援によって，この原稿を出版するまでにこぎつけることができた。

ペーパーバック版では，多くの誤りを訂正し，参考文献もいくつかつけ加えた。Alan Kaye，Nadia Anghelescu，Clive Holes，Mike Carter の各氏が，本書の書評に書いていた提案をありがたく使わせていただいた。

本書を準備する中で，Yola de Lusenet から支援をいただいたことはまことに幸運だった。まったく専門外の分野であるにもかかわらず，原稿に目を通す労をとってくれ，異常なまでの正確さで議論の欠陥や不完全な定式化をもらさず指摘してくれた。彼女の批判的な読みと支援にたいへん感謝している。

ナイメーヘンにて，2000 年 2 月

アラビア語の世界
―歴史と現在―

The Arabic Language

＊

目　次

アラビア語の世界
—歴史と現在—

第 1 章　西洋におけるアラビア語研究の歴史　3

1.1　西洋におけるアラビア語研究の歴史 3
1.2　文献案内 13

第 2 章　セム語の中のアラビア語　16

2.1　セム諸語の分類 16
2.2　アラビア語の位置 27
2.3　文献案内 38

第 3 章　初期のアラビア語　40

3.1　アラブ人 40
3.2　古代北アラビア語 43
3.3　ナバテア語とパルミラ語 47
3.4　アラビア語のはじまり 52
3.5　文献案内 61

第 4 章　イスラム以前のアラビア語　64

4.1　アラブ人の言語 64
4.2　イスラム以前の諸方言 72
4.3　イスラム以前のアラビア語をめぐる諸説 80
4.4　文献案内 89

第 5 章　古典アラビア語の成立　91

5.1　はじめに 91
5.2　綴字法の成立 92
5.3　アラビア語の標準化 98
5.4　アラビア語書き言葉の成立 110
5.5　公用語としてのアラビア語の地位 123
5.6　文献案内 126

第 6 章　アラビア語のしくみ　129
6.1　はじめに 129
6.2　発音・音韻 131
6.3　単語構成 135
6.4　語形変化 140
6.5　統語 148
6.6　文献案内 155

第 7 章　アラブ伝統文法学　161
7.1　はじめに 161
7.2　統語論 166
7.3　語形変化論 173
7.3.1　名詞 174
7.3.2　動詞 177
7.4　音韻論 181
7.5　辞書編纂 185
7.6　文献案内 187

第 8 章　新アラビア語の成立　190
8.1　イスラム帝国の言語状況 190
8.2　新アラビア語とは何か 198
8.3　新アラビア語の成立過程をめぐる諸説 208
8.4　文献案内 227

第 9 章　中層アラビア語　229
9.1　中層アラビア語とは何か 229
9.2　イスラム教徒中層アラビア語 236
9.3　ユダヤ教徒アラビア語 242
9.4　キリスト教徒中層アラビア語 246
9.5　現代の中層アラビア語 251
9.6　文献案内 257

第 10 章 アラビア語方言の研究 **260**
10.1 アラビア語方言の研究 260
10.2 アラビア語方言の分類法 266
10.3 ベドウィン型方言と都市型方言 279
10.4 本書でのアラビア語方言分類 285
10.5 文献案内 286

第 11 章 アラビア語の諸方言 **289**
11.1 アラビア半島の諸方言 289
11.2 シリア・レバノン諸方言 298
11.3 メソポタミア諸方言 304
11.4 エジプト諸方言 311
11.5 マグレブ諸方言 320
11.6 文献案内 331

第 12 章 現代標準アラビア語の成立 **337**
12.1 はじめに 337
12.2 アラビア語の復活 337
12.3 語彙の改革 344
12.4 現代世界の中の標準アラビア語 355
12.5 文献案内 362

第 13 章 言語二層状態（ダイグロシア） **366**
13.1 言語二層状態とは 366
13.2 文体混合と中間形態 369
13.3 文体選択 373
13.4 文体イメージと文体操作 377
13.5 文体変移の個人内要因 382
13.6 文献案内 387

第 14 章 二言語併用（バイリンガリズム） **390**
14.1 はじめに 390

14.2　国の独立とアラビア語化 391
14.3　北アフリカにおける言語選択と言語観 399
14.4　言語混合と借用 403
14.5　アマズィグ語 = ベルベル語 407
14.6　文献案内 410

第 15 章　マイノリティー言語としてのアラビア語　413
15.1　はじめに 413
15.2　マルタ語 414
15.3　マロン派教徒キプロス方言 419
15.4　アナトリア諸方言 422
15.5　ウズベキスタンとアフガニスタンのアラビア語 427
15.6　ナイジェリア方言 433
15.7　移民のアラビア語 437
15.8　文献案内 445

第 16 章　アラビア語のピジン語，クレオール語　448
16.1　ピジン語化とクレオール語化 448
16.2　アラビア語の貿易語・その他の業界語 450
16.3　ピジン=アラビア語 455
16.4　クレオール=アラビア語 459
16.5　文献案内 465

第 17 章　世界語としてのアラビア語　467
17.1　はじめに 467
17.2　アンダルス地方のアラビア語 470
17.3　アフリカにおけるアラビア語 474
17.4　イランにおけるアラビア語 482
17.5　オスマン帝国とトルコ共和国におけるアラビア語 486
17.6　インド亜大陸におけるアラビア語 490
17.7　東南アジアにおけるアラビア語 494
17.8　文献案内 498

アラビア語の世界
—歴史と現在—

西洋におけるアラビア語研究の歴史

▶第 1 章◀

1.1　西洋におけるアラビア語研究の歴史

西暦 632 年，イスラム教の預言者，ムハンマドがメディナの町で死んだ。この後，1 世紀にわたってイスラムによる諸国征服が続くことになるが，これによって，それまではアラビア半島で起きていることを漠然としか知らなかった世界がイスラム教やアラビア語に目を向けるようになった。イスラム世界とヨーロッパはこうして出会い，以来，ヨーロッパはアラブ人とその言語に直接ふれるようになった。この 2 つの世界の間の知に関するやりとりは，初めは一方向的なものだった。ギリシャの学問やギリシャ語はイスラム世界へと浸透していったが，逆にビザンチンの側はアラブにあまり関心をもっていなかったのである。ビザンチンの側にとってアラブ人たちの武勇は脅威だったが，その宗教，文化，言語には研究する価値があると思われていなかった。そんな人たちの宗教などは，それまで東方で乱立していたキリスト教の異端派がまた 1 つ現れたくらいにしか思われていなかったのである。ビザンチン軍を執拗に攻撃し，東地中海の覇権を争うしか能がない砂漠の住人たちであるから，古代ギリシャから続く自分たちの学問の発展に寄与してもらおうと思えるような相手ではなかった。西欧では長い間，アラブ人やその宗教に関する情報といえば，アラビア砂漠の異教といった漠然としたものでしかなかったのである。

711 年にそのアラブ人たちによってイベリア半島が征服されると，アラブ人の存在がじかにヨーロッパやキリスト教への脅威として感じられるようになった。ところで，じかに対峙するようになったことには，もう 1 つの側面があった。西欧は，ローマ帝国の滅亡によって失われていた自分たちの遺産の一部に，アラブ人を通してふれられるようになったのである。西欧では，ギリシャ医学にしてもギリシャ哲学にしても，その文献は直接には知られていなかったから，これらを知るには，イスラム教国スペインのアラブの学問に頼るしかなかった。トレドが陥落（1085年）した11世紀以降，これらの文献は，アラビア語版からラテン語に翻訳された版が出回るようになった。翻訳はたいてい，アラブ領シチリアの言語やアンダルス地方*1（*al-'Andalus*）の言語をよく知るユダヤ人たちなど，ごく少数の翻訳者たちのグループがおこなっており，西欧の学者のほとんどはその翻訳に頼っていたので，アラビア語自体が広く学ばれることはなかった。

西欧がイスラム文化やアラビア語を，その世界へ行って肌で体験するようになるのは，12世紀，十字軍の時代になってからである。しかし，こうして直接に接触したことで，ヨーロッパでは2つの相反する反応が生まれた。1つは，イスラム教はヨーロッパを脅かす敵であり，聖地への鍵は彼らが握っているというもので，もう1つは，イスラム教徒，あるいはサラセン人*2は現在までのところは医学や哲学といったギリシャの遺産を守ってきた人々であり，その宝物にたどり着ける最善の道だというものである。こうして，十字軍がイスラム教徒からエルサレムを奪い取り，イスラムからヨーロッパを守るのに躍起になっている一方で，学者たちは有名なコルドバ大学やグラナダ大学で学ぶために，ヨーロッパ各地からイスラム世界のスペインをめざしてやって来ていた。アラビア語の学習には2つの目的があった。パリ大学の医学者たちなどは，謙虚にアラブ人医師の門下生となり，自分たちを「アラビザンテ（arabizantes）」（＝アラブ化した者）と呼んで，医学文献をアラビア語からラテン語に翻訳することが，彼らにとっては欠かすことのできない知識の源になっていった。もう1つは，自分たちの目に，誤った宗教的メッセージと映ったものを翻訳することであり，それはモハンメダンス*3（Mohammedans）の主張に反駁したり，あわよくば彼らをキリスト教へ改宗させる目的をもっていた。コーランの最初のラテン語訳が出版されたのは1143年のことで，クリュニー修道院の院長である尊者ペトルス（1157年没，ラテン語でPetrus Venerabilis）の監督の下でなされ，それにはイスラム教徒（彼らはよくアガレネス Agarenes あるいはハガレネス

*1 イスラム世界で，イベリア半島のこと。
*2 イスラム世界の人々を漠然とさすヨーロッパ側の用語。
*3 イスラム教徒のこと。預言者の名より。

Hagarenes と呼んでいた）の誤信を非難するという明確なねらいがあった。

どちらの目的にとっても，スペインはイスラム世界への主要な入口であり，またイスラム教の聖典にせよ，貴重なギリシャ語文献にせよ，それらを理解するために必要な語学訓練を受けられる唯一の場所だった。だから当然，アラビア語学習のための最初の参考書ができたのもスペインだったし，『ラテン語・アラビア語単語集（*Glossarium latino-arabicum*）』（12 世紀[*4]），『アラビア語語彙集（*Vocabulista in arabico*）』（13 世紀[*5]）といった，アラビア語の最初の対訳単語集ができたのもスペインだった。

ところが，カトリックのカスティリャ国王とナバラ国王によってスペインのレコンキスタ[*6]が完成したことで，こうした事態は一変してしまった。1492 年，グラナダが陥落した後になると，イスラム教徒がイベリア半島にいることはもはや許されなくなり，1502 年には，彼らは移住か改宗かの選択を迫られた。その 1 世紀後の 1609 年には，最後まで残っていたモリスコ[*7]（Morisco）が北アフリカへと追放され，これでヨーロッパには，イスラムとの直接の連絡口はなくなってしまった。これと同時期，1505 年には，イスラム教から新しく改宗した者たちを抱える司祭たちのために，（スペイン語と）アラビア語の本格的な辞書である『カステリャ文字によるアラビア語語彙集（*Vocabulista aravigo en letra castellana*）』と，告解[*8]のための対話ガイドつきのアラビア語文法手引き書（『アラビア語を簡単に知る方法（*Arte para ligeramente saber la lengua araviga*）』）がペドロ＝デ＝アルカラ（Pedro de Alcalá）によって作られた。これが，ギリシャ・ラテン語文法学の方式にならってアラビア語を分析した最初のものである。

コンスタンティノープルが 1453 年にオスマン帝国によって陥落した後，西欧では，学者たちが，ギリシャ語文献のアラビア語版からの重訳であるラテン語版の信憑性に疑問を抱き始め，ギリシャ語資料の原典への関心が高まった。ギリシャ語資料に直接に接する機会が増えるに従い，アラビア語資料を使わず

[*4] 著者，発行地，発行年も不詳だが，聖職者によるものと考えられる（Fück 1955 の井村訳 p. 9 を参照）。

[*5] 著者，発行年などは不詳だが，スペインのドミニコ会の周辺で 13 世紀に成立したと考えられる（Fück 1955 の井村訳 p. 20 を参照）。

[*6] ヨーロッパ側・キリスト教側による，イベリア半島の再征服運動。

[*7] レコンキスタ以後までイベリア半島に残っていたイスラム教徒をさすスペイン語。

[*8] 教会でおこなう罪の懺悔，および赦しの秘蹟。

に，ギリシャ語原典に直接当たるようになってきた。従来のアラビザンテと，最新の流れにのる学者との間に論争が起きたが，結局，新しい流れの側の勝利に終わり，以降，たとえばアウィケンナ*9 (Avicenna) の著作などは時代遅れの象徴となって，イスラムに対するヨーロッパの見方は一変してしまった。

それでも初めのうちは，アラビア語による古典とのつながりを捨ててしまうのをくい止めようとする学者もいた。オランダの医師，ラウレンティウス=フリシウス (Laurentius Frisius) は，著書『医学者の王，アウィケンナを守る。ゲルマニア国の医師たちへ (*Defensio medicorum principis Avicennae, ad Germaniae medicos*)』(ストラスブール刊，1530 年) の中で，アラビア語の学習は医学を学びたい者には不可欠だ，と言っている。また，ギリシャ医学者の価値を称える意見に対しては，ギリシャ語に比べてアラビア語は原始的であると認めつつも，学問の伝達に言語の質は重要ではなく，現にアラブ人たちはギリシャの学者たちによる医学，哲学の主要な文献をあますところなく翻訳し，さらには数え切れないほどの注釈まで加えてきた，と言っている。このフリシウスのように，当時は西欧の学者にもまだ，医学のためにはアラビア語が重要と考える者がいたのである。しかし，ギリシャ語資料が知られるようになると，西欧では，アラビア語版はもはや必要なくなり，さらに悪いことには，ギリシャ語原典とアラビア語翻訳版 (大部分はシリア語訳からの重訳で，西欧では，それをさらにラテン語訳した版に接していた) とが比較されて，アラブ人側には有利に働かなくなった。これ以降，アラブ人はギリシャ遺産を守っただけの者というにとどまらず，それを汚した者とさえ見られるようになり，アラビア科学を学ぶ必要はまったくなくなったと考えられるようになったのである。

こうしてアラビア医学に対する見方がかわると，西欧の大学ではアラビア語学習が新たな方向へと進むことになった。キリスト教徒のほとんどは，アラブ人医師たちの知識や知恵を賞賛していたにもかかわらず，十字軍の時期を通してイスラムをキリスト教世界つまりはヨーロッパの大敵とみなしていた。アラビア語を学ぶ学問的な動機がなくなった今，こんどは新生ヨーロッパの宣教への情熱がアラビア語を学ぶ主要な推進力になった。とくにドミニコ会をはじめ，宣教師たちの中には，イスラム教徒たちの言語で議論し説き伏せなけれ

*9 中央アジア出身の哲学者，医学者 (西暦 1037 年没)。アラビア語ではイブン=スィーナー (*Ibn Sīnā*)。

ば，彼らをキリスト教に改宗させることはできないと考える者もいた。すでに1250年には，ドミニコ会はトレドにアラビア語学校を建て，アラビア語圏の神学に精通するものも出てきた。そんな敵との論争に身を捧げようとする学者たちは，ミサの中でのアラビア語による説教の題材を必要としていたから，イスラム教の啓示コーランはもちろんのこと，アラビア語の原文が理解できた。たとえばニコラウス=クレナルドゥス（Nicolaus Clenardus，1495〜1542年）は，『流浪の民（ユダヤ人）の最も巧妙な著作とモハメッド教徒（イスラム教徒）の事について（Peregrinationum, ac de rebus Machometicis epistolae elegantissimae）』（1551年 ルーヴェン市で刊行）の中で，「モハメッド教徒たち」と彼らの誤りについてラテン語で論争しようとしても無駄であろう，と書いている。彼は，アラビア語と医学はグラナダで学んでおり，アラビア語学習の必要性は，何よりもイスラム教徒たちに彼らの言語で論争を挑むためにあると強く信じていた。また，アラビア語を学ぶ動機としてもう1つ述べておかなければならないのは，カトリック教会側が東方教会[*10]との再統一をはたしたいと思っていたことである。レヴァント地方[*11]のキリスト教のマロン派教徒[*12]たちとの交流が奨励され，この運動のためにアラビア語を話すキリスト教マロン派教徒たちがローマやパリへやってくるようになった。こうして，マロン派教徒は，アラビア語やイスラム教に関する情報をもたらす，重要な情報源になったのである。

イギリスのベドウェル（William Bedwell，1563〜1632年）や，オランダのエルペニウス[*13]（Thomas Erpenius，1584〜1624年）といった，もともと文献学や歴史学に興味をもっていた学者たちも，時代のおおかたの見方に追随してイスラム教を偽宗教とみなしてはいたが，彼らの書いた文法書や学習書はアラビア語研究の礎となったし，彼らのアラビア語への興味自体はおそらく本物だったろう。著作の理由として時に宗教的な動機をもち出してはいたが，それはおそらく，異教徒の言葉にこだわる自分たちを正当化するためというのが本当のところではなかっただろうか。エルペニウスもアラブ人キリスト教徒の著作には特別な関心を寄せており，アラビア語訳の聖書を研究することは，「聖書学」

[*10] おおよそ正教（オーソドックス）にあたる。東方の諸教会の総称。
[*11] 現在のシリア，レバノン，パレスチナ周辺の地域。
[*12] キリスト教の一派で，早い時期にローマ=カトリックの傘下に入った。現在のレバノン付近に信者が多い。
[*13] またはファン=エルペ（van Erpe）。

(聖書の文献学的研究)に大いに寄与すると考えていた。アラビア語はヘブライ語にかなり似ているから，多くの学者が，アラビア語の語彙研究は聖書ヘブライ語の理解に役に立つと考えており，そのおかげで，カリキュラムではこの2つの言語がセットになっていることがふつうになった。

事実，この2つの言語は，とりわけ語彙があまりにもよく似ているため，ヨーロッパの学者たちは当初からこの2つの関係に注目していた。アラブ世界では，地理学者の中にこのことに気づいた者があったものの，全体的にアラビア語以外の言語には無関心であり，その関係を研究して何か成果が期待できると考えるような雰囲気ではなかった。一方，ユダヤ教徒の学者たちは，その2つの言語，アラム語も入れれば3つの言語になるが，これらの関係に大いに注目していた。イスラム帝国内のユダヤ教徒は，母語はアラビア語で，彼らの聖書(ユダヤ教の聖典*14)はヘブライ語で書かれており，その聖書の注釈や解説はアラム語で書かれているという，3言語社会で暮らしていたから，その3言語の類似点を観察するには理想的な環境にあった。イェフダ=イブン=クライシュ(*Yehuda ibn Qurayš*，おそらく900年前後)は，『書簡(リサーラ *Risāla*)』の中で，ヘブライ語の聖書(ユダヤ教聖典)を研究するためには，アラビア語とアラム語が大切だと強調している。しかし，このような，イスラム帝国内のヘブライ語学者たちが比較言語学的な研究の中で発見したさまざまな事柄は，文法学の小さな輪の中だけに留まり，ヨーロッパのセム語研究の発展には影響を与えなかった。

ヘブライ語と他のセム諸語との間に系統関係があることは，インド・ヨーロッパ諸語どうしよりも見た目に明らかだから，西欧でもヘブライ語研究に携わる文献学者たちは，16世紀ころからその関係にまったく気づいていなかったわけではない。これらはまとめて「東洋語」(Oriental languages)と呼ばれ，そこにはアラビア語，ヘブライ語，アラム語のほかに，しばしばエチオピア語や，ときには系統が異なるアルメニア語やペルシャ語などまでが含まれた。このように，言語の系統関係には漠然と気づいていたのに，これを科学的に比較するところまではいたらず，研究の実際上の成果といえばアラビア語研究がヘブライ語聖書研究の補助手段として推奨されたくらいだった。一般には，ヘブライ語は楽園の言語だったとか，人類の原言語だったと考えられていたから，それ

*14 ユダヤ教の聖典(聖書)は，キリスト教も聖典に組み入れ，「旧約聖書」と呼んでいる。

以外の言語は，おおもとの言語であるヘブライ語から下ってきて退化したものと考えられていた。

こうしてまとめられた一群の言語は，聖書の中のノアの息子たち，すなわちセム，ハム，ヤペテが世界に広がって行った物語から，セム語と称されるようになり，ユダヤ教徒学者やアラブ人学者もこの分類を使っていた。セムの息子たちは中東や北アフリカの全体に広がり，ハムの息子たちはアフリカ土着の諸言語の話者になり，ヤペテの息子たちはヨーロッパとアジア*15 の諸言語の話者になったとする。この分類法では，各言語が遠い親戚であり，その互いの距離も家系図の中の単なる親疎関係のように考えられたから，この分類法から，言語の時間的な歴史関係*16 を思いつくことは難しかった。17，18 世紀のヨーロッパの言語学者は，人間の言葉の普遍的なしくみのほうに関心があった。そんな中で書かれたポール=ロワイヤル（Port Royal，1660 年）の『一般・理性文法（*Grammaire générale et raisonnée*）』は，論理と文法とのつながりについて書かれたものであり，これはアラビア語学やセム語学の進む方向にも多大な影響を与えた。たとえば，シルヴェストル=ド=サスィによる『アラビア語文法（*Grammaire arabe*）』（Silvestre de Sacy，1810 年*17）などが生まれた。このように言語の普遍的性質に関心が向けられたことで，非歴史的な研究の傾向が強まり，アラビア語研究やヘブライ語研究は，アウグスト=ルートビヒ=フォン=シュレーツァー（A. L. Schlözer）が 1781 年に初めてセム語という用語を用いて，その系統が知られるようになったにもかかわらず，比較（歴史）言語学的な研究は進展しなかった。

アラビア医学の影響力が衰えた後でも，相手を論駁するために使ったり，ヘブライ語聖書の研究に使ったりという，アラビア語学習を促進した 2 つの要因が結合していたため，アラビア語学習は存続した。また，商業的な関心も，東洋語についての知見を得るのに一役買っていたことをつけ加えるべきだろう。

---

*15 小アジア，シリア周辺をさす。現在の「アジア」は意味拡張したもの。

*16 アラム語，ヘブライ語，アラビア語の中では，もとの言語からアラビア語が先に分岐し，アラム語とヘブライ語の間は似ているので，その後に分岐したと考えられる。このような歴史関係が考察されず，3 言語とも「セム語」として横並びに考えられていたということ。

*17 原著では 1806 年だが，1810 年とした。Fück 1955（井村訳）p. 119 を参照。書名は，*Grammaire arabe à l'usage des élèves de l'École Spéciale des Langues Orientales Vivantes*。

とくにオランダで，あるいはドイツやフランスでも，アラビア語学習が，また少し劣るがトルコ語やペルシャ語の学習も，それらの国々との貿易が増えるとともに重要性を増してきた。著名な東洋学者には，最初外交官として現地に赴任していた者もいる。たとえば，ライデン大学でエルペニウス（Erpenius）の後を引き継いでアラビア語の講義をしたゴーリウス（Jacobus Golius，1596〜1667年）がいる。彼が著した，西欧で最初の本格的なアラビア語辞典である『アラビア語・ラテン語辞典（*Lexicon Arabico- Latinum*）*[18]』は，その後2世紀にわたって唯一の信頼できる辞書であった。この人はライデン大学のポストに就く前には，モロッコ，シリア，オスマン=トルコを訪れていた。

16，17世紀を通して，神学や聖書文献学（philologia sacra）がアラビア語研究の重要な動機だった。このことは，前述したようにアラビア語学者のほとんどが同時にヘブライ語の専門家でもあったことに現れている。イスラム教世界がキリスト教ヨーロッパにとって危険であるという考え方が顕著だったのは18世紀ころまでで，このころから啓蒙学者たちはオリエントに対して新しい考え方をもつようになってきた。彼らは，旅行家たちの報告にもとづいて，「オリエント」の文化からもたくさんのことを学ぶべきだと考えるようになったのである。たとえば，ペルシャ帝国について，帝国は整然と組織化されており，あらゆる宗教に対して寛容であったと賞賛したりした。こうしたとらえ方の変化は「東洋語」（や文学も！）の研究でもまた顕著で，この時期の学者の研究には従来の偏見がところどころに顔をのぞかせてはいるものの，その興味は下心のない本物だった。

セム語の言語学的研究に大きな革新が起きたのは19世紀，ヨーロッパ言語学が，比較・歴史言語学の方法論によって大きな変革をとげたときだった。この変革は，フランツ=ボップ（Franz Bopp）がインド・ヨーロッパ諸語というくくりで，サンスクリット語，ギリシャ語，ラテン語，ペルシャ語，バルト=スラブ諸語，ゲルマン諸語の動詞活用体系を比較したことに始まった（1816年）。このような比較研究はすぐに他の言語グループについてもおこなわれるようになり，この方法によって，学者たちは初めて言語グループ内の全体的な分類図式を打ちたてることができたのである。この分類図式は，諸言語の関係を，枝

*[18] Jacobi Golii 著，*Lexicon Arabico- Latinum, contextum ex probatioribus Orientis lexicographis. Accedit Index latinus copiosissimus, qui Lexici Latino- Arabici vicem explere possit*, Lugd. Bat. 1653年刊。

分かれする木のような家系図（樹形系統図）として考えるもので，現在ではその基盤としての比較方法も体系的になり，法則的な対応関係にもとづくようになって，使われ続けている。セム語学の分野では，楔形文字で書かれたアッシリア語資料が 19 世紀半ばに発見，解読され，古アラム語碑文や南アラビア語碑文も入手されるようになって，比較法によってさかのぼることができる時間的な深さがかなり拡大され，ちょうどインド・ヨーロッパ祖語の復元と同じように，全セム語の樹形系統図の頂点となるセム祖語を復元する試みが可能になった。比較セム語学にこの新たな方法が入ってきた結果がどうなったかについては，カール=ブロッケルマン（Carl Brockelmann）による『セム語比較文法概論（*Grundriß der vergleichenden Grammatik der semitischen Sprachen*）』（1908〜1913 年）に集大成されている。こうした新しい理論が，セム諸語の中のアラビア語の位置をどのように考えてきたかについては，次の第 2 章で見る。

ところで，アラビア語研究は，もう 1 つ，ヨーロッパ言語学の発展からも影響を受けている。19 世紀以前のヨーロッパでは，ほとんどの言語学者は標準語にしか関心を寄せず，方言は撲滅されるべき不完全な言葉とみなされていた。これが 19 世紀になって，田舎の方言にはしばしば標準語の語形と対応する，より古い語形があって，それによって標準語の語源的な派生関係が説明できることが発見されると，必死になって標準語形に対応する方言語形を記録し分析するようになった。さらには，都会の人工的な標準語などよりも，田舎の人々が話す言葉のほうが自然なのだという極端な考え方をするような雰囲気も広がってきた。それまでは，田舎の方言などは標準語からずれたものだとか，せいぜい標準語になりそこねたものと見られていたものが，この新しい流れの中では，現存の諸方言の側から標準語を説明することをめざすようになった。大規模なプロジェクトを組織して可能な限り多くの方言形を記録した。その成果は，フランス，スイス，ドイツの巨大な方言地図帳として出版され，その後いくらか遅れてオランダやイギリスなど，他の国々のものも続いた。

この流れは，当然，アラビア語学の分野にも及んだ。かつては，アラビア語，トルコ語，ペルシャ語はいわば実用的な目的で学ばれ，少なくともアラビア語学者の中には中東や北アフリカを実際に体験して知っている者がいた。外交官や，政府や会社の代表としてそれらの国々を訪れ，そのついでに写本を購入したりしていたのだった。彼らは，旅行中に生きた言葉も身につけていたし，著作は古典語についてのものではあったが，アラブ世界で実際にアラビア語が口語としても使われていることをよく認識していた。ところが18世紀に入ると，このように実際にアラビア語を使えるアラビア語学者たちはほとんど姿を消し，アラビア語の教授はふつう，研究室から出てネイティブ=スピーカーとアラビア語で話を交わすことがなくなった。18世紀の終わりになって，言語学者がどんどん中東へ行くようになると，アラビア語の口語が，自分たちが書物で習った言葉とは大きく異なっていることに気がついた。こうして彼らは，ヨーロッパの言語学者がヨーロッパの方言を研究し始めたのと同じ方法で，その生きた言葉を研究し始めたのである。たとえば1820年には，パリの東洋語学校（Ecole des langues Orientales）に，「口語体アラビア語（arabe vulgaire）」研究のポストが設立された。アラビア語関連の多くの学科では直接には大きな変革はもたらされず，カリキュラムは相かわらず古典語ばかりだったが，その後のアラビア語研究はこうして方言に関心を寄せるようになった。

第1章では，西洋におけるアラビア語学の変遷をたどりつつ，アラビア語の研究とヘブライ語，さらにはその他のセム語の研究とのつながりを中心に述べてきた。第2次世界大戦以降，アラビア語研究はセム語学の流れからいくぶん離れてしまっている。一般言語学は20世紀に入ると比較言語学から離れていったが，セム語学はその方向へは進まず，相かわらず比較・歴史アプローチのもとで進み続けている。そのため，長い間言語学の関心を集め，言語学の中心的な地位を占めてきたセム語学はその地位を失って，「オリエント」言語学の中の一部門のように見られるようになってしまった。アラビア語はそれまでセム語の枠内で研究されるのがふつうだったが，イスラムの言語であることに重きを置いて，ペルシャ語やトルコ語など，他のイスラムの言語との関連で研究され始めたのである。セム語の比較研究にはアラビア語に関する知見が依然として重要なはずだが，アラビア語学の中からは，もはやこのような比較研究は提案されなくなっていた。こうなった理由の1つは，アラビア語学の分野では，歴史言語学，あるいは歴史的な観点による研究から，社会学や政治学，さらにはイスラム研究と関連させた現代アラブ研究へとシフトしたからだろう。21世紀に入ると，現代イスラム教研究が強調されるようになり，アラビア語の研究部門が宗教学の中に入れられるようになるという新しい流れが生じた。その結果，ヨーロッパでのアラビア語研究はますますイスラム学の補助的な役割に追いやられている。またアラビア語の知識は，政治的な文脈においては，危険視されているイスラム教運動の動向を探るためのものになっている。ヨーロッパやアメリカの大学では，このような目的が設定されてしまっているので，(古典) アラビア語の文献研究はおよそ余分なものと思われている。

現代世界に焦点が移ったことは，さらに言語教育にも影響を与えている。数十年前であれば西洋の大学ではアラビア語は死語として教えられており，アラビア語方言のコースを提供している学部の数は非常に少なかった。しかし現在では，ヨーロッパでもアメリカでも，ほとんどすべての学部でかなり高いレベルの現代標準アラビア語の習熟度をめざしつつ，学生たちは少なくとも 1 つは方言も学習し，一定期間をアラブ世界で過ごしてそれを流暢に話せるようになることが求められている。生きた言語が注目されることで，アラビア語と一般言語学とのつながりが強くなってきた。アメリカは，ヨーロッパのように文献学の伝統が根強くないので，アラビア語学にもつねに一般言語学へと広がっていく開放的な雰囲気があったが，このような雰囲気がヨーロッパの大学でも感じられるようになってきたのである。アラビア語学がこのような方向に進んできた結果，欧米の学者とアラブ世界の学者との間の協力関係も増えてきた。19 世紀も終わりをむかえ，さらに 20 世紀に入ると，アラブ人言語学者の中にも，伝統文法学の足枷から解放され，現代言語学の方法をとる者が出てくるようになり，さらに口語への関心も急激に高まった。アラブ世界では相かわらず方言研究は人気がないが，自分の方言の記述文法を出版し，言語の社会的な状況を分析する学者たちも出てきている。アラブ世界の多くの大学では，カリキュラムはいまだに古典アラビア語の文献研究を基礎にしているが，言語学者を多く輩出し始め，とくにコンピューター言語学や心理言語学といった分野では学者たちの国際的なネットワークに入って研究する者が増えている。

1.2　文献案内

アラビア語やその歴史の研究に関する最大の手引書としては，さまざまな研究者によってアラビア語学のすべての主要なテーマが 24 章に収められたものがある (Owens 編 2013)。ドイツ語による *Grundriß der arabischen Philologie* (*GAP*,『アラビア語文献学概論』) は，その第 1 巻にはアラビア語の分類 (Hecker 1982)，古代北アラビア語 (Müller 1982)，古典アラビア語 (Fischer 1982)，アラビア語諸方言 (Jastrow 1982, Singer 1982)，アラビア文字 (Endreß 1982) についての論文が入っている。アラビア語学の文献目録は Bakalla (1983) によるものがあり，また古い研究を集めた Hospers (1974) も参照されたい。古いが，当時の最先端の概説は *Handbuch der Orientalistik*（*HdO*,『東洋学ハンドブック』）に収められ，その中にはアラビア語方言の概説（Brockelmann 1964）やアラビア語の拡大についての論文（Spuler 1964a）が入っている。全5巻からなる *Encyclopedia of Arabic Language and Linguistics*（*EALL*,『アラビア語・アラビア語学百科事典』2006- 2009）は300名以上の学者による国際的なプロジェクトであり，アラビア語やその歴史，しくみ，諸方言に関わる非常に多くのトピックについての情報が提供されている。

アラビア語を全般的に扱った入門書は多い。古いものでは，Chejne（1969）とBateson（1967）がある。比較的最近の入門書には，英語のもの（Bakalla 1984），ルーマニア語のもの（Anghelescu 1984, 1986。ほどなくイタリア語訳，フランス語訳が出版された），スペイン語のもの（Abboud-Haggar 2010），オランダ語のもの（Schippers and Versteegh 1987）がある。現代アラビア語について，言語学や社会言語学をはじめ，あらゆる側面について書かれたHoles（1995a）の入門書があり，これにはアラビア語史についての章もある。

アラビア語方言の研究については，Fischer and Jastrow（1980）の *Handbuch der arabischen Dialekte*（アラビア語方言ハンドブック）があり，これはアラビア語の歴史についても簡単に紹介している。アラビア語方言についての簡単な紹介は，ポーランド語のもの（Danecki 1989）とイタリア語のもの（Durand 1995）の2つがある。Behnstedt and Woidich（2005）は，アラビア語方言学の方法論についての重要な入門書である。上記の『アラビア語・アラビア語学百科事典』には，全アラビア語世界の50を越える方言の概要とともに，アラブ諸国の言語状況の概要も収められている。

西洋におけるアラビア語研究史についての標準的な解説は，今でもFück（1955）が有効で，最近のものではBobzin（1992）も出ており，概説としてはHamilton（2006）もある。古い時期のヘブライ語文法学者たちによる比較研究については，Téné（1980）とvan Bekkum（1983）を参照されたい。ギリシャの学問が伝承される中で，アラブ人の果たした役割に対する西欧の見方がさまざまに変化したこと，そしてその変化によってアラビア語学習がどのような影響を受けたかについてはKlein-Franke（1980）が分析しており，FrisiusとClenardusの本書への引用はここから再引用した。アラビア語からの翻訳が西欧に与えた影響は，Daniel（1979）が研究している。最初のラテン語・アラビア語単語集については，van Koningsveld（1976）を参照されたい。イスラム教に対するキリスト教側からの見方や，ドミニコ会の宣教戦略については Nolan (2002: 233–255)，17 世紀以降の初期の宣教会によるアラビア語文法については Zwartjes and Woidich (2012) を参照されたい。類型論や一般言語学の研究においてアラビア語が使われることがほとんどない現状に対して，Comrie (1991; 2008) は，一般言語学研究におけるアラビア語の重要性を強調し，これはいろいろなテーマに関わってくるとしている。現在では，一般言語学とアラビア語学の間で協同関係が盛んになり，一般言語学に関連するアラビア語の特徴が注目されるようになってきている (⇨第 6 章)。

セム語の中のアラビア語

▶第 2 章◀

2.1 セム諸語の分類

アラビア語は，セム諸語という名称でくくられる言語グループに属している。このグループには中東の多くの言語が属しているが，そのいくつかはすでに現存しない。確認できている最も古いセム語であるアッカド語(Akkadian)はメソポタミア地方で紀元前 2500 から紀元前 600 年にかけて話されていた言語で，紀元前 2000 年以降はバビロニア語(Babylonian)とアッシリア語(Assyrian)に分化した。この言語の書き言葉である新バビロニア語(Neo-Babylonian)は，おそらく紀元後の初めころまで使われていたと思われる。

また，シリア・パレスチナ地域にはいくつものセム語があったことがわかっている。エブラ語(Eblaite)は，1974 年にエブラの町で 15,000 もの碑文が発見された言語である。エブラはアレッポの南方 60 km にある現在のテル=マルディーハ(*Tell Mardīḫ*)であり，碑文の年代は紀元前 2500 年から 2300 年の間である。ウガリト語(Ugaritic)は紀元前 14〜13 世紀まで，ラタキアの北方 10 km のウガリト，現在のラス=シャムラで使われていたもので，1929 年に発見された。

紀元前 2000 年紀前半の北西セム語は，このウガリト語とエブラ語を除くと，マリ文書などアッカド語で書かれた文書の中に，固有名詞としてその痕跡があるにすぎない。これらの固有名詞に現れている言語はアモリ語(Amoritic)と呼ばれている。紀元前 2000 年紀の終わりには 2 つの言語グループが現れた。1 つはアラム語(Aramaic)で，もう 1 つはカナン語(Canaanite)である。カナン語とは，ヘブライ語(Hebrew)やフェニキア語(Phoenician)，その他いくつかの，実態のほとんどわかっていない言語の総称である。最も古い段階のヘブライ語は，聖書ヘブライ語，すなわちユダヤ教の聖典（紀元前1200〜200年）の言語である。その後は，死海文書の言語（紀元前2，1世紀），ミシュナ=ヘブライ語として知られるラビ文書[*19]の言語，そして現代イスラエルの2つの国語のうちの1つである現代ヘブライ語である。これは，ヘブライ語でイヴリート（ʿIvrīt）と呼ばれる。フェニキア語は，シドン，ティルスといったフェニキア人の町，そして，カルタゴのようなフェニキアの植民地の言語である。

古アラム語（Old Aramaic，紀元前1000年紀）は遅くとも紀元前10世紀以降にはシリアで話されていた。そしてアラム語は紀元前7世紀から4世紀まで，バビロニア帝国とペルシャ帝国で多民族間共通語（リンガ=フランカ lingua franca）として使われ，またユダヤ教の聖書も一部分，この言語で書かれている。時代が下ると，アラム語は西アラム語と東アラム語に分岐した。西アラム語は，紀元後1世紀頃パレスチナで話され，また書き言葉としては5世紀まで使われ続け，さらにナバテア王国とパルミラ王国の公用語でもあった（⇨ 3.3）。東アラム語で最も代表的なのが，キリスト教宗教文献のシリア語（Syriac），3世紀から8世紀のグノーシス文献の多くが書かれたマンダ語（Mandaean），そして200〜500年ごろのバビロニア=タルムードが書かれた言語である。シリア語は，8世紀までのシリアでキリスト教徒の話し言葉だった。アラム語の現代語は，何か所かの言語飛び地で生き残っている（⇨ 8.1, 8.3。マアルーラ村やトゥール=アブディーン地方など）。

このシリア・パレスチナ地方に最後に現れた言語がアラビア語である。アラビア語がこの地方の全域に，果てはさらに広くまで広がったのは7世紀の征服時代のことである。

アラビア半島南部とエチオピアでは，たくさんのセム諸語が話されていた。碑文南アラビア諸語（Epigraphic South Arabic）は，サバ碑文群（*Saba*, Sabaic），マイーン碑文群（*Maʿīn*, Minaic），カタバーン碑文群（*Qatabān*, Qatabanic，おそらく紀元前8世紀から紀元後6世紀の間）の言語である。メヘリ語（*Mahra*, Mehri）など，現代南アラビア諸語は，おそらくこれらの碑文と同じ系統で，当時話されていた言語にさかのぼる（⇨ 3.1，8.1）。エチオピアのセム諸語の中で最も古いのが，古典エチオピア語である。これはゲエズ語（Ge'ez）とも呼ばれ

[*19] ミシュナは，紀元前後のユダヤ教学者（ラビ）によるユダヤ教聖書への注解書。

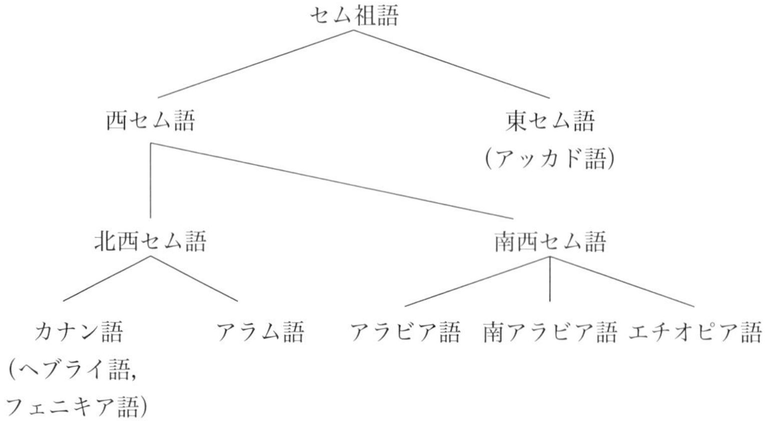

【図 2.1】　従来のセム諸語分類

る，アクスム帝国（紀元後 1 世紀）の言語である。このグループには，ティグレ語（Tigre），ティグリニャ語（Tigriñia），エチオピアの公用語であるアムハラ語（Amharic）など，エチオピアで話されているかなり多くの言語が属する。

これらセム諸語を分類する試みは，互いの関係を歴史的・系統的に解釈していくやり方と，歴史的な由来関係などを考慮せず，純粋に類型的・地理的な視点で共通の特徴要素を記述していくやり方との間で揺れ動いている。標準的なセム諸語の分類法では，紀元前 3000 年ごろに，北東セム語（東セム語とも），つまり後にバビロニア語とアッシリア語に分岐したアッカド語と，西セム語，つまりアッカド語以外とに分岐し，西セム語のグループが紀元前 2000 年ごろに北西セム語（北セム語とも）と南西セム語（南セム語とも）に分岐，最後に紀元前 1000 年ごろ，北西セム語がカナン語とアラム語に，そして南西セム語がアラビア語と南アラビア語とエチオピア語に分岐したとされる。この図式は，後に，ウガリト語とエブラ語の発見によって大幅に修正されることになった。ウガリト語もエブラ語もふつうは北西セム語と考えられているが，北西セム語グループの中で正確にどのような関係にあったかはまだ議論中であり，むしろ北東セム語に属するとする学者もいる（⇨図 2.1）。

キーナスト（Kienast 2001）は，地理的な位置関係だけによってセム諸語を北東，北西，南西のグループに分類するやり方を排し，時間的な変遷を考慮した分類をしている。それによると，セム諸語とは，最初はアッカド人によって，次いでカナン人，アラム人，最後にアラブ人といった具合に，遊牧の諸民族によって，波状に，継続的に肥沃な農業地帯へともたらされた単一の言語であるという。したがって，キーナストはセム諸語の分類に，古セム語（アッカド語），初期新セム語（南アラビア語とエチオピア語），後期新セム語（カナン語，アラム語，アラビア語）のように年代的な用語*20 を使う。

ここまで，セム諸語間の関係についてさまざまに考えられていたことが，19世紀になって歴史・比較言語学の方法の影響をうけて，どのように1つの分類図式にまとめ上げられてきたかを見た。ここからは，セム諸語の中でのアラビア語の位置を考える際にこの方法がどのような意味をもつか，また他の方法がないかを検討しよう。もともとは，アッカド語，ヘブライ語，アラム語，アラビア語，エチオピア語という5つの言語が知られ，これらがおおよそ同等に並ぶものとみられていた。セム語を話した諸民族についての歴史学的な研究が進むにつれて，セム諸語どうしの関係について歴史的視点からもアプローチがなされ，また，印欧（インド・ヨーロッパ）語学の方法からの影響によって，血縁的関係が反映されていることを前提とした樹形系統図をセム諸語についても確立することが試みられた。セム諸語をこのように血縁的な考え方にもとづいて分類することは，すなわち，すべてのセム諸語は，つきつめていけば1つのセム祖語にたどり着くと考えていることを意味する。

印欧語の研究は一般に，現在わかっている印欧諸語の姿を比較していけば，1つの印欧祖語を復元できることを前提としているが，アラビア語，ヘブライ語，アラム語，エチオピア語も，これと同じように比較することで，セム祖語を復元できるだろうと考えられているのである。セム諸語にとってのセム祖語が，印欧諸語にとっての印欧祖語，すなわち子孫言語と親言語という位置関係を占めることが前提とされている。ところが，こうしてセム諸語の中に何か共通の形，ひいては祖語を見出そうと数々の試みがなされたが，それとは大きく異なるさまざまな結果が出てしまった。印欧諸語のように広大な地域にわ

*20 キーナストの用語では，ドイツ語で Altsemitisch（古セム），Frühjungsemitisch（初期新セム），Spätjungsemitisch（後期新セム）。

たって分布し，またその多くが互いに孤立していたのとは異なり，セム諸語は地理的にも1つの地域(シリア・パレスチナ，メソポタミア，アラビア砂漠)に限られ，またしばしば隣りどうしの地域で話されていたために，その話者たちはほとんど絶え間なく互いに接触し，つね日ごろから互いに単語を借用し合っていた可能性がある。単語が借用されると，歴史的変化の流れが崩れ，言語と言語の間にあった本来の対応関係を復元することは困難になる。

全般的に印欧諸語どうしよりも，セム諸語どうしのほうが互いの近親性を見てとりやすく，それぞれの言語がはっきりセム語であると認めうる特徴要素を数多く共有している。セム語の特徴要素として通常あげられる特徴要素は，1つ1つではその言語がセム語に属するとは決定できないが，いくつかを組み合わせると，セム語である条件のチェックリストとしてじゅうぶんに信頼できるものとなる。3子音語根(triradicalism)*21，声門化子音とも言われる強勢子音，子音語根に語形枠をかぶせる単語形成システム，文の並列性*22，人称接頭辞と人称接尾辞による動詞活用システム，そして何よりも相当な数の語彙対応である。

ところで，いくつかの言語が，ある特徴要素(feature)を共有していたとしても，それが類型論的に説明できてしまうものであれば，その特徴要素をもってそれらの言語の間に系統関係があると判断することはできない。系統関係がなければ，それらをさらに下位分類することには意味がなくなる。系統関係がないとなれば，同じ特徴要素があったとしても，それが後世の借用なのか，あるいはそれぞれの言語でまったく同じ現象が独自に形成されたのかといった可能性を問題として取り上げないですむ。一方，系統関係がある，すなわち，グループ内のすべての言語が，ある共通の源，共通の祖先である1つの言語から出てきた歴史的な末裔であるということになれば，その祖語に歴史的なリアリティをもたせ，歴史的に実在したある人々が話していた言語だった，としなければならない。そのため，系統関係を研究するセム語学者たちはセム語の故地を探すことになる。この「セム祖語」の故地についてはたくさんの論争があった。多くの学者は故地をアラビア半島としているが，シリア，さらには北アフリカをもちだした学者もいる。いずれにしても，その故地からのたび重なる移

*21 多くの単語の語根が，3つの子音からなっていること。

*22 複文や従属構文にせず，「そして」のような並列接続詞で文を並べていく傾向があること。

住の波にのって，さまざまなグループがそれぞれの地域へとやってきた。たとえばアモリ人は紀元前 2000 年から 1700 年の間に，アラム人は紀元前 1900 年から 1400 年の間にやってきた。西暦 7 世紀のアラブによる征服は，このような移住の波のうちで最も新しい，最後のものである。このような移住によってセム諸語が今日のように分岐した，とみなすことは，次のように考えていることになる。歴史記録に現れている諸民族は，後世にその民族名で呼ばれるようになった各言語を当時すでに話していて，各民族が分岐していったん新しい地域に到着した後は，もとの言語とは別個に，独自に変化していった。この変化は，移住先でもともと話されていた諸言語の影響によるもの（基層言語の影響）か，そうでなければ内的な変化である。各言語の内部にある改変（innovation）や，セム諸語間のさまざまな差違は，このようにして引き起こされた，と考えていることになるわけである。

系統的な枠組みは，人間の移住の観点から立てたものにせよ，言語内改変の広がり方の観点から立てたものにせよ，その枠組み自体が中東における言語状況の特性には適合しないとして痛烈に批判する学者もいる。この地域にはさまざまな言語グループがあったが，それらの間に明確な境界はなく，けっして印欧諸語のように互いに完全な孤立状態にあったわけではなかった。中東では多くの言語集団が隣接し合い，互いに文化的，政治的に接触しあっていたから，言語改変は広い地域全体へと広がったであろうし，また，借用や干渉も大規模に起こっていたはずである。他にも，ブラウ（Blau 1978）が指摘するように，この地域ではアッカド語やアラム語など，いくつもの言語が一定期間，多民族間共通語として機能していたので，この地域の言語に共通しているいくつかの特徴要素が，これらの多民族間共通語から取り込まれた可能性もある。

それでも，原則さえ正しく守れば系統的分類は可能であると考えている学者もいる。たとえば，ヘツロン（Hetzron 1974, 1976）は，「不均整活用体系の先行原則（archaic heterogeneity）」と「活用体系改変共有言語の同祖原則*23（shared morpholexical innovations）」にもとづいて分類することを提案している。1 つめの「不均整活用体系の先行原則」とは，動詞の活用など語形変化体系は，不均整な体系のほうが均整な体系よりも古い，というもので，2 つめの「活用体系改

*23 本書では「活用形」と訳したが，動詞に限らず名詞の語形変化（曲用）も含めた語形変化全般についての原則。

変共有言語の同祖原則」とは，語形変化の改変は借用の対象とはなりにくい[*24]，というものである。ヘツロンは，2つの例をあげて，このアプローチを説明している。1つは，動詞の過去時制の1，2人称単数の接尾辞の例である。古典アラビア語では *katabtu*「私は書いた」，*katabta*「君は書いた」のように *-tu* と *-ta* であり，これがエチオピア語（ゲエズ語）では *-ku* と *-ka* である。これに対応するアッカド語の名詞や動詞の人称接尾辞（いわゆる「状態形」stative または「永続形」permansive）は *-(ā)ku* と *-(ā)ta* である。これは，アラビア語とエチオピア語で均整化が起きた結果として説明することができる。つまり，不均整なアッカド語の体系のほうが古いということである。均整化へ向かうときの方向性が，一方のアラビア語（およびカナン語）と，もう一方のエチオピア語（および南アラビア語）では異なる形で実現したのである。ヘブライ語では *kātavti*「私は書いた」と *kātavta*「君は書いた」であり，この *-t-* への均整化という改変はアラビア語と共有され，南セム諸語とは共有されていない。

ヘツロンがあげた2つめの例は，動詞の未完了形の人称接頭辞の母音に関するものである。この母音が，アッカド語では，3人称単数男性と3人称複数と1人称複数では *-i-*，他の人称では *-a-* である。これが，古典アラビア語では全人称で *-a-*，一方，エチオピア語では全人称で *-ə-*（もとは *-i-*）である[*25]。このケースでも，不均整なアッカド語の体系のほうが古いものであり，古典アラビア語とエチオピア語の接頭辞は，のちの均整化の結果であるとしている。実際には，アラビア語の状況はもう少し複雑で，イスラム以前のアラビア語では，全人称で *-i-* の方言と，全人称で *-a-* の方言があった（⇨ 4.2）。おそらくはその中間段階として，語幹母音が *-a-* である動詞の人称接頭辞は *-i-* に均整化し，語幹母音が *-u-* か *-i-* である動詞の人称接頭辞は *-a-* に均整化した段階があったのだろう。そして，これがさらに均整化が進んで，人称接頭辞母音と語幹母音との連動はなくなり，ある方言では *-a-* の方へ，ある方言では *-i-* の方へという具合に均整化の方向が異なっていったのであろう。

分類の標準的なモデルの中では，アラビア語は南アラビア語やエチオピア語とともに南セム諸語に入れられていたが，ヘツロンは以上のような例をもとにアラビア語をその位置から引き離し，新たに中央セム諸語というグループを設

[*24] 活用形に同じ改変の跡が見られれば，その改変は同じ親言語から受け継がれたものであり，借用されたものではない，ということ。

[*25] 改変を共有していないから同祖ではないということ。

置して，その中に置いた。ヘツロンの主張の強みは，セム諸語の下位分類に用いる共有改変として，音韻，統語，語彙の領域の改変を使っていないことである。これら3つの領域における改変はつねに借用される可能性があるため，ヘツロンはそのかわりに，活用体系の改変という，はるかに借用されにくいものだけを用いたのである。さらに，同じ特徴要素をもちつづけているという論拠(「非改変」)も排除している。同じ特徴要素は，分離後まったく別々の場所でも保持されうるため，これをもって，両言語間で持続的に接触があったとは言えないためである(⇨図2.2)。

ヘツロンは樹形系統図的な分類法をもち続けているが，セム諸語にはこの分類法が効かないとして疑問をもつ研究者もいる。ウーレンドルフ(Ullendorff 1970)は系統関係を反映した分類に到達する可能性すら頭から否定する。ガルビニ(Garbini 1984)はセム諸語の変遷史をたどることは可能だとは考えているが，ただ，この地域での言語変遷のしかたは，印欧語族地域での変遷とは決定的に異なっているため，印欧語族のような，一方が先で，もう一方はそこから出てきた，といった系統的な序列の存在しない変遷史であるとする。セム諸語の現在の分布は，急激な移住の結果ではなく，いくつかの中心地から浸透し始め，それが周縁地域へと徐々に到達した結果であるとみているのである。このような改変は波状に浸透して伝わっていくため，中心地域では改変が色濃く影響を与え，周縁地域では逆に古い形が保持される可能性がある。ガルビニは，改変が浸透していくうえで決定的な役割をはたした地域があるという。それがシリア平原(地中海沿岸地帯やパレスチナではなく)であり，ガルビニはここをセム諸語の中核地域と見ている。このシリア地域には，砂漠の縁沿いの定住民の村々と砂漠の遊牧民たちが接触するという特徴があり，このため数々の改変が生じたと推測したのである。遊牧民が定住し，さらには定住民になってしまうケースもあったが，大部分の遊牧民は定住民グループとは離れ，砂漠でも遊牧民どうし互いに孤立して暮らしていた。ガルビニは，シリア地域から他の地域へと広がっていった改変は，このような絶え間ない行き来が源となって起きたものと見ている。その中で具体的にどの改変が，シリアからアラビア半島へともたらされたのかは，改変が起きた言語グループが砂漠へ移っていった時期と関係してくる。

ガルビニは，アッカド語やエブラ語から例を引いて，この2つの言語は，この一連の大移動には参加していなかったこと，また，後にシリア地域で起きたいくつかの改変ももっていないことを示した。アラビア語には，アラム語やアモリ語と共通する特徴要素がいくつかあるが，これらは，アラブ人の先祖がまだシリア地域に住んでいた時期のものということになる。ガルビニは，アモリ語を紀元前1000年紀にシリアで話されていたさまざまな言語の総称とし，このうちの遊牧部族の話していたのがアラビア語であるという。また，南アラビア語やエチオピア語などについても，さらに古くにシリア地域から移住していった部族の末裔の言語であると考えている。この説にしたがえば，アラビア語がもつ特徴要素のうち，南アラビア語にはあってシリア地域の諸言語にないものは，後にアラビア語と南アラビア語とが収斂した結果ということになる。収斂とはつまり，アラビアのベドウィン人*26が南アラビアの定住民の言語や方言に影響を与え，また逆に交易キャラバンを通して，南アラビア語やその方言が半島北部に知られるようになった結果である。ところで，現代南アラビア諸語（メヘリ語，ソコトラ語）は，このように収斂が起こった碑文南アラビア諸語が直接の起源ではなく，おそらく当時，隔絶された地域で話されていてアラビア語からの影響が届かなかった層のものである。そのため，現代南アラビア諸語には，碑文南アラビア諸語よりもさらに古い姿がいくつかみられるのである。上でみたように，キーナスト（Kienast 2001）もセム諸語の歴史を継続的な移住の波であるとし，このような波の中で，ある遊牧民グループが定住すると，その言葉はさらに変化し，たとえば格変化語尾を失ったりするのだとみている。すなわち，アラビア語が格変化語尾を保持したのは，アラビア語を話す人々が近東の定住地域から離れた場所に長い間留まっていて，定住地域で起こった言語変化に参加していなかったからであるという説明をしている。さらにエツァート（Edzard 1998）は，ある1つの祖語から分岐をくり返してそれぞれの言語になるという考え方に基づいた，歴史・比較言語学の方法の可能性，というより希望と言うべきかも知れないが，これにも疑問を投げかけている。エツァートは，多元発生説で説明する。それは，中身が多様な言語プールがあって，この言語プールの中の各グループが接触することで収斂が起き，ついには，当初とは別のグルーピングがなされるような新しい諸言語ができあがっていたというものである。この図式には，歴史・比較法による復元が入りこめる余地はない。ここでは言語間の対応関係とは，せいぜい，たとえば，ある単

*26 アラブ系遊牧民族のこと。アラビア語の *badawī* を語源とした英語 Bedouin から。

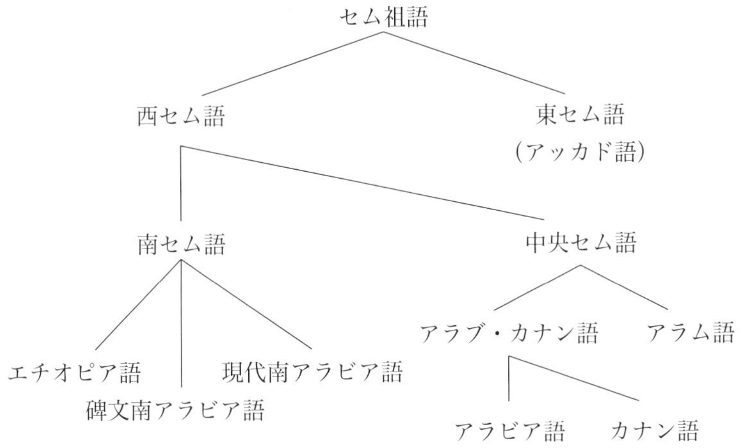

【図 2.2】 セム諸語系統図(ヘツロン 1974, 1976 より)

語でアラビア語の /ḍ/ がヘブライ語やアッカド語の /ṣ/ に対応することが観察されるといった，別の言語の似た単語どうしの関係を表す，便宜的な用語とみなすべきであろう。このような対応法則にはそれなりの価値はあるにしても，共通の祖語から歴史的に下ってきたというふうには考えないようにしなければならない。

歴史・比較分析研究にはいくつかの欠陥があるにもかかわらず，20 世紀にはその研究範囲はセム諸語から，さらにいわゆるハム諸語にまで拡大してきた。このハムという名称は，人類がノアの 3 人の息子(セム，ハム，ヤペテ)の子孫から分かれたものとする，聖書の創世記(第 10 章 1 節以下)にもとづく古い分類法からきている。

後代の学者は，この分類法を使って全言語を，セムの子孫の言語，ハムの子孫の言語，ヤペテの子孫の言語に分けた。ハム諸語という名称は，もともとはアフリカの言語すべてを含むものだったが，現在ではアフリカの次の 5 つの言語グループをまとめて言うときだけに使われている。

(1) 北アフリカのベルベル語，およびその祖先である古リビア語
(2) 古代エジプト語，およびその分派であるコプト語

(3) ハウサ語
(4) クシ諸語
(5) チャド諸語

このグループとセム諸語の間に共通点が発見されて，これらはまとめて，セム・ハム諸語 (the Hamito-Semitic languages) として知られるようになったが，1970年代以降このグループは，アフロ・アジア諸語 (the Afro-Asiatic languages) という名称で呼ばれている。アフロ・アジア祖語の復元についても，ガルビニはシリア地域の改変に関する自説を援用して，セム語やハム語 (エジプト語，リビア・ベルベル語，クシ語と，おそらくハウサ語も) のさまざまなグループを1つの祖語へさかのぼらせようとしても必ずや失敗するだろうと見ている。なるほどこれらのグループを比較してみると，一見，単語などに系統関係がありそうにも見えるが，これらの間に，印欧諸語に見られるような確固とした音韻対応関係がほとんどないことは，共通の祖語から下ってきた1つの言語家族の姉妹言語ではないことを示している。ガルビニは，ハム諸語は，セム諸語とは系統関係にないアフリカの言語であり，シリア地域から，おそらく何度かにわたってさまざまな規模の集団がやってきて，それによって「セム語化」された諸言語であろうと見ている。もしそのような接触が続いていたとしたら，古エジプト語などもセム語の1つになってしまっていただろうというわけである。エツァートらがこのような図式を提案する根拠は，セム諸語とハム諸語の性質の違いである。セム諸語にはかなりのまとまりがあることと，ハム諸語の各言語とセム諸語との類似の程度がさまざまであることは，後の収斂の結果であるとする。

セム諸語に樹形系統図の枠組みを当てはめることには以上のような問題があるにもかかわらず，アフロ・アジア諸語，より上位の語族までも復元しようと，相かわらず比較法による研究がおこなわれている。そして言語間の系統への関心から，次第に印欧語族やアフロ・アジア語族よりもさらに上位の，原始言語のレベルまで立てるようになり，この2つのグループのそれぞれにある単語の中核部分はもともと同じものから来ているとか，両者の音素体系を関連づけるさまざまな試みがなされてきた。そのような試みは，印欧祖語における喉音説

(laryngeal theory) *27 と声門化子音説 (Glottalic theory) *28 のような，印欧語研究で発達した2つの説によって促進され，印欧語とアフロ・アジア語の音韻の関連性が唱えられるようになってきている。

印欧諸語とアフロ・アジア諸語を合わせ，さらに，カルトヴェリ諸語 (グルジア語などの南コーカサス語族)，ウラル・アルタイ諸語 (ハンガリー語など)，ドラヴィダ語族 (タミル語など) までを含んだノストラティック大語族を構想するような大胆な推測まである。しかしこれは，あまりにも遠い過去にまでさかのぼるため，語彙対応に説明をつけるための変化の道筋が，いかようにも考えられてしまうので，このような推測に価値があるとは言いがたい。加えて，印欧語学の方法論的成果を世界の全言語の系統関係に適用してもいいものかどうかについても議論の余地がある。むしろ，母言語が娘言語を生んでいく関係が通用する印欧諸語のほうが，例外的なケースと言えるのかも知れない。

2.2 アラビア語の位置

セム語グループの中でアラビア語とヘブライ語は，いつの時代にあっても最も熱心に研究されてきた。最古のアラビア語資料よりもさらに2千年もさかのぼるアッシリア・バビロニア資料に書かれているアッカド語の発見によって，それまで考えられてきたセム諸語の姿やそれがたどってきた歴史についてかなりの修正が加えられたが，それでもなおアラビア語が多くの点で，セム語を記述するうえでのモデルとされつづけている理由は，セム語学者たちがアラビア語をよく知っていたことやアラビア語の歴史的データの豊富さにもよるが，アラビア語はとくに格語尾の体系を残しているという，保守的な面をはっきり示していることによる。

セム語グループの系統図の中でアラビア語がどの位置に来るかは，長きにわ

---

*27 印欧諸語の動詞の活用形を説明する上で，ソシュールは，祖語に「機能音」を想定した (*Mémoire sur le système primitif des voyelles dans les langues indo-européennes*, 1879)。これがヒッタイト語に喉音 ḫ という形で存在することを，クリウォーヴィッチ (Kuryłowicz) が示した (*Études indo-européennes* I, 1935)。またバンヴェニスト (Banveniste) は，祖語の名詞語根復元を，ソシュールが想定した音を取り込んで体系化した。

*28 それまで印欧祖語の子音体系には無声音 (*p, t, k*)，有声音 (*b, d, g*)，有声有気音 (*bh, dh, gh*) が復元されていたが，無声有気音 (*ph, th, kh*) がないのに有声有気音があったとは考えにくい。これを説明するために，祖語に放出音 (声門化子音あるいは喉頭化音 *p', t', k'*) を想定する。

たってセム語学者を悩ませてきた問題である。上で見たように，アラビア語は，碑文南アラビア諸語や現代南アラビア語，エチオピア諸語とともにまとめて，南西セム諸語（=南セム諸語）と呼ぶのが通例だが，この分類の主な根拠は語幹内複数形[*29]をもつことである。名詞の語幹内複数形とは，単数形に接頭辞や接尾辞をつけるのではなく，単数形をまるごと作り変えて得られる複数形のことである。このような語幹内複数形が南セム諸語にしか見られないのである。たとえば，ゲエズ語[*30]には次の例以外にも多くの語幹内複数形がある。ただしこれらはアラビア語の語幹内複数形と似てはいても，同一でないことが明らかである（Gragg 1997: 248）。

	〈ゲエズ語〉		〈古典アラビア語[*31]〉	
	単数形	複数形	単数形	複数形
「家」	*bet*	*abyat*	*bayt*	*buyuːt*
「頭」	*rəʼs*	*arʼəst*	*raʼs*	*ruʼuːs*
「手」	*əd*	*ədäw*	*yad*	*aydi*
「星」	*kokäb*	*käwakəbt*	*kawkab*	*kawaːkib*

複数形の作り方を分類の根拠とすることの可否についても議論がある。語幹内複数形が，アラビア語と南セム諸語では別個に発達した可能性があるとする学者（Al-Mansour 2011）もいれば，北西セム諸語にも語幹内複数形の痕跡があると考える学者もいる。北西セム語であるヘブライ語にも，たとえば *pęsęl*「偶像」の複数形 *pəsilīm* は，複数を表わす接尾辞 *-īm* がついてはいるものの，単数形とは異なる語幹をもとに作られており，このような複数形の例がいくつかあって，これが語幹内複数形のようにも見える。しかし，このような複数形は別の，現在では失われた単数形（たとえば，**pasīl* だったかも知れない）から派生したものであるとか，あるいは，アクセント移動の結果として説明できる可能性もある。また，ヘブライ語で語幹内複数形ではないかと疑われる例の中には，*rōkeb*「乗る人」（単数）に対する *rękęb*（集合）など，おそらくは集合名詞のものがある。ところで，コリエンテ（Corriente 1971a）は，セム諸語の単数形と

[*29] 英語では internal plural（内的複数）。アラビア語の *jamʻ mukassar*「壊れた複数」から，broken plural（壊れた複数）とも呼ばれる。

[*30] 南セム諸語に属する。

[*31] 対応する古典アラビア語例は訳者が付した。

複数形の区別は後に成立したものであり，もともとは，大きくて重要な物を表すものと，小さくてとるに足りない物を表すものという2つのクラスだったと考えている。この後者の部類には，指小形，抽象名詞，集合名詞のような単語も含まれ，その表示要素としてつけられた接尾辞 *-t*，*-ā*，*-ay*，*-ā'u* などが，のちに女性語尾になったとしている。

セム諸語において単数と複数の区別が成立し始めたときに，複数を表す接尾辞が，東セム諸語と北西セム諸語では1つだけ選ばれた（ヘブライ語では *-īm* のみ）が，一方のアラビア語や南セム諸語では複数の中でもさまざまな種類を区別し，それぞれを別の「女性」語尾で示したのである。たとえばアラビア語では，*ṣadīq*「友人」や *faqīr*「貧しい」の語幹内複数形はそれぞれ *'aṣdiqā'u*，*fuqarā'u* であるが，人間名詞は，南セム諸語でも規則的な複数形接尾辞を使う（アラビア語では主格 *-ūna*，対格・属格 *-īna*，女性複数 *-āt*）。南セム諸語の語幹内複数形も，コリエンテの説によれば，もとは女性名詞や集合名詞に使われる語幹外要素（接尾辞）だったが，複数というカテゴリーが成立すると同時にこれらを複数形にあて，それがさらに語幹内複数形へと変化したという。ただし，アラビア語の語幹内複数形がすべてこれで説明できるわけではなく，これらの接尾形がいろいろな語形枠を形成する出発点となったというべきだろう。そうすると，北西セム諸語に見られる語幹内複数形の痕跡も，集合名詞や抽象名詞の古形ではないかという説明が可能となる。語幹内複数形は，その起源がもし本当に共通セム語の時代までさかのぼるものだとすれば，それは南セム諸語で起きた改変ではなく，北西セム諸語にも南セム諸語にも共通に残っている祖形であり，南セム諸語と北西セム諸語との間に距離が開いたのは，その後の変化によるものということになる。

アラビア語には，南アラビア諸語やエチオピア語とは共通しているが，その他のセム語とは異なっている点として，以上のような語形変化にかかわる特徴要素（上記の語幹内複数形のほか，*fā'ala* 型動詞の成立や，受動分詞接頭辞の *m-*）のほかに，発音の変化もあげられる。多くのセム諸語では *b* と *p* はペアであるが，南セム諸語ではこの *p* に対応する発音が，アラビア語も含めて *f* となっている。

〈北セム諸語〉
ヘブライ語　***pā****qad*「世話する，訪問する[*32]」
アッカド語　***pa****qādu*「訪問する，任せる」

〈南セム諸語〉
アラビア語　***fa****qada*「失う，求める」
ゲエズ語　***fa****qada*「欲する」

また，他のセム諸語の *ṣ* が南セム諸語では共通して *ḍ* である。

〈他のセム諸語〉
アッカド語　*'er**ṣ**etu*「地」
ヘブライ語　*'ęręṣ*「地」

〈南セム諸語〉
アラビア語　*'ar**ḍ***「地」
南アラビア語　*'r**ḍ***「地」

また *s* は，南セム諸語では共通して *š* である (⇨ 2.2)。

ところが，アラビア語には北西セム諸語と共有し，南アラビア語やエチオピア語などとは共有しない特徴要素もある。1 つはすでに言及した，過去時制の動詞の人称接尾辞にかかわる特徴要素である (⇨ 2.1)。アラビア語とヘブライ語では 1，2 人称単数の接尾辞が *-t-* に均整化したが，南アラビア語やエチオピア語では *-k-* に均整化した。アラビア語が南アラビア諸語やエチオピア語と異なっている第 2 の特徴要素は，未完了形の作り方に関するものである。歴史・比較法を使った研究者たちによる復元ではふつう，セム祖語の動詞には，未完了形 **yiqattVl*，完了形 **yíqtVl*，希求形 **yiqtV́l*（*V* は何らかの母音）の 3 つの時制とともに，接尾形 (状態法) があったと復元されているが，この接尾形が，すべてのセム語で，結果状態 (完了) アスペクトの動詞形になったのである。もとからあったほうの完了形はアクセントが移動 (**yíqtVl* が *yiqtV́l* に) して希求形と同形になり，ついには接尾形が結果状態 (完了) を表すのに使われるようになってしまった。こうして，もともとセム祖語で過去を表していた完了形は，

[*32] 現代ヘブライ語では，一般的に「命じる」。

その機能を失ったのである。また，エチオピア語や南アラビア諸語では，セム祖語の未完了形が *yəqät(t)əl* の形で残り，これが，新たな完了接尾活用や希求法とともに新しい動詞体系を形成した。一方，アラビア語，カナン語，アラム語ではセム祖語の未完了形は失われ，そのかわりに，新たに完了形・希求形が継続アスペクトを表すものとして使われるようになった。ちなみにこれと同時に，直説法を表す接尾辞 *-u* と *-na* も使われるようになったが，これが残っているのはアラビア語のみである[*33]。この形をふつうは「未完了形」と呼んでいるが，それが表しているのは非過去である。セム祖語の完了形がもともと過去を表していたことは，ヘブライ語の未完了形が，いわゆる“*wāw*”倒置法[*34] によって過去時制を表すことにも現れている。アラビア語でも，条件詞 *'in* や否定詞 *lam* とともに用いられると，未完了形が過去を表す。このような変遷の末にできあがった動詞時制体系から見ると，アラビア語は北西セム諸語と同じ部類に入れられ，南セム諸語からは切り離されることになる。

アラビア語を，北西セム諸語に結びつける特徴要素はこれだけではない。定冠詞も，アラビア語と北西セム諸語でのみ形成されたものである。古代北アラビア語では *(h)n-*（⇨ 3.2），アラビア語では *'l-*，フェニキア語やヘブライ語では *h-* である。これらの定冠詞はすべて，指示性を失った指示語からできたもので，同時に，別の指示語と組み合わせることで新しい指示詞ができている（フェニキア語の *z*「これ」，*'l*「これら」，*h'*「それ」，*hmt*「それら」，ヘブライ語の *hazze*「この」，*hallāze*[*35]「あの」，アラビア語の *hāḏā*「これ」，*ḏālika*「あれ」など）。また，単語の語形にかかわる重要な改変としては 3 人称代名詞がある。アラビア語（*huwa*「彼」，*hiya*「彼女」）には北西セム諸語（ヘブライ語では *hū*「彼」，*hī*「彼女」）と同じく *h* が入っており，南アラビア諸語の接尾代名詞 *-s*，*-sw*「彼」，*-s*「彼女」のような *s* は入っていない（サバ語の *-hw*「彼」や *-h*「彼・彼女」は例外）。おそらくこの改変は北から南へと順に起こったもので，サバ語までは到達したものの，それ以外の南アラビア諸語までは到達しなかったものであるとガルビニの説明から導くことができる。最後にふれておくべきは，アラビア語と北

[*33] 未完了形 *yaktubu*（3 人称男性単数），*yaktubna*（3 人称女性複数）を参照。

[*34] *wāw* は，*we*「そして，〜と」（アラビア語の *wa* に当たる）をさす。文頭でこれが動詞の前についていると，その動詞が完了形ならば現在時制を表し，未完了形ならば過去時制を表す。セム祖語の完了形が，ヘブライ語などの未完了形となった。

[*35] 創世記第 24 章 65 節，第 37 章 19 節を参照。*hallāze* は現代語では使われない。

西セム諸語では女性語尾 *-at* が，新たに *t* のない形になったことであろう。アラビア語で女性語尾の句末形は *-ah* で，ヘブライ語の女性語尾の多くは *-ā* である。

このようにアラビア語と北西セム諸語に共通の特徴要素がいくつもあることから，ヘツロン（Hetzron 1974, 1976）は，中央セムグループという新しい下位グループを提案したが，その中へアラビア語とともに入れたのは南アラビア語やエチオピア語ではなく，カナン語とアラム語であった（2.1）。この新しい分類なら，アラビア語と北西セム諸語に共通する特徴要素をじゅうぶんに説明できるが，今度はアラビア語と南セム諸語が共有する特徴要素をどう説明するかという問題を残すことになる。これに対しては，語幹内複数形がアラビア語と南セム諸語で別個に発達したと考える仮説と，語幹内複数形の発達が西セムグループのいくつかの言語にのみ影響を与え，それらが後に南セム諸語になったとする仮説がある。つまり，語幹内複数形が西セムグループのすべてにまでは広がらないうちに西セムグループが分岐し，あるものは南へ行ってのちの南西セム諸語になり，一方，アラビア語はその場にとどまってカナン語やアラム語など，他の西セム諸語と密にコンタクトをとりつつ新しい動詞体系や定冠詞，女性語尾などの特徴要素をともに形成してきたとする仮説である。

ヘツロンは，また別の特徴要素である，動詞の女性複数接尾辞 *-na* をもとに，この中央セムグループに下位グループを立てた。アラビア語では3人称複数の完了形が *katabū* / *katab***na**「彼らは書いた（男／女）」，未完了形が *yaktubūna* / *yaktub***na**「彼らは書く（男／女）」のようになる。

	〈彼らは〉	〈彼女らは〉
書いた（完了形）	*katabū*	*katab***na**
書く（未完了形）	*yaktubūna*	*yaktub***na**

これはヘブライ語の未完了形語尾（完了形では女性形が男性形に合流したため，*-na* は失われている）*yiqṭəlū* / *tiqṭol***nāh**（両者の接頭辞が，アラビア語では *y-* に均整化しているが，ヘブライ語ではしていない）のように *-na* の部分が共通しているが，アラム語の女性複数語尾 *-ān* とは異なっている*36。それゆえヘツロンは，中央セムグループをさらに2つに分けて，1つはアラビア語とヘブ

*36「彼女たちは殺す」は，アラビア語 *yaqṭul***na**，ヘブライ語 *tiqṭol***nāh**，アラム語 *neqṭ***lān**。

ライ語，もう1つはアラム語としている。フォークト（Voigt 1987）は，これをさらに改良するために，碑文南アラビア諸語と現代南アラビア諸語とを分けて考えることを提案した。フォークトは，碑文南アラビア諸語は中央セムグループに分類し，現代南アラビア諸語は，エチオピア諸語とともに南セムグループに入れるべきであるとしている。以上のような，ヘツロンをはじめとする研究者たちの提案した分類法で，セム諸語の変遷がじゅうぶんに説明できているとすべての学者が考えているわけではない。

アラビア語に，南セム語グループ以外のセム語と共通の特徴要素があることについては，もう1つ，ガルビニの説を利用した説明が可能である。前述したように，ガルビニはセム語のうち，現在のアラビア語のもとになる言語を話していたグループが，砂漠と隣接するシリア地域を離れたことでこの改変地帯から隔絶したとする。このグループは，紀元前2000年期後半の早い段階にベドウィン人化が完了し，そのため，アラビア語と北西セム諸語が共有している特徴要素は，ベドウィン人化が起こるよりも以前にシリア地域において取り込まれた改変ということになる。実際，アラビア語に残る古い語形は，どれも紀元前2000年期の北西セム諸語にも見られるのである。

また，ガルビニによれば，アラビア語は次第に南方へ広がり，すでにはるか以前にそこに来ていた南アラビア諸語の領域にまで到達した。そうしたアラブ人たちの中には，その地域に定住し，そこで南アラビア諸語（⇨3.4）との間に言語接触を起こすものもあった。紀元前1000年期にはシリア地域にもアラブ遊牧民が砂漠からやって来て，より肥沃なこの地域への定住化が起こった。ナバテア王国（⇨3.3）もこの定住化によってアラビア語化されたものと考えている。南アラビアでは，紀元前1000年期にいくつかの帝国が力をつけてくると，アラブ=ベドウィンの言語への南アラビア諸語の影響も増大した。ガルビニによると，これによって，アラビア語と南セム諸語の共通特徴要素が説明できるという。アラビア語は，このようにシリアとも南アラビアとも接触があったため，北西セム諸語と南セム諸語のどちらか一方に入れることはできない。長い歴史の中で，アラビア語は両方のグループの改変から影響を受けてきたのである。

以前は，セム諸語の比較研究と言えば一般にアラビア語からの視点でアプローチしていたため，復元されるセム祖語はアラビア語の構造に著しく近いものとなり，アラビア語は他のセム諸語に比べて古い姿を残している，と考えられてきた。たとえば，アラビア語には歯間音 /ṯ/，/ḏ/ があるが，これはシリア語では歯茎音に，アッカド語やヘブライ語，エチオピア語（ゲエズ語）では歯擦音に置きかわっている。

〈数詞「3」〉

アラビア語	*ṯalāṯa*
アッカド語	*šalāšum*
ヘブライ語	*šalōš*
シリア語	*təlāt*
ゲエズ語	*šalās*

南アラビア諸語も，古い段階では歯間音を残していたし，古アッカド語やウガリト語にも歯間音の痕跡らしきものが残っている。

他にも，軟口蓋子音 (/ḫ/, /ġ/) と咽頭子音 (/ḥ/, /ʿ/) をすべて区別しているのは，アラビア語と碑文南アラビア諸語だけである。ほとんどのセム語では，このうち無声のペア (/ḫ/, /ḥ/) は /ḥ/ に合流し，有声のペア (/ġ/, /ʿ/) は /ʿ/ に合流している。

		「兄弟」		「1」
アラビア語	*ḫ*	*ʾaḫ*	*ḥ*	*ʾaḥad*
ヘブライ語	*ḥ*	*ʾāḥ*	*ḥ*	*ʾęḥād*

		「日没」		「目」
アラビア語	*ġ*	*ġarb*	ʿ	*ʿayn*
ヘブライ語	ʿ	*ʿęręb*「夕方」	ʿ	*ʿayin*

ウガリト語は，文字上はこの両方を書き分けている。アッカド語では，/ḫ/ だけがみられ，もう 1 つの軟口蓋音 /ġ/ と咽頭音 /ʿ/ は声門音 /ʾ/ に合流した。

		「日没」		「10」
アラビア語	*ġ*	*ġarb*	ʿ	*ʿašr*
アッカド語	ʾ	*ʾerēbum*「入る」	ʾ	*ʾešrum*

ただし，アッカド語がもとはこの 4 つの音素をすべてもっていたことを示す証拠がある。

語形変化の面ではアラビア語には，名詞の格変化，つまり 3 つの格語尾 *-u*(主格)，*-i*(所有格)，*-a*(目的格)がすべてそろっている。古アッカド語にも同様の格語尾があったが，後期(新バビロニア語，新アッシリア語)にはこれらの語尾は混用されるようになり，ついには完全に消えてしまった。北西セム諸語では，ウガリト語のようなかなり古い言語には名詞の格語尾がまだ見られるが，ヘブライ語のような後世の言語では消失している。碑文南アラビア諸語には名詞の格変化がないが，もともとは存在していたことが綴字法に現れている場合がある。たとえば，エチオピア語には斜格語尾 *-a* があるが，これはおそらく目的格語尾から来たものであろう。

またアラビア語には，われわれの知る限り他のどのセム語にも見られないために，アラビア語だけに独自に起こったと考えられる改変がいくつかある。まず語形変化では，名詞が不定であることの表示要素として *-n*(*N* 語尾)を使うが，これは他のどのセム語にも例がない。

アッカド語にも名詞の *-m*(*M* 語尾 mimation)があるが，不定を表しているわけではないし，南アラビア語では *-m* は「不定」の名詞の独立形を，*-n* は「定」を表していたと考えられる[*37]。定冠詞を使うのは，アラビア語，カナン語，アラム語に共通の特徴要素であることは前述したとおりであるが，その定冠詞に，古代北アラビア語のような *h-* ではなく，*'l-* という要素が選ばれているのはアラビア語だけである。また，*fāʿala* 型動詞はアラビア語と南セム諸語のどちらにもあるが，その受動形である *fūʿila* 型を発達させたのはアラビア語だけである。

その言語がセム語に根っこをもっていることを特定するのに，歯間音，軟口蓋音，咽頭音を備えていることがしばしば基準とされるが，アラビア語の音素にはこれらに加えて，次の 6 つの特徴要素がある(表 2.1)。

まず，セム諸語に特有な特徴要素の 1 つにいわゆる強勢子音というものがあるが，これをアラビア語では，軟口蓋化あるいは咽頭化によって調音する。舌先を下げ[*38]，舌根を軟口蓋へ向けてもち上げることで，前後の母音が中舌・奥舌母音のような音色になる(⇨ 6.2)。アラビア語のこの軟口蓋化子音は，エ

[*37] Lipiński (2001, 280) 33.17 項を参照。

[*38] 著者は「舌先を下げ」ていると考えている。ただ，舌尖の強勢子音(*ṭ*，*ḍ*，*ṣ*，*ḏ̣*)では，舌先は歯茎や歯間で調音している。

	無声音	有声音	鼻音	軟口蓋化音	側面音	ふるえ音
唇	*f*	*b*	*m*			
歯間	*ṯ*	*ḏ*		*ḏ̣*		
歯	*s*	*z*	*n*	*ṣ*	*l*	
歯茎	*t*	*d*		*ṭ*	*ḍ*	*r*
口蓋前部	*š*	*j*				
口蓋後部	*k*	*q*				
軟口蓋	*ḫ*	*ġ*				
咽頭	*ḥ*	ʿ				
喉頭	ʾ	*h*				

【表 2.1】　アラビア語の子音体系

チオピアのセム諸語では声門化子音[*39]（声門閉鎖をともなう子音）に対応する。この対応から，セム祖語におけるもともとの強勢子音の性格についていくつかの推測がなされている。ある学者は，声門化子音が軟口蓋化子音へ移行するほうが，その逆の移行よりも考えやすいため，アラビア語の軟口蓋化のほうが後に起こったと考えている。比較法による研究では，ふつうは，もともとセム諸語には5つの強勢子音 **ṭ*, **ṣ*, **ḳ*, **ṯ̣*, **ḏ̣* があったが，アラビア語では，/ṭ/, /ṣ/, /ḍ/, /ḏ̣/ の4つになったと考えられている[*40]。

2つめは，セム祖語の **ṯ̣* に対応する音素がアラビア語では /ḏ̣/ になっていることである。他のセム語（ウガリト語と碑文南アラビア諸語を除く）では，この音素は歯間性を失い，アッカド語，ヘブライ語，エチオピア語では /ṣ/ になっている。

	〈ヘブライ語〉	〈アラビア語〉
「ガゼル」	***ṣ**ᵉbī*	***ḏ̣**aby*

ちなみに，このアラビア語の /ḏ̣/ はしばしば *ẓ* と転写されるが，これは古典アラビア語から方言に借用した単語の現代語的な発音によるものである（たとえ

[*39] アムハラ語では放出音。放出音は声門化子音の一種。

[*40] アラビア語では，各子音を強勢子音にする方法が，声門化から軟口蓋化へ移行するにしたがい **ḳ*（*k* に強勢特徴を加えた音）がなくなったと考えられている。

ば，古典アラビア語 'aḏ̣īm「偉大な」は，エジプト方言やシリア方言では 'aẓīm と発音される)。

3つめは，セム祖語の *ḍ が古典アラビア語では音素 /ḍ/ に対応することである。これが側面摩擦音[ɮ]，あるいは側面化音の[ɗɬ]だったという証拠が，アラブ文法学者たちによる説明や，他の諸言語に借用されていったアラビア語の単語の中に見てとれる。アラブの神 *Ruḍā'* が，アッカド語では *Ruldā'u* や *Rulṭā'* のように *l* を入れて書かれている。また，アラビア語からスペイン語に入った古い借用語(*al-qāḍī*「裁判官」を借用した *alcalde*「市長」など)，マレー諸語(*riḍā*「喜び」を借用したインドネシア語の *ridha*，*ridza*「神の祝福」が *ridla* とも綴られるなど)にも *ḍ* が側面音の要素をもっていた形跡がある。ただ，この音素は，アッカド語やヘブライ語などでは /ṣ/ に合流しており(ヘブライ語の *ṣāḥaq*「笑う」はアラビア語で *ḍaḥika*)，南セム諸語にしか残っていないため，もともとの音価についてはあまりわからない。ちなみに現在，古典アラビア語の /ḍ/ は，/ṭ/ に対応する有声音で発音されており，また現代諸方言では /ḏ̣/ と合流している。

4つめは，セム祖語の *ḳ に対応する古典アラビア語の音素が，おそらく非強勢で有声の /k/，つまり /g/ であったことである。現在の標準アラビア語では無声の /q/ で発音されているが，古典アラビア語では古くはおそらく現代ベドウィン諸方言(⇨ 10.3)と同じく /g/ だっただろう。いずれにしても /q/ は，古典アラビア語では隣接する子音に強勢特徴の同化を引き起こさない(**iṣtabara* の挿入接辞 *-t-* は *iṣṭabara* のように強勢の *ṭ* になるが，*iqtabara* では強勢に同化しない)ことから，強勢子音ではなかったと言える。

5つめは，ふつう **s*, **š*, **s̠*(おそらく側面音化した *s*) の3つがあったとされるセム祖語の歯擦音が，南アラビア語の現代諸方言では残っているが，アラビア語では **s̠* が /š/ になり，**š* と **s* が /s/ に合流したことである。他のセム諸語ではすべて **s* と **š* の区別が残っている。(ヘブライ語では *sā'ad*「助ける」，*ḥāmęš*「5」のように *s* と *š* であるが，これがアラビア語では *sā'ada*「助ける」，*ḫamsa*「5」のように *š* が *s* になっている，など)。

	「助ける」	「5」
ヘブライ語	*sā'ad*	*ḥāmęš*
アラビア語	*sā'ada*	*ḫamsa*

6つめは，セム祖語の **g* がアラビア語では破擦音の /j/ になり(ヘブライ語

gāmāl，アラビア語 *jamal*「ラクダ」)，これが新たに出現した /š/ とともに口蓋前部の子音グループをなしていることである。

セム諸語の中でのアラビア語の正確な位置づけに関する議論は現在も続いている。これについて，ここで示したデータから言えることは，アラビア語は南セム諸語(南アラビア語，エチオピア語)とも，北セム諸語(カナン語，アラム語)とも特徴要素を共有していること，そして，他には見られない改変ももっていることである。共有している特徴要素もどれが先でどれが後なのかについての確証はないし，印欧言語学で使われているような系統分類の基盤がほとんどないため，アラビア語とセム諸語とのさまざまな関係づけについては，記述的，類型論的な分析研究の枠の中にとどまっているほうがよいのかも知れない。

2.3　文献案内

比較セム語学の定評ある手引書は，今なお Brockelmann (1908–13) である。*Handbuch der Orientalistik*(東洋学の手引書)のセム諸語の巻にはセム語の分類(Spuler 1964b)，セム諸語の拡大(Spuler 1964c)，セム語学史(Fück 1964)の章がある。これらは歴史の概観には有効だが，すでに古くなっているので注意する必要がある。アラビア語を含むセム諸語の手引書で最も新しいのは，Hetzron (1997)，Lipiński (1997)，Kienast (2001)，Weninger (2011) である。

セム諸語について総合的に扱ったものには，Bergsträßer (1928) と Moscati (1964) がある。また，Sáenz-Badillos (1993) の *A History of the Hebrew Language*(ヘブライ語の歴史)の序章も参照されたい。アラビア語学の視点からの最近の概説は，Voigt (2009) がセム諸語について，Belova (2009) が南セム諸語について，Hasselbach and Huehnergard (2008) が北西セム諸語について，Zaborski (2006a) がアフロ・アジア語族について書いている。Garbini (1984) には，セム諸語間の関係や比較法の有効性について，議論の余地はあるが，非常に刺激的な見方が記されている。また，セム諸語の歴史については，Edzard (1998) が収斂モデルを提案している。

セム諸語を系統的に分類することにかかわる諸問題については，von Soden (1960)，Hetzron (1974, 1976)，Diem (1980b) を参照されたい。セム諸語の類型論は Ullendorff (1958) を参照。セム諸語の比較法にまつわる個々の問題を分析したものとしては次の各書がある。語根構造については Petráček (1982)，語幹内複数形については Corriente (1971a) や Ratcliffe (1998)，格変化の体系についてはRabin (1969) がある。

アフロ・アジア語学の概説は Diakonoff (1965) を参照。アフロ・アジア語学の方法論の現状を概観するには Petráček (1984) を参照。アフロ・アジア諸語におけるセム語の位置づけは Garbini (1974) が扱っている。アフロ・アジア諸語の共通祖語の語源辞典には，Orel and Stolbova (1994) がある。

ノストラ祖語は，最近の研究でも依然としてきわめて仮説的なものなので，適切な文献をあげることは難しい。Bomhard (1984) が，序章でノストラ祖語の概説と比較をおこなっている。

セム諸語のグループ内でのアラビア語の位置については，Petráček (1981), Diem (1980b)，Zaborski (1991a)，Voigt (2009)，Al-Mansour (2011) を参照されたい。特に，Hetzron (I974, 1976)，Voigt (1987) の，中央セムグループについての議論はおもしろい。このアラビア語と北西セム諸語の関係についての説には，Huehnergard (1991) が反対している。また Knauf (1988) は，アラビア語はカナン語よりもアラム語のほうに系統関係が近いと主張している。*N* 語尾と *M* 語尾については，Diem (1975) を参照されたい。アラビア語と北西セム諸語に並行性があることを重視した議論が，Garbini (1984: 97–112) にある。

アラビア語の音素目録について，比較セム語学の観点から説明した教科書的なものとして Cantineau (1960) がある。また，/ḍ/ が側面音として発音されていたことについては，第 6 章を参照されたい。

初期のアラビア語

▶ 第 3 章 ◀

3.1　アラブ人

最初の遊牧民たちがいつアラビア半島にやってきたのか，また彼らが何語を話していたのかについてはわかっていないが，彼らがアラビア半島に定住したのは，前 2000 年ころと通常考えられている。アラビア半島南部では紀元前 13〜10 世紀の間に先進的な諸文明がうち立てられた。彼らは紅海をとおって北へぜいたく品を売っており，シリア方面とも大規模な交易関係を展開していた。これらの諸文明が残した碑文に使われている言語はアラビア語の系統であるが，アラビア語がもっている改変のいくつかがこれらの言語には存在しない（⇨ 2.2）。また，その碑文の文字は，フェニキア文字などの北セム文字の系統の文字で，おそらくシリア・パレスチナ地域から南部へ輸入されたものであろう。後の北アラビア文字のもとになっているのが，この南アラビア文字である。南アラビアの碑文の言語は，通常，古南アラビア諸語（Old South Arabian または碑文南アラビア諸語 Epigraphic South Arabian）と呼ばれ，いくつかの方言ないし言語に分けられる。最も重要なのが，サバ語，ミナ語，カタバーン語であるが，これらはイスラム征服のあと，まもなく姿を消すことになる。今日の，現代南アラビア諸語には，ソコトラ語，メヘリ語などがあり，今でも南アラビアの何か所かの孤立言語地域（linguistic pocket）で話されている。これらは碑文南アラビア諸語と系統は同じだが直系ではない（⇨ 8.1）。

南アラビア諸帝国の住人たちは，自分たちのことを「アラブ」とは呼んでいない。紀元前 2 世紀の終りころになると，いくつかの南アラビア碑文に，南部の定住民とは異なる人々として「*ʿrb*」（複数形は *ʾʿrb*）と呼ばれる遊牧民への言及が現れるようになる。しかし，この名称の語幹が使われた最初の例が見つかったのは，ここと は別の地域である。紀元前 853 年の日付のある楔形文字碑文で，そこにはアルビ (*Arbi*) あるいはアルバーヤ (*Arbāya*) の地からきた王ギンディブ (*Gindibu*) がアッシリア王シャルマネセル 3 世の敵の 1 人として記述されている。民族名として「アラブ」という名称が使われるのはさらに後のことで，その最初の例はティグラトピレセル 3 世 (前 745〜727 年) による刻文であり，その後はひんぱんにアラブ (*Arabu*)，アリビ (*Aribi*) という形で現れる。この語にはアッシリア人やバビロニア人にとっては遊牧の諸部族すべてが含まれており，アラム語を話す部族も含まれていた。おそらく，砂漠からきた人々すべてをさしていたのであろう。彼らは都市文明の地を侵し，かわるがわるアッシリアと戦ったり，またアッシリアと同盟して他の敵と戦ったりしていた。紀元前 715 年，アッシリア王サルゴン 2 世は遊牧民の抵抗を抑えるために，サマリアの近くにいくつかの部族を定住させた。その部族の名前はサルゴンの碑文*41 に，タムディ (*Tamudi*)，イバディディ (*Ibadidi*)，マルスィマニ (*Marsimani*)，ハヤパ (*Hayapa*) と書かれている。またアッシュールバニパル王のニネベ宮殿にあるレリーフには，戦っているアラブのラクダ部隊がアッシリア軍に制圧されている様子が描かれている。「アラブ」という名称はまた，ヘブライ語の聖書にも記されている。たとえばエレミア書 25 章 24 節 (前 7 世紀末に書かれた) には，「アラブ (*ʿArab*) のすべての王，砂漠に住むエレブ (*ʿEreb*) の王」という記述がある。

「アラブ」という名称の語源はわかっていない。マリ (現在のシリアのテル=ハリーリー) から出土した楔形文字碑文にハピル人 (*Ḫapiru*) という記述があり，この人々を，上記のアリビ (*Aribi*) と同一とする学者もあるが，この名称はシュメール語のガッビル (*gab-bìr*「砂漠」*42) と関係している可能性もある。また別の説によれば，「アラブ」という名称は「(砂漠を) 渡る」という意味の語根 *ʿ-b-r* から来ており，「ヘブライ人」(ヘブライ語でイヴリート *ʿivrīt*) もこれが起源になっているという。他にも，アラブ諸部族が強国と同盟する存在であった (⇨ 4.1) ことから，「依存する状態に入る」(アッカド語のエレーブム *ʾerēbum*「入る」*43 を参照) を意味するセム語の語根と関連づける説もある。しかし，こ

*41 Sargon II Inscriptions, COS 2.118A, p. 293 などの碑文を参照。
*42 Dossin (1959) p. 48 を参照。
*43 アッカド語では /ʾ/ (声門閉鎖音) と /ʿ/ (咽頭音) が /ʾ/ (声門閉鎖音) に合流しているの

のようにアラブ人について古い時代に記されたものがあっても，ここからは，アリビや，これと類似の名称で呼ばれていたさまざまな部族がどんな言語を話していたのかはわからないから，結局，先史時代のアラブ人たちの言語についての手がかりにはあまりならない。

またアラブ人は，ラクダの使用と密接に関連した形で歴史に登場する。前述の王ギンディブは1,000頭のラクダを用意した。レリーフには，そのラクダに乗って遊牧民が攻撃してくる様子が描かれている。ラクダ飼育の発展に関するブリートの研究(Bulliet 1990)によると，ラクダの家畜化は，最初はアラビア半島南部で始まり，それから前1200年頃に香辛料貿易を通して北部でも知られるようになったらしい。注目すべきは，ある学者によれば，この時期こそがシリア砂漠周縁部のセム語グループが定住文明から離れて砂漠に入った時期だというのである。ガルビニ(Garbini 1984)は，われわれがアラビア語と呼んでいる言語は，この遊牧化，ベドウィン人化(⇨ 2.2)の過程で形成されてきたという。シリア砂漠の遊牧民が鞍を改良し，ラクダのこぶに乗れるようになると，行動範囲が広がると同時に群で飼うことができるようになった。さらに重要なことは南からのキャラバン交易隊を掌握できるようになったことである。この変化は前1世紀末に起こったと考えられ，これが真のベドウィン人化の時代の始まりだった。また，ラクダへの乗り方が変化したことで，この遊牧民たちは，シリアやイラクの文明社会とひんぱんに接触することができた。2，3世紀に鞍頭が発明されるとさらに洗練され，われわれが知っているイスラム直前の時代のベドウィン諸部族のような騎士・勇士社会が発達するにいたったという。

南アラビアと肥沃な三日月地帯をつなぐ交易ルートとして，海路よりも陸路のほうが重要になると，交易における遊牧民の役割は無視できないものになった。主要ルート沿いに南アラビア人の定住地があったが，南アラビア文明が衰えると，交易の流れを遊牧民自身が掌握し始めたのである。この新たな変化の第1段階で大きな役割をはたしたのが，隊商都市のペトラやパルミラ(タドモル)である。ペトラのナバテア王国は106年，ローマのトラヤヌス帝によって征服されたが，ペトラが破壊された後はダマスカスの北西200kmにある，パルミラ人によるタドモル(*Tadmur*)というオアシスがペトラにかわる隊商都市

で，*'erēbum* の語根と「アラブ」の語根 *ʿ-r-b* が同じ語根であったと考えることは不可能ではない。

となった。この大隊商オアシスも，272年のアウレリアヌス帝によるパルミラ征服によって終わった。3世紀以後はビザンチン，ペルシャ，そして最後の南アラビア帝国ヒムヤルの3か国の勢力争いによって情勢が左右された。この3か国それぞれが，アラブ遊牧民の中に同盟部族をもった。ペルシャはラハム族(*Banū Laḫm*)を，ビザンチンはガッサーン族(*Banū Ġassān*)を，ヒムヤルはキンダ王国(*Kinda*)をそれぞれ味方につけた。

しかし，5，6世紀には政治情勢が大きくかわり，まずヒムヤル王国が525年にエチオピアの侵入によって滅び，またペルシャとビザンチンは互いに戦いを続け，両者とも衰退してきていた。パトロンの勢力が弱まるとともに，そのアラブの同盟部族も勢力を失った。これによって内陸に商業拠点が発生することになったのである。その最初がメッカで，メッカはすでに遊牧民の文化と宗教の中心地だったが，この機会に乗じて隊商貿易を支配するようになった。クライシュ族(*Banū Qurayš*)はメッカの支配部族であり，アラビア半島で最も力のある部族の1つになった。この部族の一人である預言者ムハンマドの宣教のおかげで，この部族はイスラム帝国の歴史を通じてその地位を失うことはなかった。

3.2　古代北アラビア語

初期のアラビア語を知るには，他の言語で書かれた碑文の中にみられるアラビア語の要素を見るほかない。南アラビア碑文群には，南アラビア語のものではない固有名詞がいくつか見られる。たとえば，次のようなものがある(*GAP* I, 27)。

zyd「ザイド」(アラビア語 *zayd*)
'slm「アスラム」(アラビア語 *'aslam*)

また，南アラビア諸語の *M* 語尾をともなったものもある。

slymm「スライムム」(アラビア語 *sulaym*)
'bydm「ウバイドゥム」(アラビア語 *'ubayd*)

また，アラビア語の定冠詞 *'l-* をともなったものもある。

'lḥrṯ「アル=ハーリス」(アラビア語 *al-ḥāriṯ*)

これらは，アラビア砂漠を通る香辛料ルートの隊商を守るために南アラビア帝国が使っていた北アラビアの遊牧民部族の名である。数ある碑文群のうちの4つが言語学的に興味深い。19世紀に初めて発見されたもので，初期の段階のアラビア語と見られる言語で書かれている。文字は南アラビア碑文の文字から変化したものを使っており，書かれた言語は原アラビア語とか初期アラビア語と呼ばれることもあるが，本書ではアラビア語碑文の言語（後述の原アラビア語 Proto-Arabic）やイスラム初期のパピルス文書の言語（初期アラビア語 Early Arabic）と区別するために，古代北アラビア語と呼ぶことにする。碑文は多くが断片的で，また，そのほとんどが固有名詞しか記されていないので，言語の特定は困難であるが，それでもわれわれが古典アラビア語として知っている言語と系統的にかなり近いことは確かである。4つの碑文群は，以下の通りである。

サムード碑文群

サムード族（*Ṯamūd*）は，コーランには預言者サーレハ（*Ṣāliḥ*）のメッセージを受け入れなかったために滅びた昔の部族の1つとして言及されている（コーラン第7（高壁）章73節ほか）。また他の歴史資料にも，サムード人という名称は出てくる。先にふれたように，アッシリア王サルゴン2世の碑文の1つに，サムード人をサマリアの近くに移住させたという記述がある。サムード語とは，南は隊商ルートに沿って北イエメンまで伸びた，西アラビアや中央北アラビアに連なるオアシス群から発見され，南アラビア文字起源の文字で書かれた碑文群の言語を呼ぶ言い方である。碑文は何万にも及ぶが，たいていは短いものばかりである。これらの碑文の年代は，前6世紀から後4世紀のものまであり，そのほとんどはドゥーマト=ル=ジャンダル市（*Dūmat al-Jandal*）やヒジュル遺跡（*al-Ḥijr*）[*44]で見つかっている。タイマー=オアシス[*45]（*Taymā'*）から出土した碑文のほとんどはかなり短く，中身はもっぱら「Aの子B」という形の固有名詞ばかりであるから，碑文からはその言語の姿について多くのことはわからないし，それらがすべて同一言語かどうかさえ明らかではないが，他とは別グループの言語である。いずれにしても，定冠詞 *h-*（たとえば，*h-gml*「そのラ

[*44] ともにサウジアラビア北部。ヒジュルは，ウラー市（*al-'Ulā*）近く。

[*45] サウジアラビア北部の町。

クダ」）をもつという特徴要素があるから，タイマー碑文の言語も古代北アラビア語グループに属していると言える。

リヒヤーン碑文群

リヒヤーン碑文群（*Liḥyān*）で最古のものは，イエメンからシリアへの香辛料交易ルート上にあって，メディナの北西 300 km のデダーン=オアシス（*Didān*），現在のウラー（*al-ʿUlā*）から出土しており，文字はやはり南アラビア文字タイプで，おそらく紀元前 1000 年紀後半ころのものである。もともと，このオアシスはマイーン王国（英語 Minaean，アラビア語 *Maʿīn*）の属領だったが，その後，紀元前 1 世紀後半まではプトレマイオス朝エジプトの保護領だった。碑文に使われている王号を根拠に，デダーン碑文群とリヒヤーン碑文群に区分されることもある。古いのはデダーン碑文群のほうで，王であるデダーン（*mlk ddn*）について書かれている。デダーン=オアシスからは 500 以上の碑文が出土したが，その大部分はリヒヤーン王国の諸王についてのものであり，時期は前 4 世紀から後 1 世紀までのものである。碑文の中には人名しか書かれていないものもある。人名の前にはしばしば *l-*（「～に」を表す前置詞）がついており，これは碑文の作者を示したものとも考えられるが，おそらくその人物のために作られた碑文ということなのだろう。中には，長い文（奉納碑文，建物碑文など）もある。言語的には，定冠詞の *h-* または *hn-* がついていることから，古代北アラビア語グループに属していると言える。（次例は，Robin 1992: 118 より）

［定］山 ［定］最も高い
h-gbl hn- ’ʿly　「最も高い山」[*46]

［定］山 ［定］最も低い
h-gbl hn- ’sfl　「最も低い山」[*47]

サファー碑文群

サファー碑文群（*Ṣafā’*）は，ダマスカス南東のサファー地方から出土したためそう呼ばれているが，これも南アラビア系の文字で書かれている。この地方，さらにこれに隣接する地域，そしてサウジアラビアの北部にいたる地域か

[*46] 古典アラビア語の *al-jabal al-’aʿlā* に当たる。

[*47] 古典アラビア語の *al-jabal al-’asfal* に当たる。

ら 15,000 を越える碑文が見つかっている。これらは紀元前 1 世紀から紀元後 3 世紀までのものだが，ほとんど固有名詞しかなく，そのほとんどに前置詞 *l-*「〜に」がつけられている。中には，ベドウィン人のキャンプ地が書かれたものや，死者への哀悼が書かれたやや大きい碑文もある。また，この地域で起きた政治的な事件について書いた碑文もあり，そこには *snt*[*48]「〜の年に」という単語が見られる。これは，女性語尾が *-t* になっているが，女性固有名詞の句末形には女性語尾が *-h* になっているものもある[*49]。後のアラビア文字とは異なり，長母音は書き表さないので *dār*「キャンプ地」は *dr* と書かれ，また二重母音もほとんど書かれず，ふつう *mawt*「死」は *mwt* ではなく *mt* と書かれ，*bayt*「テント」は *byt* ではなく *bt* と書かれている。このように綴りが一定していないということは，おそらく二重母音の発音が *ay* → *ē* や *aw* → *ō* のように変化していたことを示しているのかもしれない。また定冠詞は *h-* と書かれているが，もとはおそらく *hn-* で，*n-* が直後の子音に同化して二重子音になっていたのであろう。

サファー語では，長母音を表す綴りがないから，*-n* は複数形の接尾辞 *-ūn* や *-īn* を表していたと思われる。したがって，*h-ḍlln* は *haḍ-ḍālilūn* あるいは *haḍ-ḍālilīn*「罪を犯すものたち」と読むことができる（アラビア語では同じ子音の音節が連続すると，*aḍ-ḍāllūn*，*aḍ-ḍāllīn* のように母音の脱落が起こる）。また，使役動詞語幹は，動詞 *'šrq*「東へ行く」（未完了形は *yšrq*）のように，*'-* をつけて作られている（アラビア語では，完了形 *'ašraqa*，未完了形 *yušriqu*）。語彙面では，*mdbr*「砂漠」（ヘブライ語 *midbār*）のように，北西セム諸語との類似がいくつか見られる。

ハサー碑文群

ハサー碑文群（*Ḥaṣā'*）の碑文の多くは，サウジアラビアのペルシャ湾岸のハサー県から出土したもので，40 ほどの碑文があり，おそらく前 5 世紀から後 2 世紀のものである。南アラビア文字とほとんど同一の文字で書かれている。碑文はどれも非常に短く，ここからはこの言語についてはほとんど何もわからないが，女神名イラート（*'Ilāt*）の固有名詞を表記した *hn-'lt* にあるように，定冠

---

*48 *snt*「年」は，古典アラビア語の *sana(t)* に当たる。

*49 アラビア語でも女性語尾 *-at* の句末形は *-ah* であることから，サファー碑文群の女性語尾は興味深い。

詞が *hn-* だったことははっきりしている。

定冠詞だけを言語グループの基準とするならば，これらの碑文はすべて *h(n)-* グループになり，古典アラビア語の *ʼl-* とは別のグループということになる。しかし，同じく定冠詞が *-n* や *-hn* である南アラビア諸語ではこれが後置されるのに対し，古代北アラビア語の定冠詞は，アラビア語と同じく前置されている。また，歯擦音が 3 つ(*s*，*š*，側面音の *ś*)ある南アラビア語とは異なり，2 つ(*s*, *š*)に減っていることもアラビア語と共通している。一方，使役動詞の接頭辞は *h-* である(南アラビア語 *s-* あるいは *h-*，アラビア語 *ʼ-*)。また，3 人称の代名詞接尾形には *-h-* が入っている(南アラビア語は *-s-*，例外的にサバ語は *-h-*，アラビア語は *-h-*[*50])。ハサー碑文群の言語がもつアラビア語と異なる特徴要素や，南アラビア語と異なる特徴要素は，おそらくここにあげたものだけではないが，現段階の研究ではこれ以上の結論を引き出すことはできない。

3.3 ナバテア語とパルミラ語

上でとり上げた碑文は，すべて定冠詞に *h(n)-* が使われているものだった。ここではそれらとは違い，定冠詞が *al-* のもの，すなわちアラビア語と同じタイプの最古の 2 つの碑文群，ナバテア語とパルミラ語について見てみよう。両者とも，この地域の多民族間共通語であるアラム語で書かれているが，アラビア語が話されている環境で書かれたものである。この碑文には，口語のアラビア語の痕跡がたくさん入っているが，この痕跡は，われわれが確認できる範囲で現在知られている，古典アラビア語と同じ系統の言語である。

ナバテア語

ナバテア碑文群は，ペトラを都として西暦 106 年まで栄えたナバテア王国のものである。碑文の年代は前 1 世紀から後 1 世紀まで，最も後期のものは紀元後 355 ないし 356 年のものである。碑文は，アラム文字によってアラム語で書かれているが，ナバテア王国の住人は，のちの古典アラビア語と同じ系統の口語を話していたと考えられ，このことは固有名詞やたくさんの借用語の形からも見てとることができる。固有名詞や借用語にみられる定冠詞は *ʼl-* であるが，アラム語の定冠詞 *-ā* に置きかえられていることもある。たとえば，*ʼlʻbd*(発音

[*50] アラビア語の 3 人称代名詞接尾形は，男性 *-hu*，女性 *-hā*。

al-'abd）と並んで *'bad'*（発音 *'abdā*）もある。また，固有名詞のほとんどは語尾が *-w* である。

〈ナバテア碑文〉　〈古典アラビア語での発音〉

yzydw　*yazīd*

ḥrtw　*ḥāriṯ*　（古典アラビア語の *ṯ* は，*t* で書かれている）

テオフォリック名（神名が組み込まれた人名）には，語尾が *-y* のものもある。*'bd'lhy*（アラビア語の *'abdallāhi*「神のしもべ」）。この *-w* と *-y* の語尾は，それぞれふつうは主格と所有格の格語尾と考えられているが，固有名詞にしか現れないし，また，固有名詞でもそれが落ちていることもあるなど，全般的にその使い方には不統一が多い（例: *mlk nbṭw*「ナバテア王」や *šrkt tmwdw*「サムード族」では所有格語尾（*-y*）が書かれるはずなのに，主格の *-w* が書かれている）。使い方が不統一であることから，これらの語尾は綴字法上の慣習にすぎないと結論づけられている。古典アラビア語でも後に，固有名詞アムル（*'mrw*）は，ウマル（*'mr*）と同じ綴りになることをさけて，両者を区別するために綴字法上の方策として語尾の *-w* を残している。このナバテア碑文群の綴字法は，イスラム以前のアラビア語諸方言で格語尾が失われていたかどうかという議論では重要な要素になっている（第4章）。しかし，研究者の中には，これらの碑文に反映されているアラビア語は，イスラム以前のアラビア語世界とは言ってもせいぜいその周縁地域にあって，おそらくは他の諸言語との接触でさまざまな変化を経たあとのアラビア語だという者もある。

パルミラ語

パルミラ碑文群は，西暦273年にローマに滅ぼされたタドモル（=パルミラ）のオアシスから出土したものである。このオアシスはアラブ人の居留地だったと考えられ，支配王家がアラブ系だったこともある。ほとんどの碑文は西暦2～3世紀のものだが，それよりはるか以前の碑文も見つかっている。パルミラから出土した碑文の言語は，ナバテア碑文群と同じくこの地方の多民族間共通語であるアラム語であり，文字はアラム文字の一種で書かれている。パルミラ碑文は，アラビア語史にとってはあまり重要ではない。それは，アラビア語の単語があまり入っておらず，あってもほとんどが固有名詞だからである。これらの固有名詞には，ナバテア碑文群と同じように語尾 *-w* がついていることがある。

ペトラのナバテア碑文群も，パルミラの碑文群も，アラビア語史の資料としては間接的なものである。どちらの地方でも，話されているのはアラビア語だったが，威信のある書記コミュニケーション言語はアラム語だったからである。したがって，碑文の中にあるアラビア語の要素は固有名詞や借用語に限られ，ときどきこの書き言葉（アラム語）の中に話し言葉（アラビア語）からの干渉が見られる程度である。碑文から拾い集められる情報は限られているが，そこから，アラビア名を綴るときのアラム文字の綴字法を推定することができる。ディエム（Diem 1973a）は資料を分析し，この綴字法が土台となって初期のアラビア文字の綴字慣習が成立したとしている。

ナバテア式アラム文字からアラビア文字への影響は，まず，アルファベットの順序にはっきりと現れている[*51]。また，アラビア文字では同じ形の文字は符号点をつけて区別しているが，どの文字に符号点をつけて両者を表すのかは，ナバテア語・パルミラ語碑文の文字体系にまでさかのぼる。アラム文字は，アラビア語の音素のすべてはカバーしていないので，いくつかの文字は2つの音素を表していた。たとえばアラム文字の *dalet* はアラビア語の *d* と *ḏ* を，文字 *ṣadē* は *ṣ* と *ḍ* を，文字 *ʿain* は *ʿ* と *ġ* を，文字 *ṭet* は *ṭ* と *ḏ̣* の両方を表した。

〈アラム文字〉	〈それが表すアラビア語音〉
dalet	*d* と *ḏ*
ṣadē	*ṣ* と *ḍ*
ʿain	*ʿ* と *ġ*
ṭet	*ṭ* と *ḏ̣*

このような規則があるからといって，これらの音素が当時の口語アラビア語ですでに合流していたということではなく，単にナバテア文字ではそれらを区別していなかったというにすぎない。*ḏ̣* と *ḍ* の2つは，話し言葉ではイスラム征服直後に合流することになるが，碑文にはこの区別がまだ反映されてい

---

*51 「A B C D…」の順序のこと。アラビア文字も当初は，アラム文字の順を使っていた（*ʾ b j d h w z ḥ ṭ y k l m n s ʿ f ṣ q r š t* に，アラビア語のみの文字 *ṯ ḫ ḏ ḍ ḏ̣* がつづく）。ギリシャ文字やローマ字もこの順を受け継いでいる。アラビア文字はのちに，類似した形の文字をまとめ，今の順（*ʾ/b t ṯ/j ḥ ḫ/d ḏ/r z/s š/ṣ ḍ/ṭ ḏ̣/ʿ ġ/f q/k l m n h w y*）としたが，アラム文字順は現在でも箇条書きなどに使われる。

て，*ḏ̣* は *ṭ* と同じ文字 *ṭet* で転写され，*ḍ* は *ṣ* と同じ文字 *ṣade* で転写されている。古典アラビア語の文字体系には，いまだにこの割り当てが反映され，*ṭā' / ḏ̣ā'* と *ṣād / ḍād* のペアは，同じ字形に符号点をつけて区別している。*ḏ̣* の発音は *ṭ*[*52] の発音を歯間音にしたものと理解されていたことは明らかだが，一方 *ḍ* は歯間音とは別の類の発音[*53] を表していた (⇨ 2.2)。

アラム文字でアラビア語名を書くときの綴字法から，アラビア文字が借用したもののうち最も重要なのが長母音の綴り方である。長母音 *ā* は語中ではあまり綴られず，短母音と区別できなかったが，語末では *y* や ' で綴られていた。この書き分けはおそらく単語の成り立ちを示すためのものである。たとえば前置詞 *ʿalā*「〜の上」の長母音 *ā* が文字 *y* で綴られるのは，これに接尾辞がつくと *ʿalay-ka*「あなたの上」のように発音が *y* になるからである。この綴り方がアラビア文字に受け継がれたため，多くの単語で語末の *-ā* が文字 *yā'* で綴られているのである[*54]。語中の *ā* が綴られない例は，コーランの写本の中でも多くの単語に見られる。

	〈発音〉	〈綴り〉
（人名）	*sulaymān*	*slymn*
「これ」	*hāḏā*	*hḏ'*
「神」	*allāh*	*'llh*

のちにこの不完全な綴りは，文字の上に書かれる，いわゆる「直立のアリフ」で表されるようになった。また，ナバテア碑文群では，ある一群の単語において語中の *ā* が文字 *w* で綴られている（たとえば，*ṣalāh*「礼拝」の綴りは *ṣlwh*）。これはおそらく，アラム語でこれらの単語の長母音 *ā* が *ō* に変化していたからであろう（アラム語では *ṣlōṯā*「祈り」）。これが，コーランで *ṣalāh*「礼拝」や *zakāh*「喜捨」などの *ā* が文字 *w* で綴られる理由である。

ナバテア語で，固有名詞の語末に *-w* や *-y* が綴られる規則があることは前述したが，今でも古典アラビア語にはこの慣習が生きていて，人名アムル（*ʿamr*）

*52 現代文語では *ṭ* を無声［ᵵ］としているが，古典時代には有声の［ᵭ］（現代文語の *ḍ* と同じ発音）であった。

*53 おそらく側面化音［ᵭɬ］であったと考えられている。

*54 現在の綴字法ではこの場合，文字 *y* の符号点をつけないことによって *ā* であることを表す。

はふつう *ʿmrw* と綴られている。ナバテア碑文群では次のように書かれている(Diem 1981: 336)。まず，男性単数の固有名詞の末尾には，単独形ではたいてい文字 *-w* が書かれ，発音は *-ū* である。

zydw 「ザイド」
klbw 「カルブ」
ʿmrw 「アムル」

単語の組み合わせからなる名前では，2 語目の語尾に文字 *-w* か *-y* を書く。

〈*-w* のもの〉
ʿbdmlkw 「アブド=マリク，あるいはアブド=マーリク」
ʿbdʿmrw 「アブド=アムル」

〈*-y* のもの〉
ʿbdʾlhy 「アブド=アッラー」
whbʾlhy 「ワハブ=アッラー」

単独で引用されているので，これらの語尾は，統語的な位置(すなわち格)には関係ない。この引用形はアラビア語の句末形と考えられる。しかし，これは驚くようなことではない。というのも，これらはアラビア語の名前が，格変化のないアラム語の文の中に入り込んでいるだけだからである。

単語の組み合わせからなる名前の語尾に *-w* があるのは，それが 1 つのかたまりとして扱われ，1 単語の名前と同じく語尾を *-w* で表すという慣習にのっとっているからだというのが最も妥当な説明であろう。そして，これらが本当に単独形で引用されているのだとすれば，語尾の *-w* や *-y* は名前の句末形(pausal form)[*55] とみなされていたことになる。句末形は，古典アラビア語であれば，たとえば「アムル」という名前には，単数目的格形 *ʿamran* の句末形 *ʿamrā* 以外では *ʿamr* であり，*-w* や *-y* はつかないが，ナバテア語資料は，このころの古いアラビア語には句末形として *ʿamrū*, *ʿamrī*, *ʿamrā* があったこと，そしてこのうち，古典アラビア語では 3 つめの *ʿamrā* しか残らなかったことを示して

[*55] 主として文末において用いられる語形。文中であっても区切りの位置では句末形になることがある。単独形(isolated form)は，文ではなく，題名のように単独で書かれている場合をさすが，語形としては句末形と同じ。

いる。また，女性の名前には，たいてい語尾 *-t* が綴られているが，ときおり *-h* も綴られている。この *-h* が女性語尾の句末形だったとすれば，女性名詞も句末形が変化して，古典アラビア語の *-ah* のようになっていたことを示していることになろう。

3.4　アラビア語のはじまり

ここまで，アラビア語と同系統の言語で書かれた文面（北アラビア語碑文群）と，別言語で書かれてはいるが，当時話されていたアラビア語からの干渉が見られる文面（ナバテア碑文群とパルミラ碑文群）について見てきた。この後者のグループは，アラビア語ではなく，当時の公用語であるアラム語で書かれているため，アラビア語史にとっての価値には限界がある。ほとんどの人が口語アラビア語で話している環境で書かれたその碑文からは，せいぜい，話されていたアラビア語についていくらかのことがわかる程度である。南アラビア諸碑文に書かれた文面に見られるアラビア語の固有名詞や借用語についても同じような限界がある。

これに対して，次にあげる南アラビア文字で書かれた古い時期の碑文*[56]（⇨地図 3.1）のいくつかには，アラビア語の特徴要素がたくさん含まれているので，それがアラビア語の初期の姿（アラビア祖語）であると考えることができるかも知れない。

南アラビアのナジュラーン市の北方 280 km にあるファアウ村（*al-Fa'w*）から出土した一群の碑文はサバ文字で書かれてはいるが，言語はアラビア語と系統的に近い。これらはまとめてカハターン語（*Qaḥṭān*，あるいは擬似サバ語 pseudo-Sabaean）として知られている。このうち，いちばん長い碑文はイジュル（*'Ijl*）の墓碑（前 1 世紀）であるが，ここには「アラビア語的な」定冠詞を見ることができ，さらに定冠詞がアラビア語と同じようにいくつかの子音に同化している。たとえば，*w-l-'rḍ*（発音は *wa-l-'arḍ*「そして地」）では定冠詞 *l-* が書かれているのに対して，*'-smy*（発音は *as-samā'*「天」）では *s* に同化しているため *l-* が書かれていない。また，リヒヤーン文字で書かれた碑文でも，ホライバ村（*al-Ḫurayba*）から出土した碑文などいくつかでは定冠詞が *'l-* であるように見えることから，これをアラビア語とみなすことができるはずである（Macdonald

*[56] 次の地図 3.1 を参照。

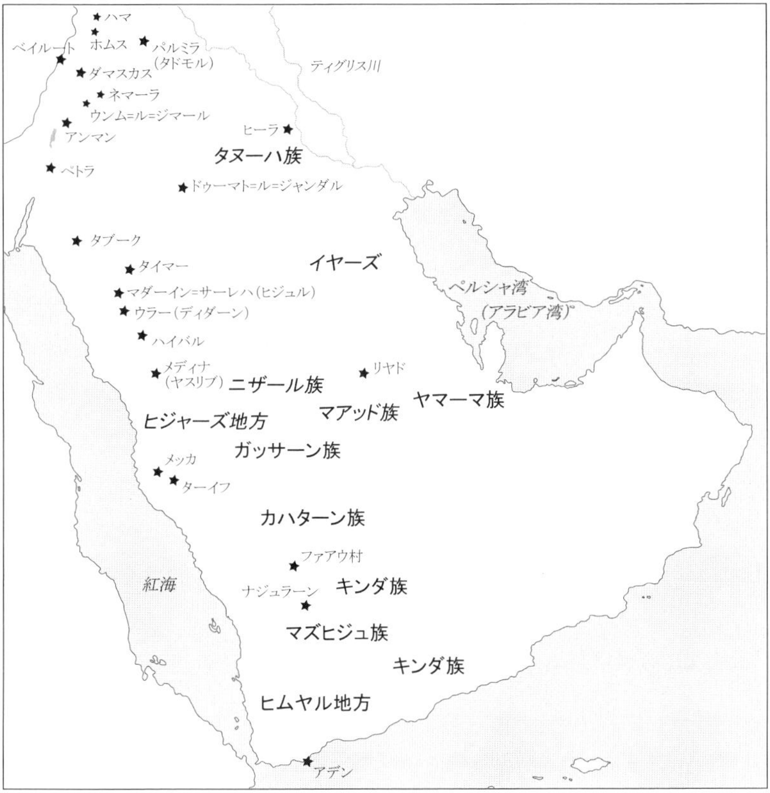

【地図 3.1】　イスラム以前の北アラビアと肥沃な三日月地帯

(Robin 1992: 12, 36 より)

2008: 468)。同じように，ナバテア文字で書かれた碑文でも，ウンム=ル=ジマール村(*'Umm al-Jimāl*，後 250 年頃)とヒジュル村(*al-Ḥijr*，後 267 年)の 2 か所から出土した短い碑文もアラビア語である(Macdonald 2008: 470–1)。この 2 か所の碑文には共通の名詞がいくつかあって，これらは，*'lqbrw*(発音は *al-qabrū*)「墓(定冠詞つき)」，*qbrw*(発音は *qabrū*)「墓(定冠詞なし)」のように，語末に *-ū* が綴られている。

一方，南アラビア文字以外の文字で書かれたアラビア語碑文で最も有名なのは，間違いなくネマーラ(*an-Namāra*，ダマスカスの南東 120 km，後 328 年，1901 年発見)のネマーラ碑文であろう。ナバテア文字で比較的長い文が書かれていて，これが現在の古典アラビア語と本質的に同一の言語であることはほぼ認められている。この碑文は，*Mr'lqys br 'mrw*，つまり，「アムルの子，イムル=ル=カイス（*Mar'ulqays bar 'Amrū*）」を記念するものだった（アラビア語の *ibn*「息子」のかわりに，アラム語の *bar*「息子」が使われている）。ネマーラ碑文の，ベラミーの最新の版（Bellamy 1985）による試験的な母音つけと翻訳を次に示す。

［転写］

1. *ty nfs mr '1qys br 'mrw mlk 'l'rb [w]lqbh ḏw 'sd w[m]ḏḥj*
2. *wmlk 'l'sdyn wbhrw wmlwkhm whrb m<ḏ>ḥjw 'kdy wj'*
3. *yzjh fy rtj njrn mdynt šmr wmlk m'dw wlbl bnbh*
4. *'lš'wb wwklhm frsw lrwn flm yblġ mlk mblġh*
5. *'kdy hlk snt 200 + 20 + 3 ywm 7 bkslwl yls'd ḏw wlwh*

［試験的な母音づけ］

　　これ　墓碑　イムル　ル=カイス　子　アムルの　王　アラブの　そして　彼の尊称　持つ者　アサドの　と
1. *Tī nafs*^{u} *Mri'*^{i} *1-Qays*^{i} *bar 'Amr*^{in} *malik*^{i} *l-'Arab*^{i} *wa-laqab*^{u}*hu Ḏū 'Asad*^{in} *wa-*
　　マズヒジュの
　　Maḏḥij^{in}

　　そして　征服した　アサド人たちを　そして　彼らは圧倒された　そして　彼らの諸王　そして　敗走させた
2. *wa-malaka l-'Asadīyīna wa-　buhirū　wa- mulūk*^{a}*hum wa-harraba*
　　マズヒジュたち　その後　そして　来た
　　Maḏḥijw 'akkaḏā wa-jā'a

　　それを走らせる　中に　大門の　ナジラーンの　町の　シャンマルの　そして　征服した　マアッドたち
3. *yazujjuh(ā)　fī　rutuj*^{i} *Najrān*^{a} *madīnat*^{i} *Šammar*^{a} *wa-malaka　Ma'addw*
　　そして親切に扱った　を　高貴な者
　　wa- nabala　bi-nabah^{i}

　　［定］民衆の　そして　彼らを総督にした　そして　彼らは長になった　の　ローマ　そして　なかった　達し　1人の王
4. *l-šu'ūb*^{i} *wa- wakkalahum　fa-　ra'asū　li-Rūma　fa-　lam　yablaġ malik*^{un}
　　彼の功績
　　mablaġ^{a}*hu*

　　その後　滅した　年　日　に　カスルールおおを！　幸福　者　彼の友である
5. *'akkaḏā halaka sanat*^{a} *223 yawm*^{a} *7 bi-kaslūl yā la-sa'd*^{i} *ḏū wālawhu)*

［解釈］

1. これはアラブ諸族の王である，アムルの子，イムル=ル=カイスの墓碑。そして（？），彼の尊称はアサド族とマズヒジュ族の征服者。
2. アサド族を征服し，彼らはその王らとともに征服され，マズヒジュを敗走させ，その後，彼がきて
3. シャンマル町のナジラーン門へ突入し，またマアッドを制圧し，（その部族の［次の行の初めにある］）貴族と穏やかに取引した。
4. 彼らを総督に指名し，彼らはローマの族長になった。彼の功績に匹敵する王はいない。
5. その後，彼は 223 年，カスルール月の第 7 日に死んだ。おお，彼の友だった者たちの幸運を。

   （Bellamy 1985）

この文面は，解釈が明らかな部分もあるが，いくつか決定的な部分についてはまだ論争中である。とくに 1 行目の *wa-laqabuhu*「そして彼の尊称は」という句は，以前の研究では *kullihā*「そのすべて」と読んでいたし，イムル=ル=カイスを「全アラブ諸族の王」であるとしていた。4 行目でベラミーが *fa-ra'asū*「そして彼らは長になった」と読んでいる部分は，長い間，「騎兵隊」あるいは「ペルシャ人」という意味で *fārisū* と読まれてきた部分であり，長い論争が続いている。細かな解釈はどうあれ，この文面は古典アラビア語で書かれているということははっきりしているが，いくつか奇妙なところもある。女性指示詞の *tī*[*57] はアラビア古典詩にはないし，関係詞 *d̲ū* はアラブ文法学者たちがイスラム以前の方言の語法[*58] として報告している（⇨ 4.2）ものである。「その後」あるいは「それまで」と訳されている *'kd̲y*（発音は *'akkad̲ā* か？）という単語があるが，これは古典アラビア語にはない。また，語彙の面では，ナバテア語からの借用である *nfs* が「墓碑」の意味で出現していることも付言しておく。

紀元後 1 世紀ころのさらに古い文面が，1986 年にエン=アヴダト（*'En 'Avdat*，ベエル=シェヴァの南 60 km にあるネゲブ砂漠の村）から出土した。これは解釈がいっそう困難だが，おそらくアラビア語で書かれた最古の文であろう。こ

---

*57 古典アラビア語の *allatī*（被修飾語が女性名詞であるときの節定冠詞），*tilka*「あれ」を参照。

*58「タイイ族の *d̲ū*」。

の碑はタイム=アラヒ(*Taym 'alahi*)の子ガルム=アラヒ(*Garm 'alahi*)によってオボダス神(Obodas)のために建てられたもので，ナバテア文字で書かれたアラム語の中で，3行がアラビア語で書かれている。次の転写と翻訳はベラミー(Bellamy 1990)による。

[転写]

1. *fyf'l l' fid' wl' 'ṯr'*
2. *fkn hn' ybġn' 'lmwtw l' 'bġh*
3. *fkn hn' 'rd jrḥw l' yrdn'*

[読み]

そして　彼は為す　無し　報酬　そして無し　恩恵
1. *fa- yaf'alu lā fidan wa-lā 'aṯara*

そして　だった　ここ　我々を欲す　[定]　死が　ない　彼を欲させ
2. *fa- kāna hunā yabġīnā 'al-mawtu lā 'abġāhū*

そして　だった　ここ　膿む　傷が　ない　我々を滅ぼさ
3. *fa- kāna hunā 'arāda jurḥun lā yurdīnā*

[解釈]

1. (彼は)報酬も褒めもなしに働く
2. 彼は，死がわれわれを求める時，それを求めさせず
3. 傷が膿んだとき，われわれを滅ぼさせなかった

この碑文は，ほとんどの部分が確定できていない。ナバテア碑文群では人名にしかつけられない *-w* が，この碑文では普通名詞の *'l-mwtw*「死」と *jrḥw*「傷」にもつけられていると見られることから，*-w* はのちには(ネマーラ碑文のように)ほとんど固有名詞にしか使われなくなったが，もとは普通名詞にもつけられていたと言える。ただし，別の箇所では *w* が後続の単語の方につけて書かれているから，普通名詞につけられていたわけではないのかも知れない。*kn* は，動詞 *kāna*「～だった」，あるいは接続詞の「もし」，あるいは古典アラビア語の *lākin*「しかし」に対する肯定の *kin*「そして」のいずれかと解釈されている。また，シャロンは *'rd* と *yrdn'* を語根 *warada*「水場へ下る」の活用形だとして，3

行目を次のように読む (Sharon, *CIAP* I, 193)。

wa-kun / ken hunā 'arid, jarḥū lā yaridnā
「そしてもし私がここの水場に来るなら，災難を私に来させない」

しかし，この碑文は定冠詞 *'l-* が使われていることから，アラビア語で書かれているということは確実で，さらなる解釈が待たれるが，アラビア語の最古の姿を示す興味深い資料である。

ネマーラ碑文から言える最も重要なことは，語尾の *-w* が，ウンム=ル=ジマール碑文やヒジュル碑文では普通名詞にも使われているが，これがもはや普通名詞には使われず，そして固有名詞にさえ全部には使われていないということである。このことは，碑文の言語も古典アラビア語と同じように*59，目的格の *-ā* を除けば，句末形語尾がゼロ語尾になっていたことを示している。そうすると，固有名詞の末尾の *-w* や *-y* の綴りも，ナバテア・アラム式綴りの名残にすぎないと考えられるであろう。このような綴字法がしばらくは旧綴りとして残されたが，古典アラビア語の正書法体系ではついに人名アムル (*'amr*) を除いては姿を消したということになろう*60。アラビア語で書かれたイスラム以前の碑文を見ても，当時のアラビア語に格語尾が存在したという証拠も，存在しなかったという証拠も，決定的なものは提供してくれない。イスラム以前の碑文は，句末形語尾を目的格で綴ることもそうだが，ナバテア式綴りの慣習にしたがっているのである。どちらにせよ，古典アラビア語の格語尾の区別が，後に詩語のようなものから再度入ってきたのか (第 4 章)，それとも以前からあったものなのかという問題の答えは，碑文からはわからない。双数語尾の唯一の例としてあげられてきたネマーラ碑文の *'l'sdyn* も論争中である。それを双数語尾として *malaka l-'asadayn*「彼はアサド人の 2 部族の王になった」と解釈する学者もあるし，また複数語尾として *al-'asadīyīna*「彼はアサド人たちの王になった」と読む学者もある。どちらにしてもこれらの単語は，文中の位置からして所有格になるが，この当時，新アラビア語 (現代口語) と同じく，主語の位置でも主格でなく，所有格が使われていたのかどうかまでは明言することができない。

---

*59 古典アラビア語では目的格で不定 ($-^{an}$) のとき，語尾に文字アリフ (') を書くが，定のときやその他の格では何も書かれない。

60 「アムル」は，'mrw* のように *w* を書く。

エン=アヴダト碑文やネマーラ碑文のほかにも，明らかにアラビア語で書かれている古い文書が見つかっているが，それらも依然としてアラビア文字とは別の文字で書かれている。アラビア語で書かれたイスラム以前の碑文の中で，アラビア文字と呼べそうな文字で書かれたものとしては，次の碑文が知られている。

1. アカバの東のラム山（*Ramm*）出土のペイント（後4世紀半ば）。マクドナルド（Macdonald 2008: 469）によると，これはナバテア文字からアラビア文字になる途中の文字で書かれているという。
2. アレッポ近郊のザバド（*Zabad*）出土の3言語（アラビア語・シリア語・ギリシャ語）碑文（後512年）
3. ダマスカス南東100 kmほどのウサイス山（*'Usays*）出土の碑文（後528年）
4. 北ホーラーン地方（*Ḥōrān*）のハッラーン（*Ḥarrān*）出土の碑文
5. 南ホーラーン地方のウンム=ル=ジマール（*'Umm al-Jimāl*）出土の後6世紀以降の碑文

たとえばハッラーン出土の碑文は次のようになっている（Robin 1992: 117）。

'n' šrḥyl br ṭlmw bnyt d' 'lmrṭwl šnt 463 bʿd mfsd ḫybr bʿm

これを古典アラビア語にすると，次のようになる。

私は	シャラヒール	子	ザーリム	私は建てた	この[定]	神殿	年に		後に	滅亡	ハイバル
'anā	*Šaraḥīl*	*bin*	*Ḏ̣ālim*	*banaytu*	*ḏā*	*l-marṭūl*^{a}	*sanat*^{a}	*463*	*baʿda*	*mafsad*^{i}	*Ḫaybar*

で	1年
bi-	*ʿām*^{in}

「私，ザーリムの子シャラヒール（あるいはタルムー）は，この神殿を463の年（西暦568年のこと），ハイバルの滅亡の1年後に建てた」

これらの碑文は非常に短く，また解釈にも議論の余地があるから，言語学的に重要というよりはむしろ文字史研究にとって重要なものである。現在のアラビア文字の初期の段階を見せてくれるからである。アラブ側の資料では，アラビア文字の発明をアダムとかイスマエルに帰しているものは別として，アラビア文字が外部から，すなわちジュルフム族（*Jurhum*）によって南アラビア地方から，あるいはメソポタミアからもたらされたとされている。メソポタミアからきたとする説は，ヒーラ市（*al-Ḥīra*）の人々が主張しているもので，アラビア文字はシリア文字と関係があるとするものである（イブヌ=ン=ナディーム『目録（フィヒリスト *Fihrist*）』p. 7–8）。実際，アラビア文字における短母音の符号は，ほかの特徴要素と同様，イスラム暦第 1 世紀に，おそらくシリア語から借用されたものである（第 4 章）。現代の研究の中では，スターキー（Starcky 1966）がシリア文字起源説を提案している。スターキーは，ナバテア文字は線から下へぶら下がっている形なのに対し，シリア文字とアラビア文字は線の上に文字が乗っかっている点を指摘して，ここから，ラハム朝（*Laḫm*）の首都ヒーラ市においてシリア文字の草書体の形がアラビア文字に発展したと主張した（⇨図 3.1）。

シリア文字起源説は，今ではほとんどの学者が捨ててしまっている。ルクセンバークはこの説を，コーランの中のシリア・アラム語起源についての学位論文（Luxenberg 2000）で復活させ，表記が不完全に見えるのは，文面の解釈のほうが多く間違っているからだとしているが，この説も広くは受け入れられていない。アラビア文字はナバテア文字の草書体の一種から発達したというほうが可能性が高そうである。ナバテア文字はアラム文字に由来するが，アラム文字には文字と文字の間に接続線がない。これが西暦 3〜5 世紀の，後期のナバテア碑文文字になると，ナバテア文字からアラビア文字への過渡的な形が認められる（Nehmé 2010）。さらに，ナバテア文字の草書体には，現在のアラビア文字らしい特徴がすでにほとんど現れている。碑文のナバテア文字では紀元後 400 年以降まで接続線が発達していないが，ネゲブ地方から出土した紀元後 200 年より以前のナバテア王国の陶片（オストラコン）には，すでに接続線を使った草書体が見られるので，精緻な草書体の字形は紀元後 2 世紀にはすでに現れていたと考えられ，これがアラビア語を書くときにも使われたのである。アラビア文字そのものの変化で最も重要なのは，単語内で文字どうしをつなげるシステムを作り上げたことと，単語内での位置によって文字の形を変えるシステムである。

アラビア文字（の前身）の碑文を見ながら，話題がだんだんとイスラム直前の時代へと近づいてきた。この時代は，ベドウィン人がまだコーランの啓示を知らない時代ということで，アラビア語ではジャーヒリーヤ（*Jāhiliyya*[*61]）と呼ばれる。この時代については第 4 章で扱う。本章でふれた資料の総量は多く

[*61] 形容詞 *jāhil*「無知な」を抽象名詞化したもの。

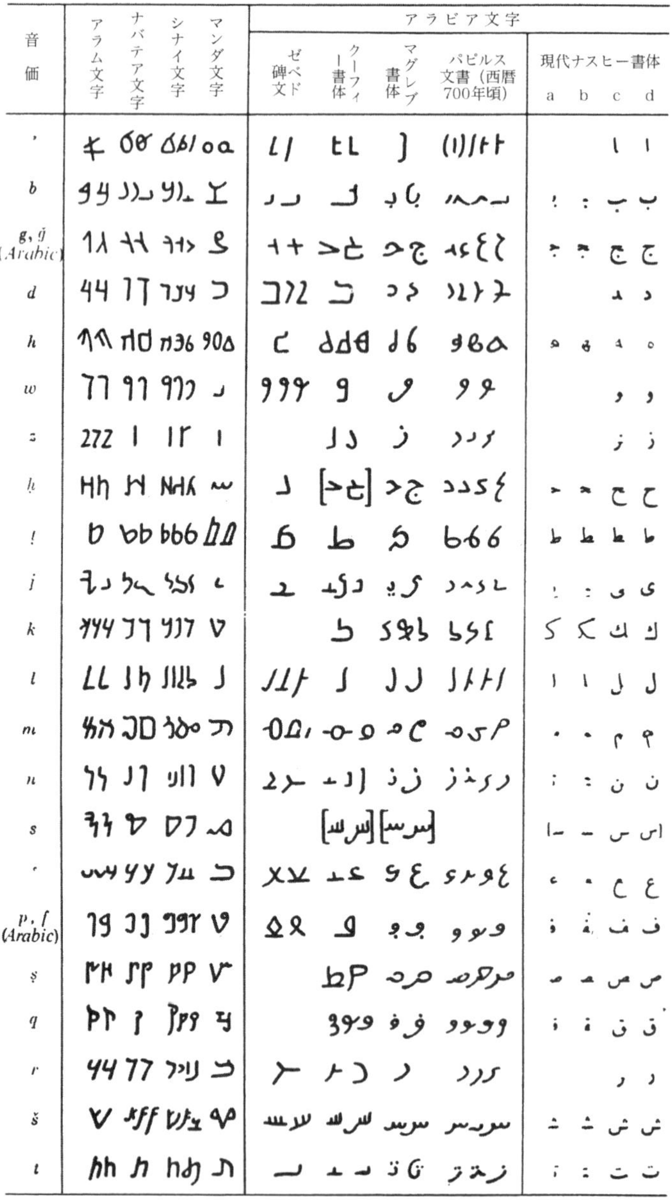
音価
アラム文字
ナバテア文字
シナイ文字
マンダ文字
アラビア文字
ゼベド碑文
クーフィー書体
マグレブ書体
パピルス文書（西暦700年頃）
現代ナスヒー書体
a b c d
ʼ
b
g, ǧ (Arabic)
d
h
w
z
ḥ
ṭ
j
k
l
m
n
s
ʻ
p, f (Arabic)
ṣ
q
r
š
t

【図 3.1】　アラビア文字の変遷

（Hans Jensen, *Singn, symbol and Script*, 第 3 版, London: George Allen and Unwin, 1970: 322 より）

ない。碑文の数は相当あるが，最も長いものでもそこから歴史時代に先立つアラビア語の変遷をたどれるほどじゅうぶんな資料ではない。それでも，サムード碑文群，リヒヤーン碑文群，サファー碑文群，ハサー碑文群に書かれた言語の段階，そしてペトラやパルミラから出土したアラム語碑文に現れるアラビア語の要素は，少なくともこの初期の変遷をかいま見せてくれている。少なくとも，書かれた最古の資料よりも以前に，何らかの歴史があったことはわかるし，またたとえ「アリビ」や「アルバーヤ」と呼ばれた人々の言語が何語かはわからないとしても，長い間，自らを子音 ʿ，*r*，*b* からなる名称で呼んでいた遊牧民が砂漠に住んでいたことはわかる。さらに，少なくとも紀元後 1 世紀以降，彼らの一部が古典アラビア語と同じ系統の，それと非常に近い言語を使っていたこともわかるのである。

3.5　文献案内

アラブ人の初期の歴史についての定評ある研究には，Altheim and Stiehl (1964–9) がある。包括的な手引書は Retsö (2003) で，古代中東史における遊牧民の役割については Höfner (1959)，Klengel (1972) がある。Klengel (1972: 88–103) は，楔形文字碑文に現れるアラブ人にもふれている。イスラム以前のアラブとビザンチウムの関係についての標準的な研究は Shahid (1984) である。アラビア半島のベドウィン人化の歴史については Dostal がいろいろな論文で扱っている (Dostal 1959 など)。Bulliet (1990) は，初期のラクダ家畜化の発展とアラビア半島での定住史についての興味深い研究である。「アラブ」という名称の起源については Dossin (1959) と Retsö (2006)，古代のベドウィン社会については Henninger (1959) を参照されたい。

本章でふれたさまざまな碑文の概説は W. Müller (1982) によるものであり，これにはそれ以上の研究も収められている。碑文についての最新の概説は Macdonald (2008) であるが，そこでは初期のアラビア語と北アラビア語について「(碑文) 古アラビア語 (Epigraphic) Old Arabic」という用語を使っている。古代北アラビア語については，Macdonald (2004) と Hayajneh (2011) がある。Macdonald は，古代北アラビア碑文をすべてデータベース化している。イスラム以前のアラビア語については，Beeston (1981) と Robin (1992) が概観している。イスラム以前のアラビアの言語地図は Macdonald (2000) にある。それぞれの碑文群については，次の資料にあたるとよいだろう。サムード碑文群は van den Branden (1950)，リヒヤーン碑文群は Jaussen and Savignac (1909, 1914) がほとんどの碑文を出版している。また，新しい碑文は Stiehl (1971) に収められている。サファー碑文群については Littmanh (1943)，また，W. Müller (1982) には碑文を写したスケッチがあって，本章ではここから例を引いた。サファー碑文群は，Macdonald がオンラインデータベース化している (http://krcfm.orient.ox.ac.uk/fmi/iwp/cgi?-db=AALC_BDRS&-loadframes)。ハサー碑文群については Jamme (1967) がある。

ナバテア碑文群とパルミラ碑文群に関してはさらに詳しい研究がある。ナバテア語の文法記述は Cantineau (1930–2) がおこなっている。さらに新しい概説には Healey (2007) があり，主な碑文は Healey (2009) に集められている。パルミラ語については，Cantineau (1935) を参照されたい。また，パルミラにおける二言語併用については，Kaizer (2002: 27–33) がある。ナバテア語綴字法とアラビア語史との関連性については，Diem (1973a) を参照されたい。Knauf (2010) は，ナバテア人が話したアラビア語とヒジャーズ地方の商人のアラビア語との間の関係を扱っている。その中では「古代北アラビア語」を，本書とは異なり，Ancient North Arabian ではなく Ancient North Arabic と呼んでいるが，それはこの言語がナバテア人の話していたアラビア語，彼の言う Old Arabic の前身であるとみているからである。また，エン=アヴダト碑文とネマーラ碑文のアラビア語を Early Standard Arabic (初期標準アラビア語) と呼んでいる。

イスラム以前のアラビア語碑文については，Grohmann (1971: 15–17) の古代文字の手引書のほか，Bellamy (1988) などの単著や論文がある。これらの碑文の文字の発展と文献一覧は Gruendler (1993: 12–14) を参照。これらの碑文の文面集は Sharon (1997–) で，第 5 巻まで出版された。有名なエン=アヴダト碑文もこの中に収められている (I 巻 pp. 190–94)。ネマーラ碑文の本書の読みと解釈は Bellamy (1985) によるものである。これに関する議論の，より新しい研究には，Retsö (2003: 467–73)，Kropp (2006)，Zwettler (2006) がある。エン=アヴダト碑文 (ʿEn ʿAvdat) については，Negev (1986)，Bellamy (1990)，Noja (1989, 1993)，Ambros (1994)，Testen (1996) がある。後期のアラビア文字の変遷については，Abbott (1939)，Grohmann (1967, 1971)，Endreß (1982) が扱っている。シリア文字起源説は Starcky (1966) で，この説について Sourdel-Thomine (1966) が検証している。Gruendler (1993) には個々の文字の詳細な文字表があり，碑文と草書体の両方のナバテア文字，アラビア文字，そして，イスラム以前やイスラム時代初期のほとんどの重要碑文の写しが収められている。ナバテア碑文群の変遷は Nehmé (2010) が検証している。ナバテア文字とアラビア文字の関連については Macdonald (2009) にある。

イスラム以前のアラビア語

▶第 4 章◀

4.1　アラブ人の言語

預言者ムハンマドによってクライシュ族に届けられたコーランは，その中に，啓示自体が「アラビー」(*ʿarabiyy*^{un} アラビア語)であり，「ムビーン」(*mubīn*^{un} 明晰)であると書かれている。この 2 つの属性は密接に関連している。たとえば，次のコーラン第 43 (装飾) 章 2～3 節などがそうである。

懸けて	[定] 書	[定] 明晰なる	げに我々は	それをせしめた	コーラン	アラビア語	恐らく汝らが	理解する
wa-	*l-kitāb*^{i}	*l-**mubīn***^{i}*:*	*'innā*	*jaʿalnāhu*	*qur'ān*^{an}	***ʿarabiyy***^{an}	*laʿallakum*	*taʿqilūna*

この明晰(ムビーン)なる書にかけて，げに我らはこれをアラビア語(アラビー)の暗誦文(コーラン)にしておいた，汝らがわかるように。

その後，幾世代にもわたってコーランの文章はアラブ族の言語である「アラビーヤ」(*ʿArabiyya*)の最良の手本であり続け，実際，その文体や言い回しの明快さも正しさもまねできない(エァジャーズ=ル=コルアーン *'iʿjāz al-Qur'ān*「コーランの明晰性」)と信じられている。形容詞形である「アラビー」(*ʿarabiyy*)は，単語リサーン(*lisān*「舌，言語」)と組み合わせると，アラビア半島外に住み，別の言語を話す非アラブ人(アジャム *ʿAjam*)に対比させて，アラビア半島内に住む人々すべての団結を想起させる，部族を超えた言葉をさしていた。コーランには「アラブ(*ʿArab* =名詞単数形)」という単語は使われておらず，その形容詞形「アラビー(*ʿarabiyy*)」のみが使われているが，このほか「アァラーブ(*'Aʿrāb* = 語形としてはアラブの複数形)」にもふれられている。「アァラーブ」とはおそらく，都市の外で砂漠に暮らし，預言者ムハンマドの神託に反対したベドウィン人の諸部族のことである。たとえば，コーラン第 9（改悛）章 97 節には次のようにある。

［定］「アァラーブ」　甚だし　不信仰　と　偽善
*al-**ʼAʻrāb**^{u} ʼašadd^{u} kufr^{an} wa-nifāq^{an}*

不信仰と偽善においては**アァラーブ**が一段と甚だし…。

レツェ（Rötse 2003）は，「アラブ」と「アァラーブ」の区別は，アッシリア碑文や南アラビア碑文（⇨ 3.1）にまでさかのぼると考えている。これらの碑文に，同盟軍や定住都市の援軍として出てくるのが「ʼʻ*rb*」*62 である。コーランでも「アァラーブ」（*ʼAʻrāb*）は，戦闘中にするべきことを無視したとして責められるといった，軍事的な文脈で出てくる。一方「ʻ*rb*」*63 は，南シリアに居住する特定の遊牧民のグループをさしている。「ʻ*rb*」は西暦 3 世紀以降，資料には出てこなくなる。イムル=ル=カイスが自分を「アラブ（ʻ*rb*）諸族の王」と言っている西暦 328 年のネマーラ碑文（⇨ 3.4）が，「ʻ*rb*」の出てくる最後の資料の 1 つである。レツェは，このように「アラブ」（ʻ*rb*）が資料に出てこなくなることは，コーランにこのグループが出てこないことや，イスラム以前の詩やハディース（預言者言行伝承）にほぼまったく出てこないことと関連があるとしている。しかし，形容詞形「アラビー」は，啓示された文面の特性を表すものとして，特別な意味を与えられて使われている。それは「アラブ」と呼ばれる人々のグループをさしているとは考えられず，「啓示の言語」にかぶせる形容詞として使われている。この使用法はおそらくアラビアの東と西の区分と関連している。マクドナルド（Macdonald 2010b: 18）はアラビア半島の碑文の分布を調査し，このような区分を考えるにいたった。アラビア半島東部には碑文があまりなく，たいていはよその文字で書かれているのに対し，西部では碑文やなぐり書きが豊富で，北アラビア文字で書かれている。クナウフ（Knauf 2010: 239–40）は，東西のこの違いを次のように説明する。東部アラビアは詩を唄うためのアラビア語の伝統が生まれた故地であり，これはその性質から，ほとんどは口頭の言葉であった。この地域ではキンダ王国とカイス族連合が文化的，政治的なまとまりをなしており，詩が生まれ，発展するための土壌があったのである。逆に西ア

*62「アァラーブ」と読める。
*63「アラブ」と読める。

ラビアには商業的な中心地があって，商業に使われる共通のアラビア語ができていた。これはアラビア半島西部から出土したたくさんの碑文に書かれている古代北アラビア語のほうと同系であった。詩語はここから他の中心地へ広がっていったと考えられる。その最初の場所が，北方におけるベドウィン諸族とペルシャ帝国の間の緩衝国だったヒーラ市の宮殿である。ついで，メッカやメディナといったアラビア半島の商業的中心地へと広がっていった。詩語は格調も高く，諸族の違いをこえて使われていたので，メッカでコーランが啓示されたのがこの言葉だったことは驚くにあたらない。このようにみると，形容詞形「アラビー」はアラビア半島の東部で詩作に使われていたタイプのアラビア語の名称ということになる。「アラブ」という用語は，イスラム初期に部族の貴族が自分たちを呼ぶのに使い始めてから，新たな威信を得た。レツェは，この「アラブ」は，最初はとくに初期のイスラム戦士であるムハージルーン（*muhājirūna*）やアンサール（*'anṣār*），またそのイエメンの同盟者たちのことであったが，広い意味ではメッカやメディナのような都市の定住アラブ人をさしていたという。それが「真のアラブ族（アル=アラブ=ル=アーリバ *al-'Arab al-'āriba*）」として知られるようになり，一方の「アァラーブ」（ベドウィン人）の方はコーランで否定的に使われたために否定的な意味合いを帯びることになった。

イスラム征服より後の時代になると，さらに新しい変化が起きた。定住民たちは遊牧のベドウィン人たちの言葉こそがイスラム以前の時代の純粋さを守っており，彼らこそアラブとしての理想的な姿であると考えるようになり，「アラブの言葉（カラーム=ル=アラブ *kalām al-'Arab*）」といえば，純粋で，変化を受けていないベドウィン人の言葉をさすようになった。この変化にともない，「アラブ」の過去の歴史も書きかえられ，部族の系譜が作られた。この系譜では，太古の昔からアラビア半島に暮らしてきたのは，コーランに，不信仰で罰せられたと書かれているアード族（*'Ād*），サムード族（*Ṯamūd*），ジュルフム族（*Jurhum*）など，いわゆる「失われたアラブ（アル=アラブ=ル=バーイダ *al-'Arab al-bā'ida*）」の諸族であって，後世のアラブ族はすべてカハターン族（*Qaḥṭan*）とアドナーン族（*'Adnān*）という2つの部族の末裔と考えられた。カハターン族のほうは「失われたアラブ」と血縁関係にあり，その末裔が南アラブ族であり，これが「真のアラブ族」と見られた。アドナーン族の末裔は北アラブ族であり，これが「アラブ化（ムタアッリバ *al-muta'arriba* あるいはムスタァリバ *al-musta'riba*）」されたのは後世のこととされる。イスラム以後の伝承では，北アラブ族の系統は，アドナーン族（*ʿAdnān*）をへて，さらにアブラハムの息子イスマエルにまでさかのぼるとされる。アドナーン族から出たとされる部族にはフザイル族（*Huḏayl*），タミーム族（*Tamīm*），カイス族（*Qays*），ラビーア族（*Rabīʿa*），そしてメッカのクライシュ族（*Qurayš*）がある。カハターン族の子孫の中には，南アラビア諸国に住んだ人々がいたが，これがカハターン族の末裔の1つであるヒムヤル族（*Ḥimyar*）とされている。ほかにアウス族（*'Aws*），メディナのハズラジュ族（*Ḫazraj*），そしてタイイ族（*Ṭayyi'*）など，アラビア半島の北部にいる部族のいくつかは南方起源とされる。

このような南アラブ族と北アラブ族といった区分が，過去に両者の間に実際にあった違いをどの程度反映したものかはわからないが，イスラム時代にもこれら2つのグループがあると認識されていたし，この区別はその後も根強く残っていたことは確かである。たとえば，イスラム時代のスペインでは，北系のカイス族（*Qays*）と南系のカルブ族（*Kalb*）という名のもとに，2つのグループの代表者が反目しあっていたほどである。ところがアラブ文法学者たちは，言語に関してはどちらのグループの詩もアラビア語として認め，両方のグループの詩を区別なく一次資料として使っていた。南部のアラブ人の言葉は，ふつう，「イエメンの民の言葉（*luġat 'ahl al-Yaman*）」と呼ばれていた。この言葉の最もよく知られた特徴は，定冠詞 *'am-* が使われていることである。

ただ，南部の言葉のうちの特殊なケースとして，いわゆるヒムヤル語（*Ḥimyar*）がある。ハムダーニー（*al-Hamdānī*，回暦334=西暦946年没）によるアラビア半島の記述（『アラビア半島の特質』I巻 p. 134–6）にいくらかの情報がある。アラブ人にとって，ヒムヤルというと南アラビアのことだったので，ヒムヤル語と呼ばれたその言語は碑文南アラビア語から続いてきた言語とされていたようであるが，実際にはそうではない。ハムダーニーやほかの資料も，たとえば1人称，2人称の動詞の完了形語尾が南アラビア語と同じく *-k-* であること（例: *waladku*「私は産んだ」，*ra'ayku*「私は見た」）や，定冠詞が *'am-* であるという特徴要素にふれている[*64]。ここからラビン（Rabin 1951: 42–53）は，ヒムヤル語というのは，この地方に定住し，碑文南アラビア諸語の資料の中に「*ʿrb*」として登場する人々の言語を，アラブ族が呼んでいた名称であると推測している。

[*64] ふつう，アラビア語では，1人称，2人称の動詞の完了形語尾は *-t-*（*waladtu*「私は産んだ」，*ra'aytu*「私は見た」），冠詞は *'al-* である。

この人々はおそらく北方から移住してきた人々で，アラビア北部方言を話していたが，南アラビア語（⇨ 3.1，3.2）からかなり影響を受けていたのであろう。それでもヒムヤル語は，アラビア語を話す人々にとって容易に理解できるものだったから，ハムダーニーが「グトム」（*ġutm*「不可解」）と呼んだ南アラビア諸語のどれかだった可能性はない。また，「擬似サバ語」（⇨ 3.4）とも呼ばれ，碑文に書かれている言語がヒムヤル語ということもありうる。前述したヒムヤル語の特徴要素のいくつかは，現代イエメン諸方言（⇨ 11.1）にもいまだに残っている。

以上のような，いくつもの分け方があって，のちの伝承は複雑になったが，ヒムヤル語に関する言い伝えを除けば，ともかく全部族の方言が「アラブの言葉（カラーム=ル=アラブ *kalām al-ʿArab*）」としてひとくくりにされていたということである。このようにアラブ諸族の言葉が1つであるという見方は，アラビア半島では基本的に言語が1つだったという意味を帯びて，さらにイスラム教徒たちの間では，コーランの言葉はつねに預言者ムハンマドおよびその部族の言葉ということで意見が一致していた。言いかえれば，預言者たちの日常の話し言葉が，聖典の言葉と，そしてまたイスラム以前の詩の言葉とも同一だったという意味である。一方，アラブ文法学者たちはさまざまな部族の話し言葉を格づけし，カハターン族の末裔が純粋なアラブであるという伝統的な見方を固守しつつも，メッカのあるヒジャーズ地方の言葉がその他のさまざまなアラビア語よりはるかに上位にあると信じていた。この2つの見方のつじつまを合わせる方法として，メッカのクライシュ族の言葉は他のあらゆる方言から最もよいところだけを取り込んだ言葉だ，とする方法がある。こうして，アラビア語諸方言の格づけにおいて，預言者ムハンマドの生まれたヒジャーズ地方のムハンマドの部族であるクライシュ族の言葉が第1位とされたのである。

こうした見方が意味するのは，諸部族の間で言葉が異なっていたということでもある。そうでなければ格づけなどありえない。アラビーヤ（*al-ʿArabiyya*「アラビア語」）は，無明時代（*Jāhiliyya*「イスラム以前の時代」）にはあまねく全アラブ諸族の言語だったというのが一般的な考え方だった。実際，文法学書にはアラブ部族間の地域的な言葉の違い，いわゆるルガート（*luġāt*[*65]）が記録されている。無明時代の言語状況について現在わかっていることのほとんどは，

[*65] ルガ（*luġah*「言語」）の複数形。

イスラム以前のアラビアの方言差について書かれたアラブ側の文献からえられる情報だけである。そのような文献には，コーランの中のルガートを集めた研究書もあるし，語彙集の体裁をとったものもある。文法学者たちにとっては，方言的な違いもそれがコーランや詩の中にあったり，信頼できるベドウィン人の調査対象者から聞きだすことができるかぎり，正しいアラビア語として受け入れられるべきものだった。もちろん，だからといって，だれもがそのように話してもよいということではなく，またアラビア語の中でそのような方言的要素を自由に活用してよいというわけでもなかった。

方言差の地理的な分布について書かれていることの信憑性をどう判断するかは難しい問題である。アラブ文法学者たちは，北アラブ人を大きく2つの地域に分けている。だいたい半島の西部と東部にあたる。半島西部アラビア語を代表するのはヒジャーズ地方の言葉で，クライシュ族の言葉やメッカ・メディナの言葉というのとほぼ同義語で，一方，半島東部アラビア語を代表するのはタミーム族の言葉である。この分け方は，イスラム以前の諸都市の定住アラブ人と，砂漠のベドウィン諸部族という分け方ともだいたい一致する。

ところで，ヒジャーズ地方の言葉よりも，東部のアラビア語のほうが現在知られている古典アラビア語に近かったようである。それは，東部アラビア語についての記述が比較的少ないことからも言える。文法学者たちは，古典アラビア語の規範からはずれたものばかりを気にするものである。古典アラビア語の規範は，かなりの程度コーランとイスラム以前の詩の言葉を本源としている。ヒジャーズ地方のアラビア語には古典アラビア語の規範と異なる特徴要素が数多くみられたので，東部のアラビア語よりも興味を示したのである。コーランの文面には，とくに綴字法の面で，詩の言葉を，ヒジャーズ地方での特有な発音に適用させた形跡がある。この適用の跡が最もはっきり見えるのは，声門閉鎖音を表すハムザ記号 (*hamza*) の綴りである。声門閉鎖音は，東部諸方言にはあったことがあらゆる資料で確認できるが，メッカ方言を含む西部諸方言にはなかった。現在に伝わるコーランでは，ハムザ記号はいつも文字アイン (ʿ) に似た小さな印で綴られ，それはたいていワーウ (*w*)，ヤー (*y*)，アリフ (ʾ) といった半子音の文字に載せられている。載せられている半子音は，おそらくメッカ方言におけるその単語の発音を表していたものと思われる (⇨ 5.2)。

この例からわかるように，アラビア語は実際には，アラビア半島の全域でさまざまに異なっており，メッカの実際のアラビア語も現在に伝わるコーランの言葉とは異なっていたのである。ここから，ドイツの学者カール=フォラース(Karl Vollers)は，コーランの文面とメッカの口語の関係について一歩踏み込んだ説を唱えている。フォラースは著書『古代アラビアにおける話し言葉と書き言葉(Volkssprache und Schriftsprache im alten Arabienl)』(Vollers 1906)の中で，神の啓示はもともと預言者ムハンマドとメッカ人たちの話し言葉(Volkssprache「民衆言葉」)で下されたとしている。この話し言葉が，現代アラビア語諸方言の前身であるとフォラースは言う。この啓示の文章が，征服時代の間にネジド地方の詩語と同一の言葉，フォラースが言う「書き言葉」(Schriftsprache)に変換されたというのである。この2つの「言葉」の間で異なる部分と言えば，メッカのアラビア語に声門閉鎖音が欠けていることと，不定語尾 *-n* (*N* 語尾*66) や語尾の格母音が脱落していることである。フォラースは，このような変換をおこなった動機は，コーランの言葉を詩語のレベルにまで格上げしようとした願望であると考えている。この変換翻訳に携わった者たちは，声門閉鎖音と格語尾を発音することについてはとりわけきびしく，逆にその他の点については，公式版においても他の版においてもしばしば容認していて，コーランがどのように読まれていたかを書いた文献には，その裏にある口語の痕跡がたくさん残っているとも言っている。

たしかに，フォラースが言うように，コーランの中の格語尾を正しく読むことは，初期のイスラム文献でしばしば話題になっていた。しかし，その問題がイスラム以後の時代に注目されていたとしても，基本的にそこからイスラム以前の時代の状況を知ることはできない。語尾変化にとくにきびしかったことは，その後の征服時代の言葉の変遷を考えれば容易に説明できる。つまり，征服地では人々の多くがアラビア語をあまり知らなかったため，コーランを朗誦するときに間違いを犯したが，これに対して，文面を正しく伝達しようとする者たちが格語尾の間違いに目を光らせ，人々に正しい文法規則を教えたのである(⇨ 5.3)。

このフォラースの説はあまりに極端だったため現在では採用されなくなり，またこの説に付随する，イスラム初期に話し言葉によるコーランの文面を書き言葉に変換する大規模な謀略があったとする説も，現在ではだれからも支持さ

---

*66 名詞や形容詞が不定であることを示すため，語尾に *-n* をつけること。英語では，文字 *n* のアラビア語名 *nūn* を使って nunation と呼ばれる。

れていない。というのも，「通俗の」アラビア語で書かれた啓示の文書が発布されたとは基本的に考えづらいし，当時のアラビア語に詩吟のためのアラビア語があったことは間違いなく，威信あるアラビア語以外の言葉が啓示の記述に選ばれたとはどうしても考えられないのである。また東部方言から西部方言へシフトしたことは，メッカの話し方に慣れ親しんでいた初期の写字生たちの活動の痕跡からも説明ができる。写字生たちは，西部の話し方を書き記すために発明された綴字法に，声門閉鎖音などの東部の要素を付加する方法を考案したのである。

こうしてフォラース説の主軸をなす「翻訳」説は捨てられてしまったが，フォラースが立てた話し言葉（Volkssprache）と書き言葉（Schriftsprache）の区別は，その後のほとんどの西洋のアラビア語研究者たちがアラビア語の変遷を説明しようとする際の原則として残っている。これらの理論の中心的な考えは，アラビア語がイスラム以前においてすでに，現代の用語で言う「ダイグロシア（diglossia 言語二層状態）」だったということである（⇨第 13 章）。つまり，その 2 種の間でさまざまな言語使用場面が分担されていたのである。そうであるとすれば，この区分は現在のアラビア語世界の区分とほぼ同じで，文語体のような高位のアラビア語と口語体のような低位のアラビア語の区分ということになる。この見方をとる説では，ふつう，文語を「詩の通用話体（poetic koine）」や「詩・コーランの通用話体」（⇨ 4.3）と呼んでいる。

イスラム以前のアラビア半島の言語状況についてのフォラースの見方を，最近になって新たに打ち出したのが，オーウェンズ（Owens）である。オーウェンズは古典アラビア語の前身と，現在話されている諸方言の前身はともにイスラム以前の時代に並存していたと考えている。その説では，話されていたアラビア語の方が，もとのセム語的な姿に，より合致しており，詩のアラビア語のほうは格変化語尾の使い方などの例にみるように改変を経ていたとする（⇨ 8.2）。

本来，詩語や文語体と，イスラム以前のメッカの口語体との間には，基本的な違いがあったと考えるほうが合理的である。そもそもこのような言語状況は，他の，口語体のみの文化でも同じように見られるものである。問題は，その違いの程度が，イスラム征服のあとの，文語体と口語体の違いの程度と同程度だったかどうかである。「文語体」で書かれたとする説では，アラブの文献の記述に反して，日常の会話には格変化（エァラーブ *'i'rāb*）がなかったと考えている。次の節では，アラブ諸部族のルガート（*lugāt* 部族間の言葉の違い）について書かれた文献から情報を集めてみる。そこから，イスラム征服のあとのベドウィン人の言葉についての報告を見ていこう。

4.2　イスラム以前の諸方言

現存する材料は断片的なため，その価値をうんぬんすることは難しいが，イスラム以前のアラビア半島の方言地図（現在手もちの情報によるイスラム以前の方言分布を地図4.1に示す）となるとさらに難しい。

次の9つが，イスラム以前の諸方言を2つのグループに分ける主要な特徴要素としてよくあげられる。

【1】半島東部諸方言では語末の子音連続の間に母音を入れないのに対して，半島西部諸方言では挿入母音をもつ。

	「美」	「太腿」	「単語」	「首」
半島西部諸方言	*ḥus**u**n*	*faḫ**i**ḏ*	*kal**i**ma*	*ʿun**u**q*
半島東部諸方言	*ḥusn*	*faḫḏ*	*kilma*	*ʿunq*

おそらくこの違いは，アクセントの違いと関連している。つまり，東部諸方言は，アクセントがより強いために，アクセントが置かれない母音がなくなっていると推測することができる。古典アラビア語はあるときは東部の，あるときは西部の，またあるときは両方を保持しているので，かなりの混合が起こっていたに違いない。

【2】半島東部諸方言には，ある種の母音調和あるいは母音同化があった。

	「ラクダ」	「彼らから」
半島西部諸方言	*baʿīr*	*minhum*
半島東部諸方言	*b**i**ʿīr*	*minh**i**m*

この特徴要素もまた，東部諸方言の強さアクセントの有無と関連していて，これが同化を進めたのであろう。古典アラビア語は *i* の後の接尾辞にこの同化を保持しており，たとえば *fī*「〜の中に」につけた *-hum*「彼ら」は *fīhim*「彼らの中に」（ヒジャーズ地方では同化せず *fīhum*）となる。

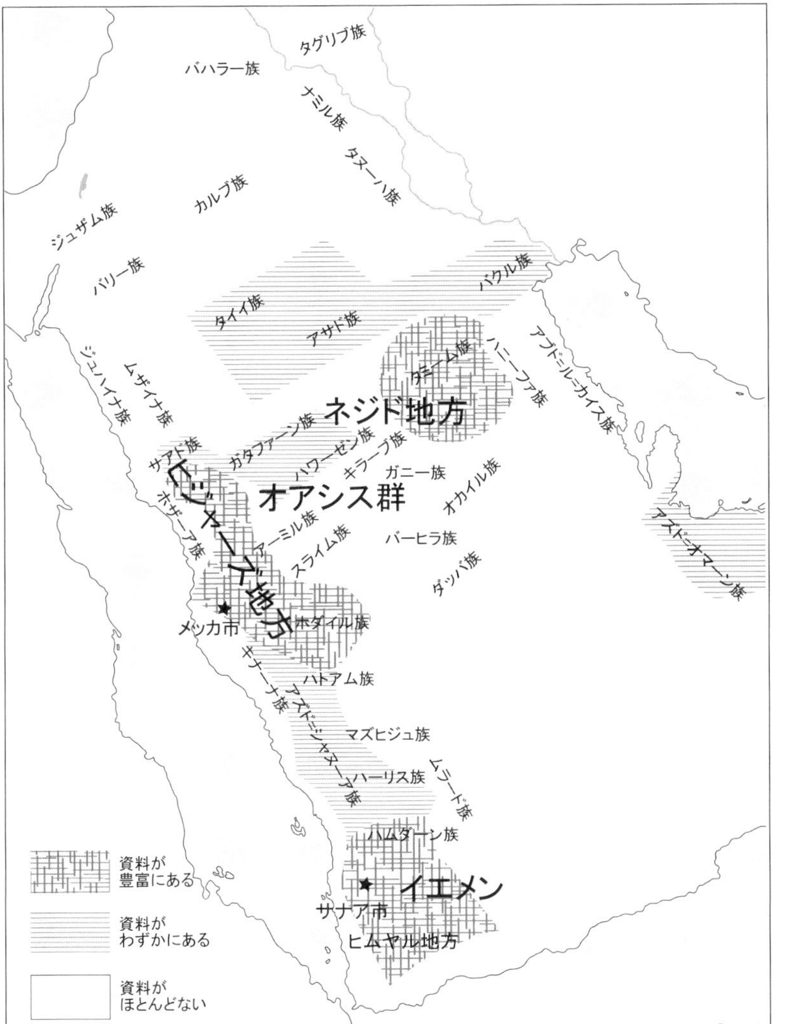

【地図 4.1】 イスラム以前諸方言の資料

（Robin 1951: 14 より）

【3】半島東部諸方言では長母音 *ā* が［e］の方へ，つまり前舌寄りに発音されるイマーラ現象（*'imāla*「傾斜」）を受けている。一方，半島西部諸方言は，アラブ文法学者たちがタフヒーム（*tafḫīm*「強勢化」）と呼ぶ発音を特徴とする。この用語は，ふつうは強勢子音（軟口蓋化子音）*67 の後で母音 /ā/ が中舌化されて［ɑː］と発音されることをさすが，ここではおそらく，「ふつうの」*ā*［aː］や，ときには円唇の［ɒː］をさしている。あるいは，*ṣalāh*「礼拝」，*zakāh*「喜捨」，*ḥayāh*「生活」などのように，コーランにおいて文字 *w* で綴られる単語*68 や，ほかにも *salām*「平安」などのような単語が，円唇化した［ɒː］やさらには *ō*［ɔː］と発音されていたことを示しているのかも知れないし，あるいは，ナバテア碑文にも長母音 *ā* が文字 *w* で綴られていることから，これはアラム語の発音 *ō* を反映した綴りである可能性もある（⇨ 3.3）。

【4】西部諸方言には音素 *ē* があったであろう。

アラブ文法学者たちによると，動詞 *ḫāfa*「恐れる」，*ṣāra*「なる」の *ā* はイマーラ（傾斜）して発音されていた。しかし，ヒジャーズ地方では，これ以外にイマーラ現象の例がなく，しかも強勢・軟口蓋化子音に隣接しているとけっしてイマーラ現象は起こらないので，アラブ文法学者たちが言っているのは，独立した音素としての *ē* のことかも知れない。ただ，この *ē* はセム祖語の *ē* からきているものとは考えられない。文法学者たちが言っていた発音はおそらく，むしろ二重母音 *-ay-* から変化したものであろう（サファー語の二重母音に関する部分を参照。⇨ 3.2）。

【5】語根の第 2 子音が *w* である。

いわゆる「くぼみ動詞」*69 の受動形が，東部（*qūla*）と西部（*qīla*）で違っている*70。おそらく，この 2 つの形は /ü/［y］*71 から変化したものであろう。［y］は，アラビア語の全方言で音素からなくなった。古典アラビア語でこの動詞の

*67 *ṭ*, *ḍ*, *ṣ*, *ḏ̣* のこと。
*68 3.3 を参照。
*69 語根第 2 子音が *w* や *y* である動詞。基本型の 3 人称単数男性形は，*qāl*「言った」のように，語根第 2 子音の部分が *ā* になる。
*70 *qūla*，*qīla* は，*qāla*「言う」の受動形。
*71 円唇の前舌狭母音。ドイツ語の ü，フランス語の u の発音。

受動形は *qīla* である。

【6】文字 *qāf* で表される音素 *q* の発音は，東部ではおそらく無声の［q］であったが，西部では有声の［g］であった。

初期の朗誦の手引書でも有声の方が標準になり，文法家スィーバワイヒも有声と説明している（⇨ 7.4）。すでに見たように（⇨ 2.2），アラビア語の音素 /q/ はおそらく，有声か無声かに関してニュートラルな音素 **ḳ* [*72] から変化してきたもので，東部と西部でこの音素が違った方向に変化したのである。現代標準アラビア語の /q/ の発音は無声だが，現代ベドウィン諸方言ではまだ有声の［g］で発音されている（⇨ 10.3）。

【7】ヒジャーズ方言の最も顕著な特徴は，すでに上でふれたように，声門閉鎖音（ハムザ）の消失である。東部諸方言には声門閉鎖音が残っている（この特徴要素の分布は，地図 4.2 を参照）。西部諸方言では，声門閉鎖音がなくなったところに，あるときはその前の母音を長くしたり，

「井戸」	*bi'r > bīr*
「頭」	*ra's > rās*
「真珠」	*lu'lu' > lūlū*

その結果として長母音に縮約したり，

「尋ねる」	*sa'ala > sāla*

また類似の半母音に変えて補ったりしている。

「歩いている」	*sā'ir*^{un} > *sāyir*^{un}
「彼が読む」	*yaqra'u > yaqrawu*

ヒジャーズ式の綴字法には声門閉鎖音を表す文字がなかったので，このような単語はヒジャーズ地方のアラビア語で発音されていたとおりに ワーウ（*w*），ヤー（*y*），アリフ（'）の文字で綴られ，のちになって，ここにハムザ記号（*hamza*）を加筆したのである（⇨ 5.2）。

[*72] **ḳ* はおそらく，何らかの声門化音，喉頭化音だったと考えられる。

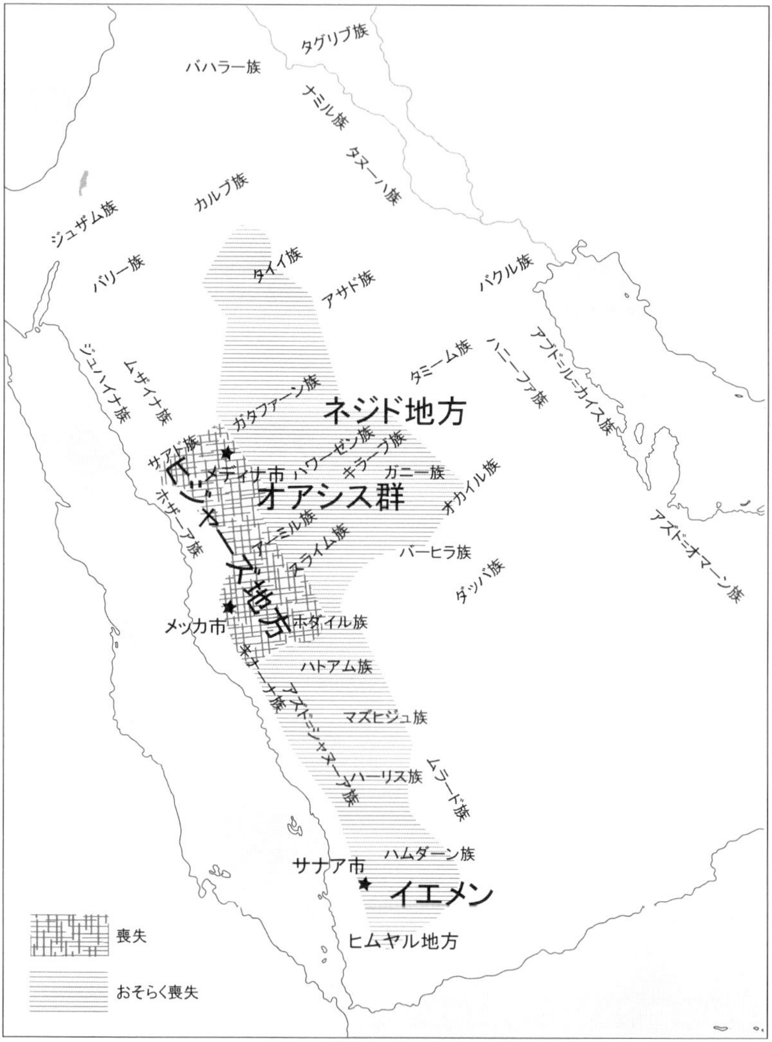

【地図 4.2】　イスラム以前諸方言における声門閉鎖音（ハムザ）の喪失状況

（Robin 1951: 132 より）

【8】ヒジャーズ方言では未完了形の人称接頭辞の母音が *-a-* であるが，他の方言ではすべて *-i-* である。これが *-i-* になっている現象はタルタラ現象（*taltala*）と呼ばれるイスラム以前の特徴要素の 1 つであり，現代諸方言は通常，この *-i-* を保持している。初期のセム語では人称接頭辞の母音は，3 人称単数男性と 1 人称複数は *i* で，1 人称単数，2 人称，そして 3 人称単数女性は *a* だった*73（Hetzron 1976 を参照。⇨ 2.1）と考えられるので，アラビア語の *-i-* の方言も *-a-* の方言も均整化の結果であろう。古典アラビア語は，西部諸方言のパターンに「ならって」人称接頭辞はすべて *-a-* にしている。

【9】タミーム方言の特徴は，カシカシャ現象（*kaškaša*）と呼ばれる現象があることである。これは，*k* が 2 人称単数女性接尾辞 *-ki* のときに口蓋化するもので，古典アラビア語の *'innaki* が *'innaši* となる（スィーバワイヒ著『書』第 2 巻 pp. 295–6）。

'innaši dāhiba　「君（単数女性）が去る」（タミーム方言）

これと関連して，スィーバワイヒによると，*-ki* *74 が *-kis* になる，カスカサ現象（*kaskasa*）と呼ばれる現象もあるという。これは，現代のアラビア半島方言で，/k/，/q/ が前舌母音の前で，それぞれ破擦音の /č/，/j/ と発音されることと関連があるだろう。

ここまで，諸方言間の音声的あるいは音韻的な違いについて述べてきたが，語形変化や統語の違いにふれている資料もある。ヒジャーズ地方の，語形変化をしない双数形として，しばしばコーラン第 20（ターハー）章 63 節があげられる。古典アラビア語では小詞 *'inna*「げに」の次なので目的格（*hāḏayni*「これ 2 つ」）になるはずのものが，ここでは主格（*hāḏāni*）になっているのである。

---

*73 Hetzron（1976: 94）を参照。エチオピア語では *-i-* が *-ə-* になった。

	〈アッカド語〉	〈古典アラビア語〉	〈エチオピア語〉
1 人称単数	*a-*	*'a-*	*ə-*
2 人称，3 人称単数女性	*ta-*	*ta-*	*tə-*
3 人称単数男性・複数	*i-*	*ya-*	*yə-*
1 人称複数	*ni-*	*na-*	*nə-*

*74 接尾代名詞「君（女性）」。

げに　これ2つ[主格]　妖術使い
'inna hāḏāni la-sāḥirāni　　この2人はたしかに妖術使い。

この一節は，コーランの注釈家たちを悩ませてきた。アラビア語文法の創成期には，主格になっているのは写字生による誤記であって，目的格で修正して読むべきだと提案した者までいた。これについてアブー=アムル=イブヌ=ル=アラー（*'Abū 'Amr ibn al-'Alā'*，回暦154=西暦770年没）が，仲間の次のような意見を伝えている。

げに　に[定]　コーラン公認版　訛り　そして[未来]　それを立てる　[定]　アラブ人
'inna fī l - muṣḥaf laḥn^{an} *wa- sa -tuqīmuhu l -'Arab*

公認版には訛（なま）りがあるが，アラブ人がそれを正すだろう。
（ファッラー著『コーランの意味』II巻 p. 183）

あるいは，小詞「げに」を *'inna* から *'in* に取りかえる，次のような解決法もありうる。アラブ文法学者は，小詞 *'inna*「げに」と *'anna*「ということ」の縮約形である *'in* と *'an*（いわゆる *'in, 'an muḫaffafa*「軽くされた *'in*，*'an*」）なら，それに続く名詞は主格になるとしている。そして，*'in* や *'an* は東部諸方言よりヒジャーズ方言でよく使われていたようなのである。コーランにはこの例がいくつかあり，たとえば第36（ヤースィーン）章32節では，*'in* の後ろで *kull*「各人」が主格語尾 *-un* をとっている。

そして げに　各人[主格]　実に　皆[主格]　のもとに 私たち 連れてこられている
wa-'in ***kull***^{un} *la-mā jamī'*^{un} *ladaynā muḥḍarūna*
そして，げに皆一人一人が，我らの御前に引き据えられる。

めんどうなことに，*'in* に続く名詞が目的格のときもある。たとえば，第11（フード）章111節では，*'in* の後ろの *kull*「各人」が目的格語尾 *-an* をとっている。

そして げに　各人[目的格]　実に　十分に報いる　彼らを　主　汝の　行為　彼らの
wa-'in ***kull***^{an} *la-mā yuwaffiyannahum rabb*^{u} *ka 'a'māl*^{a}*hum*
げに皆一人一人は，その所業に，汝の主がじゅうぶんに報いるはず。

案の定，これらをアラブ文法学者たちは，単語の格語尾を変えたり，縮約形 *'in* を完全形 *'inna* で読むなどして修正している。

ヒジャーズ方言とタミーム方言の間の違いでは，名詞を否定する否定詞 *mā* の用法の違いがよく引用される。アラブ文法学者たちによると，この *mā* は，動詞 *laysa*「～ではない」と同じく，その述語を目的格にして，たとえば *mā huwa*（[否定]　彼は）

大きい
kabīr^{an}（目的格語尾 *-an*）「彼は，大きくない」のようになることがあるという。このいわゆる「ヒジャーズ地方の *mā*（*mā ḥijāziyya*）」は，東部諸方言では起こらなかった。

また，コーランには，たとえば第 11（フード）章 51 節のような否定詞 *'in* が少なからず見られるが，これもヒジャーズ方言の特徴要素だったことを示している。

［否定］報い 私の 以外 上に 者 創造した私を
'in 'ajriya 'illā 'alā llaḏī faṭaranī
わが報酬は，我を創りし者のうえ以外になし。

いくつかの方言には，関係詞 *ḏī* あるいは *ḏū*（いわゆる「タイイ族の *ḏū*」*ḏū ṭā'iyya*）がある。この関係詞はコーランには現れないが，ネマーラ碑文（⇨ 3.4）には現れ，またイスラム以前の詩にもあったと思われる。たとえば，9 世紀の『情熱（ハマーサ）詩集』に収録されている詩の 1 行にある（p. 431）。

に この［定］男 ［関係詞］来た 使いとして
li-hāḏā l-mar$^{'i}$ ***ḏū*** *jā'a sā'iy*^{an}
（税徴収の）使いとして来たこの男に

以上の諸点は，コーランにある，語尾変化をしない双数形の問題を除けば，比較的ささいな違いにすぎないが，ほかにアラビア語の統語（文法）の核心にふれる問題がある。それは，動詞文と名詞文[*75] の組み立て方である。古典アラビア語のいわゆる動詞文は，動詞が主語の前に置かれる（⇨ 6.5，7.2）が，このとき動詞は主語の数には一致させない[*76]。ところが，イスラム以前（無明時代）のいくつかの方言では，このような場合にも数の一致をすることがあるとアラブ文法学者たちが伝えている。この現象の例としてよく引用されるのが，*'akalūnī l-barāġīṯ*[*77]「蚤（のみ）に噛まれた」である（数の一致をしなければ，*'akalatnī l-barāġīṯ* となる）。このような例はヒジャーズ地方の詩にしか見つからない。これはイスラム以前の方言にみられ，かつ現代アラビア語諸方言にもみられる

[*75] 古典アラビア語の用語で，動詞文とは文頭に動詞が置かれた文，名詞文とは文頭に名詞が置かれた文である。動詞の有無や，名詞述語文とは関係がない。

[*76] 逆に強調などのために主語を文頭に置くと，その文は名詞文となり，動詞は主語の数に一致させる。

[*77] *'akalūnī*「私を食べた」の *-ū* は複数形。主語 *l-barāġīṯ*「複数のノミ」に数の上で一致している。6.5 を参照。

統語的な特徴要素として唯一のものである。これは，古典アラビア語と違って，動詞文でも名詞文でも同じように，動詞がつねに主語の数に一致する現象である。ところで，現代諸方言の語順は，*'akalūnī l-barāġīṯ* のような古典語の「動詞－主語－目的語」ではなく，「主語－動詞－目的語」が標準的である。とはいえ，ヒジャーズ方言のこの統語的な特徴要素が，その後に語順がこのようになった変化の第一歩だったか，ヒジャーズ地方だけの独自の現象であったかは不明である。そもそもコーランの文面には，この特徴要素が見られない。

ともかく，東部方言と西部方言が異なるときには，コーランは東部の語法を反映している。たとえば声門閉鎖音（ハムザ）は，イスラム初期には，それを発音すると，きどっているという烙印を押されるとして，朗誦者たち側からは相当な抵抗もあったようだが，それでも，より威信があり，より聖典の朗誦に適した発音と感じられていた。ところで，このように相違点をあげていくと，逆に諸方言間の違いはそれほど大きくはなかったことが明らかになる。ここでふれた特徴要素は，ほとんどが音声，音韻にかかわる現象である。「蚤(のみ)に噛まれた」症候群以外にも，アラブ文献資料ではいくつか統語的な違いにふれているが，それらをここでとり上げなかったのは，真偽のほどを決めがたいからである。たとえば *'illā*「〜以外」を使ったさまざまな表現に，ある方言では主格が，別の方言では目的格が用いられていたというが，これも明らかにアラブ文法学者によって理論的に作り上げられたものであろう。もし，統語にかかわるそのようなルガート（アラブ部族間の言葉の違い）が，いくぶんでも事実を反映したものだとしたら，格語尾は東部と西部の両方の方言で使われていたことになる。逆に，格語尾がなかったとするには，上でふれた語尾変化をしない双数形の例だけでは，裏づけとしてあまりに貧弱である。イスラム以前の言語状況に関して唱えられているさまざまな説では，話題の中心が格語尾変化であるので，アラブ文法学の文献の中に，格語尾変化をもたない方言があったという証拠がないのは，アラビア語の歴史的変化を知るうえで致命的である。

4.3　イスラム以前のアラビア語をめぐる諸説

アラブ文法学者たちにとっては，諸部族のすべての方言が基本的に1つの言語に属するものだった。文献にはさまざまなルガート（アラブ部族間の言葉の違い）があるにもかかわらず，アラブ人はいかなる「文章」語と日常語との間にも大きな違いがあることは認めていない。西洋の学者は，アラビア語の歴史についてのこのような考え方にはたいてい疑問をいだいており，イスラム以前のアラビアに民衆言葉（Volkssprache）と書き言葉（Schriftsprache）の2つがあったとするフォラースの説は今では捨て去られてはいるが，それでもいまだに，日常語，コーランの言語，詩語の3つが基本的に単一であったとするアラビア語学者の見方には同意していない。

アラビア語の拡大以前の状態についてのオーウェンズの見解にあまり賛同しない言語学者であっても，すでにイスラム以前（無明時代）に，口語体と「文」語体が分岐していたと見ている。諸部族の口語アラビア語は，ヨーロッパの文献ではふつう「イスラム以前の諸方言（pre-Islamic dialects）」と呼び，コーランや詩の言葉は「詩・コーランの通用話体（poetico- Qur'ānic koine）」とか，しばしば「詩の通用話体（poetic koine，ドイツ語ではDichtersprache「詩人語」）」と呼んでいる。詩の通用話体起源説は，「知識のある者，わかっている者」という意味のシュアラー（*šu'arā'*）[*78]「詩人」の役割を重視する。ツヴェトラー（Zwettler 1978: 109）の説では，この詩人たちは，古風なアラビア語の専門家であり，複雑な格語尾の変化を操ることができるのは彼らだけだった。この格語尾の体系を習得できるのは職業詩人やきびしい訓練を積んだ伝承家たち（*rāwi*「伝承家」，複数形 *ruwā*）だけであって，ふつうの話者たちには手の届かないものだったと考えている。

イスラム以前がこのような言語状況にあったと考えることは，新しいタイプのアラビア語が出現したのはイスラム征服期だったとする，広く受け入れられている考え方と一致する。格語尾の消失も含め，古アラビア語から新アラビア語へ移行する中で起こった諸変化は，イスラム以前の諸方言の中ですでに始まっていた変化の続きと考える言語学者が多い。そのような変化がイスラム以前にまでさかのぼれるのかどうか，とくにベドウィン人が格語尾を話し言葉の中で使っていたかどうかを結論づけるには，イスラム以前の諸方言に関する情報が限られているため，別の証拠に当たらなければならない。

その証拠を補う1つの資料として，イスラム以前の碑文があるが，すでに述べたように（第3章），碑文には，当時のアラビア語に格語尾があったとするにも，なかったとするにも決定的な証拠がない。格語尾が碑文で使われていないのは，書かれたイスラム以前のアラビア語に格語尾がなかったからかも知れ

[*78] シャーイル（*šā'ir*）の複数形。

ないし，文中では格語尾がつくが句末では格語尾がつかず，碑文ではこの句末形のほうが使われたからなのかも知れない。ナバテア碑文の中に入りこんでいるアラビア語に，格語尾が化石化して残っていると思われる単語がいくつかある。テオフォリック名（神名と組み合わせた人名）の多くが語尾に *-y* を書いている（*'bd'ly* = *'abd allāhi*「神のしもべ」）。また，ほかに *'abū*（「父」，綴りは *'bw*）や *'ibnū*（「子」，綴りは *'bnw*）といった要素に，統語的な位置にかかわらず語尾 *-w*[*79] が綴られている組み合わせ名がある。ここからふつうは，ナバテア碑文に綴られているのは本当の所有格や主格語尾ではなく，ここに反映されているアラビア語は前1世紀以前にすでに格語尾を失っていたと考えられている。ただ，注意しなければならないのは，これらの碑文のほとんどが，アラビア語地域としては周縁地域のものであり，その地域のアラブ族は何世紀にもわたって他の諸民族と接触してきていたということである。したがって当然，碑文に反映されているアラビア語もいろいろな変化を受けている可能性があり，このような変化，とりわけ格語尾の消失が，イスラム征服後にすべてのアラブ族の言語に影響を与えたとも考えられる。北アラビア砂漠の諸部族はアラム語を話す定住民と接触していたので，北アラビア・シリア砂漠の貿易拠点では，イスラムのはるか以前から新タイプのアラビア語が使われるようになっていたのかも知れない。

格語尾に関する証拠となりそうな資料の2つめは，コーランにおける綴字法にある。コーランに書かれたアラビア語は，単語の位置によって格語尾を使い分ける体系をもっている。たとえば，男性名詞の複数語尾は，単語の統語的な機能に対応して使い分けられ[*80]，また動詞も，複数では法（mood）によって語尾が（直説法 *-ūna* に対する，接続法・希求法 *-ū* のように）使い分けられている。ただし，この使い分けが，はたしてヒジャーズ地方の言葉を反映したものなのかどうかには疑問が残る。というのは，前述のように，コーランの綴字法は，ヒジャーズ方言を綴ったものに，別の音韻体系に合うように，たとえばハムザ（声門閉鎖音）を考案するなどのように手を加えたものであるが，格語尾に関しては，このように手を加えた証拠がないのである。

ある程度の確信をもって言えることは，コーランの綴字法は，イスラム以前

[*79] 語尾の *-w* は，本来であれば主格を表すが，所有格や目的格になるはずの位置でも *w* で綴られている。

[*80] 主格なら *-ūna*，目的格・所有格なら *-īna* で，これらは文字でも表される。

のアラビア語碑文でも使われたアラム・ナバテア文字の慣用綴りを引き継いでいるということである。これは，子音文字のシステム全体を見ても明らかである（⇨ 3.3）が，語尾の表し方でも引き継がれている。最も重要な原則は，子音だけを表記するなかで，単語はつねに単独形（句末形）で書かれることである。*N* 語尾を付加した *-un*，*-in*，*-an* の句末形はもともとおそらく *-ū*，*-ī*，*-ā* であった。これはいろいろな碑文にも見られるし，ナバテア碑文ではアラビア語名の表記にもあった。コーランのアラビア語で，主格と所有格の句末形は語尾なしであるのに，目的格の *N* 語尾 *-an* だけは特殊な句末形 *-ā* である。だから *N* 語尾は，目的格のときだけ綴りに書かれるのである（文字アリフで綴る）。句末形で綴るという原則は，*-at* ないし *-ah* で綴られる単数女性名詞にも適用される。コーランの写本では *t* 字で綴られたり，*h* 字で綴られたりしていたが，この書き分けは，女性語尾の句末形が古い時期にすでにこのように発音し分けられていたことを反映したものである。のちになると，女性名詞の句末形の *-ah* に，文中形 *-t-* の発音を結合させるため，文字 *h* に，文字 *t* の 2 点をつけたター=マルブータ（*tā' marbūta*「結ばれた *tā'*」）という綴字が考案され，文中形と句末形の両方に使える表記が導入された。

格語尾に関する議論では，コーランの文章のもう 1 つの側面である脚韻をふむやり方も問題になる。イスラム以前の詩では，語末の短母音 *-u*，*-i*，*-a* を長母音で発音して脚韻の一部として数えるというシステムが普及していた。しかし，コーランや，ときには詩においても，脚韻にはもう 1 つ，語末の短母音を落として子音のみを脚韻として数えるシステムもある。ビルケラント（Birkeland 1940）によれば，これは格語尾を落とすという新しく始まった傾向を反映した変化であるという。このような脱落をまぬがれた唯一の語尾が，目的格の句末形語尾 *-an* であり，これは *-ā* と発音されていたのである。この語尾 *-ā* が長い間，脱落せずにもちこたえたのは，それが格語尾だったからではなく，特別な役割（たとえば副詞語尾など）をもっていたからであるとビルケラントやほかの研究者は見ている。この目的格の *N* 語尾（タヌウィーン *tanwīn*）は，現代の中央アラビア諸方言にもその痕跡がまだ残っている（⇨ 11.1）。しかし，脚韻のふみ方から見るときに問題となるのは，この語尾の母音を綴らない句末形がどの程度，格語尾の消失の証拠になるかが不明なことである。詩でもコーランでも，文中においては相かわらず一貫して，名詞の格語尾も動詞の法語尾も使われていることは否定できないのである。

要するに，イスラム以前の時代の綴字法やコーランの綴字法からは，当時，格語尾があったかなかったかについて，決定的な答えは出せない，つまり，以上の論拠では，ヒジャーズ方言が古アラビア語と新タイプのアラビア語のどちらに属していたかという問題は解決できないということである。それでもなお，西洋の学者の多くは，イスラム以前（無明時代）の口語は，いわゆる「詩の通用話体（Dichtersprache）」とは異っていたと考えている。ただ，この見方でいくと，イスラム征服期にアラビア語に起こった一連の変化があまりに大きいことになってしまうから，いくつかの変化はイスラム以前の時代にすでに潜在的に存在していたに違いない。ここでよくいわれるのが，古典アラビア語において格語尾が担っていた機能負担はすでに低くなっていたので，語尾が消えても解釈には困らなかった，という主張である。これは，ブラウとの議論の中でコリエンテ（Corriente 1971b）が繰り広げた考え方で，しばしば古アラビア語は単語の融合性（synthetic*[81]）が特徴とされるが，実はそうではなかったという主張である。コリエンテは，格語尾がベドウィン人の日常の話し言葉や都市住民の一部の言葉に含まれていた可能性は認めつつも，その格語尾はすでに重要性を失い，機能的な有効性はほとんどゼロだったと主張している。この格語尾の機能的な有効性とは，その必要度によって計られるもので，言いかえると，格語尾がなくても多くの場合にその文意が失われないようならば，それは「無意味な道具（idle tool）」（Corriente 1971b: 39）にすぎず，語尾変化の部分が余分になっていたことを示している。

古アラビア語は単語が融合型であると従来から考えられており，コリエンテはこれを批判したのだが，これに対してブラウ（Blau 1972–3）は，余分な部分があることはどの言語にもあるふつうの現象だと反論している*[82]。言語において，融合型（synthetic）の言い方から分解型（analytic）の言い方へシフトすることは，まったく新しいカテゴリーの単語を導入することである。たとえば新アラビア語は，単語間の所有関係を示すために所有格表示語（genitive exponent）を導入した*[83]。古アラビア語の文面資料には，このような表現が使われた様子

*81 ここでは主に，名詞の中で「格」と「不定」が表されていること。

*82 語尾変化母音が余剰的だったとしても，それが語尾変化母音のなかった論拠にはならない，ということ。

*83 名詞の語彙的な部分と所有格機能を分解し，所有格を表すために別の単語を使う。これは分解型の言い方。

はまったくない。古アラビア語では，名詞が組み合わされると，先の名詞から定冠詞が落ちる。これによってこの組み合わせが所有表現であることが示されるから，後ろの名詞には所有格語尾がなくてもすむはずである。つまり，単語の組み合わせだけでわかるのに，さらに融合型である所有格語尾を使うのはかなり余分なことである。しかし，これが余分だからといって，古アラビア語では，現代諸方言のような分解型の所有表現を使うことへはつながらなかった。だから，格語尾が余分であることは，その語尾の消失を促進した可能性はあるにしても，何か別の，格語尾の機能の有効性とは関係のない新しい変化が，古アラビア語から新アラビア語への変遷の中で起こったに違いない。また，融合型の格語尾があるからその機能によって話者たちが自由な語順を使える，と考えることがあるが，自由な語順というのは通常，文体的な現象にすぎない。たしかに古アラビア語では，新アラビア語であれば多義性を引き起こしかねないような語順[*84]が可能である。たとえば，直接目的語を文頭に置いたり，コーラン第9(改悛)章3節のように，2つめの主語(*rasūluhu*「彼の使徒が」)を文末へ移動させたりすることなどである。

実に	神	無縁だ[主格]	から	[定]	多神教徒たち[所有格]	と	使徒[主格]	彼の
'inna	*llāh*^{a}	*barī'*^{un}	*min*	*al-*	*mušrikīna*	*wa-*	*rasūl*^{u}	*hu.*

まことアッラーは多神教徒とは無縁なり，またその使徒も無縁なり。

しかし，格語尾があるからこのように語順が自由なのであって，語順が自由だから格語尾が存在するのではない。

また，格語尾が消失した原因は音声現象にあるとして，語末の短母音が省かれる傾向があったために，その語末の短母音である単数形の格語尾が脱落したのだ，とする考え方がある。そして，複数形語尾の格変化が消失したのは，ここからの類推によるものと説明する。しかし，語末の短母音が脱落する傾向がもし本当にあったならば，それはふだんの(快速調な)談話の文体の一種であり，その言語の数ある文体のうちの，ふつうの会話のレベルのものということになる。一般的な言語習得プロセスでは，子どもたちはさまざまな文体をすべて学びとり，語末母音の落ちた短い語形も，語末母音がある長い語形も両方とも習得する。はやい発話で語末の母音が脱落する傾向があるというだけでは，

[*84] *rasūlu*「使徒」から主格語尾 *-u* が消失すると，「使徒が無縁」と「使徒から無縁」の2つの解釈が可能(多義的)になる。

格表示という機能をもった母音の消失にはけっしてつながらない。アクセントのない母音を不明瞭に発音したり落としたりするような談話現象は，せいぜい，別の原因に発した改変を加速させる程度である。ただ，通常の伝達過程で齟齬が生じた場合には，他の談話の文体レベルが捨てられ，快速調の文体レベルが選ばれるという言語変化を引き起こすことはあるかもしれない。

また，発音的な説明は，相対年代[*85]というもう1つ別の点のためにさけられてきた。ディエム（Diem 1991）は，現代アラビア語諸方言の *bint-ak*「君（男性）の娘」と *bint-ik*「君（女性）の娘」のような接尾代名詞のついた形は，母音調和でできた **bint-a-ka*, **bint-i-ki* がもとになって，最終的に語末母音が脱落してできたとして説明すべきだという。名詞と接尾辞の間にある母音は，接尾辞の母音と同じ格語尾母音が選ばれ，それが3つの格のすべてに拡大適用されたと考えられるから，すでに格語尾母音は使い分けられなくなっていたかも知れないが，まだ発音はされていたはずである[*86]。そうでなければ，*bint-ak* のように格母音が発音される形は起こりえない，と主張する。このほかにも，いくつかのベドウィン方言には格語尾が化石化して残っている（⇨ 11.1）が，これについても，もし短母音語尾の消失が格システムの崩壊よりも前に起きたとすると，説明がつかない。

イスラム以降のベドウィン人の言葉に目を向ければ，無明時代の口語体についての議論にもう1つ別のアプローチを加えることができる。アラブ文法学者たちは，ベドウィン人は「純粋なアラビア語」（ファスィーハ *faṣīḥ*）を話していたし，イスラム征服後もしばらくは話し続けていたと信じている。イブン=ハルドゥーン（回暦757=西暦1356年没）は，ベドウィン人は自分たちの言語習性によって話せるのであって，格語尾の使い方を文法学者たちから教わる必要はなかった，と言っている（⇨ 10.1）。また，イスラムの第1世紀にはベドウィン人の言葉は定住民から影響を受けておらず，腐蝕していないから，まだ正しい格語尾をもっていたと，はっきり考えていた。この主張に説得力があると思うかどうかは，ベドウィン人の言葉の純粋さに関わる次のような報告をわれわれがどう評価するかにかかっている。報告には，貴族の間では自分の息子たちを砂漠へ送り込むことが流行っていたが，それは射撃や狩りを習うためだけでな

---

*85 語形から割り出した，単語どうし，あるいは現象間の新旧関係。

*86 *-ka* の母音 *a* と同じ格語尾母音，すなわち目的格 *-a* が選ばれ，これが主格（*bintu-ka*），所有格（*binti-ka*）のときにも適用されて，すべて *bintak* となった，という説明。

く，純粋なアラビア語を話す訓練のためでもあった，とある。これとは別に，職業文法学者たちの報告によると，文法学者たちがベドウィン部族のところで一定期間をすごし，その言葉を研究するのは，ベドウィン人の言葉が，町や都市の言葉よりも正しい(ファスィーハ *faṣīḥ*)からだという。

もちろん，これらの報告は過去のベドウィン人や砂漠へのノスタルジックな態度の現れかも知れない。しかし，現在でも中央アラビアのベドウィン人が，日常の言葉には格語尾のない新アラビア語を使っている一方，古典的な格変化(エァラーブ *'i'rāb*)をさせる詩の一種を保持しているように，当時のベドウィン人も，そのような詩を保持していたのかも知れない。文法学者たちは，アラビーヤ(*'Arabiyya*)の痕跡を捜し求めて詩の伝承者を調査対象者として使うことが多かったから，まさしく求めていたものを得ることができた。ベドウィン人の言葉とはいっても，必ずしも話されている言葉である必要はなかったのである。このように見てくると，ベドウィン人の言語的な純粋性というものは，ベドウィン人の騎士道，男らしさ，寛大さを物語る逸話のような，単なる枕詞にすぎないということになってくる。逆に，仮に職業文法学者たちの報告を信じるとするならば，それは無明時代のベドウィン人が詩とだいたい同じ言葉，ひいては神がその最終メッセージを世界に啓示したときに用いた言葉で話していたと信じることになる。

無明時代の言語状況を記した文献には，イスラム時代初期における言葉の間違いについての報告が付されていて，これはかなり重要である。マウラー(*mawla*^{n} 複数形 *mawāli*。イスラム教に改宗した非アラブ人)たちが犯した言葉の誤りを扱った逸話がじつに数多く収められている。一般的には古典語の混乱や乱れの状況を記録していると思われているが，これらの逸話は，格語尾体系が余分なものになっていたという見解とは必ずしも一致しない。むしろ，新たに改宗した者たちが目標とし，まねしようとしたアラブ人の言葉にはまだ格語尾があったというのが，これらの逸話のポイントとなる。

ある人が，次のコーラン第9(改悛)章3節を朗誦する逸話である。

げに	神	無縁だ[主格]	から	[定]	多神教徒[複数所有格]	と 使徒[主格]	彼の
'inna	*llāh*^{a}	*barī'*^{un}	*min*	*al-*	*mušrikīna*	*wa-rasūl*^{u}	*hu*

まことアッラーは多神教徒とは無縁なり，またアッラーの使徒も(無縁なり)。

これをその人は，誤って所有格語尾で次のように朗誦している。

げに	神	無縁だ［主格］	から［定］	多神教徒［複数所有格］	と	使徒［所有格］	彼の
'inna	*llāha*	*barī'*^{un}	*min al-*	*mušrikīna*	*wa-*	*rasūl*^{i}	*hi*

まことアッラーは多神教徒とは無縁なり，またアッラーの使徒とも（無縁なり）。

これでは不敬にも，神が，多神教徒からもその使徒からも無縁だ，と言ってしまっている。また，改宗して間もない者が，次のように言ったという報告もある（イブヌ=ル=アンバーリー著『文人層の知的楽しみ（ヌズハ *Nuzha*）』pp. 6–7）。

亡くなった	父［目的格］	我々の	そして	残した	息子［複数主格］	我々の
tuwuffiya	*'abā*	*nā*	*wa-taraka*	*banū*	*na*	

我が父を亡くなり，息子らが残した。

1つめの例は作り話かも知れないが，2つめの例は，非アラブ人は語尾を不必要修正する傾向があったことをはっきりと示している（不必要修正をしなければ，*banīna*「息子たちを」のように目的格で言っていたはずである*87）。アラビア語史に対するイブヌ=ル=アンバーリーの説明でも，イブン=ハルドゥーンの説明でも，言葉の乱れを文法研究史の始まりと結びつけている（⇨ 7.1）。

ところで，格語尾の誤りの最初の例は，イスラム暦第1世紀の前半（後7世紀）のものである。ディエム（Diem 1984）による検証でイスラム暦22年のものとされた2つのエジプト=パピルス文書の中には，所有格（*'Abī*）になるはずの位置に固有名詞 *'Abū Qīr*（主格）があり，不必要修正の *niṣf*^{u} *dīnāran**88「半ディナール」がある。その後のパピルス文書（⇨ 8.1）からも，たくさんの間違いが集められている。このようなパピルス文書は2つの言語で書かれており，また筆記者も2言語併用者だった可能性もあるので，このようなイスラム初期の誤りをもって征服以前に格語尾が消滅していた証拠とすることはできない。逆に，このような不必要修正が起こること自体，目標言語にはまだ格システムがあったことを示している。

*87 現代の口語体では，複数語尾は主格 *-ūn* は使われず，目的格＝所有格 *-īn* のみが使われている。

*88 所有格 *dīnār*^{in} が正しい。不定の目的格 *-an* は文字上でもアリフが書かれるので目的格にしていることがわかる。また，先の例 *'Abī* は文字ヤー（*y*）で，*'Abū* は文字ワーウ（*w*）で書かれるので，どの格にしているかわかる。

それでは，イスラム以前にも言語が二層状態であったかどうかについて，われわれはどういう結論を下せるだろうか。1 点確かなのは，イスラム以前からそのまま伝わっていた詩には，修正間違いの形跡がないことである。修正間違い（⇨ 9.1）は，文語体の規範と口語体との間がはっきりと分岐しているときに起こるのがふつうで，それがないことは，「詩の通用話体」起源論者が主張しているよりも広く格語尾が使われていたことを示していると思われる。もちろん，のちの詩の収集家や写本家が間違いをすっかりとり除いたのだという反論もできるだろう。

以上のように，イスラム以降にアラビア語に起こった変化のいくつかが，イスラム以前のアラビア語にもすでにあったとは言えるとしても，イスラム以前の古アラビア語と，現代諸方言のような新アラビア語との間には，まだ説明できていない基本的な文法の違いがたくさん残っているというのが，ここまでの議論を総合した結論である。格語尾体系の消失だけが，イスラム征服期における新アラビア語の成立を特徴づけているのではなく，それ以外の複合的な特徴要素もそれを特徴づけているのである（⇨ 8.2, 8.3）。

4.4 文献案内

イスラム以前の諸方言についての最もよい概説書には Rabin (1951) などがある。無明時代のいくつかの現象の分布が，地図で示されている。ほかにも，Kofler (1940–2)，ʼAnīs ([1952], 1973)，al-Jindī (1983)，Al-Sharkawi (2010) がある。また，古典アラビア語の起源に関する Rabin (1955) の論文，*EI(2)* の「*ʿArabiyya*」項 (Rabin 1960) も参照。「*ʿArab*」については Retsö (2003) があり，この要点は Retsö (2006) にある。「*ʿArab*」と「*ʼAʿrāb*」の違いについては Marbach (1992)，*kaškaša* 現象と *kaskasa* 現象については Al-Azraqi (2007) を参照されたい。スィーバワイヒがベドウィン人を調査対象者に使っていたことについては Levin (1994) が検証しているが，5.3 でみるように，Gouttenoire (2010) は調査対象のベドウィン人の報告を批判的に分析している。

アラブ人の系譜と起源については，*EI(2)* の「*ʿArab, Djazīrat al-ʿArab*」項を参照。Dagorn (1981) は，イスラム初期においてアラブ人が新しい系譜をどう採択したかの指標として人名イスマイル (ʼIsmāʿīl) の広がりかたを調べた興味深い研究である。

イスラム以前の時代における言語二層状態についての議論は複雑である。偏りのない解説を期待するのは難しく，ほとんどの研究者はこの議論で，自分の立場を強くもっている。Zwettler (1978) は，これらのさまざまな観点の違いを時系列で概観している。Macdonald (2000, 2010b) は，アラビア半島のイスラム以前の碑文を資料として検証している。古アラビア語における格語尾の機能の有効性に関する論戦は，Corriente (1971b) と Blau (1972–3) にある。当時，言語二層状態であったことに反対する論拠は Fück (1950)，Blau (1977)，Versteegh (1984: 1–15) にあり，Nöldeke (1904) にもいくらか含まれている。言語二層状態を支持する論拠は Vollers (1906) を参照。また，Wehr (1952) と Spitaler (1953) による Fück (1950) への書評にもある。また，Diem (1978, 1991) と Corriente (1971b, 1975) も参照されたい。Owens (2006) の立場は本章で述べたが，8.2, 8.3 も参照されたい。格語尾の最初の誤りは，Diem (1984: 268–73) で議論されている。

コーランの文面の歴史は，Nöldeke and Schwally (1961) を参照。格語尾の問題に関して，コーランの綴字法と，イスラム以前のアラビア語碑文，アラム・ナバテア碑文との関連性については，一連の論文 Diem (1973a, 1976, 1979b, 1980a, 1981) で検討されている。詩とコーランにある句末形の実例は Birkeland (1940) を参照。接尾代名詞の重要性については Diem (1991)，Owens (2006: 230–65) を参照。東部アラビアの詩のアラビア語とナバテア人が話したアラビア語との関係については，Knauf (2010) が分析している。イスラム以前の社会における言語の機能と詩については，Hoyland (2001: 211–28) が検証している。イスラム帝国におけるベドウィン人の言葉と古典標準語との関係は，Fleisch (1964) が扱っている。また，5.3 も参照されたい。

古典アラビア語の成立

▶第 5 章◀

5.1 はじめに

書かれたアラビア語資料のうち，イスラム時代初期のものはたった 2 つしかない。コーランとイスラム以前の詩である。したがって，アラビア語の標準化と，その後の歴史にこの 2 つの資料が決定的な役割をはたしていたことは驚くに当たらない。また，イスラムに関する最初の学問的な活動がコーランの文面に集中したことも驚くに当たらない。コーランは，文面そのものも，また語られている内容も，伝承され，解説されるべきものだったからである。またこのころに，砂漠との直接のつながりがなくなったことで，詩とのかかわり方も，生きた詩吟活動から，イスラム以前の詩に対する学問的な興味の対象へとかわっていった。コーランとイスラム以前の詩という 2 つの「文面資料」は，口頭で，また非公式な形で伝承され始めたが，急速に拡大する帝国にあっては，このような伝承方法をもってしては正しく伝わることが期待できなくなっていた。

また，アラビア語そのものも標準化のプロセスを進み始めた。ベドウィン人たちは，イスラム以前から自分たちを 1 つの言語共同体と考えていたが，そこに標準的な言葉があったわけではないし，部族を超えて共通とされていた詩の言葉でさえさまざまな種類があった。これがイスラム征服の後にアラビア語が帝国語となると，3 つの理由からアラビア語の標準化が急務となった。第 1 に，ベドウィン人の言葉と，新たに生まれてきたさまざまな話し言葉との違いが大きくなり，帝国内のコミュニケーションにおいて現実的な脅威となってきたことである。第 2 に，最初はダマスカスのウマイヤ朝中央政府，そしてこれに続くバグダードのアッバース朝中央政府が，経済や宗教だけでなく，言語についても政策的にコントロールしようとしたことである。アラビア語が中央行政語として使われることになれば，言うまでもなくそれは標準化されなければならないのである。第3に，状況の変化に対応するためには語彙の急速な拡充が必要とされたが，その統一性をある程度保つには規制が必要であった。

この標準化プロセスに関連して，本章では次の3つの主題を扱う。

アラビア語の規範文法を作成するために最も重要な必須条件が綴字法の考案，というよりむしろ，すでに慣習として存在していた書き方を新しい状況に適合させることであった。その中で，アラビア語の標準規範が精巧に作り上げられ，また，語彙目録が作られ増強されていったのである。

これらの必須条件が整うと，次には標準的な文体を完成させた。ベドウィン人の文体をモデルとした詩の標準文体は発達していたが，いわゆる古典アラビア語が本当に始まったと言えるのは散文体の成立からである。

また，本章の最後の節では，公用語としてのアラビア語の位置を扱う。

5.2　綴字法の成立

イスラム教学者たちが最初に関心を示したのが，自分たちが扱っている数々の伝承を文字化することだった。イスラム文化では口伝が主流だったとはいえ，これでは伝承の内容が食い違うリスクが無視できないほど大きくなっていたから，啓示された書物（コーラン）には権威版が何よりも緊急に必要になったのである。明らかに中央政府は，宗教活動，政治活動のすべての基盤とすべく，帝国中で統一された「版」を受け入れさせることに大きな関心をもっていた。アラビア語の書き言葉の標準化を進めるにあたって，コーランの文字化は決定的な金字塔となった。コーランの言葉を書き記す作業は，実務的レベルでは，アラビア文字の綴字法にかかわるあらゆる決まりを作っていくことであり，また慣習的な綴りに修正を加え，イスラム以前（無明時代）の綴字法から，いく通りにも読めてしまう綴りや一定しない綴りを整理し，より効率よくすることだった。前述したように（第3章），イスラム以前のアラビア半島でも文字が知られていなかったわけではない。しかし，イスラム初期の資料では，宗教的な理由によって，預言者ムハンマドは文盲であることを強調し，さらに無明社会には文字がまったく知られていなかったと誇張された。預言者ムハンマドはウンミー（*'ummī*「文盲」）であった，つまり読み書きができなかったとすることで，コーランが啓示されたことも，その文言を預言者が朗誦したことも奇跡なのだとされた。

メッカでも，そして数は少ないがメディナなどのアラビア半島の中心都市でも，すでに 6 世紀には書くことはかなり一般的だったことをはっきり示す資料がある。メッカのような商業社会では，商売人たちは自分たちの取引きを記録するためにさまざまな手段を使いこなしていたに違いない。書きとめられた契約書の照会が，メッカのカアバ神殿に保管されている。また，詩の伝承者（ラーウィー *rāwī*）たちは，口から口へと受け継がれる詩を朗誦していたが，その彼らでさえときどき書かれたメモに頼ることがあった。この社会に商業的な目的の書記法が確立されていたことは，コーランからもうかがえる。たとえば，第 2 章には借金の決算についての細かな規定があり，その中に項目の正しい記録方法がある（コーラン第 2（牝牛）章 282 節）。

よ　おお　者　信じた　もし　汝らが貸し借りした　借金　に　期間　定めた
yā 'ayyuhā lladīn^{a} *'āmanū 'iḏā tadāyantum bi-dayn*^{in} *'ilā 'ajal*^{in} *musamma*^{n}

しからば　それを書け　そして　書かしめよ　君らの間で　筆記者が　公正に　そして　ない　拒む　筆記者が　こと
fa- ktubūhu wa-l-yaktub baynakum kātib^{un} *bi-l-ʿadl*^{i} *wa- lā ya'b*^{a} *kātib*^{un} *'an*

書く　如く　彼に教えた　神が　そして　書かしめよ　そして口述せしめよ　者　彼の上に（ある）［定］権利が
yaktub^{a} *kamā ʿallamahu llāh*^{u} *fa- l-yaktub wa-l-yumlil*^{i} *llaḏī ʿalayhi l-ḥaqq*^{u}

信じる者たちよ，汝らが期間を定めて貸借したならば，それを書け。筆記者に汝らの間にて公正に書かせよ。その時，筆記者はアッラーの教えた如く書くことを拒むを得ず。彼をして書かしめ，そして債務を負う者をして口述せしめよ。

また，預言者ムハンマドの伝記には，アラブ諸族と交わす書簡を筆記者に書かせたり，盟約を書かせたりしたことが数多く書かれている。たとえば，北アラビアの居留地との有名な盟約がある。この盟約は，イスラム暦 9 年，タブーク（*Tabūk*）への遠征中に署名されたもので，イスラム教徒と他宗教の部族との関係を規定した最初のものである。歴史家たちが伝えているところでは，筆記者と複数の証人がいて，預言者ムハンマドが自分の爪で署名したとある（ワーキディー *al-Wāqidī* 著『イスラム戦記（マガーズィー）』III 巻 p. 1,025）。この最後の末梢的な部分は，おそらく預言者ムハンマド自身は書くことを知らなかったことを強調するためにつけ足されたものだろう。

預言者ムハンマド自身は本当に文盲だったのかも知れないが，メッカの同盟者たちが業務管理に筆記者を使っていたように，ムハンマドもそのような筆記者たちを使っていた。信者たちに下された啓示は，当初は短いメッセージばかりで容易に記憶できていたが，下されるメッセージが長くなるにつれて，啓示の文言の朗誦は相かわらず口頭でおこなわれていたにしても，記憶するためには書きとめざるを得なくなっていた。伝承の中にも，ムハンマドがメッセージを書きとらせた筆記者たちの名前が，ザイド=イブン=サービト（*Zayd ibn Ṯābit*，回暦 45=西暦 665 年没）を筆頭に伝えられているし，またコーラン自体の中にも，啓示が，朗誦されるものから，収集されるものへとシフトしたことが記録されている。初期に啓示された章で使われている「コーラン」（*Qur'ān*）という用語（おそらくシリア語 *qeryānā*「朗誦」からの借用）も，後期に啓示された章にいくにつれて，「キターブ」（*kitāb*「本」）に置きかわっていくのである。

預言者ムハンマドの生涯を通して下された啓示は完全な形で書きとめられていったのではなく，メッセージの部分部分がいろいろなものの断片に記録され，預言者の死後になってこれらの断片が集められるようになったということについては，イスラムの伝承と学者たちの意見が一致している。伝承によると，第3代カリフ・ウスマーン（回暦 25～35=西暦 644～656 年在位）がコーランの公式版を制定することを命じたが，その編纂には預言者の生前からすでに啓示の記録に携わっていたムハンマドの筆記者ザイド（*Zayd*）が任ぜられた。編纂が終わると，その版の写本はイスラム帝国内の重要拠点へと送られ，これと異なる読みの版はすべて置きかえられた。ふつう「ムスハフ」（*al-muṣḥaf*「製本されたもの」）と呼ばれていたこの版はなかなか受け入れられず，さまざまな非公式版が伝承され続けたが，やがてイスラム暦第2世紀の終わりには，このウスマーン版が宗教教育の基盤となって，ほとんどのところでこれが朗誦されるようになった。初めてのアラビア語文法書であるスィーバワイヒ（回暦 177=西暦 793 年没）による『書（キターブ）』では，コーランの写本の文面の中で公式版と異なる子音字はすべて排除され，母音符号の違いだけがいくつか容認された。母音のつけ方がいくつかあるもの（「キラーアート」*qirā'āt*「読み」の複数形）をめぐっては膨大な研究書が出されたが，それらは言語学的な研究であると同時に，コーランの言葉についての研究でもあった。

ザイド=イブン=サービトを筆頭とするコーラン編纂委員会が文字化の中で直面した主要な問題には，以上のような資料統合の問題のほかに，アラビア文字の多読性の問題があった。メッカの商人たちが日常に使っていた文字はまだ原始的であった。この原始的なアラビア=アルファベットには基本的に2つの問題があった。1つは，その頃はまだ符号点がなく，2つないしそれ以上の音素を表す文字がたくさんあったことである。*sīn* と *šīn*，*ṣād* と *ḍād*，*bā'* と *tā'* と *ṯā'* と *nūn*，*fā'* と *qāf*，*dāl* と *ḏāl*，*rā'* と *zāy*，*ṭā'* と *ḏ̣ā'* である[*89]。これは，初期のアラビア文字のモデルとなったナバテア文字が，アラビア語音素のすべてはもち合わせていなかったことの名残りである。2つめの問題は，エチオピア文字を除くすべてのセム文字に共通する特性だが，文字の上では短母音を表記しないことである。ナバテア文字の場合は，長母音さえも不完全にしか書かれていないことが多い（⇨ 3.3）。

1つめの問題については，かなり初期に同じ形の字を区別するために符号点を使っていたことを示す証拠もあるから，イスラム以前の頃にすでに解決されていた可能性もある。この方法はシリア語のやり方から借用したと思われる。というのは，シリア文字はある音素の異音を区別するために点を使っているからである。あるいは，似ている文字を区別するために点を使っていたナバテア文字からこの方法を受け継いだのかも知れない（Nehmé 2010）。

短母音の表記体系には，さらに複雑な問題があった。イスラム暦の第1世紀の間に，人々がコーラン啓示の断片を集め記録するようになると，短母音を表し，読み方が確実に特定できる統一されたシステムの必要性を感じるようになった。文法の「創案者」として伝説的なアブ=ル=アスワド（*'Abū l-'Aswad ad-Du'alī*，回暦 69=西暦 688?年没）をはじめいろいろな文法学者たちが，3つの短母音を示すために文字の上下に（色のついた）点をつけるシステムを導入したとされている。イブヌ=ル=アンバーリーが伝えている伝承には，アブ=ル=アスワドが，ある筆記者に次のように教示したとある。

そして　もし　私が開けた　私の両唇を　しからば 点をせよ　1つを　上に ［定］字
fa- 'iḏā fataḥtu šafatayya fa- nquṭ wāḥida^{tan} *fawqa l-ḥarf*,

そして　もし　私がそれらを合わせた　しからば せしめよ ［定］ 点　に　横 ［定］字
wa- 'iḏā ḍamamtuhumā fa- j'al an-nuqṭa 'ilā jānib^{i} *l-ḥarf*,

そして　もし　私がそれらを割った　しからば せしめよ ［定］ 点　から　その最下
wa- 'iḏā kasartuhumā fa- j'al an-nuqṭa min 'asfal^{i}*hi*,

そして　もし　後続させた　1つを　から　これらの［定］ 母音　鼻音　を しからば 点をせよ　2点を
fa- 'iḏā 'atba'tu šay'^{an} *min hāḏihi l-ḥarakāt ġunna*$^{t\ an}$ *fa- nquṭ nuqṭatayn*;

---

*89 *sīn*（س）と *šīn*（ش），*ṣād*（ص）と *ḍād*（ض），*bā'*（ب）と *tā'*（ت）と *ṯā'*（ث）と *nūn*（ن），*fā'*（ف）と *qāf*（ق），*dāl*（د）と *ḏāl*（ذ），*rā'*（ر）と *zāy*（ز），*ṭā'*（ط）と *ḏ̣ā'*（ظ）。

我，唇を開けたならば文字の上に1点を置け。
それ(唇)を合わせたならば，文字の横に1点を置け。
それ(唇)を2つに割ったならば，文字の下に1点を置け。
これら母音のうちいずれかに鼻音を続けたらば，2点を置け。
(イブヌ=ル=アンバーリー著『文人層の知的楽しみ』pp. 6–7)

この話では，3母音と*N*語尾を点で表すようになった起源をアブ=ル=アスワドに求め，そして3母音の名称(*a*＝ファタハ *fatḥa*，*u*＝ダンマ *ḍamma*，*i*＝カスラ *kasra*)がその調音方法と関係しているとしている。当初，コーラン写本に母音点を使うことには相当の抵抗があったこともイスラムの資料からわかっており，実際このシステムは碑文にも，そしてクーフィー書体で書かれた最古の写本にも見られない。また，のちになって点が加えられた写本もある。

点のつけ方には当初，決まったやり方がなかったことがはっきりしている。デロシュ(Déroche 2010)は，7世紀末以降の5人の異なる手によるコーラン写本を検証し，意外にも1人の手によるものの中にも符号の使い方に一貫性がないことを記述している。

さらに，アブ=ル=アスワドによって新しく導入されたとされるのが，ハムザ記号(*hamza* 声門閉鎖音)とシャッダ符号(*šadda* 二重子音)の2つであり，これはどちらもナバテア文字にはない。第4章(4.2)で見たように，ハムザ(声門閉鎖音)はヒジャーズ地方ではおそらく消失していたが，コーランが啓示されたころや，イスラム以前の詩が作られたころの言葉では，ハムザは発音されていた。詩やコーランの言葉には権威があったため，それに合うようにヒジャーズ地方の筆記者たちは声門閉鎖音を記録する方法を工夫しなければならなかった。ハムザは，その地方の言葉ではたいてい長母音にかわっていたから，ハムザを含む単語は，半子音(=半母音)の文字 *w*(*ū* を表す)，*y*(*ī* を表す)や，アリフ(*ā* を表す)によって長母音として綴られていたのである。伝承によると，アブ=ル=アスワドがシステムを改良して，この半子音字の上に文字 *ʿayn* の小字を使って，喉音があること，つまり声門閉鎖音を表すようにした。ほかに，二重子音は符号点で示された。

短母音の表記システムに関する重要な改良は，ふつう，アラビア語の最初の辞書編纂者ハリール(*al-Ḫalīl ibn ʾAḥmad*，回暦170あるいは175=西暦786あるいは791年没)によるものとされる。彼は，3母音を表すためのシステムを，点ではなく形のある印にした。母音 *u* には文字ワーウ (*w*) を，母音 *a* には文字アリフ (ʾ) を，母音 *i* には文字ヤー (*y*) の一部をそれぞれ小さくしたものを使ったのである。

また，シャッダ (二重子音) の印も，小さな *sīn* (*šadīd*「二重の」の略*90) を使うようにした。子音単独のときは文字 *ḫāʾ* (*ḫafīf*「軽い」の頭文字) を小さく書いたものを使うことがあった。このシステムはもともと詩を書きとめるために考案されたものだが，文字化が進む中で，徐々に草書体で書かれるコーラン写本にも使われるようになった。これによって，点だけでいろいろな機能をすべて表していた旧来のシステムと比べて，まぎらわしさが格段に減った。

ハリールの改良によって，アラビア語の綴字法はほぼ完成し，わずかな記号以外は，これ以降，基本的に同じものが続いてきている (母音 *a* の前舌化を表す，いわゆるワルシュ点 (*Warš* dot) が加えられている。⇨ 17.1)。ただ，符号点や母音符号がつけられる割合はさまざまであり，母音符号をすべてつけた写本があるかと思えば，符号点すら省かれた文書もある。綴字法の新たな記号が導入されたあとも，それをだれもが体系的に身につけるようになるまでにはかなり長い期間がかかった。こうして綴字法が確立すると，今度はさまざまな書体が発達し，それぞれの書体が領域によって使いわけられるようになった。碑文体 (クーフィー書体と呼ばれる) は初期のコーラン写本にも使われたが，この書体を除けば，カリフ・アブド=ル=マリク (*ʿAbd al-Malik*) の改革以後，官庁でも草書体が発達した。この書体は，イスラム芸術の不可欠な要素となった書体である。絵画芸術全般へ抵抗感があったため，装飾文字 (カリグラフィ) が発達して，装飾の最も重要な手段の 1 つになったが，これについては本書では扱わない。

さて，綴字法が統一されたとはいえ，公用，商用，行政目的の標準語を構築するのはそれとはまた別のことである。われわれが知る限り，メッカ商人たちは記録文書などもたなかったから，彼らには精巧な法律用語も，また簿記の慣習もなかったと考えられる。だからイスラム帝国政府は建国当初，官吏として，シリアやエジプトではギリシャ語話者を，東方ではペルシャ語話者を登用して監督や徴税に当たらせたのである。イスラムの資料では，税の記録簿 (ディーワーン *dīwān*) をギリシャ語からアラビア語に移行させたのは，カリフ・アブド

*90 *šadīd* は「激しい」の意。*šadda* の頭文字 *šīn* から 3 点を省略した記号。

=ル=マリクによるものとされている。その資料によると，カリフが官吏たちにイスラム暦 81=西暦 700 年にアラビア語に移行するよう命じた理由は，あるギリシャ人官吏がインク壺に排尿していたからであるという（バラーズリー著『諸国征服史』pp. 196–7）。この話が真実かどうかはさておいて，アラビア語へ移行したのは，アラブ人たちが自信をつけてきたことや実用的な書記制度に精通してきたことの現れである。とはいえ，カリフの勅令だけで書記が実際にギリシャ文字を使わなくなったわけではない。パピルス文書をていねいに調べると，官庁ではアラビア語への移行が，一般に思われているよりもかなりゆっくりであったことがわかる（Sijpesteijn 2007）。ある言語の政治的な重要さは，その 2 つの言語が担っていた領域をみれば明白である。ストルムサ（Stroumsa 2008）は，ウマイヤ朝政府でも，しばらくはギリシャ語が権力や権威の言葉であるという意識があって，公的な文書は当然ギリシャ語で書かれ，アラビア語は私的なものに限られていたことを示している。ネゲブ砂漠のニツァナ（ネッサナ Nessana）村のナバテア遺跡から出土したネッサナ文書群のパピルス文書をみると，内部文書でさえもアラビア語訳が付されずにギリシャ語だけで書かれたものがあったことがわかる。つまり，文書がアラビア語だけで書かれるようになるということは，カリフの権力が増大してきたことの現れなのである。

5.3　アラビア語の標準化

アラビア語は，ディーワーン（*dīwān*「記録簿」）の言葉がアラビア語に移行する以前から書かれていた。最も古いパピルス文書にはイスラム暦 22 年のものもあり，イスラム暦第 1 世紀の末（西暦 8 世紀初め）には，相当数のパピルス文書が流通していたに違いない。これらのパピルス文書の言葉は，体系化された古典アラビア語文法からすると，はなはだ不ぞろいなものだったが，その文面には不必要修正が大量に見られることから，筆記者たちが何らかの手本をまねしようとしていたことがわかる。このようなパピルス文書群のアラビア語，いわゆる中層アラビア語（Middle Arabic）の特徴要素については第 9 章で扱う。本章の主な目的はアラビア語が標準化されていく様子を概観することであるから，さっそくその話題に移ろう。

コーランで使われている言葉は，イスラム以前の詩の言葉とほとんど同一ではあるが，他の文章では使われない異質な文体や言い方など，典型的な宗教色を帯びている。一方の詩の言葉も，特徴として，ふつうの言葉にはないような破格があるから，この２つは正しいアラビア語の源泉資料とされたが，ふつうの散文のモデルとしてはあまり役に立たなかった。また，ベドウィン人は，言葉の問題が起きるたびに正しい言葉の裁決者として呼ばれてはいたが，その裁定とてベドウィン人どうしでもくい違いがあったため，標準形を決めるような位置にはなかった。前述したように(第４章)，イスラム以前(無明時代)，諸部族の言葉の間にある違いは，実際のコミュニケーション上の問題にまではならなかったが，諸部族全体をおおう標準形というものもまた存在していなかったのである。アラビア語をほぼ完全に操れる定住民が増えてきて，逆にそういった標準形が必要になったのだが，定住民たち自身が正しい言葉を決めることは期待できなかった。実際，定住民たちのアラビア語は実用目的で使っていたものだから，パピルス文書に残された文面に見られるとおり雑なものであって，これが理由の１つとなって，自分たちこそベドウィン文化の真の継承者，つまり純粋なアラブ人であると自認する者たちが懸念を強めていったのである。イスラムの歴史家たちは，文法を「発明」することになった背景には「言葉の乱れ」があり，これが主要な動機であると説明している。そのうちの１人がアブ＝ル＝アスワド(*'Abū l-'Aswad*)である。

このような説明の史実性はもちろん疑わしく(⇨ 7.1)，おそらくは標準文法の成立に対する後世の考え方が反映されている(Talmon 1985)。ただし，逸話は信じないとしても，イスラム時代の最初の数十年の間に，アラビア語について満足に教えられる専門家が必要とされていったことは否定できないであろう。また，アラビア語の標準化の中で文法学者が重要な役割をはたしていたことも間違いない。そしてこの文法学は，初期には啓典コーランに注釈をつけることに集中していたが，コーランの言葉の研究には，イスラム以前の時代のもう１つのアラビア語資料である「詩」を無視することができなかったから，まもなく文法学者たちはこれら２つの資料を，規範となるべきアラビア語の文面資料(コーパス)として言語学的なアラビア語研究の著作の中で扱うようになった。

アラビア語の全体像に対して初めて説明を加え，それをおそらく初めてアラビア語散文によって書物という形で出した文法学者がスィーバワイヒ(*Sībawayhi*)である(⇨ 7.1)。彼はアラブ人の系統ではなく，シーラーズ出身のペルシャ人だった。彼は，その後のあらゆる時代を通じて，文法学者たちの手本となった。アラブ文法学者たちは，自分たちの役目はアラビア語のあらゆる現象に説明を加えることであって，単なる記述や，ましていかに正しくアラビア語を話すかといった規範などではないと考えていた。したがって，伝承されてきた言い方と，理論的にありうる言い方[*91]とを区別し，信頼できる資料が伝えている言い方は原則的にすべて正しいものとして受け入れた。その資料とは，もちろん神聖なコーラン，伝わってきているイスラム以前の詩のすべて，そして，信頼できるベドウィン人からの聞き取り調査だった。特異な語形だったり，規則から逸脱した語形も，そこから理論的に推論して新しい語形を作り出す語形とまではされなかったが，この枠組みの中には組み入れられた。イスラム科学全体の性格として，このようにアクル（*ʿaql*「論理的な推論」）とナクル（*naql*「伝承されてきた知識」）とはつねに慎重に区別されていた。実際に存在する語形の研究と，文法学者による理論的なものとがこうして区別されていたので，文法学者たちは既成概念にとらわれずにアラビア語の正統規範の研究を押し進めていくことができたのである。

また，文法を集大成するためには，必要な語彙を掘り出してきて語彙全体を拡充する作業も必要で，この2つは分けて考えることはできず，標準化の過程で互いに関連している。言葉が「乱れ」ているという認識から文法学者を必要とするになったように，辞書編纂家の第1の目的も，危機に瀕しているベドウィン人たちの言葉の古い語彙を保存することにあった。ところが，辞書編纂家にはいくつか悩みの種があった。第1に，イスラム時代初期においても，イスラム以前の詩の特殊な語彙を保持していた砂漠の諸部族の文化と，定住民文化とが，かなり異なっていたことである。都市の定住民からは，ラクダや野生動物，テントにかかわる語彙の微妙なニュアンスをすべて知ることは期待できなかった。語彙を重要視している文法学者を扱った逸話も多い。たとえば，文法学者アブー=アムル=イブヌ=ル=アラー（*ʾAbū ʿAmr ibn al-ʿAlāʾ*，回暦154=西暦770年没）が，言葉や詩についての講義を始めたとき，実際のベドウィン人がやってきて，ほとんど知られていないいくつかの単語を説明するように試され，この文法学者がそれに正しく答えると，そのベドウィン人は次のように言ったという。

取れ	彼より	しかして	げに彼は	物運び	否認されし
ḫuḏū	*ʿanhu*	*fa-*	*ʾinnahu*	*dābba*	*munkara*

[*91] 「伝承されてきた言い方」は資料に実在しているもので，「理論的にありうる言い方」は資料には実在していない。

彼より学べ。げに彼は，あり得ない（類まれな）物運び（知識の宝庫）なり。
（ザッジャージー著『学者たちの会合』p. 262）

この逸話は，文法学者たちがベドウィン人の語彙をどれだけ知っているかによって自分の価値を示さなければならなかったことを示している。

ベドウィン人の生活環境について何も知らずにイスラム帝国内の町で育ったふつうの話者にとっては，アラビア語のふつうの単語の中にもわからなくなっているものがあった。どのような単語がすたれてきていたかを，初期のコーラン注釈書からうかがい知ることができる。ムカーティル=イブン=スレイマーン（*Muqātil ibn Sulaymān*，回暦 150=西暦 767 年没）による『注釈書（*Tafsīr*）』には，説明が必要と思われる単語を同意語に言いかえてその意味を示している。

	〈コーラン内の単語〉		〈言いかえ〉
「痛い」	*'alīm*	→	*wajī'*
「明白な」	*mubīn*	→	*bayyin*
「知らせ」	*naba'*	→	*ḥadīṯ*
「分け前」	*nasīb*	→	*ḥaḍḍ*
動詞「与える」	*'āṭā*	→	*'a'ṭā*
疑問詞「いつ」	*'ayyān*	→	*matā*

語彙をめぐる 2 つめの危機は，他の言語との接触によるものだったと思われる。アラブ人たちは，征服した領土の定住民文化にふれるようになって，それまでアラビア語の単語にはなかった新しい物や概念と出会った。その新しい概念を表す単語のほとんどが，イスラム帝国に取り込まれた地域で話されている諸言語から入ってきたことは明らかで，これこそまさにアラブの一部の学者たちが恐れていたことだった。つまり，他の文化から単語が流入してくると，人類への最後の啓示（コーラン）として神が選んだアラビア語が乱れると考えたのである。

ただ，この考え方がイスラム暦の第 1 世紀にはまだそれほど強くなかったことは，初期の注釈家がコーランの語彙につけたコメントからわかっている。イスラム以前から，アラブ人は周辺の諸文化から相当な数の単語をとり入れていた。そのほとんどはシリアのユダヤ教アラム語から，あるいはメソポタミア地方のキリスト教シリア語を通して借用されたものである。メソポタミア地方で最も重要な文化接触，言語接触の場所はヒーラ市（*al-Ḥīra*）だった。次の例は，イスラム以前の詩にも，コーランにも現れる，初期の借用語である。

中世ペルシャ語（パーレヴィー語）から，シリア・アラム語を経由して借用された単語には次のものがある。

zanjabīl「ショウガ」< シリア語 *zangabīl* < パーレヴィー語 *singaḇēr*「ショウガ」
warda「バラ」< アラム語 *wardā* < アヴェスター語 *varəḏa*

中世ペルシャ語から直接借用されたと考えられる単語もある。

istabraq「錦織り」< パーレヴィー語 *staḇr*「（衣類が）厚い」+ 接尾辞 *-ak*
jund「兵隊」< パーレヴィー語 *gund*「兵隊，軍隊」
kanz「宝」< パーレヴィー語 *ganǰ*「宝」
dirham「銀貨」< パーレヴィー語 *draxm* < ギリシャ語 *drachmè*

ギリシャ語，ラテン語から，シリア・アラム語を経由して借用された単語には次のものがある。

burj「塔」< シリア語 *būrgā* < ギリシャ語 *púrgos*
zawj「一対，夫婦」< シリア語 *zūgā*「くびき」, *bar zūgā*「夫，妻」< ギリシャ語 *zeũgos*「くびきにつながれた一対の動物」
dīnār「金貨」< シリア語 *dīnarā* < ギリシャ語 *dènárion* < ラテン語 *denarius*
qaṣr「宮殿」< アラム語 *qaṣrā* < ギリシャ語 *kástron* < ラテン語 *castrum, castra*
ṣirāṭ「道」< アラム語 *isṭrātiyā* < ギリシャ語 *stráta* < ラテン語 *strata*
yāqūt「サファイヤ」< シリア語 *yaqūnṭā* < ギリシャ語 *huákinthos*「ヒヤシンス」
qirṭās「巻紙」< シリア語 *qarṭīsā, kartīsā* < ギリシャ語 *chartès*

もちろん，シリア・アラム語に直接由来する語もかなり多い。

ṣalāh「礼拝」< アラム語 *ṣlōṯā*
tīn「イチジク」< アラム語 *tīnā*
sifr「大型本」< アラム語 *sifrā*

masjid「礼拝所」< アラム・ナバテア語 *msgd'*

分野によっては，南アラビア語やエチオピア語などから南方ルートで借用された語もある。

sanam「偶像」< 南アラビア語 *snm*，サファー語 *snmt*

コーランの注釈書でも，ムジャーヒド（*Mujāhid*，回暦 104=西暦 722 年没）のような初期の注釈家は，コーランの単語が外来のものであると明言することをためらわない。ムジャーヒドは，たとえば *ṭūr*「山」はシリア語から，*sijjīl*「焼いた粘土」はペルシャ語かナバテア語から，*qisṭās*「秤」はギリシャ語からきたといっている。ここにあげられた語源は，実際に *ṭūr* はシリア語の *ṭūr* から，*sijjīl* はパーレヴィー語の *sang*「石」＋ *gīl*「粘土」から，*qisṭās* はおそらくおおもとはギリシャ語の *dikastès*「裁判官」で，これがシリア語の *dīqasṭūs* を経由してきたものであり，それほどはずれていない。註釈家たちがあげている語源には単なる憶測もあるが，いずれにしても重要なのは，初期の注釈家たちがこのような語彙の豊富さを長所として，コーランの中に見られる優れた創造性の証とみなしていることである。これが，イスラム暦第 2 世紀の終わり頃（西暦 8 世紀初め）になると，文法学者の一部が，コーランが外来の借用語を含んでいるという見解に対して攻撃を始め，コーランの語彙の語源をベドウィン人の言葉に結びつけようとし始めた。たとえば，アブー=ウバイダ（*'Abū 'Ubayda*，回暦 210=西暦 825 年没）は次のように言っている。

下った	コーランは	で	言葉	アラブの	明晰なる	しかして	者	主張した	と	ターハー
nazala	*l-Qur'ān*^{u}	*bi-*	*lisān*^{in}	*'arabiyy*^{in}	*mubīn*^{in}	*fa-*	*man*	*ḏ̣a'ama*	*'anna*	*ṭāhā*

なり	ナバテア語	しかして	実に	大なることをした
bi-	*n-Nabaṭiyya*^{ti}	*fa-*	*qad*	*'akbara*

コーランは明晰なるアラビア語により啓示された。ターハー（*ṭāhā*）[*92] なる語がナバテア語だと主張した者は大きな誤りを犯している。
（アブー=ウバイダ著『コーランの文意』I 巻 p. 17）

それでもスユーティー（*as-Suyūṭī*，回暦 911=西暦 1505 没）をはじめ，アラブの辞書編纂家のほとんどは，多くのアラビア語の単語を外来起源として認めて

---

*92 コーラン第 20（ターハー）章の冒頭に置かれている 2 文字で，語源や意味についてははっきりしない。

いたが，イスラム教学者たちの間では相かわらずアラビア語の純粋性という考え方が一般的だったし，コーランに他の言語の痕跡を見つけようとする西洋の学者たちの研究は，昔も今もまったく受け入れられていない。

このとき大きな問題となるのは，コーランに出てきている単語のうち，特殊な新しい意味に発展し，それがアラビア語のもとの意味では裏づけができなくなっている場合である。このような場合，注釈家たちはその 2 つをつなげるために遠回りをする。たとえば，*yawm al-qiyāma*（日 ［定］ 復活）「復活の日」という表現に対して，標準的な注釈では語根 *q-w-m*「立つ」からきていると説明する。しかしこれは，ギリシャ語の *anástasis*「復活」の訳語であるキリスト教シリア語の単語 *qiyāmeṯā* によってアラビア語の *qiyāma* が「復活」という意味にまで意味拡張された可能性が高い。似たような例に，*zakāh*「喜捨」，*masjid*「モスク」，*ṣuḥuf*「聖典」，*sabt*「土曜日」，*sūra*「（コーランの）章」，そしてコーランの神託の中で最も中心的な概念である *kitāb*「本」，*sāʿa*「時間」などがある。このうち *ṣuḥuf*「聖典」（*ṣaḥīfa* の複数形）をアラブ注釈家は語根 *ṣ-ḥ-f* と結びつけるが，この語根から作られる単語は「読み間違える」という意味の第 2 派生型動詞しかないし，また，イスラム以前の詩に出てくる *ṣaḥīfa* は，複数形が *ṣaḥā'if* であり，「書かれたもののページ」という意味で使われているから，ここから *ṣuḥuf* がコーランの中で「聖典」の意味で使われていること（コーラン第 20（ターハー）章 133 節 *as-ṣuḥuf al-'ūlā*「以前の諸聖典」）までを説明するのは苦しい。そのため西洋の解釈では，しばしば碑文南アラビア語の *ṣḥft* やエチオピア語の同じ語根 *s'-ḥ-f*「書く」に結びつけるのである。

アラビア語の純血性という考え方からすると，語彙を拡充していくには既存の単語の意味を拡張するのが最もふさわしいやり方とされ，まさにコーランの言葉がそのやり方の手本であると信じられてきた。文法学者たちは，多くの宗教用語，たとえば *ṣalāh*「礼拝」，*zakāh*「喜捨」，さらには *'islām*「イスラム」まで含めた単語について，これらはベドウィン人たちの古い単語が宗教的な文脈の中で特殊な意味をもつようになったものであると分析した。こうして，意味拡張が新しい用語を作る方法として受け入れられたのである。たしかに，コーランの中の宗教用語には，外からの影響ではなく，アラビア語内部の意味拡張によるものがある。その好例が *'islām* という単語で，これは一般的には「降伏する，身を委ねる」という意味だが，これが「神に身を委ねる，預言者ムハンマドによってもたらされた新宗教に改宗する」の意味になった。このほか，既存の単語についた新しい意味が，別の言語からの翻訳借用だったとしても，その単語が語源を同じくし[*93]，また同じ用法がコーランにあれば，その意味も正統であるとされたのである。

しかし，このように既存の単語に新しい意味を付与するだけでは，イスラム時代の初期に大量に流入してきた新しい概念や思想には対処しきれなかったから，純血主義者たちの抵抗にもかかわらず，やはり別言語からたくさんの単語が，ときにはもとの語形のまま，ときにはアラビア語の音韻や語形に合うようにわずかに変形されて受け入れられていった。薬物，鉱物，植物といった分野にはペルシャ語からの借用語が多く，たとえば植物の名称には，次のようなものがある。

banafsaj「スミレ」，*asfarāj*「アスパラガス」，*bāḏinjān*「ナス」，
bābūnij「カモミール」，*banj*「ヒヨス」，*fustuq*「ピスタチオ」，
ḫašḫāš「ケシ」，*narjis*「水仙」

イスラム時代初期にギリシャ論理学，医学，哲学の文献から翻訳された単語の中には，翻訳者が適当なアラビア語を見つけられず，ギリシャ語の単語がそのまま転写されているものもある。

	〈アラビア語〉		〈ギリシャ語〉
「物質」	*hayūlā*	<	*húlē*
「粘液，痰」	*bulġum*	<	*phlégma*
「元素」	*'usṭuquss*	<	*stoicheĩon*

次善の策は，既存の子音語根に，アラビア語に豊富にある語形枠を当てはめて，新しい単語を作り出すことだった。当初，翻訳家たちがそれぞれ自分なりの用語をこの方法で作っていった結果，訳語が混乱したが，カリフ・マアムーン（*al-ma'mūn*）がイスラム暦 215=西暦 830 年に「知恵の館（バイト=ル=ヒクマ *Bayt al-Ḥikma*）」を設立したことによっておおむね収束した。知恵の館は，おそらく現在の学校やアカデミーのようなものではなく，ある種の書庫であり，そ

*93 アラム語やヘブライ語などからの借用語で，語根が同じもののこと。

こで学者たちが協同でギリシャ語写本の翻訳にあたっていた（Gutas 1998）。また，用語に関する問題もそこで議論されていたと推測されている。たとえばギリシャ語の *katègoroúmenon*「述語」は，それまで *maḥmūl*，*maqūl*，*ṣifa*，*naʿt* [*94] といろいろに訳されていたが，*maḥmūl* が標準となった。また，ギリシャ語の *apóphansis*「命題」にも，当初は5つもの異なる訳語（*ḥukm*，*ḫabar*，*qawl jāzim*，*qawl qāṭiʿ*，*qaḍiyya* [*95]）があったが，*qaḍiyya* がよく使われるようになった。

とくに，ギリシャ医学の用語を翻訳するときには，既存の語根に，ある語形枠を当てはめて新語を作り出す方法が便利だった。この方法については，例をいくつかあげればじゅうぶんだろう。フナイン=イブン=イスハーク（*Ḥunayn ibn ʾIsḥāq*）は，目の膜に関するギリシャ語で，語末が *-eidès* である術語を抽象形容詞（関係形容詞の女性形 *-iyya*）として訳した。

〈ギリシャ語〉	〈訳語〉
keratoeidès「角膜」	*qarniyya* < *qarn*「つの」
hualoeidès「硝子体」	*zujājiyya* < *zujāj*「ガラス」
rhagoeidès「ぶどう膜」	*ʿinabiyya* < *ʿinab*「ブドウ」
amphiblèstroeidès「網膜」	*šabakiyya* < *šabak*「網」

病名は，*fuʿāl* 型を使って規則的に作られた。

zukām「鼻かぜ」
ṣudāʿ「頭痛」
ṣufār「黄疸」
duwār「目まい」
ṭuḥāl「脾臓の感染」

この例には，*ḫumār*「二日酔い」というものまである。

ところで語彙を集めても，それを自由に使えるようにするためには集大成することが必須条件になる。アラビア語の最初の完全な辞書は，スィーバワイヒの師であるハリールによって編纂された。アラビア文字の改良（⇨ 5.2）にも携

[*94] *maḥmūl*「運ばれている（もの）」，*maqūl*「言われている（こと）」，*ṣifa*「性質」，*naʿt*「描写，性質」。

[*95] *ḥukm*「判決」，*ḫabar*「情報」，*qawl jāzim*「判断を下す言説」，*qawl qāṭiʿ*「断定の言説」，*qaḍiyya*「判決（現代語では「問題」）」。

わっていた人物であり，一般にアラビア語韻律論の創始者としても讃えられている。『アインの書（キターブ=ル=アイン）』とは彼自身がつけた書名だが，この辞書の目的はアラビア語のすべての語根を集めることと明記されている。序文には，アラビア語の発音の構造について概略が書かれている。そして，この辞書を作るにあたっては，文法学者たちの手によって体系化され，書かれ，伝えられてきた，コーランや多くのイスラム以前の詩など，手に入る限りのアラビア語文面資料からも引用し，それらをふんだんに使っている（⇨ 7.1）。

『アインの書』では，アラビア語を書くときによく使われる単語（ムスタァマラート *mustaʿmalāt*「使用されているもの」）に主眼を置いていたが，その後の辞書編纂者たちは，よく使われるものからまれにしか使われないものまで，あらゆるアラビア語の単語をすべて網羅することをめざしたから，まったく存在しない幽霊単語まで収録し，単語の意味についても，たった 1 回の文脈に出てきただけの意味にいたるまで収録するようになった。というのは，ラジャズ調（*rajaz* 震調）の詩からもかなりの語彙を集めていたからである。ラジャズ調の詩は，破格もあるが基本的には 3 句の短長律を 1 歩とする*96 ごく一般的な詩であるが，しばしば即興性をもっていて，これを詠う詩人はアラビア語の造語力を限界まで推し進めていたのである。ウルマン（Ullmann 1966）は，ラジャズ調の詩からもってきて辞書に収録された単語の多くは既存の語根をもとにして作られた造語であり，そのような語根が別個にあるわけではないことを示した。たとえば次のように，既存の 3 子音語根の単語に接頭辞，接中辞，接尾辞をつけることによって，かなり自由に拡張されていた。

〈既存の単語〉		〈造語〉
ʾadlamu「漆黒」	→	*idla**ha**mma*（接中辞 *ha*）「非常に暗い」
kadaḥa「奮闘する」	→	*ka**r**daḥa*（接中辞 *r*）「奮闘する，小股で走る」
jalaba「もってくる」	→	*ijla**ʿa**bba*（接中辞 *ʿa*）「もってくる，増える」

接中辞 *-ran-*，*-lan-*，*-ʿan-*，*-ḥan-* によっても，新しい動詞が作られた。

*96 ラジャズ調（震調）の基本は短長律の 3 歩からなる。短長短長・短長短長・短長短長が 1 歩となり，これをくり返していく。

〈既存の単語〉		〈造語〉
saṭaḥa「広げる」	→	*is**lan**ṭaḥa*「広がる」
qaṣura「短い」	→	*iq**ʿan**ṣara*「縮む，衰える」
	→	*qi**n**ṣaʿr*^{un} (動形容詞 [*97])

他にも多くの例がある。接尾辞 *-m* によっても新しい名詞が作られた。たとえば，*baldam* や *balandam* は *balīd*「愚かな」と同じ意味であり，*šajʿam* は *šujāʿ*「勇敢な」と同じ意味である。要するに，このように創作された単語にはまったく流通性がないのに，辞書編纂者たちは，語根が実在するというだけで辞書に入れるべきだと考えたのである。

文法や辞書の編纂が始まった当初は，調査対象となるベドウィン人がまだ周囲にいて調査が可能であった。文法学者たちが，調査対象者としてのベドウィン人を探して砂漠の奥地へと旅をしたという話はおそらく誇張であろう。実際には，都市の周辺に住みついたベドウィン人たちの中に，その言語事実を継承していくことを職業とするものが現れ，その人たちから情報を得ていたと考えるほうが自然である (Gouttenoire 2010)。それはともかく，文法学者たちや辞書編纂者たちはベドウィン人を「アラビア語の真の話者たち (フサハー *fuṣaḥāʾ* [*98])」と見ていた。イスラム暦 4 世紀=西暦 10 世紀になっても，辞書編纂者アズハリー (*al-ʾAzharī*, 回暦 370=西暦 980 年没) が，ベドウィン人の言葉の純粋性を讃えたほどである。アズハリーはベドウィン人にさらわれて，しばらく彼らとともに過ごすことになったのだが，この「現地調査」の体験をもとに，辞書『言葉の躾(しつけ)』の序章で次のように書いている。

彼らは話す	によって	彼らの性質	[定] 砂漠的	と	彼らの天性	[定]	それを習慣とした
yatakallamūna	*bi-*	*ṭibāʿihim*	*al-badawiyya*^{t}	*wa-*	*qarāʾiḥihim*	*allatī*	*ʿtādūhā*

そしてない	ほとんど	起こる	に	彼らの発話	訛り	や	誤り	嫌悪すべき
wa-lā	*yakādu*	*yaqaʿu*	*fī*	*manṭiqihim*	*laḥn*^{un}	*ʾaw*	*ḫaṭaʾ*^{un}	*fāḥiš*.

彼らは自らの砂漠的性質と，染みついた天性によって話す。彼らが話す言葉の中に，嫌悪すべき訛りや誤りはほとんど起こらない。
(『言葉の躾(しつけ)』p. 7)

文法学者の中には，ベドウィン人の諸部族から言語資料を収集すべきとする

---

*97 おそらく「縮む，短い」に近い意味であろう。ここにあげられた単語はラジャズ調の詩の中で作られた，その場限りの単語である。

*98 単数形は *faṣīḥ*。*al-fuṣḥā* (フスハー) と同じ語根。

者も多かったし，また，カリフや高官たちがしばしば自分の息子たちを砂漠に送り込み，完璧なアラビア語を習得させていたことも報告されている。

しかし何世紀もたつうちに，ベドウィン人の諸部族も次第に定住民文化の影響がおよぶ地域まで入ってくるようになり，ベドウィン人の言葉は定住民の言葉によって汚染されるようになった。ハムダーニー（*al-Hamdānī*, 回暦 334=西暦 945 年没）は，アラビア半島について書いたものの中で，アラブ諸部族に言葉の完璧さにもとづく等級をつけている。町の中や近くに暮らすアラブ人のアラビア語は二流にすぎないから信頼できず，このことは聖都メッカやメディナの近くに暮らすアラブ人にも当てはまると説明している（Rabin 1951: 43–4）。文法学者イブン=ジンニー（*Ibn Jinnī*, 回暦 392=西暦 1002 没）の著書『諸特性』にはベドウィン人が犯した誤りについての章があり，その中で次のように言っている。

なぜなら我々は ない ほとんど 見る ベドウィン人を 言葉の純正なる
li-'annā lā nakādu narā badawiyy^{an} *faṣīḥ*^{an}.

我らが時代には，言葉の純正（ファスィーハ）なるベドウィン人をほとんど見ない。
（『諸特性』II 巻 p. 5）

ただ，同時に，イブン=ジンニーは弟子たちに，言語事実はつねにベドウィン人に聞き取り調査をしてチェックするよう助言している。

アラビア語文法学の初期の資料に，ベドウィン人が，自分たちの言葉に関する知識を，高く買ってくれる者に売っていた例が記録されている。有名なのが，スズメバチ問題（マスアラ=ズンブーリーヤ *mas'ala zunbūriyya*）である。これは，スィーバワイヒとライバル文法学者の間に起こった論争で，次の表現に関するものである。

であった 私は思う と ［定］ 蠍 より激しい 刺すことにて より ［定］スズメバチ そして しからば
kuntu 'aḏ̣unnu 'anna l-'aqrab^{a} *'ašadd*^{u} *las'a*^{tan} *min az-zunbūr*^{i} *fa - 'iḏā*
それ（男）は それ（女）を
huwa 'iyyāhā

刺すことにおいてサソリはスズメバチより強いと思ったが，それは逆である。

これに対してスィーバワイヒは，最後の句は *fa-'iḏā huwa hiya* *99 でなけれ

*99 目的語を導く *'iyyā* に接尾代名詞 *-hā* をつけた *'iyyāhā*「それ（女性）を」ではなく，主

ばならない，と正しく答えたのだが，敵方に買収されていたベドウィン人による判定のせいで負けてしまった(イブヌ=ル=アンバーリー著『公正な判断』pp. 292–5)。

アラブ文法学者たちがベドウィン人の言葉をこのように完璧なものと考えていたことについては，おそらく砂漠生活を美徳とする風潮の一部だったろうと現在では考えられている。こうした類の話は現在でもときおり聞かれるほどである。ふつう，ここで完璧な古典アラビア語と言われているものは，他ではもう使われなくなった単語をベドウィン人が使っているとか，ベドウィン人の詩の伝統でしばしば使われる古典的スタイルのことなのである。イスラム暦3=西暦9世紀の時点で，ベドウィン人が格語尾をまだ保持していたかどうかという問題はここでは扱わない(第4章)。ここで注目しておきたいのは，たしかにイスラム暦4=西暦10世紀の時点でもまだ，言語の専門家たちが信頼のおける調査対象者を使っていたということである。しかしイスラム暦4世紀以降，この伝統は消えた。すでに，先のスィーバワイヒと調査対象であるベドウィン人との逸話の中にもベドウィン人の言葉の乱れが見られるが，のちになるとベドウィン人は定住民の洗練された文化よりも文化的に劣った泥棒や嘘つきである，というイメージが一般的になっていったのである。これは文法学において，アラビア語の標準化作業が止まったことを意味している。新しい情報を提供してくれる生きた調査対象者はもはや存在せず，標準アラビア語の文面資料は，これ以上は増えない，固定化されたものになり，「現地調査」ももはや信頼できる成果を提供できなくなった。文法学者たちの著作には，相かわらず「アラブの言葉(カラーム=ル=アラブ *kalām al-ʿArab*)」を参照している部分が多かったが，生きた発話に接することは，もはやなかったのである。

5.4　アラビア語書き言葉の成立

アラビア語の書き言葉の歴史は，その標準化と密接に関連している。アラビア語の書き言葉は，作り上げるのにゼロから始める必要はなく，アラビア語の標準化に使ったのと同じ2つの資料，コーランとイスラム以前の詩をモデルにしたのである。他の文化圏でも同じだが，アラビア語でも，詩作法のほうが散文体の書き言葉よりも先に成立している。しかし，これまた他の文化圏と同

語や述語として使われる独立代名詞 *hiya* にしている。

じく，砂漠で詠われていたタイプの詩では，新しい上品な定住文化のニーズをすべて満たすことはできなかった。新しい形式の詩はウマイヤ朝の時代に発達し，朝廷では恋愛詩が新しい流行になった。たとえばウマル=イブン=アビー=ラビーア（*ʿUmar ibn ʾAbī Rabīʿa*, 回暦 43=西暦 712 没）の詩などがある。こうなると必然的に言葉の使い方はより柔軟になり，ベドウィン型にあまり厳格にのっとることのない新しいストロペー型の詩も多く発達した。新しいアラビア文化は，このような形式の詩に反映させることによって，大衆的な表現に近づけやすくなったのである。語形変化，文法，語彙についても，多少の逸脱なら徐々に受け入れられるようになっていった（Fück 1950: p. 73〜）。たとえば *nasīhi*（*nasiyahu*「彼を忘れた」より），*baqī*（*baqiya*「残った」より）のような短縮形が使われたり，動詞の第 1 型（*faʿala* 型）と第 4 型（*ʾafʿala* 型）が混用されたりしている。詩人は，ラジャズ調（*rajaz* 震調）で詠うときは公式詩で認められているよりもかなりひんぱんに新語や新しい語形創作をみせることができた。一般的にいって，砂漠を見たこともないムワッラドゥーン（*muwalladūn*「新アラブ人たち」）には，イスラム以前の詩人のようなアラビア語に対する卓越した目を期待することはできなかった。ベドウィン型の詩は長い間，厳格な規範だったが，スィーバワイヒの『書（*Kitāb*）』では，ムワッラドゥーンが詠んだ詩も論を進める際の根拠として入れられている。『書』に引用された 1,000 を超える詩には，無明時代の詩人の作のほか，さらには，ウマイヤ朝の都市詩人の 1 人，ウマル=イブン=アビー=ラビーア（*ʿUmar ibn ʾAbī Rabīʿa*）の作も 9 回引用されている。また，ロァバ=イブヌ=ル=アッジャージ（*Ruʾba ibn al-ʿAjjāj*, 回暦 145=西暦 708 年没）のようなラジャズ調（*rajaz* 震調）の詩も 28 回以上引用されている。

詩は，次第に 2 種類に分かれていった。1 つは，公式に認められた詩で，古い語法を守り，廃れた語彙を好んで使い，新しい流行の話し言葉を入れないようにするもので，もう 1 つは，新しい，しばしば即興で作る「高速」詩で，ストロペー形式により卑俗な表現を多く含むものである。この 2 種類の詩は，やがて違いをいっそう際立たせていき，公式詩はますます難解になり，ついには解説なしでは理解できないほどになった。詩人ムタナッビー（*al-Mutanabbī*, 回暦 355=西暦 965 年没）などは自身の詩集に，学問的解説をつけて出版しているほどである。大衆的な形式の詩のほうは，これとは異なる発展をとげた。最も発展した形は，ストロペーのムワッシャハ詩（*muwaššaḥ*）とザジャル詩（*zajal*）で，畳句の中に口語的な語形が使われている。この種の詩はとりわけ西方イスラムで広まっていた（⇨ 17.2）。

詩というものは特殊なものであり，言語の標準化の点から見ればその重要度は散文よりも低い。アラビア語は前述したように，イスラム帝国の初めから商業的，行政的な用途で使われていた。このような用途で書かれた記録には，書き言葉としての「てらい」は少しも見られないが，筆記者たちは古典規範を守ろうとしており，このことは当時すでに，ある種の標準形があったことを示している（パピルス文書のアラビア語については第 8 章）。しかし，話し言葉は話し言葉でまた別の形があって，その中には無明時代にルーツをもつものもあった。その 1 つは，アラビア語の文化の中で長く信じられていたアラビア語がもつ修辞的な力である。ベドウィン人の間では，口頭の表現技術のすばらしさを讃え，群集に向かって演説をする伝統がイスラム時代の初期にも続いていた。今に残る最も古い演説の中には，すでに書き言葉的な表現法，とくに並行句が入っている。有名な講演の例が，クーファ市総督就任式でのハッジャージ（*al-Ḥajjāj*，回暦 95=西暦 714 没）による演説である。

げに　司令官　［定］　信者たち
ʼinna ʼamīr^{a} *l-muʼminīna*

こぼした　矢筒　彼の
kabba kinānat^{a}*hu*

そして　試した　棒　その
ṯumma ʿajama ʿīdān^{a}*hā*

そして　私を見出した　それらで最も強い　棒
fa- wajadanī ʼamarr^{a}*hā ʿūd*^{an}

そしてそれらで最も硬い　矢柄
wa- ʼaṣlab^{a}*hā ʿamūd*^{an}

そして　私を向けた　汝らに
fa- wajjahanī ʼilaykum

そして　げに　汝ら　する間は　汝らが急ぐ　に［定］反乱
fa- ʼinnakum ṭālamā ʼawḍaʿtum fī l-fitan^{i}

そして汝らが横たわったに　寝床　迷い
wa- ḍṭajaʿtum fī marāqid^{i} *ḍ-ḍalāl*^{i}

そして　汝らが進んだ　道を　［定］誤りの
wa- sanantum sunan^{a} *l-ġayy*^{i}

一方　神に誓って　私は汝らを剥ぐ　剥ぐこと　棒
ʼammā wa-llāhila-ʼalḥawannakum laḥwa l-ʿaṣā

そして　私は汝らを縛りつける　縛りを　茨
wa-la-ʼaʿṣibannakum ʿaṣb^{a} *s-salama*^{ti}

そして　私は汝らを打つ　打つこと　ふらつき　ラクダ
wa-la-'aḍribannakum ḍarb^{a} *ġarā'ib*^{i} *l-'ibil.*

げに，信者たちの司令官（カリフ）は，
自身の矢筒を覆し（空っぽにし），
しかして（矢の）棒を試した。
そのかたは私を，最も丈夫な棒，
最も硬き矢柄と見て，
私を汝らのもとへ向かわせた。
汝らが反乱に走り，
迷いの寝床に横たわり，
誤りの道を進むならば，
神に誓いて，私は
汝らを，皮を剥ぎ，杖のごとくせしめ，
汝らを，葉を縛り，茨のごとくせしめ，
汝らを，ふらつくラクダのごとく鞭打つ。
（ジャーヒズ著『明快さと説明の書（バヤーン）』II 巻 p. 349）

イスラム以前の時代にルーツをもつものの２つめは，物語の技巧である。部族社会の中では，古くから講談師（クッサース *quṣṣāṣ*）が部族の功績「ベドウィン人の日々（アイヤーム＝ル＝アラブ *'ayyām al-'Arab*）」の物語を伝承する重要な役割を演じてきた。この伝統はイスラム時代初期にも形を変えて続き，講談師たちは預言者の生涯の出来事，すなわち初期のイスラム遠征や諸国征服について語り歩いていた。物語は一般の民衆に向けて生き生きと語られ，対話の創作なども盛り込まれたに違いないが，そこには書き言葉的な飾り立てはなかった。このようなプロの講談師たちが扱っていた題材は，学者たちも研究していたが，その研究を書物にすることには，講談師と同じようにある種の抵抗を感じていた。コーランだけが書かれた本であるべきだったからである。自分たちの備忘録として，また言語調査対象者が語ることを記録するためにメモはとっていたが，これも個人的な用途に限られていた。ムハンマドや征服初期に関する伝承を体系的に書き記そうとしたのは，ようやくイスラム暦第１世紀の終わりになってからである。すなわち，預言者と実際に会っていた最後の人たちがまもなく死ぬだろう老齢になっていたころである。この時期，学者たちはこの，生きている最後の証人たちから，できる限りの証言をあわてて集めた。

以上のほか，イスラム時代初期において最もよく記録されているのは書簡類である。書簡文の最古のものは，預言者と部族長とのやりとりの中に見ることができる。イスラム征服期には，メディナ市のイスラム軍中枢と前線の指揮官たちの間に，絶えず手紙のやりとりがあったに違いない。これらの手紙の内容はほとんどが軍事上，あるいは商業上のものだったが，このころすでに書簡という習慣があったことは確かである。のちの歴史家たちの引用の中に残された手紙の文面が，どの程度，原本に忠実であるかを測ることは不可能だが，実際の文面から引用している歴史家もいて，たとえばワーキディー（『イスラム戦記（マガーズィー）』III 巻, p. 1030）は，預言者とドゥーマト=ル=ジャンダル市（*Dūmat al-Jandal*）との盟約[*100] を個人的にも見たと言っている。しかし一般に歴史家たちは，内容の要点はよく保存しているものの，実際の言い回しにまで忠実だったという保証はない。初期の正統カリフたち（ラーシドゥーン *rāšidūn*）の手紙や，スィッフィーンの和議（*Ṣiffīn*，回暦 37=西暦 657 年，アリーとムアーウィヤ 1 世との戦いの際の調停）の文面なども同じである。

初期の筆記者たち（クッターブ *kuttāb*）はほとんどがシリア人やペルシャ人，あるいはおそらくアラビア半島外の部族出身のキリスト教徒アラブ人などだったため，この頃に書かれたアラビア語の中には，アラビア語以外の手本や記述慣習が入っていったであろう。前述したカリフ・アブド=ル=マリク（在位，回暦 65〜86=西暦 685〜705）の改革によって，ディーワーン（官公庁）で使う言語がアラビア語に移行されたが，これが公的な目的で書かれるアラビア語の新しい流れの始まりだった。公的記録や書簡を作成したのは書記官たちだったから，官庁文体の成立には書記官たちが決定的な役割をはたしている。この行政体制は，カリフ・アブド=ル=マリクの息子であるカリフ・ヒシャーム（*Hišām*，在位，回暦 105〜125=西暦 724〜743）の代に基盤が作られ，アッバース朝カリフたちに引き継がれて完成した。

文芸上のものも行政上のものも，文書の作成には，ウマイヤ朝の初めからカリフの財政援助が重要だった。早くはカリフ・ムアーウィヤ（*Muʿāwiya* 在位，回暦 41〜60=西暦 661〜680）の頃の資料にも，カリフが一種の図書館を所有し，いくつかのハディース（預言者言行伝承）の写本を保管していたが，そのうちのいくつかはカリフ自身が収集させたものだったとある。ムアーウィヤ

[*100] ドゥーマト=ル=ジャンダルの和議は西暦 657 年。

の孫，ハーリド（*Ḫālid ibn Yazīd ibn Muʿāwiya*）は錬金術に強い関心をもっていたから，彼がギリシャ語からアラビア語への最初の翻訳を命じたとも考えられる。医学に関するものなど，ギリシャ語やシリア語の書物を後期のウマイヤ朝が翻訳させた報告がたくさんあるから，カリフの朝廷には付属の書物保管所（ヒザーナ *ḫizāna*）があったと考えていいだろう。続くアッバース朝は，前代のウマイヤ朝を好意的に語ることを固く禁じていたので詳細はわからないが，ウマイヤ朝カリフたちがハディース収集の分野でズフリー（回暦 124=西暦 742 年没）のような学者たちの活動を積極的に支援していたことは確かである（Schoeler 1996: 46–8）。

アラビア語の書き言葉の成立は，ペルシャ語から散文で翻訳された著作が蓄積されていったことと密接にかかわっている。これには，カリフ・ヒシャームの書記官アブ=ル=アラー=サーリム（*'Abū l-ʿAlā' Sālim*）によるとされることもある『総合行政について，およびその細目の書（*Kitāb fī s-siyāsa al-ʿāmmiyya mufaṣṣalan*）』などがある。また書簡の文体を完成させたのは，この書記官の後継者であり，カリフ・マルワーン 2 世（在位，回暦 127〜132=西暦 744〜750 年）の書記官だったアブド=ル=ハミード=イブン=ヤハヤー（*ʿAbd al-Ḥamīd ibn Yaḥyā*，回暦 132=西暦 750 年以降没）である。この人は学術書に書簡文体を使った。彼の手になる『筆記者たちへの書簡（*Risāla 'ilā l-kuttāb*）』など，学術書がいくつか残っている。彼は学術書の最初に，並行句もふんだんに入れて，音節の長短韻律もそろえ，飾り立てた文体で冗長な賛辞を置いている。厳格に押韻散文（サジァ体 *sajʿ*）にしていないときもあるが，完全とは言えないまでも一応，文の構造はそろえている。彼の文体には，逆に難解な修辞的比喩やめずらしい語彙は含まれていない。

古い説法や書簡には，ハサヌ=ル=バスリー（*al-Ḥasan al-Baṣrī*，回暦 110=西暦 728 年没）によるものなどがある。これらはカリフ宛ての書簡の形をとってはいるが，書簡の文体はその主題に合わせて作り変えられたものである。これらは内容が宗教的であるため，コーランからの借用が，アブド=ル=ハミードの文章よりもかなり多い（太字がコーランからの引用）。

しかして	本	神の	至高なる	命	の許で	すべての	死	そして	光	の許で	すべての	闇
fa-	*kitāb*^{u}	*llāh*^{i}	*taʿālā*	*ḥayā*^{tun}	*ʿinda*	*kull*^{i}	*mawt*^{in}	*wa-nūr*^{un}	*ʿinda*	*kull*^{i}	*ḏ̣ulma*^{tin}	

そして	知	の許で	すべての	無知
wa-ʿilm^{un}	*ʿinda*	*kull*^{i}	*jahl*^{in},	

しかしてない　残した　神　に[定]しもべ　後に　[定]　書　そして[定]　使徒　証拠
fa- mā taraka llāh^{u} li-l-ʿibād^{i} baʿda l-kitāb^{i} wa- r-rasūl^{i} ḥujja^{tan}

そして言った　強力な者　そして偉大な者
wa-qāla ʿazz^{a} wa-jall^{a}

ため　滅びる　者　滅びし　より　明証　そして　生かす　者　生ける　より　明証
«li-yahlik^{a} man halaka ʿan bayyina^{tin}, wa-yaḥyā man ḥayya ʿan bayyina

そして　げに　神　全聞　全知
wa-'inna llāh^{a} la-samī^{ʿun} ʿalīm»

しかして　思い起こせ　司令官　[定]　信徒ら　を　言　神　至高なる
fa- fakkir 'amīr^{a} l-mu'minīna fī qawl^{i} llāh^{i} taʿālā

しかして　者　望む　汝らの内　と　進む　あるいは　遅れる　すべて　魂
« fa- man šā'a minkum 'an yataqaddam^{a} 'aw yata'aḫḫar^{a}, kull^{u} nafs^{in} bi-

所のもの　得たる　抵当
mā kasabat rahīna»,

至高なる神の書は，すべての死の中にありて命，すべての闇の中にありて光，すべての無知の中にありて知である。神はしもべらに，この書とこの使者の後に証拠を残さなかった。しかして，強力にして偉大なる者（=神）は言った。

「死ぬ者は死ぬでアッラーの徴(しるし)の後に*101 死に，生きる者は生きるでアッラーの徴によって生きるようにするために。まことにアッラーは，耳敏く，全知なり。」

（コーラン第 8［戦利品］章 42 節）

信徒の司令官(カリフ)よ，至高なる神の言を思い起こせ。「汝らの中の前進を欲する者にも，残留を欲する者にも，人はみなそれぞれ魂を担保として取られている。」

（コーラン第 74［外衣に身包んだ男］章 37〜38 節）

（ハサン=バスリー著『宿命に関する書簡』p. 113, 5–9）

カリフが出版を援助する慣習はウマイヤ朝カリフたちによって始まり，アッバース朝でも続いていた。カリフたちの依頼で書物を編纂したのはほとんどが外国人だったため，エリート知識人たちは優れた外国文化を知るようになった。アブド=ル=ハミードとほぼ同時代のペルシャ人学者イブヌ=ル=ムカッファア（*Ibn al-Muqaffaʿ*，回暦 142=西暦 759 前後没）は，パーレヴィー語の文学からの翻訳をおこなった。最も有名なのが『カリーラとディムナ（*Kalīla wa-Dimna*）』

*101 井筒俊彦訳では「御徴によって」としている。ここでは原著にある英語訳にしたがい，「徴の後に」とした。

というインド寓話集であるが，他にも，『大文学の書（*Kitāb al-’adab al-kabīr*）』や『教友[*102]たちの書簡（*Risāla fī ṣ-ṣaḥāba*）』のように，新たに書き下ろした著作がある。これらの著作は，そのほとんどが宮廷作法や，統治者と被統治民との間の行動規則に関するものである。

ウマイヤ朝の時期の文書があまり残っていないため，アッバース朝の初期には書き方の手本としてどのようなものがあったか，確かなことはわからない。コーランの言葉の影響力は，アッバース朝の時期に増したものの，それでも散文体の直接の手本とはみなされていなかった。これに対してイブヌ=ル=ムカッファアの著作は，文の組み立てが複雑で，定式化された対句や並行句に満ち，分詞や動名詞[*103]もたくさん使われてはいるものの，次の一節に見るようにつねにわかりやすく筋も追いやすい。

そして 知れ と 受ける者 賞賛 まるで賞賛する者 自身 -彼
wa-ʿlam ’anna qābil^{a} *l-madḥ*^{i} *ka-mādiḥ*^{i} *nafs*^{i}*hi*,

そして 人 値する すること である その愛 賞賛
wa-l-mar’^{u} *jadīr*^{un} *’an yakūn*^{a} *ḥubb*^{u}*hu l-madḥ*^{a}

彼は 者 心に抱く［それを］ を 拒絶 その
huwa llaḏī yaḥmiluhu ʿalā radd^{i}*hi*,

なぜなら げに 拒む者 それを 賛美される
fa- ’inna r-rādd^{a} *lahu maḥmūd*^{un},

そして 受ける者 それを 責められる
wa-l-qābil^{a} *lahu maʿīb*^{un}

賞賛を受けるは，自身を賞賛するに同じと知れ。
賞賛への愛に値する者とは，
賞賛を拒まんとする者である。
なぜなら，それを拒む者は賞賛され，
それを受ける者は責められるのである。
（イブヌ=ル=ムカッファア著『文学』p. 69）

科学文献の翻訳の流れはウマイヤ朝のころに始まるが，アッバース朝カリフたちのもとで頂点に達した。カリフ・マアムーン（*al-Ma’mūn*）が知恵の館（バイト=ル=ヒクマ）を設立するまでは，ギリシャ語文献（のシリア語訳）のアラビ

*102 預言者ムハンマドの教友たち，すなわち同時期にともに行動していた者たちのこと。
*103 アラビア語で「動名詞」と呼んでいる語形は「〜すること」を表す。動名詞や分詞は簡潔な反面，主語による人称活用がないために文意が定動詞のときよりもわかりにくいことがある。

ア語への翻訳は，ギリシャ語の原文がそこかしこに見え隠れする，ぎこちないものだった。次のヒポクラテス著『人間の自然性について』からの例でじゅうぶんおわかりいただけるだろう（文のぎこちなさがわかるように訳した）。

そして　時　来た［定］春
wa-'iḏā jā'a r-rabīʿ

しからば　べし　こと　増やされる　の中で［定］飲み物　そして　壊される　で［定］水
fa- yanbaġī 'an yuzād fī š-šarāb wa-yuksar bi-l-mā'

そして　減らす　から　食物　少し　少し
wa-tanquṣ min aṭ-ṭaʿām qalīlan qalīlan

そして　選ぶ　そこから　ところの物　それが　より少ない　栄養　そして　より水気のある
wa-taḫtār minhu mā huwa 'aqall ġaḏā' wa- 'arṭab

そして　使う　かわりに［定］増量　から［定］パン［定］増量　から［定］大麦粥
wa-tastaʿmil makān^{a} *l-istikṯār min al-ḫubz al-istikṯār min as-sawīq,*

そして，春が来たとき，

飲み物において増やされ，水にて壊され，

少しずつ食べる物を減らし

その内より栄養のより少なく，より水気のあるものを選び，

パンの増量のかわりに大麦粥の増量を使うべし。

（『人間の本性についてのヒポクラテスの書』pp. 27–8）

ワインに水を混ぜるギリシャの習慣を持ちだすのはイスラム文化としては不適切だが仕方ないとしても，それと同じくらい，文体のほうも全体的に不適切である。

翻訳家の中で最も優れたフナイン=イブン=イスハーク（*Ḥunayn ibn 'Isḥāq*, 回暦260=西暦873年没）の著作にはこのような翻訳調はなく，前人たちの逐語訳からきっぱり決別し，またアラビア語の文法がもつ表現力を可能な限りフルに使って，ごてごてに飾り立てた書簡文体をさけ，事務的で簡潔な文体を使っている。動名詞や分詞を使った複雑な言い回しがよく使われているのは，原本のギリシャ語が反映されたものであろう（訳者注：次の太字が動名詞）。

しかして　私は書いた　彼に　本を　で［定］シリア語
fa- katabtu lahu kitāb^{an} *bi-s-Suryāniyya*

私は向けた　その中で［定］方向　［定］彼が意図した　それに　の中で　彼の求め　私に　その著作
naḥawtu fīhi n-naḥw^{a} *llaḏī qaṣada 'ilayhi fī* ***mas'alat***^{i}*hi 'iyyāya* ***waḍʿa****hu.*

私はシリア語で彼のために本を書いた。私はその中で，私へのその著作の求めの中で彼が意図した（私に本を書くことを求める中で彼が希望した）方向へ向けた。

（フナイン=イブン=イスハーク著『ガレノスの著作からの翻訳の思い出について，アリー=イブン=ヤハヤーへの，フナイン=イブン=イスハークの書簡』p. 1）

イブヌ=ル=ムカッファアの著作も，ギリシャの論理学，医学，哲学の文献も，文字通り出版物だった。というのは，宮廷に限定せず，一般の個人に読んでもらうための大衆的な本だったのである。この意味で，イスラム法学（フィクハ *fiqh*），預言者言行伝承（ハディース），歴史，『イスラム戦記（*al-Maġāzī*）』，コーラン釈義（タフスィール *tafsīr*）など，イスラム関連著作はそれとはずいぶん異なっていた。アッバース朝の歴代カリフたちは，学者たちに実際の書物の形で書かせ，それを用いて王位継承者にイスラム関連の教育をしていた。これは，ウマイヤ朝がやっていたことを部分的にまねたものである。ハディースの民間の収集家たちの活動を，ウマイヤ朝カリフたちは学問的な活動とみなして援助していたが，アッバース朝はそれを世俗的な営利活動とみなし，彼らがイスラム教関連著作の収集に一役買っているというふうにはみなかった。アッバース朝の最初期の宮廷学者，イブン=イスハーク（*Ibn 'Isḥāq*，回暦 150=西暦 767 年没）は，教育活動用にアラブやイスラムの歴史に関する資料を収集していた。そして，カリフ・マンスール（在位，回暦 136～158=西暦 754～775 年）の特命にしたがってそれを編纂して宮廷に献上し，公認版としてカリフ図書館に保管された（ハティーブ=ル=バグダーディー（*al-Ḫaṭīb al-Baġdādī*）著『バグダード史（*Ta'rīḫ Baġdād*）』I 巻 p. 220～）。

こうして編纂されたものも，またこれと同じような宮廷内の刊本も，その写本は残っていないが，このようなイブン=イスハークの著作は歴史書のさきがけであり，その後の歴史書の形式や文体は，この本からかなり影響を受けている。1 つ言えることは，預言者の生涯や征服初期に起こったことなどを説明するには，初期の（その後も）すべての歴史家たちに見られるような散文の物語風の口調が使われたこと，さらにこれらはすべて，語り部たちの短く個々ばらばらなアハバール（*'aḫbār*「ニュース，情報」の複数形）から生まれてきたことである。物語を生き生きとさせることが重んじられ，文学的な飾り立てによらず，単純な単語を使って，たいていは並行句に仕立て，しかも対話形式が好まれた。次の，キリスト教徒捕虜の美しい衣服をみたイスラム教徒たちの反応を書いた一節は，この文体の例であり，伝承者（イスナード *'isnād*「基盤」）と実際の中身（マトン *matn*「本体」）の2部に分かれている。

言った イブン イスハーク　しかして　私に語った　アスィームイブン　ウマル　イブン　カターダ　について　アナス　イブン
qāla Ibn ’Isḥāq:　fa-　ḥaddaṯanī ʿĀṣim ibn ʿUmar ibn Qatāda　ʿan　’Anas ibn

マーリク
Mālik,

言った　見た　ガウン　ウカイディル　時　もたらされた　それを　へ　使徒　神　祝福せん
qāla:　ra’aytu　qubā’a^{t} *’Ukaydir　ḥīna　qudima　bihi　ʿalā　rasūl*^{i} *llāh - ṣallā*

神　彼の上に　そして 庇護せよ　しかして　始めた ［定］イスラム教徒ら　それをふれる　で　彼らの手
llāhu　ʿalayhi　wa-sallam -　fa-　jaʿala l-Muslimūna　yalmisūnahu　bi-’aydīhim

そして　驚嘆する　それより
wa-yataʿajjabūna minhu,

しかして 言った　使徒　神　祝福せよ　神　彼の上に　そして 庇護せよ
fa-　qāla rasūl^{u} *llāh - ṣallā llāhu ʿalayhi wa-sallam -*

か？　驚嘆する　から　それ
’a-taʿjibūna min hāḏā?

しかして 懸けて ［定］　我が魂　の中に　彼の手　実に　スカーフ　サアド イブン　ムアーズ　に［定］楽園　より良い
fa-　wa-llaḏī nafsī　bi- yad^{i}*hi, la-manādīl*^{u} *Saʿd ibn Muʿāḏ fī l-janna*^{ti} *’aḥsan*^{u}

より　かれ
min hāḏā!,

イブン=イスハーク曰く，アースィム=イブン=ウマル=イブン=カターダが，アナス=イブン=マーリクより聞き，私に語った。

彼（アナス）曰く，ウカイディル王の上衣が神の使徒〈神が彼を祝福し庇護せんことを〉のもとに届けられた時，私はそれを見た。信徒たちがそれを手にふれ，驚嘆し始めた。

神の使徒〈神が彼を祝福し庇護せんことを〉曰く，

「これに驚嘆するのか。わが魂がその手にある方の御名によりて，楽園にいるサアド=イブン=ムアーズのスカーフはこれよりさらに美しい」と。

（イブン=ヒシャーム編『預言者伝』IV巻 pp. 169–70 [*104]）

このタイプの文章にはもともと，たとえば詩のような文学的な気どりはなかったが，タバリー（*aṭ-Ṭabarī*，回暦310=西暦923年没）をはじめ後の歴史家たちは，先人たちから伝えられてきた物語を単純に写すだけでは満足できず，明らかに構成上，文体上の工夫をこらしている。とはいえ，これらは散文であって，詩と比べればはるかに自由であり，形式的な制限も少なかったから，おそらくアラブの文学批評家も，伝承の過程でまぎれこんでくるたくさんの文法的「誤り」を指摘する程度であり，形式的な部分への批評に時間を費やすことはな

[*104] 後藤他訳『預言者ムハンマド伝』3巻 p. 409，24–27項を参照。

かったろう。文学批評家コダーマ=イブン=ジャアファル（*Qudāma ibn Jaʿfar*, 回暦 337=西暦 958 年没）は，著書『散文批評（*Naqd an-naṯr*）』の中で，低い文体（サヒーフ *saḫīf*）と高い文体（ジャズル *jazl*）の 2 つを区別し，この 2 つをどのように使い分けるかについて細かく指示している。コダーマが「高い文体」と規定したのがアラビア語の散文体で，公文書などに見られ，形式にこだわってごてごてと飾り立てた文体である。この類の文章には，韻を踏んだ部分がいくつもあって，これがアラビア語の典型的なスタイルとなって，文学以外の著作でもこの種の散文をとり入れた序文で始めるのがしきたりとなっている。たとえば，ザマハシャリー（*az-Zamaḫšarī*, 回暦 538 =西暦 1144 年没）の『文法詳解（ムファッサル *Mufaṣṣal*）』の序文の最初の文は，内容本文のふつうの文と対照的である。

神　最も讃美されたる　について　こと　我をして　の内　学者たち　[定]　アラビア語
Allāh^{a} *'aḥmad*^{u} *ʿalā 'an jaʿalanī min ʿulamā'*^{i} *l-ʿarabiyya*^{ti}

そして　我に天性を与えた　について[定]　保護　ため[定]アラブ　と[定]アラブ部族連帯
wa- jabalanī ʿalā l-ġaḍab^{i} *li- l-ʿArab*^{i} *wa-l-ʿaṣabiyya*^{ti}

そして　防ぎし　我を　こと　孤立する　より　内　その支援者らの　そして　飛び出る
wa-'abā lī 'an 'anfarid^{a} *ʿan ṣamīm*^{i} *'anṣār*^{i}*him wa-'amtāz*^{a}

そして　集う　へ　連中　[定]シュウービーヤ運動の　そして　離れる
wa-'anḍawiy^{a} *'ilā lafīf*^{i} *š- šuʿūbiyya*^{ti} *wa-'anḥāz*^{a}

そして　我を守った　より　彼らの宗派　[定]　[否定]　手にする　彼らの上に　以外　[定]　投じ
wa-ʿaṣamanī min maḏhabihim allaḏī lam yujdi ʿalayhim 'illā r-rašq^{a}

による　舌　[定]呪う者らの　そして[定]　中傷　による　歯　[定]けなす者らの
bi- 'alsina^{ti} *l-lāʿinīna wa-l- mašq*^{a} *bi- 'asinna*^{ti} *ṭ- ṭāʿinīna*

我をしてアラビア語（アラビーヤ）の学者の 1 人となし（ジャアラニー），
我にアラブとその部族連合（アサビーヤ）を守る天性を与え（ジャバラニー），
飛び出て（アムターザ）アラブの仲間らの中より孤立する（アンファリダ）を防ぎ，
離れて（アンハーザ）シュウービーヤ運動の連中へ集う（アンダウィヤ）を防ぎ，
呪う者ら（ラーイニーナ）の 舌（アルスィナ） による攻撃（ラシュク）と，
けなす者ら（ターイニーナ）の 歯（アスィンナ） による中傷（マシュク）のほかに何も
もたらさざりし彼らの宗派より我を守りし神に，最高の称えあれ。
（『文法詳解』p. 2）

これほどごてごてした文体は他の言語にはとても訳せないだろうから，イブン=ファーリス（『言葉学に関するサーヒブの書』p. 13 を参照）のようなアラブの学者たちが，アラビア語は翻訳不可能だと信じていたことも納得がいく。文学批評家たちの間に，文学作品において「表現法（ラフズ *lafḏ*）」と「思想（マアナー *maʿnā*）」のどちらがより重要かという議論があって，たとえばジャーヒズ（*al-Jāḥiḏ*，回暦 255 = 西暦 869 年没）は，文学は表現法や形式によって評価されるべきとしている。それは，作者が表現する思想は普遍的なものであって，だれでも到達できるものであるのに対し，形式のほうは熟達した作家にしかなしえないものだからである。このように考えられていたから定式的な文体が成立したのであり，また成立しやすかったのである。こうして，文学の最も重要な側面は形式であると見られるようになり，内容の重要性のほうは二の次になった。マカーマート文学（*maqāmāt*）という文学ジャンルではこの傾向が極限にまでいたり，ハリーリー（*al-Ḥarīrī*，回暦 516 = 西暦 1122 年没）といった作家たちの作品には，純粋に形式的な技巧を集めただけのものもある。

アラビア語にはもう 1 つ，コダーマが「低い文体」と呼んだ書き方がある。それは，個人的な手紙のほか，地理学書，歴史書，人名総覧，イスラム法ないし神学の手引書，そして文法学書など，文学以外の著作に見られるもので，書き方にきびしい規定がなく，口語表現や事務的な文体が使われる。中には古典アラビア語の束縛からさらに自由になって，当時の口語体のほうにはるかに近い散文を使う者もあった。しかし，口語体の表現や語彙を使う著述家といえども，あくまで古典アラビア語という枠から出ることはなかった。たとえばウサーマ=イブン=ムンキズ（*'Usāma ibn Munqiḏ*，回暦 584 =西暦 1188 年没）の『回想録』や，イブン=アビー=ウサイビア（*Ibn 'Abī 'Uṣaybiʿa*，回暦 668=西暦 1270 年没）による医学者の人物事典*105 などがあるが，これらはアラビア語史的にみると「中層アラビア語」（Middle Arabic）に分類される（⇨ 9.2）。しかし，この種の文章は知識人たちが文体を簡潔にしようとしたものであって，同じ「中層アラビア語」という名称で呼ばれてはいても，「間違い」をたくさん含んだ大量の文書群とは大きな違いがある。

イスラム文化の中にあって，アラビア語には高位のものと低位のものがあり，この 2 つが並存している状態が最古のパピルス文書の時代から続いていたことがうかがえる。この言語二層状態（ダイグロシア）は，これらの中層アラビア語で書かれた文章を通じて，書き言葉ないしは準書き言葉による著作の領域にまで入ってきた。後に見るように（第 12 章），この二層状態は現在にいたる

105『医師界における情報の泉』（'Uyūn al-Anbā' fī Ṭabaqāt al-Aṭibbā'*）。

まで続いている。現代のアラビア文学でも古典時代とまったく同じように，どの層のアラビア語で書くかを作家たちは自分の好みで選ぶ。しかし，威信言語としての位置を占めているのは古典アラビア語であり，アラビア語で著作をするときには，それによって大きく制約される。「高い」文体で書こうとしても，また「低い」文体で書こうとしても，最終的には相かわらず標準アラビア語がモデルとなってしまい，意識的に口語体で書こうとしても，結局は，文語体の枠から逃れることはできないのである。

5.5 公用語としてのアラビア語の地位

アラビア語は，イスラムの古典時代を通じてつねに宗教，文化，行政，学問のすべての目的で使われる威信言語であり，イスラム時代に入って数百年間は，これらのどの分野においてもアラビア語の地位が深刻に脅かされることはなかった。イスラム初期には，アラビア語以外の言語でも礼拝やコーランの朗誦が可能かどうかについて議論があったようである。とくに東方イスラム世界では，ハナフィー派のフカハー（「法学者たち」）が，その派の創始者であるアブー=ハニーファ（*Abū Ḥanīfa*，西暦 767 年没）の意見を引用している（Zadeh 2012: 53–91）。それによると，アラビア語を習得していない者に限る，というただし書きが付されることもあるが，礼拝の儀式や朗誦などにコーランの翻訳を使うことは認められているという。しかし多くの法学者は，コーランの意味と言葉は不可分で，この 2 つの組み合わせがコーランの奇跡であり，他にまねのできないものにしていると考えている。彼らが根拠としているのは，礼拝でペルシャ語を使うことを，初期のカリフたちがはっきりと禁止したとする記録である。たとえば 2 代目カリフ・ウマルは，カアバ神殿をタワーフ（*ṭawāf*）*106 しているとき，ある者がペルシャ語で祈っているのを耳にすると，杖をふりかざして「アラビア語への道を求めよ」（*ibtaġi 'ilā l-'arabiyyat^{i} sabīl^{an}*）と叫んだという（アブー=ターヒル著『文法学者たちの情報』p. 25）。

また，ディーワーンの言語を変更するカリフ・アブド=ル=マリクによる布告には，アラビア語以外の言語を格下げするという決意が示されている。公式な方針はこのようになったが，アラビア語の話者たちも，日常のやりとりに他の言語がひんぱんに使われることは認めざるをえなかった。バスラやクーファと

*106 巡礼でカアバ神殿の周りを回ること。

いった都市はかなりの多言語状況にあったし，都市の外では，田舎の人々がその土地の言語しか話せない状況だったからである。それでも行政や宗教の領域では，他の言語がアラビア語のかわりになれるはずはないと考えられていた。こう考えられていたことは，コプト語，ギリシャ語，シリア語などがこうした領域から消えてしまったことからもうなずける。アラブ文法学者たちも，ほんのわずかな例外を除けば，他の言語を学ぼうとはしなかったし，また，他の言語の話者たちも，そのほとんどは自分たちの言語に誇りを感じず，かえってアラビア語で話したり書いたりするほうを好んだのである。イスラム暦第1世紀の頃には，ペルシャ語の話者たちも，自分たちの言語がアラビア語に劣っていると考える傾向があった。すでに見たように，アラビア語の最初の言語学的記述の著者であるスィーバワイヒ自身，ペルシャ語の話者だったが，著書『書』の中で，彼のペルシャ語への関心がわずかなりとも見られるのは，ペルシャ語の単語がアラビア語に借用されアラビア語化したもの（ムアッラブ *muʿarrab*）が，どう変化したのかを説明した2つの章のみである（『書』II巻 pp. 342–3）。ペルシャ語の「*k* と *j* の中間の発音」（*al-ḥarf allaḏī bayna l-kāf wa-l-jīm*），つまり *č* の発音は *čurbuz* → *jurbuz*「詐欺師」のように *j* になり，「*b* と *f* の中間の発音」（*al-ḥarf allaḏī bayna l-bāʾ wa-l-fāʾ*），つまり *p* が *pirind* → *firind*「みごとな剣」のように *f* になった。もう一人の有名な文法学者ファーリスィー（*al-Fārisī*，回暦377=西暦987没）は，自分の母語であるペルシャ語について弟子のイブン=ジンニー（*Ibn Jinnī*）から尋ねられたとき，アラビア語はペルシャ語に比べてはるかに優れており，この2つは比較にもならないときっぱり明言している（『諸特性』I巻 p. 243）。後にペルシャ人の民族意識から反動（シュウービーヤ運動）が起こり，アラブ人による独占に対する抵抗があった。この運動を支持した者たちは，公用語としてのアラビア語の位置づけに反対はしなかったが，他の言語，とくにペルシャ語もアラビア語と同じくらいイスラム教の教えに適っており，むしろアラビア語よりも優れていると主張した。たとえば，アラビア文法学者たちが誇りにしている同義語の豊富さについてシュウービーヤ運動家は，それはむしろアラビア語を不必要に複雑に，不明確にしている，としている。

9世紀以降，ペルシャ語はまず，アラビア文化が足場を築くことができなかったイラン東部の地域において徐々に文学語として使われるようになった。10世紀中葉までに，とくにイスラム帝国の東方の各州で，アラビア語の文面の行間にペルシャ語訳をつけることが一般的になった（Zadeh 2012: 267）。ということは，これより以前に，アラビア語をまだ習得途上の新しい改宗者たちへのイスラム教教育が，口頭でペルシャ語によっておこなわれていたということである。翻訳がペルシャ語で書かれるようになり，ペルシャ語によってコーラン釈義がたくさん書かれるようになったことは，宮廷言語としての，そしてついにはイラン王朝語としての新ペルシャ語成立へとつながった。ある程度独立していた東部の諸王朝の宮廷でも，新ペルシャ語，すなわちファールスィー(*Fārsī*)で詩が書かれ，ついにサーマーン朝(10 世紀)のもとで，これがアラビア語にかわって文化語となった。モンゴルの侵入で，アラブ帝国の都バグダードが陥落(回暦 657=西暦 1258 年)してからは，東方イスラム地域の全域でアラビア語は威信言語の地位を失い，宗教以外の領域ではペルシャ語が使われるようになった。イラン本土ではサファビー朝のシャー[*107]・イスマーイール(*'Ismāʿīl*)の統治下(回暦 906=西暦 1501 年)で，新ペルシャ語(ファールスィー)が国語となり，イスラム教シーア派が国教に採択された。

ただ，それ以外のすべての地域では長い期間にわたってアラビア語がその地位を守った。マムルーク(トルコ人奴隷兵)がエジプトに建てた王朝がその好例である。アラブ人はトルコ人を見下すのがつねで，よい兵士だからイスラムの盾としては有用だが，文化的な能力はないと見ていた。マムルークたちは，アラビア語を話したとしても不完全なものであったが，マムルーク訓練生はアラビア語の集中教育を受けており，ほとんどのマムルークはアラビア語を少なくとも理解はしていた。アラビア語で宗教書や文法学書を著作していたマムルーク学者がたくさんいたことが，マムルークに関する伝記的資料(サファディー *aṣ-Ṣafadī* 著『伝記大全(*al-Wāfī bi-l-wafayāt*)』など)に書かれている。さらに，14 世紀に入ってトルコ語と同系のキプチャク=チュルク語(Qipčaq Turkic)やオグズ=チュルク語(Oġuz Turkic)で学問的な著作がなされるようになってからも，エジプトでは相かわらずアラビア語で書かれていた(Haarmann 1988)。

11 世紀にセルジューク朝トルコがアナトリア地方を征服すると，トルコ語はセルジューク帝国の公用語となり，ペルシャ語は文学語となったが，それでもなおアラビア語は，第 1 にチュルク諸語への借用語の源泉として(⇨ 17.5)，第 2 に宗教語として，重要な地位を保っていた。ただ，帝国の行政語としての地位は失い，トルコ語に譲ることになった。19 世紀の終わり，ナハダ(*Nahḍa* ア

[*107] シャーは，ペルシャ語で「王」。

ラブ民族意識の「目覚め」)の時代に (⇨ 12.2)，アラビア語を行政語として再び導入しようとする試みがなされたが，ちょうど植民地時代が到来して，結局その試みは短命に終わった。そして 20 世紀，アラブ諸国が政治体制としての独立をはたすまでは，再び国務や行政を表現する言語になることはなかった。

5.6　文献案内

古典アラビア語の変遷については，Fück (1950) が教科書的な研究である。13 編の一連の小論は古典アラビア語の文体，語彙についてだいたい時代順に検証しているが，そこには厳密な論証はなく，いろいろな資料から選んできた事項によっている。Fück は，イスラム征服以後も数世紀にわたって，ベドウィン人の言葉には格語尾が残っていたと強く考えている (⇨ 4.3)。より最近の議論については，Fleisch (1964)，Zwettler (1978)，Versteegh (1984: 10–13)，Owens (2006) を参照されたい。無明時代 (*Jāhiliyya*) の識字状況については，Macdonald (2010) と Stein (2010) を参照されたい。

アラビア語の綴字法の変遷については，Abbott (1939, 1972) が扱っている。符号点の変遷については，Revell (1975) があつかっている。綴字法体系の創案についてのアラブの伝統的な説明は，Semaan (1968) に簡単な概説がある。アラビア語による初期の文書についての教科書的な手引書には Grohmann (1967, 1971) があり，より新しいものとしては Déroche (2005) がある。手ごろな解説としては，Sijpesteijn (2008) がある。Gacek (2001, 2008) が，写本や文字に関する術語集を完成させ，Gacek (2009) として，文字の豊富な図版を入れ，項目索引ができる手引書が出された。ネッサナ文書群 (the Nessana archive) で使われているギリシャ語とアラビア語は，Stroumsa (2008) が研究している。パピルス文書においてギリシャ語からアラビア語へ移行したことについては，Sijpesteijn (2007) を参照されたい。綴字法の変遷を総合的に説明している最近のものは Endreß (1982) である。コーランの書記法の最古の例については Grohmann (1958) を参照。また，コーランの初期の写本については Robin (2006) を，コーランのヒジャーズ書体の変遷については Déroche (2010) を，官庁での書体の変遷については Abbott (1941) を参照。本書では，アラビア文字の最近の歴史は扱わなかったが，詳しくは Schimmel (1982) を参照されたい。また，他の諸言語によるアラビア文字使用については第 17 章で扱う。

アラビア語の綴字法の変遷史はコーランの本文の歴史と深い関係があり，

これについては Nöldeke and Schwally (1961) が今でも標準的な手引書である。朗誦から書物への移行については Nagel (1983), Schoeler (1992) を参照。コーランの写本をアラブ文法学者たちがどのように受け入れていったかは，Beck (1946) にある。また，読みの違いについては Nasser (2012) を参照されたい。

文法書と辞書編纂は，いずれもアラビア語の標準化にきわめて重要な役割をはたした。この 2 つの学問分野にかかわるさらなる文献は第 7 章を参照。アブ=ル=アスワド (*'Abū l-'Aswad*) の役割は，Talmon (1985) が検証している。

Schall (1982) は，アラビア語の語彙の歴史を研究するための全般的な概論である。コーランに入っている外来語の問題については Fraenkel (1886), Jeffery (1938) を参照。アラム語がメッカの多民族間共通語（リンガ=フランカ）であったとする Luxenberg (2000) の説では，コーランの中のシリア語・アラム語の単語が中心的問題となっている。Rippin (2008) がこれにさらに考察を加えている。外来語に対する注釈家の考え方については Versteegh (1993a: 88–91) を参照。注釈家ムカーティル (*Muqātil*) による『注釈書 (*Tafsīr*)』の例は，Versteegh (1990) からとった。コーランやアラビア語の中の外来語についての論争は，Kopf (1956) が扱っている。イブン=ヒシャーム (Ibn Hišām) による『預言者伝 (*Sīra*)』の中の外来語彙を，Hebbo (1970) がリストにしている。これは 200 以上の借用語について議論しており，その 50%がアラム・シリア語から，40%がペルシャ語から，10%がギリシャ語から来ているとしている。ペルシャ語からアラビア語への借用については Asbaghi (1988) を参照。Bielawski (1956) は，古典期や現代の語彙を拡張するさまざまな方法を比較し（第 12 章も参照），借用語の例もたくさん示している。論理学用語の翻訳例は，Zimmermann (1972) からとった。哲学用語の変遷については Afnan (1964) があり，古いが今でも有用である。翻訳家たちがギリシャ語の単語の訳語に当てたアラビア語の辞書が，Endreß and Gutas (1992–) によって編纂されつつある。翻訳文の言葉については，Vagelpohl (2009) が扱っている。知恵の館（バイト=ル=ヒクマ）の活動については，Gutas (1998) を参照されたい。

ラジャズ調の詩の言葉とそれに使われている特殊な語彙体系については Ullmann (1966) を参照。本書の例はここから引いた。アラビア文学における散文体の発展については，それまでの散文研究を概観した Leder and Kilpatrick (1992) や，『ケンブリッジ・アラブ文学史』(*CHAL*) に収められた Latham (1983), Serjeant (1983) による概説を参照。散文の特別なジャンルである講話や演説な

ど (*ḫuṭba*) については Qutbuddin (2008)，書簡の変遷については Gully (2008)，散文体の成立へのイブヌ=ル=ムカッファアの役割については Latham (1990) が扱っている。

イスラム教文献の変遷と，イスラム初期における口語体と文語体の二分は，一連の Schoeler (1985, 1989a, 1989b, 1992, 1996) があつかっている。イスラムの図書館システムの発展についての情報は Eche (1967) にある。ズフリー (*az-Zuhrī*) やイブン=イスハーク (*Ibn 'Isḥāq*) の活動は，Motzki (1991)，Schoeler (1996) が扱っている。歴史書の書き方や，アハバール (*'aḫbār*「諸情報」) から年代記的な書き方への発展については Rosenthal (1968) を参照。歴史文書の信憑性の問題を歴史家たちがどう考えていたかは，Noth (1973) が詳細に検討している。「表現法 (*lafḏ̣*)」と「思想 (*maʿnā*)」の議論は，Heinrichs (1969: 69–82) が分析している。ウサーマ (*'Usāma*) やイブン=アビー=ウサイビア (*Ibn 'Abī 'Uṣaybiʿa*) のような著作者たちの言葉については，9.2 を参照されたい。アブド=ル=マリク (*ʿAbd al-Malik*) の布告が意味することについては，Sprengling (1939) で検討されている。シュウービーヤ運動の言語に関する側面については，Richter-Bernburg (1974) を参照されたい。

マムルーク朝エジプトにおけるアラビア語とチュルク語の関係は Haarmann (1988) が分析している。トルコ語へのアラビア語の影響については，17.5 を参照されたい。文語としての新ペルシャ語の創生については，Lazard (1975)，Zadeh (2012) を参照。ペルシャ語へのアラビア語の影響ついては 17.4 を参照。

アラビア語のしくみ

▶第 6 章◀

6.1 はじめに

文法家イブン=ファーリス（*Ibn Fāris*，回暦 395=西暦 1005 年没）はその著作の中でアラビア語の唯一性を情熱的に語り，ほかのすべての言語よりはるかに優れているとしている。彼の主張の要点は明らかで，神が最後の啓示に選んだのがアラビア語であるということは，アラビア語がほかのすべての言語より優れていることを意味している，というものである。しかし彼はこのほかにも，アラビア語を特別な言語たらしめているたくさんの特徴をまとめている（『言葉学に関するサーヒブの書』pp. 12ff., 42f）。たとえば，アラビア語は語彙が他の言語よりはるかに豊かであるという。他の言語で「ライオン」や「剣」を表す単語は 1 つだが，アラビア語ではそれぞれに数十個の同義語があるという。このような語彙の豊富さに加え，アラビア語には特別な音韻的な法則（「舌の上での軽量化」）があって，これが単語を作りやすくしているという。これは隣り合った子音どうしを同化（イッディガーム *iddiġām*）させて，互いに近い発音にすることで，別子音の連続をさけるものである。ほかにアラブ人が自らの言語について誇りにしているのが，格変化（エァラーブ *’i‘rāb*）の存在である。イブン=ファーリスは，ギリシャの哲人たちの言葉（ギリシャ語）の体系にも格変化があったという主張は認めつつも，その主張には意味がない（*kalām*（言葉） *lā*（ない） *yu‘arraju*（顧みられる） *‘alā*（を） *miṯlihi*（そのようなもの）「顧みられるべきところなき言説」），つまり，単にアラブ人の文法学を借りてきて，もとからギリシャ語のものだったかのように語っているにすぎないという。自分の言語が優れていると固く信じる現象は「言語神話」としてよく知られている（Ferguson 1959c）が，アラビア語の場合，その宗教的な優越性によって言語の優越性意識が助長されている。

客観的な視点からアラビア語をみたものとしては，コムリー（Comrie 2008）がアラビア語を世界のほかの言語と対照させたものがあるが，ここから実際にアラビア語のもつめずらしい特徴が見えてくる。しばしばアラビア語の特徴とされる名詞の格変化はとくにめずらしい特徴要素ではない。この研究は世界言語構造地図帳（*WALS = the World Atlas of Linguistic Structures*）のデータを使って対照させたものである。この地図は，2,500以上の言語についてその特徴要素を一覧にしたもので，それぞれの特徴要素について平均400の言語が調査されているデータベースである。コムリーはその中で，音韻面では，アラビア語に「ある」ことが特徴となっている特徴要素として，咽頭音が「ある」ことと，逆に，「ない」ことが特徴となっているものとして，世界のほとんどの言語にある /p/ が「ない」ことに言及している。しかし，一般言語学的にとくに興味深いのは，強勢子音とアクセント体系である。また，語形変化に関してコムリーが言及した特徴要素は，語幹内複数形の作り方や動詞の派生方法など，非添加型*108 の語形変化である。統語に関するめずらしい特徴要素としては，語順のほか，動詞と主語との，数の一致方法が語順によって異なること，数に関する性一致逆転*109（gender polarity），口語のいわゆる「擬似動詞」の存在をあげている*110。コムリーはまた，言語二層状態というアラブ世界の社会言語学上の性質にも言及している。ファーガソン（Ferguson）がこの概念を最初に提案したときには，その例としてアラビア語があげられていた（第13章）。コムリーはそれ以前に，一般言語学の研究の中に，アラビア語やその音韻，語彙，文法にふれているものがないことに疑問を投げかけている（Comrie 1991）。この論文が出たあと，言語学の状況はかなりかわり，論文などにアラビア語からの事例もあげられるようになった。言語構造の点で（所有句など）似ている点の多いヘブライ語の例とともに取り上げられることもある。

本章では，アラビア語文法の概説をするのではなく（これは別の本でも容易

---

*108 「non-concatenative（非連結）」，「discountinuous（非連続）」とも。単語の前や後ろにいろいろな要素を連ねるのが「添加型」である。これに対し，*qalam*「ペン」（語形枠は *CaCaC*）を複数形にするとき，その語根 *q-l-m* に語形枠 *aCCāC* をかぶせて *aqlām* とすることを非添加型という。

*109 男性名詞が複数形になると女性扱いにかわること。

*110 これらの事項に関して，詳しくは6.5を参照。

に学ぶことができる)，(6.2) 発音・音韻，(6.3) 単語構成，(6.4) 語形変化，(6.5) 統語のそれぞれについて，アラビア語に特有な特徴要素をあげていこう。

6.2 発音・音韻

古典アラビア語の音素 (⇨ 2.2) には，世界の言語の中でも比較的まれな特徴要素が数多く含まれる。とくに咽頭子音と，いわゆる強勢子音がそれである。*WALS* (p. 83) では，咽頭子音をもつ言語はアラビア語のほかには世界の 4%以下しかない。「強勢 (emphasis)」という用語はおそらくヨーロッパの東洋学者たちが 18 世紀に考え出したもので，ふつうの音である非強勢子音と違って，強く発音されることに特徴があると考えての用語である。アラビア文法学の用語では，「(舌を口蓋へ) 圧する」という意味のイトバーク (*'iṭbāq*) が，この「強勢」に最も近い。強勢子音は，現代の音声学で言うと，舌根を軟口蓋へ向けて引っこめることによって作られ，それにともなって咽頭が狭まる 2 次的調音*111 としてとらえることができるだろう。この調音を軟口蓋化と考えるか，咽頭化，はたまた口蓋垂化と考えるかは，いまだに議論のあるところだが，どの 2 次的調音でも音響的にはほとんど違いがない。いずれにしても，この 2 次的調音によって音素を区別する言語は世界には他になさそうである。おそらく現代のアラビア語諸方言では，強勢子音の実際の発音は，詳細にみれば方言によって異なっていて，咽頭化だったり口蓋垂化だったりしているのであろう。さて古典アラビア語には，/ṭ/, /ḍ/, /ṣ/, /ḏ̣/ の 4 つの強勢子音がある (/ḏ̣/ は，/z/ の強勢 /ẓ/ で発音されることがある)。強勢子音にはさらに /ḷ/ があるが，古典アラビア語ではこの音は，前に母音 /i/ がついていないときの *Aḷḷāh* [ɑɫɫɑːh]「神」にしか現れない。ところが方言では，/ṛ/, /ṃ/, /ḅ/, /ḷ/ のような副次的な強勢子音が使われる。また，咽頭子音の /ḥ/ や /ʻ/，そして口蓋垂音の /q/ も強勢子音と同じように咽頭が狭まるという特徴があるため，強勢子音に数えるという分析方法もあるが，これらは，直前直後の母音の質への影響という点で明らかに異なる。歯茎音や唇音の強勢子音の前後の母音 /a/ の発音は [ɑ] となるが，口蓋垂音の /q/ や咽頭音の前後では [a] なのである。さらに現代方言ではこの 2 種類の音素に，もう 1 つの違いがある。強勢子音がもつ強勢特徴は，単語の中のほかの音にま

*111 /ṭ/, /ṣ/ は，それぞれ歯茎破裂 (t)，歯茎摩擦 (s) が 1 次的調音で，強勢は，そこへ加味される 2 次的調音。

で伝播して，その前後の子音や母音が強勢の発音になり，また，強勢子音の発音時と同じように唇を円めたりするのである。このように強勢特徴が単語内で伝わっていくことは，多かれ少なかれすべての現代方言に見られるが，その度合いや伝わる方向にはそれぞれ違いがある。前のほうへしか影響しない方言，後ろのほうへしか影響しない方言もあれば，前舌母音 /i/ のように，強勢特徴の広がりをブロックするものがない限り単語全体が強勢音になる方言もある。たとえばカイロ方言では，*ḍarab*［ɖɑɾɑƀ］「彼は叩く」のように後ろへ（右へ）広がったり，*maraḍ*［ɱɑɾɑɖ］「病気」のように前へ（左へ）広がったりし，さらには *walad ṭawīl*［walɑɖ ŧɑwiːl］のように隣の単語にまで広がる*112。しかし，*ṭāwila*［ŧɑːwilɐ］のように，強勢特徴の伝わりは，次の音節にある /i/ によってブロックされる*113（Watson 2002: 268–86）。

古典アラビア語には強勢子音の /ḍ/ があるが，これをアラブ文法家たちはアラビア語に特有の音素であるとして，ときにアラビア語のことをルガト＝ッ＝ダード（*luġat ad-ḍād*「ダードの言語」*114）とまで呼んだ。これが，アラブ文法学者が言っているように本当に側面音で発音されていた（⇨ 7.4）とするなら，アラビア語は側面破擦音をもつ非常にめずらしい言語の1つである。ラディフォギッド・マディソン（Ladefoged and Maddieson 1996: 209）は，アメリカ＝インディアン語のナヴァホ語に有声の（歯茎？）側面破擦音［dl］があると記述しているが，アラビア語のダード（/ḍ/）は，これに加えて強勢子音，つまり［ɖɫ］であり，これは世界のどの言語にもないようである。

強勢特徴のような，ある音素に加味される特徴というのは，ピジン＝アラビア語や周縁アラビア語ではふつう消える傾向がある。たとえば，マルタ語やキプロス方言の子音には，強勢・非強勢の区別，軟口蓋音・咽頭音*115 の区別が失われている。アラビア語のクレオール語であるヌビ語（第16章）では強勢・非強勢の区別だけでなく，さらには口蓋垂音 /q/ も含め，すべての軟口蓋音と咽頭音がほかの音素へ合流している。

次に，マグレブ諸方言の音韻体系（および発音）について見ると，母音音素の

*112 *ṭ* の強勢特徴が前の単語の *d* にまで広がり，［ɖ］と発音されている。
*113 *a* の発音は，強勢特徴の影響があれば［ɑ］になるが，ここではその影響がなく［ɐ］になっている。
*114 /ḍ/ の音のことを，これを表す文字名 *ḍād*（ダード）からそう呼ぶ。
*115 /ġ/（口蓋垂有声摩擦音）と /ʿ/（咽頭有声摩擦音），/ḫ/ と /ḥ/ の区別がなくなっている。

数が減っていることが注目される。多くのマグレブ方言は，古典アラビア語の3つの短母音のうち2つしか残っていない。なかには，長母音は2つか3つだが短母音が1つだけという方言もある（ジジェリ方言，ユダヤ教徒アラビア語，トリポリのユダヤ教徒アラビア語）。母音がここまで少ない言語は世界の言語の中でも比較的まれである（*WALS* pp. 14–15）。

そして，アラビア語学の文献でまったくふれられていないテーマがアクセントである。古典アラビア語ではアクセントは音素ではない。つまり，アクセントの違いだけで区別できるような単語のペアがないから，アラブ文法学者たちがアラビア語の一要素としてアクセントについて検討する必要を感じなかったのももっともなことである。発話の中で，韻律の要素としてはアクセントが存在していたに違いないが，そのアクセントが単語内のどこに置かれたかを特定するのは難しい。ふつうアラビア語のアクセントは，語末から数えて最初の重音節（*Cvv* や *CvC* [*116]）に置かれるとされる。ただし語末そのものや，語末から3番目よりもさらに前は除く。*ḥúblā*「妊婦」，*ḍaʿíf*^{un}「弱い」，*qátala*「殺す」，*ḍā́ribun*「叩いている」となるが，*madrása*^{tun}「学校」，*madrasát*^{u}*hu*「彼の学校」となる（いわゆる「3音節の法則」Dreisilbengesetz）[*117]。欧米のアラビア語教育では一般にこのように教えられているが，*mádrasa*^{tu}*humā*「彼ら2人の学校」のようにアクセントが語末から6つめまでもさかのぼるとする文法記述もある。古典アラビア語のアクセント規則は，現代のアラブ世界においてはその土地ごとの通俗語の規則にしたがっており，さまざまである。

アクセント規則は，方言ごとに異なっている。シリア・レバノン（パレスチナ）方言は，語末が超重音節（*CvvC* や *CvCC*）であればそこにアクセントが置かれ，そうでなければ前末音節に置かれるが，もしそこが軽音節（*Cv*）であればそのもう1つ前に置かれる。エジプト（カイロ）方言のアクセント規則もこれとほとんど同じであるが，決定的な違いは，前末音節が軽音節であっても，その直前が重音節ならばそのままそこにアクセントが置かれる点である。これに

[*116] 一般には子音と母音を *C*，*V* で示すが，アラビア語学では母音を小文字の *v* で示すことが多い。

[*117] *ḥúblā* では，*ḥub* が語末から最初の重音節（*CvC*）。*ḍaʿíf*^{un} の重音節 *f*^{un} は語末だから，その前の重音節 *ʿī* にアクセントが置かれる。*qátala* には重音節がないから，語末から最大限の3つめにアクセントが置かれている。*madrása*^{tun}「学校」と *madrasá*^{tu}*hu*「彼の学校」は語末から数えて最初の重音節は *mad* であるが，それは語末から3つめよりも前にあるから，最大限の3つめにアクセントが置かれている。

よって，*mádrasa*（シリア・レバノン方言）と *madrása*（カイロ方言）の違いが生まれる。エジプトのナイル渓谷やナイル=デルタ地方のいくつかの場所では，シリア方言など，東アラビア語と同じ規則によっている。ただ，実際の規則はさらに複雑で，語形変化の種類などによっては例外もある（Kager 2006，カイロ方言については Woidich 2006: 27–9 を参照）。

モロッコ方言をはじめ，西アラビア語（マグレブ諸方言）は全般に，変遷する中でアクセント移動（⇨ 11.5）が起こり，アクセントが語末の位置にきている。これはおそらく，ベルベル諸語からの干渉によるものであろう。

〈古典アラビア語〉		〈モロッコ方言〉
kátaba	→	*ktəb*「彼は書いた」

このアクセント移動は，アクセントが置かれない短母音の脱落をともない，東アラビア語諸方言と比べて，音声的な大きな変化を西アラビア語諸方言に及ぼしている。

現代諸方言のアクセントは，少なくとも現在わかっている限り，古典アラビア語よりも全体的に強いと考えることができる。イスラム以前のアラビア語は上でみたように（⇨ 4.2），アクセントの点からアラビア半島の西部と東部に分かれていたと考えられるが，これは母音脱落と母音挿入という現象からわかる。現代諸方言では，アクセントが強さアクセントであるため，アクセントの置かれない短母音が脱落するケースが多くなる。そしてこの結果として子音が3つ以上連続した場合に，それをどう解消するかが，方言ごとに異なってくる。たとえば古典アラビア語の動詞 *yaḍribūna*「彼らが叩く」は，多くの都市型方言ではまず **yiḍrbu*[*118] となり，子音の3つ以上の連続 *-ḍrb-* が母音挿入によって解消されるが，母音挿入の位置が方言ごとに異なるのである。エジプト方言では *CCC* という子音連続に母音 *v* を *CCvC* の位置に挿入するので *yiḍríbu* となる（それにともない，アクセントは挿入母音に置かれる）のに対し，イラク方言では *CvCC* とするので *yuḍurbūn* となる。また，モロッコ方言ではこれと同じ子音連続を *ikətbu*「彼らは書く」とするが，モロッコ以外のマグレブ方言では子音連続を解消するのに，また別の方法をもってしている（⇨ 11.5）。

[*118] *yaḍribūna* でアクセントの置かれていない *i* が脱落した結果，*-ḍrb-* の連続が生じる。また多くの都市型方言では，現在形の人称接頭辞は *yi-* で，複数語尾は *-u* である。

6.3　単語構成

セム語の，最もセム語的な特徴は，語形と意味との間にある独特な関連性である。伝統的な見方では，3 子音 (radical) からなる語根 (root) が語彙的な意味を表し，その語根を入れ込む母音配列枠 (補助子音をともなうこともある) がそこへ機能的な意味をつけ加える，とする。これを現代の語形論 (形態論) では，語根と語形枠による単語構成法と呼ぶ。すなわち，単語の実際の形は，「子音と母音による骨組み (CV-skeleton)」という形をした語形枠 (template) によって決まる。この考え方は，アラブ文法学者たちが *f-ʿ-l* を使って単語構造を表した方法に近いと言える (第 7 章)。また，語根 (root) と語形枠 (pattern あるいは template) による単語構成法は，非添加型ともいう (フランス語では interdigitation「はめ込み型」)。これは，母音メロディーが子音語根に当てはめられる現象のほうに注目した用語である。このように語根と語形枠に分けるということは，語根というものが実態をもっていることを前提としている。この，語根によるアプローチを提案している研究者たちは，その根拠として，類似した要素は連続することが許されないとする義務的音調曲線原則*119 を引いてくる。(単語になってからではなく) 骨組みのレベルにおいて前方から順番にこの原則が働くため，**d-d-r* や **m-m-d* のような語根が生じることが妨げられているというのである。同じ調音点の子音 (さらには同じ調音点類の子音) もまた隣り合うことが許されない。**b-m-f* のような語根は，語根内で両唇音が隣り合っているため禁止される (Rosenthall 2008)。この共起制限がアラビア語，さらには他のセム諸語にあることは昔から知られていた (Greenberg 1950)。この義務的音調曲線原則という音韻制約が，単語レベルでなく，語根のレベルに作用しているということは，語根子音と，単語に添えられているその他の子音とは別のものであることを示している。また，言い間違いや子どもの言葉の言語心理学的研究も語根体系に実態があることを示している。たとえば，*maktab*「机」を *matkab* のように語根子音 (*k-t-b*) が入れかわる言い間違いがあることは知られているが，**tamkab* のように接頭辞の子音 *m* と語根子音が入れかわる言い間違いは決して起こらないようである。これと同様の現象は失語症の患者からも観察されている (Idrissi *et al.* 2008)。第一言語習得研究では，幼児は早い

---

*119 the Obligatory Contour Principle (OCP)。当初は音調について提案されたことからこの名がついたが，ほかの音韻的要素にまで拡大されている。隣り合う要素は互いに異なっていなければならない，という原則。

段階では自分がすでに知っている語形枠や語根をもとにして新しい単語を作り出すことも明らかにされている (Ravid 2003)。

アラビア語の語彙体系へのもう 1 つのアプローチは，単語構成や語形変化を語幹 (stem) *120 から説明しようとするものである。語幹からのアプローチは，単語の変形を説明するには子音だけの語根情報では不足で，そこに母音情報が必要と考える。表 6.1 に示した動詞「書く」の接頭辞人称活用 (=未完了形) の形を例にとると，語幹によるアプローチではそれぞれの活用形を，語幹 *CvCC* にさまざまな接辞が付加されたものとみる。つまり，「書く」の語幹 *-ktub-* には母音 *-u-* が語彙的に決まっているとするのである。ガフォス (Gafos 2002, 2003) は，語幹が *CCvC* の形であって，*CvCC* などのような形でないのは，動詞の活用形には，*ya-ktub-na*「彼女たちが書く」の *-na* のような子音から始まる接尾辞がつくという音韻的な理由があるため，と指摘する。仮に語幹が *-kutb-* (*CvCC*) であったとすると，**ya-kutb-na* のような，許可されない子音連続*121 が生じてしまう。一方，このような制約が名詞に適用されないのは，*dars-^{un}*「課」の *-^{un}* (不定語尾) のように母音で始まる接尾辞がつくためである。

	単数	双数	複数
3 人称男性	*ya-ktub-u*	*ya-ktub-āni*	*ya-ktub-ūna*
3 人称女性	*ta-ktub-u*	*ya-ktub-āni*	*ya-ktub-na*
2 人称男性	*ta-ktub-u*	*ta-ktub-āni*	*ta-ktub-ūna*
2 人称女性	*ta-ktub-īna*	*ta-ktub-āni*	*ta-ktub-na*
1 人称	*'a-ktub-u*		*na-ktub-u*

【表 6.1】　「書く」の接頭辞人称活用

*120 単語から抽出された 3 子音のような，決まった形をもたない抽象的な「語根 (root)」と，形が固定していて，接頭辞や接尾辞がそこへ添加される「語幹 (stem)」とを区別する必要がある。

121 ここでは，-tbn-* のように子音が 3 つ連続してしまうこと。

	単数	双数	複数
3 人称男性	*katab-a*	*katab-ā*	*katab-ū*
3 人称女性	*kataba-t*	*kataba-tā*	*katab-na*
2 人称男性	*katab-ta*	*katab-tumā*	*katab-tum*
2 人称女性	*katab-ti*	*katab-tumā*	*katab-tunna*
1 人称	*katab-tu*		*katab-nā*

【表 6.2】　「書く」の接尾辞人称活用

動詞の接尾辞人称活用 (=完了形) の語幹は *katab-* である (表 6.2)。2 つの語幹 *-ktub-* と *katab-* の母音の違いは，母音活用[*122] (apophony, ablaut) であると考えられる。母音活用とは，英語の sing – sang – sung (それぞれ，「歌う」の現在形，過去形，過去分詞) のように，母音を取りかえることによる活用である。接頭辞人称活用 (未完了形) と接尾辞人称活用 (完了形) の 2 つの語幹母音の関係は，いくつかの規則によって説明できる。語幹母音は，完了形が *a* のとき未完了形は *u* か *i* であり，完了形が *i* のとき未完了形は *a* であり，完了形が *u* のとき未完了形は *u* のままである。

〈完了形〉		〈未完了形〉		
*kat**a**ba*	(*-a-*)	*yakt**u**bu*	(*-u-*)	「書く」
*ḍar**a**ba*	(*-a-*)	*yaḍr**i**bu*	(*-i-*)	「叩く」
*šar**i**ba*	(*-i-*)	*yašr**a**bu*	(*-a-*)	「飲む」
*baʿ**u**da*	(*-u-*)	*yabʿ**u**du*	(*-u-*)	「遠い」

これは，高母音は低母音に，低母音は高母音に入れかわるということである[*123]。完了形が *a* で未完了形も *a* の動詞もあるが，これは音環境で説明できる。このような動詞は咽頭音をもつものである (完了形 *faʿala*，未完了形 *yafʿalu*「する」など)[*124]。完了形と未完了形の母音が入れかわることが，このような母音活用の規則で説明できるならば，それぞれの動詞で母音が語彙的に決まっ

[*122] apophony, ablaut は名詞の「曲用」も含む用語だが，本書では動詞の「活用」についてのみふれられているので，「母音活用」とした。

[*123] 高母音は狭母音とも言い，ここでは *i*，*u* のこと。低母音は広母音とも言い，ここでは *a* のこと。

[*124] 語根の第 2 か第 3 子音が，口蓋垂音 (*ḫ*, *ġ*)，咽頭音 (*ḥ*, ʿ) や声門音 (ʾ, *h*) であるものは，完了形の語幹母音が *a* であっても，未完了形の語幹母音は，*i* や *u* ではなく，*a* となる傾向がある。

ているとする必要はなく，その分，説明を節減できる。

アラブ文法学者も現代の言語学者も，語根というものが，アラビア語の単語構成の根幹なのか，それとも語幹を派生させるときの副産物にすぎないのかはともかく，アラビア語の語彙体系を説明する有効なツールとしてこれを使っている。語根子音（radical）は，大部分の単語では3つであるが，次のように2子音語根の名詞もいくつかあり，その多くが基礎語彙である。

yad（*y-d*）「手」　*dam*（*d-m*）「血」　*ibn*（*b-n*）「息子」など

また，同じ2子音語根を起源としてできたと考えられる動詞がいくつかある。その中には，今ではすでに失われた名詞が起源ではないかと思われるものもある。

kāna「〜である」　*sakana*「住みつく」　*kanna*「かくまう」

また，弱子音（*w*，*y*）を加えたり子音を重ねることで，いくつかの動詞を派生させたものもある。

ḥamma　*ḥamiya*　*ḥamā*　3つとも「熱い」

ここから，セム語のすべての単語はもともと2子音語根であって，3つめの子音は，「語根意味規定」（root determinative）の機能をもった接尾辞とか接頭辞のようなものだったとまで考える比較言語学者も出てきた（Ehret 1989）。アラビア語の中にも，3子音語根の単語で，そのうち1子音（たいていは弱子音 *w*，*y*）だけが異なり，それによって意味的にも関連をもつ単語のグループがあるし，またそのようなグループがアラビア語と他のセム諸語にまたがって存在している事実がこの説を裏づけている。たとえば，アラビア語には *f-r-r*「逃げる」，*f-r-q*「裂く」，*f-r-z*「分離する」，*f-r-d*「孤立する」，*f-r-ṣ*「裂く，刺し通す」があり，また，ヘブライ語にも *p-r-d*「分離する」，*p-r-m*「解く」，*p-r-q*「分解する」，*p-r-r*「砕く」があるから，この単語グループにもとづいて，セム祖語に「分ける」という共通意味をもった語根 *p-r* [*125] が設定され，そこにつけ加えられた子音はその派生語の意味を規定する働きをしていたと考えるのである。

[*125] 祖語の *p* がアラビア語では *f* になったから，アラビア語の例はすべて *f* で始まる語になっている。

一方，ザボルスキー（Zaborski 2006b）は，これらの現象はもとのセム語の語彙体系が2子音語根だった証拠にはならないと指摘する。上記のような動詞が存在するのは多くの場合，音韻上の変化を経たため，あるいは方言的な違いによるものではないかとしている。たとえば，「紐でしばる」という動詞に *ḥabala* と *ʿabala* の2つがあるのは，未完了形 *yaḥbulu* において第1語根子音 *ḥ* が有声化して *yaʿbulu* になったことがその起源であるとする。方言的な違いを起源とするものとしては，/q/ と /ʾ/ が入れかわった *zalaqa* と *zalaʾa*「滑る」もあげられる。さらに，前置詞 *bi-*「〜とともに，〜で」と融合したと見られる *šajā* と *šajaba*「悲しませる，悲嘆にくれる」のようなケースもある（いくつかの現代方言には，*jāʾa bi-*「〜をともなって来る」に由来する *jāb*「持ってくる」がある）。

最近ではボア（Bohas 1993, 1995, 1997）が，さらに過激な，語根2子音起源説を提案している。同じ語根子音をもつ語根はすべて意味的にも同じ内容をもつと考えたイブン=ジンニーの説（⇨ 7.5）をかなり復活させて，その現代版を提案したものである。ボアはまず最初に，同じ意味範囲をもっていて半子音（*w*，*y*）だけが異なる語根を，アラビア語で（たとえば，すべて「静まる」という意味の *baḫḫa*，*bāḫa*，*baḫā*）[*126]，さらには他のセム諸語まで含めてあげている。また，半子音以外の有声子音（*n, r, l, m* など）や喉音でも同じような現象が観察できるという。たとえば，*j-z* が共通した *jazza*「切る，刈る」，*jazara*「屠殺する，切り落とす」，*jazala*「棒を2つに切る」，*jazama*「切り落とす，切り整える」，*jazaʿa*「横切る，川を渡る」である。その結論として，3子音語根の動詞はすべて，究極的には似た意味範囲をもった2子音語根にさかのぼるとしている。そしてこの原理を，同じ調音点の子音にまで拡張し，しかも語根子音の並び順も問わないことにして，こうした子音の組が派生母体（matrix）を構成するとした。たとえば，軟口蓋・口蓋垂子音（*j* [*127], *q*）と歯音（*ḏ, d, t, ṣ, ṭ*）とで構成され，「切断」の意味をもつ派生母体があって，これに上記の語根子音（*n, r, l, m* など）が加わって単語が派生するとした。こうして，*jaḏḏa*「切る」，*jaḏara*「絶やす」，*jaḏama*「手を切り落とす」，*qadda*「縦に切る」，*qatala*「殺す」，*qaṣara*「短くする」，*qaṭaʿa*「切る」などが1つのグループであるとされた。意味的な基準はいろいろに変えられるものであり，また音韻的にどの音を同種とするかの基

*126 それぞれ，語根は *b-ḫ-ḫ*，*b-w-ḫ*，*b-ḫ-w*。

*127 *j* [dʒ] は後部歯茎・硬口蓋子音だが，*j* は祖形では *g* だったため，ここでは軟口蓋・口蓋垂子音の類に入れられている。

準もかなり広く設定せざるをえないので，ボア説を検証するのは困難だが，立証にまでは至らないにしてもアラビア語の語彙体系についてわれわれにたくさんのことを語ってくれるし，また今まで偶然の一致と考えられていた現象の多くを説明できる可能性もでてきた。

6.4　語形変化

アラビア語では，名詞からも動詞からも，新しい単語が派生していく。前述したように，アラビア語の単語構成へのアプローチは，たいてい語根と語形枠による単語構成法，つまり，語根に語形枠をあてはめることで単語を派生させているという考え方を基盤にしている。たとえば，語根 *k-t-b* が語形枠 *maCCaC*（伝統的な示し方では *maf'al*）と組み合わさって，単語 *maktab*「書く場所，事務所」が作られるというものである。ラーチャー（Larcher 2006）は，すべての単語を子音語根から派生させるという，この広く受け入れられている考え方に疑問を投げかけている。*maktaba*「図書館」や *maṭār*「空港」といった単語は，語根 *k-t-b*「書く」や *ṭ-y-r*「飛ぶ」から直接に派生したのではなく，それぞれ名詞 *kitāb*「本」と *ṭayyāra*「飛行機」から派生したはずだというのである。同様に，色や身体的障碍を表す動詞の第 9 型の *if'alla* 型も，*'af'al*^{u} 型をした形容詞からきているとする。

〈第 9 型動詞〉	〈形容詞〉
iṣfarra「黄色くなる」	*'aṣfar*^{u}「黄色い」
iḥdabba「せむしになる」	*'aḥdab*^{u}「せむしの」

このことは，これらの単語が抽象的な子音語根から直接にではなく，形容詞から派生したことを示している。また，名詞を動詞化してできた第 2 型動詞にも同じことが観察できる。

〈第 2 型動詞〉	〈名詞〉
'arraba「アラブ化する」	*'arabī*「アラビア語」
raḫḫama「大理石で舗装する」	*ruḫām*「大理石」

このように，動詞が語根からではなく名詞から派生していることから，少なくともいくつかのケースでは，語根の意味的一体性というものは，単語があって初めて生じる性質であって，そのような特徴をもつ抽象的な語根がもとにあっ

たのではないことを示している。

一方，名詞の語形変化は，語根と語形枠による単語構成をとおしてなされるのがほとんどであり，接尾辞による語形変化は，複数語尾と双数語尾，*N* 語尾，女性語尾（表 6.3），いわゆる関係形容詞語尾 *-iyy*[*128]（*jism*「体」から *jism-iyy*「身体的な」）くらいで，数が限られている。

	男性			女性		
	単数	双数	複数	単数	双数	複数
主格	*jamīl-un*	*jamīl-āni*	*jamīl-ūna*	*jamīl-at-un*	*jamīl-at-un*	*jamīl-āt-un*
所有格	*jamīl-in*	*jamīl-ayni*	*jamīl-īna*	*jamīl-at-in*	*jamīl-at-in*	*jamīl-āt-in*
目的格	*jamīl-an*	*jamīl-ayni*	*jamīl-īna*	*jamīl-at-an*	*jamīl-at-an*	*jamīl-āt-in*

【表 6.3】 *jamīl*「美しい」の語尾変化

名詞の語形変化で接尾辞によらないものは，語幹内複数形と指小形が主なものである。語幹内複数形はすべてのセム諸語にあるわけではなく，南セム諸語というグループを規定する基準の 1 つとされることもある文法事項である（⇨ 2.2）。標準的な文法記述では，アラビア語の語幹内複数形には 31 もの異なる語形枠があるとされるが，これは次のように語形枠を拡張すれば数をかなり減らすことができる。マッカーシーは，複数形に *CvCvv...* 型の語形枠，つまり弱強韻律パターン[*129]をもっている名詞が多いことを指摘している（McCarthy 2008）。これには，次のような名詞があげられる（長母音は，短母音 2 つと数える）。

〈単数形〉	〈複数形〉	
nafs	*nufū-s*	「魂」
rajul	*rijā-l*	「男」
jazīra	*jazā-'ir*	「島」

名詞全体の 90%が，複数形でこの弱強韻律パターンをとっている。マッカーシーはまた，指小形である *fu'ayl* 型（*kitāb*「本」の指小形は *kutayb*「小冊子」）も，長母音のかわりに母音＋*y* となってはいるが，これも弱強韻律パターンである

128 発音は，-ī* あるいは *-i*。
*129 弱は *Cv*，強は *Cvv*（*Cv̄*）。語例の複数形は，いずれも *CvCvv...* のパターンである。

と指摘する。

そして，語幹内複数形は統語的には女性単数と同じく扱われる。これは女性単数は，意味的には集合名詞であることを示している（⇨ 2.2，7.2）。

古典アラビア語の名詞の格変化を表 6.3 に示した。名詞の格変化で特殊なものが，格語尾を 2 つしかもたない，いわゆる 2 段格変化語[*130] である。これについてアラブ文法学では，さまざまな要因が組み合わさって格変化を失うことが原因であると説明する。これに対して，ベールマン（Baerman 2005）の説明は次のとおりである。まず，セム語の格変化はもともと直接格（主格）*-u* と間接格（目的格）*-a* の 2 つだけであったとする。アラビア語の複数語尾 *-ūna*（主格）と *-īna*（目的格・所有格）はこれと一致している。そして所有格語尾 *-i* は，もとは関係形容詞語尾 *-ī* [*131] だったものであり，これが後に格語尾になった。固有名詞のほとんどが 2 段格変化語であるのは，こうした格変化の本来の姿を残しているためであるとしている。しかし他の多くの研究者は，最初から，2 段格変化をする名詞と 3 段格変化をする名詞の 2 種があったと考えている。

アラビア語の動詞体系には，接尾辞人称活用と接頭辞人称活用の 2 種類がある。欧米では伝統的にそれぞれ完了形と未完了形と呼んでいる（⇨表 6.1，表 6.2）。この 2 つの活用形が示す対照性は，過去と非過去，完結と非完結（perfective, imperfective），完成と非完成（completed, uncompleted）など，さまざまに解釈されてきた（Eisele 1999）。またアートゥン（Aartun 1963）のように，動詞体系は時制がもとになっていると考える者もいれば，接尾辞人称活用形がたいてい過去時制と完結アスペクトの両方を表すことから，アスペクトと時制の混合であると考える者もいる。さらには，基本的にはアスペクトがもとであるとする者もいる。

アラビア語の接尾辞人称活用形は，実際のところその主要な性質からして状態を表すことはできず，つねに点的なことがらを表している。西洋のアラビア語文法では，*ʿalimtu* や *jalastu* などに「知っていた」，「座っていた」という訳を当てることがあるが，これは間違いである。この形は点的な動作を表しており，起動動詞の「知った」，「座った」である。これらの動詞で状態を表すようにするには，現在の状態へと移行させる小詞 *qad* と組み合わせなければなら

---

*130 7.3.1 を参照。

*131 古典アラビア語では *-iyy*^{un}。

ない。

qad ʿalimtu　「(知って，今)知っている」
qad jalastu　「(座って，今)座っている」

アラブ文法学者たちやコーラン注釈家たちは動詞体系が時制を基盤としていると解釈しつつも，接尾辞人称活用形の意味が点的であることにはっきりと気づいていた。それはコーランから引いてきた(1)の，点的であることに反するかのような例に対する説明からわかる。

あるいは　彼らが来た　君ら　圧迫を感じた　胸(複数)　彼ら
(1)　*'aw　jā'ū　-kum　ḥaṣirat　ṣudūr^{u}-hum*
あるいは，心に圧迫を感じて汝らのところに来た…
(コーラン第4(女)章90節)

この節で動詞 *ḥaṣirat*「心に圧迫を感じた」が，接尾辞人称活用形であるのに，ある種の状態を表しているように見える問題を，コーラン注釈家たちはいくつかの方法を用いて解決しようとした。なかにはこのままで正しいと考える文法家もわずかにいたが，たいていは，実際には書かれていない小詞 *qad* があると想定したり，*jā'ūkum*「汝らのところに来た」の後で新たな別の文が始まっている(「あるいは彼らが汝らの所に来た。そして彼らの心は苦しくなった」)などと考えたりした(イブヌ=ル=アンバーリー著『公正な判断』pp. 113–6)。

一方，動詞の接頭辞人称活用形の方は，ふつうは現在や未来と結びつくが，動作の継続や繰り返しを表す。動詞のこの2つの活用形の区別をアスペクトの違いであると主張する者は，接頭辞人称活用形で過去における継続アスペクトや反復アスペクトを表すのには過去指示要素が必要であることを指摘する。

[過去指示]　私は書く
kuntu 'aktubu
私は書いていた。

この接頭辞人称活用形と接尾辞人称活用形の区分は現代方言でも保たれている(ピジン，クレオール=アラビア語を除く。⇨第15章)が，現代方言ではこれに加えて，継続・習慣アスペクトや未来・意志を表す「アスペクト接頭辞[*132]」

[*132]「未来・意志」は，ふつうアスペクト(相)に入れられない。また，動詞からいくぶん独立しているものもあるが，本訳書では便宜上，一括してこう呼ぶことにする。

の体系を発達させている (⇨ 8.3)。現代諸方言の動詞体系でさらに古典アラビア語と異なるのは，能動分詞の使い方である。古典アラビア語に比べるとその使い方は拡大されている。アラブ文法学者は，古典アラビア語には (2) と (3) のような表現があるとしている。

私　書く[分詞][定]　本 の
(2) *'anā kātib^u l -kitāb^i*
私はこの本の著者だ。

書く[分詞]　本 を
(3) *'anā kātib^{un} kitāb^{an}*
私は本を書く。

分詞が，(2) では結果状態アスペクト (perfect) (「この本を書き終えてある」) を表しており，(3) では未来の意味合い (「本を書くところだ」) をもっているという。現代方言では，この分詞は完全に動詞体系の中に組み込まれており[*133]，そのとき分詞の表すアスペクトは，多くの方言でその動詞が語彙的にもっているアスペクトによって異なる。たとえばエジプト方言では，起動動詞 (移動動詞を含む) の分詞は (4) のようにふつうは継続アスペクトを表す[*134]が，(5) のように結果状態 (resultative perfect) を表すのにも使われる。

あなた　行く[分詞]　どこ
(4) *ḥaḍritik ṛayḥa fēn*
どこに行くところですか？　(Woidich 2006: 286)

私　着く[分詞]　ここ　昨日　ばかり
(5) *ana wāṣil hina mbāriḥ bass*
昨日ここに着いたばかりだ。(Woidich 2006: 288)

状態動詞の分詞は，(6) のようにつねに継続アスペクトを表す。

私　怖い　[定]　車　止まる (現在形)　から　私
(6) *ana ḫāyif il-ʿarabiyya tu'af min-ni*
私は，私のせいで車が止まってしまうのではないかと怖い。
(Woidich 2006: 285)

いくつかの湾岸方言では分詞が状態表示として使われ，継続アスペクトを表すことがないようである。ウズベキスタン方言では，分詞を使うことは同じだ

[*133] 分詞は，古典アラビア語や現代標準語では主に名詞の修飾語として使われ，文の主動詞としてはあまり使われないが，現代諸方言では主動詞として使われる。
[*134] 移動動詞の分詞は，現在の状態を表す。

が，これにさらに(7)のように，主語表示要素[*135]と目的語表示要素がつけられ，完全に定形動詞[*136]になっている(⇨ 15.5)。

鶏 私 殺す[分詞] [連結辞] 君 それ
(7) *ṭert-i qotl - in -akā-ha*
君は私の鶏を殺した。(Vinnikov 1956: 187)

動詞からさらに別の動詞を派生させるには，語幹内受動形 *fuʿila* 型[*137] (⇨ 8.2)などのほかに，基本型動詞に再帰性・自動性や使役性の意味をかぶせる，いわゆる派生型動詞がある。派生型動詞の意味は，たいてい単語ごとに語彙的に決まっている。派生型には伝統的に，第I型から第X型までのローマ数字がふられている(表6.4。訳者注：本書では第1型，第10型のようにアラビア数字で示した)。動詞の派生関係は，動詞の関与項の数の関係に言いかえることができる。たとえば第3型(*fāʿala* 型)の動詞は，対応する基本動詞の間接目的語(前置詞 *la-*「〜に」につける)だった関与項が，直接目的語(動詞に直接つける)の位置へと昇格している他動詞である。

〈基本型〉	〈第3型〉
katabtu la-hu「彼に書いた」	*kātabu-hu*「彼に通知した」
qumtu la-hu「彼に対して立ち上がった」	*qāwamtu-hu*「彼に抵抗した」

また第4型は，基本型に関与項が1つ加わる。

〈基本型〉	〈第4型〉
ḥasuna「〜が良い」	*'aḥsana*「〜が〜を良くする」
kataba「〜を書く」	*'aktaba*「〜に〜を書かせる」
ʿalima「〜を知る」	*'aʿlama*「〜に〜を知らせる」

他動詞を中動相(再帰・自動詞)の動詞に転換する，次のような派生型もある。

*135 動詞に連結辞 *-in-* を介して主語をつけている。

*136 「定形」は，動詞が人称変化した形。人称が定まっていない形は「不定形」。他の諸方言の分詞は，定形動詞と同じく文の主動詞として使われるが，性・数で変化するものの，人称では変化しないので，完全な定形動詞になっていない。

*137 語幹内受動形とは，動詞の語形枠を，完了形(過去形)は *-u-i-* に，未完了形(現在形)は *-u-a-* にかえるもの。たとえば，*kataba*「書いた」は ***ku**t**i**ba*「書かれた」，*yaktubu*「書く」は ***yu**kt**a**bu*「書かれる」となる。

〈基本型〉　〈第8型（*ifta'ala* 型）〉
jama'a「～を集める」　→　*ijtama'a*「～が集まる」

〈第2型〉　〈第5型（*tafa''ala* 型）〉
ṭawwara「～を開発する」　→　*taṭawwara*「～が発達する」

第4型（*'af'ala* 型）に対する第10型（*istaf'ala* 型）もこれと類似の関係にある。第10型（*istaf'ala* 型）の接頭辞部分にある *-s-* は，第4型（*'af'ala* 型）の初期の形である *saf'ala* 型からきたものである。この形は，古典アラビア語の *salqā*「投げ下ろす」（*'alqā*「投げる」を参照）のように古形を残したいくつかの動詞にみられる。また，第2，第3型に対する第5，第6型は，その相互性を表すという関係がある。

〈第2型（*fa''ala* 型）〉　〈第5型（*tafa''ala* 型）〉
ḥaddaṯa「語る」　*taḥaddaṯa*「会話する」

〈第3型（*fā'ala* 型）〉　〈第6型（*tafā'ala* 型）〉
kātaba「通知する」　*takātaba*「文通する」

それぞれの型は，関与項の数を示す機能のほかにもさまざまな意味をもっており，このことがそれぞれの派生型動詞の意味を基本型から正確に予測することを難しくしている。たとえば第5型（*tafa''ala* 型）は，*ta'arraba*「アラブ化される」，*taṭabbaba*「偽医者である」，*tanabbā*「偽預言者である」のように，“適用”や“類似”という意味あいをもつが，それぞれは単語として決まっており，自由につくりだせるわけではない。

型名	型	基本機能	例
第 1 型	*faʿala*	基本動詞	*kataba*「書く」
			kasara「壊す」
			ʿalima「知る」
			qāma「立ち上がる」
			jamaʿa「集める」
			ġafara「赦（ゆる）す」
			baʿuda「遠い，遠くなる」
第 2 型	*faʿʿala*	強調	*kassara*「砕く」
		作為性	*ʿallama*「教育する」
第 3 型	*fāʿala*	関係性	*kātaba*「書き送る」
			qāwama「抵抗する」
			bāʿada「遠ざける」
第 4 型	*ʾafʿala*	使役	*ʾaktaba*「書かせる」
第 5 型	*tafaʿʿala*	第 2 型の相互性	*taḥaddaṯa*「会話する」
		第 2 型の再帰・自動詞	*takassara*「砕ける」
第 6 型	*tafāʿala*	第 3 型の相互性	*takātaba*「文通する」
		第 3 型の再帰・自動詞	*tabāʿada*「遠ざかる」
第 7 型	*infaʿala*	第 1 型の再帰・自動詞	*inkasara*「壊れる」
第 8 型	*iftaʿala*	第 1 型の再帰・自動詞	*ijtamaʿa*「集まる」
第 9 型	*ifʿalla*	色や身体障碍	*iḥmarra*「赤くなる」
第 10 型	*istafʿala*	第 4 型の再帰・自動詞	*istaktaba*「筆記してもらう」
		要望性	*istaġfara*「赦しを乞う」
		判断性	*istaḥsana*「よしとする」

【表 6.4】　動詞の派生型

文法記述によっては，以上の 10 個の型に加えてさらに第 15 型までふれているものもある（Wright［1859–62］1964: I, 46–7）が，それらはすべて部分反復によるものや，半母音や要素 *-n-* の挿入によるものである。

〈型名〉	〈型〉	〈例〉	
第 11 型	*ifʿālla*	*ibyāḍḍa*	「白くなる」（第 9 型 *ibyaḍḍa* の変種）
第 12 型	*ifʿawʿala*	*iḥdawdaba*	「猫背だ」（第 9 型 *iḥdabba* の変種）
第 13 型	*ifʿawwala*	*iʿlawwada*	「厳粛になる」（基本型 *ʿalida*「堅固だ」の変種）
第 14 型	*ifʿanlala*	*iḥlankaka*	「漆黒になる」（基本型 *ḥalika*「漆黒になる」の変種）
第 15 型	*ifʿanlā*	*iḥbanṭā*	「こぶになる」（基本型 *ḥabiṭa*「こぶになる」の変種）

これらの動詞の多くも，意味はそれぞれ単語ごとに決まっている。ラジャズ調の詩（⇨ 5.3）のところで説明したような，詩に合わせて変形させた形に似ており，辞書にはあっても幽霊単語にすぎない可能性がある。

現代諸方言では，この派生型の型数が大きく減少して，使役（第 4 型）は多くの方言（いくつかのベドウィン型方言を除く。⇨ 11.1）で失われている。*t-*（第 5 型）と *n-*（第 7 型）はしばしば集約されて新たな受動形を形成し，古典アラビア語の語幹内受動形にとってかわっている（⇨ 8.2）。

6.5　統語

統語面でのアラビア語のおそらく最も際立った特徴が，主語と動詞の性・数一致方法が不均整なことである。西洋では古くから，アラビア語の文には名詞文と動詞文という 2 つの文型があるとしている。動詞のない文は名詞文と呼ばれ，(8) のように，主語と名詞述語の 2 つの要素からなっている。

　　ザイド［主格］ 医師［主格］
(8)　*zayd*^{un} *ṭabīb*^{un}
　　ザイドは医師だ。

名詞文には動詞がない。アラビア語は，少なくとも現在時制においては，叙述詞（コピュラ）を使わない言語の 1 つである。しかし，過去時制では (9) のように叙述詞が入ることになる。

　　叙述詞（過去） ザイド 医師
(9)　*kāna* *zayd*^{un} *ṭabīb*^{an}

ザイドは医師だった。

2つめのタイプの文は動詞文と呼ばれる。動詞文は動詞が必ず1つ，主語の前か後ろにあり，さらに目的語を従えるときもある。次の(10a)，(10b)がその例である。

叩いた　ザイドが　アムルを
(10a) *ḍaraba zayd*^{un} *ʿamr*^{an}
ザイドがアムルを叩いた。

ザイドが　叩いた　アムルを
(10b) *zayd*^{un} *ḍaraba ʿamr*^{an}
ザイドがアムルを叩いた。

このとらえ方では，(10a)と(10b)を同じ動詞文の，文体の違いとする。ところで，2つの文における動詞と主語が一見，同じ方法で性・数一致しているように見えるのは，動詞も主語も単数だからである。主語が複数になると，動詞が数の上で主語に呼応するのは，(11)のように主語が先にきているときだけである。

［定］男たちが　叩いた［3男複］
(11) *ar-rijāl*^{u} *ḍarabū*
男たちが叩いた。

(11)では動詞も名詞も複数形であるが，次の(12)では動詞は単数形で，主語は複数形である。

叩いた［3男単］［定］男たちが
(12) *ḍaraba r-rijāl*^{u}
男たちが叩いた。

どちらの語順であっても，(13a)，(13b)のように，動詞の性は主語に一致させる。

［定］少女たちが　叩いた［3女複］
(13a) *al-fatayāt*^{u} *ḍarabna*
少女たちが叩いた。

叩いた［3女単］［定］少女たちが
(13b) *ḍarabat al-fatayāt*^{u}
少女たちが叩いた。

性・数一致の法則がこのように不均整であることを，統語論の研究者たちはいろいろな法則を立てて説明している（Bahloul 2006: 47, Aoun *et al.* 2010: 73–95）。1つは，動詞－主語の語順のときに，（14）のように動詞の前に代名詞的な要素，あるいは仮想上の代名詞があって，これが動詞を単数形として一致させているとする説明である。

［焦点］ それ 叩いた［3男単］［定］男たちが
（14）*’inna-hu ḍaraba r- rijāl*^{u}
（それはつまり）男たちが叩いた（のである）。

もう1つは，基本的に，部分一致と完全一致という，異なる一致法則があるとする説明である。部分一致（12を参照）では，主語がはっきりと複数を表しているから，動詞は複数を表す必要がなく，完全一致（11を参照）では，動詞活用形として融合した代名詞が数を表しているとする。要するに，動詞－主語の語順の場合は，数は1回しか表わされないとする考え方である。しかし，もう1つの説明が可能である。性のようにそれぞれの名詞がもとからもっている属性と，数のようにそこに後からかぶさる機能的なレベルの属性とを分けて考え，完全一致のときは，主語が動詞の修飾語という関係になっているので主語の2つの属性（性と数）の両方が動詞に示され，部分一致のときは動詞が主語を統率しているので，動詞は名詞がもともともっている属性である性のほうだけに一致し，数のほうには一致しない，という説明である。7.2では，アラブ文法学者たちがこのような統語問題に直面したときに，この2つめの説明と若干類似してはいるが，また別のアプローチを選んでいることをみる。

現代諸方言では，この完全一致と部分一致の違いはなく，ほとんどの文が主語－動詞－目的語という語順であり，完全一致をする。イスラム以前のアラビア語では，動詞が主語に完全一致するものもあった（⇨ 4.2）が，動詞－主語－目的語の語順のときには，いわゆる「蚤（のみ）に噛まれた」構文*138 になることもあった。その文は，（15）のような文である。

食べた［3男複］ 私［定］ 蚤［男複］
（15）*’akalū -nī l -barāġīṯ*
蚤が私をかんだ。

広く統語について研究するときに注意をひくアラビア語の統語現象に，イダーファ（*’iḍāfa*「付加」）構造の所有句がある（⇨ 7.2）。基本的には，次の（16）のよ

138 この現象を，「蚤に噛まれた」症候群（’akalūnī l-barāġīṯ* syndrome）と呼ぶ。

うな構造である。

本[主格] [定] 男児[所有格]
(16) *kitāb-*^{u} *l -walad-*^{i}
その男の子の本

理論的にはこの後ろにいくつでも名詞を置くことができる。アラビア語の所有句構造は次の点で興味深い。まず，所有句全体の定・不定が，最後の名詞の定・不定によって決まることである。(16) と次の (17) を比べてみよう。

本[主格] 男児[所有格・不定]
(17) *kitāb-*^{u} *walad-*^{in}
ある男の子の本

もう 1 つ，動名詞 (マスダル *maṣdar*) の主語や目的語が所有句で表されるときの構造も特徴的である。動名詞に名詞が 1 つだけつけられたときは，(18) のように，その名詞は主語と目的語のどちらにもなりうる。

殴打[主格] ザイド[所有格・不定]
(18) *ḍarb-*^{u} *zayd-*^{in}
ザイドの殴打 (ザイドが叩くこと，ザイドを叩くこと)

しかし，(19) のように名詞が 2 つつけられると，先の名詞が主語となり，2 番目の名詞には目的格語尾がつけられ，目的語になる。

殴打[主格] ザイド[所有格・不定] アムル[目的格・不定]
(19) *ḍarb-*^{u} *zayd-*^{in} *ʿamr-*^{an}
アムルへのザイドの殴打 (アムルをザイドが叩くこと)

古典アラビア語ではさらに，目的語が所有格語尾になって動名詞の直後に置かれ，主語が主格語尾になってその後ろに置かれることも可能なようである。この例は非常にまれであるが，レッケンドルフ (Reckendorff 1921: 174) はこの構文について，ノルデケ (Nöldeke 1897: 74–5) のあげた (20) の例を引いて言及している。

朝[目的格] 嫁にすること[所有格] 彼女 マタル[主格・不定]
(20) *ġadāt-*^{a} *nikāḥ-*^{i} *-hā* *maṭar-*^{un}
マタルが彼女を嫁にした朝に

この構文が実際に使われているとしたら，動名詞の，動詞としての性質がここに論理的に反映されている，つまり，動名詞とその主語がここでは動詞文を作っていることになる。

所有句構造の話の最後に，最初の名詞が形容詞である場合にもふれておく。これを，アラビア語の伝統文法では「擬似イダーファ」*139 と呼ぶ。

ḥasan al-wajh^i^「顔のハンサムな」
šadīd al-ḥarāra^ti^「暑さの激しい」
kaṯīr al-baqar^i^「牛の多い」

また，否定の方法も，コムリーが世界の言語の中でアラビア語に特有な特徴要素として言及している。古典アラビア語が特殊なのは，否定詞に時制があることである。

lam は，過去の否定に使われる。

lam yaḍrib「叩かなかった」

lan は，未来の否定に使われる。

lan yaḍriba「叩かないだろう」

最も基本的な否定詞は *lā* であるが，これはふつう現在の否定に使われる。

lā yaḍribu「叩かない」

時制に関わらず使われる *mā* もある*140。

mā ḍaraba「叩かなかった」
mā yaḍribu「叩かない」

名詞を否定する動詞 *laysa* がある。

laysa ṭawīl^an^「長くない」

時制のある否定詞は，世界でも比較的まれである。*WALS* でも，このような否定詞の例はほとんどあげられていない (pp. 454–5)。否定詞に時制があることは，統語構造のとらえ方に大きく影響してくる。時制が，動詞ではなく否定詞に現れていることを説明するためには，性・数一致と時制とを別個に考える必要が出てくるのである。

---

*139 *al-'iḍāfa ġayr al-ḥaqīqiyya*。「複合形容詞」とも。

*140 否定詞 *mā* は，古典語では使われていたが，現代文語ではいくつかの慣用的な動詞を除きほとんど使われない。口語では，動詞の否定に *mā* を使う。

方言では，古典アラビア語の否定詞の多くが，次のエジプト方言の(21)のように，否定詞 *mā* と名詞 *šay'*「もの」が単語を挟みこむ組み合わせ(*mā...š*)に置きかわっている。

　　　否　ている　書く　否
(21) *ma -b-yiktib-š*
　　書いていない。

ただし，(22)のシリア方言のように，後のほうの *š* がない方言もある[*141]。

　　　否　ている　　書く
(22) *mā-ʿam-yəktob*
　　書いていない。

このような 2 つの要素からなる否定表現は，世界の言語の中でもロマンス諸語などいくつかにみられるが，それほど多くはない(*WALS* の否定表現は 1,000 以上の言語について調査されているが，そのうち 2 要素からなる否定表現をもつのは 66 言語しかない。p. 455)。また，名詞の否定を表す *laysa*「〜にあらず」も方言では別の表現に置きかわっており，エジプトでは *ma-ni-š*「私は〜でない」，*ma-hu-š*「彼は〜でない」，*ma-hi-š*「彼女は〜でない」となっている(ここから *muš*，*miš* ができた[*142])。

また，コムリー(Comrie 1982)は「擬似動詞(pseudo-verbs)」という用語を用いて，いくつかの現象をあげている。ほとんどの方言に，もともと動詞ではないのに，直接に目的語をつけることができたり，動詞と同じ方法で否定したりといった，かなり動詞に近い使われ方をする一群の単語がある。このような単語の 1 つめとして，エジプト方言の *fī*「有る」などがある。これは，*ma-fī-š*「無い」のように動詞と同じ方法で否定される。擬似動詞の 2 つめとして，シリア方言の *bədd*「欲しい」(古典アラビア語の *bi-wudd*「願望を以て」に由来する)のようなムード表現がある。この擬似動詞は，(23)に示すように，主語と目的語をつけることができる。

[*141] シリア以東の諸方言では，後のほうの否定辞をつけない。
[*142] *ma- -š* に挟まれた *-ni-* は *āni*「私」(*ana*「私」を参照)。現在では，*hū*「彼」を挟んだ *ma-hū-š* の短縮形 *muš*，ないし，これがさらに変化した *miš* が，人称・性にかかわらず広く使われる。

　　　欲しい　彼（目的表示）君たち
（23）*bədd-o　yā　-kon*　　（Cowell 1964: 545）
　　彼は君たちを望んでいる。

擬似動詞の 3 つめとして，所有表現がある。所有表現はたいてい古典アラビア語の前置詞 *ʿinda*「〜のもとに」や *li-* [*143]「〜に」に接尾代名詞を組み合わせたものから来ているが，これらは (24) に示すように，古典アラビア語においてもまた所有を表すために使われていた。

　　　に　彼　　本
（24）*la-hu kitāb-*^{un}
　　その者に本あり。

この構文は，所有されているものが主語となっている名詞文であるが，方言ではこれが動詞であるかのような表現になっているのである。たとえば，マルタ語では *għand-* [*144] を使って所有を表現するが，(25) に示すようにこれには主語や目的語がつき，動詞と同じ方法で否定する。

　　　君［否定］のもとに　君［否定］　多く　　忍耐
（25）*int m'-għand-ek-x ħafna paċenzja* [*145]　　（Peterson 2009）
　　君はあまり忍耐力がない。

この (25) の文の中で，2 つの名詞 (*int* と *paċenzja*) が統語的にどのような位置を占めているか，そして所有表現の擬似動詞がどのような性質をもっているかについてはまだ議論がある。たとえば，ピーターソン (Peterson 2009) はマルタ語の擬似動詞の位置関係を調査し，擬似動詞というものが独自の単語類をなしているとする。以上の 3 種類の擬似動詞は，名詞という品詞と動詞という品詞にまたがる現象をみることができるので興味深い。

次にアラビア語の数詞は，その語形の面でも統語関係の面でもアラブ文法学者たちさえをも挫折させている。驚くべきことに彼らは，数詞の最も特徴的な点についてほとんど沈黙したまま通り過ぎている。その 1 つが，3 から 10 までの数詞の，いわゆる「性一致の逆転現象 (polarity of the numerals)」である。これは，*ṯalāṯa*^{tu}（3［女性形］）*rijāl*^{in}（男たち）「3 人の男性たち」のように男性名詞には数詞の女性形を使い，*ṯalāṯ*^{u}（3［男性形］）*fatayāt*^{in}（少女たち）「3 人の少女たち」のように女性名詞には数詞の男性形を使う

[*143] 代名詞につけるときは，*la-* となる。
[*144] 発音は［and］。古典アラビア語の *ʿinda* にあたる。
[*145] 発音は［int mandekʃ hafna patʃentsja］。

現象である。アラブ文法学者たちはこれについて，長い形（*ṯalāṯa*^{t}「3」，*'arbaʿa*^{t}「4」）がもとの形であり，これを女性名詞とともに使うには，「重さ」を減らすために文字ター=マルブータを削除するのだと説明した[*146]。この逆転現象はほかのセム語にもあるので，これを説明するにはたいてい比較セム語学の観点から，アラビア語の集合名詞によって説明することが多い。アラビア語では，集合名詞には女性語尾 *-a*^{t} をつけて個体名詞をつくる。たとえば，*dajāj*「鶏肉，鶏類」が *dajāj-a*^{t}「鶏 1 羽」となる。つまり，女性語尾をここでは可算性の標示とみることができるだろう。これをさらに，もともとは複数の標示であったとする学者もいる。もしそうだとすると，基本数詞はもともと，複数の標示である *-a*^{t} 語尾のついた長い形であり，同じ *-a*^{t} 語尾のついた女性名詞と組み合わさると，数詞につけられている方の標示が余分になるから，性一致の逆転現象が起こると説明できる。語幹内複数形と，形容詞や動詞との性一致もまた，これと同じ現象とする仮説も可能であろう。語幹内複数形がじつは集合名詞（⇨ 2.2）であるとするならば，その名詞にかぶせる形容詞につける語尾 *-a*^{t} や動詞の性一致関係も複数を示す標示ということになる。多くの現代方言では，この性の逆転一致のシステムはなくなっている。数詞の 2〜10 は，名詞複数形が母音で始まるときは名詞に *t-* が付加されるが，男性名詞でも女性名詞でもすべて短い形をつける。

'arbaʿ t-iyyām「4 日間」（ダマスカス方言）

12〜19 の一の位には，長い形だけが用いられる。多くの方言でこの *-t-* が強勢化されていることは，ファーガソンがアラビア語通用話体の特徴要素とした 14 項目（⇨ 8.3）に入れられている。

'arbaʿṭaʿš「14」（ダマスカス方言）

6.6 文献案内

古典アラビア語文法については，西洋文献学であらゆる分野にわたって研究された論文はあるが，現代式で包括的な古典語の文法総覧は残念ながら

[*146] それぞれの短い形（女性名詞に使う形）は *ṯalāṯ*，*'arbaʿ* で，語末の *-a*^{t} がない。この *-a*^{t} を表す文字が *tā' marbūṭa*（ター=マルブータ）である。

まだない。Howell (1883–1911) は，今でも参照される文法書である。Caspari (1887)（これは第5版で，A.Müller により復刻されている）は，これをもとにしている。さらにこれをもとにした Wright (1859–62) は最も手に入りやすい文法書で，とくに Robertson Smith と de Goeje (1896–8 重版) による復刻第3版がよく使われている。フランス語では，Blachère and Gaudefroy-Demombynes (1952) が標準的な文法書である。簡明（学習用）文法書には，ドイツ語では，Fleischhammer (1965) によって復刻された Brockelmann の文法書，フランス語では Blachère (1961) がある。このタイプで最も新しいのは，Fischer (1972) である。古典アラビア語の概説には，Beeston (1968)，Fleisch (1968)，Denz (1982)，Fischer (1997)，Retsö (2011) がある。語形論と音韻論についてのすばらしい研究が Watson (2002) に入っている。

現代標準アラビア語の文法記述や学習書については第12章の文献案内を，諸方言の文法記述や学習書については第11章の文献案内を参照してほしい。

古典アラビア語の語彙体系については，まだほとんど手つかずのままになっている。詳しい研究は，アラブ世界におけるアラビア語辞書（第7章），とくにイブン=マンズール (*Inb Manḏūr*, 回暦711=西暦1311年没) による『アラブの言葉（リサーヌ=ル=アラブ *Lisān al-ʿArab*）』に頼ることになる。中東における現代の辞書編纂の始まりについては，Sawaie (1987, 1990) が記述している。西洋では17，18世紀に東洋学者によって古典アラビア語の辞書が書かれたが，Lane (1863–93) がそれにとってかわった。この辞書はアラブの資料から得られるあらゆる情報を収録しているが，未完成のままである（*qāf* まで）。Dozy (1881) は辞書の補遺であるが，とくに北アフリカとアンダルス地方の資料の語彙をとくに重点的に集めている。1957年にドイツ東洋学会 (Deutsche Morgenländische Gesellschaft) が古典アラビア語新辞典 (*WKAS*) に，文字 *kāf* から着手し，2014年現在，文字 *mīm* まで来ている（*WKAS* については Gätje 1985 を参照）。フランスでは，Blachère, Chouémi and Denizeau (1967–) が大きなアラビア語–英語–フランス語辞典を文字 *ʾalif* から始めているが，まだ第3巻までである。『ハディース』の語彙の研究には，Wensinck によって始められた語句索引が使われる。コーランの語彙の辞書には Penrice (1873) があるが，Ambros and Prochazka (2004) の小辞典や，より大きい Badawi and Abdel Haleem (2008) の辞典など，新しい辞書が最近出てきている。1点，古典アラビア語の小辞典の中で，Hava (1964) のアラビア語–英語辞典は言及に値する。

現代アラビア語の辞書については第12章に，方言の辞書は第11章にあげた。

古典アラビア語の音素体系については，Cantineau (1960) が歴史的研究の中でいまだに最良のものである。Fleischの『アラビア語学概論 (Traitè de philologie arabe)』(Fleisch 1961, 1979) は2巻本で，アラビア語とセム語の同源単語や，固有の文法体系について考察しつつ古典アラビア語の単語構造を分析している。音声学では，古いものだがGairdner (1925) とAl-Ani (1970) がある。古典アラビア語を音声学的に詳しく扱ったものに，Roman (1983) がある。またMitchell (1990) は，フスハーがエジプトでどう発音されるかについての実用的で詳しい発音ガイドである。

一般言語学では，アラビア語，とくに方言の音声・音韻研究は，Brame (1970) をはじめ，豊富にある。概説書としてはWatson (2002) がある。自立分節音韻論 (autosegmental phonology) をアラビア語に適用したのは，McCarthy (1985) の功績によるところが大きい。これについての要点がMcCarthy (2008) にある。義務的音調曲線原則 (the Obligatory Contour Principle) についてはRosenthall (2006, 2008) を参照されたい。Greenberg (1950) は，セム語の語根内での音素の制限を分析している。これにはアラビア語に存在するすべての語根の表がついており便利である。Frisch et al.(2004) は，義務的音調曲線原則と最適性理論の点からの再定義をおこなっている。

強勢子音については，Watson (2002: 268–86) およびBellem (2007) を参照されたい。強勢特徴の伝わりについては，Davis (1995)，Watson (1999)，Al Khatib (2008) が検討している。アラビア語の *ḍād* の性質について広範囲に研究したものには，Cantineau (1960: 54–6)，Steiner (1977)，Roman (1983: I, 162–206)，Versteegh (1999) がある。現代諸方言における /ḍ/ と /ḏ̣/ の発音は，Al Wer (2004) にある。また，*q* の発音，および /q/ と /g/ の分岐については，Blanc (1969) を参照されたい。

母音活用の観点をセム語研究に導入したものとしてはKuryłowicz (1972) があり，より最近のものでは，モロッコ方言に適用したHeath (1987) やGuerssel and Lowenstamm (1996) がある。語幹基盤型アプローチによるアラビア語の語形変化論はGafos (2002, 2003) を参照されたい。

古典アラビア語におけるアクセントの復元は，古い研究ではBirkeland (1954) やJanssens (1972) がある。Kager (2009) は，アクセントに関する研究を概観している。Watson (2002: 79–121) は，現代諸方言のアクセントについて，カイロ方言とサナア方言（イエメン）を比較しつつ研究している。Kenstowicz (1994) は，生成音韻論の概説書の中でアラビア語からたくさんの例を引いている。Angoujard (1990) は，アラビア語の韻律構造を検討している。Broselow (1992) は，いろいろな方言の母音挿入，母音脱落の法則を横断的に検証している。

Zaborski (1991, 2006b) は，2 子音語根に関する諸説を概観している。セム語やアラビア語の弱子音語根については，Voigt (1988) と Chekayri and Scheer (2003) を参照されたい。Ehret (1989) は，3 子音語根の多くについて，2 子音語根と決定詞の組み合わせという観点から分析している。アラビア語の語彙体系についての Bohas (1993, 1995, 1997) の説は本文でふれた。

とくに語幹内複数形については，McCarthy and Prince (1990a, b) と Ratcliffe (1998) の単著が重要な 2 つである。

アラビア語の動詞体系については著作が豊富にあり，古いものでは Aartun (1963)，Corriente (1971a)，Fleisch (1979: 169- 206)，Nebes (1982) などがあり，Larcher (2012) は古典アラビア語の動詞体系について概観する中で動詞活用形がもつアスペクト価 (2012: 133–62) にもふれている。3 つの動詞完了形 *fa'ala* 型，*fa'ila* 型，*fa'ula* 型がどのような動詞に分布しているかについては Dichy (2007) のほか，第 7 章を参照されたい。Eisele (1999) は，アスペクト論の概説をつけて，アラビア語方言（カイロ方言）の時制・アスペクト体系を詳細に分析している。Cuvalay (1996) は，機能文法の枠組みでアラビア語のアスペクトと時制を扱った興味深い研究である。Reese (2011) は，モロッコ方言の分詞の機能を検証し，これを広くアラビア語の諸方言と比較している。

動詞の派生型体系についての最も新しい分析は Larcher (2012: 43–106) にある。動詞の能動態・受動態と派生型体系については，Saad (1982) と Le Tourneau (1996) を参照されたい。Saad (1982) は，他動，使役の派生型と受動の間の意味関係を検証している。Retsö (1989) は，セム諸語の全体にわたって語形論的，比較言語学的にアプローチしている。Leemhuis (1977) は，コーランに出てくる動詞の第 2，第 4 派生型を詳しく扱っている。

アラビア語の統語法については，Reckendorff による手引書 (1895–8, 1921) が今でも研究に有用である。Nöldeke によるアラビア語文法の研究 (Nöldeke 1897) は，当時知られていた文法にさらに重要な事項を追加している。それらの事項は Nöldeke による脚注も含め，Spitaler (1963) が再編集している。

アラビア語の統語法は一般言語学でひんぱんに取り上げられてきた主要な

領域である。一般言語学の方法でアラビア語を研究しようとした試みは 1970, 1980 年代からある。その多くは生成文法・変形文法によるもので，上エジプト（サイーディー方言 Saʿīdī Egyptian）方言を扱った Khalafallah (1969)，変形・生成文法の Hartmann (1974)，変形文法にもとづいたアラビア語と英語の対照文法の Khuli (1979)，そして Ayoub (1981)，GB 理論の Fassi Fehri (1982) がある。これらとは違って Moutaouakil (1989) は機能文法の枠組みを使っている。

最近ではアラビア語の統語法の研究に，原理変数理論やミニマリストの方法が取り入れられている。これまで発表されてきた研究をすべてあげるのは不可能であろう。Aoun, Benmamoun and Choueiri (2010) は，アラビア語の統語法をミニマリストの方法で全般的に概説し，文レベルにおけるアラビア語の統語構造の主な側面をすべて扱っている。Fassi Fehri (1993) と Benmamoun (2000) は，理論的な方法論の入門を提供しつつ，統語論に関する多くのテーマを扱っている。Mohammad (1999) は，標準語とパレスチナ方言の統語法を扱っている。Shlonsky (1997) はアラビア語とヘブライ語の統語構造を対照している。また Ouhalla and Shlonsky (2002) に収められた論文も参照されたい。

Hoyt (2008a, 2009a) は，標準アラビア語における名詞句と動詞句の構造をみごとにまとめている。また，Hoyt (2008b, 2009b) は名詞節と動詞節を分析している。名詞句については，Kremers (2003) も参照されたい。所有句については Siloni (1997) がある。Shlonsky (2004) は，セム語の所有句を扱っている。所有句における動名詞（マスダル maṣdar）については Kremers (2003: 121–55) がある。一致規則については，Aoun, Benmamoun and Choueiri (2010: 73–95) を参照されたい。

否定法については，ミニマリストのアプローチによる Ouhalla (2002) を参照されたい。語彙・機能文法の枠組みで分析した否定法は Alsharif and Sadler (2009) を参照。また，Aoun, Benmamoun and Choeiri (2010: 96–126) もある。エジプト方言における否定法には，Woidich (1969) がある。

擬似動詞および無動詞文については，Eid (1991) が扱っている。また，とくにマルタ語については Peterson (2009) がある。

数詞の一致逆転規則についての諸説は Brugnatelli (1982) を参照。また，数詞に関するアラブ文法学者たちの説については，Druel (2012) を参照されたい。

まったく新しく生まれてきたのが，これまで構築されてきたアラビア語の大きな文面資料（コーパス）を使ったコンピューター言語学による研究である。その中で最も重要なのは，新聞の文面に重点を置いた現代標準アラビア語の研究である。最も大きなコーパスは Tim Buckwalter が統括したもので，語素（形態素）解析ツールで動く。新アレキサンドリア図書館（The Bibliotheca Alexandrina）では，国際アラビア語コーパス（ICA）の編纂プロジェクトに着手している（http://www.bibalex.org/unl/Frontend/Project.aspx?id=9）。タグづけされたコーパス集であるペン=アラビア語ツリーバンクについては，Smrž et al.(2007)，Mohamed Maamouri, Anne Bies, Tim Buckwalter and Hubert Jin による 2003–4 からの報告（http://www.researchgate.net/publication/228693973_The_penn_arabic_treebank_Building_a_large-scale_annotated_arabic_corpus）を参照されたい。音声自動認識や自動翻訳の分野はとくに進歩が速いが，一方でコーパス研究の利点はまだじゅうぶんに活用できていないと言えるだろう。アラビア語のコーパス言語学についての最近の状況については Ditters and Hoogland (2006) が概観しており，コンピューターによるアラビア語研究は Ditters (2013) を参照されたい。

アラブ伝統文法学

▶第7章◀

7.1　はじめに

西洋では古典アラビア語の文法を記述するのに，ほとんど例外なくギリシャ・ラテン語文法をモデルとしていて（第6章），このモデルとアラブ文法学者たちによるアラビア語文法との違いについてはめったに言及されない。ギリシャ・ラテン語文法をモデルとして選ぶのは，アラビア語を教える対象が非アラビア語の話者であり，そのほとんどが学校でギリシャ・ラテン語文法のほうに親しんでいるからである。古典アラビア語文法の記述は，このどちらのやり方によってもじゅうぶんできると思われるが，アラブ文法学者たちのやり方はもっぱらアラビア語を分析するためのものだから，アラビア語研究としてじゅうぶんな妥当性をもっている。750年から1500年までの時代に活躍した文法学者の名前は4,000以上が伝わっており，その文法学者たちが自分たちの言語についての包括的な知の総体を作り上げたのである。本章ではその理論をいくつか例示する。それらはアラビア語を専門とする学者ならではの視点として，西洋式の理論とはまったく別の見方をもたらしてくれる。アラブ式のアラビア語文法の記述順序は，最初の文法学者であるスィーバワイヒ（回暦177=西暦793年?没）が打ち立てた順序をほとんどそのまま受け継いでいる。スィーバワイヒは著書『書』を統語論から始めて，次が語形変化論（形態論），そして付録として音韻論を加えている。本書では，アラブ文法学の伝統で使われる2つの術語，タスリーフ（*taṣrīf*）とナハウ（*naḥw*）を，それぞれ語形変化論（morphology），統語論（syntax）と訳すことにする（「統語論」で文法論の全体をさすこともある）。ただし，一般に語形変化論というと単語の変化すべてをさすが，アラブ文法学者たちは名詞・形容詞の格語尾の研究は統語論（ナハウ）で扱い，それ以外の，複数形や派生語などを語形変化論（タスリーフ）で扱っていた。

アラブ式術語の訳語として，西洋式の術語からもってきているものもあるので注意が必要だろう。文法要素の名称を見ると，両者の術語体系の間には対応しないものがある。たとえば，ラフア（*raf'*「主格」）という術語はふつうギリシャ・ラテン文法の主格（nominative）にあてられるが，これは「語形変化（曲用）」の話なので，両者は枠組みが異なっている。また，アラブ文法学でアマル（*'amal*）というと，統語関係の中で，ある単語が別の単語へ及ぼす影響をさすが，これは「統率（rection）」と訳してギリシャ・ラテン語文法方式にするか，あるいは「支配（governing）」と訳して現代言語学式にするかの2つの方法がある。逆にアラブ式術語だけを使うと議論が理解しにくくなってしまうので，この章では便宜的にアラブ式術語に英語の訳語を添えて提示することにしたが，訳語は厳密には対応していないことを了解されたい。必要に応じて，その術語の意味内容の違いにもふれるようにする。

アラブ伝統文法学の目的は，現代言語学の目的とは異なっている。アラビア語文法は従来，イスラム暦の第1世紀に，イスラム教に新しく改宗した者たちの犯すたくさんの文法的な間違いから「創案」されたとされる（⇨ 4.3）。文法の創案に関連してしばしば引き合いに出される名前が，アブ=ル=アスワド（*'Abū l-'Aswad ad-Du'alī*，回暦68=西暦688年？没）である。アブ=ル=アスワドは，文法のルールを書くようにカリフに求められたとき，最初は断ったと言われている。ところが，自分の娘が，

何　最も美しい［目的格］［定］空［目的格］
mā　'aḥsan^{a}　*s-samā'*^{a}
何と美しい空よ。

と言うべきところを，

何　最も美しい［主格］［定］空［所有格］
mā　'aḥsan^{u}　*s-samā'*^{i}
空において最も美しいものは何か。

と言うのを聞いて，「言葉の腐蝕」がアラビア語の母語話者にまで及び始めていることを実感し，アラビア語初の文法書を書いたとされている（イブヌ=ル=アンバーリー著『文人層の知的楽しみ』p. 7）。

この話からは，文法書はたいてい規範主義的であったという印象を受けるが，実際にはこのように規範的なものは，いわゆる「ラハヌ=ル=アーンマ（*laḥn al-ʿāmma*）[*147]」（⇨ 8.1）に対して，その間違いを直そうと書かれた文法書に限られる。スィーバワイヒをはじめとする多くの文法家たちのめざすところはこれとは別で，アラブ人たちの言葉のしくみに説明をつけることを自分たちの役目と考えていた。アラブ人はアラビア語を完璧に話せるに決まっているから，話されたアラビア語をそのまま記述する必要はなく，ましてアラビア語に規則を立てる必要などはまったくなかったのである。アラブ文法学者たちにはすでにコーラン，イスラム以前の詩，ベドウィン人の理想的な言葉という決まった文面資料（コーパス）が手もとにあった（⇨ 5.1）。母語話者はその定義からしてアラビア語の話し方を知っているわけであり，文法学者たちは語学教育をするわけではないから，守るべき規範としてのアラビア語文法ではなかった。とはいえ，文法は現象の単なる記録というわけでもない。というのは，言語，とりわけアラビア語は神の創造物の一部であるから，その構造は細部にいたるまで完全であり，文法学者の任務はアラビア語のあらゆる現象を説明すること，すなわち言葉のいろいろな現象が，さまざまな法則からなるシステムの中でどの位置にあるかを特定することだった。言語とは，それを構成する各要素がそれぞれ固有の機能をもち，各要素が階層的に序列づけられている統一体であると考えられた。彼らの説明は，しばしば比較あるいはキヤース（*qiyās*「類推」）という形をとる。類推（キヤース）とは，ある 2 つの事項が構造的に似ていればシステムの中での位置関係も似ている，と考えることである。これをアラブ文法学者の用語では，「権利を有する」あるいは「権利を欠く」という。たとえば，名詞は格語尾を変化させる第 1 級の権利を有するが，小詞は語尾変化できない。*man*「だれ，者」は名詞ではあるが，次の 2 つの文の比較から明らかなように，仮定を表す小詞 *ʾin* と同等なものであるために，語尾変化を欠くのだ，とされる。

　者　約束した　果たした
man waʿada wafā
約束せし者，果たすべし。
もし　約束した　果たした
ʾin waʿada wafā
約束したれば果たすべし。

*147「大衆の訛（なま）り」の意。

アラビア語の体系は完全なる調和がとれているはずだから，このように逸脱しているように見えるものがあっても，それは発話という表面上の形にすぎず，基底レベル（アスル *'aṣl*「根源」とマアナー *ma'nā*「機能」[*148]）においては言語体系にかなっていると仮定することによって説明されたのである。

言語学，とりわけ統語論の分野で文法学者たちが主に関心を寄せたのは，単語の格変化を文の中でどう説明できるかであった。格変化はエァラーブ（*'i'rāb*）と呼ばれるが，これはもともと「ベドウィン人（アラブ）の言葉にしたがって正しくアラビア語を使う」という意味だったものが，格変化を意味するようになったものである。文の中で，別の単語に作用する，つまり別の単語を統率する単語をアーミル（*'āmil*）「統率語」と呼び，格変化とは，これによって作用された結果であると考えた。こうした作用の影響が，われわれが「格変化」と呼ぶものとして目に見えているとするのである。アラブ文法家たちの定義では，これを「単語の語尾の違いは，統率語が異なることによる」（*iḫtilāf 'awāḫir al-kalim bi-ḫtilāf al-'awāmil*）と説明する。たとえば，*ḍaraba zayd*^{un} *'amr*^{an}「ザイドがアムルを叩いた」という文では，動詞 *ḍaraba*「叩いた」が，あとの 2 単語を統率する（アマル）統率語（アーミル）で，それぞれ *zayd*^{un}「ザイドが」と *'amr*^{an}「アムルを」のように語尾変化 -^{un}（が），-^{an}（を）を引き起こしている。だから格語尾を説明するということは，その単語の格変化の原因となっている単語（統率語（アーミル））を特定することなのである。そのような単語が，文の上で表面的に特定できないときは，統率語（アーミル）が稼動していると考えられる基底レベルをタクディール（*taqdīr*「推定」）する必要がある。この簡単な例として，*an-najdat*^{a}（〔定〕助け）「助けて！」と叫ぶときの目的格がある。統率語（アーミル）がないのに語尾が -^{a}（目的格）となっているのは，基底レベルでは *'aṭlubu n-najdat*^{a}「助けを求む」であり，*'aṭlubu*「求む」がそれを統率しているからだと説明をつけるのである。

次に語形変化論（タスリーフ）では，単語の構造と，統率語（アーミル）が原因ではない，言いかえれば統語によらない語形変化に説明をつけることに焦点が当てられる。そのような変化には派生語，すなわち意味変化を引き起こしているものと，派生語ではないもの，すなわち音韻法則によるものとがあるが，これらの例は後述する（7.3 語形変化論）。そして，音韻論は一個の独立した分野とは見なされておらず，著作の巻末に置かれていた。語形変化に作用しない限り，文法学者たちは音韻

[*148] *ma'nā* は「意味」であるが，後述のように，語彙的な意味をさしているわけではない。

法則には注意を向けていない。純粋に発音上の問題は文法書の付録のような扱いにすぎず，音声学的な知見の相当な部分も，辞典やコーラン朗誦（タジュウィード *tajwīd*）に関する著作の序文に記されているにすぎない。

アラブの文法書はマアナー（*maʻnā*「機能」）に最大の関心をよせている。このマアナーとは，話者の意図とか，文法範疇がそれぞれもっている意味機能のことであって，単語の語彙的な意味は語彙学・辞書学（イルム＝ッ＝ルガ *ʻilm al-luġa*）で扱われた。どちらにしても，文の意味はおろそかにされており，少なくとも初期の文法学では語彙的な意味についてのじゅうぶんな議論はめったになされていない。単語については，その単語のもつ文中での文法的な機能は語形枠が表し，その単語の語彙的な意味は単語の派生元である語根が固有にもっていると考えられた。アラブ文法学者たちの考えた派生システムは，このマアナー（*maʻnā*「機能」）とアスル（*ʼaṣl*「根源」）との組み合わせが連鎖的に作用するものである。まず最も高いレベルにある根源《アスル》が骨組み子音（語根）である。たとえば「打つ」という意味をもっている語根 *ḍ-r-b* に，他動詞という機能《マアナー》をもっている *faʻala* 型[*149] の語形を当てはめると，|ḍaraba|「打った」という語形ができあがり，今度はこれがさらなる派生の根源《アスル》となる。たとえば *yafaʻil* 型[*150]（未完了形機能《マアナー》）によって |yaḍarib|「打つ」を産み出すのである。これらの語形がまたさらなる拡張への起点として働いて，他動詞型に 1 人称代名詞（*-tu*）をともなえば |ḍaraba-tu| になり，未完了形に格語尾[*151]（直説法の語尾 *-u*）をともなえば |yaḍarib-u| になる。そして最後に，このできあがった語形の上に音韻法則が作用し，音韻的にかなった語形として，それぞれ /ḍarabtu/「私は打った」，/yaḍribu/「彼は打つ」が得られるとする（⇨ 7.3.2）。このように単語を分解する過程で重要な原則の 1 つが，「語素（単語構成要素）と機能《マアナー》が一対一に対応する」というものである。1 つの機能《マアナー》は 1 つの語素で表され，1 つの語素は 1 つの機能《マアナー》だけを表すというわけである。

*149 慣習的に，*faʻala*「する」の語根である *f-ʻ-l* の 3 子音を用いて語形枠を示す。

*150 仮想上の型。| | に挟まれたものは仮想的な語形。

*151 declension（曲用）は名詞の語尾変化をさす用語であるが，アラビア語学では，動詞未完了形の法語尾変化（直説法，接続法，希求法）に，名詞の語尾変化と同じ用語を用いる。

7.2　統語論

アラビア語の文法書は，伝統的に単語の分類（品詞）の主要なものを概説し，定義づけていくことから始まっている。たとえば，スィーバワイヒによる『書』の第 1 章も次のようになっている。

これ　扉　学　[定]　単語　から　[定]　アラビア語
hāḏā bāb ’ilm al-kalim min al-ʿarabiyya,

しかして[定]　単語　名詞　と　動詞　と　字　来た　に　マアナー　あらざる　で　名詞　と　否　動詞　しかして[定]
fa -l-kalim ism wa-fiʿl wa-ḥarf jā’a li-maʿna^{n} *laysa bi-sm wa-lā fiʿl,　fa -l-*

名詞　男　と　馬　と　壁
ism rajul wa-faras wa-ḥā’iṭ

そして　一方　動詞　しかして　型　取り出された　から　発言　出来事　[定]　名詞
wa-’ammā l-fiʿl　fa-　’amṯila ’uḫiḏat min lafḏ̣ ’aḥdāṯ al-’asmā’

と　建てられた　ため　もの　過ぎた　と　ため　こと　[叙述詞未完了]　と　ざりき　起こる　と　もの　それが
wa-buniyat　li -mā　maḍā　wa- li -mā　yakūnu　wa-lam　yaqa’　wa-mā　huwa

[叙述詞分詞]　ざりき　途切れる
kā’in　lam yanqaṭi’...

そして　一方　もの　来た　ため　マアナー　そして　あらず　に　名詞　にもあらず　動詞
wa-’ammā mā jā’a　li -maʿna^{n} *wa-laysa bi-sm wa-lā fiʿl*

しかして　似たもの　そして　と　[未来小辞]　と　文字ワーウ　[定]　宣誓　と　文字ラーム　[定]イダーファ
fa-　naḥwa　ṯumma　wa-sawfa　wa-　wāw　al-qasam　wa-　lām　al-’iḍāfa

と　似たもの　これ
wa-naḥwa hāḏā

これはアラビア語の単語の学の章である。

単語は，名詞と，動詞と，名詞でも動詞でもない“機能（マアナー）”のための小辞（ハルフ）をいう。

名詞は，*rajul*「男」，*faras*「馬」，*ḥā’iṭ*「壁」などである。

動詞とは，名詞による出来事の表現より取り出し，

過ぎ去ったことのため，起こるがまだ起こっていないことのため，途切れずにあり続けることのために建てられた*152 型である。…1 つの“機能（マアナー）”を意図しつつ名詞でも動詞でもないもの，*ṯumma*「そして」，*sawfa*（未来小辞），宣誓の *wa-*，所有を表す *li-* などである。

（『書』I 巻 p. 2, *l.* 1–3）

この区分は 3 つの品詞とでも呼べるもので，アラビア語文法の伝統として歴史を通じてこのまま使われ続けている。「名詞（イスム *ism*）」という分類の定義は，定冠詞と組み合わせることができるという統語的特徴をもった単語，ある

*152 それぞれ，動詞の語形が完了形（過去），未完了形（未来），分詞形（現在）になること。

いは実体を表す単語とされた。ここには，ギリシャ・ラテン文法で名詞と呼んでいるもの以外に，形容詞とか代名詞とか呼んでいるもの，さらには *'amāma*「〜の前」や *kayfa*「どのように」のような前置詞や副詞も多く含まれる。そして，「動詞（フィエル *fi'l*）」という分類の定義は，未来小辞の *sawfa* と組み合わせることができる単語，あるいは動作を表す単語とされた。ここには，*hayhāt*「何と遠いことか！」や，*ṣah*「黙れ！」のように間投詞と呼べるものも含まれる。残りの単語が，アラビア文法学ではハルフ（*ḥarf*「小辞」，原義は「文字」）に分類される。これは語形が変化せずに，別の単語を統率するのみの単語である。たとえば，*li-*「〜ために」は名詞や動詞を統率し，*'an*「〜ということ」は動詞のみを統率する。つまり，文中で別の単語の文法機能を補助するのが小辞の主要な機能なのである。

この 3 つの品詞の間の基本的な違いは，格変化（エァラーブ *'i'rāb*）である。原則として名詞だけが格語尾をもち，それによってその名詞の文中での文法機能が示される。名詞の 3 つの語尾 *-u*，*-i*，*-a* は，ヨーロッパ文法学ではそれぞれ主格，所有格，目的格と呼んでいるが，アラビア文法学では *-u* をラフア（*raf'*「上げ」），*-i* をジャッル（*jarr*「引き」），*-a* をナスブ（*naṣb*「建て」）と呼んでいる。両者の違いは用語だけの違いではない。ギリシャ・ラテン文法では格はそれ自体がそれぞれ意味をもっていると考えるが，アラブ伝統文法では統語機能を示す印と考える。

主格の文法機能は，名詞が文の中で主語（ファーイル *fā'il*「行為者」），主題（ムブタダァ *mubtada'*「開始語」），あるいは述語（ハバル *ḫabar*「情報」））であることを表すことである。また，単語が「不定」であることを示すためには，格語尾にさらに語尾 *-n* がつけられる（*N* 語尾，アラビア語でタヌウィーン *tanwīn*[*153] と呼ぶ）。

所有格の主な機能は 2 つあって，1 つはその名詞が小辞によって統率されていることを示す機能，もう 1 つは所有句の 2 番目の名詞であることを示す機能である。名詞を統率している小辞（ハルフ=ル=ジャッル *ḥarf al-jarr*「牽引辞」）は，ヨーロッパの文法学では「前置詞」と呼び習わされているものである。たとえば，*ma'a r-rajul*^{i}「男とともに」，*'ilā l-madīnat*^{i}「町へ」がそれである。所有句構造（イダーファ *'iḍāfa*「付加構造」⇨ 6.5）においては第 1 名詞（ムダーフ=

*153 文字 *n* の名称 *nūn* の語根 *n-w-n* から作った用語で，「*nūn* 化すること」の意。

イライヒ *al-muḍāf ʼilayhi*[*154]）には定冠詞も *N* 語尾もなく，第2名詞（ムダーフ *al-muḍāf*[*155]）が所有格にされ，たとえば *bayt*^{u} *l-malik*^{i}（家 定王［所有格］）「王の家」のようになる。所有句構造（イダーファ）をなしている2つの名詞がどのような統率関係になっているかについての議論は今なお続いている。後世の文法学者たちは，名詞が別の単語を統率することはない，という原則を立てたため，第1名詞が第2名詞を統率しているというスィーバワイヒの見解に反対し，第2名詞が所有格になるのは，基底レベルにおいて小辞 *li-*「～に，～に属する」が挿入されていて，これによって **bayt*^{u} *li-l-malik*^{i}（王［所有格］）「王に属する家」[*156] になっているのだと説明した。

目的格は，たとえば *ḍarabtu zayd*^{an}「私はザイドを叩いた」のような直接目的語（マフウール *mafʻūl*「対象，為される者」）や時，場所，強さ，理由のようなさまざまな目的語にも使われる。アラブ文法学では，次のような文において，動詞は「行為者（ファーイル）を対象（マフウール）へ越えさせている」（*yataʻaddā l-fāʻil ʼilā l-mafʻūl*）とする。

　　叩いた　ザイド［主格］アムル［目的格］
　　ḍaraba zayd^{un} *ʻAmr*^{an}
　　ザイドがアムルを叩いた。

われわれが「他動詞」と呼ぶこのような動詞は，動作対象を目的格にするだけでなく，行為者を主格にしてもいると見る。1つの動詞があればまず行為者がいて，他動詞ならば動作対象も存在するが，それだけでなく動作の時や場所についても考えなければならない。こうして次の *al-yawm*^{a}「今日」，*ʼamām*^{a}「前で」のように，時や場所の表現（ズルーフ *ẓurūf*「環境」）もまた目的格語尾を受けているとされたのである。

　　私が叩いた　彼［定］日［目的格］
　　ḍarabtu-hu l- yawm^{a}
　　今日，彼を叩いた。

　　私が叩いた　彼　前［目的格］　君
　　ḍarabtu-hu ʼamām^{a} *ka*
　　君の前で私は彼を叩いた。

次のような文では，動詞はさらにその動作そのものを内的対象（マフウール＝

[*154] 「それへ付加されたもの」の意。*muḍāf* は *ʼiḍāfa* の受動分詞で，「付加された」の意。

[*155] 「付加されたもの」の意。

[*156] 小辞（前置詞）*li-*「～に，～に属する」に統率されて，*malik*「王」の語尾が所有格 *-i* になったという説明。実際には，*bayt*^{u} *li-l-malik*^{i} とすると *bayt*^{u} が不定になるので，「その王の，いくつかあるうちの1つの家」の意となる。

ムトラク *maf'ūl muṭlaq*「絶対対象」）として含んでいるとされる。

　　私が叩いた　彼　叩き［目的格・不定］
　　ḍarabtu-hu　ḍarb^{an}
　　彼を，ひと叩き，叩いた。

私は過ぎた ［前置詞］ 彼
英語と同じように，アラビア語にも *marartu　bi　-hi*「彼を通り過ぎた」のように，前置詞を通じて目的語を統率する動詞がある。後世のアラブ文法学者たちは，このような文では *bi-hi* が真の目的語であるとし，小辞（前置詞）*bi-* は動詞と目的語とのリンクとして働いていると考えた。

動詞は原則的には格変化しないが，動詞の未完了形は“格変化”する。語尾の母音が変化する点が名詞に似ているので，アラビア文法学ではムダーレァ（*muḍāri'*「類似形」）と呼ばれる。この「類似形」とは，次のような2つの構文の中で名詞の位置に動詞を入れかえられる，ということである。

　　げに　ザイド　叩く者
　　'inna zayd^{an} *la-ḍārib*^{un}
　　げにザイドは叩く者なり。
　　げに　ザイド　叩く［未完了］
　　'inna zayd^{an} *la-yaḍribu*
　　げにザイドは叩く。

この類似形動詞は *yaḍribu*「叩いている，叩く」のように未完成の動作に使われるから，西洋でふつう「未完了動詞（imperfect verb）」（表7.1）と呼ばれているものに当たる（⇨ 6.3）。このような術語の違いは，さらにアプローチの違いを示している。ギリシャ・ラテン文法学では意味内容から名づけるが，アラブ文法学では，語形の特徴から名づける。ムダーレァ「類似形」という名称は，名詞と類似した語尾変化をすることから名づけられたものである。アラブ文法学の伝統では動詞のこれらの語尾 -*u*，-*a*，-*ø*[*157] を名詞の格語尾と同じものとみて[*158]，動詞が格変化する（ムァラブ *mu'rab*）とみているのである。語尾の -*u* と -*a* は名詞の語尾にも同じものがあるので，名詞の用語と同じく，それぞれラフア（主格），ナスブ（目的格）と呼ばれる。-*ø*（希求法にあたるゼロ語尾）は名詞にはなく，ジャズム（*jazm*）と呼ばれるが，これは字義通りには「切り落とし」である。

[*157] ゼロ語尾，すなわち何もついていないことを表す記号。「形のないものがついている」と考える。
[*158] ヨーロッパのアラビア語学では，これを「法」の語尾とみる。

	〈名詞(人名)〉「ザイド」	〈未完了動詞〉「叩く」
ラフア(*raf'*)	*zayd-u-n*	*yaḍrib-u*
ジャッル(*jarr* (*ḫafḍ*))	*zayd-i-n*	
ナスブ(*naṣb*)	*zayd-a-n*	*yaḍrib-a*
ジャズム(*jazm*)		*yaḍrib*

【表 7.1】　名詞と未完了動詞の語尾

単語がいくつか組み合わされて「発話(カウル *qawl*)」を構成する。この発話が意味のあるメッセージをもつと，意味的に完全な「メッセージ(カラーム *kalām*)」になる。われわれの言う「文」，つまり統語的に完成された単語の連続に最も近い概念を，アラブ伝統文法学ではジュムラ(*jumla*)という。このようなアラブ文法学者による文構造のとらえ方は，西洋式のとらえ方とはかなり異なっている。名詞文(ジュムラ=イスミーヤ *jumla ismiyya*)，すなわち基底レベルにおいて名詞で始まっている文と，動詞文(ジュムラ=フィエリーヤ *jumla fi'liyya*)，すなわち基底レベルにおいて動詞で始まっている文という区分をする。この 2 つは単に語順が異なるだけではなく，根本的に別の文型とされる。動詞文を構成する 2 つの要素は動詞(フィエル)(*fi'l*)と主語(ファーイル)(*fā'il*)で，さらに目的語(マフウール)(*maf'ūl*)が加わることもある。つまり，次の(1)のようになる。

(1)
叩いた	ザイド	アムル
ḍaraba	*zayd*^{un}	*'amr*^{an}
動詞(フィエル)	主語(ファーイル)	目的語(マフウール)

ザイドがアムルを叩く。

この文では，主語を主格(*zayd*^{un})にし，目的語を目的格(*'amr*^{an})にしているのは動詞であるとされる。アラブ文法学者たちの言う名詞文は基本的に，文を始める要素(開始語(ムブタダァ) *mubtada'*)と，それについて何かを語る要素(情報(ハバル) *ḫabar*)の 2 つからなっている文である。

(2)
ムハンマド	汝の兄
muḥammad^{un}	*'aḫūka*
開始語(ムブタダァ)	情報(ハバル)

ムハンマドは汝の兄なり。

アラブ文法学者たちは，このような文で文頭の要素が主格をとることの説明に窮し，「単語は直前に何もないときはそれ自体で語尾を決めることができる」と定義した。標準的な理論が建てた原則は，イブティダー（*ibtidā'*）「開始」と呼ばれる観念的な原則で，主格語尾をとらせているのは文頭という位置自体であり，第 2 構成要素はその第 1 構成要素によって統率されていると考えた。

(2) の例では，情報（ハバル）は名詞 1 つだったが，次の (3) と (4) のように，情報（ハバル）じたいが文であってもよい。

(3)　*muḥammad*^{un}（ムハンマド）　*'aḫūhu*（彼の兄）　*zayd*^{un}（ザイド）

　　開始語（ムブタダァ）［開始語（ムブタダァ）　情報（ハバル）］＝情報（ハバル）

　　ムハンマドは，その兄がザイドなり。

(4)　*muḥammad*^{un}（ムハンマド）　*ḍaraba*（叩いた）　*'abūhu*（彼の父）　*'amr*^{an}（アムル）

　　開始語（ムブタダァ）［動詞（フィエル）　行為者（ファーイル）　目的語（マフウール）］＝情報（ハバル）

　　ムハンマドは，その父がアムルを叩いた。

この現象を西洋では，文中のある要素を，強調するために特に語頭に置いたものととらえて「主題化」と呼んでおり，2 つの文の中でアラブ式の術語で開始語（ムブタダァ）とされるものが西洋式術語の「主題」（topic）に当たる。アラブ文法学者によるこのようなアプローチが，(5) のような文ではわれわれのアプローチよりかなり有効であることがわかる。

(5)　*muḥammad*^{un}（ムハンマド）　*ḍaraba*（叩いた）　*'amr*^{an}（アムル）

　　主題（ムブタダア）　動詞–主語（フィエルファーイル）　目的語（マフウール）

　　ムハンマドがアムルを叩いた。

アラブ文法学者はこの文の *ḍaraba*「叩いた」について，動詞と，表面には現れていないが潜在レベルでは置かれている“無形主語”との組み合わせであるととらえる[*159]。この主語は，(6) のように複数になると有形で現れる。

[*159] *ḍaraba* は 3 人称単数の形であるが，すぐ後に言及される，*-w*（彼ら），*-ta*（君）のよう

男たち　　　叩いた　　　叩いた[複数主語]
(6) *ar-rijāl*^{u}　*ḍarabū*　|*ḍaraba-w*|

ムブタダア　　ハバル
主題　　　述語

フィエルファーイル
動詞–主語

男たちは叩いた。

動詞 *ḍaraba*「叩いた」が複数主語の接尾代名詞 *-w* と組み合わさって，語素レベルで |ḍaraba-w| となり，母音 *a* が半母音 *w* に同化した結果，音韻レベルで /ḍarabu-w/ となって，[ḍarabū] として実現されるとする。同様に，*ḍarabta*「君が叩いた」であれば，要素 *-ta* をアラブ文法学者は接尾代名詞とみるのである（音韻法則によって *CvCvCvCv* という連続が許されないため，/ḍaraba-ta/ → [ḍarɑbta] となる）。しかし，女性名詞が来た場合は分析が複雑になる。

[定]少女[主格]　書いた
(7) *al-fatāt*^{u} *kataba-t*
少女が書いた。

この文では，語尾 *-t* を主語代名詞とするわけにはいかない。それは，次の文のように主語が後ろに来ても *-t* が現れたままだからである。

書いた　[定]少女[主格]
(8) *kataba-t*　*al-fatāt*^{u}
少女が書いた。

また，1つの文に主語が2つ現れることはできないという原則を立てているので，*-t* を主語とすることもできない。このためアラブ文法学者たちは，この *-t* は女性表示要素であり，本来的には名詞の女性表示要素 *-t*[*160] と同一のものであると解釈している。こうして *al-fatāt*^{u} *katabat* という文の *katabat* は，主語については男性の *ḍaraba* の場合と同じく無形主語であると解釈された。

アラブ式のとらえ方では，名詞が文頭にあるときは名詞と動詞の一致をこのように説明し，同時に，名詞が文頭にある文をすべて，主題化文という1つの分類にまとめたのである。このようにすべてを主題化文としたことは，この構

な「語尾代名詞」が何もついておらず，行為者が代名詞で示されていない形であるところから，「ゼロ代名詞」（ゼロはすなわち無形）という分析をしている。

*160 女性名詞の *'uḫt*「姉妹」，*bint*「娘」などにあり，また文字ター=マルブータで書かれる女性語尾 *-a* も，*-at* と発音されることがある。

文の意味的側面からも妥当であると考えられる。後世の文法学者たちは，(9)のような文ではザイド(*zayd^un*)に注目して，これはその人について何かを述べている文であり，その動作に注目しているのではないとしている。

(9) *zayd^un*(ザイド) *ḍaraba*(叩いた)
　ザイドが叩いた。

アラビア語のこの2つの文型に対して，ヨーロッパ式のとらえ方では「主語」という概念を当てはめたが，これはアラビア式と対照をなしている。

7.3　語形変化論

セム諸語の，最もセム諸語的な特徴は語形と意味との間にある独特な関連性である。大部分の単語で，語彙的な意味は3つの語根子音が表し，そこへ，母音の配置という形で語形枠の意味がつけられる，とされる。ときには補助子音(ザーイダ *zāʾida*[161]「追加物」)もつけられる。たとえば子音語根 *k-t-b* は，「書く」という意味範疇を表しており，この子音語根から次のような単語が作られる。

「書いている[分詞]」	単数形 *kātib*	複数形 *kuttāb*
「書く」	未完了形 *yaktubu*	完了形 *kataba*
「本」	単数形 *kitāb*	複数形 *kutub*
「机，事務所」	単数形 *maktab*	複数形 *makātib*
「図書館」	単数形 *maktaba*	複数形 *maktabāt*
「文通する」	完了形 *takātaba*	

アラブ文法学者たちはかなり早くから語形枠の概念を考案していた。語形枠は子音語根を *f-ʿ-l* で代表させて，そこに母音や補助子音を入れ込んで表す。たとえば単語 *kātib* の語形枠は *fāʿil* で，*maktab* の語形枠は *mafʿal* と表される。

アラブ文法学者たちが語形変化論(タスリーフ)でまずやらなければならなかったのは，それぞれの単語の子音を，語根子音と補助子音(ザーイダ)に分けることである。補助子音(ザーイダ)として働く子音は10個ある(/˝/，/w/，/y/，/ʾ/，/m/，/t/，/n/，/h/，/s/，/l/ で，

[161] 複数形はザワーイド *zawāʾid*。

ʾal-yawm^{a} tansāhu「今日，汝は彼を忘れる」と覚える[*162])。これらの10子音はすべて(仮想要素 /˝/ を除く。⇨ 7.3.2) 補助子音にも語根子音にもなるから，ある単語においてどの子音が語根子音で，どの子音が補助子音かは必ずしも明確ではない。そこでアラブ文法学者たちは，語根子音を特定する方法をいくつか打ち立てたが，そのうち最も重要なのが「イシュティカーク(*ištiqāq*，文字通りには「分岐」。ヨーロッパ式の術語では「語源」と訳すこともある)」である。これは，ある単語を，それと同じ意味内容をもち，語根に同じ子音をもっている単語と詳細に対照する方法である。たとえば，*ʾaktaba*「書かせた」を *kataba*「書いた」と比較し，同じ意味価をもつことが判明したら /ʾ/ を補助子音(ザーイダ)とみなすわけである。すべての単語の語根子音が3つとは限らないから，この分析もそれほど単純ではない。3子音語根の単語のほか，4子音語根の動詞もあるし，名詞も4子音語根，最大で5子音からなるものもある。数は少ないが *yad*「手」，*ibn*「息子」，*fam*「口」など，2子音語根の単語もある。しかし，これも3子音語根(それぞれ，*y-d-y*，*b-n-w*，*f-w-h*[*163]) から派生したとみなすことで3子音語根の体系に組み入れた。*ʿankabūt* (/ʿankabuwt/「蜘蛛」) には6つの子音(*ʿ-n-k-b-w-t*。「長母音化」の *w* も1子音と数えることについては後述) があり，そのどれもが語根子音に見える。ところがこの単語の複数形 *ʿanākib* には，そのうち4つの *ʿ-n-k-b* しか現れない。この4つだけが語形変化の中で保持されているから，真の語根子音ということにされる[*164]。

7.3.1　名詞

品詞の第1は名詞(イスム *ism*)である。前述のように，名詞は格語尾(主格，所有格，目的格)によって変化し，不定の場合は *N* 語尾もつけられる。ところが，格語尾が2通りにしか変化しない名詞[*165] もある(ヨーロッパの文法学者は，これを diptotic declension と呼んでいる。日本では「2段格変化語」)。語尾

---

*162　この文には，10個の子音が1回ずつ入っている(*ʾ l y w m t n s ˝ h*)。

*163　単数形 *fam* の *m* も本来，語根子音ではない。ヘブライ語 *pe*，ゲエズ語 *ʾaf*，アッカド語 *pū* を参照。

*164　ヨーロッパ式の分析では，*ʿ-n-k-b-w-t* の6つが語根子音であり，複数形を形成するときに何らかの原因で *w*, *t* が落ちたと考える。Ratcliffe (1998), p. 95 を参照。

*165　2段変化語は，名詞および形容詞(アラビア文法学で言うイスム「名詞」)にみられる。

の 1 つは主格語尾 *-u*, もう 1 つは所有格・目的格語尾で，これはふつうの名詞の目的格語尾 *-a* と同じである。この種の名詞は，たとえば「赤い」は主格が *'aḥmar^{u}*，所有格・目的格が *'aḥmar^{a}* であり，不定でも *N* 語尾はつかず，所有格語尾 *-i* もつかないが，定になれば *al-'aḥmar^{u}*（主格），*al-'aḥmar^{i}*（所有格），*al-'aḥmar^{a}*（目的格）のように 3 段変化（*-u, -i, -a*）に戻る。アラブ文法学者たちにとっては，いくつかの名詞がなぜ格変化の一部を欠くのかを説明することが，語形変化論（タスリーフ）における最も重要な任務の 1 つだった。2 段格変化語は，名詞に本来備わっている変化能力の一部を欠いていることから，アラビア語では「格変化しないもの」（ガイル＝ムンサリフ *ġayr munṣarif*）と呼ぶ。アラブ文法学者たちが立てた基本的な原則は，もし，ある名詞が無標（つまり，単数，男性，不定）の状態から何らかの形で逸脱すると，その名詞は動詞に近づくために，格変化する権利を一部失う，というものである。この逸脱は「格変化のさまたげ」（マワーニァ＝ッ＝サルフ *mawāni' aṣ-ṣarf*）と呼ばれ，たとえば名詞が，定，複数，女性であったり，あるいは，外国語起源の固有名詞，特性語（*waṣf*）*166 だったり，さらには語形が動詞型をしていることなどがあげられる。これらのさまたげのため，*yazīdu*「ヤズィード」（人名であり動詞型），*'ibrāhīm*「アブラハム」（人名であり外国語起源）や，比較形の *'af'al^{u}* 型（人物特性語であり動詞型）などは 2 段格変化語になる，と考えた。

また，格語尾が表面上まったく存在しない名詞があるが，これはアラブ文法学の理論では 2 段変化語とは別のものとされる。これがいわゆる弱名詞，つまり半母音 *w*，*y* か '（アリフ）をもつ名詞である。これらの名詞は，語形成の法則によって格語尾の形が同一になるのである。たとえば *qāḍ^{in}*「裁判官」は，主格形と所有格形が同じになり，*'af'^{an}*「毒ヘビ」の格変化形は 3 つとも同じになる（不定の場合）。

	〈主格〉	〈所有格〉	〈目的格〉
「裁判官」	*qāḍ^{in}*	*qāḍ^{in}*	*qāḍiy^{an}*
「毒ヘビ」	*'af'^{an}*	*'af'^{an}*	*'af'^{an}*

アラブ文法学者たちは，これらはある基底形からくる表層形であり，基底形には次のように 3 つの格語尾があるとしている。

*166 特性を表す名詞や形容詞の一部に 2 段変化をするものがある。

	〈主格〉	〈所有格〉	〈目的格〉
「裁判官」	/qa˝ḍiyun/	/qa˝ḍiyin/	/qa˝ḍiyan/
「毒ヘビ」	/’af‘ayun/	/’af‘ayin/	/’af‘ayan/

そして，半母音 *y* があるところに母音の *i* と *u*，あるいは 2 つの *a* が組み合わさると，アラビア語の話者は発音するのに「重すぎる」と感じてこれをいやがることが，この特殊な変化の原因であるとする。2 段格変化語との違いは，たとえ表面的には格語尾が同じであっても，弱名詞は実際には格変化しているとする点である。

格語尾と *N* 語尾は，その単語を統率する別の単語である統率語(アーミル)によって引き起こされた語形変化だが，それによらない語形変化もある。そのうち，最もひんぱんにおきるのが数による変化である。名詞は双数形や複数形に変化する。名詞の双数形は，次の語尾によって作られる。

	〈主格〉	〈所有格・目的格〉
男性	*-āni*	*-ayni*
女性	*-atāni*	*-atayni*

複数形には，語尾による複数形（語尾複数形，英語では「健全な複数」sound plural）と，語形枠の交換による複数形（語幹内複数，英語では「壊れた複数」broken plural）がある。語尾複数形の語尾は，次のようになっている。

	〈主格〉	〈所有格・目的格〉
男性	*-ūna*	*-īna*
女性	*-ātun*	*-ātin*

語尾複数形は，有生物(うじょうぶつ)（人間），若干の形容詞，そして分詞の複数形に使われ，これ以外にはほとんど使われない。

「1 つの語素には 1 つの意味」という原則については上で説明した（⇨ 7.1）。したがって，アラブ文法学者たちにとっての主要な問題は，どの部分が双数語尾あるいは複数語尾なのか，ということだった。例として，*zaydūna*「ザイドたち」と，その所有格・目的格 *zaydīna* で見てみよう。アラブ文法学者はまずこれを，それぞれ |zayd-u-w-n-a|，|zayd-i-y-n-a| のように語素に分ける。このうち /n/ は，語尾複数形に *N* 語尾がないことへの埋め合わせであり，そのため後ろ

に所有格の名詞が来ると *N* 語尾と同じように /n/ は消えるのだと考えた（*zaydū l-madīna*[ti]「町のザイドたち」）。末尾の母音 /a/ については，単語末で /-w-n/ のように子音が連続してしまうために必要になったものとした。ここからが本題である。複数であることを示す機能と，主格であることを示す機能という 2 つの機能を，母音と半母音（主格では /u/ と /w/，所有格・目的格では /i/ と /y/）の両方がともにもっており，どちらの機能がどちらにあるのかを特定できないのである。文法学者たちの信じていた言語像では，|-uw-| や |-iy-| といった語素の組み合わせが 2 つの機能を合わせもつとすることは許されなかったから，たとえば，複数を表す機能をもった語素は半母音 /w/，/y/ であり，表層形では脱落してしまう格語尾が基底形にはあると仮定する（/zayd-uw-u-na/ が［zayd-ū-na］と発音される）など，別の解決法を考えた。

複数形にはもう 1 つ，壊れた複数形と呼ばれる語幹内複数形がある。これは，母音が入れかわることによって名詞の語形枠が壊されることから，ジャムァ＝ムカッサル（*jamʿ mukassar*「壊された複数形」）と呼ばれている。セム諸語の中でもアラビア語はこの語幹内複数形システムが最大の規模をもっている（⇨ 2.2，6.4）。複数形の語形枠は 36 以上ある。これについてアラブ文法学者たちは，複数形をつくる語形枠の種類は研究したものの，単数形を意味分類してそれらがどの複数形になるかという法則を立てることはしなかった。

7.3.2　動詞

品詞の第 2 は，動詞（フィエル *fiʿl*）である。アラビア語の動詞体系には，接頭辞人称活用形と接尾辞人称活用形の 2 つがある。これをヨーロッパの学者は，それぞれ未完了形（imperfect），完了形（perfect）と呼んでいる（⇨ 6.4）。アラブ文法学者たちは，動詞の動詞たる主な性質は時間の表示性にあると考えた。すでにスィーバワイヒによる動詞の定義（⇨ 7.2）の中で，時制には過去，現在，未来の 3 つがあって，これらをマーディー（*māḍī*「過去」）とムダーリァ（*muḍāriʿ*「類似」）という 2 つの動詞形が表すとされている。接頭辞人称活用形（未完了形）を「類似形」と呼ぶのは，名詞の格語尾に似た変化をするからである。また後の文法学者たちは，実際の時間的な現在を表す語形の存在を否定し，この接頭辞人称活用形を「未来」（ムスタクバル *mustaqbal*）と呼んだ。アラブ文法学者たちが，2 つしかない動詞形をもって 3 つの時間区分を考えたことは驚くべきことである。ただこれには，ギリシャ哲学など外国の影響も否めない。アラブ文法学者たちは，動詞の活用形を動詞と代名詞との組み合わせと考えている。*ḍarabtu*「私は叩いた」という語形を，動詞 *ḍaraba*「叩いた」に1人称単数の接尾代名詞 *-tu*「私」がついたものと分析し，*ḍarabū*「彼らは叩いた」は同じ動詞 *ḍaraba* に3人称男性複数の接尾代名詞 *-w*「彼ら」がついたものとする。しかし，そうすると *ḍaraba*「彼は叩いた」という語形は二重の意味をもってしまう。つまり，動詞文においては主語の数に一致しないから接尾代名詞のついていない，動詞の本体のみであるが，名詞文においては主語の数に一致しているため，3人称男性単数のゼロ代名詞（彼）がついた形ということになる（⇨7.2）。同じく *ḍarabat*「彼女は叩いた」（3人称女性単数）の語形は，女性表示要素 *-t* だけがついている形のときもあれば，女性表示要素 *-t* とともにゼロ代名詞もついた形のときもあることになる。

完了形には *faʿala* 型，*faʿila* 型，*faʿula* 型の3つの型があり，未完了形には *yafʿalu* 型，*yafʿilu* 型，*yafʿulu* 型の3つの型があって，この両者の動詞語幹母音は互いに関連性をもっている。未完了形は完了形から導き出され，接頭辞，語幹，語尾からなりたっている。動詞未完了形の語幹の，語根第1子音には母音がつかず，語根第2子音には完了形の母音と連動する母音がついて，*CCvC* 型になる（*C* は子音，*v* は母音を表す）。この型も，基底では完了形の語幹と同じ *CvCvC* であるが，接頭辞や語尾がつくと，*Cv* が4つ連続して連続可能な数を超えてしまうため，語幹の最初の母音が脱落するのである（|ya-ḍa-ri-bu| → *yaḍribu*）。アラブ文法学者は，完了形の *faʿila* 型と *faʿula* 型からは規則的に未完了形の，それぞれ *yafʿalu* 型と *yafʿulu* 型をつねに導き出すことができるとしている。一方，*faʿala* 型の未完了形には母音が *u* のときと *i* のときがあり，この相関関係はサマーイー（*samāʿī*「聞きとり調査による」），つまり話者から習わなければならないもので，予測ができないとしている。ただこの *faʿala* 型は，*zaraʿa*「撒（ま）く」のように語根の第2子音か第3子音に軟口蓋音や咽頭音[*167] があると，規則的（*qiyāsī*「類推可能（キヤース）」）に母音が *a* の未完了形 *yazʿaru* になる。動詞未完了形の語尾 *-u*，*-a*，*-ϕ* は，格語尾[*168] とされる（⇨7.2 ムダーレァ「類似形」）。最後に，*yaḍribu*（叩く） *zayd*^{un}（ザイド）「ザイドが叩く」のように主語（*zayd*^{un}）が文中に現れる

[*167] 子音の /ʾ/, /ʿ/, /h/, /ḥ/, /ḫ/。
[*168] 西洋では，これを「法語尾」とする。

ことがあるから，未完了形の接頭辞（*ya-*）を主語代名詞とみることはできない。それは，7.2 で示したように 1 つの文に主語が 2 つ現れることはできない，という原則を立てているためである。したがって，これらは代名詞のような独立したステータスをもたない何らかの表示要素（ダラーイル *dala'il*「印」[*169]）とみなすしかない。

半母音 *w* や *y* を語根にもっている弱子音語根動詞は，「弱動詞（weak verb）」（アラビア語でモァタッル *mu'tall*「病気の」）としてよく知られている。弱子音語根動詞の語形に起こるさまざまな変化について，アラブ文法学者たちは数々の語形変化法則や音韻法則を立てて説明している。文法学者たちは，語形成については「健全動詞（sound verb）」[*170] の活用を基本とし，その上にかなり整然とした基底形を想定することによって弱子音語根動詞の語形変化をパターン化した。たとえば，「くぼみ動詞」（3 つの語根子音のうちの真ん中が *w* や *y* である動詞）は，語形的に関連のある単語を参照することで真ん中の語根子音を想定した。*qāla*「言う」は *qawl*「発話」に，*sāra*「進む」は *sayr*「進行」に，*ḫāfa*「恐れる」は *ḫawf*「恐れ」にそれぞれ関連づけて，この語根を *q-w-l*，*s-y-r*，*ḫ-w-f* とした。次のステップでは，これらの動詞の未完了形の基底形を **yaqwulu*，**yasyiru*，**yaḫwafu* とし，これにもとづいて完了形の型を特定した。先の 2 つ **yaqwulu*，**yasyiru* が完了形 *fa'ala* 型から来ていることは確実である（もし *fa'ila* 型だとしたら未完了形は *yaf'alu* 型になるはずで，*fa'ila* 型から *yaqwulu* がくることはないし，*fa'ula* 型は自動詞のみのはずだからありえない。また **yasyiru* の完了形は *fa'ala* 型しかありえない）。**yaḫwafu* は **ḫawifa* から来ていると考えるべきである。そうでなければ，未完了形が *yaf'alu* 型であることが説明できない。

文法学者たちの次のステップは，**yaqwulu* が *yaqūlu* になる音韻変化を説明することだった。ここでは文法学者が立てた難解な法則の体系に詳しく立ち入ることはできないので，いくつかの例をあげるにとどめておこう（弱子音語根動詞のすべての語形にわたる広範囲な分析は，*qultu*「私が言った」，*sirtu*「私が進んだ」，*ḫiftu*「私が恐れた」などの完了形も含め，Bohas and Guillaume 1984 にある）。まず 1 つめの法則は，/a/ のあとの/w/ や /y/ と母音の組み合わせは，

---

*169 単数形はダリール（*dalīl*）。
*170 弱子音（'，*w*，*y*）を語根に含まない動詞。

基底レベルにおいて仮想要素のアリフ /"/ にかわるという法則である。これによって，/qawama/ → /qa"ma/ となり，これが［qɑːma］という発音で実現するとした（⇨ 7.4）。同じように，/sayara/ → /sa"ra/，/ḫawifa/ → /ḫa"fa/ となる。

2番目の法則は，発音しやすくするために母音と半母音の順序がかわるというもので，たとえば /yaqwulu/ は /yaquwlu/ になり，/yasyiru/ は /yasiyru/ になる。3番目の法則は，/i/ と /y/，/u/ と /w/，/a/ と /"/ の間には強い関係があって，半母音は，母音の後ろにくると，その母音と関係の強い半母音にかわるというものである。たとえば，/iw/ → /iy/，/uy/ → /uw/ となることで，単語 /mi**w**qa"t/ → /mi**y**qa"t/「期日」，/mu**y**sir/ → /mu**w**sir/「富裕な」に見られる。これらの法則を弱子音語根動詞に当てはめれば，*ḫāfa* の未完了形を /yaḫwafu/ → /yaḫawfu/ → /yaḫa"fu/ のように導く説明にも援用できる。

アラブ文法学者たちが運用したこのような音韻法則の体系の中で最も重要な原理の1つが，アラビア語音素の相対的な“重さ”の原理である。文法学者たちは，最も軽い要素である母音から，半母音，そして子音までの序列を立てている。母音の中でも，軽いものから重いものへ，/a/，/i/，/u/ の序列を立てている。この音素の序列が音韻変化の説明の中で重要な役割をもつのは，アラビア語の話者は，重たくなりすぎる組み合わせをさける，とされるからである。たとえば，/-iya-/ という組み合わせが可能であるのは，これが重から軽へと並んでいるからで，逆に /-iyu-/ という組み合わせは重から超重へと並んでいるから重すぎるとみなされるのである（たとえば，このために /qa"ḍiyu/「裁判官」は /qa"ḍiy/ になる）。

動詞から別の動詞を派生させる方法に，動詞のいわゆる“拡張”（measure）がある（⇨ 6.4）。アラブ文法学者たちは，この動詞の拡張を語形変化による派生の1つと考えていた。彼らは基本型（*fa'ala* 型）からの第1次拡張として，*'af'ala* 型，*fa''ala* 型，*fā'ala* 型の3つ[*171]があり，このそれぞれに固有の意味があるとしているが，すべてタアディヤ（*ta'diya*「他動性」）の統語上の手続き，つまり動詞の関与項を1つ増やすことを表している。

[*171] 基本型にそれぞれ，*'a* を追加する（*'af'ala* = 第4型），第2子音を重ねる（*fa''ala* = 第2型），第1母音を伸ばす（*fā'ala* = 第3型）ことによって拡張している。

基本型　　　　　*ʿalima*「事を知る」
派生型第 2 型　*ʿallama*「事を人に教育する」
派生型第 4 型　*ʾaʿlama*「事を人に知らせる」

これらの型はそれぞれが語幹となって，ここに ムターワア (*muṭāwaʿa*「服従」) を表す添加要素 *t*[*172] がついて，次の型になる。

faʿʿala (第 2 型) → ***ta****faʿʿala* (第 5 型)
fāʿala (第 3 型) → ***ta****fāʿala* (第 6 型)
faʿala (基本型) → *if****ta****ʿala* (第 8 型)
ʾafʿala (第 4 型)[*173] → *is****ta****fʿala* (第 10 型)

infaʿala 型 (第 7 型) の添加要素 *-n-* も，これと同じ意味内容を表す。ムターワア (服従) はタアディヤ (他動性) と逆のこと，つまり動詞の関与項目を 1 つ減らすこととみなされていた。

kasara「人が物を壊す」　*inkasara*「物が壊れる」
ʿallama「人に事を教育する」　*taʿallama*「事を学ぶ」
(Larcher 2012: 75–7)

アラブ文法学者たちにとって大事だったのは，添加要素 (「補助子音」ズィヤーダ *ziyāda*) が付加概念と相互に関係しているという事実だけであった。

7.4 音韻論

アラブ文法学者たちは音韻分析そのものには関心を示さなかったが，その著作にはたいてい言語音の基本的な記述が含まれていた。アラビア語の最初の辞書であるハリール (*al-Ḫalīl*) による『アインの書』の序文には，子音が調音点 (マハラジ *maḫraj*「出る所」) によって分類されている。ハリールはそれぞれの子音グループに名称をつけているが，名称に調音器官の能動 (舌) と受動 (口蓋など舌をつける場所) の区別はしていない (『アインの書』I 巻 p. 58)。

[*172] アラブ文法学では文字で考えるので，*t* を添加しているとみる。発音としては *ta* がつけられる。
[*173] 第 4 型の初期の形には *-s-* があった (⇨ 6.4)。

ḥalqiyya	「喉音」	: *h*, ʻ, *ḥ*, *ḫ*, *j*
lahawiyya	「口蓋音」	: *q*, *k*
šajriyya	「口角音」	: *j*, *š*, *ḍ*
ʼasaliyya	「舌先音」	: *ṣ*, *s*, *z*
niṭʻiyya	「口蓋前部音」	: *ṭ*, *t*, *d*
liṯawiyya	「歯茎音」	: *ḏ̣*, *ḏ*, *ṯ*
ḏalaqiyya	「舌尖音」	: *r*, *l*, *n*
šafawiyya	「唇音」	: *f*, *b*, *m*
hawāʼiyya	「気音」	: *y*, *w*, ˝ (*ʼalif*), ʼ

スィーバワイヒの『書』II 巻 p. 405 にはさまざまな調音点のさらに詳しい記述があり，スィーバワイヒはそこでハリールの分類をいくつか修正して，各子音グループの能動と受動の調音器官を区別しているが，その分類のしかたはアラビア語音素の現在の分類法 (⇨ 2.2) ときわめてよく似ている。

アラブ文法学者による子音分類には，現在の記述と異なる点がいくつかある。まずアラブ文法学者は子音を調音法によって大きく，マハムース (*mahmūs*)「ささやき」(*h*, *ḥ*, *ḫ*, *k*, *š*, *t*, *ṣ*, *ṯ*, *f* =無声音) とマジュフール (*majhūr*)「大声」(*b*, *j*, *d*, *r*, *l*, *m*, *n*, *w*, *y*, *ḍ*, *ḏ̣*, *ṭ*, *q*, ʻ, ˝ =有声音) の 2 つに分けた。スィーバワイヒ (『書』II 巻 p. 405) は，この 2 つを説明する中で，マジュフール (有声) 子音について次のように書いている。

充満させられた [定] 圧力 で その場所 と 妨げられ [定] 息 から 流れる それと共に まで
ʼušbiʻ^{a} l-iʻtimād fī mawḍiʻ^{i}hi wa-muniʻa n-nafas ʼan yajriy^{a} maʻahu ḥattā

完遂する [定] 圧力 その上に そして 流れる [定] 声
yanqaḍiy^{a} l-iʻtimād ʻalayhi wa-yajriy^{a} ṣ-ṣawt

その調音点において圧力が充満させられ，圧力が調音点の上で満たされるまで息が流れることがさまたげられ，声が出る。

マハムース (無声) の子音については，次のように記述している。

弱められた [定] 圧力 で その場所 その結果 流れた [定] 息 それと共に
ʼuḍʻif^{a} l-iʻtimād fī mawḍiʻihi ḥattā jarā n-nafas maʻahu

その調音点で圧力が弱められ，その結果それとともに息が流れ出る。

加えて別の箇所では，マジュフール (有声) の子音は調音の際に「胸における声 (*ṣawt fī ṣ-ṣadr*)」がともなうと言っている。これが有声子音と無声子音の発音の違いを説明しようとしたものであることは明らかである。声帯の働きそのものに言及できなかったのは，その機能が当時は知られていなかったからである(16 世紀まで発見されていなかった)。ここで，ṭ と q が現代標準アラビア語では無声子音に分類され，実際そのように発音されているから，これらがマジュフール(有声)に分類されていたことには驚くかも知れないが，歴史的な経緯から見ても(⇨ 2.2)，スィーバワイヒの時代にはこの 2 つの子音が実際に有声だったという推測はじゅうぶん可能である。ほとんどのベドウィン諸方言では，現在でもまだ q が有声の[g]で発音されている(⇨ 10.3)。

もう 1 つ，スィーバワイヒによる記述が現代の発音と異なる子音が文字ダード(*ḍād*，/ḍ/)の発音である。この子音が独特な性格をもっていたことは，文法学者たちがアラビア語を「ダードの言語(*luġa*^{t} *aḍ-ḍād*)」と呼んで，アラブ人しかこの音を発音できないと考えていたらしいことからも裏づけられる。現代語での文字ダードの発音は強勢の *ḍ* (*d* を強勢にした発音)だが，次の理由から古典アラビア語では側面音 *ḍ*^{l}[ɗɫ](第 2 章)だったと考えられる。スィーバワイヒ(『書』II p. 405)がこのダードの調音点について，次のように記述していることもその裏づけになる。

から　間　最初　端　[定]　舌　と　もの　それに続く　から　[定]　臼歯[複]
min bayna 'awwal ḥāfa^t *al-lisān wa-mā yalīhi min al-'aḍrās*
舌の側面の端と，それが接する奥歯との間から

アラブ文法学者たちは発音そのものにはあまり興味がなかったが，アラビア語として許容される自由変異や誤った発音など，多くの異音があることは認識していた。古典アラビア語で，たとえば子音 *r* と *l* には，ある条件下で強勢を帯びた異音があった可能性がある(たとえば神の名 *allāh* の *l* は，*billāhi*「神の名によって」では非強勢子音だが，後舌母音(*a*)の後では *waḷḷāhi* の *ḷ* のように強勢子音である)。このように強勢で発音されることを，アラブ文法学者たちはムファッハム(*mufaḫḫam*「強化された」)と呼んだ。許容されない異音とは，非母語話者による次のような逸脱である。

「*jīm* と *kāf* の間の *kāf*」(= *č*[tʃ])
「*šīn* のような *jīm*」(= *ž*[ʒ])
「*fā'* のような *bā'*」(= *v*[v])

アラビア文字も，他のほとんどのセム文字と同じように表記上は母音を書き

表さないが，古典アラビア語には *a*，*i*，*u* の3つの母音がある。アラブ文法学者は，これらの母音に現代語の標準的な発音にあるのと同じようないろいろな異音があることを記述している。母音 *a* には非強勢・非咽頭の環境でふつうイマーラ現象（前舌への「傾斜」）と呼ばれている異音［æ］があり，強勢の環境では異音［ɑ］（タフヒーム「強勢化」と呼ばれる）がある。母音 *i* には強勢の環境における異音が1つあったが，これはおそらく中舌音の［ɨ］だった。アラブ文法学者たちが，語形変化の構造に関係がないのに母音の異音になぜこのように関心を寄せていたかはまったく不明である。ただイマーラ現象が起こるかどうかの規則は，純粋に音韻だけの問題ではなく，少なくとも部分的には語形による問題でもあるから，という可能性はある。

長母音は，音韻分析と語形とがかかわってくる部分がかなり明白である。われわれが「長母音」と呼んでいるものは，アラビア文字でも綴り字によって表されるからである。短母音とともに *wāw*，*yā'*，*'alif* の3文字（それぞれ *ū*, *ī*, *ā* を表す）で書かれる。アラブ文法学者は，長母音は，短母音と半母音（*ḥarf al-līn wa-l-madd*「柔軟と伸ばしの文字」）の組み合わせとして分析されるとし，その半母音には *w*，*y* に加えて，本書では /˝/ と表記している仮想要素のアリフ（*'alif*）の3つがあるとしている。たとえば，次のようになる。

「黒（複数形）」　*sūd* → /suwd/
「白（複数形）」　*bīḍ* → /biyḍ/
「家」　*dār* → /da˝r/

この方法の中で，アリフ（/˝/）は仮想要素であって，発音上の実態はなく，純粋に音韻構造の基底レベルにある要素として働いている。半母音の音素の名称と，長母音を表すのに使われる文字の名称とがこのように同一であることから，アラブ文法学者のとらえ方は，文字と音素を混同していると言われることがあるが，これは誤解である。アラブ文法学者の分析で大事な点は，その分析が単語構造の分析にどれだけ有効かである。たとえば，/suwd/「黒（複数形）」と /ḥumr/「赤（複数形）」とを比べると，同じ型として分析できるのである。この分析方法が，弱子音語根動詞の語形変化を説明するときの基礎となる（⇨ 7.3.2）。

最後にアクセントについてふれておくと，このテーマはアラブ言語学の著作ではまったく欠落している。古典アラビア語ではアクセントの違いだけで区別される単語はない。つまりアクセントは音韻的なものではないから，アラブ文法学者たちがアラビア語の一要素としてアクセントについて検討する必要を感じなかったのももっともである。発話の中での韻律の要素としてはアクセントが存在していたに違いないが，文法学の文献にはそれに関する記述はない（⇨6.2）。

7.5　辞書編纂

アラビア語の辞書編纂は，イスラム教が始まってすぐのころ，注釈家たちがコーランに出てくる単語を別の言い方への言いかえによって解説し始めたことにその源があると言えるだろう。教友として有名なイブン=アッバース（回暦68=西暦687年没）は外国語起源の単語リストを編纂し，初期の文法学者たちはたとえば馬に関する術語といったように，テーマ別の単語リストを収集し始めたといわれる。

テーマ別でない初めての辞書は，ハリール=イブン=アハマド（*al-Ḫalīl ibn Aḥmad*，回暦170ないし175=西暦786ないし791年没）による『アインの書（キターブ=ル=アイン *Kitāb al-ʿayn*）』である。ハリールはこの辞書の序文で，アラビア語の子音を分類し，その分類が語根の分析に重要な役割を果たすと説明している。セム諸語では語根の構成において，類似した子音にいくつかの制約がある。基本原則として，3つの語根子音のうち，先の2子音は同一であってはならず，かつ同一調音点（同じ調音点クラスに属するもの）でもいけない。またあとの2子音が同一なのはよいが，同一調音点の別の子音であってはならない。第1子音と第3子音も，ふつう同一調音点ではいけない（第6章の「義務的音調曲線原則」）。したがってアラビア語には，たとえば *b-m-*（先の2つが唇音）や *j-k-*（先の2つが軟口蓋音。*j* は *g* が起源）で始まる語根はなく，*m-d-d*（あとの2つが同一）はあるが，*m-d-t*（後の2つが歯茎音）のような語根はない。これらの制約を定式化する際に，ハリールは隣接の調音点まで拡張させ，調音点クラスというものを設定した。たとえば *ḫ-ḥ-q* のような語根が認められないのは，3子音が同じ「調音点クラス」に属するからであるとする。語根構成の制約をこのように定式化していくには，子音の性質を記述するための調音法に関する術語が必要であった。たとえば借用語の分析にも同じように制約を定式化していったが，その中の最も興味深い観察の1つに，アラビア語の4子音語根[*174]には b，f，m，r，n，l のうちの少なくとも1つが含まれている，というものがある。ハリールは，この子音グループをザラキーヤ（*ḏalaqiyya*）[*175]と呼んでいる。

ところでハリールは，同じ子音をもつ語根を，その順列にかかわらず，すべて集めることをめざしていた。たとえば文字アイン・ヌーン・カーフ（ʿ，n，q）の章には ʿ-n-q，q-ʿ-n，q-n-ʿ，n-ʿ-q，n-q-ʿ といった語根が収められている。そしてこの辞書は，文字アイン（ʿ*ayn*）をもつ語根から始まり，咽頭から唇まで調音点の順に続いており，通常のアルファベットの配列ではなかった。

『アインの書』のこの配列の欠点は，単語を探しにくいことである。のちの辞書編纂者はこの配列をやめて，アルファベット配列[*176]を採用した。その順とは，3つの語根子音のうちのまず最後の語根子音，次に1番目の語根子音，2番目の語根子音をそれぞれアルファベット順に配列するというものだった。これは脚韻配列と呼ばれることもあるように，脚韻を踏む単語を見つける必要性が，この原則を採用した理由の1つである。この配列は，ジャウハリー（*al-Jawharī*，回暦393ないし400=西暦1003ないし1010年没）が辞書『正しさ（スィハーハ *Ṣiḥāḥ*）』に初めて導入した。この辞書は，次の辞書が出るまでの間，非常によく使われた。アラビア語をあますところなく完全に収録することをめざした巨大な辞書が編纂され，ついに『正しさ』にとってかわることになった。それが8万語を収録した，イブン=マンズール（*Ibn Manḏ̣ūr*，回暦711=西暦1311年没）の『アラブの言葉（リサーヌ=ル=アラブ *Lisān al-ʿArab*）』である。ただしこれよりも，フィルザバーディー（*al-Fīrūzābādī*，回暦817=西暦1414年没）によるずっと手ごろな『カームース（*Qāmūs*）』の方が広く使われた。カームースとは「大洋」という意味であるが，「辞書」をさす単語としてこれが一般化した。最後に，12万語を下らない語数を収録した，ムルタダ=ッ=ザビーディー（*Murtaḍā az-Zabīdī*，回暦1206=西暦1791年没）による『花嫁の冠（タージ=ル=アルース *Tāj al-ʿarūs*）』がある。

辞書編纂者の間では，単語の配列を順列にしようが，脚韻順にしようが，同

[*174] アラビア語の語根の大部分は，子音3つからなる（3子音語根）が，4子音語根も少なくない。
[*175]「舌先のもの」の意だが，*b, f, m* は唇音。
[*176] *a b j d h w z* ... の順。これはフェニキア文字の配列順で，ギリシャ文字やラテン文字（a b c d ...）もこれを継承したもの。

じ子音をもつ単語にはすべて共通の意味素があるということが自明とされていた。だから，子音が同じなのにその意味からはずれる単語があれば，それは外国語からの借用語である確かな印となった。たとえば，子音 *ḥ-b-b* からなる単語のほとんどは「愛する」という意味と関連があるが，同じ子音の単語には *ḥubb*「水つぼ」もある。イブン=ドゥライド（*Ibn Durayd*）は『言葉の集まり（ジャムハラト=ッ=ルガ *Jamharat al-luġa*）』I 巻 p. 64（ed. Baalbaki, Beirut, 1987）の中で，この食い違いについて，同じ意味のペルシャ語の *ḫunb* を借用したものとして説明している。

この考え方は，子音が 1 つだけ異なっている語根どうしは意味的に関連がある，という初期の考え方から来ているようである。これについて辞書編纂家たちは，イシュティカーク=アクバル（*al-ištiqāq al-'akbar*「大派生」）という名称で，3 つの語根子音のうち 2 つが共通している単語どうしは意味的に派生関係にあるという原則を立てた。文法学者イブン=ジンニー（回暦 392=西暦 1002 年没）は，著書『諸特性』（II 巻, pp. 133–9）の中でこれをさらに一歩進めた。すでに，最初のアラビア語辞書『アインの書』（第 5 章）の中で，単語が語根順に配列されることで，語根 3 子音の順序が入れかわった語根どうしには意味的な関連があることが示唆されてはいたが，イブン=ジンニーはこれをさらに進め，「大単語家族（イシティカーク=カビール *ištiqāq kabīr*）」という高次の意味レベルを設定して，このレベルでは語根子音の 3 つは順序が入れかわっても同じ意味である，という原則を立てたのである。たとえばイブン=ジンニーは，語根子音 *ʿ-b-r* の組から次の単語が派生したと考えた。

> *ʿibāra*「表現」，*ʿabra*「涙」，*ʿarab*「遊牧民」，*baraʿa*「優れている」，
> *baʿr*「糞」，*rabʿ*「春の宿営地」，*ruʿb*「恐怖」

イブン=ジンニーは，これらの単語が「移行」という共通の意味を表していると考えた。ここまで徹底させることには抵抗を感じるが，似た子音をもつ単語どうしには意味的関係があるとする考え方は，アラブ文法学の中でほとんどの学者に広く受け入れられていたようである（語根 3 子音説に関する現代の諸説については，第 6 章を参照）。

7.6　文献案内

アラブ文法学者たちによる文法理論については，Carter (1981) が最初の

入門書として薦められる。この本は，中世のイブン=アージュッルーム（*Ibn 'Ājurrūm*，回暦 723=西暦 1323 年没）による文法書『アージュッルーミーヤ（*al-'Ājurrūmiyya*）』の解説書である。この本の注釈はアラビア語文法のほぼすべての側面にふれている。語形変化論に関するものには，同じく中世の文献であるアハマド=イブン=アリー=イブン=マスウード（*'Aḥmad ibn 'Alī ibn Mas'ūd*，回暦 7=西暦 13 世紀末）による『魂の憩いの場（*Marāḥ al-'arwāḥ*）』を翻訳して注釈をつけた Åkesson（2001）がある。アラブの伝統文法学の歴史の概観には，アラビア語で書かれた Ḍayf（1968）がある。より手ごろなのは，Sezgin（1984）である。簡単な解説は Carter（2007）や Owens（2007）を参照されたい。アラブ文法学者たちの理論を総合的に概観しているのは，Bohas, Guillaume and Kouloughli（1990），Versteegh（1997a）である。アラブ文法学者たちの音韻，（語形）音韻原理をわかりやすく分析したものは Bohas and Guillaume（1984）であり，これはまたアラブ文法理論についての最良の研究の 1 つである。文法学者たちやその方法論的な前提条件については，ザッジャージー（*az-Zajjājī*）著の『解説（イーダーハ *'Īḍāḥ*）』に対する解説（Versteegh 1995）を，また文法学上の論争の研究は Suleiman（1999）を参照。アラビア語文法と現代西洋言語学との対比というやっかいな問題は，Owens（1988）が見事に扱っている。アラビア語文法の「基底レベル」という考え方については Versteegh（1994）を参照。アラブ伝統文法における意味の位置づけについては，Gully（1995）や Versteegh（1997b）が検証している。伝統文法における語用論の役割については，Larcher（2014）に論文が集められる。

スィーバワイヒ（Sībawayhi）の文法理論についてはたくさんの文献がある。その文献をすべて概説したものには，Carter（1994）がある。『書』の原文は，Derernbourg（2 巻本，Paris, 1881～9。1970 年復刻 Hildesheim）によって出版された。これをもとに，Būlāq 版（2 巻本，回暦 1316 年刊。復刻年不詳 Baghdad）と，'Abd as-Salām Muḥammad Hārūn による版（5 巻本, Cairo, 1966～77）が出た。早くにドイツ語訳が Jahn（2 巻本, Berlin, 1895～1900。1961 年復刻, Hildesheim）によってなされた。スィーバワイヒの文法体系については，Mosel（1975）が分析している。Marogy（2010）は，その理論と現代言語学の理論とを比較している。スィーバワイヒの文法用語目録は Troupeau（1976）によって作成された。『書』における文法用語のさまざまな問題について検証している論文が，Levin（1998）に集められている。アラビア語で刊行された書物の 1 つとしての『書』

の位置づけについては Schoeler (1989a) を参照。『書』の初期の文面の変遷とそれが受け入れられていった歴史は，Humbert (1995) や Bernards (1997) が扱っている。また Baalbaki (2008) は，アラビア文法学の理論の中での『書』の位置づけを分析している。

方法論の問題を研究したものについてもここでふれておく。アラブ文法学者たちの音韻に関する議論は Bohas (1981, 1985) が，構文に関する分析は Ayoub and Bohas (1983) が扱っている。また，複数語尾と双数語尾の格変化の問題は Versteegh (1985) にある。Ermers (1995) は，アラビア語とはまったく異なる構造をもつチュルク諸語の文法記述にあたって，アラブ文法学者たちがアラブ文法学の方法をどのように適用したかを分析した。文の統語法については，Peled (2009) を参照されたい。

スィーバワイヒの音声・音韻理論については Al-Nassir (1993)，アラビア語音声学の全般については Bravmann (1934) がある。*majhūra*（有声音）と *mahmūsa*（無声音）の概念をどう解釈するかについては Fleisch (1958) や Blanc (1967) を参照。イブン=ジンニー (*Ibn Jinnī*) の理論は Bakalla (1982) が扱っている。アラビア語の *ḍ* (*ḍād*) の発音の性質に関しては，Cantineau (1960: 54–6)，Steiner (1977)，Versteegh (1999) など，著作が豊富にある。また *q* (*qāf*) の発音，および /q/ と /g/ の分岐については Blanc (1969) を参照。

イスラム世界における辞書編纂の歴史については，Haywood (1965) と，ハリール=イブン=アハマド (*al-Ḫalīl ibn 'Aḥmad*) について扱った Wild (1965) を参照されたい。手ごろなものが Sezgin (1982) にある。簡単な概説には，Seidensticker (2008) がある。辞書編纂の歴史に関する最も新しい資料は，Baalbaki (2014) である。

新アラビア語の成立

▶第 8 章◀

8.1　イスラム帝国の言語状況

アラビア語に顕著な変化が起こったのは，イスラム征服の時代，つまりイスラム暦 10 = 西暦 632 年の預言者の死の直後のことだった。アラビア語を話す人々が数十年の間に広大な版図へと広がり，征服した国々の住人にも自分たちの言語を強制したのである。シリアやエジプトには，イスラム以前からアラビア語の話者たちが居住していた (第 3 章) が，アラビア語はけっして威信言語ではなかったから，アラビア半島の外の非アラブ人にとっては，習得したいと思うような言語ではなかった。本章では，征服後に各地がアラビア語化されていく過程において起こったアラビア語の変化を見るために，まず征服地の言語状況を描き，次にアラビア語の変化を検証し，最後にそれらの変化を説明するために提案されている各説について検討する。

イスラム征服の詳細な歴史については，イスラムの歴史家たちによる細密な記述から知ることができるが，その征服地がアラビア語化されていった様子についてはいまひとつわかっていない。まず，征服の最初の段階で，メディナ市にあったイスラムの本陣がとった軍事行動といえば，アラビア語を話す諸部族を政治的に統制することだった。いわゆるリッダ戦争 (*ridda*「離反」) のときで，最初のうちはアラビア半島内で，後には，アラビア語を話すアラビア半島の外の諸部族が大昔から歩き回っていたシリア砂漠やイラクまで広がった。イスラム征服とはいっても，当初の本当の動機はアラビア語を話すすべての人はイスラムの旗じるしのもとで 1 つにならなければならない，というものだったのであり，その周囲の定住民地域まで征服するようになったのは，そののちの考えによるものだった。

アラビア語化の速度がどのくらいだったかは資料が乏しいためにわからず，せいぜいのところ，イスラム帝国の主要言語にアラビア語が採択される時までかかった，と推測できるのみである。ただ，アラビア語化がイスラム教化よりもはるかに完全に，そしておそらくは，より速い速度で進んでいったことはわかっている。イスラム教に改宗すれば，たとえば人頭税（ジズヤ *jizya*）が免除されたり，庇護民（ズィンミー *ḏimmī*）というマイノリティーの立場でなくなるなど，おそらく物質的な利点はあった。しかし，イスラム教徒の側は，概してキリスト教徒やユダヤ教徒に対して寛容だったから，イスラム教に改宗しなければならない差し迫った必要性はなかった。その結果，イスラム帝国を結束させるものとしては宗教よりも言語のほうがはるかに重要な要素となったのである。現在でもアラビア語諸国には，かなり大きなキリスト教徒のグループがあるし，少ないながらユダヤ教徒もいて，彼らの母語は隣人のイスラム教徒とまったく同じアラビア語である。

アラビア半島

イスラム帝国初期の言語状況は比較的よくわかっている。アラビア半島の中でアラブ人たちが出会っていた「異」言語は唯一，南アラビア語だけだった。今日の南アラビア語は，もはや南アラビア碑文の言語と同じではないが，マハラ県（イエメン），ザファール県（オマーン），ソコトラ島（イエメン）など，いくつかの孤立言語地域において南アラビア諸語として数万人ほどが話しているから，南アラビア語は形をいろいろに変えて，まだ口語として残っているといえる。これら現代南アラビア諸語は，おそらく碑文南アラビア諸語から直接に来たわけではないが，それでも，現在にいたるまでアラビア語から影響されず，独自の姿を守っている。南アラビア諸語にはこれまで6つ（メヘリ語 *Mehri*，ハルスースィー語 *Ḥarsūsī*，バトハリー語 *Baṭḥarī*，ジッバーリー語 *Jibbālī*，ソコトラ語 *Soqoṭrī*，ホブヨート語 *Hobyōt*）が確認されており，これらはすべてアラビア語の話者には理解できない別言語である。ハムダーニー（*al-Hamdānī*，回暦 334=西暦 946 年没）は，アラビア半島の言語状況を記述する中でそれらを「グトム」（*ġutm*「不可解」⇨ 4.1）なものとし，南アラビア語の影響を受けたアラビア語とは区別している。

イラクとシリア

イラクではほとんどの住民が，この地方の多民族間共通語であるアラム語を話していた。ここはササン朝ペルシャの支配下にあり，その行政言語の 1 つとして中世ペルシャ語(パーレヴィー語)も使われていた。アラビア語もかなり多くの住民が話していたが，そのほとんどはイラクの砂漠地域に暮らす遊牧部族だった。アラブ部族の中には定住したものもあり，たとえばタヌーハ族(*Banū Tanūḫ*)は征服前夜のアレッポ市の 4 分の 1 に居住していた。定住した部族は，とくにヒーラ市(*al-Ḥīra*)を形成しいていた部族など，大部分がかなり以前からキリスト教に改宗していた。ヒーラ市の諸部族は，ペルシャ歴代の王がアラビアのベドウィン人諸部族との緩衝として利用していた。また，アラビア半島の北部や東部を本拠地としながらもメソポタミアにいる諸部族とひんぱんにコンタクトを取っている部族もあった。

シリアでは，行政語としてしばらくはギリシャ語が使われていたが，イスラム暦の第 1 世紀の終わりにアラビア語にかわった(⇨ 5.2)。シリア語*177(Syriac)はキリスト教徒によって西暦 8 世紀まで話し言葉として，また書き言葉としては 14 世紀まで使われ続けた。シリア語の話し言葉はアンチレバノン山脈のマアルーラ村(*Ma'lūla*)の西アラム語，西クルディスタンのトゥール=アブディーン地方(*Ṭūr 'Abdīn*)の中央アラム語(トゥローヨー *Ṭurōyo* とも呼ばれる)など，周辺と隔絶したいくつかの地域に残っている。東アラム語は，アッシリア語*178(Assyrian)や新シリア語(Neo-Syriac)と呼ばれ，今でもイラン，トルコ，イラクの約 30 万人によって，そしてイラクからシリアやコーカサスへの移民によって話されている。これらアラム語の話者は，ほとんどすべてキリスト教徒である。

イラン

ペルシャ語の歴史は例外的である。イスラム教による支配の初めの 1 世紀の間はまだ中世ペルシャ語(パーレヴィー語)が行政語の 1 つとして使われていたが，ウマイヤ朝カリフ・アブド=ル=マリクの改革でアラビア語にかわった。ホラーサーン地方(*Ḫurāsān*)では西イランよりは少し遅れ，回暦 124=西暦 741

*177 アナトリアのエデッサ付近のアラム語をベースにして文語が確立し，広く使われるようになり，文献が多く残っている。
*178 古代のアッシリア語とは別の言語。

年ころにアラビア語にかわった。その後，ペルシャ語はマズダー教の僧侶たちの間では文語として続いたが，行政，文学，宗教の言語としてはアラビア語が最高位に君臨した。回暦 3=西暦 9 世紀までにアラビア語は文化や文学の言語になり，それまでのイラン文学の大部分がアラビア語に翻訳されていった。ペルシャ知識人たちはシュウービーヤ運動*179 の中で自分たちの民族性を主張していたが，こうしてアラビア語をイラン文化を担う言語として受け入れていったのである。

ただし，イラン諸州における話し言葉はこの限りではなかった。アラビア語はいくつかの町に入植したアラブ人たちや，ホラーサーン地方に住み着いた部族が話していたが，これらアラビア語を話していた移住者たちも，8 世紀までには人口の大多数が話している言葉を使うようになった。それはダリー語（*Dari*）とかパールスィーエ=ダリー（*Parsi-i dari*「ダリーのペルシャ語」）として知られるもので，ササン朝イランの宮廷の話し言葉として使われていた中世ペルシャ語の口語体である。イスラム教の拡大にともない，ダリー語はさらに多くの人々に受け入れられていき，ついには他の方言を駆逐してしまった。9 世紀には，いくぶんか地域的な違いがあるとしても，イラン諸州のほとんどの住民がダリー語を話していた。9，10 世紀に，口語体のペルシャ語が東方のいくつかの独立王朝の宮廷で文学語としての地位を取り戻していったことについては後述する（⇨ 17.4）。

エジプト

シリアと同様にエジプトでも，ギリシャ語が，ヘレニズム化した少数のエリートの言語であり，また行政語としても使われていた。一般の人々はコプト語を話していたが，これは 9 世紀までには文語になった。聖書が上エジプト地方のコプト語サイーディー方言に翻訳されたのはこの頃である。ふつうの信者たちはギリシャ語を解さなかったから彼らの宗教言語としてコプト語が使われ続けたのである。イスラム軍総司令官のアムル=イブヌ=ル=アース（*ʿAmr ibn al-ʿĀṣ*）は 640 年，兵隊 4,000 人の小さな師団とともにエジプトへ入り，後には 12,000 人を増強してエジプト征服を開始した。このときイラクでの定住政策

*179 ウマイヤ朝期における，イラン民族主義運動。

のやり方を踏襲して，フスタート (*al-Fusṭāṭ*)[*180] 軍営キャンプを中央政府とした。コプト人たちもすぐにここに住み着くようになり，コプト語を話す住民たちと，アラビア語を話す守備兵たちの接触がエジプト国内で増えてきた。ひとたびエジプトがイスラム帝国に組み込まれると，アラビア半島のさらなる諸部族が異常なペースで移住してきた。

エジプトでイスラムによる支配が始まって何世紀かの間は，コプト教の主教たちはアラブ征服者たちとのコミュニケーションに通訳を介さなければならなかったが，10 世紀にはアシュムネイン市 (Eshmunein)[*181] のコプト教主教セヴェルス (Severus，アラビア語名は *Sāwīrus ibn al-Muqaffa'*) が，コプト人のほとんどがギリシャ語やコプト語を理解しなくなり，もはやアラビア語でしかコミュニケーションができないと不満を述べている (Griffith 1996: 25)。それで，セヴェルスは初めてアラビア語だけで著作をしたコプト人の 1 人になったのである。ということは，おそらく下エジプト地方のキリスト教徒はすべてコプト語からアラビア語に移行していたのである。コプト語は，上エジプト地方ではもう少し後まで残っていたかも知れないが，14 世紀には田舎の孤立言語地域や修道院の聖職者くらいしか使わなくなっていた。ドイツの旅行家ヨハン=ミヒャエル=ファンスレプ (1679 年没) は，上エジプトのいくつかの村でコプト語を話す人に出会ったと報告している (Worrell and Vycichl 1942) が，この頃までにコプト語の使用は，現在と同じようにコプト教会での典礼に限られるようになったと考えられている。下エジプト地方ではコプト語とアラビア語の二言語併用状態が 2 世紀ほど続いたが，これはシリアでの二言語併用状態よりは短い。コプト語のアラビア語エジプト方言への影響がごく限られているのはそのためであろう (⇨ 8.3，11.4)。コプト語からアラビア語への借用語は，最近数えられたものでみても 180 語ほどと，驚くほど少ない (Behnstedt 2006)。

北アフリカ

北アフリカは，アラビア語化の波が約 100 年をあけて 2 度到来している例外的な地域である。北アフリカには西暦 4，5 世紀に諸部族が移動するなかでできていった都市がいくつかあって，これらも最初のアラブ侵攻のときにアラブ

[*180] 現在のカイロ市のはずれに遺跡が残っている。

[*181] 現アラビア語で *al-'ašmūnayn*。エジプト中部の町。ギリシャ名ヘルモポリス (Hermopolis)。

軍が占領していったが，アラブ文化やアラビア語を普及させた最も重要な中心地は，新しくチュニジアにできた町カイラワーン（*Qayrawān*）の軍営キャンプで，ここがまもなく北アフリカで最も重要な都市に発展した。チュニジアのカイラワーンをはじめ，他の中心都市では，まもなくアラビア語がコミュニケーション言語になった。地理学者イドリースィー（*al-'Idrīsī*, 12 世紀）は，チュニジアのガフサ市（Gafsa）には，彼の時代にはまだ何らかのロマンス語（アッ＝リサーヌ＝ッ＝ラティーニー＝ル＝イフリーキー *al-lisān al-laṭīnī al-'ifrīqī*「アフリカのラテン語」）を話す人々がいたと書いている（Prevost 2007: 472–3）が，実際にはベルベル語のどこかの方言を聞いただけではないかと思われる。都市郊外の住民や遊牧民のほとんどはベルベル語のままだったが，それも 11 世紀，ベドウィン人のスライム族（*Banū Sulaym*）とヒラール族（*Banū Hilāl*）がマグレブ地方*182 に入ってきた第 2 次侵攻の時までだった。もともとこの 2 部族はシリアと北アラビアの部族で，これがもう 1 つの部族である南アラビアのマァキル族（*Ma'qil*）と合流し，最初はエジプトへ移住したが，ファーティマ朝カリフによって追い出されたのである。彼らの数があまりにも多かったため，エジプト社会を脅かすことになったからであることは明らかである。

北アフリカへやって来たベドウィン人の総数は，現在の資料から 100 万人（総数 600 万人のうち）と見積もられるが，これが 1 度に侵攻してきたわけではない。ベドウィン人がチュニジアに到達するまでには 2 年かかり，アルジェ市までは 100 年，オラン市（Oran）まで到達するにはさらに 80 年かかった。モロッコはその少し前に侵攻されていた。モーリタニアはマァキル部族連合の一部が征服し，そこでは現在ハッサーニーヤ方言（*Ḥassāniyya*）と呼ばれる方言が話されている。ベドウィン人の諸部族はどこへ行ってもその地の重要な軍事要員であって，彼ら自身は政治権力には興味がなかったが，北アフリカで諸王朝が争い合っている政治状況下にあって，ひんぱんに同盟関係の乗りかえが起こっていた。

ベドウィン人諸部族が侵攻した結果，都市部周辺のベルベル人たちの大部分がアラビア語に切り替わったが，山岳部ではアラビア語化の第 2 波の後でも多くの人がベルベル諸語を話し続け，現在でも話されている。モロッコ（アル＝マグリブ＝ル＝アクサー *al-Maġrib al-'aqṣā*「西の果て」）では，アラビア語化の波

*182 エジプトを除く北アフリカのこと（⇨ 11.5）。

は他のマグレブ地域よりもかなりゆっくりと進んだ。チュニジアのカイラワーン市やその他の町は，エジプトやイスラム帝国の東部の軍事キャンプと同じように建設され，さまざまな種族が混ざって居住して急速にアラビア語を受け入れていったが，モロッコではそのような中心都市がきわめて少なく，しかもそこに居住したのはもとからアラビア語を話している人々だけであったため，アラビア語がモロッコの人々の間に広がるにはかなり長い時間がかかったのである（Rosenberger 1998）。

今でも，人口のかなりの割合が，ベルベル語（アマズィグ語）しか話せないか，あるいは第1言語としている。ベルベル語やベルベル文化に対するタブーが根強い（⇨ 14.5）せいもあってベルベル語話者の正確な数はわからないが，一般的な見積もりではモロッコで全人口の40〜45%，アルジェリアで30%，チュニジアで5%，リビアで25%である。また，エジプトではほんの小さなスィーワ（Siwa）オアシスで話されているのみである。これらの数値から，アラビア語の定着度や普及度がわかる。

北アフリカ征服はイベリア半島の征服と，それに続くヨーロッパへの侵入の出発点だった。イベリア半島はアラブの文献ではアンダルス地方（*al-'Andalus*）と呼ばれていたが，アラブはここに711年以降1492年まで存続し，アラビア語はたちまちそこの行政，宗教，文化，そしてスペイン（⇨ 17.2）の大部分の日常語になった。マルタ島は，現在のチュニジアにあったアグラブ朝帝国によってイスラム暦256=西暦870年に征服された。この島のアラビア語の歴史については後述する（⇨ 15.2）。

アラブによる征服の早い段階には，アラビア語はまず，ダマスカスのような，もとからあった都市や，イスラム帝国全土に建てられた軍事的中心地から広がっていった。現地住民たちと接触が起きた場所は，ほとんどはこれらの軍営地であり，これらはまもなくイラクのバスラ市（*Baṣra*），クーファ市（*Kūfa*），エジプトのフスタート市，チュニジアのカイラワーン市など，新しい都市や居住地へと発展した。このような中心地では被征服民と征服民とが，租税，商業，行政に関することで接触し，それによって被征服民の側がその言語に適応していった。アラブの地理文献には，定住民の言葉とベドウィン人の言葉の違いについてしばしば書かれている（⇨ 10.1）。しかし，非アラブ人とアラブ人との間で話されたアラビア語に関する資料といっても，われわれが入手できるのは初期の改宗者たちの言葉を扱った大量の逸話ばかりである。逸話はふつう相談者（マウラー ⇨ 4.3），すなわち改宗したばかりの非アラブ人がカリフのもとへやってきて，正しいアラビア語で話そうとするも間違えてしまう，という形式をとっている。逸話が記録しているのは，新しく改宗した者たちが実際に話していた言葉ではないが，ある状況では彼らが標準語で話そうとしていたこと，また，改宗者たちの手本である標準語にはまだ格語尾があったことが確認できる。何らかの格語尾の手本をまねするものでない限り，その格語尾の使い方を間違えたりはしないものである。

アラビア語学史を通して，一般の人々の言葉の間違い（ラハヌ=ル=アーンマ *laḥn al-ʿāmma*「大衆の訛り（ラハヌ=ル=アーンマ）」）については数々の著作が書かれているが，著作の題名からの期待に反して，口語自体には関心を示していない。標準語の純粋性を維持することが目的であるから，批判されている誤りのいくつかには口語からの干渉によるものがあるとしても，この資料をもとに当時の通俗語を復元できると考えるのは誤りであろう。アンダルス地方（イベリア半島）で回暦 6=西暦 12 世紀に書かれたこの種の著作からいくつか例を引けば，このことが理解されよう。イブン=ヒシャーム=ッ=ラハミー（*Ibn Hišām al-Laḫmī*，回暦 577=西暦 1182 年没）は，著書『言葉の矯正と修辞教育の入門（*Madḫal ʾilā taqwīm al-lisān wa-taʿlīm al-bayān*）』で，大衆が犯すたくさんの「誤り」をあげ（*yaqūlūna...*「彼ら曰く…」），正しいとみなされる形を示している（*wa-ṣ-ṣawāb...*「正しきは…」）。下例の（　）内が正しいとされる語形である。

母音の間違い	*muqāmāt*（*maqāmāt*）「押韻散文」，
	ḏihāb（*ḏahāb*）「行くこと」
子音の間違い	*sanbūsak*（*sanbūsaq*）「肉のパイ」，
	mutadaʿdiʿ（*mutaḍaʿḍiʿ*）「崩壊した」
不適切な同化	*muštahid*（*mujtahid*）「努力している」
動詞形の間違い	*ʾarsā*（*rasā*）「錨を下ろす」
道具名詞型を場所名詞型で	*maġsal*（*miġsal*）「洗い桶」
声門閉鎖音の脱落	*ṯār*（*ṯaʾr*）「復讐」，*riyya*（*riʾa*）「肺」
数詞組み合わせ間違い	*ṯalāṯ šuhūr*（*ṯalāṯat ʾašhur*）「3 か月」

これらの誤りのいくつかは口語体からくるものかも知れないが，著者の主な関心は書くときの誤りのほうにあるから，「菓子」の *ḥalwā*（語末の綴り字がアリフ=マクスーラ）を *ḥalwa*（語末の綴り字がター=マルブータ）と書くような例に

もふれているように，当時は純粋に綴字法の問題だったに違いない。このような誤りをたくさん見ると，古典アラビア語を使うなかで口語体が干渉していたことをうかがい知ることはできるが，当時の通俗語のいろいろな変化の起きた前後関係はもちろんのこと，言葉の全体像は見えてこない。

イスラム時代の初期の口語体を復元するための重要な資料に，いわゆる中層アラビア語（Middle Arabic）による文書群がある。その第 1 はパピルス文書群で，第 2 はたくさんの「誤り」や古典文法からの逸脱を含む“文語体風”の文章である。誤りの中には口語体からの干渉として説明できるものもあるが，書かれる言葉はあくまで古典語の範疇にあるから，中層アラビア語の文章はアラビア語の話し言葉の変遷に関する年代学的研究*183 の材料を与えてはくれない。書かれた文章に記録されているのは，標準語の規範の変遷である。典型的な例として，北アフリカの中層アラビア語の文章に，口語体の人称接尾辞が使われている例がある。そこでは未完了形の 1 人称単数に，かなりひんぱんに *n-* が使われている*184（文字では *nqtl*「私が殺す」）が，1 人称複数の *n-...-ū*（文字では *nqtlw*「私たちが殺す」）はそれほど多くは使われていない。ここで単数形の *n-* は，意味が異なってはいるものの（1 人称複数形），古典アラビア語に少なくとも存在はしている形なので使用されるが，これに対して *n-...-ū* のような複数形は古典アラビア語にこの形がそもそもありえないので避けられているとも考えられよう。のちの文書には *n-...-ū* という複数形が現れてくるが，これをもって，その頃になって初めてこの複数形が口語体で使われるようになったと考えることはできない。単に書き言葉の規範に変化があって，この複数形への非難が弱まってきたというにすぎない（中層アラビア語について，詳しくは第 9 章を参照）。

8.2　新アラビア語とは何か

古典語とは異なる，現在の口語体と同じタイプのアラビア語ができてきた歴史的プロセスを復元するために使える資料は，主として現代諸方言しかない。

---

*183 個々の変化の前後関係や，起きた年代を特定する研究。

*184 未完了形の 1 人称は，次のようになっている。

	単数	複数
標準語	*a-*	*na-*
マグレブ諸方言	*n-*	*n-...-ū*

この新しいタイプのアラビア語をさす用語には多少の混乱があるので，本書では，イスラム軍が征服していく初期の段階に流通していて，現在の諸方言へとつながってくるもととなった口語体のアラビア語を「新アラビア語」(New Arabic あるいは Neo-Arabic) と呼ぶことにする。このように整理するので，これに対する無明時代 (ジャーヒリーヤ *Jāhiliyya*「イスラム以前」) に使われていたアラビア語は古アラビア語 (Old Arabic) と呼ぶことになる。第 4 章で見たように，イスラム以前の言語状況については統一見解が得られていないので，「古アラビア語」という用語は 2 つの意味で用いられている。1 つは，ベドウィン人諸部族の言葉とコーラン・イスラム以前の詩のアラビア語が同一だったとしたうえでの，そのアラビア語，すなわちアラビーヤ (*ʻArabiyya*) の意味であり，もう 1 つは，ベドウィン人が部族を越えて伝達するための文学語としての詩・コーランの通用話体 (poetico-Qur'ānic koine) という意味である。どちらの場合にしても，この古アラビア語を文法学者たちが体系化したものが，アラブ・イスラム帝国の文語，文化語となり，古典アラビア語として知られているものである。イスラム征服のあと，この古アラビア語と新アラビア語が社会言語学で「言語二層状態 (ダイグロシア)」と呼ばれる関係をもちながら並存しているのである (第 13 章)。オーウェンズ (Owens 2006) は，古アラビア語と新アラビア語の 2 つがあったと考えることに反対している。つまり，アラビア語の歴史が古アラビア語でいったん区切れ，そして新アラビア語へ移行した，とは考えていないのである。オーウェンズは，2 つのアラビア語はイスラム以前から並存していたものであり，実際，セム諸語の変遷史の中でみると，「新」アラビア語は，ある意味で改変のある「古」アラビア語よりも古い段階にまでさかのぼると考えている。このような反論はあるが，ここでは古アラビア語，新アラビア語という用語を使っていく。ただし，この 2 つの間に時間的な関係があるとすることには異論があり，すべての学者がそれを受け入れているわけではないことは理解しておかなければならない。

イスラム以前の言語状況がどうであったかについてはいろいろな考えがあるが，いずれにしても，新タイプのアラビア語の成立について，1 つ説明しておかなければならないことがある。なるほどこの新タイプのアラビア語がもっている特徴のうちのいくつかは，すでにイスラム以前の諸方言にもあった。たとえば，主語と動詞の性・数一致方法[*185]，あるいはヒジャーズ方言の格変化しない双数形 (⇨ 4.2) や，北アラビアの周縁諸方言 (⇨ 4.3) で格語尾がときどき省略されることなどである。しかし，現代諸方言のもつ特徴要素の起源が，すべてイスラム以前に求められるわけではない。だから，現代諸方言の成立について何らかの説を唱えるなら，アラビア語の新しいタイプが古いタイプと一線を画するような違いのうち，イスラム征服後に起こった変化がどれなのかを明らかにしなければならない。また，このような諸方言が共通にもっていて，古典標準語にはない特徴要素がどのように成立したかはもちろん，逆に，方言どうしなのになぜたくさんの違いがあるのかについても説明しなければならない。イスラム以前には，出身地がアラビア半島のどこであってもアラブ人たちは互いに比較的容易にコミュニケーションがとれていたのだが，現在ではモロッコ人とイラク人が，それぞれ自分の方言で話したら互いに理解するにはきわめて困難を感じる。アラビア語の方言間の言語距離は，このようにゲルマン諸語[*186]間や，ルーマニア語も含めたロマンス諸語[*187]間の言語距離よりも大きいとまでは言えないにしても，同じくらいと言ってよい。

現在のアラビア語の状況についての諸説を見る前に，まず，方言を方言たらしめている，古典語にはなくて諸方言には共通している特徴要素を概観しよう。ここに示す，諸方言に共通の特徴要素をすべてもっている方言はないが，アラブ世界で改変が最も進んだ諸方言が互いにもち合っている共通項とみることができる。概して言えば，定住民型方言の方がこれらの特徴要素をかなり多くもっており，逆にベドウィン諸方言はより保守的な傾向がある (第 10 章)。定住民型方言として，ここではシリア方言から多く例を引いた。

ここに示す特徴要素リストによって，アラビア語諸方言と古典アラビア語とを比較していこう。比較することで，古典アラビア語から直系で諸方言が生まれたという印象をもつかも知れないが，アラビア語方言と古典アラビア語の関係をめぐるこれまでの議論をかんがみると，そのような先入観はさけなければならない。たとえばオーウェンズは，現在みられる特徴要素のほとんどは最初からあったものであり，「旧」タイプのアラビア語から「新」タイプのアラビア語

*185 動詞は，主語の前にきたとき，古典語では *ḍaraba r-rijālᵘ*「男たちが叩いた」のように単数形になるが，イスラム以前のいくつかの例や現代諸方言では複数形になる。

*186 英語，ドイツ語，スウェーデン語，ノルウェー語，デンマーク語，オランダ語など。

*187 イタリア語，スペイン語，ポルトガル語，フランス語，ルーマニア語など。

が出てきたと考えることはできないという。これとは逆に，「新」タイプはイスラムによる征服後に第 2 言語を習得し始めるまでは生まれなかった (⇨ 16.1) という見方からは，新たに習得されていったアラビア語は，詩やコーランに使われる高貴なアラビア語でも，またベドウィン人が日常的に使うアラビア語でもなく，外国人に対して話しかけるときに使われるような，簡略化されたアラビア語であったということになる。したがって，この 2 つのタイプを比較するときに，ときおり通時的な関係として図式化 (矢印などで) してしまうことがあるが，これは便宜上のことにすぎない。

アラビア語方言の音韻体系は，古典語との間に次のようなかなり多くの違いがある。

- 声門閉鎖音は，イスラム以前の半島東部方言とコーランにはあったが，半島西部方言にはなかった。現在はどの方言にも見られない。ただし，古典アラビア語の /q/ に対応するエジプト方言の /ʾ/ のように，別の音素の反映としての声門閉鎖音はある。

	〈古典語〉	〈シリア〉
「頭」	*ra’s*	*rās*
「百」	*mi’a*	*mīye*

- 歯間摩擦音は，定住民型諸方言では歯茎閉鎖音に対応する。ただし，ベドウィン諸方言には歯間音がある。

	〈古典語〉	〈シリア〉
「3」	*ṯalāṯa*	*tlāte*
「尾」	*ḏanab*	*danab*

- 古典語の /ḍ/ と /ḏ̣/ の 2 つの音素は，定住民型諸方言では /ḍ/ に合流し，ベドウィン型諸方言では /ḏ̣/ に合流している。

	〈古典語〉	〈シリア〉
「正午」	*ḏ̣uhr*	*ḍəhr*

- どの方言でも語末の短母音は脱落し，語末の長母音は短くなった。

	〈古典語〉	〈シリア〉	
「彼が書いた」	*katab**a***	*katab*	語末の短母音
「彼らが書いた」	*katab**ū***	*katabu*	語末の長母音

- 諸方言では，アクセントがおかれた部分がさらに強くなった。これは，アクセントが置かれていない開音節の短母音の多くが脱落していることからもわかる。北アフリカ諸方言では，短母音は，アクセントの置かれたものしか残っていない。

	〈古典語〉				〈シリア〉
「多い」	*k**a**ṯīr*	>	*k**i**ṯīr*	>	*ktīr*
「書いている（女）」	*kāt**i**ba*			>	*kātbe*

- 定住民型方言の多くでは 2 つの母音 /i/ と /u/ の区別がなく，/ə/ で転写される 1 つの音素に合流している場合が多い*188。

	〈古典語〉		〈シリア〉
「物語」	*q**i**ṣṣa*	>	*'əṣṣa*
「にがい」	*m**u**rr*	>	*mərr*

このような音韻変化が原因の 1 つとなって，方言と古典語の間では次のように語形にも多くの違いが生じた。

- 方言では動詞未完了形の人称接頭辞の母音に *-a-* ではなく *-i-* が使われている。イスラム以前の方言のいくつかにもこの特徴要素がみられ，タルタラ現象（*taltala* ⇨ 4.2）として知られる。

	〈古典語〉				〈シリア〉
「彼が運ぶ」	*y**a**ḥmil^u*	>	*yiḥmil*	>	*yəḥmel*

- 形容詞の複数形の語形枠 *fi'āl* 型のかわりに *fu'āl* 型を使う。

	〈古典語〉				〈シリア〉
「大きい［複］」	*kibār*	>	*kubār*	>	*kbār*

*188 シリアでは，アクセントが置かれた /i/ と /u/ が合流して ə になっている。エジプトなど，多くの東方言では，過去に合流したとみられるが，現在は別音素である。

- 子音の後ろで，3 人称男性の接尾代名詞の中の子音 *-h-* が消失した。

	〈古典語〉	〈シリア〉
「彼を殺した」	*qatala-**hu***	*'atalo*

- 4 子音の単語の複数形 *faʿālīl* 型が *faʿalīl* 型となる。

	〈古典語〉	〈シリア〉
「ナイフ」(単数)	*sikkīn*	*səkkīn*
「ナイフ」(複数)	*sakākīn*	*sakakīn*

- 関係形容詞*189 (ニスバ *nisba*「関係」) の語尾に *-i* を使い，*-iyy* や *-īy* を使わない。

	〈古典語〉	〈シリア〉
「キリスト教徒」	*masīḥ**iyy**^un^*	*masīḥ**i***

方言では，次のように文法の中で，いくつかの語形が消失していることが特徴である。

- 2，3 人称複数の代名詞や動詞での性の区別が，ベドウィン諸方言では保持されているが，定住民型方言にはない。

	〈カイロ〉	〈ネジド〉
「彼ら」(男性)	*humma*	*hum*
「彼ら」(女性)	*humma*	*hin*

- 動詞と代名詞において双数形が消失した。名詞では身体部位の名称に双数形語尾が固定化して残っているが，これは複数の意味でも使われるようになった (擬似双数形 ⇨ 8.3)。ほとんどの方言では本来の意味で双数であることを新たに表すようになり，多くの名詞に双数語尾を使うようになった。

- 語幹内受動形 (古典語の完了形 *fuʿila* 型，未完了形 *yufʿalu* 型) は *n-* 添加形か *t-* 添加形に置きかわった。たとえば，シリア *nḍarab*「叩かれる」，モ

---

*189 名詞の語尾に *-iyy* をつけて形容詞化したもの。*nisba*「関係」から，「関係形容詞」と訳される。

ロッコ *ttəḍrəb*「叩かれる」になっている。ただし，いくつかのベドウィン方言では語幹内受動形がまだ使われている。

- 動詞の使役形（*'afʿala* 型）はほとんどの方言で，「作る，させる」という意味の動詞を補助として使う分解型の表現に置きかわっている。ベドウィン方言には，使役の語形枠がまだ動詞の活用形として使われているものもわずかにある（使役形 ⇨ 11.1）。

- 古典アラビア語の動詞完了形の 3 つの型（*faʿala*，*faʿila*，*faʿula*）のうち，永続的性質を表す動詞に使われる *faʿula* 型が消失した。

	〈古典語〉	〈シリア〉
「酸っぱい」	*ḥamuḍa*	*ḥammaḍ*

- 古典アラビア語の女性語尾 *-ah*，*-ā*，*-ā'* の 3 つが，語尾 *-a* に合流した。

	〈古典語〉	〈シリア〉
「赤い」（女性形）	*ḥamr**ā'***	*ḥamr**a***

- 関係詞（古典語の *allaḏī*，女性形 *allatī*，複数形 *allaḏīna*，*allawātī*，*allātī*）は語尾変化を消失した。たとえば，シリアではすべて *(y)əlli* である。

また活用形は，類推によって変則形，不規則形が消失した。弱子音語根動詞は，語根第 3 子音が *w* である動詞の活用形と，*y* である動詞の活用形が，古典アラビア語では異なっていたが，方言では *y* のほうの型に合流した。たとえば，「投げた」（古典語 *ramā*，シリア *rama*）と「不平を言った」（古典語 *šakā*，シリア *šaka*）の 1 人称が，古典語とシリア方言でそれぞれ次のようになっている。

	〈古典語〉	〈シリア〉
「投げた」	*ram**ay**tu*	*ram**ē**t*
「不平を言った」	*šak**aw**tu*	*šak**ē**t*[*190]

また，二重子音動詞[*191]（古典語の *radda*「返答した」の完了形 1 人称単数は *radadtu*）は，語根第 3 子音が *y* の動詞の派生第 2 型として新解釈された。たと

[*190] *ē* は，*ay* がもとになっている。
[*191] 語根の 3 子音のうち，第 2 子音と第 3 子音が同じである動詞。例では *r-d-d*。

えば，シリア方言では *raddēt* である。

また弱子音動詞の語尾は，強子音動詞の語尾へと均整化する方向に，諸方言がそれぞれ独自のやり方で長い時間をかけて進んで行った。完了形3人称複数の「書いた」,「投げた」は古典語ではそれぞれ *katabū*，*ramaw* だが，シリア方言では *katabu* の語尾に合わせて *ramu* となった。

	〈古典語〉	〈シリア〉
「彼らが書いた」	*katab**ū***	*katab**u***
「彼らが投げた」	*ram**aw***	*ram**u***

このように弱子音動詞の語尾を，強子音動詞の語尾で置きかえた方言が多いが，逆にイスラム教徒バグダード方言では，強子音動詞の語尾のほうを，弱子音動詞の語尾で置きかえている（たとえば，*maš**aw***「歩いた」の語尾と同じく，「書いた」の語尾が *kitb**aw*** となった）。この傾向はユダヤ教徒バグダード方言では動詞未完了形にもはっきり見られ，たとえば強子音動詞の *ykətbōn*「彼らが書く」や *tkətbēn*「君（女性）が書く」の語尾は，それぞれ弱子音動詞の *yənsōn*「彼らが忘れる」，*tənsēn*「君（女性）が忘れる」の語尾と同じになった（古典語では，それぞれ *yaktub**ū**na* / *taktub**ī**na*，*yans**aw**na* / *tans**ay**na* である）。

	〈古典語〉	〈ユダヤ教徒バグダード〉
3人称複数（彼ら）		
「書く」	*yaktub**ū**na*	*ykətb**ō**n*
「忘れる」	*yans**aw**na*	*yəns**ō**n*
2人称単数女性（彼女）		
「書く」	*taktub**ī**na*	*tkətb**ē**n*
「忘れる」	*tans**ay**na*	*təns**ē**n*

バーレーンのスンニー派方言では，すべての動詞で完了形1人称単数が弱子音動詞の語尾になった。

	〈古典語〉	〈バーレーン・スンニー派〉
1人称単数（私）		
「書く」	*katabtu*	*kitb**ē**t*
「寝た」	*nimtu*	*nam**ē**t*
「見つけた」	*laqītu*	*lig**ē**t*

文法に関して，アラビア語諸方言はより分解型のタイプへとかわり，文法機能を表すのに語形変化よりもそれ専用の単語を使うようになった。それらの単語の多くはのちに文法化され，接辞などの新たな語素になった。名詞体系では，格語尾がなくなり，古典アラビア語では所有格によって表していたイダーファ構造のかわりに，所有格表示語によって所有の意味を表す分解型の所有句を発達させた(後述)。動詞体系では，未完了形で古典語にあった3つの法(直説法，接続法，希求法)の区別がなくなり，法が担っていた機能のほとんどを，法語尾のない未完了形で表すようになった。加えて，ほとんどの方言で，時制やアスペクトを表すアスペクト接頭辞を未完了形につけるといった，語素による新しい区別へと発達した(後述)。

語順は，古典アラビア語から現代諸方言へと大きく変化し，「主題−述語」語順と，「動詞−主語」語順の2つの構文の区別[*192] (⇨ 6.5，7.2) がなくなった。そのかわりに，ほとんどの方言で「主語−動詞−目的語」が標準的な語順となり，「動詞−主語」の語順はその文体的バリエーションの1つになった。しかし，動詞が主語より前にくる場合でも，動詞が主語に完全に性・数一致をすることから，これらの語順は単に古典アラビア語の語順から転換してできたものではなく，方言で独自に成立した構文であると言える(方言では，性・数一致のしかたにいろいろなパターンがある。⇨ 8.3)。

古典アラビア語では，代名詞による間接目的語は語順的な位置が比較的自由であり，次の(1a)と(1b)の両方が認められた。

　　私は欲す　接続詞　私は書く　に−君たち　手紙
(1a) *'urīdu 'an 'aktub*^{a} *la***kum** *risāla*^{tan}　〈古典語〉
　　私は君に手紙を書きたい。

　　私は欲す　接続詞　私は書く　手紙　に−君たち
(1b) *'urīdu 'an 'aktub*^{a} *risāla*^{tan} *la***kum**　〈古典語〉
　　私は手紙を君に書きたい。

現代諸方言では，(2)のシリア方言の例のように，代名詞による間接目的語は接語として動詞に直接つけられる。

　　私は〜たい　書く　に−君たち
(2) *bəddi 'əktob- l* **kon**　〈シリア〉
　　私は君たちに書きたい。

[*192] それぞれ，アラビア文法学の「名詞文」と「動詞文」のこと。

動詞と接辞の結びつきの強さは，方言によって異なっている。接尾代名詞による直接目的語と間接目的語を，おおよそどのように組み合わせてもよい方言もあれば，組み合わせ方の制約が強い方言もある。この接辞にさらに，否定接周辞[*193]*mā-...-š*，未来や進行のアスペクト接頭辞や接尾代名詞が組合わさると，(3)のモロッコ方言，(4)のエジプト方言の例のように，いくつかの方言では動詞の語形が非常に複雑になる。

［否定］［未来］ 私が書く　それ　君に ［否定］
(3) *ma-ġa-nekteb- o -lek- š*　〈モロッコ〉
私はそれを君に書かないだろう。

［否定］［進行］ 連れてくる　彼女　私たちに ［否定］
(4) *ma- bi - tgib -ha- lnā - š*　〈エジプト〉
君は彼女を私たちに連れて来ていない。

また古典アラビア語では，「〜したい」，「〜しなければならない」，「〜できる」といったムード表現には，動詞の接続法未完了形の前に，それを統率する接続詞*'an*「〜すること」を置く従属構文を使うが，現代諸方言では未完了形に法語尾がなくなり，接続詞もつけない構文になった。

彼は欲す　こと　彼が殺す［接続法語尾］ 私を
yurīdu 'an yaqtul^a nī　〈古典語〉
彼は私を殺すことを欲す。

彼は欲しい 彼は殺す 私を
bəddo yə'tol ni　（*bəddo* は *bi-wuddihi*「彼の望みで」より）〈シリア〉
彼は私を殺したい。

べきだ　君がする これ
lāzim ti'mil da　（*lāzim* は *lāzim*「必要，義務」より）〈エジプト〉
君はこれをしなければならない。

私はすべき　私が書く
ḫəṣṣni nəktəb　（*ḫəṣṣ* は *ḫaṣṣa*「特に関係がある」より）〈モロッコ〉
私は書かねばならない。

語彙については，方言間で共通にみられるものがいくつかある。たとえば，動詞 *jāb*「もって来る」(古典語の *jā'a bi-*「〜をともなって来る」より[*194])，*šāf*

[*193] 単語の前と後につける接辞を接周辞と呼ぶ。
[*194] *jā'a*「来る」と前置詞 *bi-*「〜で，〜をともなって」が融合して，*jāb*「持ってくる」という新しい動詞ができたと考えられる。この動詞は古典語にはない。

「見る」，*sawwa*（あるいは *sāwa*）「する，作る*195」，*rāḥ*「行く，去る*196」などである。このような語彙のいくつかは，古典アラビア語でもあまり一般的ではなかったが，使われてはいたものであり，たとえば，*šāfa*「見る」（もともと「上から観察する」。これが語根となっている *šayyifa*「偵察隊」を参照），*sawwā*「平らにする，整える」，*rāḥa*「夕方に去る」という単語である。また，いくつかの疑問詞に，名詞を使った迂言法があることも方言の特徴である。古典アラビア語の *mā*「何」に当たるものとして，方言ではそれぞれ *'ayyu šay'in*「どの物」という表現からくる *'eh*（エジプト），*āš*（モロッコ），*šū*（シリア），*šnu*（イラク）などさまざまな語形を使っている。古典語の *kayfa*「どのように」に当たるものとしては，シリアの *šlōn*（*'ēs lōn*「何色」より。*lōn* は古典語の *lawn*「色」），エジプトの *izzayy*（*'ēš zayy*「何の姿」より。古典語の *ziyy*「衣服」）のような迂言法が見られる。

8.3　新アラビア語の成立過程をめぐる諸説

アラブ文法学の文献によると，アラブ諸部族がアラビア半島に暮らしていた間は，細部に違いはあったにしても諸部族のアラビア語は基本的には 1 つの言語であって，イスラム征服の後にアラブ人たちが他の言語を話す人々と接触し，そのような人々にアラビア語が伝わって，誤りの多いアラビア語が話されるようになった結果，アラビア語が腐蝕した（*fasād al-luġa*「言葉の腐蝕」）。だから，啓典コーランを理解できなくなってしまわないように，文法学者たちがそこに介在しなければならなかった，というのである。この見方を，有名な歴史家イブン=ハルドゥーン（*Ibn Ḫaldūn*，回暦 757=西暦 1356 没）が『歴史序説（*Muqaddima*）』の中で次のようにまとめている。

しかして　時　来た　[定]イスラム　そして　離れた　[定]ヒジャーズ　そして　混ざり合った[定]　非アラブ人
fa- lammā jā'a l-'Islām wa-fāraqū l- Ḥijāz ... wa- ḫālaṭū l- ʿAjam

かわった　かの　[定]　習慣　により　ところのもの　投じた　それへ　[定]聞くこと
taġayyarat tilka l-malaka bi - mā 'alqā 'ilayhā s- samʿ

から　[定]アラビア語化した者たち
min al- mustaʿribīn

そして[定]聞くこと　父　[定]　習慣[複]　[定]　舌の
wa- s- samʿ 'abū l-malakāt al-lisāniyya

---

*195 古典語では *faʿala*「する」，*ṣanaʿa*「作る」。シリア方言では *ʿamal*「する」も使われる。カイロ方言ではもっぱら *ʿamal*「する」が使われる。古典語で *ʿamila* は「働く」。

*196 古典語では *ḏahaba*「行く」。

そして 腐った で ところのもの 投じられる それへ
wa-fasadat bi- mā ʼulqiy^{a} ʼilayhā...

そして 恐れた 人々 [定] 知識 彼らから こと 腐る かの [定] 習慣 直ちに
wa-ḫašiya ʼahl al-ʻulūm minhum ʼan tafsud^{a} tilka l-malaka raʼsan,

そして 長引く [定] 時代 による それ
wa-yaṭūl^{a} l-ʻahd bi -hā,

而して 閉ざされる [定] コーラン と [定] ハディースの上に [定] 理解される 而して 導き出した
fa- yanġaliq^{a} l-Qurʼān wa-l- Ḥadīṯ ʻalā l- mafhūm fa- stanbaṭū

から 方法[複] 発話 彼らの
min majārī kalām^{i}-him

法則[複] の かの [定] 習慣 通則[目的格]
qawānīn li-tilka l-malaka muṭṭarida^{tan}...

照合する 上に その 残り全部 種類[複] [定] 発話
yaqīsūna ʻalay-hā sāʼir ʼanwāʻ al-kalām,

イスラムが出現し，(アラブ人が) ヒジャーズ地方を離れ，…非アラブ人と混合したとき，アラビア語化した者たちから (その話し方を) 聞いたことにより，アラブの言語習性は変化した。

聞くことが，言語習慣の源なのである。そこへ投じられたもの (聞くことになった話し方) により (アラビア語は) 腐蝕した。…

学者らは，アラブ人たちの言語習慣が直ちに腐蝕すること，また腐蝕による時代が長引き，コーラン，ハディースの理解が閉ざされることを恐れた。

そうしてアラブ人の話し方より，その言語習性の規則を通則として導き出した。…

…学者らはあらゆる種の言葉をその規則に照合し…

(『歴史序説』p. 546 *197)

この引用から，アラブ人がアラビア語の変化やさまざまな口語体の発生を，イスラム帝国内でたくさんの言語が混合したことや，アラビア語が新たな多民族間共通語 (リンガ=フランカ) として使われるようになったことと結びつけていることがわかる。

単一起源説

古典アラビア語にはないたくさんの特徴要素が，諸方言に共通して存在していることについて，それを単一起源説 (monogenesis) で説明を試みる学者が

*197 『歴史序説』第 4 巻 (岩波文庫) p. 134, l.14 を参照。

いる。つまり，現在の諸方言の起源を 1 つだけとする立場である。たとえばファーガソン（Ferguson 1959a）は，諸方言の共通の原形はイラクに置かれたイスラム軍営においてイスラム以前のいろいろな方言を話す人々が混ざり合ったことにあるとし，そこでは諸方言が融合して軍隊通用話体（military koine）が生まれ，この中で諸方言共通の特徴要素が発生したという。具体的にファーガソンがこの説の根拠にしているのは 14 項目の特徴要素リストである。これらは，共通語から方言に分かれたあとの広域的同一傾向（general trend）としてそれぞれの方言で独自に発生したとは考えられず，やはり共通の祖先に帰するべきだとしている。このような特徴要素には，*šāf*「見る」や *jāb*「もって来る」といった語彙が使われることや，動詞や代名詞における双数形の消失，/ḍ/ と /ḏ̣/ の合流，語根第 3 子音が *w* の動詞と *y* の動詞の合流などがあげられている。

ファーガソン説をはじめとする単一起源説は，標準語にはないこれらの特徴要素が現代諸方言に共通していることについて，方言に共通の源があったためと説明し，方言どうしで異なっている点については，アラビア語が入っていったそれぞれの地域で，現地の言語が基層言語としてアラビア語に影響し，各方言に分岐していった結果であると説明する。ファーガソン説のような共通の 1 つの起源という説に対しては，方言どうしの類似点は広域的同一傾向の結果であるとか，分岐後に再び収斂していく過程で各地の方言が均質化した結果であるという説明も可能だ，とする批判がある。この，広域的同一傾向という考え方を提案する側は，たとえば双数形はアラビア語とは別系統の言語でも同じように失われていることから，各方言で独自に失っていった可能性もじゅうぶんにあるとする。しかし，この広域的同一傾向という説明の大きな問題点は，その原理の説得力がきわめて弱いことである。他の言語でも似たような現象が起こっているという事実を指摘するだけでは，その変化の背後にある原因までは説明できないのである。

収斂説

単一起源説を批判するものとして，もう 1 つアラビア語の変遷の中での収斂の役割を重視する説がある。コアン（Cohen 1970）は，イスラム征服軍にはアラブのさまざまな部族が混在していたので，イスラム以前の諸方言に存在していた差異がそこで均質化され，それが各地の征服地へ入って独自に進化した結果が新しい諸方言であり，その後にさらに収斂がおきたとする。収斂は，古典アラビア語の影響力が行き渡ったり，1つの，あるいはいくつかの文化的・政治的中心地から言語改変が広まったりして，そのような威信言語に合わせようとする話者たちによって言語改変が取り入れられていって起こったとする。このように，収斂説とは，諸方言が多元発生的に生まれたとみる立場である。すなわち，それぞれの地域にアラブ軍がやって来てそれぞれ独自に口語体が湧き起こったために方言どうしに違いが生まれ，それらが後に接触し合い収斂した結果，互いに徐々に似てきたとするものである。

エツァート (Edzard 1998) は，セム諸語の発生や現代アラビア語諸方言の分岐も，その出発点は多元発生であるとするモデルを提案している。方言どうしの違いについて，エツァートはアラビア語が拡大する以前の時代にあったと位置づけ，コアンはアラビア語が拡大する中でそれぞれ独自に発展した結果とみなしている。収斂説に1つ問題があるとすると，たしかに一地域内の方言どうしが似ているのは，部分的には1つの文化的中心地へと収斂していった結果と考えることもできそうだが，後述の所有格表示語といった方言共通の特徴要素が方言ごとに別々の語彙を使っていることは，この方法で説明するのが困難である。

オーウェンズ (Owens 2006) は，諸方言と標準アラビア語の関係を別の視点からみている。オーウェンズのモデルでは，方言どうしの違いも，そして古典アラビア語との違いも，すでにアラビア語拡大の前の時期から存在していたものであり，それらがイスラムによる征服の中でアラブ諸部族によってもたらされたとする。一方，方言どうしで地理的に離れているにもかかわらず似ている点については，収斂によるものではなく，共通の祖語から来ているためと考えるべきだとする。そして，比較・歴史言語学の方法を用いて現代諸方言の共通祖語の復元をめざす。これが，拡大する以前のアラビア語，すなわちイスラム拡張以前の，おおよそ630年から790年までの時代のアラビア語の姿であるとする。このアラビア語は，標準アラビア語と呼ばれるものとつねに隣り合わせにあった。だから諸方言のアラビア語は，いくつかの点で古典アラビア語よりも古いタイプである可能性がある，とオーウェンズは考えるのである。現代諸方言に格変化がないことがそのよい例で，格変化がなくなったのはイスラム征服時代のアラビア語に起こった改変などではなく，セム祖語にまでさかのぼるものであろうと言う。オーウェンズは，アッカド語やアラビア語など，いくつかのセム語で格変化が生じたことを，後の改変であるとみる。ペトラをはじめとしたナバテア人の町でも，アラビア語はすでに 2 種類が併存していたという言語状況から考えて，アラビア半島においてただ 1 種類しかなかったと主張する理由はないとするのである。イスラム以前の時期に，アラビア語には詩語とベドウィン人の通俗語の 2 種の間に違いがあったことには，おそらく多くの言語学者が同意しているだろう。しかし，アラビア語を習得していく過程での社会・文化状況を考慮に入れずに，アラビア語はそれが広まっていく中でも連続性を保っていたとして，その復元を比較法のみに頼る，という主張を受け入れることは難しそうである。オーウェンズは，歴史・比較法による復元のみが諸方言どうしの関係を測る唯一の有効な方法であるとみている。たとえば，西スーダンとウズベキスタンのように遠く離れたアラビア語の間の特徴要素を統計的に比較すると，驚くほど多くの共通点が明らかになる (Owens 2006: 155–65)。ウズベキスタン方言は，ふつうメソポタミア方言の系統と考えられている。しかし，ウズベキスタン方言は統計でみると，西スーダン方言とのほうがより多く共通している。その例の 1 つが，分詞に代名詞目的語を結びつける連結辞 *-in-* の存在である (⇨ 15.5「接中辞」)。

叩いた　私たち　君たち
*zorb-***in-** *nā -kum*　〈ウズベキスタン〉
私たちは君たちを叩いた。

書いた　それ
*kātb-***in-***he*　〈ナイジェリア〉
彼女はそれを書いた。

オーウェンズは 49 の特徴要素について比較をした結果，この 2 つのアラビア語は地理的にずっと近いアラビア語よりも共通性が高く，それはこの 2 つが，おそらく拡散以前の時代のアラビア半島に共通の祖先をもっていることを意味すると結論づけている (Owens 2006: 155)。また，これはカイス族の部族同盟が東と西へ移住したことと関係があるとして，その移住によって 2 つの地域にこの部族の特徴がもたらされたとするのである。

多元発生説

方言どうしで類似している点について，それは起源が共通だからなのか，それとも収斂という副次的なプロセスの結果なのかはわからないが，いずれにしても方言間には違う点も多い。そのような違いを多元発生説では，諸方言がそれぞれ独自に変化していったことによる当然の結果と考える。つまり，アラブ部族がもといた地域から出て，着いた先の地へもたらしたアラビア語はどの地域でもほぼ同じもの（アラブ軍が話していた言葉）だったが，それぞれの地域にはそれぞれ別の言語があって，行った先の環境のほうが異なっていたというわけである。現地語の話者たちが，新しく入ってきたアラビア語と接触してアラビア語を話し始めたが，これが第2言語習得の過程で必ず起こる言語干渉によって，各地で特有の話し方になった。このような特有の話し方は，時間がたつとともにその土地のアラビア語方言になり，人々が現地語からアラビア語に移行したあともこれが残ったというものである。

たとえばベルベル語は，アラビア語にそのような逸脱を引き起こさせた言語である。ベルベル語をすでに捨て去ったベルベル人もいるが，今なおそのままその地域で話され続けている。このような場合，ベルベル語を，アラビア語への接触言語（adstratal language）とみるのがふつうである。アラビア語を話すうちに，接触言語であるベルベル語からの影響が起きることが予測される。フィリップ=マルセ（Marçais, Ph. 出版年不詳）は，アルジェリアのジジェリ方言（Djidjelli）に見られる多くの現象が，周囲のベルベル語諸方言に由来しているとみている。何よりも *agméz*「親指」，*arīsek*「クロウタドリ」，*aġrūm*「パン」など，接頭辞 *a-* のついたベルベル語起源の単語が150語以上もあることがベルベル語の影響の大きさを示している。この接頭辞はさらに，もともとアラビア語である単語にまで使われるようになった。

	〈ジジェリ方言〉	〈古典語〉
「胸」	*asdér*	*ṣadr*
「翼」	*ažnéḥ*	*janāḥ*
「猫」	*aqṭōṭ*	*qiṭṭ*
「ロバ」	*aḥmír*	*ḥamīr* 複数形（単数形 *ḥimār*）

ほとんどの単語では接頭辞が落ちることもあるので，「胸」は *asdér* も *sdér* もよく聞かれる。このベルベル語の接頭辞の起源はよくわからないが，アラビア語の定冠詞と組み合わされることがないところを見ると，現在の話者たちはこれを定冠詞と感じているようである。マルセはまた，次のように統語にかかわる現象にも若干ではあるがふれている。

- 名詞の性が，それに対応するベルベル語の単語の影響でかわっている場合がある。たとえば，*lḥém*「肉」はもとは男性であるが，ベルベル語の *tifi* と同じ女性にかわり，*ržél*「足，脚」はもとは女性であるが，ベルベル語の *aḍar* と同じ男性にかわっている。
- *má*「水」は，もとは男性であるが，それに対応するベルベル語の *aman* と同じ複数として扱われる。

	〈古典語〉	〈ジジェリ方言〉	〈ベルベル語〉
「肉」	*laḥm*（男）	*lḥém*（女）	*tifi*（女）
「脚」	*rijl*（女）	*ržél*（男）	*aḍar*（男）
「水」	*mā'*（男）	*má*（複数）	*aman*（複数）

- 親族名称の入った所有句では，先行名詞に接尾代名詞をつける。

　姉妹 彼の　の　ムハンマド
　*ḫt**ú*** *ddə-mḥəmmed*
　ムハンマドの姉妹

- 次のように，ジジェリ方言は指示小詞の *d-* を使う。

　それ 私
　d-*āna*
　それは私だ。

　それ 父 君の それとも
　d-*bu k w-úll*
　それは君の父なのか違うのか？

　彼ら　それ[定]　兄弟
　húma ***d-****el-ḫāwa*
　彼らは兄弟だ。

エジプト方言にも同じような小詞の用法があるが，ジジェリ方言の小詞はベルベル語の小詞 *d-* が起源と考えられる。

ここにあげたジジェリ方言の例が，ベルベル語からの影響であることは，この地の話者のほとんどがベルベル語も話していること，また同じ現象が別の地域では見られないことから明らかである。しかし，アラビア語が歴史の中で接触した言語は，シリア語やコプト語のように，たいていは完全に消滅しているし，それらの言語からの影響は，基層言語からの，そこへ覆いかぶさったアラビア語への影響であるから，この影響を証明するのは，接触言語からの影響を証明するよりもかなり困難である。ある地域で見られるある現象が，理論的には基層言語からの影響の可能性があっても，別の基層言語が話されていた地域でも同じ現象が見られたりするからである。たとえば，エジプト方言で歯間音 (*ṯ*, *ḏ*, *ḏ̣*) が歯茎音 (*t*, *d*, *ḍ*) に移行したのは，基層言語であるコプト語の影響であると主張されることがある。しかし，歯間音の消失はアラビア語の定住民型方言に広く見られる現象であり，コプト語が話されていなかった場所でも見られるので，歯間音から歯茎音への移行を基層言語であるコプト語の影響だけに帰することはできない。むしろ歯間音などの有標な[*198] 音素が，第 2 言語習得の過程で無標なものに置きかわるという，一般に見られる例の 1 つとみなすべきである。アラビア語のいくつかの飛び地[*199] で，強勢子音 (*ṭ*, *ḍ*, *ṣ* など) が消失したのと同じである (⇨ 15.2, 15.3)。

この北アフリカでの二言語併用状況に似た状況は，シリア地方でもアラム語とアラビア語の間に存在していただろうし，また，現在でもダマスカス北方のカラムーン山脈 (*Qalamūn*) ではマアルーラ村 (*Maʿlūla*) をはじめ周辺の 3 つの村で西方新アラム語が話されており，このような言語飛び地でも同様の状況が存在している。この 3 村に隣接するアラビア語方言には，アラム語の影響がかなり見られる。アーノルド・ベーンシュテット (Arnold and Behnstedt 1993) によると，この周辺のアラビア語方言では，アラム語が現在話されている地域へ近づくにしたがって，アラム語の痕跡と思われる語境界線の密度が増すと言う。その結論として 2 人は，長い間，おそらく 14 世紀まではアラム語がこの地域全体の言語として残っていたが，その後，現在のような小さいエリアに徐々に追いやられていったとしている。また，この地域のアラビア語シリア方言には，基層言語であるアラム語の影響を示す現象がいくつかある。アーノルド・ベーンシュテットは，たとえばアラム語の 3 人称複数の独立代名詞 *hinn* や接尾代名詞 *-hun* が広く使われているような二言語併用環境から，どのようにしてカラムーン方言の *hinne* や *-hun* (ダマスカス方言では *hənne*，接尾形 *-hon*[*200]) ができてきたかを示している。

基層言語であるアラム語からシリア方言への影響によるとされる現象としては，他にも /q/ を無声音で発音すること，アクセントの置かれていない短母音

---

*198 有標は「ニュートラルでない」，無標は「ニュートラルな」という意。*t* や *d* などの歯茎音は，*θ* や *ð* などの歯間音に比べて，よりニュートラルであると考えられる。

*199 マルタ語やキプロス方言。

*200 古典アラビア語では，それぞれ *hum*，*-hum* のように *-m* である。

/u/, /i/ の脱落，歯間音の歯茎音への移行をあげているが，これらの現象はアラビア語世界の他の地域にも広く起こっているものなので，これをもって説明することはできない。とはいえ，基層言語の存在を完全に否定しようというのではない。なるほど歯間音のある言語の話者がアラビア語を習得していくなら，歯間音が歯茎音へ移行する理由はない。しかし，コプト語やシリア語の話者なら歯間音がないので，歯間音の調音法を単純化しようとする一般的な傾向へと流れるのを食い止めるものはない。この意味で，すでに起こり始めていた変化をコプト語やアラム語が促進したとは言えるかも知れない。

ディエム (Diem 1979a) は，アラビア語方言への基層言語の影響とされている現象について，疑わしいものすべてを追跡調査している。彼は，基層言語の影響とすることができるのは，次の 2 つの条件に合うときのみであるとした。1 つめは，ある現象が現代方言に存在し，その現象がその地域で話されていた言語にも存在すること，2 つめは，その現象が他の地域にはないことである。この結果，疑わしい例のほとんどでは，その似たような現象を同一基層言語がなかった地域の方言にも確認することができたため，基層言語の影響という説の説得力はかなり小さくなった。被征服民の言語が，その地域のアラビア語方言に変化を起こさせた可能性がある，と彼が認めた例は数例にすぎない。たとえば，北レバノン諸方言で音素 /ā/ が /å/ と /ä/ (あるいは /ō/ と /ē/) に分岐したこと (⇨ 11.2)，また同じ諸方言で，アクセントのない開音節の /a/ が脱落していることも，おそらくこの地域で話されていたアラム語方言の音韻体系の影響である可能性があるとしている。ディエムは，北アフリカのベルベル語の影響については，/t/ が破擦音で発音されることと，*tafəʿʿalət* 型の語形を借用していることなどにふれているが，これらが基層言語からの影響の例なのか，長きにわたる二言語併用の結果として干渉が起きた例なのかを決めるのは困難である，とつけ加えている。

アラビア語イエメン諸方言には，基層言語である南アラビア語からの影響と言われる興味深い現象がある。この地域では，現存する現代南アラビア諸語から証拠を得ることができるため，基層言語の影響であると決定することが比較的容易である。ディエムがあげた現象の中に，次のものがある。

- *-k-* 完了形の使用
- *faʿawwil* 型ないし *faʿāwil* 型の複数形

- *fi'wal* 型ないし *fu'wal* 型（*fi'yal* 型ないし *fu'yal* 型）の複数形

イエメン諸方言には，*katab-k*「私は書いた」のように動詞完了形の 1，2 人称単数の接尾辞として，古典アラビア語（*katab-tu*）のような *-t-* ではなく，*-k-* を使う方言がある。*-k-* を使う特徴要素は南セム諸語にあり（⇨ 2.2），これはヒムヤル語が話されていたという記録のある西方山脈で見られる。この地域は南アラビアの中でも，アラブ人がイスラム以前に移住した場所である（⇨ 4.1，11.1，地図 11.1）。

複数形に *fa'awwil* 型と *fi'wal* 型が使われるのは，イエメンのいくつかの地域だけである。ディエムは *fa'awwil* 型として，次の例をあげている。

	〈単数形〉	〈複数形〉
「国」	*bilād*	*belawwid*
「言葉」	*kalām*	*kalawwim*
「本」	*kitāb*	*kutawwib*

これらは，メヘリ語にある複数形の型（*qetōwel*。これは，**qetawwel* からの変化形と考えられる）から来ている。このケースでは，アラビア語方言が南アラビア語から複数形の型を借用したのは定住段階の初期，おそらくイスラム征服よりも以前と考えるのがよいだろう。*fi'wal* 型も同様に，アラブ諸部族が早い時期に定住したイエメン山岳地帯で見られるものである。この地域の方言には，現代南アラビア語の *qetwōl* 型ないし *qetyōl* 型複数形から来ている語形が見られる。

	〈単数形〉	〈複数形〉	〈古典語複数形〉
「道」	*ṭarīg*	*ṭirwag*	*ṭuruq*
「綱」	*šarīṭ*	*širwaṭ*	*šarā'iṭ, 'ašriṭa*

しかし多くの場合，言語接触による干渉は，新たな現象を発生させるというよりは，もとからあった選択肢から，それまで選ばれていなかったほうを選ぶようになるという形で起こるものである。すなわち，アラビア語の学習者は，第 1 言語の影響を受けつつ選択肢を選ぶのである。これに関して興味深いのが，エジプト方言の疑問詞の語順である。エジプト方言では疑問詞を文頭に置かず，次の (5) と (6) のように文中のもとの位置にとどめる。

　　言った　これ　に[定]　教師
(5) *'ulti* ***da*** *li-l-muʿallim*

　君はこれを教師に言った。

　　言った　何　に[定]　教師
(6) *'ulti* ***'ēh*** *li-l-muʿallim*

　君は何を教師に言ったか？

この語順はほかのアラビア語方言でも可能ではあるが，その場合は強調（「君は何を言ったんだ？ 教師に！」）になる。またエジプト方言では，(7) のように言うこともできる。

　　何　ところのもの　言った　に[定]　教師
(7) *'ēh* (　*illi*　) *'ult*^{i} *li-l-muʿallim.*

　君が教師に言ったことは何か？

どんな言語でも，このような強調，際立て，主題化などの談話現象にはいろいろな選択肢が存在する。エジプトで話されていたコプト語も，疑問詞は (8) のように文頭には置かない。

　　君　言う［主題］何
(8) *ek-čo de ou*

　君は何を言っているか？

ここでは疑問詞 *ou* は文頭に置かず，目的語の通常の位置にそのままとどまっている。コプト語の話者たちがアラビア語を身につけようとするとき，2 つの表現方法があるとしたら，アラブ人たちだったら強調したいときにしかその方法を使わないとしても，コプト語に似ているほうを選ぶだろう。

以上のように，基層言語からの影響という理由では諸方言間の違いをじゅうぶんに説明できないし，収斂という理由では共通の特徴要素をじゅうぶんに説明できない。ほぼすべての方言で発生したのに，方言ごとで別々の形になった文法変化の典型例が，所有格表示語とアスペクト接頭辞である。また，新アラビア語の特徴で，口語体と文語体の違いを最もよく示しているとしてしばしば引き合いに出されるのが，格語尾の消失である。この消失が純粋に発音的な原因だけでは説明できないことは前述した (⇨ 4.3)。いずれにしても，古典アラビア語では (9a) のように所有格語尾によって表されていた（イダーファ構造）所有句が，すべての方言で (9b) のように分解型の所有句に置きかわっているのである。

家 [定]王[所有格]
(9a) *baytu l- malik*^{i} 〈古典アラビア語〉
王の家

[定] 家 の [定] 王
(9b) *il-bēt bitāʿ il-malik* 〈エジプト方言〉
王の家

分解型の所有句の中では，所有の意味が所有の表示要素 *bitāʿ*（所有格表示語 genitive exponent）によって示されており，これが古典アラビア語の所有格語尾による所有句のかわりとなっている。この構文は，ベドウィン型方言のいくつかを除くすべての方言に見られるにもかかわらず，その所有格表示語の語形は表 8.1 に示すようにすべて異なっているのである。

エジプト（カイロ）	*bitāʿ*
シリア（ダマスカス）	*tabaʿ*
モロッコ（ラバト）	*dyal, d-*
マルタ語	*ta'*
スーダン	*ḥaqq*
チャド	*hana*
キプロス	*šáyt*
バグダード	*māl*
“*qəltu*” 方言	*līl*

【表 8.1】 アラビア語諸方言の所有格表示語

このように各方言に共通の特徴要素でありながら，語形は各方言でそれぞれ別の形になった現象の 2 つめは，動詞の法語尾の消失に関するものである。古典アラビア語では，動詞の未完了形に *yaktubu*（直説法），*yaktuba*（接続法），*yaktub*（希求法）という法の区別がある（動詞例は「彼は書く」）。方言ではこの法の語形が消失し，つねに *yaktub* だけになった。ほとんどの方言では，この語形が近未来や意思の意味を担うようになり，たとえばエジプト方言では，*tišrab 'ahwa?* が「コーヒーを飲みますか？」の意味になる。アスペクトの区別を表すために，方言はそれぞれ，助動詞や時間副詞を動詞の一部に化石化させ，新しくアスペクト接頭辞を発達させた（表 8.2）。

	〈継続・習慣〉	〈未来〉
シリア（ダマスカス）	ʿam-, bi-	raḥ(a)-, laḥ(a)-
エジプト（カイロ）	bi-	ḥa-
モロッコ（ラバト）	ka-	ġa-
イラク（バグダード）	da-	raḥ-
イエメン（サナア）	bi-（1 人称は bayn-）	ʾa-（1 人称は šā-）

【表 8.2】　アラビア語諸方言のアスペクト接頭辞

たとえばエジプト方言には，(10) のように継続アスペクト接頭辞の *bi-*，未来の *ḥa-* がある。

(10) *b-tišrab*「飲んでいる，習慣として飲む」
ḥa-tišrab「飲むつもりだ」

すべての方言がこの同じ変化をたどっているが，その接頭辞の形をみると，ここでもまたすべての方言で異なっている。ほとんどの方言で，同じように継続・習慣と未来の 2 つの体系になっているが，それぞれの接頭辞がどの意味機能を担っているかは方言によって異なっている。シリア方言では継続性を厳密に表すときは *ʿam-* で表し，*bi-* は未来にやろうとしている行動（意志）や習慣的な行動に使われる。イラク方言では，継続・習慣には *da-* が使われ，一般的に何の接頭辞もついていない未完了形は確定的なことを言うのに使われる。接頭辞の語源はわからないことが多いが，未来接頭辞はしばしば「行く」という意味の動詞*201 から来ているようである。

	〈未来接頭辞〉		〈語源〉
エジプト	*ḥa-*	←	*rāyiḥ*「行く」
シリア	*raḥ-*	←	*rāyiḥ*「行く」
チュニスのユダヤ教徒アラビア語	*maši-*	←	*māši*「行く」
マルタ語	*seyyer**202	←	*sāyir*「行く」

一方，継続の接頭辞は叙述詞の *kāna*「〜である」や，「座っている」「してい

*201 それぞれ「行く」の能動分詞形より。口語体では，移動動詞が能動分詞形で，現在の状態を表す。
*202 マルタ語の正書法では sejjer 。

る」「立っている」の意味の分詞形から来ている。

	〈継続接頭辞〉		〈語源〉
シリア方言	*ʿam*	←	*ʿammāl*「激しくやる」
アナトリア方言	*qa-*	←	*qāʿid*「座っている」
マルタ語	*ʾīed*[*203]	←	*qāʿid*「座っている」
モロッコ方言	*ka-*	←	*kāin* 叙述動詞 *kāna* の分詞形か?
ウズベキスタン方言	*wōqif*	←	*wāqif*「立っている」

分解型の所有格表示語とアスペクト接頭辞の体系の両方に見られる類似点は，どちらもアラビア語方言のすべてで起こった広域的同一傾向であることと，この同一傾向がそれぞれの地域で独自に翻案されたということである。新アラビア語の成立を説明する理論には，これらが発達した経緯の説明を必ず入れなければならない。できあがった語形が異なっていることを，後に収斂が起こった結果であるとする説明はできない。なぜなら方言接触では，ふつう相手の方言から表示要素自体を借用してくるのであって，仕組みだけを借用した後にそこに独自の表示要素を入れ込むことはしないからである。アラビア語の新方言の成立に関する説の多くは，こういった改変の要因を，すでにイスラム以前のアラビア語に潜在していた変化のきざしの中にみつけようとする傾向がある。

ピジン語化説

また別の筋道として，このような言語変化は，イスラムによる征服の中での言語習得過程から発生してきたとも考えうる。イスラム時代の初期に，簡略化されたいろいろなアラビア語が広く使われていたことは，研究者の間でもほぼ同意をみている。アラビア語はイスラム時代に入って 100 年間，現地の人々によって第 2 言語として学習されたが，それはおよそ組織的なものではなく，きちんとした教育もおこなわれず，また正確さにはあまり注意が払われないまま，通用性ばかりが重視されていた。この二言語併用の時期には，アラビア語はほとんどの人が第 2 言語として使っており，それを母語としていたのはほん

[*203] マルタ語の正書法では qiegħed。

の少数派だった。こうした状況にあっては，余剰的な表現は消えていき，表現はかなり規則的になっていく。また，分解型の構文が好まれ（所有格表示語のように），習得しやすいようにさまざまな文法的な区別がなくなっていく。さらに，わかりにくい単語はよりわかりやすい単語に置きかわって，語彙体系も再編成される部分が出てくる。

もしこのような筋道を考えるならば，変化の多くを推し進めたのは，征服された現地の住人たちだった（⇨第 16 章）が，彼らの言語は，何の痕跡も残さずに消え去ったということになる。ここで出てくるのが標準語の問題である。もし，当初，アラビア語が習得過程によって完全に再編成され，簡素化されたアラビア語が成立したとするならば，今度は現代諸方言にも見られる動詞の活用とか 2 つの動詞形（完了形と未完了形）といった標準アラビア語がもっている特徴要素の多くを，後になって古典標準語やとくにコーランからの影響で取り入れたということになる。つまり，イスラム帝国各地の都市住人たちは，すでに簡素化されていたアラビア語でアラブ人征服者たちとコミュニケーションをとっていた。言語のるつぼとなった都市では，アラブ人と現地女性が通婚したり，アラビア語を共通の第 2 言語とする人どうしが通婚し，その子どもたちはそのアラビア語を母語としたということになる。

ついで文化的・宗教的な威信言語として古典アラビア語が広まると，これが言葉の手本となって言語状況に大きな影響を与え，話し言葉と古典アラビア語の間が言語連続体になった。ちょうど現在のアラビア語世界における，口語体と文語体の言語二層状態と同じ図式である。アラビア語の話者たちは，この連続体の高いほう（acrolectal「高位話体」）の特徴要素を好んで使い，低いほうの話し方（basilectal「低位話体」）を卑しいとみて，最終的には使わなくなった。このように，低位話体の特徴要素にかわって高位話体の特徴要素が使われるようになるのはとくにめずらしい現象ではない。歴史上，このような大規模な再編成があった直接の証拠はないが，このプロセスは，方言を話す中でも古典語からの干渉で移行が起きていることと，いくらか似ているといえるだろう。たとえば識字層のアラビア語話者の多くは，方言的な所有句も使いながら古典語の所有句（イダーファ構造）も混ぜて使うことがふつうの話し方になっており，これが教育の低い話者にまで及んできている。もちろん，現在はマスメディアの影響という点で，イスラム時代の初期の状況とは大きく違う。

同じようなプロセスは，方言どうしでも起きている。カイロ方言では，地方の方言話者が大量に流入して来たことによって，もともとカイロ方言にあったが，地方の方言にも共通していたため，その特徴要素が卑しいものと思われるようになり，その結果，その表現を下層民しか使わないようになって，最終的にカイロ方言からは完全に消えてしまった。このような例として，動詞完了形の 3 人称複数形語尾がある。これは，19 世紀にはおそらくどの社会階層でも *-um* だったが，現在では都市のもっぱら貧困地区でしかこれを聞くことができない (⇨ 11.4)。もう 1 つ，ネゲブ砂漠やシナイ半島のベドウィン諸方言で *b-* 未完了形が使われるようになった例がある。パルヴァ (Palva 1991) は，これらのベドウィン方言は *b-* 接頭辞をもたない方言グループに属しているので，これらに *b-* 接頭辞が見られるのは定住民の話し方に合わせた結果であるとしている。定住民とのていねいな会話では，*b-* 未完了形が使われ，部族の仲間内では接頭辞のない未完了形が使われるといったケースもまだ観察されている。

低位話体 (basilectal) が消失する可能性は，スーダンで最近起きた変化によってドラマチックに説明できる。スーダンの，ジュバ=アラビア語と呼ばれる，ピジン・クレオール語化したアラビア語は，威信をもった首都ハルトゥームの方言からの影響によって，「ふつうの」アラビア語の文法をいくつか回復したと見られる (⇨ 16.3)。イスラム時代になって最初の数世紀間に話されていた通俗語については，かなり古典語風にされた書かれた資料からの情報しかないので，それがジュバ=アラビア語のように崩れているように見えない理由として，少なくともその姿が後の古典語化によってかなりかき消されてしまった可能性を考えなくてはならない。

古典アラビア語からこのような干渉があったという説に対しては，いろいろな反対意見が出されている。反証としてあげられているのは，何よりも諸方言がもつ特徴要素のうち，古典語的ではあるが古典語からの干渉には帰することができないものである。ファーガソン (Ferguson 1989) は，その例として現代方言の双数形をあげている。方言にはたいてい擬似双数形 (pseudo-dual) と真性双数形の 2 つがある。擬似双数形は身体部位 (手，足，目，耳) の対(つい)の意味として，またこれらの可算複数として使われ，接尾人称代名詞をつけると *-n-* が落ちる。真性双数形は擬似双数形と語尾はだいたい同じだが，複数に対してはけっして使われず，また接尾人称代名詞をつけることができない。たとえばエジプト方言では，*riglēn*「足」は擬似双数形 (接尾人称代名詞をつけると，

riglēhum「彼らの足」，*riglēki*「君（女）の足」となる）であり，複数形としても使われる。これに対して，*waladēn*「男の子 2 人」が真性双数形である。モロッコ方言などいくつかの方言では，*wədnin*「耳」や *rəžlin*「足」など擬似双数形の *-in* に対して，*yumayn*「2 日間」の真性双数形 *-ayn* のように，双数形に形の上で 2 種類ある。さて反対意見のポイントは，「真性」双数形は口語体ではつねに複数として扱われることから，古典アラビア語から取り入れられた可能性はないというものである。中層アラビア語では，文を古典語らしくするための要素として双数形が使われるが，そのとき双数形の扱いは女性単数か複数なのである。ファーガソンはこの 2 種類の双数形は昔の古い方言からあったに違いなく，どちらも数えられる具体物に対して使われるため，複数として扱われるようになったという。

ファーガソンはまた，口語体では名詞複数形の扱いにいくつかあって，揺れがあることを指摘している。たとえばダマスカス方言では主語が複数のときに述語を複数形にせずに，次のように単数形の男性，女性の両方で言うことができる。

来た［単男］-我々に　手紙［複数］　たくさん
'əžāna　makatīb　ktīr
来た［単女］-我々に　手紙［複数］　たくさん
'əžətna　makatīb　ktīr
私たちに手紙がたくさん来た。

この法則は一見，古典アラビア語の法則と一致しているから標準語からの干渉とも考えられそうだが，そうした期待に反して，複数形にする方言的な言い方が，消失するどころか，古典的な言い方（女性単数形にする）を押しのけて一般化しつつある。

来た［複］-我々に　手紙［複数］　たくさん
'əžūna　makatīb　ktīr
私たちに手紙がたくさん来た。

このことから，ファーガソンはこれを標準語の法則を後から取り入れたものとみなすことはできないと考えている。ただ，議論のポイントは，方言と標準語の連続体上での動きがすべて上昇志向であると考えてはならず，状況によっては方言的な法則を志向する動きもありうるということである。また，標準語からの干渉によって文法機能の適用範囲が変化することもある。たとえばシリア方言の名詞複数の扱いにはおそらく意味論的な違いがあって，動詞は，可算名詞には複数形が使われ，不可算名詞や集合名詞の複数形に対しては女性単数形が使われる。ただ，方言は話されるのみなので，表現が使われた頻度を数えられるような信頼できる文面資料がなく，この例については真偽の判定は困難である。

古典アラビア語からの干渉に反対する2つ目の主張は，古典アラビア語が口語体に与える影響の大きさの問題である。ディエム (Diem 1978) は，ほとんどの方言地域には歴史的に2つの層があるとする。まず，イスラム征服の第1波によって，多くの改変を含んだ都市方言が成立し，これが都会型通用話体という形で都市に隣接する地域へと広がっていった。次に，第2波としてアラブ諸部族がアラビア半島の外へ移住したのは少しずつだったため，これらの都市方言がそれに入れかわるのは，かなりゆっくりだったという。たとえばメソポタミアでは，古い層に定住民の“*qəltu*”方言があって，この上を部分的に第2の層としてベドウィン系の“*gilit*”方言が覆っている。また，下エジプト地方では最初の征服のときに定住民型方言が入ってきたが，田舎や上エジプト地方がアラビア語化されたのは，後になってアラビア半島からベドウィン諸部族が移住してきたときであるとする。北アフリカでは，田舎のほとんどは11世紀のヒラール族 (*Banū Hilāl*) 侵入までアラビア語化が完了しなかった。ここからディエムが考えたのは，第2波でベドウィン人が移住してくる以前は，アラビア語方言はそれぞれの地域内でも均一ではなかったが，これがアラビア語化の第2波によってかなり均一化したのではないか，ということである。アラム語の場合は，方言ができる過程で東と西に大きな違いが生まれたが，これに比べてアラビア語諸方言は，方言どうしに違いはあっても類型的にかなり均一である。ディエムはこれを，アラビア語諸方言は形成期のうちに収斂し，目標言語からあまり大きく逸脱するのを免れた結果であるとしている。この考え方では，各地でさまざまだった定住民の通用話体を解消させたベドウィン諸方言のほうに，古典語よりもはるかに重要な役割を演じさせている。

他にもたとえば，ホールズ (Holes 1995a) は，上のような反対意見に加えて，社会・政治的な性格を指摘している。イスラム帝国の初期の状況下では，簡素化したアラビア語は通俗語となるまでじゅうぶんに発展するチャンスは得られなかったという。ホールズは，アラブ征服の初めの段階で人々は新しい言語へ順応していったが，そのときにこの簡素化したアラビア語が長く保たれる環境があったという事実は，現代方言の中にも，また歴史的記録の中にも見つけることができないと考えている。ホールズによれば，初期のパピルス文書（⇨ 9.1）に記録されている言葉は，規範がまだ固まる以前の標準化途上のものである。ホールズは，パピルス文書の文面にはアラビア語が劇的に変貌したような痕跡は記録されていないから，人々の多くのが現在話している方言はゆっくりと進化してきたものであり，一方，標準語はごく少数の専門家だけが学んでいて，ほとんどの人は古典語の手本に接することがなかったとする。つまり，アラビア語を学んでいた者は，何か実用のためというよりは，外国語としてしっかりと学んでいたということである。

標準語からの影響の可能性について，以上の 2 つの考えを統合すると，口語体はアラビア語化の第 2 波によって古典語的な特徴要素を再び取り込んだ，ということになろう。第 2 波で移住してきたベドウィン人たちは，まだ定住民のような話し方に影響されておらず，自分たちのもとからの話し方を使っていた。それに，ベドウィン人化は，今に至るまでとくにめずらしいことではない。キリスト教徒やユダヤ教徒が都市型方言を使い続ける一方で，イスラム教徒の都市民の方言はベドウィン人型のほうへと移行してきているし，当のベドウィン人の言葉もいまだに定住民方言からの干渉を免れているものがかなりあるのである（⇨ 10.3）。しかも威信の度合いも，時がたつにつれてかわってきている。都市方言は，イスラム征服の初期には現在のような威信をもっていなかったことはほぼ確実なので，これがベドウィン人の話し方に影響を及ぼしたとはあまり考えられない。ベドウィン人が都市の話し方からの影響をさけられなくなったのは，後になって，中心的な諸都市がイスラム文明の発信地となり，権力の座となってからのことである。

諸方言が現在の姿になるまでに，古典アラビア語の影響によって，どの程度古典アラビア語化したのかを推定するには，その過程について，われわれはあまりにも知らなさすぎると言わざるをえない。われわれは，アラビア半島からもち出されたアラビア語が変化をとげた結果としての現代諸方言しか知らない。現代諸方言を見て，そこから，イスラム時代に入ってすぐの数世紀間に話されていた最初の通俗語を推定しようとしても，古典標準語からの干渉という問題がたちはだかるのである。一方，新アラビア語の諸方言の成立に関する諸説（単一起源説，基層言語の影響，収斂，自然発展，広域的同一傾向）はどれも成立過程の中の一部の現象を説明しているにすぎず，方言成立の足跡の全体を説明しているものではない。現段階では，歴史言語学だけではこれに対する満足な答えを出すことはできないと結論せざるをえず，イスラム帝国初期の社会言語状況や，各地域で人々がどのように定住していったかについても，さらに多くの情報が必要である。また，言語の歩みを説明できるような，言語一般に使えるモデルという形での助けも待たれている。

8.4 文献案内

イスラムによる征服の詳細については，軍事的なこと (これについては Donner 1981 を参照) 以外はまだわかっていない。アラビア語化のプロセスを総合的に解説したものもないが，アラビア語化に関する Al-Sharkawi (2010) の研究を参照されたい。それぞれの地域のアラビア語化については，シリアは Poliak (1938)，北アフリカは W. Marçais (1961)，エジプトは Anawati (1975)，エジプトのアラビア語史は ʿUmar (1992)，ペルシャ征服は Zarrinkūb (1975) を参照。Aguadé *et al.* (1998) に収められた Lévy (1998), Cressier (1998), Rosenberger (1998) など，いくつかの論文がマグレブ地方の，とくに中心都市のアラビア語化について扱っている。アラビア語化におけるベドウィン人の役割については Singer (1994) を参照。イスラム帝国におけるペルシャ語の歴史については Lazard (1975) を参照。

現代アラビア語諸方言における共通特徴要素については，Fischer and Jastrow (1980: 39–48) がさらに深く概観している。本書のシリア方言の例は，Grotzfeld (1965) のダマスカス方言の分析から取った。

新アラビア語の発生について議論されている諸説については，信頼するに足る解説がない。全般的には，Miller (1986) を参照されたい。Owens (2006) のアラビア語に関する説や，それ以外のモデルについては本章で検証した。単一起源説は，最初 Ferguson (1959a) が提案し，Ferguson (1989) でもくり返されている。14 項目の特徴要素についての議論は Kaye (1976: 137–70) を参照。収斂に関する Cohen (1970) の論文は本章でもふれた (Diem 1978 も参照)。多様な方言が収斂して数が減っていく多元発生モデルを，セム諸語やアラビア語の歴史に適用した Edzard (1998) については 2.1 でふれた。

Diem (1979a) の，基層言語による変化であるかどうかに関する予測については本章でふれた。エジプト方言へのコプト語の影響を扱ったものには Sobhy (1950)，Bishai (1960, 1961, 1962)，Palva (1969b) があり，それへの最新の検討は Behnstedt (2006) にある。疑問詞疑問文の語順については，Nishio (1996) を参照されたい。シリア方言へのアラム語からの影響は，Arnold and Behnstedt (1993) が検討している。また，人称代名詞への基層言語からの影響に関する問題は Diem (1971) を参照。ジジェリ方言 (Djidjelli) へのベルベル語の影響については Ph. Marçais (n.d.: 607–11) を参照。Versteegh (1984) で提案したピジン・クレオール語化の観点から解釈する新方言の発展には多くの疑問が呈されている (Ferguson 1989，Diem 1991，Holes 1995a: 19–24，Fischer 1995 など)。

本章で扱ったいくつかのテーマに関しては，以下の文献を参照されたい。「大衆の訛り（なま）り (*laḥn al-ʿāmma*)」の詳細については Molan (1978) を参照。Pérez Lázaro (1990) は，イブン=ヒシャーム=ッ=ラハミー (*Ibn Hišām al-Laḫmī*) の校訂版と批判的研究である。イスラムに改宗した非アラブ人 (マウラー *mawla*ⁿ, 複数形 *mawāli*) の逸話については，4.3 を参照されたい。アラビア語諸方言のイダーファ (所有句構造) については Eksell Harming (1980) があり，これは古典語風に書かれた文章群をもとにした研究も含んでいる。アスペクト接頭辞については Czapkiewicz (1975)，擬似双数形については Blanc (1970a)，性・数一致の規則については，Ferguson (1989) を参照されたい。

ジュバ=アラビア語の変種に関しては，Mahmud (1979) の研究がある。また，Versteegh (1993b)，および本書の第 16 章も参照。アラビア語諸方言の古典語化については，Palva (1969a) を参照されたい。

中層アラビア語

▶第9章◀

9.1　中層アラビア語とは何か

ここまでは，アラビア語の文語体の変遷と口語体の発生について見てきた。ここからは，イスラム時代の初期に，文語体や，文語体でない言葉で書かれた文書の中に見られる，文語体要素と口語体要素の「関係」のほうに焦点を当てる。現存する文献資料の多くに書かれているアラビア語は，伝統文法として体系化されたアラビア語の姿とは一致していない。これは，後の時代の正式な文語体にも，さらには初期のパピルス文書にも言えることである。たとえば，動詞の直説法 *yaktubūna*「彼らは書く」を *yaktubū* とした例は文法学者にはないが，パピルス文書やそのほかの文書でも *yaktubū* の方がひんぱんに出てくる。現代の諸方言で使われているのは *yaktubū* の方であるから，これは明らかに書いた者の通俗語が反映されたものと言える。本章では，このように書かれた文面の中に出てくる，古典語規則から逸脱した形がどこから来たのかを見ていく。

現代のアラビア語研究では，古典文法から逸脱した部分のある文章を総称して「Middle Arabic」と呼んでいる（本訳書では，「中層アラビア語」とする）。この用語は，いろいろな意味に解釈されそうな言葉であるから，まずはこれが意味“しない”ものについて説明しておく。英語史では，時代ごとに古英語，中英語（Middle English），現代英語のように分けられるから，「Middle Arabic」というと古典時代と現代の間，すなわち 800 年代から 1800 年代の段階を意味するものと取られそうである。実際，研究書によってはこの意味で「Middle Arabic」といっているものもある。ブラウは，キリスト教徒中層アラビア語の手引書（Blau 1966–7: I, 36）の中で，「MA（Middle Arabic）は CA（Classical Arabic 古典アラビア語）と現代諸方言との間の，失われていたつながりである」といっている。しかし彼はその後，この用語の使い方を修正し，「Middle Arabic」が時代的な中間段階をさすという誤解をさけるようにした。アラビア語で書くとき，古典時代に間違いやすかった点は，現代でも同じような間違いを起こすのだから，「Middle Arabic」という用語に時代的な意味をもたせるのは誤りであろう。本章の後半で，現代の文章の中に見られる間違いを分析するが，それを見ればそれらの間違いが「古典」期における中層アラビア語（Middle Arabic）の間違いと非常に似ていることがわかるであろう。

また中には，「中層アラビア語」を古典語と口語の中間に位置づけ，特別なアラビア語として一個の独立した種類と考える向きもあるが，これは中層アラビア語の文章の性質とは相いれない。アラビア語で何かを書こうとするときは，意識の中ではつねに古典語の規則で書こうとするが，そこから逸脱している量とか，口語からの離れ具合は，文を書く者の教育程度によってかわる。だから，中層アラビア語の文章と一口に言っても，1か所たまたま間違えただけのものもあれば，文章全体がほとんど口語体のものまでさまざまである。ただし，口語体からの干渉が極端に強いケースでも，その文章が完全に口語体であるとは言えない。口語体の特徴要素が大量に入っていても，相かわらず古典アラビア語に近づけようとして書かれているからである。ランドバーク（Landberg）は1888年，初期の中層アラビア語の文章を出版するために編集したとき，バースィム物語（*Bāsim*）はまさしく正真正銘のエジプト方言で書かれていると考えた。実際，物語にはエジプト方言のように見える箇所もあるが，ほとんどの場合，書き手は文語アラビア語の規範から逃れることができていないし，おそらく逃れようとも思っていなかったことが容易に読みとれる。しかし，書かれた文章の中に方言的な言い回しがあると，そこばかりが目立つから，ランドバークがこの物語を「正真正銘の」方言で記されていると思ったのも理解できる。

どんな言語社会であっても，文語体の規範と口語体との間には，綴り，語彙，そして文法にいたるまで，ある程度の隔たりがあるものである。しかし，この高位体と低位体との間で使い分けがある（「言語二層状態」と呼ぶ。⇨第13章）ような社会では，書かれる標準語と日常のふつうの会話との間の隔たりがとても大きくなる。このような社会では，教育水準の平均値が低ければ，文語体で読み書きできるのは非常に限られた人だけになり，同時に，書いて伝えるという行為が自動的に文語規範にしたがうものになる。つまり，アラビア語で書こうとすれば，いやがおうにも文語規範にしたがわざるをえないということである。問題は，このアラビア語の標準文語体が，ほとんどの人々にとっては到達できるレベルを当然超えているから，アラビア語で書くとなるとたちまち自分たちの話し言葉からくる間違いを犯すことになる，ということである。たとえば文語体の /ḍ/ と /ḏ̣/ は口語体では /ḍ/ に合流しているから，これによって *'aḏ̣īm*「偉大な」を *'aḍīm* と綴ったり，*ḏ̣aby*「鹿」を *ḍaby* と綴ったりといった綴りの間違いを引き起こす。語形の例では，方言では動詞未完了形の法語尾が消失しているから，「彼らは書く」という文で，いつ直説法 *yaktubūna* を使うか，いつ接続法 *yaktubū* を使うかが人々にはなかなか理解できず，すべて口語体と同じ *yaktubū* にしてしまうのである。

しかし，書かれた文章に見られる逸脱のすべてが口語体要素だと考えるのも，また誤りである。人々は書く言葉と話す言葉に違いがあることはわかっているから，正しく書こうと慎重になるが，慎重なあまり，口語体にも文語体にもない語形を作ってしまうことがある。上記の動詞の法語尾の例で言うと，「彼らは書かざりし」の語形は希求法の *lam*（ざりし） *yaktubū*（書か［希求法複数］） のままで正しいのに，これを口語体からの干渉だと感じ，無教養でないところを見せようとして *lam*（ざりし） *yaktubūna*（書か［直説法複数］） と書いてしまうことがある。同じような間違いが，*ḍaraba*「叩いた」を *ḏ̣araba* と書いてしまうような /ḍ/ と /ḏ̣/ の綴りにもみられる[*204]。このような誤りを「修正間違い」(pseudo-corrections) と呼び，これにはふつう「不必要修正（過剰修正ともいう）」(hypercorrection) と「不完全修正」(hypocorrection) の 2 つがあるとされる。*lam*（ざりし） *yaktubūna*（書か［直説法複数］） は，書き手が方言の語形を「不必要修正」して「古典語すぎる」語形を使ってしまった例である。もう一方の「不完全修正」とは，修正が不完全なものである。中層アラビア語の文章では，主語が双数形ならば動詞はたいてい複数形にしているので，たとえば *ar-rajulāni*（男［双］） *yadḫulū*（入る［複］）「男 2 人（双数）が入る（複数）」となるが，これを修正しようとするも完璧にできておらず，口語体ではないが[*205] 文語体 (*yadḫulāni*（入る［双］）) にもなりきれていない *yadḫulā* としてしまうのが「不完全修正」である。不完全修正の例は他にも，書き手がより文語風にしようとして主語と動詞の語順を逆にしたものの，動詞は文語体

[*204] 口語体では *ḍ* と *ḏ̣* は *ḍ* に合流しているので，「*ḍaraba*」が文語体で *ḍaraba* か *ḏ̣araba* かは覚えなければならない。

[*205] 口語体には，動詞の双数形はない。

のように(入る［単］ 男［双］ *yadḫul*ᵘ *r-rajulāni*)単数形にせず，双数形のままにしたものなどがある。

修正間違いが起きるのは，なにも，書かれたものとは限らない。書き言葉の標準形は，レベルを引き上げた公式な話し方の手本にもなるから，現代の発話の中でも修正間違いの例はたくさん見られる(第13章)。たとえば，エジプト人には口語の /ʾ/ (声門閉鎖音) は古典語では /q/ に修正しなければいけないことはよく知られているから，自分が知識層であると見せようとして，声門閉鎖音のうち古典語で /q/ のものだけでなく，もともと /ʾ/ のものまですべて /q/ に置きかえてしまうことがある。「コルアーン(*qurʾān*「コーラン」)」のことを，「コルカーン(*qurqān*)」と発音するのさえ聞くことがある。

標準規範からはずれた書き方は，標準文語の知識が足りないことによる純粋な誤りや修正間違いのほかにもある。話す言葉と書く言葉の隔たりが大きいから，人と人の間の実際の生きた対話は，文語体では表現しにくい。これは，古典期にも同じような問題があったはずであるが，現代アラビア文学ではよく議論になる問題で，なるべく多くの読者に読んでもらおうとする著作ではとくにそうである。そのため，対話文の中に方言の単語や，さらには言い回しを入れ込んで，生き生きさせようとするのがつねである。たとえば，前述したバースィム物語(Landberg 1888)にはカリフ・ハールーン=アッ=ラシード，高官ジャアファル，宦官マスルールの会話に次のように地域色を加えた表現がある(訳者注：太字が口語表現)。

まず，高官がカリフに言う。

よ　司令官　［定］　信徒たち
yā ʾamīr al-muʾminīn

マスルール　［進行］　言う　私に　おそらく　と　［定］　王　空腹になった　彼に尋ねよ　帰還
masrūr ***ʿammāl*** *yaqūlu lī rubbamā ʾanna l-malik*ᵃ *j̣āʿa isʾalhu r-ruj̣ūʿ*

に［定］　宮殿
li-*s-sarāya.*

カリフ
信徒の指揮者よ，マスルールが「おそらく王は空腹なり。宮殿への帰還を求めよ」と私に言ってます。

これに対して，マスルールが次のように言う。

私は　言った　汝に　それとも　汝が　［進行］　言う　私に　言え　彼に
ʾanā qultu laka ***wallā*** *ʾanta* ***bi-****taqūlu lī qūl lahu.*

「我が汝に言いしや，じゃなければ，汝が彼(カリフ)に言えと我に言ってるのか。」

カリフが言う。

私は〜でない　腹ペコ　私たちにさせろ　私たちが見る
mānīš jīʿān *ḫallūnā natafarraj.*

「余は腹ペコ[*206]じゃない。見てみよう。」

どの登場人物も，会話の中で次のような口語表現を使っている。

- 継続アスペクト接頭辞（*ʿammāl* や *bi-*）をつけた未完了形（*ʿammāl yaqūlu*「言っている」，*bi-taqūlu*「言っている」）
- 「〜へ」に古典語の *ʾilā* ではなく *li-* を使う
- 古典語の *ʾam*「さもなくば」ではなく，*wallā*「じゃなければ」を使う
- 名詞否定の *mānīš*[*207]「私は〜じゃない」

さらに，語り部が物語を語るときは次のように発音も口語的にしていたに違いない。

bi-taqūlu「言っている」→ *bi-tʾūl*
qultu laka「私はあなたに言った」→ *ʾultíllak*
natafarraj「私たちは観る」→ *nitfarrag*

書き手は，正しい古典語の表現をきちんと知っていたが，聴衆（読者）をひきつけようとして口語表現を選んだのである。台詞の中の口語体の単語にわざと文語体の語尾をつけて，滑稽さが増すようにしたと思われる例もある。こうすることで，高慢な登場人物が，エジプト方言で話しているとわかって，聴衆は笑ったことであろう。同じ物語のシリア版では，エジプト方言の表現がそのままシリア方言に置きかえられている。

また別の物語に，医者と料理人の物語があるが，この中には明らかに意図的ではない逸脱がある。

そして この［女単］［定］ 橋［複］　船［複］　結ばれた［複］　に　それらの一部　［定］ 一部
wa- hāḏihi l-jasūra marākib murabbaṭīn fī baʿḍihim al-baʿḍ

そして歩く［女単］［定］ 人々　それらの上　ため 遂行する［直説法］　彼らの仕事
wa- tamšī n- nās ʿalayhim li- yaqḍūna ʾašġālahum...

[*206] *jīʿān* は，*jawʿān*「空腹だ」の口語訛り。
[*207]「私」*ana* ないし *ani* を，否定接周辞 *mā...š* で挟んでいる。

そして　時　彼が　にある　日　観る　で　市場
wa-baynamā huwa fī ḏāt yawm yatafarraj fī l-'aswāq

そのとき 通過した　を　店　料理人
fa- jtāza ʿalā dukkān ṭabbāḫ.

これらの橋は互いに結ばれた船であり，

人々は仕事を遂行せんがため，それらの上を歩く…

また，彼が，ある日，市場で見物している時，

料理人の店を通り過ぎた。

(Nöldeke 1891: 14)

この物語では，作者が古典アラビア語で書こうとしてはいるが，文語の規則を守りきれていない。たとえば，複数形の *jasūra*「橋」を，女性単数扱いしたり，男性複数扱いしたりと一定していない*208。また，接続詞 *li-*「ため」の後ろで動詞接続法ではなく直説法を使っている*209 し，「互いに」を意味する熟語で *baʿḍuhā fī baʿḍ* とすべきところを混乱している。逆に，*baynamā*「〜のとき」を使った時間節の主節を，古典語的な性格を強めようとして，*fa-*「しかして」で導いている*210。この文章の作者は，ユーモアのために意識的に方言的な表現を入れているわけではない。

中層アラビア語の文章に逸脱が現れる3つめの理由として，古典期には，特定の共同体の中で中層アラビア語が書かれていたことがあげられよう。イスラム教徒にとってはコーランの言葉が影響力と権威のあるモデルだったが，キリスト教徒やユダヤ教徒にとってはそうでなかったため，イスラム教徒よりもはるかに自由に口語体を書き言葉の中に使っていた。この意味で，ユダヤ教徒中層アラビア語（ユダヤ教徒アラビア語とも）とキリスト教徒中層アラビア語を，とくに別個の言語だと言ってもよいであろう。ちょうどローマ帝国で初期のキリスト教徒の共同体の中で，キリスト教徒ラテン語，キリスト教徒ギリシャ語とでも呼べるような言葉を使っていたのと似ている。

中層アラビア語という用語は，たしかに早くは7世紀，遅くは12世紀の文面について使われる用語であるが，中層アラビア語の研究のほとんどが古典期の文面に集中していることもまた事実である。それは，これらの文面が，方言

*208 *jasūra* は物の複数形なので，文語体では女性単数扱いする。「この」には *hāḏihi*（女性単数）を使っているが，「その上」には *him*（男性複数）を使っている。

*209 文語体では，「遂行するために」は *li-yaqḍū*（接続法）とする。

*210 文語体では，ここに何もつけない。

発生の様子を復元するのに使えるからである。その際，これらの文面に使われている口語表現には，話されていた言葉の時代的な変遷が反映されていることが前提とされる。しかし，中層アラビア語の文面は，その性格上，歴史言語学的な研究にとっては非常に限られた有効性しかもっていない。話し言葉と書き言葉の混合は，個々の作者の能力や好みによってかわるから，ある文書に，ある特徴要素があるとかないとか言っても，それによってその当時の通俗語の本当の状況については何も語れないのである。個々の文書ごとに性格が異なるから，ある特徴要素が時代が下るとともに増えてきたとしても，それは必ずしも通俗語の変遷とは関係なく，むしろ言語規範のほうの変化を示しているにすぎない。たとえば，所有格表示語を使う分解型の言い回しが，初期の文面にはないのに，時代が下ると次第にひんぱんに使われるようになるのは，通俗語でこの表現を使うことが増えたことを反映しているわけではなく，書く時にこれを使ってはならないという規範が弱くなったことを反映しているのである。

さらに，逸脱には，上で述べたように別の原因，すなわち修正間違いから来たものもある。修正間違いによってできた語形は，文語体にも口語体にも存在しない語形である。ただし，以上のことは，中層アラビア語の文面を何かの証拠として使うことができない，というのではなく，慎重に当たらなければならないということである。たとえば，中層アラビア語の文面の中で ḍ と ḏ̣ が混用されていることから，この 2 つの音素が通俗語で合流していたということは言える。そのような文面からは「それ以前のこと」，つまり，合流という特徴要素が，少なくともその文書が書かれた時点ですでに存在していたことは言えるが，それがいつからだったのかまではわからない，ということである。

同じことは，例はわずかだがアラビア語の発音を他の文字で転写した文書にも言える。その中でよく知られた例が，ギリシャ文字でアラビア語訳した詩篇である（ウィオレト Violet によって編集されている）。その文書は詩篇 78 章のアラビア語訳で，おそらく 9 世紀初めのものであるが，その時期の母音の発音についていくつかのヒントを与えてくれるめずらしい文書である。たとえば，語末の短母音は脱落している（2 行目は，対応する古典語）。

oamithl raml elbou.chour

（そして ごとく　砂　［定］　海
wa-miṯl^a raml^i al-buḥūr^i）

そして海の砂のごとく

また，特定の環境で *a* や *ā* にイマーラ現象（傾斜）があったことがわかる。*fá.dat*（古典語の *fāḍat*「溢れた」）や *faou.kag.at*（*fa-waqaʻat*「そして落ちた」）のように *a* とするものもあり，*fasélet*（*fa-sālat*「そして流れた」），*ken*（*kāna*「だった」），*geb*（*jāba*「もって来た」*211）のように *e* とするものもある。また，タルタラ現象（*taltala*），つまり動詞未完了形の接頭辞母音が，古典語の *-a-* ではなく，この当時のアラビア語で *-i-* だったことを示すものもある。たとえば *lam iechfa.dou*（*lam yaḥfaḏū*「彼らは守らざりき」）の *e* は，直後の *ḥ* *212 によって *e* になっているが，もとは *i* である（*a* がイマーラ現象によって *e* になったのではない）。また，*semig*（*samiʻa*「聞く」）という語形は，当時すでに動詞完了形の母音が，古典語の *faʻila* 型から現代口語と同じ *fiʻil* 型にかわっていた可能性を示している。しかし，ここに書かれた言葉は，口語体そのものというわけではなく，文語体の綴りを転写したものと考えるべきである。たとえば *elturáb*「埃」（発音は *at-turāb*）のように，定冠詞を次の子音の発音に同化させない形で転写しているし，連結ハムザ（ハムザト=ル=ワスル *hamzat al-waṣl*）の母音は発音上は脱落するが，*fa.ankalebu*（発音は *fa-nqalabū*「しかして彼らはひっくり返った」）の *a* のように，転写には残しているのである。

ギリシャ文字以外にも，たとえば，コプト文字，シリア文字，イラン文字，ラテン文字，ヘブライ文字，アルメニア文字，南アラビア文字による転写もあるが，これらの転写はほとんどが後の時代のものであるから，アラビア語初期の発音を復元するにはあまり役に立たない。9.3「ユダヤ教徒アラビア語」ではヘブライ文字で転写されたアラビア語の文面を，9.4「キリスト教徒中層アラビア語」ではコプト文字によるアラビア語の文面を検証する。

9.2　イスラム教徒中層アラビア語

この節で扱う文書の中には，他の文書とは異なり，1つのカテゴリーとみなすべき文書群がある。それが膨大な，いわゆるパピルス文書である。古典アラビア語による文書の最も古い写本は，文学も文学以外のものも含め，イスラム暦第3世紀のものである。しかもこれらは，書写生や複製者によって改作や修正がなされているかも知れないので，そこから，文書が作成された時期のアラ

*211 この単語は口語体にしかない。
*212 綴字では ch。

ビア語について何かを言おうとするときには気をつけなければならない。これに対して，パピルス文書はオリジナル資料である。パピルス文書は 16,000 点以上が残っているが，紙に残っているものも総計 33,000 点以上にのぼると見積もられている。さらに，それ以外の材質（革，木，硬貨，ガラスなど）にも，また碑文にも，非常にたくさんの文書が残っている。

最古のパピルス文書はイスラム暦 22 年のものである（2 つあり，ギリシャ語・アラビア語の 2 言語併記。Sijpesteijn 2013: 119, 231, 235f.）。そして，イスラム暦 54 年から 70 年までの時期のネッサナ文書群（現イスラエル南部ネゲブ砂漠のナバテア遺跡，ヘブライ語でニツァナ）には，100 点ほどのアラビア語パピルス文書やたくさんの陶片が含まれる（Stroumsa 2008）。アフロディト文書群（Aphrodito は現在の上エジプトのクーム=イシュカウ村 *Kūm Išqāw*）には，日付がイスラム暦第 1 世紀末の大量のパピルス文書や，エジプトの支配者との公用書簡が含まれる。パピルス文書は，イスラム暦第 1 世紀の終わりから次第に増加し，第 3 世紀にはかなり大量に作られ，その後だんだんと消えていった。大部分はエジプトにおいて書かれ，またそのほとんどはイスラム教徒が書いた文学以外（行政や商業）の内容の文書である。

パピルス文書の重要性は，その言葉が，後世の中層アラビア語の文面と同じような特徴をもっていることにある。つまり，口語体にはこれらの変化が当初からあったということが，ここから確認できるのである。しかし，パピルス文書のアラビア語は古典語の規範からも影響されているはずだから，口語体からの干渉ばかりと考えるべきではない。これらの文書のほとんどが，それなりに訓練を受けた公式の筆記職によって公的な目的で書かれているし，官庁の文書であるから，当然ながら定型句をたくさん含んでいる。そのためパピルス文書には，たとえば，語幹内受動形がかなりひんぱんに使われているし，否定には *lam*「〜ざりし」が一般的であるが，これは人々が日常の会話で使っていたということではなく，古典語らしさを出すためによく使われる典型的な印だったのである（当時だけでなく現在でも！）。これらの要素をふだんは使っていなかったことは，たとえば主格にすべきところに目的格語尾の文字アリフを書き加えたり，否定詞 *lam* の後ろであるのに動詞に語尾 *-ūna* *[213] をつけたりするなど，修正間違いが大量に起きていることからもわかる。また，所有格表示語やアス

*[213] 古典語の規範では，*lam* の後ろなので動詞は希求法（複数形語尾 *-ū*）。

ペクト接頭辞は最も非公式なレベルに属する要素であるから，これらがパピルス文書に使われていないのも納得できる。

中層アラビア語で書かれた近代以前のものにはパピルス文書のほかにもいろいろある。よく知られているものに，千一夜物語集（アラビアンナイト，*'Alf layla wa-layla*）のおとぎ話集がある。この写本は13世紀から19世紀のもので，収められている物語の起源のほとんどは12世紀から16世紀のものである。現在の形になるまでには文学的な脚色がほどこされ，地の文を生き生きとさせるために口語体の要素が意識的に取り入れられた。印刷版のほとんどは，標準規範に合わせて写本の文章が「修正」されてしまっているため，もっぱら写本だけをベースにして批判的に編集したマハディーによるもの（Mahdī 1984）だけが，現在手に入る最も重要な千一夜物語集である。その文体の例として，別の，類似の物語集から1節を引用して，対話に口語体の特徴がたくさん取り入れられていることを示そう。例は，カリフと高官，そして主人公である宦官の話である。この中に見られる特徴要素は，否定に *mā* を使うこと，命令形の *imḍī*「行け」や *jī*「来い」を使うこと，*ḫātim*「指輪」が女性名詞として扱われること，*'aṣlaḥ*「よりよい」の従属節に接続詞を使わないことなどである（訳者注：太字が口語体要素）。

しかして　言った　ラシード　かの　マリーハ　だれ　彼
fa- qāla r-Rašīd: ḏālika l-Malīḥ man huwa?

私に教えよ　彼について
'aḫbirnī bihi !

そして言った　よ　我らが主人　ない　理解される　言葉　マスルール
fa- qāla: yā mawlānā ***mā*** *yanfahim kalām Masrūr?*

そして言った　行く　脅せ　彼を
fa- qāla: ***imḍī*** *izʿaq bihi!*

そして言った　マスルール　ない　行く　彼へ
fa- qāla Masrūr: ***mā 'amḍī*** *'ilayhi,*

そして言った　ラシード　よ　ジャアファル　入れ　神賭けて
fa- qāla r-Rašīd: yā Jaʿfar , udḫul bi-llāh

そして　見ろ　だれ　彼　[定]　[強調]　叩いた　マスルール
wa-'abṣir man huwa llaḏī qad ḍaraba Masrūr

そして　これ　私の指輪
wa-hāḏihi ḫātimī

行け　それをともなって　彼へ　そして来い　彼をともなって
imḍī bihā 'ilayhi wa- ***jī*** *bihi !*

そして言った　ジャアファル　よ　我らが主人　マスルール　来る　より適した
fa- qāla Jaʿfar : yā mawlānā Masrūr yajī ***'aṣlaḥ***!

ラシードが言った。「かのマリーハとは誰か？

かの者について教えよ」
そして言った。「陛下，マスルールの言うことがわからんのですか」
彼（王）が言った。「行って彼を脅かせ」
マスルールは言った。「私は彼の所へ行きません」
ラシードは言った。「ジャアファルよ，神賭けて，汝が入り，
マスルールを叩いた者がだれか見よ。
そして，これは私の指輪だ。
これをもって彼のもとへ行き，彼を連れて来い！」
ジャアファルは言った。「陛下，マスルールが行くほうがよいです」と。
（Wehr 1956: 386.12–15）

千夜一夜物語は，市場など人が集まる場所でプロの語り部が語る民間詩や説話の口承伝承から来ているわけではないため，いわゆる民話とは異なる。これらの物語も，もとは通俗語で語られていただろうことは推察できるが，それを後に，関心をもった収集家が書きとめるときには，標準規範からの影響から免れることができなかったので，現在の姿は，当時の純粋な口語体とは言えない。このような物語が写本の形で，とくにモスクワやケンブリッジなどの図書館にたくさん残っている。

どの時代にも詩人たちは自分の感情を表現するために，ときに口語体という手段を使った。これによって，詩人やその聴衆たちが話していた口語体そのままというよりは，ある種の文学的通俗体というものができあがった。このような詩として，イラクの詩人サフィー=ッ=ディーン=アル=ヒッリー（*Ṣafī d-Dīn al-Ḥillī*, 1350 年頃没）の詩が伝わっている。詩の中には，たとえば，*r* から *ġ* への発音移行，動詞未完了形複数の語尾 *-ūn*，不定冠詞 *fard* など，14 世紀のイラク方言を復元するために有用な証拠がある（Levin 1975）。エジプトの詩人アリー=イブン=スードゥーン（*ʿAlī ibn Sūdūn*，回暦 868=西暦 1464 年没）の詩にもたくさんのエジプト方言の特徴がみられる。たとえば，語形変化しない関係詞 *illī*，代名詞 *dī*（ただし，現代エジプト方言のように名詞の後ろに置かれることはなく，つねに名詞の前に置かれる），未完了形につけられる継続接頭辞 *bi-*，その他，口語的な多くの名詞がある。イブン=スードゥーンの自筆の著作が残っているが，そこには母音記号がたくさん使われていることが注目される。*ṭubaylih*「小太鼓」の女性語尾（古典語は *-ah*）のように，当時，イマーラ

現象があったことを見ることができる。またとくに言及すべきなのは，イブン=スードゥーンは詩の中でバグダードから来たせむし男が *rabbī*「我が主」を *ġabbī* と，*šāʿir*「詩人」を *šāʿiġ* と発音するのをまねして書いていることである。以上のように，詩人たちが方言の間の違いについてよくわかっていたことは明らかである。しかし，フローライク（Vrolijk 1998: 136–7）が強調しているとおり，これらの文面が，これらの詩人の時代の口語体を忠実に写しているとみなすことはできない。

方言による詩作手法は，とくにマグレブ地方では古典詩にまで入り込むほど一般に浸透していた。また，ムワッシャハ詩（*muwaššaḥ*）として知られるジャンルの詩では，話し言葉で反復句をつけることが慣わしになっていたが，その話し言葉にはアラビア語の口語体のほか，ときにはアンダルス地方で話されるロマンス語が使われることもあった（いわゆるハルチャ。⇨ 17.2）。

ここまであげてきたタイプの文書では，文学あるいは語りの機能として口語体の要素を使っていた。しかし，非常に専門的なアラビア科学の著作など，一般的なエリート知識人が関心を寄せないようなものの場合は，口語的要素があっても，それは意図的に入れたものではない。医学や薬学の分野，あるいは数学，天文学，機械のような技術科学の分野では，作者は古典語の規範にはあまり縛られず，自分の口語体の言い方で書いても，それについてだれかに批判されることはなかった。この手の文章は，古典語の規範からの逸脱が全体に見られるという点では，意図的に公式な表現を選んでいる文章と同じであるが，修正間違いはめったに見られない。

「知識層の」イスラム教徒による中層アラビア語の例として，ウサーマ=イブン=ムンキズ（回暦 584=西暦 1188 年没）の『回想録』から一節を引用しよう。

そして　の時　我々が着いた　アスカロン　夜明けに
fa- lammā waṣalnā ʿAsqalān saḥar^{an}

そして　我々が置いた　我々の荷物を　もとに［定］　礼拝所
wa- waḍaʿnā ʾaṯqāl^{a}nā ʿinda l-muṣallā

我々を朝の内に訪ねた［定］フランク人　もとに　上ること　太陽
ṣabaḥūnā　l- ʾIfranj ʿinda ṭulūʿ aš-šams

そして　出た　我々へ　ナーセル　ッ　ダウラ　ヤークート　知事　アスカロン
fa- ḫaraja ʾilaynā Nāṣir ad-Dawla Yāqūt wālī ʿAsqalān

そして 言った　もち上げろ　もち上げろ　君たちの荷物を
fa- qāla:　irfaʿū , irfaʿū ʾaṯqāl^{a}kum,

私は言った　君は恐れる［否定］　彼らが奪う　［定］フランク人　それらを
qultu : taḫāfu　lā　yaġlibūnā l- ʾIfranj ʿalayhā?

言った　然り
qāla: naʿam,

私は言った　［否定］君は恐れる
qultu : lā taḫāf^{u}*,*

彼らは　我々を見る　で［定］　砂漠
hum yarawnā fī l- barriyya

そして　彼らは妨げる　を　こと　我々が着いた　へ　アスカロン
wa-yuʿāriḍūnā ʾilā ʾan waṣalnā ʾilā ʿAsqalān,

ない　彼らを我々は恐れた
mā ḫifnāhum ;

我々は恐れる彼らを　今　の時　我々は　もとに　我々の町
naḫāfuhum l-ʾān wa- naḥnu ʿinda madīnat^{i}*nā?*

われわれが夜明けにアスカロンに到着し，

礼拝所に荷物を置いたとき，

日の出の頃にフランク人がわれわれの所に訪ねて来た。

アスカロンの知事，ナーセル=ッ=ダウラ=ヤークートがわれわれの所に出てきた。

そして言った，「お前たちの荷物をもて，もて」と。

私は言った，「フランク人がそれらを奪うと恐れるのか？」と。

彼は言った，「然り」と。

私は言った，「恐れるな，彼らは砂漠でわれわれと会った。

われわれがアスカロンに到着するのを止めていた。

われわれは彼らを恐れなかった。

われわれが町にいる今，彼らを恐れるだろうか？

（ウサーマ=イブン=ムンキズ著『回想録』pp. 38–9）

この一節の中には，規範純粋主義になることなく文法を学んだウサーマのような「アラブ紳士」ならではの言葉遣いを見ることができる。彼はためらうことなく目的格語尾を省き，動詞を主語の数に一致させ，疑問詞「何」に *mā* ではなく *ʾayy šay*（*ʾēš* のこと [*214]）を使い，接続詞 *ʾan* [*215] なしで動詞に従属節を連結し，動詞未完了形の複数語尾に *-ūna* ではなく *-ū* を使った。彼は書きながら，文語体から離れすぎずも口語体の味を残しつつ，さらに文法規則を自由に曲げ

[*214] 口語体では「何」に，*ʾayy šay*「どの物」を語源とした疑問詞が使われている。

[*215] 「欲する」と「飲む」を連結させて「飲みたい」と言うとき，古典語では *yurīdu ʾan ʾašraba* のように接続詞 *ʾan* を必要とするが，口語では *ʿāyz ašrab*（エジプト方言）のように接続詞を使わない。

ていたが，無教養に見せることはなかった。ウサーマや同類の著作家たちによるこの種の中層アラビア語では，標準文法からの逸脱は上でふれた文書と共通するものの，修正間違いはまったくない。

9.3　ユダヤ教徒アラビア語

中層アラビア語とは言っても，そのような 1 つのアラビア語方言があるわけではなく，古典標準語から逸脱した部分をもつ文面の総称であることは前述したとおりだが，ユダヤ教徒やキリスト教徒が書いたアラビア語については，彼ら独特の書き方があり，仲間内の特別な形や，新しい規範のようになっていたので，これらは独立した方言と言ってもよい。ユダヤ教徒の中層アラビア語は，しばしば「ユダヤ教徒アラビア語」(Judaeo-Arabic) という特別な名称で呼ばれる。イスラム征服が始まった頃，征服地にいたユダヤ教徒たちの言語はアラム語であり，また，話し言葉としては使われていなかったが，彼らの宗教や詩の言語としてヘブライ語があった。ユダヤ教徒たちがいつアラビア語を話すようになったかはわかっていないが，比較的早い時期だったと思われる。ユダヤ教徒によってアラビア語で書かれた最初の文学作品は 9 世紀のもの，文学以外の文書はほとんどが 1000 年以降のもので，その大部分はカイロのゲニーザ文書群 (ゲニーザとは，文書群がみつかったカイロ市内のオールド=カイロにあるユダヤ教ベン=エズラ会堂の倉庫のこと) の中から見つかったものである。アラビア語を話してはいたが，ユダヤ教徒である彼らにとって，古典標準語はそれほど強い制約ではなく，口語体要素についても，間違いとか知識不足の印とは思っていなかったから，彼らが書くものには口語体の特徴要素がかなり多く入っていた。たとえばマイモニデス (Maimonides 1204 年没) は，イスラム教徒あてには完璧な古典アラビア語で手紙を出したが，自分と同じユダヤ教徒に出すときは，他の中層アラビア語の文面にも見られるような特徴要素がたくさん含まれていた。

ユダヤ教徒が書いたアラビア語の特徴は，ヘブライ文字で書かれていることとヘブライ語からの借用語が多く含まれることの 2 点である。ヘブライ文字でアラビア語の音素を表すのは，まさに転写そのもの，つまりアラビア語のそれぞれの文字を一対一でヘブライ文字によって書き表すのである。ただ，ヘブライ文字はアラビア文字よりも数がいくつか足りないため，調整が必要だった。ユダヤ教徒の書記者が最も工夫をこらした発明は，ヘブライ語の異音表記を使って，この足りないアラビア語音素を表す方法である。ヘブライ語では閉鎖音が音環境によって摩擦音になるが，文字の中心に点（いわゆるダゲシュ符号 *dageš*）がなければこの異音（摩擦音）を表す。たとえば，ヘブライ文字の *dalet* は点をつけると閉鎖音 *d* を表し，点をつけないと異音の摩擦音 *ḏ* を表す。同様に，文字 *tav* は *t* と *ṯ*，文字 *kaf* は *k* と *ḫ* を表す。アラビア語の単語を転写するとき，書記者たちは，文字の上に点をつけることで摩擦音の *ḏ*，*ṯ*，*ḫ* のほうを表した（点は，手写本ではしばしば落とされ，文字上ではどちらを表しているか不明となる）。この方法でもなお表せない文字は，ヘブライ文字の無声子音の文字に点を打った。たとえばアラビア語の *ḍād* はヘブライ文字 *ṣade* に点を打って，アラビア語の *ḏ̣ā'* は *ṭet* に点を打って表した。このアラビア語の *ḍād* と *ḏ̣ā'* はすでに発音が合流していたにもかかわらず，書く際にこの 2 つを区別していた事実から，ここでわれわれが目にしているのは書記法の慣習であることがわかる。また，発音が同化しているアラビア語の定冠詞*216 や，動詞の完了形複数 *katabū*「彼らは書いた」の無音のアリフ*217 も忠実に転写しているのである。

早い段階では，話し言葉をベースにアラビア語をヘブライ文字で転写していた痕跡がいろいろある。ユダヤ教徒アラビア語の文書は，そのほとんどが西暦 1000 年以降のものであるが，エジプトからは 9 世紀のものがいくつか出てきており，これらの転写法には古典アラビア語の綴字法からの影響が見られないのである。その最も重要な特徴要素は，アラビア語の *ḍ* と *ḏ̣* がどちらもヘブライ文字の *dalet*（*d*）で転写されていることである。書記者たちの耳には，ヘブライ文字の中ではこの文字が，*ḍ* と *ḏ̣* の発音に最も近い文字だったと考えられる。また，定冠詞はつねに次の子音に同化した形で書かれている*218。つまり，書記者たちにはヘブライ語・アラム語の綴り方の慣習がもともとあって，最初はそれにもとづいた転写法をアラビア語の話し言葉にあてはめていたということである。ところが西暦 1000 年以後は，この転写法から完全にアラビア語の

*216 定冠詞の *l* は，それをつけた単語の語頭子音 *t, d, s, r* などに同化する。*al-rākib*「乗客」の発音は *ar-rākib* となるが，これを *al* のまま転写している（例は Blau 1988: 244 l.13 より）。定冠詞 *al* の *a* は，直前に母音があると読まれないが，転写ではこれが書かれている（Blau 1988: 461）。

*217 完了形複数は「*k t b w* '」とつづられるが，' は発音されない。

*218 *al-salām*（the peace）が，*aslm* と書かれ，冠詞の *al* の *l* が綴られず，*s* に同化した発音を反映している（Blau 1988: 394）。

綴字法にもとづいた方式に置きかわってしまった。これはおそらく，サアディヤ（Saadya Gaon，西暦882〜942年）がアラビア語の綴字法を使って，ヘブライ文字でアラビア語訳したモーセ五書*219が強い影響力をもったためである。アラビア語の母音も，初期の文書にはヘブライ語ティベリア式母音符号で転写されているものがいくつかある。サアディヤの翻訳聖書の断片（Levy 1936: 18）では，聖書翻訳の威厳にふさわしく名詞の格語尾が示されているが，それ以外の語末の短母音は省かれている。また，人名の *Mūsā*「モーセ」が *mūsē*，*Allāhi*「神」が *allēhi* と書かれるなどの強いイマーラ現象のほか，関係詞 *allaḏī* の語頭を *illaḏī* のように *i-* で書いたり，接続詞 *wa*「そして」が *wi-* だったり，定冠詞 *al* が *il* であったりすることなどが口語体の特徴要素として注目すべきである*220。

彼らがヘブライ文字を使った背景には，イスラム帝国の中でのユダヤ教徒という特別な立場がその理由としてあった。一般的に言えば彼らは自由の身であり，ズィンミー（*ḏimmī*）*221 としてカリフの庇護のもとで暮らし，宗教活動も自由だったが，イスラム教徒たちとの間には社会的な壁が高く，おそらくユダヤ教徒は特別なグループだった。こうしたなか，自分たちのアルファベットを使うことでグループの仲間意識を強めていた。そのために，アラビア語の文書がヘブライ文字に転写されたり，ヘブライ語に翻訳されたりしたのである。

ユダヤ教徒アラビア語の文書が，それ以外のアラビア語文書と異なる2つめの特徴要素は，ヘブライ語からの借用語が多く使われていることである。これらの借用語が使われることでユダヤ教文学や科学分野の著作の言葉は，イスラム教徒には不可解でなじみにくいものになった。ユダヤ教徒アラビア語は，イスラム教徒中層アラビア語やキリスト教徒アラビア語と文法的にはかなり似ているにもかかわらず，ヘブライ語の単語が入っていることで，ただちにその文がユダヤ教徒の作者によって書かれたものとわかる。ヘブライ語の単語の使用が書かれたものに限られていなかったことは，チュニスのユダヤ教徒，イラクからイスラエルへ移住したユダヤ教徒など，ユダヤ教徒アラビア語の現代諸方言からもわかる。彼らの話す口語体にはヘブライ語の単語が入っており，とくにユダヤ教の儀式や礼拝などの領域にはたくさん見られる。

ユダヤ教徒アラビア語の文書の中には，ヘブライ語とアラビア語とで交互

*219 聖書の創世記，出エジプト記，レビ記，民数記，申命記。ユダヤ教の律法書。
*220 上の例のそれぞれで，前者が古典語の，後者が現代口語の特徴である。
*221 イスラム帝国内のキリスト教徒やユダヤ教徒など。

に書かれているものがある。たとえばタルムードの注釈なら，まずヘブライ語(あるいはアラム語)で1節が引用され，次にアラビア語で解説される。しかし，このアラビア語の部分の中にもヘブライ語の単語がたくさん使われている。ヘブライ語の単語も，借用語としてではなくヘブライ語として使われる，つまり言語切り替えが起きているときでも，統語的にはアラビア語の文法に溶け込んでおり，ほとんどの場合，ヘブライ語の単語は音韻的にも語形的にもアラビア語に溶け込み，アラビア語の語彙体系の一部になっている。ユダヤ教徒アラビア語の書き手は，ヘブライ語とアラビア語の間に単語の等価性があることを知っていて，それによってヘブライ語の単語をアラビア語化することができたのである。たとえばヘブライ語のヒトパエル型動詞(*hitpa'el* 型)を，その単語と同じ語根でアラビア語の第5型(*tafa''ala* 型)に変換し，*hit'abel*「嘆く」は *ta'abbala* としたり，ヘブライ語のヒフイル型(*hif'īl* 型)をアラビア語の第4型(*'af'ala* 型)に変換して *hisdīr*「祈りを整える」を *'asdara* としたりした。

	〈ヘブライ語〉	〈左の語根〉	〈アラビア語化〉
「嘆く」	*hit'abel* (*hitpa'el* 型)	*'-b-l*	*ta'abbala* (第5型)
「祈りを整える」	*hisdīr* (*hif'īl* 型)	*s-d-r*	*'asdara* (第4型)

ヘブライ語の動詞も，たとえば *naḥūšū*「われわれは恐れる」のように，アラビア語動詞として活用する(ヘブライ語の語根 *ḥ-w-š*「不安だ」にマグレブ方言の1人称複数 *n-...-u* がついている)。

名詞も，アラビア語式の語幹内複数形を使う。たとえば *rẹwaḥ*「利益」はヘブライ語式の複数形 *r^e waḥīm* ではなく，アラビア語式の複数形 *'arwāḥ* を使い，*seder*「『ミシュナ』の項目」はヘブライ語の複数形 *s^e darīm* ではなく，アラビア語式の複数形 *'asdār* を使い，*maḫzōr*「祭日の祈祷集」もヘブライ語式の複数形 *maḫzōrīm* ではなく，アラビア語式の複数形 *maḫāzīr* を使う。さらに，文章全体がヘブライ語であっても，*bet al-kneset*「ユダヤ教礼拝堂」や *al-berit qodeš*「聖なる契約」などのようにヘブライ語の定冠詞(*ha-*)にかわってアラビア語の定冠詞(*al-*)が使われていることがあり，*al-* がヘブライ語単語の一部に溶け込んでいたことが見てとれる。カイロ=ゲニーザ文書群の中には，アラビア語の要素はアラビア文字で書かれ，ヘブライ語の要素はヘブライ文字で書かれたものがあり，これを見るとどの要素がヘブライ語とみなされていたかを判断することができる。この文書では，アラビア語の定冠詞(*al-*)がつけられていても，ヘブライ語名詞はヘブライ文字で書かれている。文字が混合して書かれているユダヤ教徒アラビア語の例として，ブラウ（Blau 1965: 152）から一節を引用しよう（太字がヘブライ文字で書かれた部分）。

> ［定］不動産　そして　にもかかわらず　ということ　ざりし　書かれ　書類
> *al-ʿiqār* ***we- ʾafʿal gab*** *ʾin lam yuktab* ***š^{e}ṭār***
> 不動産，書類が書かれていないにもかかわらず

アラビア語の単語のかわりにヘブライ語の単語を使うことが，その場の思いつきにすぎないことは，文書の中にその両方が現れていることからわかる（太字がヘブライ語）。たとえば，
夫　2番め
zawj ṯānī「2 番目の夫」と書かれた次の行で
夫　彼女
baʿl^{u}ha
［定］2番目の
ṯ -ṯānī「彼女の 2 番目の夫」が使われていたり，「非ユダヤ教の法」には
行動様式
maḏhab
［定］　異教徒
*al-**goyim*** も
法［複数］　異教徒
dīney goyim も使われる。固有名詞でも，同じ人物「ダビデの子ソロモン」が，1 つの文書の中でヘブライ語で ***Šelomoh ben Dawid*** と書かれたり，アラビア語で *Sulaymān ibn Dāʾūd* と書かれたりすることもある。アラビア語に溶け込んだ借用語は，すべてとはいわないまでもそのほとんどが宗教関係，宗教実践の単語で，これらにはしばしば対応するアラビア語単語がない。

ユダヤ教徒アラビア語の文章には，地域ごとのまとまりを見出すことが難しい。それはまず，ユダヤ教徒がアラビア語を書き言葉として使うようになり，これが確立して，イスラム帝国全体を覆うような一種の標準ユダヤ教徒アラビア語とでも言えるものが発達したためである。そして，ユダヤ教徒たちが帝国内で移住していたことで地域的な特徴はかき消され，たとえば同じエジプトでも，ユダヤ教徒は，イスラム教徒よりもかなりマグレブ方言風なアラビア語で書いたのである。最後につけ加えることは，ユダヤ教徒アラビア語も，他の中層アラビア語と同じように，古典標準語の求心力から完全には逃れることができなかったことである。

9.4　キリスト教徒中層アラビア語

ユダヤ教徒アラビア語と同じように，キリスト教徒が書いたアラビア語もまた，イスラム教徒が書いたものに比べて古典標準語からの影響はかなり小さい。キリスト教徒アラビア語の文書は，その大部分がシナイ半島を含むパレスチナ南部のものであり，その多くは，現在シナイ半島にある聖カタリナ修道院に保管されている。キリスト教徒アラビア語で書かれたものの特徴は，ほと

んどがギリシャ語やシリア語から翻訳されたものであり，アラビア語で書き下ろされたものがほんのいくつかしかないことである。これによって当然，文面に独特の性質が加わるため，ときにそれが，よくある作者の通俗語からの干渉による現象なのか，翻訳からくる干渉なのかを見分けるのが難しくなる。これらの翻訳はたいていは逐語訳的で，もとのギリシャ語やシリア語の言い回しが借用されている。そのような言い回しは，おそらくアラビア語としてはぎこちないものだったが，キリスト教徒アラビア語を書く者たちの慣用句や新しい表現法として使い回されるようになっていた。ちょうどヨーロッパ諸言語において聖書[*222]を翻訳する際に，もとのギリシャ語やヘブライ語から翻訳借用された言い回しが，それぞれの言語の文体や慣用句へと発展してきたのと同じである。

キリスト教徒アラビア語の文書は，ユダヤ教徒アラビア語のそれよりも古くにさかのぼり，8 世紀のものもある。その頃アラム語はまだ生きており，キリスト教徒の書き手たちはそのアラム・シリア語とアラビア語の二言語併用者だったので，彼らの書いたアラビア語には，第 1 言語であるアラム語から直接の干渉が反映している。アラビア語の文書には，ハルシューニー文書（*Ḫaršūnī*）として知られる，シリア文字で書かれた文書や，ギリシャ文字で書かれた詩篇の有名な断片（⇨ 9.1）など，また，数は少ないながらコプト文字で残された文書もある（後述）。

キリスト教徒中層アラビア語の文書の中で最も重要なものに，キリスト教聖人たちの『伝記集（vitae）』のような聖人伝の翻訳，訓戒や教会の説教，教父文書などがある。また，聖書の翻訳も，旧約，新約ともにかなり多い。これらはイスラム以前のものと言われることがあるが，アラビア語の規範が作られた頃に起こっていた修正間違いと同じような修正間違いが含まれているので，疑わしい。ギリシャ語やシリア語からの翻訳ではなく，最初からアラビア語で書かれた文書も多い。ほとんどはアラブ人キリスト教徒が書いたキリスト教神学にかかわる文献で，テオドール=アブー=クッラ（*Theodore 'Abū Qurra*，820 年頃没）の論文などがある。キリスト教徒による文書には文学以外に歴史書もあり，たとえばアガピウス（Agapius）による年代記（10 世紀）や，マウフーブ=イ

[*222] 新約聖書はギリシャ語で書かれている。キリスト教が「旧約聖書」と呼んでいるユダヤ教の聖典はヘブライ語で書かれている。

ブン=マンスール（*Mawhūb ibn Manṣūr*）による『教父たちの歴史（*Ta'rīḫ al-'ābā' al-baṭārika*）』などがある。

ブラウが，キリスト教徒アラビア語の文法書の中で，8 世紀以降のパレスチナ南部の文書から例を引用しているが，その文にはいくつかの口語体特徴要素が見られない。ブラウがとくに言及しているのは，これらの文書に所有格表示語がほとんどないことである。このような古い文書では，まだ標準規範がある程度守られている。口語体の特徴要素がいくつか出現してくるのはさらに後になって，文法規範意識が腐食され始めてからのことである。12 世紀になると，コプト文字で書かれたキリスト教徒アラビア語文書には，はっきりと口語体の発音の痕跡が見える。しかし，コプト語の綴字法で書かれているにもかかわらず，統語や一部の語形は相かわらず古典語であり，修正間違いもたくさんあることから，作者は古典語を意識していたことがわかる。

コプト文字によるこの文書はおそらく聖パコミオス（Pachomius）の聖人伝で，文語体からの逸脱はあまり多くはないが，13 世紀のアラビア語の母音が綴られているので興味深い。非強勢子音や非喉子音の後では *a* や *ā* がつねに *e* で転写されており，イマーラ現象があったことがわかる。たとえば，次のものがある（訳者注：太字がイマーラしている部分）。

	〈コプト文字文書〉	〈古典語〉
「立っている」	*w**e**kef**e***	*wāqifa*
「時間」	*s**e**ha*	*sāʿa*
「恐怖で」	*bem**e**xafet*	*bi-maḫāfa*

定冠詞（*al-*）は，強勢子音の前でも *e* で書かれている（コプト文字文書 *essora* = 古典語の *aṣ-ṣūra*「絵」）から，これは古典語の *al* がイマーラしたものではなく，定冠詞の口語形 *il* を転写したものと考えることができる。また，母音 *e* はアクセントの置かれていない *i* や *u* にも使われる。これらは，現代方言では脱落ないし弱化している。たとえば *eššeyoux*（古典語 *aš-šuyūḫ*「老人」）などである。コプト文字文書の際立った特徴要素は，独立した単語のように書かれることもある接尾辞 *-en* である。これは不定の名詞の後ろにつけられるもので，その名詞の文中での統語機能にかかわらず*223，次のようにその名詞とそれを形容す

*223 格を表す機能はないということ。

る形容語を連結している。

コプト文字文書	*k*^{h}*en mehellem***en** *ǵarib*	奇妙な教師がいた。
	だった　教師　奇妙な	
古典語	*kāna muʿallim　ġarīb*	
コプト文字文書	*be mesk*^{h}*enet*^{h}**en** *haẓimeh*	ひどい貧困の中で
	で　貧困　ひどい	
古典語	*bi-maskana　ʿaḏ̣īma*	
コプト文字文書	*rojol* **en** *kaddis ebsar*	聖なる男が見た。
	男　聖なる　見た	
古典語	*rajul　qaddīs ʾabṣara*	

この接尾辞はおそらく古典語の *N* 語尾から来たものであるが，不定名詞と形容語の連結を示す新たな表示要素になっている。この使い方は，アラビア半島の現代ベドウィン諸方言の *N* 語尾（⇨ 11.1）に似ている。

キリスト教徒アラビア語の文書が，時代が下るにしたがって古典語規範を軽視するようになった様子をはっきりと見ることができる。手写本には，たとえば 18 世紀の聖ミナス伝（a vita of Saint Menas）に次のような所有格表示語の例がある。

で[定]　真実　ない　疑い　これら　[定]　骨　から　[定]　殉教者　私たちの
bi-l-ḥaqīqa lā budd hādihi l-ʾaʿḍā min aš- šuhadāʾ ***bitāʿinā***
実に，これらの骨は我らの殉教者たちのものに違いない。
（Jaritz 1993: 452.6）

また，聖ミナス伝には版がたくさんあり，そのほとんどには大量の修正間違いがある。たとえば，次のものである。

そして　の時　[彼女は]歩いた　で[定]　砂漠　彼女1人で
fa- lammā ***mašayat*** *fī l-barriyya waḥdahā*

そして彼女は　で[定] 近く　から　会堂　[定]　聖　約　マイル
wa-hiya bi-l-qurb min bayʿat al-qiddīsa Tikla naḥwa mayl

そして[否定]　いる　1人　[目的格]　から　[定] 人々　歩く　彼女と
*wa-***lam yakūn** *ʾaḥad* **an** *min an-nās yamšī maʿahā*

そして の時　兵士　から　監視人たち [定]　道
wa-ʾidā bi-jundī min ḥurrās aṭ-ṭarīq

[強調]　入った　彼に [定]　悪魔　すべて　彼の四肢
qad daḫala fīhi š-šayṭān jamīʿ ***ʾaʿṭā****hu*

そして 彼女をつかんだ　そして言った　彼女に
fa- masakahā wa-qāla lahā:

へ　どこ　通っている
'ilā 'ayna ***māḍiya****?*

そして　思った　と　-彼は　もって行く［関係詞］　彼女が取った　彼女と共に
fa- ***ḏannat'anna****hu yaḥmil alladī 'aẖadathu maʿahā*

そして　言った　彼に
fa- qālat lahu:

私は　通っている　よ　旦那様　へ　会堂　［定］殉教者　［定］偉大な
'anā ***māḍiya*** *yā sayyidī 'ilā bayʿat aš-šahīd al-ʿaḏīm 'Abū Mīnā.*

彼女が1人で砂漠を歩いていたとき，
彼女は聖テクラ教会より約1マイルの近くに居り，
彼女とともに歩く者1人いなかった。
ちょうど道守りの兵士がいて
悪魔が彼のすべての四肢に入った。
彼は彼女をつかみ，彼女に言った。
「どこへ向かっているのか？」
思った。彼女が共にもっている物を彼がもち去ると。
彼女は彼に言った。
「私は，旦那様，偉大なる殉教者アブー=ミーナーの教会に向かっております」
(Jaritz 1993: 416)

この文の中には，次のような修正間違いがある。

- 修正間違いによって目的格になっているものがある[*224]。
- 動詞の活用形の間違い（*mašayat*「彼女は歩いた」[*225]，*lam yakūn*［直説法］「いなかった」[*226] は正しくは *lam yakun*［希求法］）。
- 接続詞を *'an* とするべきところに *'anna* を使っている。
- 分詞を主語なしで使う口語的な構文（*ilā 'ayna māḍiya*「どこへ向かっているのか」）。
- 綴字の混乱。*ḏ* を *ḍ* と書いたり（古典語の *ḏannat*「思った」を *ḍannat* で書く），*ṭ* と書いたり（古典語の *'aʿḍā'ihi*「彼の四肢」を *'aʿṭāhu* で書く）している。

---

*224 例文中の *'aḥad*^{an}。主格（*'aḥad*^{un}）が正しい。
*225 正しくは *mašat*。口語体の *mišyet* にならないようにした不完全修正間違い。
*226 文字 *w* が加えられているので *yakūnu*（直説法）か *yakūna*（接続法）と書いたものと思われる。

- ほぼ一定して，文字「ター=マルブータ」を *tāʼ* で書いている（逆に *ḍannat* の *t* は，「ター=マルブータ」で綴られている！ [*227]）。

このような例はキリスト教徒の書き手が，一方では古典標準語からの圧力を感じていた（そうでなければ，修正などしなかったろう）ことと，また一方では，ある面で以前に比べて基準がゆるやかになっていた（そうでなければ，この種の文書に所有格表示語のような口語的な言い方を使わなかったろう）ことを示している。たとえば，18 世紀から 19 世紀のコプト教の聖像画（イコン）につけられた説明書きには，宗教的な領域ではあるが，未完了に *bi-* をつけるなど，同時期のイスラム教徒のアラビア語にはまったく見られないような口語体の特徴要素がある。

9.5 現代の中層アラビア語

「中層アラビア語」の定義からすれば，いろいろな文体が混成した現代の文章は 1 つの独立の部類として立てることができるかも知れない。あるいは，ここまで述べてきたのと同じ部類に入れることも可能であろう。現代は教育の普及によって，標準アラビア語をそれなりに学校で学んだ人々が爆発的に増加して，逆に，準識字者，つまり簡単な手紙などなら書けるが，厳格に文法を守って正しく書く力はもっていない人々が大量に存在する。このような人々がアラビア語を書くとき，古典期の中層アラビア語に見られるのとまったく同じ間違いを犯す傾向がある。

古典期でも現代でも，このような文の最も顕著な特徴は，それらが各種各様で一定していないことであり，このことからも，このような文が 1 個の独立したアラビア語方言と言えないことがわかる。語形変化を間違えていると思ったら，次の文ではそれが正しく使われていたり，口語的な語順も文語的な語順も両方出てきたり，文語式の性・数一致の規則が適用されているかと思うと，別の文ではそれが無視され，同じ 1 つの文の中でも人間 2 人を双数形で受けたり複数形で受けたりするのである。

「中層アラビア語」には，通常の定義では，ウサーマ=イブン=ムンキズの『回想録』のような，方言の要素の入った文章も含まれる。ところが，混成的な文章

---

*227 *ḍannat*「彼女は思った」の最後の *t* は，文字 *tāʼ* で綴られるべきところ。

といっても古典期のものと現代のものとでは大きな違いがある。ナハダ期[*228]（⇨ 12.2）以降，文学の文章の中で口語体の要素を使うかどうかが，アラブ世界の知識人たちの間でつねに議論されるテーマになった。エジプトでは「エジプト化」が強調され，これに触発された作家は現地の言葉が二層状態（ダイグロシア）になっている現実に挑んだ。無学な人々の会話を伝えるには，対話に方言を使わざるをえないと考えた作家たちは，標準語と方言を組み合わせて使い始めたのである。それまでは，教育を受けた人々も日常の会話では方言を使うにもかかわらず，話しているままに紙面に書いてしまうのは不適切だという感覚が一般的だった。

文章の中に方言と標準語を融合させる文学上の試みは20世紀初頭から始まったが，その後アラブ諸国はおおむね汎アラブ民族主義へと進んだため，文学に方言の要素を使うかどうかという問題はやはり議論を引き起こすことになった。タウフィーク=ル=ハキーム（*Tawfīq al-Ḥakīm*，1898～1987）のように初期の作品で方言を使った作家たちも，自分たちの犯した破戒に対する後悔の念を公表し，純粋な標準語に立ち戻った。

ここで2点，指摘しておく。1つめは，作家が口語体で書くと決意したとしても，文語体の影響から完全に逃れることはできないことである。そのような作家の書いた言葉も「純粋な」口語会話の例とは言えない。方言を使うといっても，たいていは文中に口語体の目印となるものを入れ込んでいく程度のものなのである（第13章）。

2つめは，文学を書くような者はすでに文語体をほぼ完璧に身につけているので，彼らが口語体を使うといっても，それはつねに意図的だということである。したがって彼らが書いたものの中に，文法知識の不足による修正間違いはなく，中層アラビア語とはいっても，地方色を出すために口語体要素を使っているというほうがはるかに近い。現代にも「純粋な」口語体で戯曲が書けることを誇りとするアラブ人作家はいるが，そのような作家も実際には「方言の書き言葉」を採用しているのである。たしかに現代のエジプトはこの方向にあって最も先進的であり，エジプト方言の位置は他のアラブ諸国の方言とは異なっているが，そのようなエジプトでさえ，書かれた方言は話されている方言と同一ではなく，戯曲の台本も実際に演技するにはさらに「本当の」口語体に「翻訳」

[*228] アラブ民族覚醒期。

することが必要なのである。

文学におけるこのような手法と，ラジオでの公式な話し方の中で口語色を出すことの並行性は興味深い。ラジオ番組の中で話し手が親しみのある雰囲気を作るために，放送台本の(書かれた)文に，口語体らしさを出す目印を入れて口語体の文に変換することがある。主婦向けの番組の冒頭から，次の例をあげよう。

で　最大の　雑誌　女性の　で　ヨーロッパ
fī 'akbar ***magalla*** *nisā'iyya fī 'urubba*

読んだ　研究　について［定］　女
'arēt *dirāsa ʿan* ***il-****mar'a;*

研究　めずらしい そして　役立つ　そして　また　興味深い
dirāsa ġarība ***wi-****mufīda, wa-'ayḍan musīra;*

なぜなら　それは　話す　について［定］秘密
li-'anná ha ***tikallim*** *ʿan* ***is-****sirr*

［関係詞］　せしめる［定］　女　性格　ない 忘れられる
'allaḏī yagʿal il-mar'a šaḫṣiyya lā tunsa ,

性格　ない　だれも　けっして　できる　彼女を忘れる
šaḫṣiyya ***mā ḥaddiš*** *'abadan* ***yi'dar*** *yinsāha*

ヨーロッパ最大の女性誌で
女性についての研究を読みました。
めずらしい，役に立つ，そしてまた興味深い研究でした。
なぜなら，ある秘密について語っていたんです。
それは女性を，忘れ去られぬ性格にせしめるところの，決してだれも忘れることのできない性格にする，というものでした。

この中で話し手は，口語体を使っている(また，実際に口語体で話しているように感じられる)。しかし同時に，*'akbar*「最大の」の語順や *'ayḍan*「〜も」，接続詞に文語的な *li-'annahā* を使っていること，そして語幹内受動形(*tunsā*)の一節にいたっては，そのすぐ後でそっくりそのまま口語体で言いかえている。つまり，彼女の言葉のベースとしているのが文語体で書かれたものであることは明らかである。この例は，公式な場では文語モデルが強いことを示している。話し手が意識的に口語体を話そうとしていても，無意識のうちにいつも文語体の話し方に立ち戻らせてしまうのである。

オランダ政府がモロッコ人マイノリティー向けに出している公式パンフレットでも，文語体と口語体の間にこれと同じような関係が見られることは興味深い。政策上の理由から，オランダではモロッコ方言を使うことになった。そのため，文中にモロッコ方言の目印が入れ込まれているが，実際には文の構造は相かわらず文語体のままである。税金に関するオランダの 1980 年代のパンフレットから，次の文章を例として取り上げてみよう。

ごとく　知っている　と
kamā taʿrifūna ʾinna

[定] 外国人 [進行]　会う　たくさん[定]　困難　そして[定]　変化　で[定] 生活　彼の
l-ʾajnabī ***ka****-yitlaqqā kaṯīraṣ-ṣuʿūbāt wa-t-taġayyurāt fī l-ḥayāt* ***dyālo***

そして　特に　と [定]子どもたち [関係詞][進行]　行く　に[定]　学校
wa-bi-l-ḫuṣūṣ maʿa l-ʾawlād ***ʾillī ka-yimšiw*** *li-l-madrasa;*

そしてため　これ　しかしてから [定]　義務　君たちにとって
wa- li -hāḏā　fa-　min al-wājib ʿalaykum

のため　知る [定]　制度　そして　方法 [定]　教育　で　オランダ
bāš *taʿrifū n-niḏ̣ām wa-kayfiyyat at-taʿlīm fī hūlandā.*

ご存知のごとく

外国人は，自分の生活の中で困難と変化にたくさん遭遇しています。

特に学校に通ってる子どもたちには(そうです)。

したがって皆様は

オランダにおける教育制度やしくみを知る義務があります。

翻訳者がもとのオランダ語から訳すときに，モロッコ方言で書こうとしていることは明らかである(継続アスペクト接頭辞の *ka-*「〜ている」，所有格表示語 *dyāl*「〜の」，接続詞 *bāš*「ために」を使っていること，口語的な動詞活用形 *ka-yimšiw*「彼らは通っている」)が，それにもかかわらず，文語体の言い方や構文から逃れえていないこともまた明らかである(もちろん発音にも方言的特徴があるが，ここでは転写なのでそれは見えなくなっている)。また，ここに引用した以外の部分でも口語形と文語形が入れかわり立ちかわり使われているなど，翻訳者が古典語主義から抜け出せていないことを示している。

たしかに，ここで引用したような文章を「中層アラビア語」と呼ぶのは一般的ではない。しかし，これら現代の例と，前節までに扱った文章との間には明らかに類似性がある。このように混成した言葉や，あらゆるレベルの書かれたものに共通しているのは，標準語への求心力である。書き手が口語要素を意図的に使っていたにせよ，単に文法的に正しく書けないだけであったにせよ，どちらも同じく標準語の枠の中にあるのである。

メイデル(Mejdell 2012a)は，中層アラビア語に共通して起こる特徴要素と，現在，公式な場面で話されるときにますます使われるようになってきている

「混合」，「混成」文体に起こる特徴要素を比較している（⇨ 13.2「優勢言語仮説」）。メイデルは，中層アラビア語と「混合文体」が，ある程度似ていることを認めつつも，顕著な違いが多数あることを指摘している。混合文体で話される言葉には，意図的に混合文体で話そうとしているものでも，混合にさまざまなレベルが生じることは，中層アラビア語の文面と同じである。しかしながら，その多様さは中層アラビア語の多様さに比べてはるかに小さい。さらに，「混合文体」では修正間違いの起こる頻度も，書かれた文書よりもずっと低い。この違いは，公的な場面で話すような人は教養が高く，文語体のレベルと口語体のレベルの両方に精通していて巧みに使い分けることができる人であり，一方，中層アラビア語を書いた人は，たいていは読み書きもそこそこで，高位体の文法知識も完全ではない人であった，と考えれば説明がつくであろう。

現代の口語体で書かれたものをこのように中層アラビア語に分類するということは，それらを「真の」口語体とは認めていないことに等しい。なぜなら中層アラビア語という名称は，依然として文語体の影響の範囲内にありつつ，口語体の要素を使おうとしている，という意味だからである。なぜ口語体を使おうとしているかと言えば，本章で示した見方，つまり口語体要素を，対話を生き生きとさせる道具として見ているからである。ところが，口語体もまた，文語体と同等に書き言葉として使ってよいのだ，あるいはさらに口語体のほうを使うべきだ，と考えるようになると，口語体で書くことが政治理念の問題として現実味を帯びてきて，社会全体の理念転換を引き起こすことになる。たとえばレバノンで，サイード=アクル（*Saʿīd ʿAql*，1912 年没）が一時期，ラテン文字で口語レバノン方言を書くことを試みたが，これはいまだに党派抗争の一環と見られている。しかし現在，エジプトに限らず他のアラブ諸国でも，口語体で書くことがかなり認知されてきていることは疑いない。エジプトでは 19 世紀末に最初の試みがあり，また 1960 年代には文学，とくに演劇で方言を使うことについて活発な議論が起こって以降，文学の媒体として口語エジプト方言を活用することが多かれ少なかれ当たり前のことになっているようだ。少なくとも月刊のニュース誌『バルティ（*Barti*）[*229]』や週刊誌『イドハク=リッドゥンヤ（*Iḍḥak li-d-Dunyā*）[*230]』の 2 誌は，口語体による投稿をふだんから載せている

[*229] 英語 party「党」より。
[*230]「世界へ笑え」の意。

メディアの例としてデイヴィス（Davies 2006）がふれている。口語体の使用は演劇だけでなく，自伝，小説，さらには解説文などでも一般的になりつつある。2011 年にモロッコのアガディール市でおこなわれた言語に関する国際学会では，ホーホラント（Hoogland 2013）が，モロッコにおける公式の場や文学での書き言葉としてのモロッコ方言の使用について議論した。ホーホラントは，3 誌（『ハバル=ブラドナ（*Ḫbar bladna*）[*231]』，『アル=アマル（*al-'Amal*）[*232]』，『ニシャン（*Nichane*）[*233]』）が，ある時期，モロッコ方言で刊行され，このうち 2 つは方言の発音を体系的に文字化していたことにふれた。そして，これらが刊行から数年後に廃刊になった理由の 1 つに，口語体は実利に結びつかないことや威信がないことがあったとした。社説に，モロッコ王のことを口語体で書いた著者が「不敬罪」で逮捕されるというケースまであった。

口語体で書くことの推進には，インターネットの投稿交流媒体（ソーシャルメディア）も一役買っているといっても過言ではない（⇨ 12.4）。さらに，中東世界の流れ，とくにアラブの春にいたるまでの出来事やその後の流れなど，状況を著しく変えるようなたくさんの変化が起こったことも否定できない。興味深い例は，2008 年にウィキペディアのエジプト版であるウィキペディア=マスリ[*234]（*wīkīpīdiyā maṣrī*）が開設されたことである。ウィキペディア=マスリでは，記事の表記に揺れがあり，この文体の幅の広さを物語っている。ただ，その企画者たちは，一個の独立した言語としてのエジプト語の促進をめざしているとしているが，書かれた記事の言葉は相かわらず文語体標準規範からの影響が残っていることをパノヴィッチ（Panović 2010）が指摘している。とりわけ，アラビア語版ウィキペディアからエジプト語版に「翻訳」された項目では，文面の背後の基盤は標準アラビア語であり，これを，たとえば，第 5 型動詞の *taḫarraja*「卒業する」を口語的な *itḫarrag* としたり，前置詞 *ʿalā*「〜の上」の短縮形 *ʿa-* を使うといった，いくつかの仕掛けによって「口語化」しているのである。さらには，動名詞や“*ḥāl*”目的格（状況表現の目的格）が多用されるなど，文語体の影響が露呈してしまっている。このような実情はあるが，学問的な領域の文章に口語体を使うという大胆な試みの第 1 歩と言える。

[*231] モロッコ方言による「我が国のニュース」。
[*232] 「希望」。
[*233] *nīšān*「目標」。
[*234] *maṣri* は，「エジプトの」という形容詞。

また，アラビア語を書き表すのに転写を使うことが増えたことも指摘すべきであろう。携帯電話のメッセージやチャットでの会話で，ラテン文字や数字による転写で書くことが，アラビッシュ（*arabish*）とかアラビーズィー（*ʿarabīzī*）[*235] と呼ばれて一般化している。たとえば，文字 *qāf* は「9」，*ḫā'* は「5」，*ʿayn* は「3」で表している。こうした要因がすべて，標準ではない書き言葉が広く受け入れられていることに一役買っているだろう。こうした動きが最終的に通俗語（口語体）の解放へつながり，各国の国語が成立してくるかどうかは今後を見守るしかない。どのような発展が期待されるかを判断するには，おそらくまだ時期尚早である。各国で標準国語が成立するかどうかは，アラブ世界の政治的な団結の度合いが決定することになるだろう。ヨーロッパでラテン語にかわってロマンス諸語が国語として成立したときの状況をみると，方言というものが標準語になるためには，まずそれらが政治的，地政学的に現実味を帯びたものにならなくてはならない。おそらくアラブ世界の方言は，現実の標準から影響を受けつつ話し言葉を書きしるすことに使われる，という状態が続くだろう。

9.6 文献案内

中層アラビア語に関する文献リストが，Lentin（2009, 2012）である。中層アラビア語の全般に関する最もよい概説は，古くはなったものの Blau（1965）であるが，Lebedev（1977）も参照するとよい。Blau は，多くの論文の中で中層アラビア語の特徴を定義している（1972–3，1981 など）。とくに，Middle Arabic（中層アラビア語）という用語の使い方についての検証は一読に値する。その中で，Middle Arabic とはアラビア語の文面のタイプをさす社会言語学的な名称であるが，当初は話された言葉であるとする誤った使い方をしていたことを認めている。不必要修正（hypercorrection）や不完全修正（hypocorrection）という重要なテーマは，Blau（1965: 27–34, 1970）が扱っている。Blau による中層アラビア語に関する重要な論文を集めたものが，Blau（1988）として再版されている。

イスラム教徒中層アラビア語の重要な資料であるパピルス文書の手引書が，

[*235] *arabish* は英語の Arabic と English を，*ʿarabīzī* はアラビア語の *ʿarabī* と *inglīzī*（それぞれ，「アラビア語」と「英語」の意）を合わせた造語。

Grohmann (1966) である。ネッサナ文書群 (the Nessana archive) のアラビア語については Stroumsa (2008: 185–213) を参照。パピルス文書のアラビア語については，Diem (1984)，Hopkins (1984) が分析している。エジプトの言語社会におけるパピルス文書の位置については，Sijpesteijn (2013) を参照されたい。アフロディト文書群のパピルス文書のチェックリストを，Sijpesteijn が蓄積している (http://www.ori.uzh.ch/isap/isapchecklist.html)。

イスラム教徒中層アラビア語の文面を研究したものには Schen (1972–3 ウサーマ=イブン=ムンキズ *'Usāma ibn Munqiḏ* の『回想録』*Kitāb al-i'tibār*) や A. Müller (1884; イブン=アビー=ウサイビア *Ibn 'Abī 'Uṣaybi'a* による医学者列伝に使われているアラビア語) がある。Mahdī (1984) による千夜一夜物語の校定本はとくに重要である。それまでの版にはほとんど古典規範が適用されてしまっており，物語の原文の本当の文面を見ることができなかった。民間説話については Lebedev (1993)，サフィー=ッ=ディーヌ=ル=ヒッリー (*Ṣafī d-Dīn al-Ḥillī*) の著作の中の口語体使用については Levin (1975)，アリー=イブン=スードゥーン (*'Alī ibn Sūdūn*) の著作の口語使用は Vrolijk (1998: 137–59)，アンダルス地方の口語詩については Corriente (1980) や Zwartjes (1997) を参照されたい。オスマン朝時代のシリアにおける文書の中層アラビア語については Lentin (1997) を参照。ユースフ=ル=マグリビー (*Yūsuf al-Maġribī*，回暦 1019=西暦 1611 年没) によるエジプト方言の単語リストについては，10.1 を参照されたい。

ユダヤ教徒アラビア語の最良の手引きは，Blau (1965) である。別表として，ユダヤ教徒アラビア語の中のヘブライ語要素を多数収録したものと，イスラム教徒中層アラビア語の特徴要素がつけられている。ユダヤ教徒アラビア語の文書の選集が Blau によって 1980 年に出版された。ユダヤ教徒アラビア語の初期の綴字法については Blau and Hopkins (1984) を参照。モーセ五書のサアディヤ=ガオン (Saadya Gaon) による翻訳については Dikken (2012) を参照。Gallego (2006) は，アンダルス地方出身のヘブライ語文法学者ヨナン=イブン=ジャナーハ (*Yonah ibn Janāḥ*，11 世紀) の著作の中のユダヤ教徒アラビア語的な要素を分析している。

キリスト教徒アラビア語では，Blau (1966–7) が基本的な文献である。キリスト教徒によって書かれたアラビア語の文面についての古い文献には，Graf (1905) がある。アラブ人によるキリスト教文学については，Graf (1944–66) を参照されたい。ギリシャ文字で書かれた詩篇のアラビア語訳は，Violet (1902) に編集された。また，その音韻に関する事柄が，Hopkins (1984: 1–61) にある。コプト文字によるアラビア語文を，部分的には Casanova (1902) が，全体にわたっては Sobhy (1926) が編集している。その分析は Blau (1979) を参照。アブー=ミーナー (*'Abū Mīnā* = Menas) の聖人伝 (vita) の校定本とそのアラビア語の分析が Jaritz (1993) にある。Bengtsson (1995) は，聖書の訳書の中のアラビア語をルツ記の翻訳をもとに研究している。Grand' Henry (1984, 2012) が，ナジアンゾス (Nazianzus，現トルコの Nenizi) のグレゴリオス (390 年没) による説教の，10 世紀につくられたアラビア語版の中にある中層アラビア語的な要素を分析している。コプト教徒による歴史記述のアラビア語については den Heijer (1989, 2008) を参照。

Mejdell (2012b) は，古典期の中層アラビア語と，混合文体で書かれた現代のアラビア語との対照の妥当性を検証している。文学の中で口語体を使うことに関する初期の論争については Diem (1974: 96–125)，より最近の論争の要点は Davies (2006) を参照。Woidich and Landau (1993) は，20 世紀初頭のアハマド=エル=ファール (*'Aḥmad il-Fār*) のエジプト方言による道化芝居を，言葉に関する広範な注釈をつけて出版したものである。Malina (1987) には，エジプト現代口語によるサアド=ッ=ディーン=ワハバ (*Sa'd ad-Dīn Wahba*) の芝居『大臣，冷蔵庫を運ぶ (*Il-wazīr šāl it-tallāga*)』の分析がなされている。エジプト文学における方言の単語リストが，Vial (1983) によって編集されている。公式の場における書かれたエジプト方言については，Borg (2007) が検証している。俗にフスハンミーヤ (*fuṣḥāmmiyya*) [*236] と呼ばれる，文語体と口語体を遊びで混合させた文体の例を Rosenbaum (2000) が提供している。サイード=アクル (*Sa'īd 'Aql*) と，そのレバノン方言を書くための新アルファベットの提案については Plonka (2004) を参照。書かれたモロッコ方言の最近の動向については Hoogland (2013) を参照。インターネット投稿交流媒体での転写の使い方については Palfreyman and al Khalil (2003) を参照されたい。

[*236] フスハー (*al-fuṣḥā*「標準語」) とアンミーヤ (*al-'āmmiyya*「口語」) を合成した新語。

アラビア語方言の研究

▶第 10 章◀

10.1　アラビア語方言の研究

第 8，9 章ではアラビア語の口語体，諸方言が共通にもっており，文語体，古典標準語がもっていない特徴要素に注目した。そうすることで，アラビア語の諸方言が，ただ古典語から変化したのではなく，古典語とは別タイプのアラビア語である姿を見た。本章と次章では，諸方言どうしの違いの方に焦点を当て，とくに地理的な違い，方言の地域区分について見ていく。一方，社会言語学的な問題である口語体と標準文語体との違いについては，第 13 章で改めて見ることにする。

方言地理の体系的な研究は，たしかに西欧言語学が 19 世紀に生み出したヨーロッパ特有のものである。しかし，アラブ人たちが自分たちのアラビア語世界でさまざまなアラビア語が話されていることに気づいていなかった，と考えるのは間違いであろう。前述のように，アラブ文法学者たちは，イスラム以前にもいろいろな諸方言があったことを認識していたし，またその 1 つ 1 つが真正なアラビア語の文面資料 (corpus) であると考えていたから，その収集をしていたのである (⇨ 4.1)。一方，彼らは，帝国中で生まれていた都市方言には興味を示さず，彼らのアラビア語観からすると，それらの方言は間違ったものだったから，著作の中でそれらに言及することもさけていた。しかし，文法学の外にいる人々は，イスラム帝国の各地で言葉が異なっていることや，その原因にも興味を示していた。早くは，ジャーヒズ (*al-Jāḥiḏ*，回暦 255=西暦 868 年没) が次のように書いている。

そして	民	[定]	イスラム都市[複]	まさに	話す	の上で	言語	[定]	定住者	そこに	の内の
wa-	*'ahl*	*al-*	*'amṣār*	*'innamā*	*yatakallamūna*	*'alā*	*luġat*	*an-*	*nāzila*	*fīhim*	*min*

［定］ベドウィン人　そして　そのため　見出す［定］違い　に　単語　の内の　単語　人々［定］クーファ そして
al- ʿArab , wa-li-ḏālika tajidu l-iḫtilāf fī ʾalfāḏ̣ min ʾalfāḏ̣ ʾahl al-Kūfa wa-

［定］バスラ　そして［定］シリア　そしてエジプト
l-Baṣra wa- š- Šām wa- Miṣr.

イスラム都市の人々は，そこに定住したベドウィン人の言葉で話している。だからクーファ市，バスラ市，シリア，エジプトで違う単語が聞かれるのである。

（『明快さと説明の書（バヤーン）』I 巻 p. 38）

ジャーヒズはこれに続けて，クーファ市ではペルシャ人移住者がたくさんのペルシャ語の単語をもたらし，交差点のことを，バスラ人なら *marbaʿa* と言うところを *jahār-sūj*（ペルシャ語 *čahār*「4」+ *sū(j)*「道」）と言い，*qiṯṯāʾ*「きゅうり」のかわりに *ḫiyār* と言い（ペルシャ語で *ḫiyār*），*sūq*「市場」のかわりに *wāzār*（ペルシャ語で *bāzār* [*237]）と言う，と書いている。アラブ人地理学者や旅行家たちの著作は，訪れた地域のいろいろ異なる発音や，さまざまな語彙についてわれわれに伝えてくれることがある。イスラム帝国内の各地の言葉の違いについて最も広範囲にわたって記述しているのが，ムカッダスィー（*al-Muqaddasī*，回暦 335=西暦 946 年没）による『諸地方の知識についての最良の分類の書』である。その中で彼は，訪れた州のすべてについてその言葉の特徴を体系的に検討し，地方的な語彙や発音のリストも提供してくれている。

また，1 つの社会の中で言葉の特徴要素がどのように分布しているかに重きを置いている学者もいる。イブン=ハルドゥーン（*Ibn Ḫaldūn*）の『歴史序説（*Muqaddima*）』（pp. 558–9）では，定住民とベドウィン人の言葉の違いについて 1 節がさかれている。その章は，「定住民や都市民の言語は，ムダル族の言語とは別の独自の言語であることについて」（ について ということ　言語　民［定］文明 *fī ʾanna luġa*^{t} *ʾahl al-ḥaḍar* と［定］軍営都市　言語　立っている　それ自身で　に　言語　ムダル族 *wa-l-ʾamṣār luġa qāʾima bi-nafs*^{i}*hā li-luġa*^{t} *Muḍar* [*238]）と題され，イブン=ハルドゥーンは，都市の人々の話し方はイスラム以前（無明時代）の言語（ムダル族 *Muḍar* の言語と言っているが，これはクライシュ族の先祖であり，さらにさかのぼると北アラブ族の祖であるアドナーン *ʿAdnān* にまでいたる）とも，また同時代のベドウィン人の話し方とも根本的に異なっていて，格語尾を落とすなど，文法学者がラハン（*laḥn*「訛（なま）り，不正確さ」）と呼んでいる話し方である，と

[*237] 中世ペルシャ語で *wāzār*。

[*238]『歴史序説』第 4 巻（岩波文庫版）第 6 章 48 節を参照。

説明している。また地方ごとにそれぞれ方言があって，東アラブ諸方言は西アラブ諸方言と異なり，またアンダルス地方の諸方言はこの 2 つともまた異なっている，と言っている。

前述したように，イブン=ハルドゥーン (⇨ 8.3) はアラビア語が変化した原因を，征服地の住民との接触によるものと考えており，ここから，方言間の違いは征服地にいたのがそれぞれ別の民族グループだったから，としている。したがってマグレブ方言に特徴的な部分も，ベルベル人がそこにいたことを理由に次のように説明する。

そして なった　言語　別の　混成した　そして[定]　非アラブ性　その中に　優勢な
wa-ṣārat luġa ʼuḫrā mumtazija wa- l-ʿAjamiyya fīhā ʼaġlab
(この方言は) 非アラブ性の優勢な，別の混成語になった。

また，東アラブで話される方言もこれと同じように，ペルシャ語やトルコ語の話者と接触したことによっていろいろな変化がもたらされたのだと言っている。

この歴史学者が，ベドウィン人の言葉の特殊性について非常によく理解していたことがうかがえる一節がある。

そして　ことの内　起きた　に　言語　この　[定] 種族　[定] アラブの　まで　この　[定] 時代　ところの　であった　から
wa-mimmā waqaʿa fī luġa^{t} *hāḏā l- jayl al-ʿarabī li-hāḏā l-ʿahd mā kānū min*
[定]　諸地方　彼らの事柄　に [定] 発音　による [定]　q
al-ʼaqṭār šaʼn^{u}*hum fī n-nuṭq bi- l- qāf.*
しかして　実に彼らは　ない　発音し　から　出所　[定]　q　のもと　民　[定]　軍事都市
fa- ʼinnahum lā yanṭuqūna min maḫraj al-qāf ʿinda ʼahl al-ʼamṣār,
ように　それが　述べられている　に　書物　[定]　アラビア語　と　から　最遠　[定]　舌　そして
kamā huwa maḏkūr fī kutub al-ʿarabiyya ʼannahu min ʼaqṣā l-lisān wa-
ところのもの　その上　から　[定]　口蓋　[定] 上方の
mā fawqahu min al-ḥanak al-ʼaʿlā
そして ところのもの　発音する　それにより　もまた　から　出所　[定]　k
wa- mā yanṭuqūna bihā ʼayḍan min maḫraj al-kāf
そして もし　だった　下方　から　位置　[定]　q　そして ところのもの それに続く から [定]　口蓋　[定] 上方
wa- ʼin kāna ʼasfal min mawḍiʿ al-qāf wa- mā yalīhi min al-ḥanak al-ʼaʿlā
ように　それは むしろ　来る　それにより　中間で　間　[定] k　そして [定] q
kamā hiya bal yajīʼūna bihā mutawassiṭa^{tan} *bayna l-kāf wa- l-qāf.*

諸地方のどこの出身であっても，この時代のアラブ族の言葉に起きていることは，*q* の発音に関することである (特別な発音をする)。
それは，彼らは，都市民による *q* の発声場所からも，
つまり，アラビア語学の書物に「舌の最も奥と口蓋から」と述べられてい

る場所からも，
また，（舌の）*q* の位置の下方と，口蓋の，それに対応する部分だとしても
k の発声場所からも発音しない。
そうではなく，*k* と *q* の間の真ん中で発音する。
（『歴史序説』「現在のアラビア語は，ムダル族やヒムヤル族のそれとは別の独自の言語であることについて」の節（p. 557）*239）

ここには，ベドウィン人と定住民の違いとして最も有名な /q/ の発音が正確に記述されている。スィーバワイヒの記述では，*q*（文字 *qāf*）の発音を有声音（マジュフール）に分類している（⇨ 7.4）。イブン=ハルドゥーンは，これがほとんどの定住民型方言で無声音で発音されていることにはふれず，調音点が異なっていることを強調している。一方，文法学書は，言葉にこのようなさまざまな違いがあることについてふれること自体を無駄なことと見ている。

ヨーロッパでは 19 世紀に，学者たちがアラビア語のさまざまな口語方言に関心を寄せ始めた（⇨ 1.1）が，このような新しい流れは当のアラブ諸国ではあまり賛同を得られなかった。方言は，言語としては威信がないため，方言の構造などに関心をもつこと自体が罪悪のようにみなされていたのである。ただ，エジプトの状況だけは例外で，早くも 16 世紀には語彙の地域特徴に関心がもたれていたことがわかっている。ユースフ=ル=マグリビー（*Yūsuf al-Maġribī*，回暦 1019=西暦 1611 年没）による『エジプトの民の言葉からの罪除去』*240 には，エジプトでどのようにアラビア語が話されていたかが記録されている。エジプト人たちの犯している「誤り」を批判もしているが，「誤り」としてあげている例も，それ自体は初期のエジプト方言についての貴重な情報源である。

［定］人々　で　エジプト　言う　さえ　一部　［定］　上流階級　なしで　考え
an-nās fī Miṣr yaqūlūna ḥattā baʿḍ al- ḫawāṣṣ bi-ġayr fikr

某　ほら　彼が　やった　こう　あるいは　ほら　彼が　来た　たとえば
fulān ʾad huwwa ʿamal kaḏā ʾaw ʾad huwwa jā maṯalan

この　［定］　言葉　ない　方略　に　その訂正
hāḏihi l- lafḏ̣a lā ḥīla fī taṣḥīḥihā

そして　彼らの意図　意味　ほら　それ　あるいは　これ
wa-murādᵘ hum maʿnā hā huwa ʾaw hāḏā.

エジプトでは上流階級の人々でさえ一部に，うっかりと，たとえば「*fulān*

*239『歴史序説』第 4 巻（岩波文庫版）第 6 章 47 節を参照。
*240 エジプトの口語アラビア語の単語リストになっている。

'ad huwwa ‘amal kaḏā」(某が，ほら，こうやった) とか，「*'ad huwa jā*」(ほら，彼が来た) などという。

この言葉は訂正のしようがない。その意図する意味は「*hā huwa*」あるいは「*hā hāḏā*」である。

(ユースフ=ル=マグリビー著『エジプトの民の言葉からの罪除去』f. 3b)

ユースフ=ル=マグリビーが方言文法を書こうとしていたと考えるのは誤りである。彼は，方言の言い方であってもその起源が古典アラビア語に見いだされれば，いつもそれを是としていたので，彼としては古典アラビア語のエジプト版ができてしまうことを防ごうとしていたのだと言えるだろう。

方言に注目しすぎると，アラブ世界を 1 つにまとめている古典アラビア語の役割が脅かされるとして，19 世紀のエジプトでも，多くの人が方言をアラブ世界分裂のシンボルであると考えた。たしかに，植民地当局が積極的に方言の使用を奨励したことが知られているので，そのような懸念にも一理ある。たとえばアルジェリアでは，一時期，フランスが古典アラビア語教育を非合法とし，アルジェリア方言での教育をすすめたし，エジプトでは東洋学者たちがエジプト方言を書くときの文字をアラビア文字からラテン文字に切り替えることを試みたが，これをイギリス当局が積極的に支援していた。こうして，方言学は植民地当局による分断政策を連想させ，方言学者は帝国主義の手先のごとく見られるようになったのである。加えて，イスラム教の正統主義団体は，方言研究などはコーランの言葉を汚すものとして非難した。

アラビア語方言は，アラブ世界では現在でもなお，まじめな研究対象として関心をもたれることが少ない。いまだにアラビア語話者の多くは，方言には文法がないとか，方言は子どもや女が使うものだと思っているし，大学においてすら方言研究を学位論文のテーマとすることには抵抗があるほどである。とはいえ，アラブ人にまったく方言学者がいないわけではなく，自分の母語方言を専門にしているアラブ人言語学者はたくさんいるし，方言に関する優れた研究書も出ている。ただ，全般的には方言研究は上で述べたような困難な状況にあると言うべきだろう。

アラビア語方言学には以上のような「政治的」な問題のほかに，方言学研究が一般に抱えている問題，すなわち「調査者の矛盾」がある。これは何もアラビア語の方言研究に特有の問題ではないが，アラビア語方言研究ではこれがとくに強く影響している。調査者がつねに対峙している矛盾とは，調査者としては方言の話者に，できる限り格式ばらずに話してほしいのに，そもそも調査者に発話を聞かれること自体が，話者の言葉を格上げさせ，できる限り「正しく」話させてしまうという矛盾である。方言学者が聞いていないときでも，言葉のグラデーション上で，より品格の高い方へと向かう上昇志向は絶え間なく続いているので，この「調査者の矛盾」は，言語二層状態（⇨第13章）下では，二層でない場合よりもさらに強いものとなる。たとえば，これまでにも方言の記述的研究や方言文面集はたくさん出ているが，その中に古典文語風な言い回しの痕跡があることが，その明らかな現れである。たいていの場合，方言の文法記述には所有表現（所有句）として分解的所有格表示語によるものの他にもう1つ，古典アラビア語の表現法によるもの*241 の2つがある，と書かれている。このような記述は共時的に見れば正しいし，古典文語体が標準語としての権威をもつがゆえに，たしかに話者の多くは文語体の表現を使ってはいるのだが，そのような文語体の表現法は，通時的に見るならば，明らかに（定住民型）方言に入り込んできた異物であろう。方言学者が調査対象者に選んだのがその村の，教育を受けた人であれば，かなり格上げされた方言を記録することになるので，その方言に2つの表現法があることがどの程度強調されるかは，調査対象者にかかってくる問題である。また，このように2つの表現法が同時に存在していると，その2つが機能面で新しい区別を生んでいるという事実を文法記述の中で無視してしまうことが多い。たとえば，ほとんどの方言には所有句構造が2通りあるが，それは譲渡可能なものと不可能なものの区別を表すようになっているのである。

〈エジプト方言〉

肉　私の
laḥmi「私の肉体」

［定］ 肉　　私の
il-laḥm bitā'i「私の食用肉」

方言的な言い回しを「格上げ」する際に用いるのが，つねに文語体の言い方であるとは限らない。競合する表現のうち，調査対象者が選ぶ語形が，首都方言のような，その地域で威信のあるほうの方言の語形であることがある。威信をもつ語形を選び取るわけなので，それが文語体と同じ語形とは限らず，逆にそ

*241 所有格表示語を使わずに，名詞と名詞を並べるだけの方法。

の地方特有の語形を選ぶ例もある。たとえば，古典アラビア語の /ṯ/ に対応する部分を歯間音[θ]で発音するグループと，歯茎音[t]で発音するグループが競合している地域では，コーラン朗誦では必ず歯間音[θ]のほうが使われるにもかかわらず，これが農村方言やベドウィン方言を連想させるために敬遠されることが多い。また，エジプトのデルタ地方には二重母音 /ay/ と /aw/ をもつ方言があるが，これが文語体と同じであるにもかかわらず，地域外の者と会話するときはこの使用をさけ，カイロ方言の /ē/，/ō/ に置きかえる。

この現象をとくによく示しているのが，ホールズ(Holes 1987: 74–6)の言及している例である。クウェートもバーレーンも，標準的な口語体ではどちらも文語体の /j/ を /y/ で発音する。クウェートではこの /y/ が「格上げ」によって /j/ に置きかわり，より文語風に聞こえるようになるが，バーレーンでは少数派であるシーア派のグループが一貫して /j/ を使い続けているために，/j/ は結果的に威信の低いシーア派方言に聞こえてしまうため，バーレーンのスンニー派グループは，コーランの朗誦には /j/ を使うにもかかわらず，「格上げ」するにはけっして /j/ を使わない。

10.2　アラビア語方言の分類法

方言地図集といえば，現在でも方言地理学や方言分類の最も重要なツールであるが，現時点でアラビア語世界の方言地図集がある地域はわずかしかない。最初に作られた地図集には，バークシュトレーサー(Bergsträßer 1915)によるシリア・レバノン方言地域のものがあり，またカンティノー(Cantineau 1940, 1946)によるホーラーン地方(*Ḥōrān*，レバノン)とパルミラ周辺(シリア)のものは当時の素晴らしい業績である。現在のものでは，エジプトのシャルキーヤ県の方言の地理的分布がアブル=ファドル(Abul Fadl 1961)によって研究され，またエジプトの全方言(カイロ方言を除く)の地図帳がベーンシュテット・ヴォイディヒ(Behnstedt and Woidich 1985, 1987, 1988, 1994)によって完成された。ベーンシュテットはまた，北イエメン諸方言の地図帳(Behnstedt 1985, 1992)，シリア諸方言の地図帳(Behnstedt 1997)を作成した。チュニジアに関しては，アンケートにもとづいてチュニジアのすべての方言を記録した，タイエブ=バクーシュ(Taïeb Bacouche)他による『チュニジア言語地図帳(*Atlas linguistique de la Tunisie = ALT*)』が 1997 年に始まっている。このほかにも，『北西モロッコ言語地図帳(*Atlas linguistique des parlers du nord-*

ouest marocain)』(Centre Jacques Berque: Rabat),『マグレブ言語地図帳(*Atlas linguistique du Maghreb*)』(Caubet 2000–1),『北イスラエルの口語アラビア語方言地図帳(*Atlas of the Arabic dialects spoken in northern Israel*)』(Talmon 2002)といったプロジェクトが動いている。これ以外の地域については，部分的な地図や方言記述書はあるが，全体としてはアラビア語世界の方言地図にはまだまだ広大な空白があって，とくにアラビア半島ではそうである。エジプトでさえ，カイロ方言以外の方言については現在でも大まかなことしかわかっていない。

方言地図の上では，その地域におけるさまざまな特徴要素の分布が，仮想上の線(語境界線[*242]isogloss)によって再現される。語境界線の信憑性は，情報収集が可能だった地点が多いか少ないかといった密度によって左右される。語境界線は複数の語境界線の束となっていることが多い。その束が太いとき，つまり多くの特徴要素がその同じ境界線で分けられていれば，その方言地域を隣の地域とはっきり別の地域として区分できる。これを最もよく観察できるのが，山脈など地理的な障壁が方言地域の境界となっている場合である。

これまでの方言地理学では，ある特定の語境界線(/q/ が無声音か有声音かなど)が，ほかを押しのけて重要とされることが多い。しかし，なぜその語境界線が方言分類の主要な基盤として選ばれ，他の語境界線ではだめなのかという，その選択の前提理由はない。識別するための指標としてどの語境界線を選ぶかによって方言分類はかわってくる。最近の方言地理学では新しい方法が導入され，上記のような，どの語境界線がより重要かを査定するという問題が回避されている。この方言計測法では，どの項目も重要性はすべて同等である。それぞれの項目は，方言地図上の各地点間の方言間距離の計算に使われる。そしてこの方言間距離から，方言間の系統関係が目に見える地図が作られる(Behnstedt and Woidich 2005: 106–35)。方言計測法に対する反対意見としては，各項目のもつ特質を無視している，というものがある。しかしふつうは，限られた数の項目だけをもとに方言間距離を計算して事足れりとしていることは明らかである。ベーンシュテット・ヴォイディヒは，計測に必要な項目の数は 200 から 300 の間であり，そこまであれば新たな項目で地図が大きく描きかえられることがなくなるという。このような地図によって，いくつかの方

[*242] isogloss は，しばしば「等語線」と訳されるが，単語が等しい地点を結んだ線ではなく，異なる単語を使う地域の間の境界線である。

言が孤立した位置にあるのが見えるようになったことが重要である。たとえば，方言計測地図でエジプトのオアシスの諸方言を比較すると（Behnstedt and Woidich 2005: 107–18），オアシス諸方言の中ではファラフラ方言（*Farafra*）が，そしてダハラ=オアシス諸方言の中ではダハラ東方言（Daḫla East）が孤立した位置にあることがはっきりと見える。

ほとんどの方言地図は音韻や語形の特徴要素に焦点をあてているが，語彙項目にもとづいた方言分類にすると，これまでの多くの分類とは違った結果が得られるかも知れないし，また実際に多く得られている。つい最近まで，資料がなかったために，語彙の違いを計測することは困難であった。ベーンシュテット・ヴォイディヒによる単語地図帳（Behnstedt and Woidich 2011, 2012）は，これを改善しようと，入手可能な全データをアラビア語世界の全体をカバーする語彙地図の形で提供してくれている。それが『アラビア語方言単語地図帳』（*Wortatlas der arabischen Dialekte* = *WAD*）で，語義検索的に，つまり，単語の形ではなく意味によって分類され，構成されている。第1巻は人間と自然についての巻であり，「未亡人」，「泥棒」，「ヤモリ」，そしてもちろん有名な *ḫōḫ*（*WAD*, 502–7）といった項目の地図が含まれている。*ḫōḫ* は，レバノンでは「プラム」，エジプトでは「桃」，モーリタニアでは「杏」であり，単語の多様性の例としてよくアラビア語話者がもち出す。第2巻は，人工物を扱っている。従来の語彙研究と違い，この地図では農業器具に限らず，「ガソリンスタンド」や「携帯電話」のような現代的な器具まで含んでいる。「携帯電話」（*WAD* II, 467–8）には，新語のでき方に加えて，英語やフランス語からの影響がよく現れている。エジプトでは *maḥmūl*[*243] が古くなって *mūbayl*（英語の mobile）に置きかわっており，イラクやリビアでは *naqqāl* が使われ，サウジアラビアでは *jawwāl* であるが，モロッコでは *parṭabl*（フランス語の portable）が最もよく使われる名称である（⇨ 12.4）。

方言地図は共時的な記録であり，言語改変は，ある現象がその地点で見られるか見られないかといった二者択一の形で示される。しかし同時に，その地域での時間的な変遷について，ある推測をすることもできる。方言地図を見ると，それぞれの特徴要素の相対的な前後関係もだいたいわかる。概して周縁地

[*243] *maḥmūl* は *ḥamala*「持ち運ぶ」の受動分詞「持ち運ばれる（物）」，*naqqāl* は *naqala*「送り届ける」の能動分詞強調形（性質や職業など）「送り届けることをする物」，*jawwāl* は *jāla*「歩き回る」の能動分詞強調形「歩き回ることをする物」。

域では文化的，政治的な中心地の威信方言からの改変がまだ到達していないため，古い特徴要素が残っている。その途中の過渡的な区間では，改変が段階的に取り入れられていく様子を見せてくれる。これが方言地図の上では，さまざまな現象が累加していく形（「段々畑」。英語で terrace landscape，ドイツ語で Staffellandschaft）で視覚化される（Behnstedt and Woidich 2005: 160–3）。その一例が，エジプト=デルタ地方の“*'aktib / niktibu*[*244]”方言群の改変段階である。マグレブ諸方言はすべて，動詞未完了形の1人称接頭辞が，単数形も *n-* になっているという特徴要素をもつ（“1人称単数 *n-*”方言）が，これはアラビア方言学で東アラブ諸方言と西アラブ諸方言を分けるときに最もよく使われる語境界線の1つである。「私は書く」と「私たちは書く」が東アラブ，たとえばシリア方言では ***'əktob*** と ***nəktob*** であるのに対して，西アラブのモロッコ方言では ***nəktəb*** と ***nkətbu*** となる。

	〈西諸方言〉（モロッコ方言）	〈東諸方言〉（シリア方言）
「私は書く」	***nəktəb***	***'əktob***
「私たちは書く」	***nkətbu***	***nəktob***

この人称接頭辞 *n-* はさらに，マルタ語や，マグレブ方言（北アフリカ）を起源とするサハラ以南の諸方言でも見られる。この西アラブと東アラブの境界線が，エジプト=デルタ地方を走っているのである。この西の語形がどのように変遷してきたかについては，2通りの説明が可能である。1つは，単数形のほうが先に変化したとするもので，人称代名詞 *'ana*「私」と動詞 *aktubu*「書く」が組み合わさって（*'ana aktubu* → *naktubu̸*）単数形がまず *nəktəb* になり，それからこの新しくできた単数形をもとに，類推[*245] によって複数形 *nəktəbu* が形成されたとする。もう1つの説明は，複数形が先に変化したとするもので，まず2，3人称複数形 *tkətbu*，*ikətbu* からの類推で語尾に *-u* がついて *nəktbu* が形成され，単数形 *nəktəb* はここから2次的に形成されたとする。

---

*244 それぞれ，「書く」の1人称の単数形（私）と複数形（私たち）。
*245 活用表をそろえようとする意識。次の2番目の説明で使われている類推を参照。

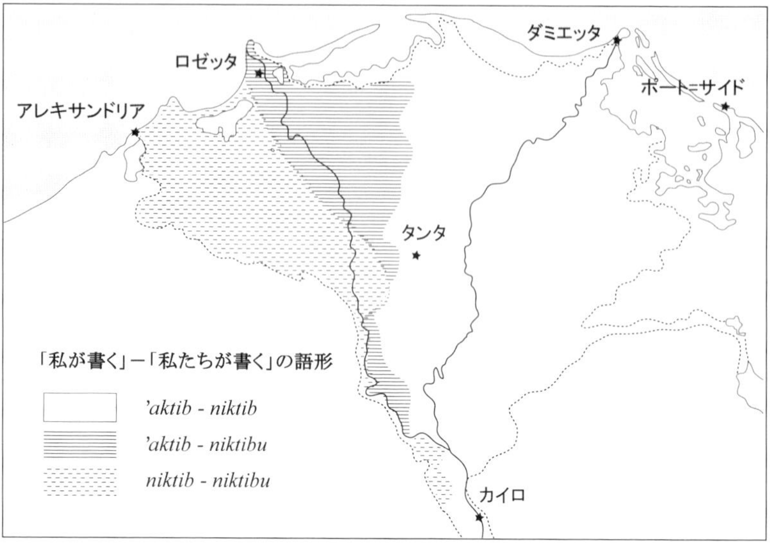

【地図 10.1】　エジプト=デルタ地方における動詞未完了形の 1 人称接頭辞
（Behnstedt and Woidich 1985: map 211 より）

	〈単数〉	〈複数〉
3 人称	*iktəb*	*ikətb**u***
2 人称	*təktəb*	*təktb**u***
1 人称	*nəktəb*	*nəktb**u***（シリア方言　*'əktəb nəktb*）

デルタ地方の方言地図を見ると，その東西両地域の間に *'aktib / niktibu* という，先に複数形だけが改変した地域があることから，2 つめの説明のほうが可能性が高そうだと言える（⇨地図 10.1）。

イエメンの方言における 1 人称単数の代名詞「私」の例もある（Behnstedt 1985: 9。地図 38）。ある地域では「私」が，独立代名詞（*'ana*）も接尾代名詞（*-ni*）も男女同形であるが，そこから西方へ行った地域では独立代名詞に男性形 *'ana* と女性形 *'ani* があり，最終的にティハーマ地方（*Tihāma*）までいくと，独立代名詞（*'ana* / *'ani*）にも目的接尾代名詞（*-na* / *-ni*）にも男女 2 つの形がある。ティハーマ地方で接尾代名詞 *-na* はもはや 1 人称複数に使うわけにはいかないから*246，エジプトのファラフラ=オアシス (*Farafra*) の方言 (⇨地図 10.2) のように -*iḥna* にかわっている。

	〈独立代名詞〉		〈接尾代名詞〉		
	男	女	男	女	複数
イエメン東部	*'ana*		*-ni*		*-na*
イエメン中部	*'ana*	*'ani*	*-ni*		*-na*
ティハーマ地方	*'ana*	*'ani*	*-na*	*-ni*	*-iḥna*

特徴要素はある地域まで到達しても，そこの単語のすべてに一様に作用するわけではない。多くの場合，改変が中心都市から郊外へと広がっていくと，まず最も頻度の高い単語だけに作用するので，語彙体系が，改変を受けたものと受けていないものに分かれる。そしてその後の変遷は，中央と郊外の 2 つの地域がどのように接触しているかという歴史的な状況によって決まってくる。カドラ (Cadora 1992) は，アラビア語方言における使用語彙の違いを使って，社会環境と使用語彙の関係 (ecolinguistic variation)，つまりベドウィン人や農民の言葉の中に都市型アラビア語の要素がどのように広まっているかを分析している。ある単語が都市型単語に置きかわるには，次のような段階があるという。都市型単語を，まずは自分たちの方言型に合わせて受け入れる。たとえば，ラマッラ*247 では *ḫūṣa*「ナイフ」を都市型の単語 *sikkīne* に置きかえたのだが，最初はベドウィン型の発音である破擦音化した *siččīne* で置きかえた。そして最後に，ベドウィン型にしないままの *sikkīne* を使うようになったのである (Cadora 1992: 111)。カドラは，このような単語の広まりの度合いを，生活環境が都市化する速度の指標と見ている。接触が絶え間なく続いていれば，改変は最終的に語彙体系全体へ広がっていくと考えられるが，改変の途中で影響が退いていったり，その影響への反動として当地の方言への愛着という力が働くと，作用をまだ受けていない単語はもとのままの状態に残るため，語彙の全体が通時的な意味で「混成」的な印象を与えることになる。

アラビア語の方言のほとんどは，アラビア語化の第 2 段階，つまりベドウィン諸部族がアラビア半島からイスラム帝国へ広がっていったときに，かなりの

*246 もともと接尾代名詞の 1 人称複数は *-na* であるが，これを使うと単数男性と同じになってしまう。

*247 現パレスチナ自治区内の町。

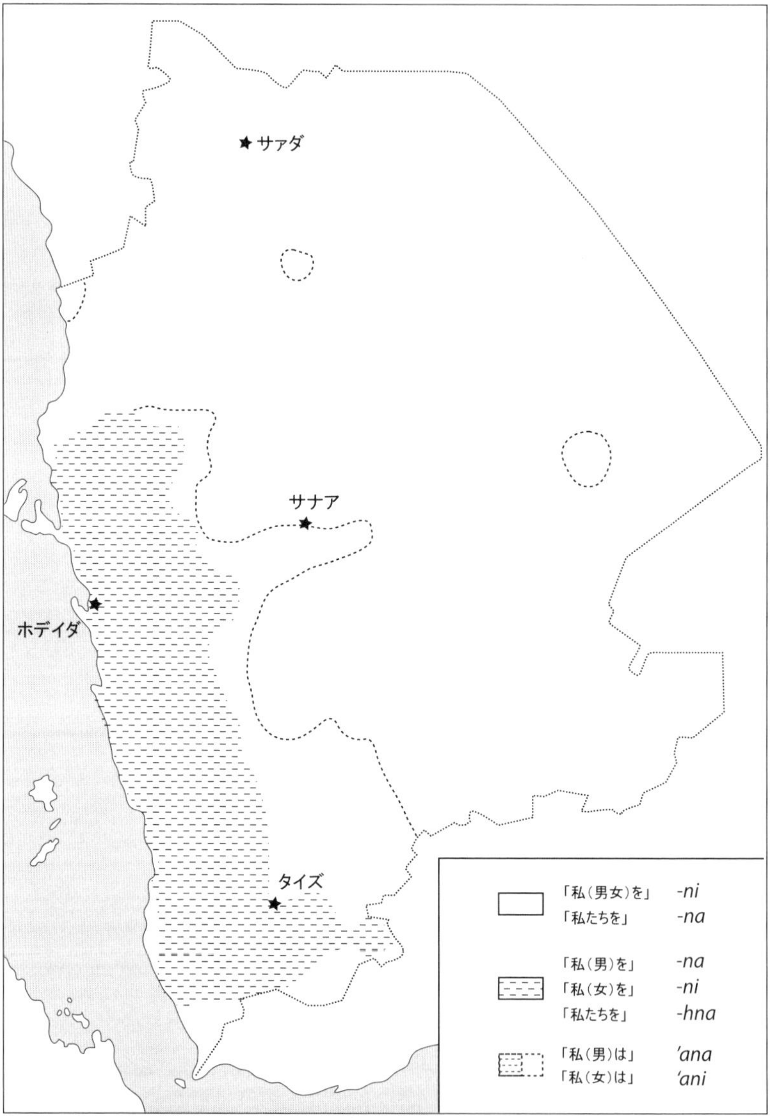

【地図 10.2】　イエメン諸方言における 1 人称接尾代名詞

（Behnstedt and Woidich 1985: map38 より）

「混成」が起こった。定住民とベドウィン人が接触した影響は，とくに語彙体系に及び，たとえばウズベキスタン方言では，古典語の /q/ に当たるものが，ふつうは無声の /q/（定住民型）で発音されるが，ベドウィン型の特徴要素である有声の /g/ になっている単語がいくつかある。

	〈ウズベキスタン方言〉	〈古典語〉
「甕」	***g**idir*	***q**idr*
「前」	***g**iddām*	***q**uddām*
「向きを変える」	***g**alab*	***q**alaba*

このような現象は，アラビア語世界の全域で見られる。モロッコでも定住民型方言，たとえば首都ラバト市の方言では，いくつかの単語がウズベキタスン方言のようにベドウィン型の特徴である /g/ をもつ。

	〈ラバト方言〉	〈古典語〉
「小麦」	***g**əmḥ*	***q**amḥ*
「月」	***g**əmṛa*	***q**amar*
「甕」	***g**ədra*	***q**idr*
「つの」	***g**əṛn*	***q**arn*

逆に，古典語の /q/ を /g/ で発音するベドウィン型方言でも /q/ をもつ単語がいくつかあるのがふつうで，たとえばモロッコのスクーラ[*248] 方言（*Skūra*）にも，次のような例がある。

	〈スクーラ方言〉	〈古典語〉
「墓地」	***q**bəṛ*	***q**abr*
「部族」	***q**bīla*	***q**abīla*
「分ける」	***q**səm*	***q**asama*

また，マラケシュ市では，現在はヒラール族方言（ベドウィン型）を話しているが，もともとはアラビア語化の第 1 波による都市型方言の 1 つであった（⇨ 11.5）。マラケシュ市の言葉にヒラール族以前の基層があることは，たとえば継続アスペクト接頭辞にヒラール族型の *ta-* のほかに *ka-*[*249] も使われ，所有

[*248] マラケシュ市から内陸へ約 250km の町。

[*249] 継続のアスペクト接頭辞 *ka-* や所有格表示語 *d-*，*dəl* は，モロッコの都市型方言の特

格表示語にヒラール族型の *ntāʿ* のほかに *d-*，*dəl* も使われることに見てとれる (Lévy 1998: 23)。

エジプトの西方オアシス諸方言（ファラフラ方言 *Farafra*，ダハラ方言 *Daḫla*，ハルガ方言 *Ḫarga* など。⇨ 11.4）には，方言の接触のようすがかなりよく記録されている。ヴォイディヒ (Woidich 1993) の解釈によると，これらの方言には，動詞未完了形の1人称単数接頭辞が *n-* であるなど，後になって西から侵入してきたベドウィン人，とくにスライム族 (*Banū Sulaym*) の東への逆移住による接触を通して入ってきたと思われる特徴要素がある。これらのオアシスの方言状況では，方言混合のもう1つの結果として，受容と拡大適用と言えるものが見られる。たとえば，これらのオアシス諸方言ではアクセントがマグレブ諸方言と同じく語末に置かれるが，前末音節が重音節（長母音があったり，音節末に子音がある音節）であっても，あるいは語末音節が母音で終わっていても，アクセントを語末に置くなど，マグレブ諸方言とは異なるのである。

	〈ファラフラ方言〉
「刈り取り鎌」	*minžál*
「私たちの家」	*baytˤiḥníy*

これは，マグレブ諸方言のアクセント規則を拡大適用したものと解釈できるだろう。つまり，このオアシスの住人たちは語末音節にストレスを置く単語がたくさんある諸方言と接触し，その方言を受容しようとするなかで，その規則を過剰にすべての単語に拡大適用したのである。

方言接触としては特別なケースではあるが，いくつかの方言間通用話体 (dialectal koines) も発達した。首都に隣接する地域の新しい方言が，国境で囲まれた国民国家の内側に巨大な影響を及ぼし始める。たとえばイラクでは，バグダードのイスラム教徒“*gilit*”方言が威信方言になり，田舎から出てきた者たちは，自分の地方の方言からその首都方言へ乗りかえた (/q/ の発音など，自分たちの方言のほうが古典語に近くても！)。イラク大統領サッダーム=フセイン*250 の話し方がそのよい例である。農村方言である，彼の生地ティクリト市 (*Tikrit*) の方言では /q/ を古典語と同じく無声の /q/ で発音するのに，彼は公式

徴要素。

*250 サッダーム=フセインがイラク大統領だったのは1979〜2003年。

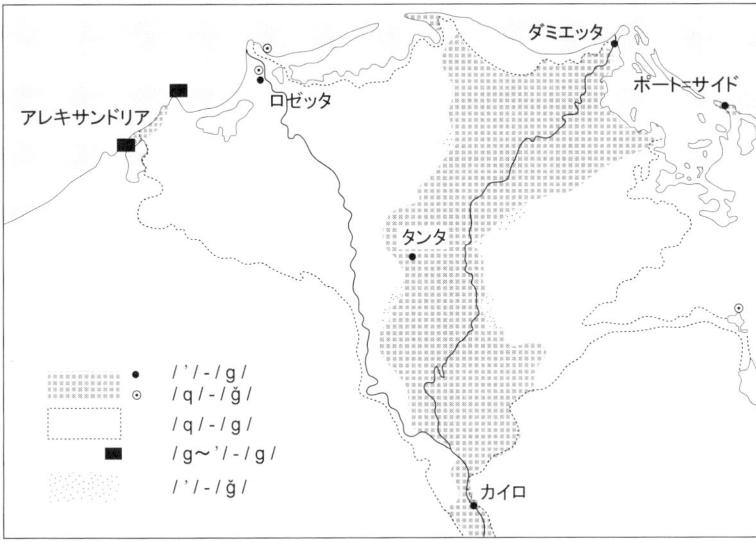

【地図 10.3】　エジプト・デルタ地方における標準語の /q/ と /j/ に対応する音
（Behnstedt and Woidich 1985: 31–2 および map15 より）

な場ではイスラム教徒バグダート方言に合わせて /g/ にしている。イラクでは /q/ を無声で発音することが，田舎っぽさとか，マイノリティの話し方に結びついているのである。マイノリティの話し方と結びついた例は，前述のバーレーン (⇨ 10.1) のケースでも見られる。

エジプトでは，カイロ方言がデルタ地方の広い範囲にまで広がっているが，デルタ地方中央部における /q/ と /j/ の発音を地図 10.3 で見ると，カイロからダミエッタ市へと続く帯状の地域ではカイロ方言の発音 /'/，/g/ が使われ，デルタ地方であっても他の場所では /g/，/j/ が使われていることがわかる。

首都カイロの主要港だったアレキサンドリアが 14 世紀に衰退したあとは，主要な交易ルートは，ダミエッタ市へと続くナイル川の東の支流に沿って走っていた。これは，このルート沿いに中世の交易地が集中していることからもわかる (⇨地図 10.4)。

現在では，カイロからアレキサンドリアへのルートがデルタ地方の大動脈になり，カイロ方言の影響はアレキサンドリアで見られる (/q/ が /'/，/j/ が /g/ と発音される) が，その周囲の地域では見られない。このように方言地図の形

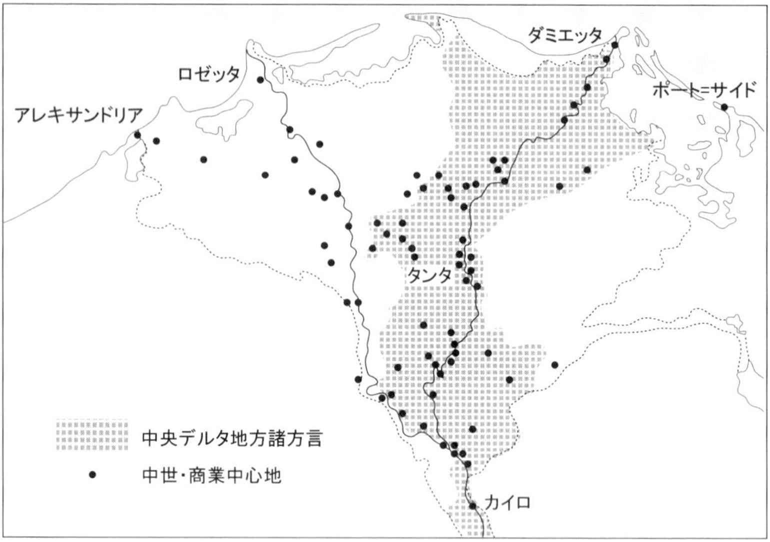

【地図 10.4】　エジプト・デルタ地方の中世商業中心地

(Behnstedt and Woidich 1985: map551 より)

から，カイロ方言の影響が交易の頻度と対応していることがわかる。また，この地図からはもう 1 つ，/j/ を /g/ と発音するようになったのは最近の変化ではなく，少なくともダミエッタ=ルートが盛んだった時期にまでさかのぼることもわかる。ただし，ベーンシュテット (Behnstedt 2006: 589) は，これとは異なる説明を考えている。「カイロ的な」発音*251 はもとのデルタ諸方言の名残であり，「ベドウィン型の」発音のほうが，後の移住によってかぶさった層だとするのである。この説明でもダミエッタ=ルートが大きな役割を担っているが，この場合は言語的防御壁の役割である。

首都の方言というものは，その中に複雑な歴史を抱えているものである。カイロ方言は 19 世紀の終わりに形成された，とヴォイディヒ (Woidich 1994, 1995) は分析している (⇨ 11.4)。これ以外のアンマンやバグダードなど，中東の多くの首都も，急速な都市化の時代を経て，田舎から何千もの移住者が自分たちのさまざまな農村型方言を携えて流れ込んできている。このようにして諸

*251 /q/ を ʼ[ʔ] で，/j/ を g[g] で発音すること。

方言が混ざることで，それぞれの話者の相対的な社会力・政治力による，威信の高い話し方と低い話し方が生まれたのである。最近になって田舎から首都に移住してきた人々の話し方の中に，カイロ方言の影響がエジプト全体へ広まっていく様子を見て取ることができる。最近の研究でミラー（Miller 2005）は，農村からの移住者第1世代は，カイロ方言の受け入れ方が部分的であったことを示した。たとえばサイーディー方言[*252]（*Saʿīdī*）の所有格表示語 *šuġl* や *hinīn* といった語彙・文法的な特徴要素はカイロ方言の *bitāʿ* に置きかえられたが，/j/ の発音は，カイロ方言の /g/ にせずにサイーディー方言の /j/ のまま維持していた。すでに地方の中心都市にまで広まっていたカイロ方言の特徴要素の受け入れ方もこれと同じだった。そして，移住者の第2世代になるとカイロ方言を完全に受容し，南エジプトの方言がもつ特徴要素をすべて失ったのである。

ヨルダンの首都アンマンの方言のケースは特殊である。アンマンの人口は1950年代まではわずか10万であったが，40年の間に驚異的な成長を経て，1990年代には150万人以上に達している。それは，最初に膨大なパレスチナ人が流入してきたからで，彼らはパレスチナ方言をもってきた。当時，アンマン方言には他の国の首都方言がもっているような威信がなかったため，新たに流入してきたパレスチナ人たちは，アンマン方言に合わせる必要を感じなかった。最近では，若い世代が自分たちを，新しくできあがった面と，諸方言の要素が混ざった面をもつ，新たなアンマーニー（アンマン方言）の話者と考え始めていている（Al Wer 2007b）。

通用話体化（koineisation）は，急速に国境線の外にまで広がっている。とくにエジプト方言は，アラブ世界の全域で知られるようになっている。これは1つには，エジプト映画やテレビドラマが輸出され，ほとんどどこでも放映されていること，またもう1つは，教育制度の整備への援助としてエジプト人教師が多くの国で雇われたことによる。どの国でもたいていの人がエジプト方言を理解でき，必要とあらばエジプトの話し方で話すことができる人さえいる。たとえばイエメンでは，アラビア語が話せる外国人はエジプト人の同類とみなして，エジプトの単語やエジプトの語形変化などを使って話す傾向がある。エジプト方言の *bi-* が継続と習慣を表すのに用いられることから，イエメン方言の，継続しか表さないアスペクト接頭辞 *bayn-*（1人称），*bi-*（2，3人称）が，習慣の

---

*252 エジプト中部のナイル川沿いの方言。

意味にも使われることがあり，また，未来のアスペクト接頭辞にもイエメン方言の *ša-* のかわりにエジプト方言の *raḥ-* や *ḥa-* が使われることがよくある。日常の会話の中でも，エジプト方言特有の単語（*kwayyis*「O.K.」，*muš*「〜ではない」，*kida*「そのように」）は欠かせないものになっている（最後の例は，イエメン方言風にした *kiḏa* もある）。

以上のような方言の状況は，現代国家の国境線の内側で通用話体化が起きて融合してきた最終的な結果であるので，方言分類を国単位でおこなうことは，本来の言語による分類ではないが，最悪とまでは言えない方法であるということができよう。とくにアラビア語を使う国々が独立したあとは，たいていは首都などの 1 つの中心地に求心力があるため，それぞれの国内でそこへ向かってかなり収斂していった。モロッコのように，言語の求心力をもったのが首都ラバトの方言ではなく，カサブランカ市の方言であったところもあるが，要するに 1 つの町がその国全体の通用話体の中心になるのが原則である。この意味で，首都の威信方言をさす名称として，アルジェリア方言，シリア方言，イエメン方言と呼ぶことが許されるだろう。当然ながら首都方言の影響力にも限界があるから，それぞれの国内でもそれからはずれた方言が使われ続ける地域はある。別の方言の飛び地が国民国家の国境線の内側にあっても，それが必ずしも消滅する運命にあるとは限らない。方言の誇りという要因も，その方言が生き残るのに効果をもつことがある。たとえばシリア北部のデーリッゾール県（*Dēr iz-Zōr*）の方言は，シリア・レバノン方言地域の只中にあって，メソポタミア型の方言である。

地域によっては，宗教的な理由による方言への忠誠心もある。北アフリカではフェズやチュニスなど，いくつかの大都市のそれぞれに，ユダヤ教徒アラビア語という特有の方言が記録されている。これらはアラビア語化の最初の時期に起源をもち，後世の改変の影響を受けていない。東アラブでも同じように，イスラム教多数派（スンニー派）の言葉はベドウィン人化の第 2 波の影響を受けてベドウィン型の特徴をもつようになったが，その影響を受けなかったバグダードのキリスト教徒やユダヤ教徒，バーレーンのシーア派教徒といった異端派マイノリティの方言は，もともとの定住民型方言の特徴要素を保持しているのである。

10.3　ベドウィン型方言と都市型方言

前述したように，イスラム帝国におけるアラビア語化は 2 段階で起こった(第 8 章)のだが，最初の段階は定住民型方言という，改変が相当に進んだ方言を生みだし，次のアラビア語化の第 2 波が，アラブ世界の全域にベドウィン諸方言をもたらした。このとき新たにやってきたベドウィン人移住者たちの方言は都市や農村の定住民型方言とは違って，さまざまな別の言語の人々との絶え間ない相互交流による変化をまだこうむっていなかった。イスラム帝国が始まって数世紀の間は，ベドウィン諸方言が古典アラビア語の唯一の真の姿とみなされ，ベドウィン人が話しているのが純粋なアラビア語，すなわち名詞が格変化(エァラーブ *'i'rāb*)するアラビア語だと考えられた。このエァラーブとは，字義通りには「真のベドウィン=アラビア語のように響かせる」という意味である。しかし，アラブ文法学者たちにとっても，ベドウィン人とて時がたつにつれて定住民による文明の影響からは逃れられないことを認めざるをえなくなった。イブン=ジンニー(回暦 394=西暦 1002 年没)のころには，文法学者たちは，長期にわたって定住民の言葉にさらされたことによる悪影響に気づいていた。ベドウィン人部族の中には，純粋な言葉を話すという評判を守っていたものもあったが，その部族とて実際にはもはや古典アラビア語とは違う言葉を話していた(⇨ 5.3)。現在では，定住民，遊牧民にかかわらずすべての方言が，明らかに新タイプのアラビア語であって，たとえば格語尾をもっている方言はない。とはいえ，一見してベドウィン人の方言のほうが定住民の方言より保守的である。ここで「保守的」とは，それ以前に中心都市などで起きた，「改変」と呼んでいる変化形があまり見られないことを言う。この用語の背景には，定住民諸方言で起きた変化はより新しく，交流がひんぱんな地域で起きる改変がその中に見られる，ということが前提として想定されている。したがって，もし定住民型方言に起きた変化が，すでにイスラム以前の時期からあった特徴要素からの当然の流れとして考えられるならば，これまでつねに併存していた定住民型とベドウィン型という 2 つの方言タイプの間の違いを，保守的と革新的という点から論じることはできなくなる。

都市方言と農村方言は，地理上の障壁や国境でもない限り，1 つの連続体をなしているものである。また定住民型方言の地域では，その中をさらに個々の方言に区切ることは困難である。その中には中核的な地域があって，そこは政治，文化の中心であり，言語改変がそこから波状に広がっていき，中核地ととなりの中核地の間では，競合する改変が衝突して中間的な区域が発生する。これに対してベドウィン型方言は，その中が個々の小方言になっていると見ることができる。これは，各部族が広い範囲に散在していても同様である。各部族の方言がもつ特徴要素には，その部族がどのように遊牧してきたかという歴史が反映されている。たとえば，アニーザ族（*ʿAnīza*），シャンマル族（*Šammar*），ムタイル族（*Muṭayr*），ザフィール族（*Ḏafīr*）などの部族（⇨地図10.5）がサウジアラビアのネジド地方（*Najd*）から北や東へと地理的に広大な範囲を移住したにもかかわらず，彼らの方言にはいまだにもともとの近親関係が反映されている。それは昔，樹形系統図に描かれた印欧語族の言語どうしの関係（⇨2.1）を思い起こさせる。

アラビア半島以外，また半島内でもヒジャーズ地方（*Ḥijāz*）などいくつかの地域では，定住民と遊牧民（ベドウィン人）の違いが社会的な意味ももっていて，それが言語の違いとも，さらには職業や宗教の違いとも対応することがある。アラビア半島でも他の場所，とくにネジド北部などでは，部族によって言葉が違っているが，そのことと，その部族が定住生活をしているか砂漠を動き回っているかとは関係がない。たとえば，シャンマル族のうちのある支族は遊牧生活をしているが，オアシスに定住している親類支族のところへ定期的に戻っていて，社会的にも言語的にもその支族との間に一体性を保っている。

ベドウィン人たちは，イスラム教の出現よりはるか昔から，ずっと移動する生活を営んできている。この移動生活はイスラム暦第1世紀の征服の時代にも続き，それでも終わらず，ベドウィン諸部族はその後の数世紀間，アラビア半島から移住し続けたのである。11世紀に，スライム族とヒラール族が北アフリカに侵入したこともその例である。都市郊外では，このようなベドウィン人の移住によって，そのたびごとにアラビア語化が引き起こされていった。アラブ世界では，このような移住の結果としてさまざまな言語の層ができたが，各層は互いに無関係というわけではなかった。また層の起源が別々であっても，相互に影響しあって現在の諸方言ができてきたのである。ベドウィン人の中には，最終的に定住して定住民型方言を話すようになるグループもあったが，たいていは定住した地域に第2次ベドウィン型化を引き起こしたことは，上でみてきたとおりである。たとえば，モロッコのマラケシュ市の方言，エジプト

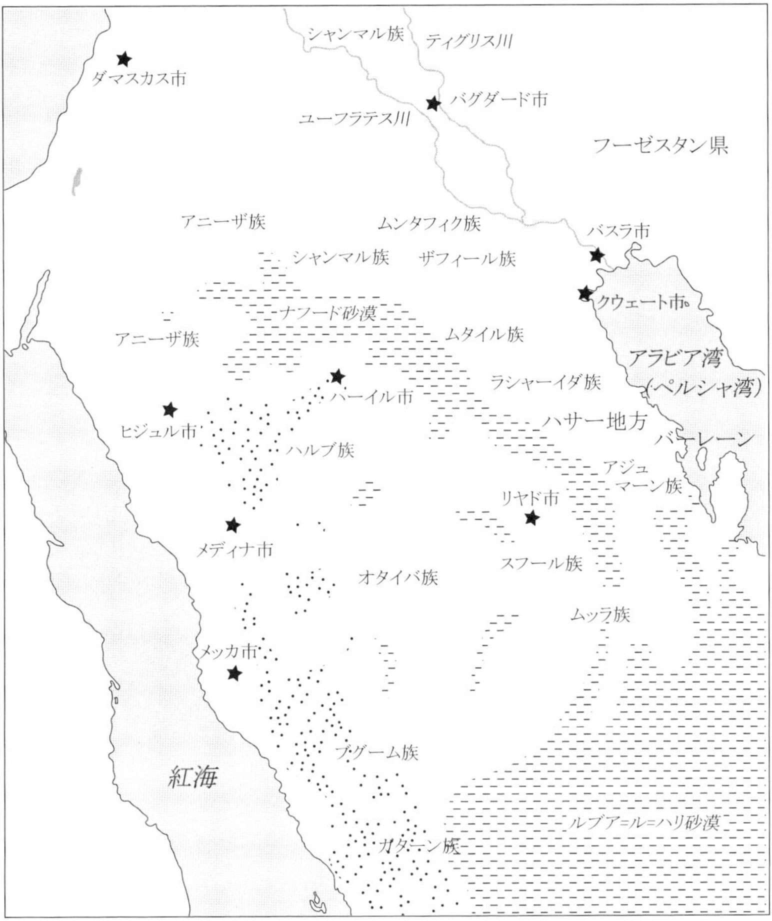

【地図 10.5】　北アラビアの部族（Ingham 1994c: xvii より）

のデルタ地方西部のベヘーラ県[*253]（*il-Biḥēra*）の方言，イスラエルのアラビア語方言のいくつか，バグダードのイスラム教徒アラビア語，バーレーンのスンニー派方言などがそれである。このため，ベドウィン型方言がもつ特徴要素をあげることはできても，それをもって，定住民型方言と区別するための特徴要素リストにすることはできないのである。

*253 または，アル=ブハイラ県。

以上のことから,「定住民型」や「ベドウィン型」という名称を使うときは，これが社会学的な，さらには社会言語学的な意味をもつ名称ではないということを肝に銘じておかなければならない。ベドウィン型方言は必ずしも遊牧民が話しているとは限らないし，定住民型方言も必ずしも都市住民が話しているとは限らない。2 つの名称は，移住の第 1 段階による方言(定住民型)と第 2 段階による方言(ベドウィン型)の差を区別するものにすぎないのである。この 2 つのタイプの言語上の違いは，定住の歴史による違いである。このことを肝に銘じておく必要があるが，それでもベドウィン型の諸方言は共通して同じ特徴要素をもっていて，これによって，同じ地域の定住民型の諸方言とを分けることができる。次の各特徴要素は，典型的なベドウィン型方言の特徴要素として言及されるものである。

- 歯間音を保持している。ベドウィン型方言はほとんどすべて，古典語の /ṯ/ と /ḏ/ を保持している。また，古典語の /ḏ̣/ と /ḍ/ が合流した音素はつねに /ḏ̣/ である。

	〈ネジド方言〉	〈古典語〉
「彼は叩いた」	*ḏ̣arab*	*ḍaraba*
「影」	*ḏ̣ill*	*ḏ̣ill*

- /q/ は，有声音の /g/ で発音される。/q/ が有声音で発音されることは，すでに古典語の時期にベドウィン型方言に特徴的な現象と考えられていた(⇨ 7.4)。/g/ が，古典アラビア語のこの音素のもとの発音だったと考えられる(⇨ 2.2)。
- 代名詞と動詞の 2，3 人称複数で，性の区別を保持している。たとえばネジド方言では，*ktibaw*「彼ら(男性)は書いた」と *ktiban*「彼ら(女性)は書いた」を区別している。この方言の系統である方言がイラクにもあるが，そこでは *ktibaw* しかなく，アラブ世界のすべての定住民型方言と同じように性の区別がない。
- 3 人称単数男性の接尾代名詞が，定住民型方言では *-u* や *-o* であるが，ベドウィン型方言ではだいたい *-ah* や *-ih* である。
- 名詞の双数形を使う方言は，定住民型方言よりもベドウィン型方言に多い。

- 動詞未完了形の人称接頭辞の母音はほとんどの方言で *-i-* であり，これはイスラム以前の方言でもすでに見られた現象（タルタラ *taltala* と呼ばれる）であるが，アラビア半島北部や東部にはこれが *-a-* であるベドウィン型方言がいくつかある。ネジド方言の動詞活用にはイスラム以前のいくつかの方言の状態が反映しており，他の方言では未完了形の人称接頭辞母音が固定されているが，ネジド方言では語幹母音に合わせて母音活用する（⇨ 2.1「未完了形の人称接頭辞」）。語幹母音が *i* のとき人称接頭辞母音は *a* になり，*a* のときは *i* になる。

　　〈ネジド方言〉
　　「彼は書く」*yaktib*
　　「彼は聞く」*yisma'*

- ベドウィン型方言では，所有句を表すのに直接付加のほうをよりひんぱんに使う。どのベドウィン方言にも所有格表示語はあるが，これの使用が意味的にも統語的にも制約されており，この傾向は定住民型方言での制約よりも強い。また，北アフリカでは西方ベドウィン方言は，同じ地域の定住民型方言と違って，所有格表示語が *ntā'* であり，*d-* や *dyal* を使わない。
- ベドウィン型方言では，無生物の複数形を古典語と同じように女性単数として扱い，複数扱いしない。

これらの特徴要素は，おおよそすべてのベドウィン方言の特徴要素である。これに加えて，アラビア半島のベドウィン方言には特有な特徴要素があるが，これは後で扱う（⇨ 11.1）。一般に，方言がベドウィン型か定住民型かは，いくつかの判定基準をもとに分けられるが，その最も重要な判定基準が古典語の /q/ が有声音で発音されるかどうか，そして語形変化に関しては，動詞複数形で性の区別をするかどうかである。

　ベドウィン型方言のこのような保守性は，アラビア半島以外からも移住者がやって来て混ざり合い，ベドウィン人と都市民が緊密に交流する，南イラクや湾岸部，メッカといった地域の方言に見られるような，文法的な単純化とは対照的である。インガム（Ingham 1982）は，半島内のベドウィンの諸方言と，それらと同族で半島外の諸方言を対照し，アラビア半島方言の保守的な特徴要素，たとえば，語幹内受動形や語幹内使役形，動詞の 2，3 人称複数での性の区別，不定表示の *-in*，語末子音連続への母音挿入（*šift*「私は見た」を *šifit* に，*galb*「心臓」を *galub* にする）などが，メソポタミア諸方言や湾岸地域の中央アラビア方言で消失していることから，ベドウィン人の本拠地から離れていくほど消失していく傾向にあることを指摘した。このようなベドウィン型の特徴は，東アラブでも西アラブでも同様である。

アラビア半島，湾岸諸国，シリア・メソポタミア砂漠，南ヨルダン，ネゲブ，シナイ半島の各所で話されている方言を東方ベドウィン諸方言という。シリア，メソポタミア，北アラビアでは，ベドウィン型方言の話されている地域は，ある種の方言連続体をなしていて，その中をさらに方言に区分するのは難しい。移住の動きは2つあり，1つは中央アラビア（ネジド地方）から北へ，もう1つはメソポタミア南部から湾岸へというもので，この移住によって，この地域にあった地理的な仕切りがなくなった。遊牧民は，もとは別の地からやってきたものであっても，ある定住地域と結びつくと両者の相互依存の程度が大きくなる。メソポタミア南部では，遊牧民が定住民を圧倒し，夏季にも夏季宿営地を立ててネジド地方へ戻らずに，そこの支配者になってしまった。これらの部族，というより別々のグループを起源とする部族からなる部族連合には，たいてい定住を開始した頃についての伝承がある。またシリアでは，半島とシリア土漠（*bādiya*）の間で移住が続いている。前述したように，セム諸語はこのような，砂漠と定住地の間の，まさに恒常的な相互交流の中で現在の姿になったとする説がいくつも出されている（⇨ 2.1「セム諸語の中核地域」）。

移住がコンスタントに続いてきたことから，ベドウィン型方言の地域というような地理的な特定をすることは困難であり，ほとんどの場合は不可能である（Ingham 1982）。地理的あるいは政治的に明確な障壁がある場合を除くと，方言を地域分けすることは不可能である。当の方言の話者たちは，方言の間に直感的に明確な違いを感じていることが多いが，問題は，ふつうそのような判断が，その方言に独特な要素や単語によっていることである。障壁がなければ2つの方言地域は徐々に融合していき，2つを分けていたそれぞれの特徴要素の中間区域が形づくられていく。定住民の場合は，改変を受け入れるか否かは部族の起源とは関係なく，文化的・政治的求心力の強さによって決まる。これが遊牧民の場合は，方言を分類するとき，部族の起源や帰属関係が最も重要であるから，地理的には区分を決定することができないのである。サウジアラビア北部のシャンマル山（*Jabal Šammar*）地域はこの例外で，地域の中で放牧地とのアクセスがよいために，シャンマル族の遊牧グループと定住グループの両方がこの地域でまとまりを保持している。

以上の東方ベドウィン諸方言に対して，北アフリカ全域で話されているベドウィン型方言を西方ベドウィン諸方言という。西方ベドウィン諸方言は，ふつう2つのグループに分けられる。スライム族が定住した地域（チュニジア，リビア，西エジプト）の方言と，ヒラール族の地域（西アルジェリアとモロッコ）に属する方言である。北アフリカ全体で，初期のイスラムによる征服と，後のベドウィン部族の侵入には時間的に大きな開きがあって，その差は西のほうでは4世紀以上にもなる。このことは，北アフリカではベドウィン型方言の保守性の度合いが小さいことに関係してくる。というのは，後の移住は，故地においてすでに長きにわたって定住民型方言から影響を受けたベドウィン部族が，その方言をもってアフリカへと移住して来たものだからである。また，定住民型方言とベドウィン型方言は別のところから来ているにもかかわらず，それでもなお両方を合わせて北アフリカ・エジプト方言地域という言い方が可能な理由も，2度の移住の間隔が長いことからきている。たとえば，北アフリカの方言はすべて北アフリカ諸方言の重要な特徴要素である動詞未完了形1人称単数の人称接頭辞 *n-* をもっている。ベドウィン型諸方言がこの地へやって来たときには，すでに威信のある文化的，政治的中心地が存在していたから，この地域に来たベドウィン人は新しい軍事力を備えていたとはいえ，定住民型諸方言の求心的影響力からのがれることができなかったのである。

10.4　本書でのアラビア語方言分類

アラビア語方言は，従来，次のグループに分類されている。

1. アラビア半島諸方言
2. メソポタミア諸方言
3. シリア・レバノン諸方言
4. エジプト諸方言
5. マグレブ諸方言

第11章では，従来から使われているこの5つの方言地域の分類に沿って各方言を紹介していく。それぞれの地域について，そこで最も重要な代表的な方言をいくつか概観し，それらを特徴づけている特徴要素とそれぞれの方言の独特な点がわかる文例をいくつか提示する。第15章では，アラビア語世界の外の，アラビア語以外の言語が支配的な環境で話されているアラビア語方言の飛び地に焦点をあてる。このような飛び地としては，マルタ語，マロン派教徒キプロス方言，ウズベキスタン方言・アフガニスタン方言，アナトリア中部のアラビア語諸方言，ナイジェリアのシュワ=アラビア語，そして第16章で扱うウガンダ・ケニアのクレオール=アラビア語（ヌビ語 Ki-Nubi）がある。飛び地で話されるこれらの諸方言も，マロン派教徒キプロス方言はシリア・レバノンの方言から，マルタ語は北アフリカの方言から来ているといった具合に，つきつめれば中心地域の方言グループから出てきたものである。しかし，これらはアラビア語世界から孤立し，古典アラビア語にさらされていなかったので，ほかの地域では失われてしまった特徴要素が残ることができた。また，その地域の優勢言語と接触することで，ほかの地域では見られない借用や改変も起こっている。そこで，これら飛び地の諸方言は別に扱うのがよいのである。

10.5　文献案内

Behnstedt and Woidich (2005) は，ドイツ語で書かれたアラビア語方言学の方法論に関する手引書としてすばらしいものである。また，Behnstedt and Woidich (1985: 11–42) のエジプト諸方言地図帳の序章も有効である。

かつて方言地理はアラビア語学の中で貧弱な分野の1つだったが，多くの方言地図帳が刊行されて状況は改善された。最初に概観したのは，Cantineau (1940, 1946) によるホーラーン地方の方言地図帳，Bergsträßer (1915) によるシリア・レバノン方言地図帳である。レバノン諸方言の方言地図は Fleisch (1974) が作成した。より最近のものでは，エジプト地域の大規模な方言地図帳が Behnstedt and Woidich (1985, 1987, 1988, 1994, 1999) によって作られた。地図帳には，解説や，2巻の文面資料集，エジプト方言・ドイツ語単語集がつけられている。Behnstedt (1985, 1992) は，北イエメン地域の方言地図帳とシリア方言地図帳 (Behnstedt 1997) を作った。チュニジアの方言地図帳のプロジェクトは進行中である。Mejri (2002) の発表，Ben Abdessalem Karaa (2008, 2012) の最新の報告があり，*AIDA* 第6巻には多くの論文が収められている。レバノンの方言地図帳の要点は，Kalaas (2003) に集められている。モロッコの方言地図帳にむけた計画については Caubet (2000–2001)，北イスラエルの諸方言についてのプロジェクトについては Talmon (2002). を参照。アラビア語地域の大部分，とくにアラビア半島や北アフリカ，サハラ以南は，文字どおり「未知の土地」である。Behnstedt and Woidich (2011, 2012) による単語地図帳が刊行中で，初めてのアラビア語世界全体にわたる大規模な語彙データが提示されている。これまで3巻が出版された。

口語方言の文面資料（テキスト）は現在，インターネット上のテキスト保管庫で入手できる。ハイデルベルク大学のセム語学部がセム語音声保管庫 (Semitisches Tonarchiv) を運営し，2,000点以上の音声資料をもっている。その中には，エジプト，ベドウィン，ハッサーニーヤ，イエメン，レバノン，リビア，モロッコ，パレスチナ，シリア，スーダン，中央アジアのアラビア語が含まれている。これらは，www.semarch.uni-hd.de. で自由に参照できるようになっている。また，フランス国立科学研究センター (Centre national de la recherche scientifique : CNRS) がアフロ=アジア諸語コーパス (Corpus for Afroasiatic Languages) を運営している。上記のセム語音声保管庫よりは小さいが，モロッコ方言，トリポリ方言，ジュバ=アラビア語の音声資料とともに，その全訳と逐語訳つきの文面が入っている。http://corpafroas.tge-adonis.fr/Archives/ListeFichiersELAN.php で登録すれば参照できる。カディス大学は，マグレブ地方のアラビア語やベルベル語を中心にした，マグレブ言語音声コーパス (Corpus oral de variedades magrebíes : CORVAM) を運営している。www.unizar.es/estudiosarabes/CORVAM.htm で無料で参照できる。

エジプト方言の古い資料に関しては，Doss (1996) を参照されたい。カイロ方言の形成は Woidich (1995) が扱っている。アンマンの“アンマーニー (ʿAmmānī)”の成立については Al-Wer (2007b) を参照。エジプト方言のイエメン方言への影響については，Diem (1973b: 15–19) を参照されたい。ベドウィン型諸方言で /q/ が /g/ として発音される問題については Behnstedt and Woidich (1982) を参照。/q/ の発音についての全般的な概説には，Bahloul (2007) がある。エジプトのデルタ地方にある西アラブ諸方言と東アラブ諸方言の間の中間方言は，Behnstedt (1978) で議論されている。エジプトの西方オアシス群における接触現象については，Woidich (1933) を参照されたい。ヒラール族方言とヒラール族以前の方言との相互影響については Lévy (1998) と Miller (2004) を参照。都市化と方言変化の関係は，Holes (1995b) が議論している。

ベドウィン型方言層と定住民型方言層の様相については，Ingham (1982) で議論されている。アラビアやシリア・メソポタミアにおけるベドウィン型方言と定住民型方言の区別について，上で指摘したことのほとんどは彼によっている。ベドウィン諸方言の分類とその特徴要素についての全般的なデータは，Rosenhouse (1984) に示されている。Cadora (1992) は，アラビア語方言学のデータと話者の生活様式を関連づけて論じている（このアプローチは，彼の用語で ecolinguistics という）。

アラビア語の諸方言

▶第 11 章◀

11.1　アラビア半島の諸方言

アラブ諸部族の故地であるアラビア半島は，アラビア語世界の中でもまだよく解明されないままの地域である。イスラム以前の時代には，おそらく半島東部方言と半島西部方言に分かれていた (⇨ 4.2) が，その後のたびたびの移住によって方言の地理的分布はかなり変化した。現在では，この地域のベドウィン方言もすべて新タイプのアラビア語に属してはいるが，半島以外の諸方言よりは，先に述べた意味において概して保守的である (⇨ 10.3)。ペルシャ湾岸の中心都市でも，マイノリティーであるシーア派教徒は定住民型方言を話しているが，大部分は典型的なベドウィン型方言を話している。アラビア半島の諸方言の最も新しい分類は，インガム (Ingham 1982) やパルヴァ (Palva 1991) による，次の 4 つに分ける方法である。

1. アラビア半島北東部諸方言： これらは，ネジド諸方言，とくにアニーザ族やシャンマル族などの大きな部族の諸方言である。このグループは，さらに 3 つのサブグループに分けられる。
   - アニーザ諸方言 (*ʿAnazī*)：クウェート，バーレーンのスンニー派教徒，湾岸諸国を含む。
   - シャンマル諸方言 (*Šammar*)：イラクのいくつかのベドウィン方言を含む。
   - シリア=メソポタミア=ベドウィン諸方言：北イスラエルやヨルダンのベドウィン方言，北シナイ半島の最下層部族であるダワーグラ族 (*Dawāġrah*) の方言を含む。

2. アラビア半島南部（南西部）諸方言：イエメン，ハドラマウト，アデン，バーレーンのシーア派の諸方言
3. ヒジャーズ（アラビア半島西部）諸方言（*Ḥijāzi*）：このグループにはヒジャーズとティハーマのベドウィン諸方言が属しているが，これらについてはあまりわかっておらず，またこれらと，この地域の都市方言，主にメッカやメディナの方言との系統関係もまだ明らかになっていない。
4. アラビア半島北西部諸方言：これを 1 個のグループとするのはパルヴァ（Palva 1991）である。ネゲブ地方，シナイ半島の諸方言や，南ヨルダン，アカバ湾東岸，サウジアラビア北西部あたりの諸方言が含まれる。

10.3 で見たように，アラビア半島の外ではどこでも，ベドウィン型諸方言をその同じ地域の定住民型方言からはっきり区別できる特徴要素がある（たとえば，/q/ が有声で発音されること，歯間音の保持，動詞と代名詞の 2，3 人称複数での性の区別）が，アラビア半島のベドウィン型諸方言は半島外のベドウィン型諸方言と比べてもさらに保守的で，半島外のベドウィン型方言に見られる縮約（reducing）や均整化（levelling）といった改変も見られない。最も保守的な方言として代表的なのは，ネジド方言（*Najdī*）である。南イラクやペルシャ湾岸のベドウィン諸方言もこの方言と同じ系統だが，やはりネジド方言よりは改変が多く見られる。半島外のようなベドウィン型・定住民型といった二分法が，半島部ではうまくあてはまらない。部族内に定住したメンバーがいるケースも多く，その場合，経済的，社会的にひんぱんな相互交渉があるから，結果として，半島部ではベドウィン型方言の特徴要素が，定住民方言も含めたすべての方言に存在することになる。

アラビア半島東部諸方言

アラビア半島のベドウィン型方言に見られる保守的な特徴要素のうち，次の 3 つにふれておく。

1. 多くのベドウィン型方言には，不定表示語尾の *-in*, *-un*, *-ˀn* がある。ほとんどの場合，つけなくてもいいもの（オプション）であり，たいていは口頭詩吟で単に韻律を合わせるためだけのものである。この要素は明らかに古典語の *N* 語尾（*tanwīn*）から来ており，不定を示す点は同じだが，格を表す機能は失われ，後ろに修飾語のついた単語が不定であることを示すのみの要素になってい

る。ネジド方言ではこの表示要素は，次の(1a)，(1b)，(1c)のように，一般的には形容詞，関係節，前置詞句の前に置かれた名詞に使われる。

家　大きい
(1a) *bēt-in kibīr*　大きい家

言葉　彼らが私に言った
(1b) *kalmit-in gālōhālī*　彼らが私に言った言葉

部分　そこから
(1c) *jiz'-in minh*　その一部分

また，古典語で語尾 *-an* をもつ副詞的表現にも現れる[*254]。

たとえ
maṯal-in　たとえば

早い
mbaććir-in　早く

2. いくつかのベドウィン型方言では，動詞の使役形[*255]が活用形の 1 つとして使われ続けている。

ネジド方言　(Ingham 1994c: 74–9)

〈基本型〉	〈使役形〉
fahim「わかる」	*afham*「わからせる」
wajf「止まる」	*awgaf*「止まる」[*256]

3. いくつかの方言では，受動の表し方として語幹内受動形が使われている。

北東アラビアのハーイル方言(*Hāyil*)　(Prochazka 1988: 28, 116)

	〈能動形〉	〈語幹内受動形〉
「書く／書かれる」	*kitab*	*ktib*
「打つ／打たれる」	*ḍarab*	*ḍrib*

これはアラビア半島のベドウィン型方言のみの特徴要素ではなく，北アフリカのベドウィン型方言にもいくつかこの痕跡が見られる。

以上のような保守的な傾向はあるが，改変もまた見られる。とくにアラビア半島北東部諸方言では改変が顕著で，たとえば，"*gahawa*"(ガハワ)症候群[*257] (*gaháwa*

---

*254　古典語で，それぞれ *maṯalan*，*mubakkiran*。

255　この使役形とは，古典語にある第 4 型('af'ala* 型)。多くの方言ではなくなっている。

*256　語根は，*w-g-f* (対応する古典語は *w-q-f*)。基本形は，**wagif* の *g* が *i* によって口蓋化し，さらに *i* が脱落して *wajf* となっている。

*257　この現象を，Blanc (1970b) が「コーヒー」(古典語 *qahwa*) を例に名づけた。古典語の

syndrome）と呼ばれる，喉音の後に *a* が挿入されて，それによってアクセントも移動する現象がある。たとえば，ネジド方言で *kitab*「書く」の未完了形は *yaktib* であるが，喉音 *ḥ* のある *ḥafar*「掘る」の未完了形は，**yáḥfir* から **yáḥafir* を経て最終的に *yḥáfir* となる。“*gahawa*”症候群はエジプト南部のアスユート方言など，他の地域にも見られるが，これもベドウィン人の移住によってもたらされたものである。ネジド方言の動詞活用形は，表 11.1 のとおりである。

完了形「書いた」

		単数	複数
3 人称	男性	*kitab*	*ktibaw*
	女性	*ktiba*	*ktiban*
2 人称	男性	*kitabta*	*kitabtu*
	女性	*kitabti*	*kitabtin*
1 人称		*kitabt*	*kitabna*

未完了形「書く」

		単数	複数
3 人称	男性	*yaktib*	*yaktibūn*
	女性	*taktib*	*yaktibin*
2 人称	男性	*taktib*	*taktibūn*
	女性	*taktibīn*	*taktibin*
1 人称		*’aktib*	*niktib*

【表 11.1】　ネジド方言の動詞活用形

また，アラビア半島北東部諸方言を特徴づけているのは /g/（古典語の /q/ に対応）と /k/ の破擦音化である。この破擦音化は，前舌母音の前後という音環境のみによって起こる（メソポタミアの“*gilit*”方言にも，おそらくベドウィン人の影響によると思われる破擦音化がある。⇨ 11.3）。シリアやメソポタミアのベドウィン型方言には破擦音 *j*［dʒ］と *č*［tʃ］があるが，アラビア半島のベドウィン方言ではふつう，舌の位置がさらに前寄りになり，*g* は g^y［gj］ないし *ǵ*［dz］に，そして *k* は *ć*［ts］になっている。

q がベドウィン諸方言では *g* である。

ベドウィン型方言の例（ルワラ族方言 *Rwala*）

	〈ルワラ族方言〉	〈古典語〉
「重い」	*ṯiǵīl*	*ṯaqīl*
「少ない」	*ǵilīl*	*qalīl*
「いくつ」	*ćam*	*kam*
「場所」	*mićān*	*makān*

アラビア半島西部諸方言

アラビア半島西部諸方言（ヒジャーズ地方諸方言）についてはあまりわかっていない。これにはメッカやメディナなど，イスラム以前からすでに存在していた定住民型方言も含まれる。イスラム時代にこの地域からたくさんの部族が西へ移住したから，シリア砂漠，ネゲブ，そして北アフリカのベドウィン型方言は，おそらくこの地域で話されていた諸方言から来たものであろう。このグループの方言は半島北東部方言とは違い，/k/ や /q/ が破擦音化しない。シナイ半島についてデ=ヨング（de Jong 2000, 2011）は，方言地理的にはアラビア半島とエジプトのナイル=デルタ地方の間の中間地帯であるという（⇨ 11.4）。メッカ方言は，メッカ地域のベドウィン型方言と同じ系統ではあるが，歯間音も失い，動詞と代名詞の複数形が性の区別を失っているなど，定住民型方言の特徴要素もいくつかもっている。メッカ方言には所有格表示語（*ḥagg*）もあるし，さらにベドウィン型方言ではふつうは使われない動詞のアスペクト接頭辞（継続アスペクトの *bi-* や *ʿammāl*，未来の *rāyḥ-*）もある。ただし，メッカ方言でも /q/ の発音はベドウィン型方言と同じく /g/ であり，また，上エジプトやスーダンで見られる方言と，いくつかの点で似ているようである。

イエメン

イエメンは地理的にばらばらに分断されていることから，イエメン諸方言はかなり多様で，イエメンの方言地図は複雑である。ベーンシュテット（Behnstedt 1985: 30–2）は，次のように分類している。

- ティハーマ方言（*Tihāma*）
- “*-k-*”方言
- 南東イエメン方言
- 中央平野方言：サナア方言（*Sanʿa*）など

- 南平野方言
- 北平野方言
- 北東平野方言

しかし，この分け方もイエメン全域を完全に説明できているわけではなく，混合している地域も多いし，データがさらに集まれば，おそらく細分化する必要が出てくる地域もあるだろう。

西部山岳地帯（⇨地図 11.1）の“-*k*-”方言地域にはいろいろな変種はあるが，完了形に -*t*- のかわりに -*k*- を使うことが共通の特徴である。

	「私は書いた」	「君は書いた」
古典語	*katabtu*	*katabta*
“*k*-”方言	*katabku*	*katabka*
“*k*-”方言	*katabk*^{w}	*katabk*
“*k*-”方言	*katubk*	*katabk*

これは南アラビア語から強く影響を受けたためと思われるが，そう考えるのには理由がある。アラブ諸部族が南アラビアの諸王国を侵略し，ここへ入植したのはイスラム以前の時代にまでさかのぼる。この地域がイスラムの勢力下に入って後，この地域の南アラビア語の方言がヒムヤル語（Ḥimyaritic）として知られるようになった。ハムダーニーの記述（⇨ 4.1）に，ヒムヤル語[*258] の特徴として，この -*k*- 語尾があげられている（例は，*kunku* [*259]「私は〜だった」，*bahalku* [*260]「私は言った」）。

バーレーン

バーレーンのシーア派方言（バハールナ *Baḥārna*）は，定住民型方言に属してはいるが，アラビア南東部やオマーン，イエメン方言と同系統である。バーレーンの言語状況は，バグダードと似ている点がある。どちらの地域でも，宗教的に正統派ではなく，少数派（バグダードではキリスト教とユダヤ教，バーレーンではイスラム教シーア派）のほうがアラビア語の定住民型方言を話し，

[*258] ヒムヤル語は，おそらくアラビア語の 1 方言であった。
[*259] 古典アラビア語では *kuntu*。
[*260] ゲエズ語 *bahal*「言う」を参照（Rabin 1951 p. 51）。

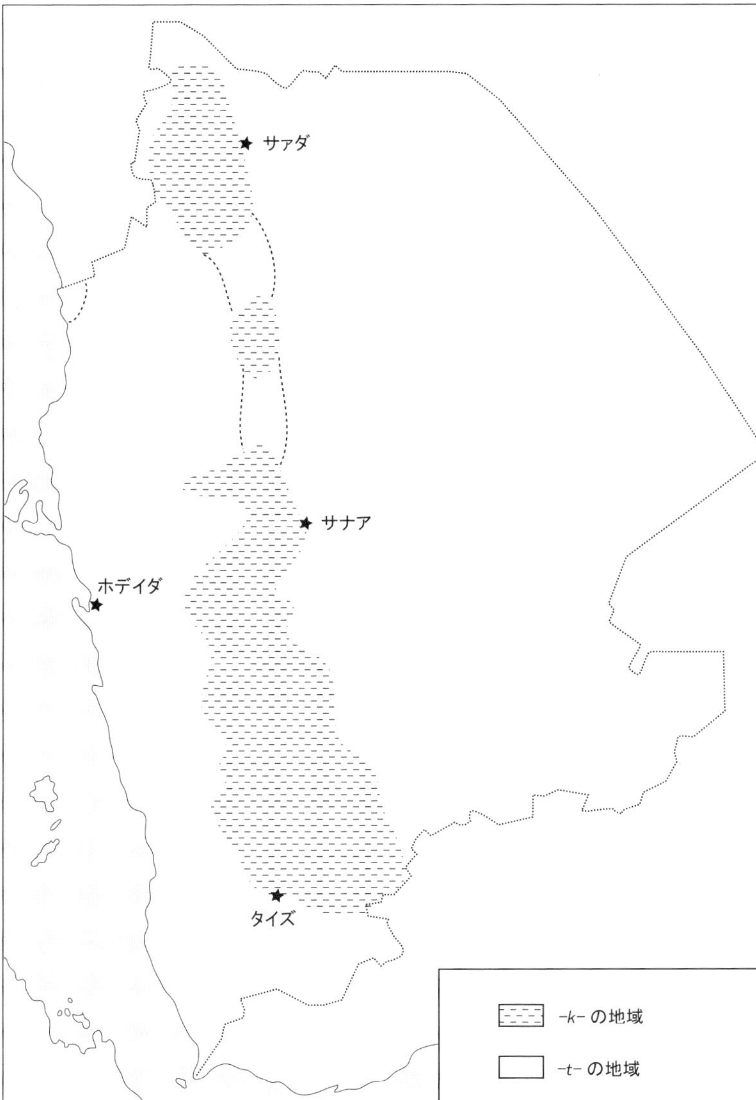

【地図 11.1】 イエメン諸方言における動詞完了形の 1, 2 人称接尾辞の子音

(Behnstedt 1985: map68 より)

正統派のスンニー派の方言には第 2 波によってベドウィン型になった面が見られる。ただ，シーア派方言といっても，村落部のものと都市部のものとの間には顕著な違いがあるので，状況は複雑である。村落部では古典語の /q/ は軟口蓋後部の無声閉鎖音 /ḳ/ で発音されるが，首都マナーマのシーア派方言ではスンニー派と同じく /g/ で発音される。これは威信方言*261 からの借用，あるいは古いものの痕跡であろう。

バハールナ諸方言はどれも共通して，古典語の歯間音 (ṯ, ḏ, ḏ̣) が /f/, /d/, /ḍ/ となる。

	〈古典語〉	〈バハールナ諸方言〉
「3」	*ṯalāṯa*	*falāfa*

また，ベドウィン型方言の“*gahawa*（ガハワ）”症候群はない。

	〈スンニー派方言〉	〈バハールナ諸方言〉
「緑」	*ḫaḍar**262	*'aḫḍar*

また，完了形の 3 人称単数女性形が異なる。

	〈スンニー派方言〉	〈バハールナ諸方言〉
「彼女が飲んだ」	*šrubat*	*šarabat, širbat*

シーア派諸方言には，結果状態アスペクト (perfect aspect) の意味で使われている分詞と，それにつけられた人称接尾辞の間に入れる接中辞 *-inn-* がある。

šār（買った[分詞]） ***-inn-*** *eh*（それを）　「彼はそれを買った (状態だ)」

msawwit（作った[分詞]）***-inn-*** *eh*（それを）　「彼女はそれを作った (状態だ)」

この接中辞は，オマーン方言やウズベキスタン方言の連結辞 (接中辞) *-in-* (⇨ 15.5) と起源が同じと思われる。

---

*261 ここでは，スンニー派の話す方言のこと。

*262 *'aḫḍar* が“*gahawa*（ガハワ）”症候群によって *'aḫaḍar* となり，語頭の母音が消えて *ḫaḍar* となった。

[文例 1] 北東アラビアのシャンマル方言(Ingham 1982: 131)

それら [定] そして それら 侵略者たち へ ホウェータート族 そして 後 ところの 彼らが取った
1. *haḏōḷa iš-Šilgān fa- ḏōḷa ġazwin ʿala hwēṭāy u baʿad ma ḫaḏaw*

[定]ラクダ 彼らが攻撃した [定]ホウェータート族 上に 馬 そして それらを取った それらを取った つまり すぐ後
al- bil nhajaw il- hwēṭāṭ ʿala ḫeil u ḫaḏōhamḫaḏōham yaʿni ʿugub

戦闘 [不定] 長い
maʿrakt- in ṭuwīlih.

彼らがシルガーン族だ。そして,彼らはホウェータート族への侵略者たちで,ラクダを彼らが捕らえた後,ホウェエータート族は馬に乗って攻撃し,捕らえた。つまり,長い戦闘のすぐ後にそれらを捕えた。

そして 日 彼ら それらを取った そして 彼らは脱がせた まで 彼らの服 ない 残した
2. *u yōm inn hum ḫaḏōhum ... u fassuḫaw ḥitta hdūmaham. mā ḫallaw*

彼らの上に 服
ʿalēham hidūm

彼らがそれらを取った日,彼らの服までも脱がせ,彼らは,彼らに服を残さなかった。

これ 彼らの仲間 子 彼らの兄 ジード ッルブーァ 彼を傷つけた [定]ホウェータート人 彼を傷つけた と共に
3. *hāḏa ḫawiyyam bin aḫīham jīd ar-rubūʿ iksumōh il- ḥwēṭāy iksumōh miʿ*

彼の足 と共に 彼の腿 そして言った よ 私の叔父たち 行け 私 男-in 私は死ぬ そしてあなたたち 行け
rijᵊlu miʿ faḫᵊḏu u gāl: "yā ḫawāli rūḥu ana rajjālin abamūt wintam rūḥu

あなたたちの家族へ
lahalkam "

これは彼らの仲間,いとこのジード=ッ=ルブーァだ。ホウェータート人は彼を傷つけた,彼の足と腿とを傷つけた,そして言った「私の叔父たちよ,行け,私は死にゆく男だ,そしてあなたたちは,あなたたちの家族の所へ行け。」

[文例 2] メッカ方言(Schreiber 1970: 109)

これ だった 1 男 そして これ [定] 男 忘れん坊 とても
1. *hāda kān wāḥid rijjāl wu-hāda r-rijjāl nassāy marra*

これは1人の男だった。そして,この男はとても忘れん坊だ。

そして 彼の妻 欲する ムッシュ 彼に言った 取れ この [定] ボウル そして これ [定]お金 行け
2. *wu-maratu tibġa mušš; gālatlu ḫud hādi z-zubdīya w- hāda l-fulūs rūḥ*

私に持ってこい ムッシュ
jibli mušš

彼の妻はムッシュ(カッテージチーズ)が欲しくて彼に言った。「このボウルとお金をもってムッシュを買いに行け」

彼女に言った　もし　忘れた　彼に言った　いいえ　きっと　ない　忘れる　あなた　間中　ところの　歩く　言え　ムッシュ
3. *gallaha 'iza nsīt; gālatlu lā 'inšaḷḷa mā tinsa 'inta ṭūl mā timši gūl mušš*
ために　ない　忘れる
ʿašan lā tinsa

彼は彼女に言った。「もし私が忘れたら…」彼女は彼に言った。「いや，きっと忘れないよ。あんたは歩く間，忘れないようにムッシュと言いな」

彼女に言った　よし　取った　[定]　ボウル　そして[定]　お金　そして　続けた　言う　ムッシュ　ムッシュ　ムッシュ
4. *gallaha ṭayyib; 'aḫad az-zubdīya w- al-fulūs wu- nadar yigūl mušš mušš mušš*

彼は彼女に「よし」と言った。ボウルとお金を取り，ムッシュ，ムッシュ，ムッシュと言い続けた。

出会った　2　叩き合っている　立ち止まった　観る　彼らを　まで　彼らが締める[定]　喧嘩
5. *laga 'itnēn biyiḍḍārabu; wigif yitfarrij ʿalēhum 'ilēn ġallagu l-miḍāraba;*
考える　何　彼の妻　彼に言った　彼が買う
yifakkir 'eš maratu gālatlu yištari

彼は，喧嘩する2人に出会った。立ち止まり，喧嘩が終わるまで彼らを見た。彼の妻が何を彼に買うように言ったか考えた。

11.2　シリア・レバノン諸方言

シリア・レバノン地域のアラビア語化が始まったのは7世紀，最初のイスラム征服作戦の頃である。また，それ以前にもシリア砂漠やいくつかの定住民地域にはアラビア語を話す部族が住んでいて，彼らがアラビア語化を加速させたことは間違いない。アラブ征服軍はダマスカスやアレッポのような古いヘレニズム都市に定住し，そこが新アラビア語の最初に話された場所となった。これらの方言は，改変の速度の早い典型的な都市型方言だった。ここでは，イスラム以前からベドウィン人がシリア砂漠から移住してきており，この動きはイスラム拡大後も止むことがなかったため，他の地域のようなアラビア語化の第1波，第2波というタイムラグがなく，その後もこのような言語状況が長く続いた。

地中海からシリア砂漠にいたる地域の方言分類については，資料が豊富なため学者たちの間でおおよそ意見が一致している。レバノン，シリア，ヨルダン，パレスチナの諸方言のうち，定住民型方言はシリア・レバノン方言グループに入れられ，シリア砂漠のベドウィン諸方言はアラビア半島方言に入れられるのがふつうである。一方，北東シリアでは，メソポタミアの“*qəltu*”方言グループに属する諸方言が話されている（デーリッゾール方言 *Dēr iz-Zōr* など）。シリア方言が話される範囲は，シリアから国境を越えてトルコへ入り，昔のイスケンデルン（アレクサンドレッタ）県，現在のハタイ県までつながっている。

シリア・レバノン地域では，ほとんどの方言が /q/ を /ʾ/ で発音し，歯間音 (*ṯ*, *ḏ*, *ḏ̣*) は閉鎖音 (*t*, *d*, *ḍ*) になり，代名詞や動詞は 2，3 人称複数で男女の区別がなくなっているなど，典型的な定住民型方言の特徴要素をもっている。また，3 つの長母音 *ā*, *ī*, *ū* は，この地域の方言ではすべて保持されている。しかし，定住民型方言だからといって，ベドウィン型方言の特徴要素がまったくないというわけではない。たとえばヨルダン方言は，ベドウィン諸部族との接触を反映していて，たいてい /q/ が /g/ になっている。シリア・レバノン地域では，全体的に首都（ダマスカスやベイルート）方言に威信があって，田舎の方言はすぐに首都の言葉に入れかわってしまう。このようなプロセスが続いていることが，この地域の諸方言が均一である一因となっているのだろう。

このグループは，ふつう次の 3 つに分類される。

- レバノン・中央シリア方言：レバノン（ベイルート方言など），中央シリア（ダマスカスなど）の方言。ドゥルーズ方言も含まれる。マロン派教徒キプロス方言 (⇨ 15.3) は，ふつうレバノン方言に入れられる。
- 北シリア方言：アレッポ方言など。
- パレスチナ・ヨルダン方言：パレスチナの町の方言，中央パレスチナの村の方言，南パレスチナ・ヨルダン方言（ホーラーン方言 Ḥōrān を含む）。

レバノン・中央シリア方言は，未完了形単数の 3 人称と 1 人称の接頭辞が *byiktub*, *biktub*「書く」（古典語では *yaktub*, *aktub*）であり，他の 2 地域の *biktub*, *baktub* と異なるため，1 つのグループとして分けられている。

	〈ダマスカス方言〉（中央シリア）	〈アレッポ方言〉（北シリア）
3 人称	*byəktob*	*bəktob*
1 人称	*bəktob*	*baktob*

レバノン・中央シリア方言が北シリア方言と異なる 2 つめの違いは，イマーラ現象の作用である。北シリア方言では，イマーラは母音 *i* の隣りで *ā* が *ē* になった歴史的変化の結果である。北シリアのアレッポ市では，次のようになる。

「舌」　*lisān* > *lsēn*
「モスク」　*jāmiʿ* > *jēmeʿ*

この変化はふつう，強勢子音や喉音の後でも起こっている。

「求めて努力する」　*ṭāleb* > *ṭēleb*（強勢子音 *t* の後）

このような歴史的変化とは別に，共時的な法則としても古典語の /ā/ に当たるものが，強勢子音の隣りでは［ɒː］に，喉音の隣りでは［ɑː］に，それ以外では［ɛː］ないし［æː］になる。このため，/ā/ から歴史的に変化してできた *ṭēleb*［ɫeːleb］「求めて努力する」とは別に，古典アラビア語から借用されて *ē* への変化をへていない *ṭāleb*［ɫɒːleb］「学生」もあり，ほかにも *kēteb*［keːteb］「書いている（分詞）」とは別に *kāteb*［kæːteb］「作家」がある。つまり，発音上では明らかに［eː］と［æː］の区別があるのである。

レバノンではこれとは対照的に，/ā/ は舌の位置がもち上げられて［æː］（イマーラ現象による）あるいは［ɒː］（タフヒームによる）になるが，どちらになるかは音環境によって決まる。たとえばビシュミッズィーン村（*Bišmizzīn*）[*263] の方言では，強勢子音がないと *mät*［mæːt］「死ぬ」になるのに対して，強勢子音があると *ṣār*［ʂɒːɫ］「成る」になる。しかし，この 2 種の発音は必ずしもつねに音環境によって決まるわけではなく，両方とも同じ音環境でも起こりうる。

〈強勢子音のない音環境の例〉
žā［ʒɒː］「来る」
žāb［ʒæːb］「もってくる」

さらに，音環境がまったく同じで，その母音だけが入れかわっているペアもある。

ktāb［ktɒːb］「書け」
ktāb［ktæːb］「本」

レバノン方言では，/ay/ と /aw/ の二重母音は少なくとも開音節ではだいたい保持されているが，閉音節ではそれぞれ /ē/，/ō/ になっており，トリポリ市（レ

[*263] レバノン北部。

バノン北部）などでは，これがさらに /ā/ の 2 つの異音 (ǟ, ā̊) とも区別できなくなっている。/ay/ や /aw/ が変化した発音 (ē, ō) がどんな音環境でも起こりうる（たとえば ṣēf「夏」のように，強勢子音の後にも /ē/ が起こる）ということは，これと区別のなくなった /ā/ の異音 (ǟ, ā̊) もすでにそれぞれ独立した音素になっているということである。

　この 3 つの方言グループの区分は，輪郭がはっきりしているわけではない。レバノン・中央シリア方言グループと北シリア方言グループの間の境界線は，実際にははっきりと確定できない。たとえば，短母音のあり方の違いによって境界線を引くと，パレスチナ・南レバノン方言を 1 つにくくることができる。パレスチナ方言とほとんどのレバノン方言は短母音として /a/, /i/, /u/ の 3 つをもっているが，これ以外の方言ではこのうち /i/ と /u/ が 1 つの音素（ə で転写する）に合流している。/i/ と /u/ の区別は，アクセントのない語末音節だけに残っている（ふつう e と o で転写される）が，/i/ も /u/ もアクセントのない開音節では必ず脱落してしまうため，/i/ と /u/ をますます区別しなくなっていった。たとえば，kútub「本（複数）」はアクセントが語末から 2 つめの音節にあって，語末音節の u にはアクセントがないため，kətob のように o で残るが，ṭulū‘「上昇」ではアクセントが語末音節に置かれ u にはアクセントが置かれず，語末音節でもないから ṭlū‘ のように脱落してしまう。/i/ の例をあげれば，古典語の šariba「飲んだ」は，口語体では末尾の母音 a が脱落し，アクセントの音節が前末音節になるから šəreb になり*264，アクセントが語末音節に置かれる ṯaqīl「重い」は tʼīl のように短母音が脱落する。この 2 つの単語は，母音 a が，その次にある i によってまず i になった*265 という変化も経ている（そうでなければ，ダマスカス方言ではアクセントのない音節でも /a/ は保持されるから，*šareb, *taʼīl になったはずである）。

　この，アクセントのない開音節の /a/ が脱落するかしないかによって，レバノン方言グループはさらに区分することができる。カンティノーは，この方言の区分に，「区別しない方言」と「区別する方言」，つまり /a/ と /u, i/ の扱いに違いがあるかないか，という指標による境界線を使った。この境界線はレバノン方言を 2 分しつつ，首都ベイルート市内を通っている。南ベイルートと北ベイ

---

　*264 šariba → šarib → širib（発音が šəreb）。
　*265 それぞれまず，širib, tiʼīl の段階を経ているということ。

ルートでは次のような違いがある。

	〈古典語〉		〈南ベイルート〉	〈北ベイルート〉
「魚」	*samaka*	>	*sámake*	*sámke*
「彼らは打った」	*ḍarabū*	>	*ḍárabu*	*ḍárbu*
「私は殺した」	*qataltu*	>	*'atálᵉt*	*'tált*

さらに詳しく見ると，この 2 つの地域の境界線はもっと入り組んでいて，境界線だけでは示せないようなさまざまな /a/ の扱い方があることがその後の調査で明らかになっている。

3 つめの方言グループ（パレスチナ・ヨルダン方言）は，*bəgūl*（*gāl*「言う」の未完了形 1 人称単数*266）というキーワードによって南パレスチナ・ヨルダン方言とそれ以外とに分けることができる。このグループは，有声音の /g/ があることから，もとはベドウィン型方言だった（あるいは後にベドウィン化した）ことがわかる。

歴史はともかく，現在のシリアの方言は，子音連続の解消方法がエジプトや他の諸方言とは異なっている。アクセントのない開音節の *u* や *i* が脱落して -*CCC*- という 3 子音連続が生じると，挿入母音を，エジプト方言のように 3 つめの子音の前ではなく，2 つめの子音の前に挿入する。

	〈母音挿入〉		〈母音脱落〉		
「彼らは書く」	*yəkᵊtbu*	<	**yəktbu*	<	**yəktubu*
「彼らは運ぶ」	*yəḥᵊmlu*	<	**yəḥmlu*	<	**yəḥmilu*

また，挿入された母音にはけっしてアクセントが置かれない*267。

シリア・レバノン方言では全域で動詞未完了形にアスペクト接頭辞 *b*- がつけられ，ダマスカス方言ではこれが，意図されている未来を表す以外に，想定，一般的事実，現在の行為の表示にも使われる。未完了形の 1 人称単数は接頭辞 *b*- と組み合わされると *bəktob* に，1 人称複数形は *mnəktob**268 になる。これが北シリア方言では，1 人称単数の接頭辞は -*i*- から来た -*ə*- ではなく -*a*-（*baktob*）になることは前述したとおりである。継続アスペクト接頭辞 *'am* は，

*266 古典語の *'aqūlu* にあたる。語頭の *b*- については，本文の以下の説明を参照。
*267 エジプト方言では，挿入された母音にもアクセントが置かれる。
*268 **b-nəktob* の *b* が次の *n* によって鼻音化し，*mnəktob* になる。

この *b-* のついた未完了形と組み合わされることもある。予想される未来は接頭辞 *laḥ(a)*, *raḥ(a)* で表される。ダマスカス方言の動詞活用は，表 11.2 の通りである。

完了形「書いた」

	男性	女性	複数
3 人称	*katab*	*katabet*	*katabu*
2 人称	*katabt*	*katabti*	*katabtu*
1 人称	*katabt*		*katabna*

未完了形「書く」

	男性	女性	複数
3 人称	*yəktob*	*təktob*	*yəktbu*
2 人称	*təktob*	*təktbi*	*təktbu*
1 人称	*'əktob*		*nəktob*

【表 11.2】 ダマスカス方言の動詞活用表

[文例 3] ダマスカス=シリア方言（Grotzfeld 1965: 130）

［強め］私たちが話す 君に 話 私の人生 から 時 の所の だった 女の子
1. *la - nəḥkī -lak 'əṣṣət ḥayāti mən wa't li kənt bənt*
私が子どもだったときのことから，私の人生の話をしてあげましょう。

に［定］ 最初 私は 時 の所の だった 小さい だった 私の体 弱い とても いつも 私は 弱い
2. *bəl-'awwal 'ana, wa't li kənt zġīre, kān žəsmi ḍ'īf ktīr, dāyman 'ana ḍ'īfe*
まず，私は，小さかいとき，とっても体が弱かったの，いつも弱かったわ。

そこで 処方する 私に［定］ 医者 吸え ［定］ 空気 ない できる 行く へ［定］ 学校 たくさん
3. *'ām waṣaf- li l-ḥakīm šamm əl-hawa, ma 'ə'der rūḥ 'al-madrase ktīr*
それでお医者さんがきれいな空気を吸えって言うもんで，あまり学校へは行けなかった。

あとで ある 私に 叔父 に 山 レバノン 司祭 そこで 言った べき 行く に そこ
4. *ba'dēn fi 'əli ḫāl b-žabal Ləbnān, ḫūri, 'ām 'āl : lāzem trūḥi la-hunīke,*
変える 空気 滞在する 君に なぜなら ［定］ 医者 禁止した 君が〜こと 行く へ［定］ 学校
tġayyri hawa, tə''dī-lek, la'ənno l-ḥakīm mana' 'ənnek trūḥi 'al-madrase
あと，レバノン山に司祭の叔父がいるんだけど，その叔父が言ったの「そこに行って，空気を換えて，そこに住むべきだって。学校に行くのを医

者が止めたから。

そこ　彼らは　開いている　学校　そして　彼らの許に　男の子たち　そして女の子たち　に[定]　学校
5. *hunīk hənne fāṭḥīn madrase, w- ʿandon ṣəbyān w- banāt bəl-madrase*
そこには学校を開いていて，そこには男の子も女の子もいるって。」

[文例 4] レバノン方言（ビシュミッズィーン村 *Bišmizzīn*）（Jiha 1964: 90）

だった 居る　一度　に[定]　昔　女の人　彼女の年令　70　年　彼女は〜たい　結婚する　お金がない
1. *kā̈n fi marra biz-zamā̈n ḥurmi, ʿumra sabʿīn sini badda titžawwaz, ṭifrā̊ni*
昔々，女の人がいました。年は 70 歳で，結婚したいのに，お金がありませんでした。

見た　若者　へ 彼女の趣向　言った　私は〜たい 彼を取る　どう 私は〜べき　する　ため 彼を取る
2. *šā̈fit šabb ʿa zwaʾa, ʾā̊l : baddi ʾā̈ḫdu, kif baddi ʾiʿmil ta ʾā̈ḫdu?*
ある若者を見て気に入って言いました。「彼が欲しい，彼を取るにはどうしたらいいか？」

なった　行く　もって来る　白土　練る　そして　入れる　に　その　箱　10　12　日
3. *ṣā̊r trūḥ tžīb ḥuwwā̊ṛa ṭṭammil wi -tḥuṭṭ bi-has-sandūʾ, ʿašr ṭnaʿšar yawm*
満たす　に　その　箱　までなった　なる　2箱
tʿabbi bi-has-sandūʾ ta ṣā̊r yiṭlaʿ ʾinṭarayn
彼女は行って，白土をもって来て，練って，箱に入れました。10 日，12 日で，2 箱になるまで，箱をいっぱいにしました。

させた　[定]　人　[定]　彼を愛する　まで　彼が通る　彼に言った　しろ　好意　横にのける　私と共に
4. *ḫallit iš-šaḫṣ il bitḥubbu ta yumruʾ, ʾā̊litlu: ʿmā̈l maʿrūf ḥdā̊f maʿi*
この　箱
has-sandūʾ!
彼女が好きなその人が通るのを待って，彼に言いました。「お願いだから，この箱を私と動かしてくれないか！」

入った [定]　人　動かす　その　箱　ない できる　動かす　[定]　箱
5. *fā̈t haš-šaḫəṣ yḥarrik bi-has-sandūʾ, ma fī yḥarrik is-sandūʾ.*
その人は箱を動かし始めましたが，箱を動かせません。

彼女に言った　重い　何　その中　彼に言った　あぁ　私を埋める　よ　私の愛する人　その中に　私の宝物　と　私の物
6. *ʾalla : tʾīl aš fī ? ʾā̊litlu: yi tuʾburni ya ḥabibi , fī sīġâti w-ḥā̊žā̈ti.*
彼女に言いました。「重い，中は何ですか？」彼女は言いました。「私を埋葬しますように（私より長生きしますように），愛しい人よ。その中には私の宝物と小物が入ってるんだよ」

11.3　メソポタミア諸方言

この地域のアラビア語化をめぐる詳細はまだ多くが不明のままであるが，それが 2 段階で起こったことはわかっている。アラブ人による征服の初期の数十年間に侵入してきたアラブ人たちが建設したバスラ市やクーファ市といった軍事拠点の周りで，いろいろな都市型のアラビア語が広まった。そして，この第1層である都市型方言の上に，アラビア半島から移住してきたベドウィン諸部族の方言が第2層としてかぶさったのである。ブラン（Blanc 1964）によるバグダード方言の研究以来，大メソポタミアの諸方言は，すべて1つの方言地域とみなされるようになった。ブランが発見したのは，バグダード市には3つの共同体，すなわち，イスラム教徒バグダード方言，キリスト教徒バグダード方言，ユダヤ教徒バグダード方言の，宗教共同体方言があるということだった。ブランはメソポタミアの方言地図の上で，イスラム教徒方言がキリスト教徒方言やユダヤ教徒方言とは別の層に属するものであると結論づけ，それぞれを古典語の *qultu*「私は言った」に対応する *gilit*，*qəltu* という用語で表した。この2種類の方言は，表11.3に示すように，メソポタミア全域で複雑な分布をなしている。

	イスラム教徒		非イスラム教徒
	非定住	定住	
低地イラク	*gilit*	*gilit*	*qəltu*
高地イラク	*gilit*	*qəltu*	*qəltu*
アナトリア地方	*gilit*	*qəltu*	*qəltu*

【表11.3】　“*gilit*”方言と“*qəltu*”方言の分布（Blanc 1964: 6; Jastrow 1973: 1）

ブランによれば，“*qəltu*”方言は，アッバース朝イラクの定住民地区で話されていた中世の通俗語から続いているものである。バグダードのイスラム教徒の“*gilit*”方言は，おそらく後のベドウィン化によるものであるが，このベドウィン化は，都市のキリスト教徒やユダヤ教徒の言葉には影響を及ぼさなかった。こうして現在のように宗教によって言葉が異なることになったのである。ちなみに，バグダードのユダヤ教徒方言は，話者のほとんどが1950～51年にイラクを離れ，現在はイスラエルに住んでいるので，すでにバグダードでは話されていない。

ヤストロウ（Jastrow 1978）は，“*qəltu*”方言をさらにティグリス方言，ユーフラテス方言，アナトリア=グループ（これは第15章で扱う）の3グループに分類している。これらはすべて，定住民型に典型的な特徴要素をもっている。たとえば，古典語の /q/ は無声の /q/ や /'/ で発音され，短母音は /a/ と /ə/ (/i/ と /u/ の合流による)の2つに減り，歯間音は歯茎音に変化しており(キリスト教徒方言)，代名詞と動詞の2，3人称複数で性の区別がなくなっている。また，“*qəltu*”方言はすべて完了形1人称単数の語末が *-tu* であることが特徴である。アルビール方言(*Arbīl*)では，*yəʻməlūn*「彼らは作る」のように未完了形複数が，“*gilit*”方言(イスラム教徒バグダード方言では *yiʻimlūn*)と同じく語尾 *-īn*，*-ūn* になっていることから，メソポタミアの“*qəltu*”方言は“*gilit*”方言と系統的に非常に近いと言える。また，所有格表示語 *māl* や，*rāyiḥ*(*rāḥ*「行く」の能動分詞)から来た未来接頭辞 *raḥ-* なども，“*gilit*”方言と同じである。メソポタミアの“*qəltu*”方言で最も広く見られる継続アスペクト接頭辞は，*qāʻid*「座っている」から来た *qa-* である。

〈ユダヤ教徒バグダード方言〉

qa-ykətbōn　「彼らは書いている」

qad-áktəb　「私は書いている」

(Mansour 2006: 239)

“*gilit*”方言には3つの短母音 /i/，/u/，/a/ があるが，これらは古典語の母音から直接来たものではない。もとの母音 /a/ は閉音節では保持されたが，開音節では /i/ か /u/ に変化した。このどちらになるかは，音環境によって異なる。

	〈古典語〉	〈“*gilit*”方言〉
「魚」	*s**a**mak*	*s**i**mač*
「玉ねぎ」	*b**a**ṣal*	*b**u**ṣal*

もとの短母音の /i/ や /u/ は，いくつかの音環境では保持されたが，それ以外では /i/ になったり /u/ になったりしている。

	〈古典語〉	〈“*gilit*”方言〉
「酸っぱい」	*ḥām**i**d*	*ḥām**u**d*
「私は言った」	*q**u**ltu*	*g**i**lit*

“*gilit*”方言には歯間音が残っており，/ḍ/ と /ḏ̣/ は，ともに /ḏ̣/ になった。

イラク方言は全般的に，古典語の /q/ が /g/ になっていることと，近くに前舌母音 *i* があると /k/ が破擦音 *č* になることが特徴である(この破擦音化は，おそらくベドウィン型方言の特徴である。⇨ 11.1)。ただし，イスラム教徒バグダード方言では，破擦音化するのは /ka/ だけである。たとえば，叙述詞 *kāna*（古典語「〜だった」完了形）は *čān* のように破擦音化するが，*yakūnu*（古典語「〜だ」未完了形）は *yikūn* のように破擦音化しない。

	〈古典語〉	〈“*gilit*”方言〉
完了形 3 人称	*kāna*	*čān*
未完了形 3 人称	*yakūnu*	*yikūn*

また，2 人称単数の接尾代名詞は，破擦音化によって男性 *-(a)k* と女性 *-(i)č* が区別される。

bētak　「君（男）の家」
bētič　「君（女）の家」

語末で *-CC* のように子音が連続しているものは，“*qəltu*”方言では保持されているが，“*gilit*”方言では音環境によって *i* か *u* の母音挿入をおこなう。

	〈古典語〉	〈“*gilit*”方言〉
「犬」	*ka**lb***	*ča**li**b*
「心」	*qalb*	*gaḷub*

また，これらの方言名のキーワードである *gilit*（古典語の *qultu*「私は言った」に対応する）もこの例である。子音の 3 連続（*-CCC-*）では，挿入母音が 1 つめの子音の後に挿入される。

「彼らは打つ」
yuḍrubūn > *yuḍrbūn*（アクセントのない *u* の脱落）> *yuḍurbūn*（母音挿入）

イスラム教徒バグダード方言の動詞活用は，表 11.4 のようになる。

完了形「書いた」

	男性	女性	複数
3 人称	*kitab*	*kitbat*	*kitbaw*
2 人称	*kitábit*	*kitabti*	*kitabtu*
1 人称	*kitabit*		*kitabna*

未完了形「書く」

	男性	女性	複数
3 人称	*yiktib*	*tiktib*	*yiktibūn*
2 人称	*tiktib*	*tiktibīn*	*tikitbūn*
1 人称	*'aktib*		*niktib*

【表 11.4】　イスラム教徒バグダード方言の動詞活用

動詞活用では，古典語の完了形 *fa'al* 型が，上述の母音規則にしたがって変化し，音環境によって *fi'al* や *fu'al* になった。

	〈イスラム教徒バグダード方言〉	〈古典語〉
「叩く」	*ḏ̣**u**rab*	*ḏ̣araba*
「聞く」	*s**i**ma'*	*sami'a*

動詞の語尾変化では，弱子音語根動詞と強子音語根動詞がかなり均整化され，多くのベドウィン型方言と同じように，弱子音語根動詞の語尾が強子音語根動詞にも使われるようになった。

	〈イスラム教徒バグダード方言〉	〈古典語〉
「彼らが打った」	*ḏ̣urb**aw***	*ḏ̣arabū*
「彼らが書いた」	*kitb**aw***	*katabū*
「彼らは泣いた」	*bič**aw***	*bak**aw***

この語尾 *-aw* は，*bičaw*「彼らは泣いた」のような弱子音語根動詞の語尾から来たものである。“*qəltu*”方言の中には，これがさらに進み，弱子音動詞と強子音語根動詞の区別が完全になくなったものもある（⇨ 8.2「ユダヤ教徒バグダード方言」）。ほとんどのメソポタミア方言で，イスラム教徒バグダード方言も含めて，継続アスペクト接頭辞 *da-*，未来接頭辞は *raḥ-* である。分詞は，次のよう

に結集状態(完了)の意味で使われる(ウズベキスタン方言と同じ)。

　　　どこ　置いた[分詞]　君の金
(2)　*wēn ḏāmm ⁱflūsak*　〈イスラム教徒バグダード方言〉
　　君の金をどこに置いたか？
　　(Fischer and Jastrow 1980: 155)

イランのフーゼスタン県(Khuzestan, アラビア語では *'Arabistān*)で話される諸方言は特に興味深い。この地域は，ここ数十年の政治的変化によって飛び地になっているが，ここに住むアラブ人とイラクにいる同じ部族との関係は，完全には断ち切れていない。この地域では，ベドウィン型方言はアラビア半島方言地域(⇨ 11.1)の延長にあるが，定住民型方言のほうはメソポタミアの“*gilit*”方言，特にバスラ市周辺の諸方言に非常によく似ている。またここでは，当然ながらペルシャ語からの借用語をたくさん用いており，これは行政の分野に多い。

dānīšgāh「大学」　<　ペルシャ語 *dānešgāh*
'ıdāra「事務所」　<　ペルシャ語 *edāre*

しかし，よく使われる単語にも借用がある。

hassıt「ある」　<　ペルシャ語 *hast*
hīč「ぜんぜん」　<　ペルシャ語 *hīč*

音韻の面では，高母音の /i/ と /u/ が語末では区別されるが，それ以外の位置では2つは /ı/ (インガムによる転写)に合流している，とインガムが指摘している。語形変化の面では，(3)，(4)のように疑問詞が接尾辞 *-man*「何，誰」になっていることを特筆すべきである。

　　　見た　だれ
(3)　*šifıt-man*
　　君は誰を見たか？

　　　欲する　買う　どっち
(4)　*trīd tíštırī-man*
　　君はどっちを買いたいか？

また，いくつかの動詞に，とくに接尾代名詞がつくときに，接尾辞 *-an* がつけられる。

'ašūfan「私は見る」

'aḫdanha「私は彼女を取る」

[文例 5] アクラ（ʿAqra）のユダヤ教徒アラビア語（Jastrow 1990: 166–7）

［定］・結婚　私たちの　もし　1　［過］欲する［不定］女の子　私たち　行き来する　ない　［過］　ある　歩く
1. *əzzawāj mālna, ida wēḥəd kār-rād fad bənt, nəḥne ʿəddna mā kān aku yəmši*

彼女と共に　来る　歩く　いいえ
maʿa , yəji, yəmši, la'

私たちの結婚は，だれかが女の子を好きになっても私たちは彼女と一緒に行ったり来たり，歩いたりできなかった。だめだったよ。

けれども［過］彼女を見た［不定］回　2回　［過］彼女に言う　したい　来る　君を求める　から　君の母
2. *bass kān aṛāha faz-zāye, zāytayn, kān tīqəlla, kūrrīd nəji nəṭləbki, mən əmmki*

と　君の父
w-abūki

けれども，1度，2度その娘を見たら，その娘に言うんだ。「君の両親に君をくださいと言いに行きたい」とね。

彼女　彼に言う　もし　彼女　もし　同意　彼女　だった　同意だ　だった　彼らが行く　の所に
3. *hīya təqəllu...ida hīya kān təskīm, hīya kānət rāḏye, kān yəmšawn ʿənd*

彼女の母　と　彼女の父　彼の母　と　彼の父　と　彼の姉　と　彼の姉妹　某　彼らが行く　彼らがする
əmma w-abūwa, əmmu w-abūhu, w-əḫtu, w-ḫawātu flān yəmšawn, yeʿməlūn

栄誉を与えること　彼らがする　敬意　1　ために　他
kāvōd, yeʿməlūn qadər wēḥəd šān ellāḫ

彼女は彼に言うのさ，もし彼女が同意したらね。同意したら彼女の両親の所へ行くのさ，彼の両親や姉妹なども。行って栄誉を与えて，互いに敬意を表するのさ。

彼らは行く　の所に　彼女の母　と　彼女の父　彼らに言う　私はほしい　あなたたちの娘　私たちに与える　ために
4. *yəmšawn ʿənd əmma w-abūwa, yəqəllūləm kūrrīd bəntkəm, təʿṭawna šān*

私たちの息子　私たちの息子　彼は彼女がほしい　そしてあなたたちの娘［定］彼女は彼がほしい
ə́bənna, ə́bənna kīrīda , w- bəntkəm-əš kūtrīdu

彼女の両親の所へ行って言うのさ。「お宅の娘さんをうちの息子にやって欲しい。息子は娘さんを欲しがっているし，娘さんも息子を欲しがっている」とね。

[文例 6] フーゼスタン方言（Ingham 1973: 550）

その　漁網　どう　彼らはそれを作る
1. *halmēlām šlōn ɪysawwūna?*

この漁網はどうやって作るんですか？

の上で 岸 たとえば 岸 ある 場所 君が立つ 君のために切る [定]・ヤシ
2. *ʿala šāṭi maṯal šaṭṭ farɪd makān ɪdgūm dgɪṣṣlak ɪssaʿaf*
たとえば川岸で，どこでも，立ってヤシを切り落とすんだ。

[定]・葉 それの それを切る 第1
3. *’ɪlḫūṣ māla dgɪṣṣa ’awwal*
まずはその葉っぱを切り落とす。

それから 固定する [定]・1 横 [定]・他 ように なる こう みたいに [定]・フェンス
4. *hannōḅa dnabbɪč ɪlwɪḥda yamm ɪṯṯānya lamman ma ṣṣīr hēč mɪṯl ɪlḫ̣ɪṣṣ*
それから，こう，フェンスみたいになるように，一方をもう一方の横に固定するんだ。

[定]・フェンス たとえば から[定] 満潮 上がる [定]・魚 上がる そして から 下がる これ [定]・魚
5. *ɪlḫ̣ɪṣṣ maṯal mnɪlmadda tɪṣʿad ɪssɪmač yɪṣʿad u mɪn yɪnzɪl hāḏa ssɪmač*
それを獲る これで 漁網で
yqɪḏ̣ḏ̣a bhāḏa bɪlmēlām
フェンスは，たとえば満ち潮が来たら魚が上がってきて，その魚が下がるときにこの漁網でそれを獲るわけだ。

11.4 エジプト諸方言

エジプトの最初のアラビア語化は，アラブ人による最初の征服のときに起こった。この国が軍事的に征服され，フスタート（*al-Fusṭāṭ*）に軍事キャンプが設立されるとまもなく，下エジプト地方[*269]の町ではコプト語を捨てて，新しくやって来たアラビア語を身につけるようになった。一方，農村や上エジプトでは，言語状況はしばらくかわらず，アラビア語化は下エジプトよりもはるかにゆっくりと進行し，アラビア半島から西へと移住してきたベドウィン人によって300年かかった。

アラビア語は，エジプトからナイル川に沿って南にももたらされ，スーダンやチャドにも入った。イスラム暦3=西暦9世紀の半ば，ラビーア族（*Rabīʿa*），ジュハイナ族（*Juhayna*）などのアラブ部族が上エジプトから南へ進み，ベジャ人（*Beja*）やヌビア人の地に入っていった。現在，アラビア語を話すスーダンの遊牧民は自分たちをジュハイナ族の子孫と言い，定住民は自分たちをアッバース朝の末裔ジャアル（*Jaʿal*）にちなんでジャアリーユーン（*Jaʿaliyyūn*）と呼んでいるが，どちらもベドウィン人が移住してくるより以前の，エジプト征服直後の早い段階にアラビア語化されたヌビア人である可能性が高い。

[*269] カイロから北の，ナイル=デルタ地帯。

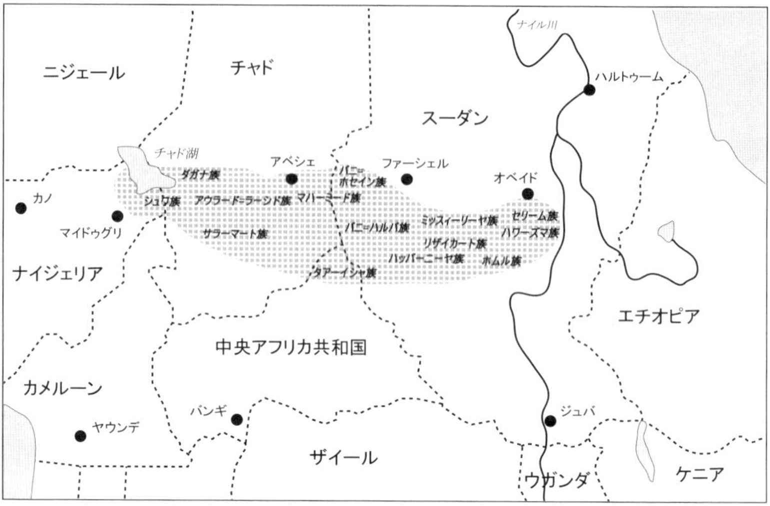

【地図 11.2】　アフリカ中部バッガーラ=ベルト地帯のアラブ諸族
（Owens 1993: 17 より）

中央アフリカや西アフリカのアラビア語のいくつかは，スーダンのアラブ諸部族が西へ拡大していく間に生じたものであろう。サハラ砂漠と中央アフリカの森林地帯との間にあって大陸を横断するサバンナ=ベルト地帯のことを，アラブ人たちはビラード=ッ=スーダーン（*bilād* 国々 *as-Sūdān* ［定］黒人たち）「黒人の国々」と呼んだが，このベルト地帯が，スーダンから中央アフリカ共和国，チャド，そしてカメルーンからナイジェリアまで伸びている。チャド方言やナイジェリア方言などは，このベルト地帯に沿って，アラビア語とイスラム教が西アフリカにもたらされる間に生じたものである（⇨ 15.6，地図 11.2）。

中央アフリカのアラビア語についてはまだあまりわかっていないが，オーウェンズ（Owens 1993）が示しているように，ナイジェリア方言，チャド方言，スーダン方言に共通の特徴要素が多いことは確かである。

エジプト内の方言はふつう，次のグループに分けられている。

- デルタ地方方言群：これはさらに，シャルキーヤ県で話される東部方言と，西部方言に分けられる。デルタ地方の西部方言は，エジプト方言とマグレブ方言との間をつなぐ要素をいくつかもっている。たとえば，未完了形の 1 人称複数に *ni-...-u* を使う方言がある[*270] (⇨ 10.2)。

- カイロ方言
- エジプト中部方言群：ギザからアスユートまで。
- 上エジプト方言群：アスユートから南。これはさらに，アスユートからナグ=ハマディまで，ナグ=ハマディからケナ (*Qena*) まで，ケナからルクソールまで，ルクソールからエスナ (*Esna*) までの 4 つに分けられる。

現在までのところ，比較的よく研究されてきたのはカイロ方言だけである。ただ，首都カイロの方言については，情報は豊富にあるが，その歴史や形成期についてはまだ明確にはなっていない。現在のカイロ方言は，19 世紀の「エジプトの」(つまりカイロの) アラビア語に関する記述や，その時代の方言を書き起こしたものと比較してみると，かなり異なっていることがわかる (Woidich 1994)。当時のカイロ方言には，現代方言からは失われた特徴要素が多く見られる。たとえば，次のものがある。

- 動詞の受動形が，接頭辞 *it-* ではなく *in-* によって作られていた。
- 女性語尾の句末形がイマーラ (傾斜) した *-e* であり，現在のような *-a* ではなかった。
- 接尾人称代名詞の 3 人称男性単数が，現代方言では *mā šafu**hūš***「彼らは彼を見なかった」だが，当時は *mā šafu**hš*** だった。

その他，語彙の違いもある。その中でも際立っているのは *mara* で，これは単に「女」の意味で使われ，現在のように「評判の悪い女，あばずれ」という含みはなかった。カイロでは変化してしまったこのような特徴要素の中には，まだ地方の方言に見られるものがある。

今日のカイロ方言は 19 世紀後半，地方からの大量の人口流入があった時期に形成された混成方言とみるべきであるとヴォイディヒ (Woidich 1994) は言う。この流入によって，それまでは首都で広く一般的だったたくさんの特徴要素が，新しく流入してきた人々の方言と近かったためそれと同一視され，威信の低い，田舎方言の特徴要素とみられるようになってしまった。首都方言の特徴要素がこのように威信の低いものに下落するプロセスが 20 世紀まで続い

[*270] マグレブ方言以外の方言では，語末に *-u* がない。

た。1920，30 年代のエジプト映画を見ると，今では品がないとされる語形をエリートたちがひんぱんに用いている。動詞完了形の 3 人称複数語尾 *-um* はその例である。これは現在，教育のあるカイロ人の発話では「来る」(*gum*「彼らが来た」) にしか使われないが，カイロの貧しい地区では，これ以外の動詞でも聞かれる。もう 1 つの例は，疑問形容詞 *anho*「どの」である。知識層の発話では，おそらく標準アラビア語から借用した *ayy*「どの」に置きかわっている。19 世紀にこのように方言混合が進んだことで，都会の言葉であっても田舎言葉と同じものには田舎言葉の烙印が押されて消滅していき，さらには過剰な都市語化や広範囲な均一化の結果，句末形女性語尾のイマーラ現象の消失*271 といった，それまで存在しなかった新たな語形まで出現した。

カイロの言葉はマスメディアの影響力が増大するにしたがって全国に広まったが，首都の言葉がこのように威信をもったのは今に始まった現象ではなく，デルタ地方の方言地図で見たように (⇨ 10.2)，カイロからデルタ地方中部の古い港町ダミエッタ (*Dumyāt*) まで，ナイル川の東の支流に沿った古代商業ルート (ダミエッタ=ルート) をたどるかたちで，カイロ方言の昔の影響の跡を見ることができる。

エジプト人は威信のあるカイロ方言に対して，エジプト南部 (上エジプト) の諸方言をよくサイーディー (*Ṣaʿīdī*「高地の」) と呼んでいる。この 2 つのグループを区別する識別項目に，古典語の /q/ と /j/ の発音がある。カイロ方言ではこれをそれぞれ /ʼ/，/g/ で発音するが，上エジプト方言では /g/，/j/ (/g^y/ や /d/ まである) で発音する。

古典語	/q/	/j/
カイロ方言	/ʼ/	/g/
上エジプト方言	/g/	/j/ (/g^y/, /d/)

もう 1 つ，カイロやデルタ地方の諸方言と，上エジプトの諸方言とを区分する特徴要素が，アクセントを置く位置を決めるシステムである。カイロ方言やデルタ地方の方言では，次のように決められる。

- 後ろに子音が 1 つ続いている長母音 (*V̄C*) か，後ろに子音が 2 つ続いてい

*271 それまで女性語尾 (古典語の *-a*) はイマーラ現象を受けた *-e* であったが，*-a* になった。

る短母音 (*VCC*) で，単語の中で最後にあるものにアクセントが置かれる (訳者注：太字が *V̄C*，*VCC*)。

*ma'***zū́m**「招待された」

máṭ'am「レストラン」

***bín**ti*「私の娘」

- この音配列 (*V̄C*，*VCC*) よりも後ろに母音が 2 つ以上ある場合は，この音配列のすぐ後の母音にアクセントが置かれる。

  madr**ása*「学校」，bint**áha*「彼女の娘」

- この音配列がない場合は，1 つめの母音にアクセントが置かれる。

  báraka「祝福」

このアクセント体系はしばしば“*madrása*”タイプと呼ばれ，カイロ以南の“*mádrasa*”タイプと対照をなしている。また，アクセントよりも前にある長母音は短くなる。

「学生」	*ṭā́lib*	→	女性形 *ṭalíba*
「招待された」	*ma'zū́m*	→	複数形 *ma'zumín*

アクセントの前後にあるアクセントのない *i* や *u* は，語末でない限り脱落する。

「知っている」	*'ā́rif*	→	女性形 *'árfa*
			複数形 *'arfín*

シャルキーヤ県 (デルタ地方東部) とシナイ半島では，さまざまなベドウィン方言が話されている。彼らがここへやってきたのは，イスラムによる征服以前にもおそらくいくらかは来ていたかも知れないが，ほとんどはイスラムの第 1 世紀であった。デ=ヨング (De Jong 2000, 2011) は，シナイ半島がアラビア半島とエジプトのナイル=デルタ地方の間の橋渡しの役割をしていることを示している。シナイ半島の方言はすべてベドウィン型 (都市型のアリーシュ方言 *al-'Arīš* を除く) でアラビア半島北西部の方言に属し，シャルキーヤ方言とネゲブ方言の中間グループである。デ=ヨングはデータによって，シャルキーヤ方言とシナイ方言が互いに影響しあってきたことを示している。シャルキーヤ東部の方言は，よりベドウィン型に近づき，シナイ地方のベドウィン人の方言は，定住民からの影響を受けているのである。ただし，シナイ地方でも，北部

に住む小さなグループのダワーグラ方言（*Dawāġrah*）は，ネジド方言の1つなので例外である。たとえば，シナイ地方の他の方言で「コーヒー」は *gahwa* であるが，このダワーグラ方言では *ghāwah* であり，“*gahawa*”症候群（⇨ 11.1）をもつ。

デルタ地方をはじめ，西方オアシスを含めたエジプト西部の方言は，マグレブ方言との境界をなしている。西方オアシス諸方言（ファラフラ *Farafra*，バハレイヤ *Baḥariyya*，ダハラ *Daẖla*，ハルガ *Ḫarga*）についてはヴォイディヒ（Woidich 1993, 2000, 2002）の研究によって知られるようになった。これらは西方アラビア語（マグレブ方言）的な特徴をもつため，とりあえずはマグレブ方言グループの系統にまとめられてきた。たとえばファラフラ方言では，/t/ が，多くのマグレブ方言のように破擦音［tˢ］で発音され，ファラフラ方言やバハレイヤ方言では，通常はマグレブ方言の特徴要素とされる未完了形1人称の人称接頭辞が見られる[*272]。

〈ファラフラ方言〉

「私は書く」	*niktib*
「私たちは書く」	*niktibu*

また，動詞「作る，する」に *dār*（完了形），*ydīr*（未完了形）を使うといった，語彙的な類似もある[*273]。しかし全体的にみるとオアシス群の方言は，ナイル渓谷の方言，特に中央エジプト方言の系統であり，マグレブ方言との類似は，第10章で見たように（⇨ 10.2），方言接触の結果であると思われる。西方オアシス群の住民は，もとはナイル渓谷から来た人々で，その方言がもつ特徴要素のいくつかは中央エジプト方言でもかつては存在していたが，改変の結果消滅していった古い特徴要素であり，これをまだ周縁地域では，後の改変によって置きかえずにもちつづけているのである。これらの方言がマグレブ方言と共通にもっている特徴要素は，おそらく後に西から入ってきたベドウィン人，特にスライム族が東へ逆戻り移住したことによってもたらされたものである。スィーワ=オアシス（*Sīwa*）は，このような移住の中にあってベルベル語の方言を受けついでおり，エジプトでベルベル語が話されている唯一の場所である。

[*272] エジプト方言では *aktib*「私は書く」，*niktib*「私たちは書く」。

[*273] モロッコ方言と共通。東方アラブ方言では「作る，する」には，*ʿamal*（未完了形 *yiʿmil*），*sāwa*（未完了形 *yisāwi*）などを使う。

エジプト内では，互いに違う点は多いがそれでもエジプト以外の方言から区別される，次のような共通の特徴がある。

- エジプトの諸方言はすべて，古典アラビア語の 3 つの短母音を保持しているが，開音節でアクセントの置かれていない /i/，/u/ は脱落する。5 つの長母音（/ā/，/ī/，/ū/，/ē/，/ō/）は，アクセントが置かれないときに短くなる。ただしカイロ方言では，アクセントが置かれていても，前述の *ʿarfa*「知っている（女性形）」のように，2 子音の前では短くなる。
- 子音連続への対処法は各方言グループで異なっているが，カイロ方言では *-CCC-* の 3 子音連続に対しては 3 つめの子音の前に挿入母音が入れられる。これは，隣りの単語との間でも起こる。

  iṣ-ṣabr^{i} *ṭayyib*「忍耐は善なり」[*274]

  アクセント規則どおりにアクセントが置かれるので，挿入母音にアクセントが置かれることになる。

  〈動詞「彼らは書く」〉

  yíktibu（基底形）

  → *yiktbu*（開音節の前で，アクセントのない *i* が脱落する）

  → *yikt*^{i}*bu*（3 子音連続のため母音 ^{i} が挿入される）

  → *yiktíbu*（挿入母音にアクセントが置かれる）
- エジプト方言の指示詞や疑問詞の語順は，この方言，およびこの方言と同系のスーダン諸方言の特徴である。エジプト方言の近称指示詞 *da*, *di*, *dōl*（カイロ方言）はつねに後置される。

  〈カイロ方言〉

  ［定］ 男 この
「この男」 *ir- rāgil da*

  ［定］ 農民たち これら
「これらの農民たち」 *il- fellaḥīn dōl*

  また，*innaharda*「今日」[*275] のように接辞的になっているものもある。疑問詞の位置も特徴的である。ほかのほとんどの方言では疑問詞を文頭に置くが，エジプトでは (5)，(6) のように，もとの平叙文での位置を維持している。

---

*274 *-br ṭ-* で子音が 3 つ連続しており，挿入母音「*i*」が入った。

*275 ［定］ 日 この
in-nahār da「この日」より。

会った　だれ
(5)　*šuft*^{i} *mīn ?*

誰に会った？ *276

私は君に言う　何
(6)　*'alullak 'ē!*

私は君に何を言う（「あのねえ」の意）。

この現象については，コプト語が基層言語として影響したという説明も考えられる（⇨ 8.3）。

- エジプトではどの方言でも，未完了形自体がムード性をもつ主動詞として使われる。また，未完了形につけて継続や習慣を表すアスペクト接頭辞は *bi-*（カイロ，デルタ地方），未来を表すのは *ḥa-* である。さらに分詞も，動詞体系の中で重要な部分を占める。*šāf*「見る」のような知覚動詞のいくつかと移動動詞では，分詞が現在や未来の意味を表している。

  私　［分詞-彼］
  ana šayfo「私は彼を（今）見ている」*277

  このような動詞では，*bi-* は習慣アスペクトだけを表す。

  私　［b-未完了形-彼］　毎　日
  ana　bašūfo　kull^{i} *yōm*「私は彼を毎日見ている」

  それ以外の動詞では，分詞は結果状態*278 の意味を表している。

  私　食べた［分詞］
  ana　wākil「今しがた食べた（満足している）」

カイロ方言の動詞活用は，表 11.5 のとおりである。

*276 2 つの例文において，もとの文型の目的語の位置（動詞の後ろ）に疑問詞が置かれている。

*277「私には彼が見える」の意味。

*278「完了」（perfect）と同じ。*wākil* は，*'akal*「食べる」の能動分詞形。

完了形「書いた」

	男性	女性	複数
3 人称	*katab*	*katabet*	*katabu*
2 人称	*katabt*	*katabti*	*katabtu*
1 人称	*katabt*		*katabna*

未完了形「書く」

	男性	女性	複数
3 人称	*yiktib*	*tiktib*	*yiktibu*
2 人称	*tiktib*	*tiktibi*	*tiktibu*
1 人称	*aktib*		*niktib*

【表 11.5】 カイロ方言の動詞活用

[文例 7] カイロ方言（Woidich 1990: 337）

私たち に[定]祭 旅した 2日 そして 後で とき 戻った だった 招かれている に[定]
1. *iḥna fi l-ʿīd safirna yomēn wi- baʿdēn lamma rgiʿna kunna maʿzumīn ʿala l-*

昼食 4番目 日 [定]祭 の所 私の叔母
ġada, rābiʿ yōm il-ʿīd, ʿand^{i} ḫalti

私たちが祭の間に 2 日間，旅をして，それから戻ったとき，昼食に招かれたのよ。祭の 4 日目，叔母の所にね。

そして 行った 私は と 私の夫 [定] 正午 だいたい [定] 時 3 そして 私たちを迎えた
2. *fa- ruḥna ʾana w-gōzi ḍ-ḍuhr^{i} taʾrīban is-sāʿa talāta, wi- staʾbilūna*

なった 歓迎 美しい とても によって [定] 歓迎 なった と ようこそ と
baʾa stiʾbāl gamīl giddan, bi- t-tirḥāb baʾa wi-ʾahlan-wi-sahlan wi-

我々に福をくれた と 我々に名誉を与えた と[定]家 照らした
ʾanistūnawi- šaṛṛaftūna wi-l-bēt nawwaṛ

そして私と夫が昼のだいたい 3 時頃に行ったら，私たちをとっても歓迎してくれた。歓迎の言葉でね。たとえば，ようこそ，福をくれた，名誉なことだ，家を照らしてくれたってね。

それは こうだ いつも [定] 家族 [定] エジプトの 好きだ 言う 言葉 たくさん とても
3. *huwwa kida dayman, il-ʿaʾilāt il-maṣriyya tḥibb^{i} tʾūl kalimāt kitīr ʾawi*

に[定] あいさつ つまり
li-t-taḥiyya yaʿni

いつもこうなのよ。エジプトの家族って，あいさつのときに，たくさんのありとあらゆる言葉を言いたいものなの。

［定］　大事な　過ごした　交わす　なった　言葉　［定］　歓迎　その　まで　とき
4. *il-muhimm^i 'aʿadna natabādal ba'a kalimāt it-tarḥīb diyyat li-ġāyit lamma*
私の叔母　つまり　用意した　私たちに［定］昼食
ḫalti yaʿni ḥaḍḍarit- lina l-ġada
大事なのは，叔母が夕食を用意できるまで歓迎の言葉をずっと交わして過ごしていたということなの。

［文例 8］上エジプトのダラウェイヤ村（id-Dalawiyya）方言（Behnstedt and Woidich 1988: 168）

だった ある　男　上エジプト　そして　したかった　訪ねる　預言者
1. *kān fī ṛādil ṣaʿīdi, w ḥabb izūr innabi*
上エジプトの男がいまして，預言者を訪ねようと思いました。
そして　のとき　行った 訪ねる　預言者　置いてきた に［定］家　彼の息子　と ［定］しもべ　と　彼の妻
2. *fa lamma ṛāḥ izūr innabi, taṛak fi l-bēt ibnuw, wu l ʿabde, w maṛatu*
そして預言者を訪ねたとき，息子と奴隷と妻は家においてきました。
そして 置いてきた　それらと共に　鶏
3. *w taṛak imʿāhum farrūde*
そして，それと一緒に鶏一羽を置いてきました。
そして　のとき　置いてきた［定］　鶏　に　日　やって来た　男　魔術の　魔法をかけた　彼の妻に
4. *fa lamma taṛak il-farrūde, f yōm ṭʿabb ṛādil takrūni, saḥaṛ ibmáṛatu,*
そして 彼女を恋におとさせた
w ġaẉẉāha
鶏を置いてくると，ある日，スーダンの魔術師がやって来て妻に魔法をかけて，自分を好きにさせました。
［定］魔術師　この　上エジプト人　［定］-魔術師　上エジプトから　から　前の　とても
5. *ittakrūni da, ṣaʿīdi , ittakrūni miṣ-ṣaʿīd min gibli gawi*
その魔術師は上エジプト人でしたが，そんなに奥のほうから来た上エジプト人ではありません。
そうではなく ［定］-男　この　近い　少し　ではない そのように
6. *innáma ṛṛādil da grayyib šwayye, ġēr dukha*
そうではなく，その男は，少し近い，それほどでもない。
そして　の時　彼女に魔法をかけた　彼女は彼に落ちた　そして　彼は彼女に落ちた
7. *fa lamma saḥarlhe , ġíwitu , w ġiwīhe*
妻に魔法をかけると妻は彼と恋に落ち，彼は妻と恋に落ちました。
そして　これ　に　日　そして　彼は彼女に言った　私たちは必要がある それをほふる［定］　鶏
8. *fa da f yōm w gallha : iḥna ʿayzīn nídbaḥu l farrūde*
彼はある日（やって来て）妻に言いました。「鶏を絞めましょう」

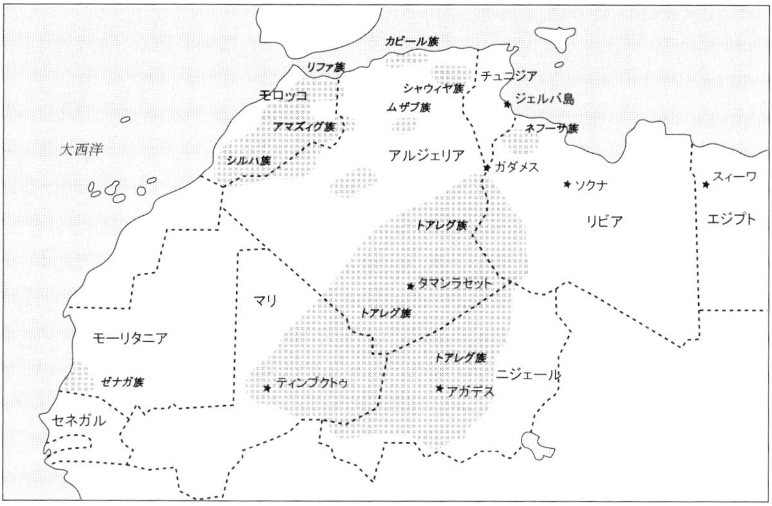

【地図 11.3】　ベルベル諸語の話されている地域

11.5　マグレブ諸方言 [*279]

アラビア語世界の中で，アラビア語化の第 1 段階と第 2 段階との間隔がマグレブ地方ほど大きく開いている地域は他にない。第 1 段階である 7 世紀後半のアラブ人による征服のとき，侵略者たちは北アフリカの定住民地域を比較的小さなグループをなして駆け抜けていった。彼らのうちには，新しく建設した軍営キャンプに定住したものもあったが，ほとんどはもとからあった都市に定住し，そこから新しく都市のアラビア語が周辺に広がっていった。チュニスやアルジェなどの，北アフリカのユダヤ教徒方言のいくつかは，この頃のものから来ている。また，田舎ではほとんど完全にベルベル語が残った。アラビア語化の第 2 段階は，この数世紀後，10，11 世紀のヒラール族の侵略 (⇨ 8.1) によって起こった。アラビア語はこの段階で北アフリカの田舎の遊牧民地域にまで到達したが，ベルベル語を完全に駆逐するにはいたっていない (⇨地図 11.3)。

マグレブ方言のグループには，モーリタニア（ハッサーニーヤ方言 *Ḥassāniyya*)，モロッコ，アルジェリア，チュニジア，リビアが入る。研究上は，ふつうはマグレブ方言グループの各方言を，2 つの段階のどちらに属する

[*279]「西アラブ諸方言」と同じ意味。

かによって，ヒラール族以前方言（pre-*Hilālī* dialects），ヒラール族方言（*Hilālī* dialects）と呼んでいる。ヒラール族以前方言はすべて定住民型で，都市や，都市周辺の早くにアラビア語化された地域で話されている。チュニジアのサヘル地域*280 や北部の大都市であるコンスタンティン，トレムセン，フェズなどである。これはふつう，さらに 2 つのグループに分けられる。

- ヒラール族以前東方諸方言：リビア，チュニジア，アルジェリア東部で話される諸方言で，この方言群は 3 つの短母音を保持していることが特徴である。
- ヒラール族以前西方諸方言：アルジェリア西部やモロッコで話される諸方言で，これは短母音を 2 つしかもっていない。また，古典アラビア語の数詞 *wāḥid*「1」から不定冠詞（*waḥd*）ができた*281。たとえばモロッコでは，*waḥd əl-mṛa*「ある女性」のように言う。不定冠詞をこのようにつねに定冠詞（*əl-*）とともに用いるのは，おそらく指示詞が定冠詞とともに用いられることからの類推で成立した用法であろう*282。

北アフリカのベドウィン型方言がヒラール族方言である。これは，さらに次のように分けられる。

- 東方（リビア，南チュニジア）のスライム族方言（*Sulaym*）
- 東ヒラール方言（中央チュニジア，東アルジェリア）
- 中央ヒラール方言（南，中央アルジェリア，特にサハラ砂漠との境界地域）
- マァキル族方言 *Maʿqil*（西アルジェリア，モロッコ）

マァキル部族連合の中の 1 グループであるハッサーン族（*Banū Ḥassān*）がモーリタニアに定住しており，ハッサーニーヤ方言（*Ḥassāniyya*）として知られている。田舎だけでなく，トリポリ市（リビア）などの都市でもアラビア語化の第 2 波によってベドウィン化されたところでは，ベドウィン型方言が話されている。

リビアは全体的にベドウィン型方言であり，トリポリ市など大都市の定住民型方言にもその影響がある。これでまず目につくのは，古典アラビア語の /q/

*280 地中海沿いの地域。
*281 古典語をはじめ，多くの方言には不定冠詞がない。
*282 指示詞では，*hadi l-mṛa*「その女性」のように定冠詞 *l-* をつける。

に対応する音と，もう1つは歯間音である。/q/ に対応する音はベドウィン型方言と共通している（リビア方言は *g*：古典語は *q*）。

〈リビア方言〉	〈古典語〉
gʿəd「居る」	*qaʿada*「座る」
gāl「言う」	*qāla*「言う」

しかし，もとの歯間音はヒラール族以前方言のほうと共通する（リビア方言は歯茎閉鎖音：古典語は歯間音）。

〈リビア方言〉	〈古典語〉
tlāta「3」	*ṯalāṯa*
dhəb「金」	*ḏahab*
ḍull「影」	*ḏ̣ill*

代名詞や動詞活用形については，トリポリ市のアラビア語は2人称複数と3人称複数で性の区別を失っているが，ヒラール族方言には2人称の単数まで性の区別を失っているものもある。

チュニジアは中間的な地域であり，チュニジアのベドウィン型方言はリビアのベドウィン型方言と同系である。アルジェリア国内は一様ではない。コンスタンティン市は，チュニジアともアルジェロワ地方（Algérois アルジェ周辺）とも関係があるから，ベドウィン型方言と定住民型方言のどちらも話されている。アルジェロワ地方は，圧倒的にベドウィン型方言である。オラン県には重要な定住民型方言のトレムセン市があるが，これ以外はベドウィン型方言である。モロッコでは，ベドウィン型方言は，平野やカサブランカ市などの最近作られた都市で話され，定住民型方言はラバト市，フェズ市が最も重要な中心である。モーリタニアは上で見たようにベドウィン型方言が話されている。イスラム支配時代のスペイン（アンダルス地方）で話されていた方言や，チュニジアに征服されて現在は飛び地になっているマルタの言葉も，マグレブ方言に属する（⇨ 15.2）。

北アフリカの国々では長期にわたってアラビア語とベルベル語が併存し，現在でも併存し続けており，これがマグレブ方言を特徴づけている（⇨ 7.3，地図 11.3）。ベルベル語からマグレブ方言への干渉の度合いについてはこれまでにもたくさんの議論があったが，たしかにベルベル語からの借用語があるし，また名詞の語形枠も取り入れられている。取り入れた名詞の語形枠として最も多いのは，*taḫəbbazət*「パン屋の職業」のような，職業活動を表す *tafəˁˁalət* 型である。とくにハッサーニーヤ方言はベルベル語から多くの単語を借用しているが，次の例のように，ベルベル語から複数形も一緒に借用してきた単語もある。これらには，ベルベル語特有の接頭辞 *ä-/ā-*（男性名詞）や *tā-/tī-*（女性名詞）がついたままである。

〈ハッサーニーヤ方言〉

	単数形	複数形
「男」	*ärā̈gā̈ž*	*ärwā̈gīž*
「山」	*āḏrār*	*īḏrārən*
「アカシアの森」	*tāmūrt*	*tīmūrā̈tən*

北アフリカのアラビア語（西アラブ諸方言）は多様であるにもかかわらず，方言区域としては 1 つとみなされる。それは，ここの諸方言にはほかのアラビア語地域とは異なる特徴要素が共有されているからである。動詞体系にも，マグレブ方言を 1 つの方言として分類する語形的な特徴要素がある。それが未完了形の 1 人称単数の接頭辞 *n-* である（⇨ 10.2）。たとえばモロッコ方言では，次のようになる。

〈モロッコ方言〉

「私が書く」	*nəktəb*
「私たちが書く」	*nkətbu*

この，“1 人称単数 *n-*”方言と東アラブ方言*283 との境界は，エジプト西部のどこかにある。

また，マグレブ方言はすべて（マグレブ東部の定住民方言以外は），2 つの短母音 /ə/（/a/ と /i/ が合流した）と /u/，3 つの長母音 /ā/，/ī/，/ū/ という，とても簡素な母音体系をもっている。シェルシェル方言（Cherchell *284）ではこれがさらに進み，短母音は 1 つしか残っていない。

マグレブ方言のもう 1 つの顕著な特徴要素は，*faˁal* 型の単語のアクセント移

*283 東アラブ方言は，エジプト以東の諸方言。東アラブ方言であるカイロ方言では，*aktib*「私が書く」，*niktib*「私たちが書く」。

*284 アラビア語で *širšāl*。地中海岸の町。

動が起きたことである。動詞完了形は，この型の単語として代表的なものである。主アクセントはもともとは語末から 2 つめの音節にあったと想定され，次のように移動してアクセントのない短母音が脱落した変遷の跡を復元することができる。

	〈古典語〉	〈モロッコ方言〉
「彼は書いた」	*kátab > katáb*	*ktəb*
「山」	*jabal*	*žbəl*
「アラブ人」	*ʿarab*	*ʿrəb*

アクセント移動をしなかった唯一のマグレブ方言は，マルタ語である。先の 2 単語は，次のようにどちらももとのまま，前末音節にアクセントが置かれている。

kíteb「彼は書いた」
ġíbel *285「石，（地名に使われる）丘」

音節構造の面では，多くのマグレブ方言は *CvCC* 型の子音連続が再編成されて *CCvC* 型になっている。

	〈古典語〉	〈モロッコ方言〉
型	*CvCC*	*CCvC*
「墓」	*qabr*	*qbəṛ*
「屋根」	*saqf*	*sqəf*

多くの方言では，子音連続のあとに母音が来て，そこで音節が終わると，その母音が 1 つ前に「跳ぶ」という，開音節の短母音に対する制約がある。（訳者注：太字が当該の母音）

「彼女が書く」　**kt**ə**bət > k**ə**tbət*
「赤い」　**ḥm**ə**ra > ḥ**ə**mra*

開音節の短母音に対するこの制約は，2 人称の未完了形で複数を表す語尾 *-u* がつくときにも作用する。モロッコ方言では，「君たちは書く」が **təkt**ə**bu >*

---

*285 発音は［dʒibel］。古典語 *jabal* に対応する。

tkətbu となる。他のマグレブ諸方言でも同じ制約がかかるが，最終的な結果には差が出てくる。たとえば，チュニス市のイスラム教徒方言などでは母音を落とし (*təktbu* となる)，アルジェ市のイスラム教徒方言などでは語根第 1 子音を重ねる (*yəkkə́tbu*「彼らは書く」となる) が，これらとはまた別の解決法 (*tə́kkətbu*, *tə́kətbu*, *tēkə́tbu*, *tḗkətbu* など) が選ばれる方言もある (Fischer and Jastrow 1980: 254–6 を参照)。これまで述べたような現象が作用するため，モロッコ方言の動詞活用形は表 11.6 のようになる。

完了形「書いた」

	男性	女性	複数
3 人称	*ktəb*	*kətbət*	*kətbu*
2 人称	*ktəbti*		*ktəbtiw*
1 人称	*ktəbt*		*ktəbna*

未完了形「書く」

	男性	女性	複数
3 人称	*yəktəb*	*təktəb*	*ykətbu*
2 人称	*təktəb*	*tkətbi*	*tkətbu*
1 人称	*nəktəb*		*nkətbu*

【表 11.6】　モロッコ方言の動詞活用

動詞の派生型の体系は，東アラブ諸方言よりも，マグレブ諸方言 (西アラブ諸方言) の方がはるかにきれいに整っている。たとえばモロッコでは，最もひんぱんに出てくる派生型は次の 3 つである。

第 2 型　*CəCCəC*　(*ʿəlləm*「教える」)
第 3 型　*CaCəC*　(*qatəl*「戦う」)
第 8 型　*CtCəC*　(*štġəl* あるいは *štaġəl*「働く」)

これらの派生型のほか，語幹動詞*286 も含め，受動形はすべて *t-*, *tt-*, *n-* によって作られる。モロッコ方言の受動形は *tt-* で作られるものが多い。

*286 モロッコ方言では *CCəC* 型。古典語では *CaCvCa* 型。基本型。

「書かれる」 *ttəktəb* < *ktəb*「書く」
「見られる」 *ttšaf* < *šaf*「見る」
「朗読される」 *ttəqra* < *qra*「読む，学ぶ」

n- による受動形は，ほとんどが北部やユダヤ教徒方言で使われる。また，これらを組み合わせる方言もある。たとえばスクーラ方言（*Skūra*）では *tt-*，*n-*，*ttən-*，*ttnə-* があり，多くの語形ができる。

「書かれる」 *ttnəktəb, ttəktəb*
「承認される」 *ttəssəḥsən, nəssəḥsən, ttnəssəḥsən* （古典語の *istaḥsana*）

このような新しい受動形の作り方がどのようにして成立したのかは議論になっている。派生型動詞からだけでなく，基本型動詞からも同じように作られるので，この方言で新しく成立した語形であると考えられる。*t-* 型はおそらく古典アラビア語の第 5 型（*tafaʿʿala* 型）の *ta-*，*n-* 型は古典アラビア語の第 7 型（*infaʿla* 型）の *n-*[*287] からの類推で形成されたものであろう。ただ，*t-* 型はエチオピア語やアラム語にも類似のものがあるから，古いセム語にあった語形から来ているのではないか，という説も出されている。また，アガデ・エルヤアクービ（Aguadé and Elyaacoubi 1995: 66）が提案しているように，ベルベル語の受動形とも関連があるかも知れない。

モーリタニアのハッサーニーヤ方言は，マグレブ方言の中でも特殊な位置を占めている。それはベドウィン型方言の特徴要素をすべてもっていることに加えて，次のような独特な一連の改変が見られるからである。音韻体系では，古典アラビア語の /f/ からくる有声の /v/ がある。

	〈古典語〉	〈ハッサーニーヤ方言〉
「象」	*fīl*	*vīl*
「少女」	*ṭifla*	*ṭọvla*

無声の /f/ が現れるのは，無声子音の前か（*fsəd*「腐る」），重複しているか（*wäffä*「死ぬ」），語末であるか（*ʿraf*「知る」）といった音環境だけに限られる。*f* も *v* も，他の多くの子音と同じように，音環境によって現れる強勢の異音（*ḟ*，*ṿ*）が

*287 古典語の第 7 型（*infaʿala* 型）は，本来 *nfaʿala*。最初の *i* は，語頭における子音連続をさけるために挿入された母音であり，前に母音がくれば *i* は挿入されない。

ある。古典語の 2 つの音素 /ḍ/ と /ḏ̣/ は，他のすべてのアラビア語諸方言と同じように合流したが，この方言はベドウィン型方言であるから，歯間音の /ḏ̣/ のほうに合流した。ただし，次のように古典語の /ḍ/ を取り入れて /ḍ/ で発音する単語も多い。

〈ハッサーニーヤ方言〉

「判事」	*qāḍi*
「断食月」	*ṛamaḍān*

これらの *ḍ* は古典語から借用されたものと考えてよいが，次のような単語はもとからの方言の単語と考えられるにもかかわらず *ḍ* である[*288]。

	〈ハッサーニーヤ方言〉	〈古典語〉
「好み」	*vaḍl*	*faḍl*
「病気になる」	*mṛọḍ*	*mariḍa*

そうであるとすると，ハッサーニーヤ方言は西アラブ方言で，/ḍ/ と /ḏ̣/ の区別を保持している唯一の方言ということになる。3 つめのおもしろい特徴要素は，ベルベル語から来たいくつかの単語に現れる 3 つの口蓋化音素 /t^y/, /d^y/, /ñ/ の存在である。これらが独立した音素であることは疑いないが，ハッサーニーヤ方言の中でもあまり出てこない。

〈ハッサーニーヤ方言〉

「拳（こぶし）で殴る」	*käwkt^{y}äm*
「梅毒」	*kand^{y}a*
「バンニュグ」	*bäññug*（固有名詞）

ハッサーニーヤ方言の動詞体系には，ふつうの派生型以外に接頭辞 *sa-* による独特な派生型がある。

---

*288 *vaḍl* は *v* があること，*mṛọḍ* は動詞完了形であるがマグレブ方言特有の型になっていることから，古典語からの借用語ではなく，もとからの方言の単語と考えられる。

〈ハッサーニーヤ方言〉

「南へ行く」	*sagbäl*
「赤くする」	*saḥmaṛ*
「秘書にする」	*säktäb*

この派生型の成立については，たとえば *säsläm*「イスラム教徒にする」は *stäsläm*(第 10 型)「イスラム教徒になる」から新たに作られたというように，第 10 型から逆に[*289] *t* を取り除いて作られ，この新しい派生型が他のすべての動詞にも広がった，とする説明が最も可能性がある。また，ほかに，派生型動詞の第 2 型と第 3 型と“*sa*-”型に，さらに新しい受動形ができたという改変(⇨表 11.7)もある。動詞に指小形があることもふつうとは違う特徴要素である。

	〈指小形動詞〉		〈基本形〉
「書く」	*äkäytäb*	<	*ktäb*
「去る」	*amäyšä*	<	*mšä*

動詞指小形が使われるのは，たいてい名詞主語が指小形であるときである。

	能動形	受動形
第 2 型	「香水をつける」	「香水をつけられる」
完了形	*baḫḫar*	*ubaḫḫar*
未完了形	*ibaḫḫar*	*yubaḫḫar*
第 3 型	「直面する」	「直面される」
完了形	*gǟbel*	*ugǟbel*
未完了形	*igǟbel*	*yugǟbel*
sa- 型	「南へ行く」	「南へ向けられる」
完了形	*sagbäl*	*usagbäl*
未完了形	*isagbäl*	*yusagbäl*

【表 11.7】　ハッサーニーヤ方言の受動形の作り方

[文例 9] モロッコ方言(Caubet 1993)

	彼女に言った	こう	はい	座って	ここ	引いて	[定]	お金	与えた	彼女	そして	彼女に言った	ここ	君が座る
1.	*gāl-l-ha:*	*hākda?*	*ēwa*	*gləs*	*hna!*	*žbed*	*əl-*	*flūs*	*ʿṭa*	*-ha:*	*u-*	*gāl-l-ha:*	*hna*	*tgəlsi!*

*289 ふつう，派生型は番号の小さいものに，何らかの要素を添加して番号の大きいものが作られる。ここでは，第 10 型から要素を取り除く操作をさしている。

否定　行く　否定　まで　私が言うに　君たち　来い　私の所に
ma-təmšiw-š ḥətta ngūl-l-kum āžīw ʿand-i

彼は彼女に言った。「こう？　そう，ここに座って！」彼はお金を引き出して，彼女にやった。そして彼女に言った。「ここに座って！　私が君たちに，私の所に来いと言うまで動かないで。」

行った　した　［不定］　手紙　の所　［定］　パン屋　彼に言った　して　［定］　パン屋　熱くなる　熱くなる
2. *mša dār waḥəd-əl-bṛa ʿand-əl-feṛṛān, gāl-l-u: dīr əl-feṛṛān yəsẖon, yəsẖon*

たくさん　たくさん　彼に言った　よし
bezzāf, bezzāf!, gāl-l-u: waẖẖa!

パン焼き屋の所に一通の手紙を届けに行って，彼に言った。「(パン焼き)釜を熱くして，たくさん，たくさん熱くして！」彼に言った。「よし！」

そう　呼んだ　［定］2　の［定］　警察　彼らに言った　持て　この［定］　箱
3. *ēwa ʿayyəṭ l-žūž-d-əl-būlīs, gāl-l-hum: rəfdu hād-əṣ-ṣəndūq!,*

持て　この［定］　箱　そして　持っていく　それ　に［定］　窯　持っていく　それ　投げた　それ　に部屋　火
rəfdu hād-əṣ-ṣəndūq u- ddāw -əh l-əl-feṛṛān, ddāw -əh ṛmāw-əh f-bīt-nāṛ

そして，彼は警察を 2 人呼んだ。彼は 2 人に言った。この箱をもて！　彼らはこの箱をもった。そしてそれを釜へもって行った。彼らはそれをもって来て，釜に投げた。

はい　よ　氏　つづけた　焼かれている　まで　死んだ　その［定］　奴隷
4. *ēwa, ya sīdi, bqa ka-yttəḥṛəq ḥətta māt dāk-əl-ʿabd*

ああ，その奴隷が死ぬまで燃やし続けた。

［文例 10］ ハッサーニーヤ方言（Cohen 1963: 252）

しかし　私たちはそれに乗った　と共に　［定］朝　から　の所　［定］テント　と述べられている　キャンプ　に　側
1. *ya qēʸr ṛkabnāhöm mʿā ṣṣbāḥ mən ʿand lẖyām, madkurānna ḥayya v zərr*

から　北　東　これ　日　日　丈夫な
Āfṭūṭ mən tall šaṛg; hāḏa nhār, nhār mtīn

けど，朝，テントの所から私たちは乗った。東北からアーフトゥート平原の方のキャンプのことだ。これが一日，まる一日（の距離）なんだ。

私たちは乗った　と共に　［定］朝　そして　私たちは言った　ないと　免れる　から　休息する　あの［定］キャンプ
2. *ṛkabna mʿa ṣṣbāḥ u gəlna ʿannalā bəddānna mən nguyyəlu ḏīk lḥayya*

ある　男たち　つまり　友人たち　私たちの　そして　ある　さらに　女友だち　女友だち　さらに…も
vīh ārwāgīž gāʾ aṣḥāb ənna u vīh zād ṣadīqāt aṣḥabāt əmmʷalli

うちらは朝，出発して，言ったよ。昼はあのキャンプでしないとな，と。そこには男たち，うちらの友人らがいて，それに女の友人らもいる。

私たちは乗った　から　そこ　そして　立った　動き　暑い　［定］日　それ　終りに　［定］夏
3. *ṛkabna mən vamm u gəmna mḥarrkīn; ḥma ənnhāṛ; hāḏa vaʿgāb əṣṣayf,*

［定］日々　それらは〜でない　暑い　しかし　太陽　活発だ
ennhāṛāt māhöm ḥāmyīnya qēʸr əššams ḥayya

うちらはそこから乗って，動き始めた。その昼は暑くなった。それは夏の終わりだった。日々は暑くなかった。けど，太陽は強かった。

の時　暑さ　我々の上に　[定]日　ばてた　動物たち（指小形）　の時　ばてた　世話した　それと共に　そして
4. *mnē*^{y}*n ḥma ə'līna ənnḥāṛ, brək awṣayrīt , mnayn brək tbārəkna m'āh u*

立った
gām

日がいちばん暑くなると，うちらの動物ちゃんたちがばてる。ばてたとき，私たちがそれを世話すると，起き上がる。

11.6　文献案内

アラビア語諸方言の最も完全な手引書は，Fischer and Jastrow (1980) である。それより16年さかのぼる *Handbuch der Orientalistik*（東洋学の手引）に収められた Brockelmann (1964) の概説と比べると，アラビア語諸方言に関するわれわれの知識がどのくらい進歩しているかがよくわかる。Fischer and Jastrow (1980) は，アラビア語諸方言の構造を全般的に概観したあと，個々の方言グループについて検討し，それぞれの最も重要な方言の文例を付しており，また歴史も簡単に紹介している。新しい概説には，Kaye and Rosenhouse (1997) がある。

アラビア語諸方言の簡単な概説書には，ポーランド語 (Danecki 1989) とイタリア語 (Durand 1995) のものもある。*Encyclopedia of Arabic Language and Linguistics*（アラビア語学百科事典）には，アラビア語世界全体にわたる50以上の方言概説が載っている。方言地図については，第10章を参照されたい。全方言にわたる特徴要素について書かれたモノグラフもいくつか紹介しておくと，指示詞の体系については Fischer (1959)，アクセント=パターンについては Janssens (1972)，所有句については Eksell Harning (1980)，前置詞については Procházka (1993)，アスペクト体系については Czapkiewicz (1975)，Mitchell and El-Hassan (1994)，受動態については Retsö (1983) がある。Brustad (2000) は，4つの方言（モロッコ，エジプト，シリア，クウェート）について統語法を比較している。方言グループのそれぞれについては，その章でふれられているので，ここでは主要な文法書，辞書，単著を示す。

アラビア半島諸方言

アラビア半島北東部諸方言の分類と構造は比較的よく知られており，Ingham

(1982) による概説が最もよい。アラビア東部と湾岸諸国の諸方言については Johnstone (1967) を参照。湾岸アラビア語の文法総覧には Holes (1990) がある。アラビア半島外のベドウィン諸方言は，古くは Cantineau (1936, 1937)，ネゲブ地方の諸方言は Blanc (1970b)，概観するには Rosenhouse (1984)，Henkin (2010)，シナイ半島の諸方言については de Jong (2000, 2011) を参照。Palva (1991) は新しい分類を提案し，アラビア半島北西部諸方言 (North-west Arabian dialects) と名づけている。

バーレーンのシーア派方言の位置づけについては，Prochazka (1981)，Al-Tajir (1982)，Holes (1983, 1984, 1987) を参照されたい。*Dialect, Culture, and Society in Eastern Arabia* (アラビア半島東部の方言，文化，社会) の第 1 巻であるアラビア半島東部諸方言の大型の語彙集 (Holes 2001) と，第 2 巻である民族誌を語った原文面 (Holes 2005) があり，第 3 巻の方言記述は近く刊行される。オマーン方言はザンジバルまで広がりをもち，東アフリカのスワヒリ語の話者たちとの接触があるので重要だが，主に Reinhardt (1894) による古い記述を通して知られるのみである。また，Brockett (1985) も参照されたい。

アラビア半島中央部諸方言については，Ingham (1982)，Prochazka (1988) が扱っている。ネジド方言 (Najdī) の文法総覧は Ingham (1994b) が作成しており，本書のネジド方言の例はここから取っている。ヒジャーズ (*Ḥijāz*) 諸方言はあまり知られていない。メッカの定住民の方言については，Schreiber (1970)，Ingham (1971)，Sieny (1978)，Bakalla (1979) を参照。ベドウィン諸方言については Toll (1983) を参照。

イエメン諸方言は，アラビア方言地理の中では最も無視されてきたトピックであり，Rossi (1939) のような古い文献を除けば，Diem (1973b) によっていくつかの特徴要素が書きとめられているのみである。最近，Behnstedt によって方言地図集 (1985) と単語集 (1992) が出版されている。個々の方言について，単著がいくつかある。サアダ方言 *Saʿdah* のスケッチは Behnstedt (1987)，サナア方言 (*Ṣanʿāʾ*) の統語論は Watson (1993)，中央ティハーマ (*Tihāma*) 諸方言 は Greenman (1979) である。ティハーマ方言の文面集を Behnstedt (1996) が出している。全体的に，北イエメンの状況は南イエメンよりも広範囲に研究されている。サナア方言 (Ṣanʿānī) の文法学習書は，Watson (1996) によって出版されている。

シリア・レバノン諸方言

シリアおよびレバノンは，おそらくアラブ世界の中で最もよく研究されている方言地域であろう。シリア，レバノン，パレスチナ方言の分類についての教科書的な論文は，Cantineau (1938) である。

ダマスカスのシリア方言については，Richard Slade Harrell 社のアラビア語シリーズの中に 2 冊ある。文法総覧 (Cowell 1964) と英語・シリア方言辞典 (Stowasser and Ani 1964) である。レヴァント方言の包括的な辞書は Barthelemy (1935–69) で，その補遺が Denizeau (1960) として出版された。Grotzfeld (1965) はダマスカス方言を細かく記述し，また Bloch とともに多くの文面を集めている (Bloch 1964)。ダマスカス方言の統語研究としては，Bloch (1965) が出版されている。アレッポ方言は Sabuni (1980) が記述しており，本書の例はここから取った。トルコのハタイ県 (Hatay) の方言については，Arnold (1996) を参照されたい。レバノン方言については，Fleisch (1974) の方言地理研究集を参照されたい。レバノン諸方言の統語的研究は，古くに Feghali (1928) がある。個々の方言としては，トリポリ方言は El-Hajjé (1954)，ビシュミッズィーン方言 (Bišmizzīn) は Jiha (1964)，バスキンタ方言 (Baskinta) は Abu-Haidar (1979)，ベイルート方言は Naïm-(Sanbar) (1985, 2006) がある。アクセントの置かれない音節における /a/ の処理法についての語境界線のデータは Janssens (1972: 108–14) にある。

パレスチナ方言の統語法は Bauer (1909) を参照。ほかに，ビルゼート方言 (Bir Zēt) の Blau (1960)，Piamenta (1966) も参照されたい。

ヨルダン諸方言の分類は Cleveland (1963)，社会言語学的研究は Suleiman (1985)，Sawaie (1994) を参照されたい。アンマン方言は，Al-Wer (2007) が概観している。彼の研究にはほかに，言語改変の中での女性の役割に注目したヨルダン方言のさまざまな姿を研究したものがある (Al-Wer 2003)。Palva (1976, 1980, 1984–6) は，ヨルダンのベドウィン諸部族の方言を研究している。

メソポタミア諸方言

バグダードの優勢方言については，Richard Slade Harrell 社のアラビア語シリーズ中に資料がそろっている。文法総覧は Erwin (1963)，基礎コースは Erwin (1969)，辞書は Clarity *et al.* (1964)，Woodhead and Beene (1967)，文法スケッチは Malaika (1963) にある。

バグダードの社会集団方言に関する古い基礎研究に Blanc (1964) がある。本書の“*qəltu*”諸方言の主な資料は，2 巻の研究書 Jastrow (1978, 1981) から取った。これには，分類法，特徴要素とともに多くの文面が収集されている。概説は，Jastrow (1994) を参照されたい。また Jastrow は，モスル方言 (Mosul) の研究 (Jastrow 1979) など，このグループの個々の方言についても多く出版している。アクラ (ʿAqra) や アルビール (Arbīl) のユダヤ教徒アラビア語については Jastrow (1990)，ユダヤ教徒バグダード方言については Mansour (1991，概観は 2006) を参照。メソポタミア方言，クウェート方言の動詞統語論については，Denz (1971) がある。アナトリア地方の“*qəltu*”方言については，15.4 を参照されたい。

フーゼスタン方言 (Khuzestan) については，Ingham (1973, 1976, 1994a) の 3 つの研究がある。

エジプト方言

方言文法の最も古いものが，エジプト方言についての Spitta-Bey (1880) である。この本はエジプト (カイロ) 方言を，当時実際に話されているままに記述しようとしている。それ以降の文法書には，Tomiche (1964) の文法総覧があり，学習用文法書で会話と練習が付されたものとしては，Mitchell (1962)，Ahmed (1981)，Salib (1981) がある。ミシガン=シリーズ中に，Abdel-Masih *et al.* (1978–9) による完全な学習コースがある。カイロ方言の標準的な文法総覧は，Woidich (2006) である。Woidich (1990) は，エジプト方言の学習用手引きである。これは実地にもとづいているため，文法総覧に入っていないカイロ方言文法の多くの側面が含まれている。Wise (1975) によるエジプト方言の変形生成文法がある。カイロ方言の音韻については Broselow (1976, 1979) を参照。

個々の方言については，シャルキーヤ方言は Abulfadl (1961)，Woidich による単著がある (アワームラ方言 il-ʿAwāmṛa は 1979, 1980，ダハラ方言 Daḫla は 1993, 2000, 2002)。バハレイヤ方言は Drop and Woidich (2007)，シナイ半島地方の諸方言は de Jong (2000, 2011) を参照。カイロ方言の歴史や形成期については，Birkeland (1952)，Woidich (1994, 1995)，Woidich and Landau (1993: 49–75) を参照。カイロ方言の辞書は，Badawi and Hinds (1986) が出ている。Behnstedt and Woidich による方言地図帳は前述した (⇨ 10.5)。

スーダン方言はエジプト方言に比べてほとんど知られていない。ハルトゥーム方言については Trimingham (1946) を参照されたい。スーダン方言の辞書には，Qasim (1972) がある。Reichmuth (1983) によるベドウィン型のシュクリーヤ部族 (Šukriyya) の方言に関する単著がある。チャド方言については，Kaye (1976)，Roth-Laly (1979)，Owens (1985)，Tourneux and Zeltner (1986) を参照されたい。チャド方言の辞書には，Roth-Laly (1969) がある。チャド方言の文法は Jullien de Pommerol (1999a)，辞書は Jullien de Pommerol (1999b) が出ている。中央アフリカやナイジェリアのアラビア語諸方言については 15.6 を参照されたい。

マグレブ諸方言

マグレブ諸方言の全般的な研究には，Ph. Marçais (1977) がある。マグレブ方言の学習教材のほとんどは，モロッコ方言を扱っている。これは，カサブランカ市で話されている都会型通用話体 (the urban koine) である。Richard Slade Harrell 社のアラビア語シリーズ中に完全な手引書がある。文法総覧 (Harrell 1962)，基礎コース (Harrell 1965)，辞書 (Harrell 1966; Harrell and Sobleman 1963) がそろっている。モロッコ方言の標準文法書は，Caubet (1993) である。Otten (1983) のオランダ語・モロッコ方言／モロッコ方言・オランダ語辞書はとくに言及に値する。この方言の標準化への第一歩と考えてよく，一貫した綴字法を使っている。この綴字法はまた，オランダ語による最近のモロッコ方言コースにも使われている (Hoogland 1996)。

これ以外のモロッコ方言は，Singer (1958a, 1958b) のテトゥアン方言 (Tetouan)，Aguadé and Elyaacoubi (1995) のスクーラ方言 (Skūra)，Moscoso García (2003) のシャウエン村方言 (Chauen) がある。アルジェリアについては，Ph. Marcais (出版年不詳) のジジェリ方言 (Djidjelli)，Grand'henry (1972) のシェルシェル方言 (Cherchell)，Boucherit (2002) の社会言語学研究がある。チュニジア方言については，Singer (1984)，Talmoudi (1980, 1981, 1984b) のスーサ方言 (Sousse) がある。リビア東部方言については，Owens (1984) の文法総覧がある。キレナイカ方言 (Cyrenaica) については Laria (1996)，トリポリ方言の文法総覧は Pereira (2010) が出ている。マグレブ方言の初期の歴史については，アンダルス方言の研究が最も重要である。これについては 17.2 を参照。

特に興味深いのが，北アフリカのユダヤ教コミュニティの諸方言で，チュニス市のユダヤ教徒方言 (d. Cohen 1964, 1975)，アルジェ市のユダヤ教徒方言

(M. Cohen 1912)，タフィラルト (Tafilalt) 方言 (Heath and Bar-Asher 1982)，トリポリ市のユダヤ教徒方言 (Yoda 2005)，モロッコ人ユダヤ教徒の諸方言 (Heath 2002) がある。

モーリタニアのハッサーニーヤ (*Ḥassāniyya*) 方言には D. Cohen (1963), Zavadovskij (1981) の記述がある。この方言は Taine-Cheikh (1994) が研究している。また，Taine-Cheikh (1988–98) の広範囲な辞書が出版されつつある (*hamza* から *gāf* までの第 8 巻まで既刊)。マリ国で話されるハッサニーヤ方言の辞書も出版された (Heath 2004)。

現代標準アラビア語の成立

▶第 12 章◀

12.1　はじめに

1798 年，ナポレオン=ボナパルトによるエジプト遠征は束の間の遠征ではあったが，この結果，オスマン帝国の一州であるエジプトが直接，西欧とつながりをもつようになった。これを皮切りに最初はフランスから，後にはイギリスから，ヨーロッパ文化がアラブ世界へと浸透し始めたのである。まず，エジプト政府はいろいろな新しい思想の受容を奨励した。政府，すなわち 1805 年から 1848 年までエジプトを治めたムハンマド=アリー（*Muḥammad ʿAlī*）は，フランス語の書物や著作物の翻訳を促進した。その内容はほとんどが技術系だったが，政治や文化に関するものも含まれていた。こうして，フランスのさまざまな啓蒙思想がエジプトの知識人の間にも広がっていったのである。新しい政治思想が紹介されたことでアラブ民族主義が興隆し，19 世紀後半にはこのアラブ民族主義がアラビア語を，アラブ世界の固有の言語として位置づけるようになっていった。それと同時に，このように西洋の諸思想と対峙したことにより，「西洋思想はイスラムの伝統と両立できるのか」，また言葉に関しては「アラビア語は西洋思想の新しい諸概念を表現することができるのか」といった論争が起こった。本章では，19 世紀のアラビア語の位置，アラビア語語彙の現代への適用，文法の改革，そしてアラビア語の熟語や表現法の変化という 4 つのトピックを扱う。

12.2　アラビア語の復活

フランスがエジプトを征服したとき，その侵略を目の当たりにしたエジプト人歴史家ジャバルティー(*al-Jabartī*, 1825年没)は，同胞たちに向けてヨーロッパの政治状況や国際関係についての解説を書いた。これによって初めて，イスラム的な視点からはなじみのない政治概念や制度などが，イスラム教徒の読者に理解される用語で記述されるようになった。19世紀，アラビア語の翻訳者たちは，別の文化の概念を自文化の言語で表現する仲介者として活発に活動した(Ayalon 1987)。たとえば，ヨーロッパの概念である「立憲政治」に当たるアラビア語の単語を探すのは難しく，ある訳文では *malakiyya*（王制） *muqayyada*（制限された）（フランス語 *monarchie*（王制） *limitée*（制限された） より)，すなわち「法律によって制限されている王制」としたが，これは中東の状況においてはほとんど形容矛盾だった。同じように，「人定法」という概念も理解が難しかった。というのは，当時の中東にはイスラム宗教法(シャリーア *šarīʿa*)と，統治者が時おりそれに一時的に補完する規定(カーヌーン *qānūn*[*290])しかなかったからである。翻訳者たちは，西洋の概念である「legislation(立法)」の訳語として動詞 *šarraʿa*「シャリーア(*šarīʿa*)を制定する」を当てることを長い間ためらっていたが，これは19世紀の終わりには立法議会による「立法」を表す用語として定着した。また，「constitution(憲法)」の訳語として一般化した *dustūr* という用語も，もとは法典や法規集をさす用語だったが，この *dustūr* がいったん憲法の定訳になると，「立憲政府」も *ḥukūma*（政府） *dustūriyya*（憲法(形容詞形)） と訳すことができるようになった。

また，中東の社会は，支配者とそれによって支配される臣民という構図だったから，「citizenship(市民権)」という考え方を導入することも難しかった。当初，アラブ人翻訳者たちは，国内の人々をさすのに *raʿiyya*「羊の群れ，臣民」という用語を使ったので，「civil rights(公民権)」をさす言葉が *ḥuqūq*（権利） *ar-*（[定]） *raʿiyya*（臣民の） となってしまった！[*291] この単語は，その意味合いのため，次第に翻訳者たちからはさけられるようになった。たとえば，次のような組み合わせの中では，よりニュートラルな *šaʿb*「人々」という単語に置きかえられた。

政府　[定] 人々　による [定] 人々
ḥukūmat aš-šaʿb bi- š-šaʿb「人民による人民の政府」

声　[定] 人々
ṣawt aš-šaʿb「民の声」

議会　[定] 人々
majlis aš-šaʿb「人民議会，下院」

[*290] 複数形は *qawānīn*。現在は，「法律」という意味で一般的に使われている。
[*291]「臣民」と「権利を有する」は相いれない。

また，20 世紀に入り *waṭan*「祖国」という概念が浸透してきてようやく，*muwāṭin*[*292]「市民」のような用語も普及する素地ができた (Ayalon 1987: 43–53)。

政府というものがヨーロッパ諸国では市民の代表からなっていることを理解させるために，翻訳者たちには，ヨーロッパの社会構造についても説明しなくてはならないというもう 1 つの課題があった。「representative (議員)」をさす言葉として初期に使われていた *wakīl*「代理人」は，もともと支配者や統治者側の代理をさす言葉だった。最初この語は，次のように他の語との組み合わせの中で使われていた (*wukalā'* は *wakīl* の複数形)。

代理人たち　[定]　臣民
wukalā' ar-ra'iyya「臣民の代理人たち」

集まり　[定]　代理人たち
majlis al-wukalā'「代理人たちの集まり」

しかし，19 世紀の終わりになると，*nā'ib*「代わる者，代理人」の複数形 *nuwwāb* が使われるようになった。また他に，統治者側が意図的にあいまいな用語を操っていたことがうかがえる用語選択の例もある。国会制度を表すために使われた *šūrā* という用語は，諮問機関というニュアンスをもっていた (オスマン語の *meşveret*[*293] を参照) ため，統治者側はこの用語を選ぶことで，その機関は権限が限られていることを強調することができた。この訳語としてもう 1 つ考えられていたのが *dīwān* だったが，これにも統治者の権力の及ぶ範囲と密接にかかわっているという同じ短所 (長所と言うべきか) があった。今までなかったこの新制度の性格を表すには，結局，さらにあいまいな *majlis*「集まり」のほうが適していたということであろう (フランス語の parlement からの借用語 *barlamān* も使われている)。この「国会制度」の例では，用語が混乱した末にその単語のもとの概念が損なわれるのを最小限に抑えた用語，つまり最善の用語が選ばれるにいたった経緯を見ることができた。

政治用語が 19 世紀のアラビア語にどのように導入されたかという研究は，ほとんどの用語に，導入された経緯の確かな情報がないため非常に複雑なものになる。新しい用語の発明には，19 世紀初頭からジャバルティーのような著述家たちが重要な役割をはたしていたが，語彙改革の源泉は彼らだけでは

[*292] この語は，*waṭan*「祖国」からの派生語。
[*293] アラビア語の *mašwara*「相談，忠告」のトルコ語転訛。語根 (*š-w-r*) は *šūrā* と同じ 。

なかった。たとえば翻訳者たちは，イブン=ハルドゥーン（回暦757=西暦1356年没）の『歴史序説』など，オスマン朝以前のアラブ・イスラム文献にまでさかのぼって「absolutism（絶対主義）」に *istibdād*「独裁」を当てたり，「constitutional government（立憲政府）」に *šūrā*「合議会，カリフ選出協議」を，「revolution（革命）」に *fitna*「イスラム宗派間抗争」を当てたりしている。ただ，このような単語のほとんどは，後に，よりイスラム色が少なく，よりニュートラルなものに置きかえられた（たとえば「革命」に当てられていた *fitna* は，「混乱，動揺」という意味の *ṯawra* に置きかわった）。

アラビア語に取り入れられた用語の中には，オスマン語を経てきたものもある。19世紀後半，新オスマン人と呼ばれた立憲派たちは，自分たちが考える政府，政治制度を表すのに，当時は一般に使われていなかったアラビア語や，特別な政治的意味合いのないアラビア語をしばしば借用した。その中には，「政府」（*hükümet*，アラビア語は *ḥukūma*）や「共和国（*cumhuriyet*，アラビア語は *jumhūriyya*）のように，後に新しい意味がつけ加えられてアラビア語に逆輸入されたものもある。ただし，オスマン語がアラビア語から借用した用語の多くは，アラブ世界では一般化することはなかった。たとえば，1876年のオスマン朝の *Hey'et-i Meb'ūsān*[*294]「制憲委員会」の代表者の意味で使われたアラビア語の単語 *mab'ūṯ*（「送られた者」= *ba'aṯa*「送る」の受動分詞より）などがそうである。また，*millet*（アラビア語 *milla*「宗教，宗派」）もその例で，19世紀にオスマン朝政府は公認の宗教をさすのにこの単語を当てていたが，アラビア語の政治用語ではこの意味で使われるようにはならなかった。

西欧政治の概念を表す用語の中には，アラブ世界で独自に作ったものもある。そのような概念の多くは，「共産主義」は *kūmūnizm* または *kūmūniyya*[*295]，「社会主義者」は *sūsyāl* または *sūsyālist*[*296] のように，まず外国語の単語で借用され，その後まもなくアラビア語の単語に置きかえられたものである。置きかえた用語には，既存の語根や単語から「類推（キヤース）」を通して派生させたものが多い。たとえば，*ištirākī*「社会主義者」（*ištaraka*「共有，参加する」より）などがそれで

---

*294 アラビア語 *hay'a*「機構」，ペルシャ語のエザーフェ -*e*，アラビア語の *mab'ūṯ*「送られた（者）」にペルシャ語複数語尾 -*ān* をつけたもの。

*295 それぞれ，フランス語の communisme「共産主義」，commune「市，自治体」が抽象名詞化（-*iyya* 形容詞女性形）した形より。

*296 それぞれ，フランス語の social「社会的」，socialiste「社会主義者」より。

である。この用語は *ijtimāʿī*（*ijtamaʿa*「集まる」の動名詞「集まり」の形容詞形）や，20世紀に「共産主義」を表すために造語された *šuyūʿiyya*（*šāʾiʿ*「共有（財産）」より）よりも好まれるようになった。造語に使う語根は，ヨーロッパの言語（英語やフランス語）のもとの用語が反映しているものを選んでいるが，多くの場合，そのアラビア語の語根がどうしても別のニュアンスまでもち込んでしまう。たとえば，先の *ištirākī*「社会主義者」という用語は「共有」を想起させる単語であるから，社会主義の側面の1つである，財産の共有だけが強調されてしまうのである。

こうして，アラビア語が政治思想の新たな媒体になると，当然ながらアラビア語自体の社会的位置づけにも影響が出てきた。オスマン朝の支配は6世紀間以上にわたったが，その間，アラブ世界でもトルコ語が権力と政府の言語になっていて，古典アラビア語はそうしたなかで，宗教語であり，また一定程度は文化語でもあったが，オスマン帝国の行政語としての機能は失っていた（⇨第5章）。ただ，トルコ語がオスマン帝国の公式な地位にあったとはいえ，だれもがそれを理解できていたわけではなく，アラブ諸州でトルコ語がわかる人はじつに人口の1%にも満たなかった。したがって，実際には現地の官庁や裁判所も，一般民衆と円滑にやりとりするには通訳に頼らざるをえなかったし，地方で作成される書類もたいていはアラビア語で書かれるか，アラビア語とトルコ語の2言語で書かれていた。

19世紀の終わりにアラブ世界で民族主義が興隆すると，シリアの汎アラブ主義的な民族主義も，エジプトの地域主義的な民族主義も，どちらもアラビア語と結びつけられるようになった。こうしてアラビア語は，アラブ人という民族意識と結びついたが，これがオスマン帝国の社会制度にまでかかわるような問題を呼び起こすまでにはいたらず，たいていはせいぜいアラブ諸州でアラビア語の地位向上が要求される程度だった。地方の民衆と，中央政府から派遣された知事の間で話が通じないことへの不満が出されたこともあり，地方当局は，現地語に通じた役人を派遣してくれるようたびたび強く要望していた。エジプトでは，19世紀ころには行政の場でアラビア語を使うことが増え，19世紀の終わりにはほとんどの役人がアラビア語で書簡をやりとりするようになっていた。それでもオスマン議会では，アラブ代表がアラビア語の地位について議論しようものなら，オスマン帝国公用語というトルコ語の地位がおびやかされるのではないかと憂慮する者たちから，ただちに反対された。1909年，トルコ語以外の言語を訴訟で使うことがいっさい禁止され，1910年のオスマン議会では，アラビア語で書かれた訴状を受理するよう求めた要望さえも却下され，アラブ系住人の代表が提出した訴状であっても受理しないことになった。

1913年にパリで開かれたアラブ会議において，オスマン帝国内の各州の自治権が主張されるとともに，オスマン議会と地方政府の両方においてアラビア語に公用語の地位を与えることが主張された。おりしもオスマン帝国はバルカン半島で領土を失っており，中央政府としては再びアラブ諸州に新たな関心を寄せていたため，1913年，主としてアラビア語が話されていた地域では嘆願書をアラビア語で提出することが許可され，公式布告にもアラビア語訳をつけて発行されるようになった。この新政策は，おそらくシリアやレバノンといった中核地域でしか実現していなかったと思われるが，公式にはこれでアラビア語が教育，裁判の言語として認められたことになった。こういった要請なり措置といったものは，どれも中央政府に対する反旗としてではなく，ほとんどの場合，諸州と中央政府との結びつきを強めようとしている中央政府への支持と受けとめられていた。

さて，ヨーロッパ思想に対するアラブの反応は，州によって異なっていた。エジプトではナポレオンによる征服以降，独自のエジプト社会，エジプト史，エジプト文化が強調されてきたことが特徴的である。知識人の中には，イスラム共同体（ウンマ *'umma*「共同体」）を超えた，エジプトという国（ワタン *waṭan*「祖国」）を主張する者さえ現れ始めた。このように，近代化や改革をキーワードとしたいろいろな考え方が展開したが，これらには具体策があるわけではなく，また，あくまでオスマン帝国の枠内での話だった。このような知識人たちは，当初はヨーロッパ文化に対して否定的な反応は示さなかったが，19世紀も後半になると，ヨーロッパ諸国による政治的な支配が次第に影響力を増し（チュニジア保護領化1881年，エジプト事実上の保護領化1882年），少数派にすぎないキリスト教徒と特別なつながりを強めるにしたがって，ヨーロッパに対する彼らの態度はかわっていった。アフガーニー（*Jamāl ad-Dīn al-'Afġānī*, 1839〜97年）やムハンマド=アブドゥフ（*Muḥammad 'Abduh*）などの思想家たちは，イスラム教の思想や教育を改革する必要性も訴えつつ，一方でイギリス帝国主義にも抵抗していた。つまり，改革は西洋の考え方をそのまま借りてくるといった改革ではなく，古きイスラム教の優れたところを復活させる改革でなければならない，そしてイスラム教は合理的な宗教であり，この現代の新しい事態にも完全に対処できる力量をもっていると考えていた。したがって，ヨーロッパの思想はいろいろな面で参考にはなるが，もともと優れているイスラム教がそれらを恐れる必要はないとされた。この時期の精神性をさすのにナハダ(*Nahḍa*「目覚め，再生」)という用語がよく使われるが，改革者の中には確立した教義(タクリード *taqlīd*「伝統」)を無批判にくり返していた暗黒の時代を終えて，イスラム教が復興する期待をこのナハダという言葉に託したものもいた。彼らは西洋の文化や思想を学ぶことによって，イスラム・アラビア文化の復興が促進できるだろうと考えたのである。

レヴァント地方*297 では，民族主義への反応はエジプトと異なる方向へ進んでいた。大シリア地方*298 ではアラブ人キリスト教徒とヨーロッパのキリスト教徒とのつながりが完全に切れたことはなく，17 世紀以降はこの地方のキリスト教マロン派教徒と，イタリアやフランスの(しばしば宗教系)研究機関との間でずっと交流が続いていた。アラブ人キリスト教徒たちにとっては，イスラム教と西洋思想との折り合いをどうつけるかという問題は存在しないし，また西洋の新しい思想を受け入れることによる民族意識への危機もなかった。非イスラム教徒である彼らにはイスラム帝国への未練はなく，アラビア語とイスラム教とを分けて考える傾向が強かった。また，エジプト人の民族主義者たちの間ではエジプトという国が強調されたのに対し，シリアの民族主義の担い手はアラブ人キリスト教徒だったため，汎アラブ色がより顕著だった。18 世紀末から 19 世紀初めにかけて，ヤーズィジー(*Nāṣif al-Yāzijī*, 1800〜71 年)などレバノンのキリスト教徒は，宗教ではなく言語による統一を構想し，アラビア語研究の復活に重要な役割をはたした。

第 1 次世界大戦が始まってからは，諸州と中央政府との政治的衝突がアラブ対トルコの対立と呼ばれるようになっていった。1916 年のアラブの反乱の目的も，アラビア語を話すすべてのアラブ人の子孫にとっての故国となるアラブ王国を建てることにあって，その国のあるべき将来の姿については，アラブ人思想家によってしばしば意見が分かれていたが，それがアラビア語を話す国であるということでは全員が一致していた。しかし，アラブ世界で建てようとしていたのは，アタチュルクがトルコで建てたような非宗教国家であったにもか

*297 シリア周辺の地域。現在のシリア，レバノン，ヨルダン，パレスチナ，イスラエルのあたり。

*298 レヴァント地方とほぼ同義。

かわらず，その後も，人々をまとめる最も重要な要素は相かわらずイスラム教だった。というのは，ほとんどの政治思想家にとって，アラビア語は本来的にイスラム教と結びついたものであり，両者を分けて考えることなどできなかったからである。そのため，たとえばシャーキブ=アルスラーン（*Šakīb ʼArslān*, 1896～1946年）は，コミュニティーとはそもそも宗教によって決定づけられるものととらえ，イスラム教のウンマ（*ʼumma*「イスラム共同体」）の中核がアラブ人であるから，アラビア語こそがイスラム教の真の言語なのであり，イスラム教徒であれば皆これを学ばねばならないと考えた。この逆の主張もあって，シャーティア=ル=ホスリー（*Sāṭiʿ al-Ḥuṣrī*, 1880～1968年）は言語こそが国を決定づけるものであり，だからアラブ国家はアラビア語を話す人々なら宗教を問わず，すべて取り込むものでなければならない，と主張した。この点から，彼は全イスラム教徒を統一しようとするイスラム国家主義にも反対し，また，国を地理的に定義することを最優先する，「エジプト人」という言い方に見られる地域国家主義にも反対した。

12.3　語彙の改革

19世紀に入って，アラビア語による定期刊行物の刊行が始まった。アラビア語による最初の刊行物はエジプト政府の新聞『エジプトの出来事（*al-Waqāʼiʿ al-Miṣriyya*）』（1828年）で，ムハンマド=アリー総督によって創刊されたものである。これにつづいていろいろな新聞がエジプト国内で，また他の国でも発行されるようになった。他に，民間からも新聞がいくつか発刊されたが，それらには，アラブ人キリスト教徒が携わっていたことで，アラブという性格づけが強調されるようになった[*299]。こうした時期に絶対に必要なのが語彙体系の近代化であるが，これを推し進めたのはシドヤーク（*Fāris aš-Šidyāq*, 1804～87年）やブスターニー（*Buṭrus al-Bustānī*, 1819～83年）といったシリアの言語改革者たちの活動であった。たとえばブスターニーは初めての大規模な現代アラビア語辞典『大洋の大洋（ムヒート=ル=ムヒート *Muḥiṭ al-muḥīṭ*）』を出版した。これはかなりの語彙を古典語辞典からもって来てはいるが，当時の最新の思想や概念をすべてアラビア語の単語にして載せることをめざしている。

とはいえ，アラビア語になだれ込んでくる西洋の概念をどう取り扱うかが，

[*299] イスラム教という性格を帯びなかったということ。

アラブ人言語学者たちの間で一致していたわけではない。イスラム教・イスラム文明と，西洋・キリスト教文化との関係をどう考えるかが政治思想家ごとに異なっていたのと同じように，言語改革者たちの中にも，それまでのアラビア語の語彙体系のままで新時代に必要なことをすべてまんべんなく表現できると考える者から，西洋の単語を大規模に輸入して語彙体系を全面的に入れかえることを強く主張する者までさまざまであった。そして，より慎重に近代化を進めようとする穏健派もいた。そういった考え方は同時期の政治思想家と似ていて，もともと完全な言語であるアラビア語を人間が乱してきたのであり，純粋な古典語に立ち戻ければならない，という主張だった。

20 世紀に入って，アラビア語の近代化に中心的な役割をはたしたのは，いくつも設立されたアラブ=アカデミーだった。これらはヨーロッパの大言語のアカデミーをモデルにしており，たとえばダマスカスのアカデミーも，カイロのアカデミーも，明らかにフランス語アカデミーを参考にしている。したがってその目的も，すでにナハダ（アラブ民族意識の目覚め）によって広く認知されていたアラビア語を，近代世界の中に位置づけようとするものだった。ファイサル王（*Fayṣal*）がシリアを支配したのは短い期間だったが，その間に教育制度の質を高め，図書館・写本収集・博物館といった形でアラブ文化の遺産を保存することに関心をよせた。この目的のために「知識局（*Dīwān al-maʿārif*）」が設立され，国立図書館（*Dār al-Kutub az-Ẓāhiriyya*）を設立したクルド=アリー*300（*Kurd ʿAlī*）の主管の下に入れられた。知識局の 2 つめの役割であるアラビア語の拡充は，1919 年に，アラブ世界で最初の言語アカデミーであるアラブ科学アカデミー（*al-Majmaʿ al-ʿIlmī al-ʿArabī*）に移管された。これが，今日のダマスカス=アラビア語アカデミー（*Majmaʿ al-Luġa al-ʿArabiyya bi-Dimašq*）である。

このアカデミーの目的は，当初から 2 つあった。1 つは，方言や外国語からの影響を防いでアラビア語の純正性を保つこと，もう 1 つは，アラビア語を現代のニーズに合わせていくことだった。この 2 つの役割は，1932 年にフアード（*Fu'ād*）1 世によって設立されたカイロ=アカデミー（「王立アラビア語アカデミー」*Majmaʿ al-Luġa al-ʿArabiyya al-Malikī*，1955 年以降は「アラビア語アカデミー」*Majmaʿ al-Luġa al-ʿArabiyya* となる）の憲章の中に，同じ設立趣旨を見ることができる。1960 年以後のカイロ=アカデミーの実際の主要な役割は，ア

*300 1876〜1953 年。現在のイラクのクルディスタン県出身の学者。

ラビア語の新語を作ることと同時に，アラビア文字と文法を改革することであった。新しい単語は，複雑な協議と審理のプロセスをへて取り入れられる。アカデミーには学問分野のそれぞれに専門の分科会があって，新語はまずそこで提案され，アカデミー総会で承認されたあと，アカデミーの機関誌で公布される。アカデミーの紀要で新語が提案されると，誌上で長い間，ときには熱の入った議論が繰り広げられ，提案された新語が最終的にアカデミーの辞書や専門用語集に入るまでには何年もかかることがあった。

イラクのアカデミー(1947年設立,「イラク科学アカデミー」*al-Majma' al-'Ilmī al-'Irāqī*)とヨルダンのアカデミー(1976年設立,「ヨルダン=アラビア語アカデミー」*Majma' al-Luġa al-'Arabiyya al-'Urdunnī*)が設立されたのはずっと後のことであり，アラビア語の近代化にはあまり重要な役割をはたしていない。イラク=アカデミーは「遺産の蘇生(*'iḥyā' at-turāṯ*)」という目的のために古典文書の編集のほうに力を入れ，ヨルダン=アカデミーはヨルダンにおける教育言語のアラビア語化を進める機関になっているようである。マグレブ地方のアカデミーがより力を入れたのは，フランス語に対するアラビア語の強化である。たとえば，1981年にラバトに設立されたモロッコ王国アカデミー(*'Akādimiyyat al-Mamlaka al-Maġribiyya*)の本部は，アラブ世界におけるアラビア語化連携統括事務所(Bureau de coordination sur l'arabisation dans le monde arabe，アラビア語では *Maktab tansīq at-ta'rīb*「アラビア語化調整事務所」)である。ところで，各国にあるこのようなアカデミーを超えて，汎アラブ的な協会を作ろうという試みも何度かあったが，それぞれが独立性や自律性に未練があって固執したため，そうした高い次元での協力関係は高尚な理想として掲げられたまま，具体的な結果にはつながらなかった。

言語改革というものの最も緊急な課題は，語彙体系の拡充である。19世紀の初め，オスマン帝国のアラブ諸州ではヨーロッパの政治イデオロギーに接すると同時に，科学の分野でも大量の新しい文物に接するようになり，それらの名称も発明しなければならなくなった。このときアラビア語が政治と科学の用語を拡充していった様子は，8，9世紀に新しい語彙を取り込んでいった様子とまるで同じだった。その当時もギリシャの論理学，医学，哲学文献から翻訳するために，新語をたくさん発明しなければならなかった(⇨ 5.3)。

しかし，古典期と現代の訳語の大きな違いは，その統一性である。古典期の翻訳者たちは，当初は用語を自由に創作していたが，カリフ・マアムーンによって知恵の館(バイト=ル=ヒクマ)が設立されると，医学，哲学，論理学といった「ギリシャ」学の用語は次第に統一されていった。ところが19世紀や20世紀の語彙の拡充は，古典期よりもたくさんの，さまざまな場所で同時におこなわれた。それでもまだ19世紀にはエジプトとシリアが主要な中心地で，互いに少なくとも連絡は取り合っていたし，エジプトにおいてアラビア語の近代化に携わった人々の中にはシリアから来たものもいたが，20世紀になると，各国それぞれが語彙の近代化の道へ踏み出し，しかも各国アカデミーは「自国内」ですら用語の統一ができていなかった。当然，分野によっては用語のくい違いがアラブ各国の学者や科学者どうしの連携に深刻な障害となったから，実際には，たとえば医学や物理学の分野やその実用手引き書などには，汎アラブ的な単語リストが編集されている。

新しい語彙創出の流れは，次のような段階を経るものと考えることができる。

1. 外国語の単語をそのまま借用する
2. 外国語の単語の語形や発音をアラビア語化する
3. 既存の語根から類推(キヤース)を利用して拡張する
4. 外国語の単語を翻訳する
5. 既存の単語の意味を拡張させる

この新語創出の流れは必ずしも各段階をすべてたどるわけではなく，各言語圏によって新しい概念を取り入れる流れは異なってくる。最初に外国語の単語をそのまま大量に借用し，次にそれを徐々にその言語のしくみに合わせていくという傾向はあるが，実際の新語選択にあたっては，翻訳される概念のもつ特徴，そして文化的，政治的な状況など，いろいろな要因がからんでくる。新しい概念のほとんどが，外国語の単語のままで取り入れられることもよくある。そのような借用語は，たいていカッコに入れてラテン文字で印刷されたり，引用符をつけて書かれたりする。たとえば現在，アラビア語に翻訳された一般向けの新しい科学の教科書では，「laser(レーザー)」のような単語にはその単語の直後にラテン文字を添えているのが見られる。固有名詞にも，ときどき同じやり方が見られる。

外来語をアラビア語から完全に排除しようと奮闘する純粋主義者は古典期にもいたし現代にもいるが，多くの人は，その単語が発音的にも(アラビア語では認められないような外国語の発音や子音の組み合わせがないこと)，語形的にもアラビア語になっていれば，それらをすすんで受け入れていった。古典語期には，タァリーブ（*taʿrīb* アラビア語化）のできなかった単語の数は少数にとどまり，アラビア語化は非常に成功していた。現代の各国アカデミーは，借用を制限する政策を取っており，科学用語の借用を認めるのみである。19世紀の借用は，科学や工業の分野では，次のように外国語のまま今に残っている。

hīdrūkarbūn「炭化水素」（英語の hydrocarbon より）
klūrūfūrm「クロロフォルム」（英語の chloroform より）

これに対して政治に関する用語（上であげた *kūmūnizm*「共産主義」など）の多くは，最終的にアラビア語の単語に置きかえられた。

外来語が新しく派生語を生み出す語根として使いうるかという問題を巡っては論争が起きた。古典語期には，外国語の単語が受け入れられて，いったん順応してしまえば，他のアラビア語の単語と同じように派生語を生み出していったが，現代では，各国のアカデミーは新語の派生を科学用語のみに制限しようとしている。アラビア語が侵食されないように，外来語をアラビア語というカテゴリーから分けておくためには，外来語の形のままにしておく方がよいとする人々がいる一方で，それをアラビア語化してしまうことがアラビア語を完全に保つための最善の解決法だとする人々もいる。外来語がいったん取り入れられると，科学者はすぐに次のような単語を派生させた。

tamaġnuṭ「磁化」（*maġnaṭīs*「磁石」*301 より）
mubastar「低温殺菌された」（pasteur を動詞化した *bastara*「低温殺菌する」の受動分詞）

このように語根を抽出しようとするメカニズムの力は強く，科学用語だけにとどまらなかった。方言では外来語の語形を新解釈することで方言の語彙体系に溶け込ませたが，作家たちもこれと同じように，受容した借用語から派生させて新語を作ることをいとわなかった。このような派生の例は数多い。

*301 英語 magnet を参照。

〈名詞〉		〈動詞〉
tilifizyūn「テレビ」	→	*talfaza*「テレビを見る」
tilifūn「電話」	→	*talfana*「電話する」

〈単数形〉		〈語幹内複数形〉
film「映画，フィルム」	→	*'aflām*
bank「銀行」	→	*bunūk*

アカデミーはこれに抵抗したが，それでも広く受け入れられている単語は多い。

外来語を容認する者も，理論上は「純粋な」アラビア語の単語に置きかえるのが最善の解決法と認めているのがふつうだった。ただ，その場合には，受入れ側の言語のしくみが関連してくる。たとえばゲルマン諸語では，単語の複合が可能であるから，話し手は外国の事物を表すのに既存の単語を組み合わせて新しい複合語を発明することができる（neologism「新造語」）。これに対して，単語の複合力が非常に限られているアラビア語には，新語を形成する別の装置がある。これがいわゆる「類推（キヤース）」で，借用語や既存の語根を語形枠に当てはめるものである。

既存の語根をこうした目的で使うのが，「語内類推」で，カイロ=アカデミーは，新しい単語ができていくのを統制するために，新造語の産出に使ってよい語形枠のリストを発表した（⇨表 12.1，表内の参考語は訳者による補入）。

語形枠の意味	語形枠	例
道具	*mif'al*	*mijhar*「顕微鏡」（参考 *jihār*「公然」）
	mif'āl	*minḏār*「望遠鏡」（参考 *naḏar*「視る」）
	mif'ala	*mirwaḥa*「扇風機」（参考 *rīḥ*「風」の語根 *r-w-ḥ*）
抽象名詞	*-iyya*	*iḥtirāqiyya*「可燃性」（参考 *iḥtirāq*「燃焼」）
専門性	*fi'āla*	*qiyāda*「指揮」（参考 *qā'id*「指導者」）
		ṣiḥāfa「ジャーナリズム」（参考 *ṣaḥīfa*「新聞」）
職業名	*fa''āl*	*sawwāq*「運転手」（参考 *sāqa*「運転する」）
		ṭayyār「パイロット」（参考 *ṭāra*「飛ぶ」）
疾病	*fu'āl*	*buwāl*「糖尿病」（参考 *bawl*「尿」）
		buḥār「船酔い」（参考 *bāḫira*「汽船」）

【表 12.1】　カイロ=アカデミーで認められている，新語形成のための語形枠

ここで「類推（キヤース）」の例としてあげた新語は，その構造はもともとアラビア語にあったものだが，その語根は，もとの外国語の単語の意味をもとに選ばれている。このようなやり方を翻訳借用（英語 loan translation，フランス語 calque，ドイツ語 Lehnübersetzung）という。また，固定化した表現になっている単語の組み合わせは，たいていその外国語での組み合わせをモデルにしている。たとえば，「人工衛星」を表すアラビア語 *qamar ṣināʿī*（文字通りには，「人工の月」）はおそらくフランス語（あるいはロシア語か？）からの翻訳である[*302]。アラビア語での表現が外国語の単語とぴったり同じでなくても，そこには英語やフランス語のもとの単語が投影されている。たとえば，サッカー用語の *laʿiba*（プレイする） *l-kura*（[定]ボール） *bi-r-raʾs*（で [定] 頭）「ヘディング」（文字通りには「頭でボールをプレイする」）などがある。また，慣用表現や隠喩などにも翻訳借用が多く，とくにメディアの言葉には多い。そうした翻訳借用は，いずれアラビア語の表現法の一部になって，もはや外国のものとはみなされなくなる。このような借用表現の例としては，*laʿiba*（プレイする） *dawr*^{an}（役割）「役割を演じる」[*303] が最もよくあげられる。また，アラビア語の前置詞が，外国語の熟語の影響でさまざまな用法をもつようになったことも翻訳借用の例である。たとえば，*iltaqā*「会う」と，それに前置詞 *maʿa*「〜と (with)」をつけた *iltaqā maʿa*「遭遇する」は，英語の to meet「会う」と to meet with「遭遇する」に対応している。また，*saʾala*（尋ねた） *mā*（ところのもの） *ʾiḏā*（もし）「〜かどうか尋ねる」のように使われる，英語の whether「〜かどうか」を翻訳した *mā ʾiḏā* など，文法にかかわる翻訳借用表現も生まれた。

アラビア語の語彙を拡充する方法として最もよいとされているのが，必ずしも最も成功しているとは言えないが，意味拡張という，既存の単語に現代的な意味をあてる方法である。いくつか成功している例があるが，それは，新しい単語を求めてベドウィン人の古い語彙を復活させようとしたものである。それらはおそらくすでに使われなくなっていて，ふつうの話者たちになじみがなかったから成功したのであろう。たとえば，もともと「キャラバン（ラクダの隊列）」という意味だった *qiṭār* を「列車」を表す単語にしたのは成功した例である。これと関連して「機関車」に当てられた *hādiya*「先導ラクダ」は，まったく

[*302] フランス語 satellite（衛星） artificiel（人工の） の satellite，ロシア語の искусственный（人工の） спутник（衛星） の спутник を「月」で訳している。

[*303] 英語 play a role を参照。

受け入れられなかった（かわりに *qāṭira*[*304] になった）。そして，このように古い単語が復活に成功した例は，たいてい個人の努力によるものであった。たとえば，*jarīda*「新聞」（もとは「書くためのシュロの葉」）をもってきたのはシドヤーク，*majalla*「雑誌」（もとは「写本の冊子，本」）をもってきたのはヤーズィジーであった。逆に各国アカデミーが提案したものの多くは，あまりにわざとらしいものに思われ，広く受け入れられるにはいたらなかった。たとえば，tram「路面電車」を *jammāz*「駿足の（ロバ）」としたり（現在でも *trām* が使われている），「電話」を *'irzīz*「雷鳴」（古典語 *hātif*「姿が見えずに声だけ聞こえる人」もあるが，現在では *tilifūn* が使われている）としたりしたのがそれである。

アラビア語には名詞や動詞を派生させる語形枠があるが，語彙を作り出すためには，さらに多くの語彙拡充手段を探った。西洋の言語は，たいていラテン語やギリシャ語の接頭辞や接尾辞を使って科学語彙をどんどん拡張することができたが，アラビア語にはこのような派生の手立てがない。当初，「欠如」を表すギリシャ語の接頭辞 *a-* がついた単語は，否定詞の *lā-*「ない」や *ġayr-*「ではない」を組み合わせて訳語を作った。これらがモデルとなって，現在はアラビア語の語彙にも接頭辞が使われるようになった。最初は *lā-*（無），*ġayr-*（非）のような否定詞だけだったが，のちには *šibh-*（半）[*305] や *qab-*（先）[*306] など，いくつかの前置詞も同じような使い方をするようになった。

無　最終の
lā-nihā'ī　「無限の」

無　可知性
lā-'adriyya　「不可知論」（*dirāya*「認識」からの新造語）

非　合法な
ġayr-šar'ī　「不法な，非合法の」

非　合法な
ġayr-mašrū'　「不法な，非合法の」

半　島
šibh-jazīra　「半島」

半　公式的
šibh-rasmī　「半公式的な」

先　歴史
qab-tārīḫ　「先史」

[*304] *qiṭār* の語根 *q-ṭ-r* の能動分詞女性形。この型は，*ṭā'ira*「飛行機」，*ḥāfila*「バス」などにも使われている。

[*305] *šibh*「類似」より。

[*306] 前置詞 *qabla*「〜以前」より。

無　終わり-形容詞語尾
これらの単語は，たとえば *lā-nihā'ī* から派生した名詞 *al-lā-nihā'iyya*「無限性」のように，組み合わせの全体に定冠詞（*al-*）がつけられ，語形的にも1つの複合語として扱われている。

数はかなり少なかったものの，古典アラビア語では単語の組み合わせから新しい語根を派生させた（ナハト *naḥt*「彫りだし」と呼ばれる）。

basmala　「神の名によって（*bi-sm*^{i} *llāh*^{i}）と唱える」[*307]
ḥamdala　「おかげさまで（*al-ḥamd*^{u} *lillāh*^{i}）と言う」[*308]

このように名詞を含んだ表現から動詞を派生させたものが多いが，次のように名前の組み合わせを形容詞にしたものもある。

ḥanafī　「アブー=ハニーファ（*'Abū Ḥanīfa*）派の」
'abqasī　「アブド=ル=カイス（*'Abd al-Qays*）族の」

現代でもこの方法は，科学分野では語彙創出の中でかなり一般的な造語法になっているため，1953年，カイロ=アカデミーは何らかの判断を下さざるをえないほどまでになった。アカデミーはこのナハト（*naḥt*）という方法を科学の分野にのみ認め，またこれによってできた単語は，次の例のようにその構成要素が見てとれるものでなければならないとした。

faḥmā'iyyāt　「炭水化物」（*faḥm*「炭」＋ *mā'*「水」）
ḥalma'a　「加水分解する」（*ḥallala*「解く」＋ *mā'*「水」）

他にも，*kahra-*「電気の」との組み合わせ（*kahra-maġnaṭīsī* あるいは *kahraṭīsī*「電磁の」，*kahra-ri'awī*「電空の」，*kahra-kīmiyā'ī*「電気化学の」など）や *šibh-*「擬似的な，類似の」との組み合わせは，カイロ=アカデミーの支持を得ている。

しかし，複合語に対するカイロ=アカデミーの態度は全般に慎重で，ほとんどの提案は「アラビア語精神」に反するとみなされ，次の例などは支持を得られなかった。

'arbarijl　「四肢動物」（< *'arba'*「4」+ *rijl*「足」）
qaṭjara　「喉頭切開術」（< *qaṭ'*「切開」+ *ḥanjara*「のど」）

[*307] *bi-smi llāhi* から子音 *b-s-m-l* を抽出し，語根としたもの。
[*308] *al-ḥamd*^{u} *lillāh*^{i} から子音 *ḥ-m-d-l* を抽出し，語根としたもの。

sarmana 「夢遊病」(< *sayr*「行動」+ *manām*「眠り」)

さらに次のような過激な提案もあったが，単語を見ても構成要素がまったくわからないとして完全に拒否された。

mutamāṯir 「高分子化合物」(< *mutamāṯil*「均質」+ *mutakāṯir*「多重」)
musjanāḥiyyāt 「直翅目」(< *mustaqīm*「まっすぐ」+ *janāḥ*「翼」)

これに対して，次のような複合語の形容詞は，ある程度普及している[*309]。

šarq-’awsaṭī 「中東の」(*aš-Šarq*(東) *al-’Awsaṭ*(中間の)「中東」より)
ra’smālī 「資本主義の」(*ra’s*(頭) + *māl*(財)「資本」より)
barmā’ī 「両生類の」(*barr*(陸) + *mā’*(水) より)
’umamī 「国連の」(*al-’umam*(諸国) *al-muttaḥida*(連合した)「国連」より)
’aši‘‘a(光線) *fawqa*(上) *l-*([定]) *banafsajī*(紫色) 「紫外線」
’aši‘‘a(光線) *taḥta*(下) *l-*([定]) *’aḥmar*(赤) 「赤外線」

ある1つの意味分野で新語を作り出すときには，一定の段階は経るものの，あらゆる造語法がいっせいに動員されることが多い。現在の語彙例をいくつか見ると，一連の用語を創出するのにさまざまな方法が同時に使われたことがわかる。サッカー用語では，外来語がすべてアラビア語に置きかわった(原義は訳者による)。

〈意味拡張による翻訳借用〉 〈原義〉
ḍarba 「キック」 ←「打つこと」

〈部分的な翻訳借用〉
murāqib al-ḫuṭuṭ 「ラインズマン」 ←「線の監視者」

〈複合語による翻訳借用〉
ḍarba rukniyya 「コーナー=キック」 ←「角の(形容詞語尾)打つこと」
ḍarba ḥurra 「フリー=キック」 ←「自由な打つこと」
ḍarba al-marmā 「ゴール=キック」 ←「ゴールの打つこと」
ḍarba al-jazā’ 「ペナルティー=キック」 ←「代償の打つこと」

*309 語末の *-ī* は，名詞などを形容詞にする語尾。

ḥāris al-marmā　「ゴールキーパー」　←「ゴールの監視者」

〈新造語〉

marmā　「ゴール」　←「投げる場所」

tamrīr　「パス」　←「通過させること」

〈言いかえ〉

la'iba l-kura bi-r-ra's　「ヘディングする」←「頭でボールをプレイする」

〈意味拡張〉

tasallul　「オフサイド」　←「潜入」(原著による)

muḥāwara　「ドリブル」　←「討論すること」(原著による)

これらの例を見ると，新語の分類がいかに難しいものかがわかる。たとえば，*marmā*「ゴール」は新造語(「投げる場所」)とも，「的」という既存の単語の意味拡張とも考えることができる。

コンピューター用語では，時代の流れに乗りたい，あか抜けているように見せたいという欲求と，その英語の単語を新造語で置きかえようとする純粋主義とが葛藤している。一般に使われている *kumbyūtar*(転写によって語形が多少異なるものもある)はすたれ始めているようで，今や *ḥāsūb*「計算機」が優勢であり，最終的にはこちらが勝つ可能性が高い。コンピューター用語のアラビア語による造語には，*munassiq al-kalima*（調整する者 ［定］ 単語）「ワード=プロセッサー」や *šāša*「スクリーン」[*310]，*bank al-ma'lūmāt*（銀行 ［定］ 情報）「データ=バンク」など，すでに普及しているものもある。

最後に，アラビア語の現代言語学用語の中で，アカデミーの純粋主義と現代言語学者たちの見方が対立している例をみよう。まず，「言語学」そのものの名称が一致していない。東アラブ世界では，すっかり *'ilm al-luġa*（学 ［定］ 言語）あるいは *luġawiyyāt* [*311] が受け入れられているが，マグレブ地方の言語学者たちはこの従来からの用語に抵抗し，*'alsuniyya*[*312] や *lisāniyyāt*[*313] に言いかえている。また，現代言語学の中心的概念のうちの2つである「単語構成素(形態素)」(morpheme)と「音素」(phoneme)の公式なアラビア語は，言いかえによる

*310 *šāš*「布地，モスリン」より。
*311 *luġa*「言語」の形容詞女性複数形。
*312 *lisān*「舌，言語」の複数形の形容詞女性形。
*313 *lisān*「舌，言語」の形容詞女性複数形。

'unṣur dāll（表示要素）と *waḥda ṣawtiyya*（発音単位）とされている（ALECSO[*314] の単語リストより）。しかしほとんどの言語学者は，英語の用語を単に転写した *mūrfīm*（morpheme），*fūnīm*（phoneme）を使っている。中には，完全に新しい *ṣayġam*（*ṣīġa*「形」を要素に含む），*ṣawtam*（*ṣawt*「音」を要素に含む）を造語した言語学者（Mseddi 1994）もいる。

インターネット投稿交流媒体（*wasā'iṭ at-tawāṣul al-ijtimā'ī*）の用語は大半がアラビア語になっているが，その多くは翻訳借用である。たとえば，*waṣla*（連結）「リンク」，*mawqi'*（位置）「ウェブサイト」，*aš-šabaka*（網） *al-'ankabūtiyya*（クモの）「ウェブ」（フェイスブックでの訳語 *wīb* が広まってきている），*dardaša*（雑談）「チャット」，*mudawwana*（記録集）「ブログ」などが翻訳借用である。ときに，*milaff*（ファイル） *ta'rīf*（定義） *al-irtibāṭ*（接続）「クッキー」のように，原語よりも複雑な説明的な訳語が選ばれていることもある。

12.4　現代世界の中の標準アラビア語

現代のアラビア語は，語彙が創出され，その語彙に地域差が生じるなどして徐々に改変されてきたため，もはや古典アラビア語と同一の言語とみなすことはできず，現代標準アラビア語（Modern Standard Arabic）と呼ばれるのがふつうである。もちろん観念的には，コーランや古典期の言葉とまだ同じとされているが，実際には語彙に限らず，それ以外の面でも違いを見つけることは容易である。これは 1 つには，古典語の表現の多くが消えていったことによる。たとえば，動名詞に主語と目的語をつける構文は，古典語ではよく使われたが，現代語ではほとんど見られないし，*yaktubanna*「げに彼は書く」といった動詞の強調形など，いくつかの語形も消えていった。もう 1 つには，逆に現代語のほうは，とりわけヨーロッパ語の影響を強く受けたメディアの言葉に新しい表現法ができたことによる。最も典型的な例が，能動動詞のかわりにダミー動詞 *qāma bi-*「おこなう」[*315] による動詞句をひんぱんに使うものである。たとえば，*zāra*「訪れる」のかわりに *qāma bi-ziyāra*「訪問をおこなう」を使う。受動構文では，動詞 *tamma*「完成される」を使う。たとえば，動詞受動形を使わずに *tamma tawqī' al-ittifāqiyya*「合意の署名がなされた」とする。また，動詞受動形を用い

[*314] アラブ連盟教育文化学術機構 = the Arab League Educational, Cultural and Scientific Organisation。

[*315] *qāma*「立つ」に前置詞 *bi-*「〜によって」を組み合わせた表現。

るときでも，古典アラビア語のルールに反して[*316]，前置詞句の *min qibal*，*min ṭaraf*，*min jānib* などを使って行為者をいうことがしばしばある。これも，英語やフランス語からの翻訳の影響によるものであろう（Holes 1995a: 259–60）。メディアの言葉には他に，等位小詞 *fa-*[*317] をあまり使わず *wa-*「そして」（英語の and に当たる）で置きかえたり，*wa-ḏālika*（そして それ）「このことは」や，列挙する前に *kull min*（すべて の内の）「〜のうちのすべて」といった表現を多用することなどが特徴としてあげられる。また，メディアの言葉の傾向として，新聞，とくにその見出しでは語順が主語－動詞－目的語になるが，これが本文でもみられる（Abdelfattah 1996）。この語順は，もちろん古典アラビア語にもあるにはあるが，それは強調の場合であって，ふつうは動詞－主語－目的語の順である。この場合にも，外国の通信社の英語文からの翻訳が多いことがこの傾向を強めていることは疑いない。

散文文学では，作家は文法的にも単語を選ぶにも，文体を古典語風にしようとする傾向があるから，古典アラビア語と現代標準アラビア語の違いはあまり目立たない。ところが，とくにエジプト文学には口語体を使うものが多く，これが新たな差異を生み出していくことになるかも知れない。このように文語体でないほうの言葉を選ぶことも，アラブ諸国の間でアラビア語がさまざまに分化していく原因となっている。また，標準アラビア語においても地域的な差違が出てくる。その原因はやはり，語彙のずれである。標準アラビア語こそがアラブの一体性の最も強力な象徴とみなされ，各国のアラビア語アカデミーがその統一作業を進めているにもかかわらず，モロッコで書かれた標準アラビア語を見れば，それがエジプトや湾岸諸国で書かれたものではないことがすぐにわかる。たとえば「デモ」について，エジプトの新聞では *muẓāharāt*[*318]，レバノンの新聞では *taẓāhurāt*[*319] がよく使われ，「補足」にはモロッコやレバノンの新聞では *tatimma* を使い，エジプトの新聞では *baqiyya*[*320] を使うのがふつうである。このように用語がさまざまであるのは，次のように地域ごとにそれぞれの新語の作り方があることも原因の1つである。「民営化」という新しい概

[*316] 行為者を明らかにしないときに受動形を用いる。次の前置詞句は，どれも「〜によって」を表す。

[*317]「そして，それで，というのは」など，文を等位でつなぐ。

[*318] *ẓāhara*「支援する」の動名詞の複数形。

[*319] *taẓāhara*「明示する」の動名詞の複数形。

[*320]「残り」の意。

念について，同じ *ḫ-ṣ-ṣ*「特殊」*321 という語根から派生させつつも，エジプトは *ḫaṣḫaṣa*，モロッコでは *ḫawṣaṣa*，レバノンでは *taḫṣīṣa* という用語を使っている。また今ではどこにでもある携帯電話について，エジプトでは *maḥmūl* がよく使われ，湾岸諸国では *jawwāl*，レバノンでは *ḫalyawī*（*ḫaliyya*「細胞」より）が使われる。*ḫalyawī* は，標準語と話し言葉の語彙に同じものが選ばれている（⇨ 10.2）。

また，用語がいろいろになるのは，それぞれの地域が異なる植民地の歴史をもっている結果でもある。たとえば北アフリカには，フランス語を参考にして，統語や文体のレベルでもフランス語をモデルにしようとする傾向がある。たとえば，「首相」には，東アラブ世界で一般的な *ra'īs al-wuzarā'*（長［定］大臣たち） ではなく，*al-wazīr al-'awwal*定］大臣［定］第1）（フランス語 premier ministre より）が使われ，「料金」には *rusūm* ではなく *ḥuqūq*「権利（複数）」（フランス語 droits「権利，料金」より）が使われる。気どった言い回しとしては，*sāmī l-muwaḍḍafīn*「高位の［定］職員（複数））

級官吏」（フランス語 hauts fonctionnaires より），*wuḍiʻa fī l-istiʻmāl*「使用する」（フランス語 être mis en usage より），*bi-ʻunwān*「〜として」（フランス語 à titre de より）などがあったり，*taḥādaṯa maʻa*「〜と話し合う」（フランス語 s'entretenir avec より）のような前置詞の使い方もある。北アフリカ的な言い回しには，東アラブのものと異なっているが，フランス語から直接来たわけではないものもある。「声明の公表がなされた」の「なされた」の部分のダミー動詞に，東アラブなら *tamma* や *jarā* を使うところを，*waqaʻa našr al-bayān*（落ちる 公表［定］声明） のように *waqaʻa* を使うなどの例がある。フランスの植民地でなかったアラブの国では，フランス語ではなく英語をモデルにしていることが多い。また，19 世紀エジプトの近代化のモデルはほとんどフランスおよびフランス語だったが，第 1 次世界大戦後にその役割は英語に移った。

公用語としてアラビア語が再び導入されたことで，アラブ諸国では教育の中でのアラビア語の役割も問題になった。言語教育の水準の低さはつねに悩みの種であり，19 世紀以来，文法体系を単純化することが求められてきた。もちろん当時の学者の中には，忍びよる腐蝕から脱して純化できるならば，そのままのアラビア語でも現代のニーズにじゅうぶんに応えうると考える者もいて，彼らは，標準文語体が社会で広く使われるのをさまたげている原因が，民衆の大

*321 *ḫāṣṣ*「私的な」と関連。

部分に教育が行き届いていないことにあると考えていた。もちろん学校や教師が不足しているといったハード面での問題もあって，たしかに教育は行き届いていなかったが，これだけでは，現に学校に通っている子どもたちの標準アラビア語教育が成功していないことの説明はつかない。ここまでのところは，専門家の意見はおおよそ一致している。今日でも，大学を卒業しても完璧な文語体（標準アラビア語）で文を書ける者はほとんどいないし，ましてや話すとなれば準備なしにはできない。また文語体を使うことに賛成の人々の間でも，たいていは「文法」嫌いが蔓延している。

この議論のキーワードは 2 つある。この 2 つが意味する内容の境界はあいまいだが，「文法の単純化（簡単化）」（*tabsīṭ (taysīr) an-naḥw*）と「言語の単純化」（*tabsīṭ al-luġa*）である。1950 年代に，ある文法学の文献が見直され，文法教育への新たな関心が沸き起こった。それはコルドバの文法学者イブン=マダー（*Ibn Maḍā'*，回暦 592=西暦 1196 年没）による『文法学者たちへの反論（*Kitāb ar-radd ʿalā n-nuḥā*^{t}）』で，その中で，文法からアマル（*ʿamal*「統率」）とキヤース（*qiyās*「類推」）という概念を廃止することが提案されているのである。この文献の研究を専門とする学者の一人，エジプトの言語学者シャウキー=ダイフ（*Šawqī Ḍayf*）は，この文献がアラビア語教育の問題点を解決できると断言している。文法から統率（アマル）と類推（キヤース）という概念を廃止することで，アラビア語教育はかなり容易になるはずだと言うのである。今日の学校の教科書にも，アラブ文法学者たちの抽象的な議論が一部に反映されているが，それはけっしてアラビア語理解の助けになってはおらず，文法学者たち自身の理論的興味を満足させているにすぎないと言う。彼の提案には，アラブ文法学の「名詞文」，「動詞文」という概念（⇨ 7.2）を「主語」，「述語」というヨーロッパ式の概念に置きかえるなどがあるが，それは大した改善点とは言えないし，その他の提案も用語上のものにすぎない。たとえば，新しく「補語」（*takmila*「補足」）という概念を導入することや，所有句構造（イダーファ構造）内の修飾語を，*muḍāf*（「付加されたもの」）というような伝統的な用語でなく，*majrūr bi-l-'iḍāfa*「付加による所有格」に言いかえるなどがあるが，これらの提案もあまり成功していない。

この他，学者の中にはアラビア語そのものを単純化しようと考えた者もいたが，そのほとんどはアラビア語の統語や語形変化などの，どれを廃止するかといった具体的な提案がないまま漠然と単純化を訴えたにすぎなかった。中には，男性名詞の語尾複数形にはまだ主格 *-ūn* と所有格・目的格 *-īn* の区別が残っているため，格変化の体系はそっくり残したまま，格語尾の母音だけを落とすことを提案した学者もいた。また，数詞の統語規則を方言の統語規則に変えて単純化することを訴えた者もある[*322]。さらに極端な例としては，アニース=フライハ（*'Anīs Frayḥa*）とゲオルゲス=ル=フーリー（*Georges al-Ḫūrī*）による，女性複数の代名詞を廃止し[*323]，形容詞や動詞など，ほかの品詞でも女性複数形のかわりに男性複数形を使おうという提案があった。しかしこのような提案は，アラビア語教育の全体的な議論には組み込まれず，大部分は無駄に終わってしまった。現在では，このような「より簡単なアラビア語」（*luġa*〈言語〉 *muyassara*〈簡略化された〉）という方向性を支持する者はほとんどいない。

アラビア語の簡約化についての議論は，社会言語学の面から見ても不毛である。とくにエジプトでは，標準文語体（フスハー）レベルと方言口語体（アンミーヤ）レベルの間に「中層語」（*al-*〈[定]〉*luġa*〈言語〉 *al-*〈[定]〉*mutawassiṭa*〈中間の〉）とか「知識層語」（*luġa^t*〈言語〉 *al-mutaqqafīn*〈[定]教育を受けた人たち〉）と呼ばれる中層レベルがあるとするのが一般的になっている（⇨第 13 章）が，多くの人は，この層のアラビア語が人工的な標準文語体と底辺レベルの間の空白を埋め，全体が言語連続体となっていると考えている。社会言語学の面からこのように考えることは，教育のあるエジプト人の多くが話す，くだけた標準文語体を認めていることになろう。文語体を話すときでも，エジプト人は他のアラブ諸国の話者よりも名詞の格語尾の母音はほとんど落とすし，方言口語体の言い回しも積極的に使う傾向がある。

アラビア語の書き言葉は，全体として見ると標準文語体の規則の適用をより緩和するのではなく，より厳格に適用する方向へと進んできた。ただ，これについてはエジプトやレヴァント地方と，北アフリカとでは実際の状況が異なっている。北アフリカ諸国では，もともとフランス語がすべての社会レベルで優勢だったところに，独立後，少なくとも教育でこれをどのようにアラビア語に置きかえていくかが最大の緊急課題だった。つまり，古典アラビア語の単純化は，問題として取り上げられなかったのである。そこではアラビア語とフランス語とが威信言語の地位を競っていたため，方言から影響を受けたり文法規則

---

*322 数詞は，文語体では男性形・女性形，格変化があるが，口語体では基本形のほかに，名詞に接続する「接続形」（語尾 *-a* を落として得られる）があるのみで，男性形・女性形，格変化はない。

*323 *hunna*「彼女たち」を廃止し，男性複数の *hum* のみを使うこと。

が消されたりして古典語の質を低下させ，価値を落とすようなことは，言語改革者たちの目には誤った考え方と映ったのである。他のアラブ世界でアラビア語化（タァリーブ *taʿrīb*）といえば，それはふつう外来語，とくに学術用語にアラビア語を入れていくことだったが，北アフリカではフランス語使用が優勢であった領域にアラビア語を導入していくことであった。

北アフリカではごく最近，さまざまな言語教育プロジェクトがあって，小学校用の標準語基本単語リストや基本文法にもとづき，頻出表現だけを使った作文用の基本単語リストを編集している。また，チュニジアとレバノンで必須単語リストが編集されたが，各国の教育制度に大きな影響は与えなかったようである。教育および言語教育という目的を明確に打ち出しているアメリカの子ども番組「セサミ=ストリート」のアラビア語版（イフタハ=ヤー=スィムスィム *Iftaḥ yā Simsim*「開けゴマ」）があるが，その番組製作者による覚書では標準アラビア語の要素を，次のような 3 つの段階に分けている。

- 口語体にはないが，標準アラビア語では使われるべき不可欠な要素（格語尾など）
- 使用を控える要素（動詞の受動形など）
- 完全にさけなければならない要素（最上級の *al-'afʿalu*，前置詞の *ka-*「〜のような」，*siwā*「〜を除く」など）

この番組では，言葉に関するこれらの原則がかなりきっちりと守られている。さらに，セサミ=ストリートで中心的な役割を演じる出演者は，小さな子どもにいたるまでほとんど間違えずに標準アラビア語を操っているが，これはかなりめずらしいことである。全体を通して，口語的な表現はほとんど使われていない。会話の中でくだけた雰囲気が感じられたとしても，それはほとんどイントネーションや間投詞によるものであって，口語体の文法や語彙を入れ込んでいるためではない。

このアラビア語版セサミ=ストリートの試みは，現代標準文語体をふだんのくだけた会話にも使うことが実際に可能なことを証明している。たしかにこの番組はアラブ各国，とくにエジプトでは口語体の単語がたくさん使われているとして批判された。しかし，このような批判を詳しく観察すると，先入観によるものであることは明らかである。*jīm* を [g] ではなく [dʒ] で発音するのは地域主義だとする批判があったが，[dʒ] で発音することは地域主義とは言い難い[*324]。また語彙選択の面では，全アラブ諸国を満足させることはおそらく無理であろう。

標準アラビア語の将来は，ふだんの会話に標準アラビア語がどれだけ使われるかにかかっている。アルジャズィーラ放送局などアラブ世界全域にわたる衛星テレビ局には，アラブ全域の出身者が出演するが，この影響によって，現代標準アラビア語が使われることが増えることも予測される。この局でのアラビア語の使い方に関する研究はまだ出ていないが，アルジャズィーラ放送局でおこなわれたアラビア語に関する討論会を分析すると（Suleiman and Lucas 2012），討論会参加者の多くは一様にアラビア語の地位が危うくなっていると考えていて，中にはそれがアラブ世界を弱めようとするオリエンタリスト[*325]や西側の陰謀によるものだとする人もいたという。そういう参加者たちは，ナハダ（*Nahḍa* アラブ民族意識の目覚め）の時代に古典アラビア語がアンミーヤ（民衆語）を押しのけて，いかに現代にうまく順応し，また簡単化（タイスィール *taysīr*）を通していかに人々が習得しやすくなったかを主張する。

これについて，スレイマン・ルカスは興味深い指摘をしている。討論会はすべてアルジャズィーラ放送局でおこなわれているにもかかわらず，このような多国籍放送から実際にアラビア語が影響を受けていることに参加者は気づいていないのか，彼らの論点が相かわらず 19 世紀の論争のままだというのである。さらに，その内容からは，アラビア語とアラブ人意識との間にはまだ強い結びつきがあると考えていて，またその結びつきが「フスハー」の規範にこだわる強い動機であると参加者が考えていることがわかる。

また，インターネット投稿交流媒体の影響も，アラビア語の未来に影響を及ぼさないはずがない。人々がこぞってそれに参加しようとしたのは，アラブの春以降の出来事が大きく関わっている。ドバイ政治大学院（School of Government）は 2011 年，フェイスブックのアラブ世界でのユーザー数が，2010 年の 1 年間のうちに 1,100 万人から 2,100 万人に増加し，その 22%がエジプト 1 国のユーザーであると報告している。同大学院の 2012 年の報告では，フェ

[*324] エジプトでは，*j*（文字 *jīm*）を *g*［g］で発音するのが「標準的」で，*j*［dʒ］で発音することはサウジアラビアなどの地域の特徴であるとされることがあるが，エジプトのカイロおよびその周辺を除き，アラブの大部分では *j*［dʒ］ないし *ǰ*［ʒ］で発音され，文語の標準発音も *j*［dʒ］である。

[*325] アラブ世界では，オリエンタリスト（西洋の東洋学者）に対して批判的な意見がある。

イスブックによる社会・文化への重大な影響として，メンバーどうしで使う言語選択の問題という，言語面の興味深い副作用も指摘している。それは，サウジアラビアでは使用言語としてユーザーの 60%がアラビア語，40%が英語を選択するのに対し，湾岸諸国ではアラビア語を選択するのは 10%に満たず，一方モロッコでは 80%がフランス語を使い，アラビア語は 20%である。エジプトでは，アラビア語を使う率が今はだいたいサウジアラビアと同じだが，この数字が急速に増えているという。ツイッターでも同じ傾向がみられ，アラビア語によるツイートの率が 6 か月（2011 年 9 月から 2012 年 3 月）の間に 48%から 62%に上がっている。

インターネット投稿交流媒体でこのようにアラビア語を使うことが多くなっているといっても，現代標準アラビア語の使用が多くなってきたというわけではない。その逆で，フェイスブックで使われているアラビア語は混合文体であり，ツイッターでは，とくにラテン文字転写（いわゆるアラビッシュ）によるものでは，ほとんどのメッセージが通俗語であり，標準アラビア語ではない（⇨ 9.5）。

12.5　文献案内

ナハダの時期と，この時期に発展したアラブ国家という新しい考え方についての教科書的な研究は，Hourani (1970) である。またこの時期の新しい標準語づくりについては，Glaß (2011) がある。オスマン帝国における言語問題については，Prätor (1993: 67f., 164–72, 217f.) に情報がある。現代アラビア語の辞書編纂の発展とその歴史的な起源については，Gätje (1985) を参照されたい。Haywood (1965) のアラビア語辞書編纂史でも，シドヤーク (*aš-Šidyāq*) とブスターニー (*Buṭrus al-Bustānī*) の活動を扱っている。また，Sawaie (1987, 1990) も参照されたい。

アカデミーの役割は，Hamzaoui (1965, 1975) や Khafaifi (1985) が検証している。アラブ圏の言語アカデミーの活動史は，Sawaie (2007) が概観している。Ali (1987) は，さまざまな単語形成法について議論しており，語彙づくりとして認められた語形枠のリストもつけられている (pp. 146–8)。各国アカデミーの手法や活動に関する多くの資料は，それぞれの定期刊行物で見ることができる。*Majalla Majmaʿ al-Luġa al-ʿArabiyya bi-Dimašq*（『ダマスカス=アラビア語会誌』Damascus, 1921），*Majalla Majmaʿ al-Luġa al-ʿArabiyya*（『アラビア語会誌』

Cairo, 1935), *Majalla al-Majma' al-'Ilmī al-'Irāqī*(『イラク科学会誌』Baghdad, 1950)。

アラビア語語彙の変遷については，Monteil (1960) や Stetkevych (1970) の研究を参照されたい。Bielawski (1956) は，古典期におけるギリシャ語からの翻訳と比較している。本章の，19 世紀に政治用語ができてきた例は，Rebhan (1986), Ayalon (1987), Lewis (1988) から引用した。サッカー用語の例は，'Abd al-Jawād (1977) によるものである。現代アラビア語の言語学用語については Darir (1993) や Shraybom-Shivtiel (1993) にあり，また Mseddi (1984) と R.Baalbaki (1990) の言語学用語辞典がある。現代標準アラビア語の語彙の地域差は，Ibrahim (2008, 2009) が扱っている。

メディアの言葉の傾向については，Ashtiany (1993) のメディア=アラビア語のコースに興味深い例がたくさん載っている。メディア=アラビア語については，Effat and Versteegh (2008) が概観している。本章で引用した北アフリカの現代標準アラビア語へのフランス語の影響の例は，Kropfitsch (1977, 1980) と Chaabani (1984) からの引用である。

文法など，アラビア語自体の簡約化の提案については，Diem (1974: 129–36) が議論している。また，Ibn Maḍā' (1982) の，Šawqī Ḍayf が編集した版の編者序文にもある。第 2 言語としてアラビア語を教育する際の言語選択についての教科書的な論文が，Ferguson (1962) である。西洋でアラビア語学科のカリキュラムを設立する問題を論じた論文を最近集成したものに Agiùs (1990) がある。モロッコ，アルジェリア，チュニジアの言語学者が使う基本語彙の変遷に関する報告を Mahmoud (1982) が出した。とくにセサミ=ストリート (Iftaḥ yā Simsim「開けゴマ」) については，Abu Absi (1990) を参照されたい。

フェイスブックやツイッターのアラブ世界への浸透については，ドバイ政治大学院 (Dubai School of Government) による 2011 年と 2012 年の報告を参照されたい。アラブ世界におけるインターネット投稿交流媒体 (social media) の広範囲な影響については，Ghannam (2011) がある。アルジャズィーラ衛星チャンネルのアラビア語の方針については Suleiman and Lucas (2012) を参照。民族意識 (identity) の発露としての言語の役割，言語とナショナリズムのつながりについては，Suleiman (2003) が検証している。

アラビア語を変形文法理論を用いて分析できる可能性については，Kouloughli

(1979) を参照されたい。Ryding (1990) は，口語語彙 (*rāḥ*，*jāb*，*lāzim*[*326]) をひんぱんに導入したり，格語尾や動詞の法語尾を落としたり，また口語体の機能語 (*lissā*「まだ」，*šū*「何」，*miš*「〜ではない」など) を使うなど，標準語と口語体を混合した文法を実際に書いたものとして言及の価値がある。他に Woidich and Heinen-Nasr (1995) のアプローチは，2つのアラビア語を統合的に学ばせようとしたものである。ここでは口語体 (エジプト方言) の学習から始めつつも，標準語の語彙も最初から導入し，その2つを徐々に混ぜ合わせていくことで，学生は1年目の最後には口語体で話し，標準語で書くスキルを身につける。同じように口語体と標準語のタスクを別にしたものとして，ʿArabiyyat al-naas (Younes et al. 2013) という教科書がある。こちらはレヴァンタン地方 (シリア周辺) のアラビア語を短いビデオで導入，練習し，読解スキルには現代標準アラビア語を使う。

標準語に限定したものであれば，アラビア語の文法書や手引書，学習書は数多い。Ziadeh and Winder (1957) のほか，Krahl and Reuschel (1980, 1981) は東欧でのアラビア語通訳訓練を目的とした総合教材で，文法に限らず文体までカバーしており，現在は復刻版が商業出版されている。Fischer and Jastrow (1977)，Fischer (1986)，Woidich (1985) は，ヨーロッパの従来のアラビア語学科のためのものである。Abboud and McCarus (1983，初版 1968) は，アメリカのアラビア語学科のために作られたオーディオ=リンガル=アプローチによるもので，多くのドリルが入っている。

現代標準アラビア語の文法総覧は，古いものとしては文学の文面資料にもとづいた Cantarino (1974–5) がある。現代アラビア語の標準文法書には，Badawi, Carter and Hinds (2004) がある。現代アラビア語の統語法は，El-Ayoubi, Fischer, and Langer (2001, 2011) による手引書に入っている。4巻の予定で，既刊の2巻は，統語法に関する用語が少し独特ではあるが，完成すれば現代アラビア語の統語法を最も完全に扱ったものとなるであろう。小規模だが，現代標準語のしくみについて概観したものには，Beeston (1968)，Pellat (1985)，Kouloughli (1994) がある。現代語を簡単に記述したものには，Wild (1982)，McCarus (2008: 238–62) がある。Holes (1995a) は，現代標準アラビア語のあらゆる面について

[*326] *rāḥ*「行く」，*jāb*「もってくる」，*lāzim*「しなければならない」。それぞれ古典語では，*ḏahaba*，*jā'a bi-*，*min al-lāzim 'an*。

の総合的な手引書である。厳密には文法書ではないが，実際に存在する文章を広く参照してアラビア語の構造を体系的に扱っているので，現代アラビア語を知るために非常に有用である。

現代標準語の辞書は，アラビア語・アラビア語辞典はほとんどがレバノンで出版されている。それらは，アラブの従来の辞書編纂法によるものである。ブスターニー（*Buṭrus al-Bustānī*）による『大洋の大洋（ムヒート=ル=ムヒート *Muḥiṭ al-muḥīṭ*）』は 19 世紀に編纂されたものだが，今でも版が出ている（Beirut, 1987 など）。ALECSO の下で ʿAlī al-Qāsimī によって，『基礎アラビア語辞典（*al-Muʿjam al-ʿarabi- al-ʾasāsī*）』（Beirut: Larousse, 1989）が編集された。他言語との辞書も，英語・アラビア語（M. Baalbaki 1991），アラビア語・英語（Rohi Baalbaki 1988），フランス語・アラビア語（Hajjar 1983），アラビア語・フランス語（Munjid 1990）などがレバノンで出版され，ヨーロッパではアラビア語辞典がかなりたくさん出ている。最も知られているのが，Wehr（1952, 1959）のアラビア語・ドイツ語辞典で，文学および新聞・雑誌の文面資料にもとづいている。Wehr の辞書は Cowan によって英語訳され，補充されている（1961 年版は 28,000 語だったが，1979 年の第 4 版は 40,000 語以上を収録）。オリジナルのアラビア語・ドイツ語辞典の第 5 版が 1985 年に全面的に改訂されて出版されたが，これには約 50,000 語が収録されている。アラビア語を調べるための辞書としては，ドイツ語・アラビア語は Schregle（1974 年版は 45,000 単語で，アラビア語・ドイツ語版は 1981–6 年），フランス語・アラビア語は Reig（1987。アラビア語・フランス語も），英語・アラビア語は Doniach（1972）がある。2003 年に出版されたオランダ語・アラビア語辞典（Hoogland *et al.* 2003）は，共起関係，つまり，決まった動詞と目的語，名詞と形容詞などの組み合わせを入れた初めての試みであり，言及に値する。

言語二層状態(ダイグロシア)

▶第 13 章◀

13.1　言語二層状態とは

アラビア語を書くとき，規範的な標準語(文語体)と口語体のどちらを選ぶかというのは，一見して単純な問題で，もちろんつねに標準語が使われる[*327]。しかし，この選択にはさらに問題が浮上する。1 つは，たいていの人が標準規範についてほんの限られた知識しかもっていないことからくる問題である。そういう人たちにとって，標準語(文語体)はあくまで目標であって，それを用いて書くとなると多くの間違いを犯す。そういうふうにして書かれたものが，いわゆる中層アラビア語であることはすでに述べた(第 8 章)。そうした文のほかに，作家がイデオロギー的な，あるいは文学上の理由で口語体に非常に近い言葉で文学作品を書くことがある。その場合にもやはり，たいていは口語体の中に文語体の要素が混ざってしまうのである。

話される場合となると，さらに複雑である。アラビア語の国々の状況は，たとえば仮に現代フランスに置きかえて，次のような状況として考えるのがおそらくいちばん近い[*328]。新聞や書籍はすべてラテン語で書かれ，国会ではラテン語が話され，また教会で司祭たちはラテン語だけを使っているが，民衆のほうはカフェでフランス語を使い，家庭や友人どうしではフランス語を使ってい

[*327] 本章では，標準語や古典語など「フスハー」をさす用語をすべて「文語体」とし，口語や通俗語，方言など「アンミーヤ」をさす用語をすべて「口語体」とした。また，両者を「文体」とした。訳者による付記の 6 も参照。

[*328] 「ラテン語」を，「候文(そうろうぶん)」や「擬古文」に読みかえると，日本の状況として想像しやすい。あるいは，東京周辺以外の地域における，いわゆる「共通語」もそれと近い状況と言える。

る。学校では，授業の公用語はラテン語だが，休み時間になると学生どうし，また教師たちもフランス語を使っているという状況である。もちろん，今のフランスはこのような状況ではないが，標準規範語がラテン語から通俗語であるフランス語に切替わるより以前の 15，16 世紀には，現在の状況とは異なっていたのである。

実際，アラビア語の国々では，フランスをこのように想像してみた状況に非常に近く，まず一見してアラビア語には 2 つの形態があることがわかる。フスハーとふつう呼ばれている文語体（古典標準語）と，もう 1 つは口語体で，これはアンミーヤとか（北アフリカでは）ダーリジャ（*dārija*），ヨーロッパの出版物では「方言（dialect）」や「通俗語（vernacular）」と呼ばれている。この 2 つは，どういう場で話されるか，書かれるかということで分けられる。文語体は，書くときや公式な発話に使われ，口語体は非公式な会話で使われる。母語は必ず口語体であって，学校に通って初めて文語体を習う。この言語状況を 1930 年，ウィリアム=マルセ（William Marçais）がギリシャの言語状況に関する文献から用語を引いて，「ダイグロシア」（diglossia[*329]，フランス語 diglossie）と呼んだ（本訳書では，「言語二層状態」とする）。この用語は 1959 年，ファーガソン（Charles Ferguson）の「ダイグロシア」という題の論文が発表されて広く使われるようになった。ファーガソンはアラビア語諸国の状況を，ギリシャの状況，スイス内でのドイツ語地域の状況，ハイチの状況と対照した。これら 4 つの地域ではいずれも，同一言語の 2 つの形態が，同じように機能分担している。

アラビア語諸国	純正語（*fuṣḥā*）	民衆語（*ʿāmmiyya*）
ギリシャ	純正語（*kathareúousa*）	民衆語（*dhimotikí*）
スイスのドイツ語地域	高地ドイツ語（*Hochdeutsch*）	スイスドイツ語（*Schwyzertüütsch*）
ハイチ	フランス語（*français*）	クレオール語（*créole*）

ファーガソンは，これら 2 つの形態をそれぞれ高位体（High variety），低位体（Low variety）と名づけた。

この「高」と「低」には，その言語コミュニティーの中での 2 つの形態の位置関係が反映されている。低位体は非常に低く評価されており，その言葉につい

*329 diglossia は，ギリシャ語の「2」と「舌，言葉」からの造語。

てはふつう卑しいというニュアンスが含まれる。アラビア語の「アンミーヤ」も，文字通りには「共通な」や「民衆の」であるが，他に「市場（語）」（*sūqiyya*[*330]）とか「逸脱」（*munḥarifa*「曲がっている」）などとも呼ばれる。これに対して高位体には威信があり，その言葉は文化語であり，たいてい宗教や伝統の言葉でもある。高位体を話す者たちは，低位体の存在すら否定し，高位体しか話されていないと言い張ることがある。現実には，すべての話者にとって母語は低位体であり，一方，高位体はその場で即興では正しく使えない第 2 言語である。

アラビア語諸国の言語状況を理論的にモデル化したファーガソンの枠組みは，その後の研究の中で次の重要な 3 点で改良が加えられた。1 つは，ファーガソン=モデルでは「言語二層状態」という概念を，低位体が，系統的に高位体と同じであり，高位体が崩れたものである場合に限定しているが，後の研究ではこの限定が取りはずされ，その 2 つが別の言語であれ，方言であれ，文体レベル（register）であれ，機能分担があるものをすべて含むというように概念が拡大された。こうすると，アラビア語諸国での 2 つの形態（文体）の機能分担も，他のあらゆる言語に広く見られる言語社会現象の 1 つにすぎないことになる。

2 つめは，それぞれの形態が機能を分担しているからといって，すべての話者がそのどちらをも等しく運用する能力をもっているとは限らない，としたことである。極端な例では，ほとんどの話者が片方の，威信のない口語のほうしか使えず，少数のエリートだけが，たいていは外来の言語である格式のある文化語を使うケースもある。アラブ世界での例で言うと，独立直前のアルジェリアでは住民の大多数はアラビア語しか知らず，フランス語はほんの片言程度であったのに対し，少数の知識人階層はフランス語で育ち，教育もフランス語で受け，アラビア語を話す能力は失われていた（⇨ 14.2）。このためフィッシュマン（Fishman 1967, 1972）やガンパーズ（Gumperz 1962）といった言語学者は，社会言語学的なアプローチと心理言語学的なアプローチを分けることを提案している。つまり，「言語二層状態」という用語は，2 つの形態による機能分担という，社会的な言語状況の概念としてのみ使い，「二言語併用」（bilingualism）は，話者がこの 2 つの形態の運用能力をもっているという心理的な言語状況をさすものとしている。文献によっては，「社会的な」がつけられて（societal bilingualism），ファーガソンの言う「bilingualism」をさすことがある。

[*330] *sūq*「市場」の抽象名詞化。

ファーガソン=モデルの修正点の3つめは，2つの形態ははっきりとは分かれていない，としたことである。ファーガソンの枠組みでは，その2つの形態は互いに混ざり合ってはおらず，話者は「切り替え(code-switching)」をしながら，どちらか一方を選んでいるとしていた。ところが実際は，話者はどちらか一方を選んでいるのではなく，言葉の連続体の上を行ったり来たりしているのであり，2つの形態と呼んでいるのはその両極にすぎないのである。このような状況での切り替えは，明確な2つの形態の間の選択ではなくて，言語のグラデーション上に自分の発話を位置づけることである。このような行動は，ある言語形態からある言語形態への切り替えではないから，「混合(code-mixing)」と言うほうがよいであろう。そしてこの位置づけは，言語外の要因によって決まってくる。言語連続体の上で，各自が使いこなせる部分の幅は学習によって広げることができるが，その習熟度は教育や育ちのよさといった言語外の要因によってかなり決定されてしまうものである。

アラビア語世界の言語状況に関する文献では，「言語二層状態」(あるいは，アラビア語の *izdiwājiyyat al-luġa*「言語の二重性」)という用語がかなり混乱を引き起こしている。ファーガソン=モデルでは，「言語二層状態」はフスハーとアンミーヤの間の関係にだけ使われ，北アフリカにおけるフランス語とアラビア語の使い分けは「二言語併用状態」と呼んでいる。本書ではこれ以降，「言語二層状態」は，少し修正して，使っている言語にいくつかの形態があり，それぞれの使用領域に差があるような言語状況という意味で使うことにする。また「二言語併用状態」は，各個人が複数の言語に習熟していることをさすことにする(第14章では，マグレブ地方の言語状況について「二言語併用」という用語を若干異なる意味で使う)。つまり，言語二層状態であり，かつ二言語併用状態である1つの言語社会とは，複数の言語形態があって，それぞれが使われる領域がはっきり分かれており，またすべての話者がそれらを自由に使い分ける能力がある社会である。われわれはまず，言語形態(文体)混合の実態と，次に談話の中に，文体選択を決定づけている要因をみたあと，言語社会の中で各文体にどのようなイメージをもってそれを操っているかをみる。最後に，個人内における文体選択の要因をみる。

13.2　文体混合と中間形態

アラビア語という言語連続体について，その両極をなす標準アラビア語と

I	古典の文語体(*fuṣḥā at-turāṯ*) コーランの引用にのみ使われる。	
II	現代の文語体(*fuṣḥā al-ʿaṣr*) 書くときや公式に話すときにもときどき使われるアラビア語の標準形。	
III	知識層の口語体(*ʿāmmiyyat al-muṯaqqafīn*) 教育を受けた人が話す公式な言葉。	
IV	識字層の口語体(*ʿāmmiyyat al-mutanawwirīn*) 教育を受けた人が話す非公式な言葉。	
V	文盲の口語体(*ʿāmmiyyat al-ʾummiyyīn*) 文盲の人が話す言葉。	

【表 13.1】　エジプト方言の5階層(Badawī 1973)

方言の間を，中間的なさまざまな段階に分けようとする試みがいろいろなされてきた。混合した中間的な形態については，言語二層状態を説明するなかでファーガソンがすでにふれている。この中間レベルは，アラビア語を扱った社会言語学の研究でもしばしばふれられている。これをアラブ圏の言語学者たちは「中間語」(*al-luġa al-wusṭā*)，あるいは「知識層の民衆語」(*ʿāmmiyyaᵗ al-muṯaqqafīn*)と呼び，西欧では「知識層標準アラビア語」(Educated Standard Arabic)，「中間アラビア語」(arabe médian)などと呼ぶ。この中間形態は，標準アラビア語の1つの形と考えられ，格語尾を使わず，口語体の発音をし，口語体の単語も使われるが，全体的にはやはり標準語の姿をしている。バダウィー(Badawī 1973)はエジプトの社会言語状況についての研究の中で，H(高位体)とL(低位体)の2つの層にはっきり分かれているファーガソン=モデルは，エジプトの状況に(おそらくは，エジプト以外のアラブ世界の状況にも)合っていないとした。そのかわりにバダウィーは，エジプト方言を5つの階層に分け，各層に，言語連続体上でそれぞれ他層から区別するための特徴要素を立てている(⇨表13.1)。ファーガソン=モデルは，修正しなければ，アラビア語世界の実際の言語状況に適用できないことは明らかである。しかし，バダウィーが提案した社会・経済グループとの関係もまた疑わしい。

エジプトで，さらに言えばアラブ諸国で，言語が社会のどのような層(speech levels)に分けられるかといった実験的な研究はあまりない。

発話階層	資料	/q/ の割合
略式の現代標準アラビア語	ニュース解説， 大学の講義(文系)など	45
知識層の公式の口語体	大学の講義(理系)	44
知識層の略式の口語体	教授どうしの会話	35
識字層の公式の口語体	一般的なテレビ番組	34
識字層の略式の口語体	店主どうしの会話	22
非識字層の公式の口語体	雇い主と従業員の会話	23
非識字層の略式の口語体	労働者の内輪の会話	0

【表 13.2】 エジプト方言での /q/ の分布(Elgibali 1985 より)

エルギバリ(Elgibali 1985)は，バダウィーの仮説を参考にしつつ，/q/ や /ṯ/ の発音や動詞のアスペクト接頭辞の使い方，語順，格語尾といった社会言語的ないろいろな目印が連続的に分布し，使われていることを明らかにした。この中で，高位と低位の層(ファーガソンの H と L，バダウィーの層 I と V)だけが，隣接する階層と同じ特徴要素をまったくもたない乖離した階層であるが，その間の部分は連続体をなしていて，層には分けられないと主張した。エルギバリの実験の結果では，各層の中でもくだけた話し方の範囲は，その下の層の中の改まった話し方の範囲と重なっていた。たとえば，エジプト人が 5 つの層で *q* を，/q/ と /ʼ/ のどちらで発音するかを調べたところ，表 13.2 のようになった。また，他の社会言語的な目印についても調べたところ，同じような分布が観察された。

ということは，アラビア語として話されている言葉は，文体混合の度合いがつねにかなり高いものだということである。その発話行動をつかさどっている制約を見つけようと，さまざまな努力がなされている。研究方法には，談話の大局的な分析と，局所的な分析の 2 つがある(Eid 2007: 433–4)。アラビア語はつねに混成的，つまりさまざまなレベルの話し方の要素が結合されている。このような文面を大局的に分析することは，この混成的な文面の中の文体切り替えに対して，民族意識や社会の構成員資格といった要因がどう関わっているかに焦点を当てることである(⇨ 13.3)。ここからわれわれは，言語はさまざまな目的に合わせて操作されているという結論を導くことができる(⇨

13.4）。一方，局所的に分析するというのは，談話が進行していく中で，文体を切り替えた瞬間のその理由を特定することである。言語二層状態の中で，話される言葉へのさまざまな制約を観察したメイデル（Mejdell 2012b）は，その話者がふだん最もよく使っている優勢言語（たいていは第 1 言語）と文語体（標準語）とでは，制約に差があるという。これに関してメイデルは，文語体の語彙には，口語体（方言）の文法要素を自由につけることができるが，逆に，文語体の文法要素を方言の語彙につけることはほとんどない，という「優勢言語仮説（the Dominant Language Hypothesis）」を立てた。メイデル（Mejdell 2006）はこの仮説を，学会などの場で使われる混成文体の調査によって検証している。それらの事例に見られるさまざまなパターンが，その仮説を実証している。たとえば，文語体の動詞受動形に口語体のアスペクト接頭辞 *bi-*（進行）をつけた *bi-yuktab*「書かれる」という形はひんぱんに使われるのに対し，あってもよさそうな **yu'āl*[*331]「言われる」という形は使われない。メイデルは，この原則は，エイド（Eid 1988）が文体混合の研究の中で立てた方向制約にも通じるものがあると言う。エイドは，文語体の関係詞の後ろには口語体の単語はこないが，口語体の関係詞の後ろには文語体の語彙要素が問題なく来ているとしている。たとえば，同じ「行ったところの」の意味でも，**allaḏī rāḥ* という組み合わせは許されないが，*illi ḏahaba*[*332] は完全に受け入れられるのである。また，文語体の否定詞 *lan* は口語体の動詞 *ḥa-tu'af* と組み合わさることはないが，文語体の動詞 *sa-taqif*（未来接頭辞 *sa-* がついている）に口語体の否定詞 *ma- -š* が組み合わさることはある（Boussofara-Omar 2003: 40）。

**lan ḥa-tu'af*　「立ち止まらないだろう」
ma-sa-taqif-š　「立ち止まらないだろう」

優勢言語仮説でいう制約と同じ制約が，マイヤーズ=スコットンが提案した基盤言語枠モデル（the Matrix Language Frame Model, Myers-Scotton 1993）の中でも働いているようである。このモデルは，単語構成素には（意味内容をもつ）語彙的構成素と（体系にかかわる）文法的構成素の 2 種類があるとし，言語切り替えの際には，どちらか一方の言語が文法的構成素を提供する言語

[*331] 口語体の *yi'ūl*「言う」を，文語体の受動形 *yuf'al* に当てはめた形。
[*332] 関係詞（文語体 *allaḏī*，口語体 *illī*）は文法要素，「行った」（文語体 *ḏahaba*，口語体 *rāḥ*）は語彙要素。

(基盤言語 matrix language) になり，もう一方の言語が語彙的構成素 (の多く) を提供する言語 (埋め込み言語 embedded language) になるというものである。前述の *ma-sa-taqif-š*「立ち止まらないだろう」の例では，文法的構成素が両方の言語から提供されているので，基盤言語枠モデルの法則では説明できない。そこで，その後の修正モデルでは，これらの問題を説明しようとしている (Boussofara-Omar 2003)。マイヤーズ=スコットンは，アラビア語の言語二層状態の中で文体混合が起こることについては，これらの新しい版であれば，同じモデルでも適切な予測ができるとしている。同じ混合でも，言語二層状態の中での文体混合には，特殊な性質があることは認識しているようである。このように，言語二層状態の中での混合や切り替えは「通常の」言語混合とは異なっているはずだと考える研究者もいる (Boussofara-Omar 2006b)。

13.3　文体選択

文体混成的な文面を大局的なレベルで分析することは，文体選択を決定している要因を，言語的 (統語的) な制約から言語外の要因へ，つまり，言語そのものの要因ではなく，話されている状況の要因のほうへ視点を移すことである。話される状況のうち最も関連がある要因は，対話相手，話題，場である。これらの要因が，私的領域から公的領域までの一本のものさし上に位置づけられる。ものさしの一方の端には公式の発表などがある。たとえば，大臣が公的な話題をラジオのインタビューのような公式な場で話すときなどには，話し方をできるだけ文語体に近づけようとする。ものさしのもう一方の端には，友人どうし，道端のカフェでの私的な出来事についての会話がある。このときは口語体を使い，文語体からの干渉はほとんどない。

これらの要因がどのように影響を与えているかは，同じ状況において要因の 1 つだけを変えて見るとはっきりする。大臣がラジオのインタビューで，私生活について尋ねられると (アラブのメディアではほとんどありえないが)，それによって話し方は口語体のほうへ向かって変移していく。カフェで友人どうしが話していて，話題が私的なことから政治の議論に切り替われば，ただちに文語体からの干渉を見せるであろう。言葉の選択は連続体上でなされるから，このような変化は，ある言語からある言語への言語切り替えという形ではなく，もう一方の文体の特徴要素が入り込む割合として現れる。

言語二層状態の特徴の 1 つに，話者どうしの互いの影響がある。これに関するデータはほとんどないが，ディエム(Diem 1974)がラジオでの対話を転写しており，それを見ると，話し手が互いに相手のレベルに合わせているという印象が得られる。たとえば，カイロ言語アカデミーの事務長へのインタビューで，リポーターは最初はまだ，次のように /q/ を口語風に /'/ と発音したり，進行の接頭辞 *bi-*(文語体にはない)，口語表現の *min kida*(標準語では *min ðālika*)を自由に使っている[*333]。

つまり　私たちがわかる　から　そのように　こと　前　開催　[定]　会議　[定]　年次の　[進行]　なる
yaʿni, nifham min ***kida*** *'innu* ***'abl*** *'inʿiqād l-mu'tamar is-sanawi* ***bi*** *-tib'a*

有る　委員会　[進行]　検討する　決定
fīh *ligān* ***bi*** *-tabḥaṯ qarārāt*

つまり，そこから私たちがわかるのは，年次会議開催の前に，諸決定を検討する委員会があることです。

ところが，ゲストがほぼ標準アラビア語で話し続けると，1 分の間にこのリポーターは，次のように，発音的にも語形的にもまるで古典語とも言える言葉を使って締めくくっている[*334] (Diem 1974: 76)。

もし　欲した　こと　得る　模範[目的格]　に　それ
law 'aradna 'an na'ḫuḏ namūḏajan li-zālik

もしそれがための模範を得んことを欲すれば

これと逆の例は，リポーターと文芸評論家のインタビューに見ることができる。ここではリポーターはひたすらレバノンの口語体を使っているが，評論家は，

的に　一般　[定]　季節　だった　肯定的　肯定的　第1に　から　点　[定]　量
bi-ṣūra ʿāmmah ***'al-****mawsim kān 'ižābī – ižābī 'awwalan min ḥays il-kammiyyi*

そして　第2に　から　点　[定]　質
*wa-****sāniyan*** *min ḥays 'an-nawʿiyyi*

一般的に，季節は肯定的であった。肯定的なるは，第 1 に量の点より，第 2 に質の点より，である。

のように，文語体を前面に出して話している(定冠詞に声門閉鎖音「'」をつけて *'al-* としたり，古典語の /ṯ/ を /s/ で発音したりしていることを参照[*335])。しか

[*333] その他，*bitib'a*「なる」や *fīh*「ある」も口語の語彙。
[*334] 口語ならば，*law ʿayzīn nāḫod namūzag ʿašan da* と言うであろう。
[*335] 口語では，冠詞が *il-* である。文語体の /ṯ/ はレバノン方言にはない発音で，/ṯ/ をまねするときに /s/ と発音される。また，*min ḥayṯ* は文語体の表現。

し彼は，リポーターの口語体に抵抗しきれずに，とうとう数分後には，/q/ を /ʾ/ で発音したり[*336]，方言の *ši*「とか，くらい」や *fī*「ある」を使って話している[*337] (Diem 1974: 77)。

ある だいたい くらい 100 展覧会 に［定］ 年
fī *ta'rīban* ***ši*** *miyyit ma'riḍ bi-s-sine*
年にだいたい 100 くらいの展覧会がある。

この 2 つの例からわかることは，談話の中では参与している者の発話レベルが相手の発話に影響を与えて，互いに相手のレベルに合わせて自分の発話レベルを上げたり下げたりせざるをえなくなる傾向があるということである。アラビア語世界では欧米の多くの言語よりも口語体と文語体との間にかなり大きな開きがあるため，話し手は欧米の言語社会におけるよりもひんぱんに選択を迫られる。アラビア語の「口語」と「文語」は別個の言語ではなくて，言語連続体の両端にある理論上の概念であるから，言葉の選択も二者択一ではなく，さまざまな選択肢の混合物なのである。

同時に，この選択は自動的なものではなく，人々は会話の中でかなり長い間，相手の使うレベルに屈せず，互いに別々のレベルで話し続けることができる。その場の公式さの度合いと文体の選択とを関連させ，その場その場の状況で，ある程度言葉を話し手が選んでいるのである。しかし，言葉の選択には，話し手による発話状況に対する判断が反映されていることもまた事実である。話し手は，言葉の選び方を通して自分の役割を自分がどう認識しているか，話題について自分はどう考えているか，どのような場の設定を望んでいるかについても相手に示しているのである。つまり，さらに状況を広くとらえると，選んだ単語は，聞き手を操作するために使うことができる。なぜなら，言葉にはつねにあらゆる選択肢があって，話し手は，その状況の中で言葉選択と言語外現実の間を結びつけるからである。巧みな話し手は，そうした聞き手の連想を政治的，イデオロギー的，宗教的な目的のために使いこなしているものである。

多くの場合，目印となる要素をいくつか選べば話し手の態度を伝えるのにはじゅうぶんである。たとえば，ラジオ番組ではよく，文語体で書かれた台本か

[*336] *ta'rīban* は，古典語の発音では *taqrīban*。

[*337] *ši*「とか，くらい」にあたる言葉は古典語では使われない。*fī*「ある」は古典語なら *tūjad*。ほかにも，*miyyit*「100」は *mi'at*，*sine*「年」は *sana* と発音される。また，*bi*「〜に」は古典語では *fī* が使われる。

ら始めるが，それを読んでいくうちに，ターゲットとする層から影響されていく。主婦向けや農民向けの番組では，台本の文面はそのままで，文語体発音の/q/を/ʾ/にしたり，所有格表示語 *bitāʿ*，不変化な関係詞 *illī* *338，進行の接頭辞 *bi-* を使うなど，口語の目印となるものを一定間隔で入れていく。アル=バタルは，レバノン最大のラジオ局 LBCI の話し方を研究した(Al Batal 2002)。そのラジオ番組でも，話す内容は，書かれた文面がもとになっている。話し手は，口語体らしさを示す要素を入れながらその書かれた文面を変換していく。つまり，出発点は文語体であって，そこへ，文語体の未来接頭辞 *sa-* のかわりに口語体の *raḥ-* にしたり，文語体の指示詞 *hāḏā*「この」を口語体の *ha-* にするなど，口語体の要素が入れられる。このような置きかえは大部分が，/q/を/ʾ/で置きかえるなど発音上のものであるが，置きかえ方は話し手によって相当いろいろあり，また同じ話し手でも話が続いていく中で置きかえ方がかわってくることがある。

これらの目印が，親しげで温かみのある雰囲気を作ろうとしている話し手の意図を，視聴者に伝えていく(9.5で引用した主婦向けのラジオ番組からとった文面を参照されたい)。LBCI局のラジオ番組の場合，もとの原稿は語彙的にも統語法的にもフスハー(文語体)であり，そこへ口語的な発音や多くの文法表示要素が入れられる。逆に，メイデルやバスユーニーの研究したような知識層標準アラビア語では，口語体の強固な基盤があり，そこへフスハー(文語体)の語彙や語形変化要素が入れられる。この2つの違いは，出発点の違いである。ラジオでは出発点が，書かれた文面であって，それをレポーターが話す中で修正するのであり，一方の知識層文語体は，出発点が口語体で，それを格上げさせているのである。

知識層ならば，格上げしようとする中で不必要修正が起こることはないが，習熟していない人が格上げしようとすると結果は違ってくる。このような場合は，話している出来事や話題の重要さを聞き手に印象づけるために，文語体の等位小詞 *fa-*「そして，そこで」や動詞の受動形*339 を使ったり，全般に格語尾を入れるなどの目印を使うが，文語文法の訓練が足りないために，不必要修正が起こる可能性が出てくる。一方，ラジオの話し方に不必要修正がないのは，

*338 文語体の関係詞は性・数に合わせて変化する。
*339 口語体では動詞受動形は使われず，接頭辞で受身を表す。

書かれた文面がもとにあるからで，逆に話し手がその文面を口語体（方言）らしくしようとして方言の文法に不必要修正が起こる。たとえば，*lāzim bniftikir*「われわれは考えなければならない」では，助動詞の後ろなのに未完了形に *b-* をつけている[*340]。

文語体の要素にしても口語体の要素にしても，それを使う目的は文面に色を加えることである。ハマム（Hamam 2011）は，次のように述べている。高位体（H）は威信をもっているために，より客観的になり，低位体（L）はより個人的になる。そのため，L で話される内容は，H で読まれた文面に対するコメントとして働く。完璧な切り替えであれば（まったく別の言語どうしのときのように）効果はとくに大きい。しかし文体混合では，H と L の間は連続体なので，たいていは完全な切り替えではなく，高位のほうや低位のほうへの移動というほうが適切である。

ところで，要素の種類によって，入れ替えたときの効果が異なるようである（Mejdell 2012b: 163–4）。たとえば発音の面では，子音を切り替えるほうが，母音を切り替えるよりも大きな効果が得られる。また，指示形容詞「この」に *hāzā* あるいは *hāḏā* [*341] を使ったり，否定詞 *lam* や *lan* [*342] を使うと，文面をただちに文語体にすることができる。逆に，口語体の指示詞や否定詞 *ma-...-š* を使うと，ただちに口語体になる。一方，口語体の関係詞 *illi* は，それらと同じ効果はもっていないようで，言葉に口語体らしさを出そうとするでもなく，そのまま使われている。

13.4 文体イメージと文体操作

文体は，言語外のさまざまな事柄と相互に複雑に作用しあっており，人は，各文体がもつ社会的イメージをもって，文体を操作しながら話している。学校では標準語（文語体）が教えられ学ばれているため，低位体のアラビア語（口語体）は教育の低さに結びつけられ，そして教育が低いと出世が期待できないため，非識字や貧しさとも結びつく。一方の文語体は，社会経済的に高い階層の

[*340] シリア・レバノン方言で *b-* は，進行の接頭辞ではなく，助動詞などのない，文の主動詞である未完了形につける。

[*341] 口語の *hāda* に対して，標準語の *hāḏā* や，*ḏ* が口語的な発音になった *hāzā* を使うこと。

[*342] 口語では否定詞 *mā*。

人々もプライベートには口語体を使っているにもかかわらず，教育の高さ，社会的成功，社会経済階層の高さと結びつけられる。家族や家庭の言葉としての口語体という別の視点からみると，口語体は仲間内や親密さ，友情と結びつき，逆に文語体は社交上の隔たりや関係の公式性と結びつけられる。したがって文語体を使うことは相手への尊敬の表明でもあるが，また相手との間に距離を置くことでもある。口語体を使うことが相手を見下していることになったり，逆に親密さや謙遜の表現にもなるのは，英語でファースト=ネームを使うことが親しさの現れだったり社会的な侮蔑だったりするのと似ている[*343]。

文体の目印の選択は意図的であり，たとえば商業的な目的で操作されたりすることもある。メディアの言葉や，とくにエジプトの広告では，商品の性格や販売ターゲット層との関係で文体レベルが選ばれる。ローンや保険証券といった堅い社会的商品は，ほとんどが男性視聴者を対象に高いレベルの文体を使って「販売」されるのに対して，食料品や洗剤のメーカーは主婦を主なターゲットにしており，口語体で製品の広告をする。広告主は，口語体による親密さや親しみと，文語体による威信や知的レベルとの間でうまくバランスを取らなければならない（Bassiouney 2009b）。

このようにさまざまな文体をみごとに操っている例を，政治の分野ではエジプトの故ナセル大統領（1918〜1970 年）の政治演説に見ることができる。ナセル大統領は演説で，最初は高い文体でゆっくりと一定のリズムで話し始め，場の公式さを打ち出す。しかしその後，文は徐々に口語体になっていき，テンポは速くなり，ついには純粋な口語レベルに行き着く。演説の最後は，また口語体の混ざらない文語体の文で締めくくられる。このようにいろいろな言葉を混ぜて話すことは，アラブ世界の政治家にとって特有の問題の反映である。聴衆の大部分は高位体である文語体を使わないし理解もしないから，そのような聴衆を引き込むためには口語体に合わせたいのだが，それでは聴衆を馬鹿にしているととらえられかねないので，安易に口語体に切り替えるわけにはいかない。

このスタイルの演説は決してナセルだけのものではないし，ナセルがこのようなスタイルを使った最後の 1 人でもない。このようなスタイルは，現代のイスラム主義的な政治家たちも使っている。彼らは，ナセル大統領のアラブ民族

[*343] 以上のような状況は，日本語の敬語体系と対照することができる。

主義にかわって，真のイスラムへのダァワ（*daʻwa*「呼びかけ」）をしているが，意図しているのはどちらもほとんど同じものである。エル=ホウリ（El Houri 2012: 77–113）は，ヒズボラの指導者ナスラッラー（1960 年生まれ）の演説はナセルの演説と明らかに似ており，違いは文語体の中に混入してくるのが，エジプト方言でなくレバノン方言であることだけだと指摘している。また，ナセルの演説は，言葉遣いや調子の運びなどについて，いくつかの点で，前述したレバノンのラジオ局 LBCI（⇨ 13.3）のラジオ番組とも似ているという。

こうなると，文体の選択は政治的な意味合いを帯びてくる。ほとんどのアラブ人は，標準アラビア語（文語体）がアラブ世界を統一している最も重要な要素と考えており，アラブ統一のシンボルになっている。アラブ世界のほとんどの政党は，少なくとも公式にはアラブの統一性を標榜しているので，政治家たちは，有権者たちが理解できようとできまいと文語体を使うように迫られているのである。前述したように，19 世紀末以降にオスマン帝国のアラブ諸州に現れたアラブ民族主義（⇨ 12.1，12.2）の中心的役割を演じたのがアラビア語であり，各国はそれぞれに独立したが，公式には汎アラブ民族主義（カウミーヤ *qawmiyya*）を遵守することを宣言し，これに全アラブの民族語としてのアラビア語が付随していたのである。この点から，各地域の方言（口語体）を使うことは地域主義（イクリーミーヤ *'iqlīmiyya*）の立場に立つことになり，アラブ世界の統一を阻害するものとみなされるのである。逆に，その方言（口語体）が国家帰属意識（ワタニーヤ *waṭaniyya*「愛国主義」）の重要な要因として評価されるようになった国もある。

エジプトが，方言を使う傾向がアラブ諸国の中でもとび抜けて高いことは驚くにあたらない。エジプトは，エジプト人としての帰属意識をかかげる地域ナショナリズムがあることが特徴で，エジプト方言は明らかにその帰属意識の重要な一要素である。エジプト国会での演説はしばしば口語体に近い言葉でおこなわれるが，このようなことは他のアラブ諸国にはない。故サダト大統領（1918〜1981 年）が 1981 年に国会でおこなった最後の演説はその興味深い例である。彼が暗殺された翌日，その演説が口語体のまま新聞に掲載されたが，文語体に“翻訳”する時間がなかった，という新聞社の注釈がつけられていた。またナセル大統領の演説については上でふれたが，ナセルは外国ではそのような演説をしていないことも注目に値する。その理由が，アラブ連合共和国の中ですでに緊張し始めていたシリアとの関係が，エジプト国家主義を打ち出すことでさらに危うくなることであったのは明らかである。

これまでつねに文語体の専用領域であると少なくとも建前では考えられてきたのが，宗教の領域である。宗教領域では，プライベートな場面であっても文体選択が高位へ向かう傾向があったが，今や少なくともエジプトでは，宗教者たちまでもが宗教的なことについて口語体で話すことが一般に受け入れられていることも明らかである。古典アラビア語(文語体)の独占であったこの領域も，ますます浸食されてきているのである。宗教指導の講話で，コーランやハディースの文面を説き明かしたり，説明するのにしばしば口語体が使われる。これは，イスラム世界の非アラビア語地域でイスラム教教育にその地域の現地語が用いられる(⇨ 17.1)のとよく似ている。エジプトであっても，伝統的な導師は，たとえば礼拝の説教のときには文語体を使うのがふつうである。つまり古典アラビア語(文語体)は，ハエリ(Haeri 2003: 1)の言う聖域(the boundary of the sacred)を示す目印になっているのである。1990年代のエジプトでのイスラム復興によって，宗教の領域における文体選択に変化がもたらされている。説教師たちは，まず簡潔な言葉で聴衆をひきつけるが，このときシェイフ=キシュク(*ʿAbd al-Ḥaīd Kišk*，1933〜1996年)のような著名な説教師は，おごそかな雰囲気を作り出すために，相かわらず文語体を使っている。これに対して，メディアの説教師たちには新しい動きが起きている。ワイズ(Wise 2003)が描き出したのは，そのような説教師たちによる場づくりや服装(伝統的な衣装ではなく現代の服装)における違いであるが，さらにこれと関連して，その言葉の選び方の違いにも注目している。ソリマン(Soliman 2008)は，メディア説教師アムル=ハーレド(*ʿAmr Ḫāled*，1967年生まれ)の説教での言葉づかいを研究し，アムルが古典アラビア語(文語体)を使うのはコーランの朗誦，ハディース(預言者の言行伝承)からの引用，説教の初めと終わりの祈りに限られていることを示した。説教のそれ以外の部分では，エジプト以外の国で話す時でも，エジプト方言(口語体)を使っている。ソリマンはこのことを，ターゲットとする聴衆が豊かな中産階級へ移行したことと関連づけ，また口語体を使うのは，若い世代に届かせようとする動機があると説明する。しかし，中年層の聴衆たちも，宗教指導としてのこの話し方について「リウィシュ」(*riwiš*「いかしてる」)と感じている。また，説教師が言葉の中に英語からの借用語を，適宜入れていくこともかなり有効である。

このような宗教領域の例をみても，方言というものをマイナスなものとして見るのは，ことを単純化しすぎていると言える。これまで見てきたように，方言は親密さを表し，これが政治的なレベルでは，アラブ国家などという遠い理想とは違う自国への忠誠心の象徴になる。何よりエジプトは，自分たちの方言に対するこのような見方の典型的な例である。エジプトでは，エジプト方言がそれなりに好意的に見られていることを社会のあらゆるところで目にする。テレビのインタビューでも，国会の演説でも，口語体の要素が遠慮なく使われる。このように口語体への関心が一般的に高いのは，スイスのドイツ語地域においてスイス=ドイツ語が奨励されているのといくらか似ている。エジプトではふつう文学作品に，とくに対話の中に口語要素が含まれ，演劇は台本が文語体で書かれたものであってもしばしば方言（口語体）で上演される。またエジプトの人々は，エジプト口語の辞書（Badawī and Hinds 1986）が出版されていることを自慢げに語る。語学学校の多くは，外国人のためのエジプト方言のコースも提供している。アラブ世界の他の地域では，方言を使おうとする試みが相当な疑惑の目で見られるのに対して，エジプトでは，言語問題に関する議論はもちろん起こった（⇨ 12.2）が，それがスキャンダルにまで発展することはなかった。ウィキペディアのエジプト語版の試み（⇨ 9.5）が 2008 年に始められたことは確かに驚きであるが，それにもまして，その推進者の，エジプト語をアフリカの一言語であるとする考え方も急進的であり，キリスト教徒の作家らが推進者であるにもかかわらず，エジプト人イスラム教徒がこの試みを好意的に感じ，そこへ書き込みをしようとしていることをパノヴィッチ（Panović 2010）が報告している。

口語体を使うことに対するエジプト人の見方は，アラブ諸国の国際会議での演説などで，他のアラブ諸国の参加者が口語表現を絶対に口にしないように努力するのに対して，エジプト人参加者が口語表現を使うことをためらわないことからもよくわかる。エジプト人のインタビューでは政治家も，さらには宗教権威者までもが，最初は形式的に文語体で始めなくてはならないとしても，たいていは口語体に切り替えていく。

エジプト方言がもつこのような求心力は，エジプトの国外でも作用している。汎アラブ的な場でもエジプト人たちが口語要素を使うことは，エジプトの映画や連続ドラマがアラブ諸国にたくさん輸出されていて，エジプト方言がアラビア語世界で広く知られていることによる。このため，ほとんどのアラブ人は，少なくとも部分的ではあってもエジプト方言を理解できるようになったが，逆にエジプト人は他の方言をあまり知らない。2つめの理由は，多くのエジプト人教師が他国で働いていることである。北アフリカ諸国には独立後，アラビア語を教えられる人材が少なかったために，数千人規模のエジプト人教師が招聘されて行った(⇨ 14.2)。またナセル大統領時代以降，イエメンではあまりに多くのエジプト人教師が働いていたため，現在でもイエメンではアラビア語を話す外国人がエジプト人教師と思われてしまうほどで，イエメン方言の中では，エジプト方言の要素が威信的表現の地位を急速に獲得しつつある(⇨ 10.2)。また最近では，湾岸諸国やサウジアラビアで，エジプト人が出稼ぎで働いていた。

13.5　文体変移の個人内要因

前節では，二層状態にある言語の中で文体の選択を決定づける要因を，話される内容や場，話し相手といった，話し手の外にある要因という視点から見てきた。また，それらの結果としての，文体に対する話し手の考え方や政治的，宗教的な目的のために文体を操作していることについても見た。話者をとりまく諸条件によって，使われる文体がどのように異なってくるかについてはいくつかの研究があるが，それに比べて，社会階層・経済階層や教育，信仰する宗教，性，年齢といった個人の要因と使われる文体との相互関係が見えるデータはほとんどない。

これまでの研究では，高位体と低位体の関係，そして話者の発話に文語体(書き言葉)がどう影響しているかに焦点が当てられてきた。このような文語体からの影響は，たしかにアラビア語の歴史の1つの特徴ではあるが，同時に，話し言葉である各方言も話者たちの活力を生み出してきたのである。アラビア語の都市語化や通用話体化(koineisation)といった変化の結果として威信方言が生成されたわけだが，その威信方言がもつ威信は，文語体がもつ威信とは必ずしも同一ではない。前述したように(⇨ 11.1)，バーレーンでは，スンニー派方言が文語体とは別の特徴要素をもち，シーア派方言が文語体と同一の特徴要素をもっているにもかかわらず，スンニー派方言のほうが威信方言となっている(Holes 1995b)。このことから，アラビア語世界で起きている言語変化は，決して古典アラビア語(文語体)からの影響を受けていないと主張する学者もいる。たとえばアル=ウェール(Al Wer 2002: 46)は，次のように言いきっている。

> アラビア語の変化は，母語として話されている方言と方言との相対的な上下関係（それは，話者どうしの相対的な上下関係によって決まる）によって決まる。アラビア語の変化の過程において，その方言の言語的な特徴要素が古典アラビア語と異なっているかどうかといったこととは無関係である。

アラビア語世界において，ある方言を威信方言の地位にまで引き上げている要素が何なのかを特定するには時期尚早である。現在のところ，社会・経済階層と，文体の高位体・低位体との間の相関関係を網羅的に設定するだけのデータがないので，それぞれの社会方言を，言語外の何らかの尺度で定義しようとすることはまだ無理であろう。イスマイル（Ismail 2007）は，ダマスカスで近隣どうしの 2 人の言葉の変移を研究し，社会階層による指標を設定しようとしたが，状況があまりに複雑であるためにじゅうぶんな結果は出せなかったとしている。結局のところ，言葉遣いの変移と相互に関連する要因として最も確実なのは，暮らしの中でのその人の社会的交友関係であるという。社会的交友関係の重要性についてはアル=ウェールも強調しており，さまざまな要因の間の相互依存もみる必要があると指摘している。たとえば，「教育レベル」あるいは「識字の程度」も他の要因と関連があって，その話者の交友関係を知る指標ともなるのである。アル=ウェール（Al Wer 2002）は，ヨルダンの首都アンマンから北西 25km の地方都市，サルト市（*al-Salṭ*）における，/t/ ～ /ṯ/ の変移を調べた。その調査から，教育程度の最も高い話者（女）はほとんどが /t/ を選び（59%），/ṯ/ を選んだのが最も少ないのは教育程度の最も低い話者であった（7%）。このケースでは，/t/ はアンマンの都会らしさを表し，/ṯ/ は文語体の発音であるにもかかわらず，サルト市の田舎っぽさを表している。それは，ここでは都会へのつながりと教育程度の高さとが結びついており，その結果，/t/ の発音を採用しているのである。アル=ウェールの研究で，都会型を好んでいるという結果には，調査対象者がすべて女性であることが影響している可能性もある。

また，ギブソンによるチュニジア方言における均整化に関する調査（Gibson 2002）も，これと近い結果を示している。文語体の *q* を /g/ で発音するベドウィン型諸方言の話者が，/q/ を使い始めているというのである。これは，一見すると文語体に合わせているようにも見えるが，この変化は都会のチュニジア方言

(/q/ で発音する)の求心力が原因である可能性のほうが高いと結論づけている。なぜなら，そのベドウィン人たちは，別の項目についてはむしろ文語体からさらに離れてしまうような，都会型の言い方を使うようになっているからである。たとえば，*ninsu*「私たちは忘れる」*344 から都会型の *ninsāw* に移行しているが，これでは文語体の *nansā* からさらに離れてしまっている。アル=ウェールとギブソンの結果は，話し言葉の変化が(必ずしも)文語体のほうへ向かう変化ではないことを示している。しかし前述のように，聴衆を前にした演説や説教(⇨ 13.4)など，日常会話とは別の領域においては，文語体からの影響もかなり現れていると言える。つまり文語体は，バーレーンのケースのように，自分の話し方を格上げさせる役割をまだ何らかの形でもっているということである。

また，アラビア語では，どのような言葉を使うかについて，信仰している宗教が重要な要因になっていることは昔から知られている。少し古いがブラン(Blanc 1964)は，バグダードのイスラム教徒，キリスト教徒，ユダヤ教徒の各共同体方言を記述し，所属する宗教と言葉との関係について調べた。比較的最近の研究では，ホールズ(Holes 1987)がバーレーンにおける共同体方言を分析している。バーレーンでは，スンニー派教徒が話すベドウィン型方言が“標準的”な方言であり，マイノリティであるバハールナ人(Baḥārna シーア派バーレーン人)たちが話しているのが定住民型の方言である。ホールズは，この社会言語状況(Holes 1995b も参照)を記述するには，この社会における各方言の社会的意味づけが重要で，人々が使っているさまざまなレベルの話し方をすべて記述しなければならないと主張したが，これは正論である。彼は，調査の中で含意尺度を設定し，それぞれの場ではどんな言語要素(語彙，語形，発音など)が被験者の返答の中に使われるかを観察した。この研究により，言語要素(語彙，語形，発音)と，その社会的意味との関連性という重要な結果が得られたのである。このことは，バハールナ人が話し方を格上げするときに，方言の語形を文語体の語形に一致させるかどうかにもよく現れている。「魚」という単語(文語体 *samak*)は，バハールナ人方言でもスンニー派方言でも同じく *smič* であるから，自分の話し方を格上げするにはどちらも文語体の語形にする。と

*344 チュニジアなどのマグレブ方言では，未完了形の1人称複数形は，1人称接頭辞 *ni-* に加えて複数接尾辞 *-w* ないし *-u* がつけられる。

ころが，「日没」という単語（文語体 *maġrib*）はシーア派教徒方言では *maġrib*，スンニー派方言は *mġarb* であり，話し方を格上げするとき，スンニー派は文語体の語形（*maġrib*）にするのに対し，シーア派教徒（バハールナ人）の識字者たちはスンニー派の語形（*mġarb*）にするのである（Holes 1987: 170 ff）。

文体の変移を生む個人内要因の 3 つめは，性別である。男女の言葉の違いに関する研究は，アラビア語社会言語学の中でますます増えてきている。欧米の社会言語学では，平均的に男性よりも女性のほうが標準・威信形態を使う傾向があって，言語変化にも保守的であると言われているが，この法則については，非欧米社会では女性よりも男性のほうが標準的形態を使う傾向があるとして疑問視するものもいる。女性は男性ほど文語体を使わない，というのは必ずしも正しくないが，たしかに状況によってはそういうこともある。バスユーニー（Bassiouney 2009b: 162–85）は，テレビのトーク番組で出演者の男女が使うアラビア語を調査し，文語体のほうが専門性や権威と結びつくため，議論が白熱すると女性も男性と同じくらい，あるいはもっと多く文語体を使っていることを示した。このような状況では，文体の使い方が，話している個人の権威を示す働きをする。パーキンソン（Parkinson 2003）は，文語体の知識をきちんと測ると，女性のほうが男性よりも点数が高いことを明らかにした。これらの研究結果は，欧米諸国の状況ともぴったりくる。

この傾向を定式化するには，格の高い言葉へ転換するという同じ目的のために選ぶ文体には，男性と女性とでときどき違いがあるというふうにまとめるのがよいであろう。その例としてバスユーニー（Bassiouney 2009a）は，ダーヘル（Daher 1997）がダマスカスで調査した，性別によるアラビア語の違いに言及している。そこでは，文語体の *q* に，男性は /q/ を，女性は /ʾ/ を好んで使っている。これについてダーヘルは，文語体と同じ /q/ という発音は知識層の領域の発音だが，これは伝統的に男性の領域の話であって，女性が選んでいる /ʾ/ は，むしろ都会っぽさや現代らしさを表現しているということから説明する。スレイマン（Suleiman 1985: 45）も，ヨルダンの女子学生の言葉を調査し，これと似たような性別に関係する文体の変移を見出している。そこでも女子学生は，男子学生よりも高い割合で農村方言から都市方言へ切り替えているのである。文語体はというと，聴衆の前などで使われるものであり，そのような場に女性が立つことが少ないため，男性が使うほうが多い傾向があると報告している。前述したアル=ウェール（Al Wer 2002）のサルト市での研究でも，より教育の高い女性が，文語体よりもアンマンの都市方言のほうを好んで使っていた。ある地域での標準的な話し方が，必ずしも自動的に文語体と同一ではないことが理解されれば，性別による高位体の使い方が欧米と非欧米で異なっているように見えていたものが，じつはそうではなかったことがわかる。ヨルダンの学生のケースでは，話者の多くによって威信形態と考えられているのが都市方言であり，これに対して文語体は男性領域に属すると見られているのである。

性別による文体の変移は，しばしば社会階層や年齢などともからんでくる。ハエリ(Haeri 1996)は，カイロの男女の話し方を調査し，咽頭化子音[*345]の咽頭化の度合いが強いと，社会階層の低さに結びつけられるため，女性はこれをさけていることを観察した。しかし女性の中でも，いわゆる「バラディー(*baladi*)[*346]」とされる女性は咽頭化の度合いが強いが，これは，自分は独立している，自力で何でもできるというイメージをともなっている。

性別など，いろいろな要因との関係を示した興味深い研究が，ワルターズ(Walters 1991)によるチュニジアの小村，コルバ村(Korba)での文体の変移についての詳細な観察である。ワルターズが調査した変移項目のうちの 1 つが語末の /-ā/ で，チュニジア方言ではこれがイマーラ現象によって /ɛː/ になるが，コルバ村方言ではこれに 3 種の発音があり，1 つはチュニジアで標準的な [ɛː] である。あとの 2 つは，地方のものや非威信的とされる，高母音化した [ɪː] と [ɨː] である。ワルターズは，チュニジアの標準的な方言を使っているのが，ほとんどが若い男性で，次が若い女性，次いで年配の男性，年配の女性の順であることを示している。この結果は，次の点で重要である。まず，標準的な話し方を使うことは，性別だけでなく年齢や教育程度などとも相関していることである。現に，女性で [ɛː] を使うのは，首都チュニスで学んできた女性たちであった。2 つめは，ほとんどの若い話者が，男性も女性も村に帰って来ると，まず高母音の発音を使うようになることからわかるように，この発音がグループへの帰属意識を示す印になっていることである。

また，コルバ村の方言では，言葉の選び方に年齢が重要な役割をはたしている。ただしアラビア語社会言語学の分野では，年齢は 1 つの独立したテーマとして研究されておらず，青年層の言葉の研究も，たいていは印象にすぎないも

---

*345 強勢子音 *ṭ*，*ṣ*，*ḍ* などのこと(Haeri 1996 p. 222)。

*346 *balad*「国」の形容詞形。社会階層的に低い，田舎っぽいという意味で使われている。

のや，もっぱら語彙に注目している。おそらく，言葉の都市化が進むと若い世代が集まる話者集団ができ，そこで自分たちの話し方や特有の文化ができあがる。インターネット投稿交流媒体の時代である現在は，集団の内輪の言い回しだったものが，そのグループだけでなく，広く社会へ広がっていく可能性がある。10 代の特有の言い回しが大衆全体へと急速に広まっていく経路となっているのである（そしてもちろん，10 代の文化の新しい言い回しが使われようになっていく）。エジプト方言では，「リウィシュ」(*riwiš*「いかしてる」)，「タハン」(*ṭaḥn*「超」)，「イシタ」(*'išṭa*「決まり！」) のような，もともと若者に限られていた単語が，今でも隠語と見られてはいるが (Rizk 2007)，だれでもが使う言い回しになっている。アムル=ハーレド (⇨ 13.4) を好む中高年層のファンがその説教を「リウィシュ」(*riwiš*「いかしてる」) というのは，まさにその例である。

13.6　文献案内

アラビア語社会言語学の全般的な入門書としては，Bassiouney (2009) が出版されている。言語二層状態，文体切り替え，変移要素，言語政策が扱われ，また文体と性別の関係に大きな章があてられている。都市の諸方言の中の変化や多様な形についての文献を，Miller (2004) が概観している。

「言語二層状態」(diglossia) という用語がアラビア語研究でよく使われるようになったのは Marçais (1930) からだが，たいていの社会言語学の研究書は，大きな反響を呼んだ Ferguson (1959) から始めている。MacNamara (1967)，Kaye (1972)，McLoughlin (1972)，El-Hassan (1977)，Eisele (2002)，Boussofara-Omar (2006a) などを参照されたい。Corriente (1975) は，古典期のアラブ世界の言語二層状態を通時的に研究している。

言語二層状態というファーガソンのモデルを理論的に検証しているのは，Gumperz (1962), Fishman (1967, 1972), Britto (1985) である。Hudson (2002) は，言語二層状態 (diglossia) という，ファーガソンの研究におけるもともとの考え方が今でも有効であると主張している。ファーガソンのモデルに対する全般的な評価は，ファーガソンの論文を編集した Belnap and Haeri (1997) の各章の序論にある。Fernández (1993) には言語二層状態に関する包括的な文献目録があり，これにはアラビア語における言語二層状態に関する文献も豊富にあげられている。

言語二層状態の概念をアラブの実際の国（イラク）の言語状況にあてはめた

初めての研究の1つが，Altoma (1969) である。Badawī (1973) は，エジプトの言語状況についての教科書的な存在であり，また社会言語学をテーマとしてアラビア語で書かれた数少ない著作の1つである。本章でもふれたラジオのアラビア語の研究が，Diem (1974) である。この本には，演説，インタビュー，会話を転写した文面も載せられている。ラジオのアラビア語を分析したさらに新しい研究に，Eid (2007) がある。

言語層が混合した中に含まれている各層間の不均整性は，Mejdell (2012a, b) によって分析されている。基盤枠言語モデルについては Myers-Scotton (1993, 2010) を，その批判的分析は Boussofara-Omar (2003, 2006b) を参照。文体切り替えの際の各層による統語法の違いは，Eid (1988) が検証している。

知識層の文語体については，Al Batal (2002)，Parkinson (2003) を参照。学問的な場での混合文体の使用についての大規模な研究には，Mejdell (2006) や Bassiouney (2006) がある。口語体の中に文語体の要素を使うことについてはあまりわかっていないが，Diem が提供してくれているラジオの書きおこしには，人々が発話の格上げをしようとしている例がたくさんある。

文語体の目印として実際にどのような要素が使われているかという研究はないが，これについては第9章でもふれている。またエジプトではないが，Palva (1969a) がヨルダンのベドウィン人の発話に使われる文語体要素を研究している。

言語と政治　ナセル大統領の演説の構成については，Holes (1993) と Mazraani (1996) を参照されたい。

言語と宗教　Haeri (2003) を参照されたい。イスラム教の説教の新しい話し方については Wise (2003) を参照。また，アムル=ハーレドの説教に使われる文体の分析は Soliman (2008) を参照。イスラム教の説教師の著作は，文体や脚色に個人の差はあるものの，みな標準アラビア語という規範を守っている。ユースフ=カラダーウィーとアムル=ハーレドの書くときの文体の比較を Høygilt (2008) がおこなっている。

言語と民族主義　Suleiman (2003, 2004) を参照されたい。アラブ世界では，文体に対する見方についての研究はほとんどない。外国語に対する見方については，Bentahila (1983) がモロッコにおけるフランス語・アラビア語を扱っている (⇨第14章)。Zughoul and Taminian (1984) はヨルダンにおける英語・アラビア語，Suleiman (1985) はヨルダンにおける英語・アラビア語，Abu-Haidar

(1988a) はイラクにおける英語・アラビア語，Amara (1999) は西岸地区とイスラエルにおけるヘブライ語・アラビア語を扱っている。

それぞれの集団で話されているアラビア語のバリエーションに関する理論は，Holes (1987) のバーレーンの宗派方言の研究の中で検討されている。また，方法論についての有益な見解は，Owens (1998) によるナイジェリアのさまざまなアラビア語の研究や，Haeri (1996) のカイロ方言のバリエーションの研究にある。

社会経済階層や教育程度による変移　Ismail (2007) と Al-Wer (2002) を参照されたい。

宗教による変移　Blanc (1964) によるバグダードの研究は前述した。また，Jastrow (2004) のモスル市における共同体方言，Holes (1983, 1984, 1987) のバーレーンの研究もある。

性別による変移　Bassiouney (2009b: 128–97) を参照されたい。アラビア語方言における男女間の違いを概観した最近の研究が，Rosenhouse (1996) にある。また，Vicente (2009) も参照。性別と言葉づかいの間の相互関係については，さまざまな視点からたくさんの研究がなされている。性別による言葉の違いが社会の中で女性の位置づけにどのような影響を与えるかという視点は Sadiqi (2003) を参照。チュニジアにおける男女間の言葉の違いは Walters (1989, 1991)，エジプトに関しては Haeri (1992, 1997) が検証している。どちらも，西洋と非西洋とを厳密に分ける研究方法の必要性を強調している。ヨルダンに関しては，Al-Wer (2003) がある。Ismail (2007, 2008) はダマスカスのアラビア語を分析しているが，男女による違いにもふれている。都市化による影響については Miller a.o. (2007) に収められた各種の論文を，とくに若者層の言葉については Rizk (2007) を参照されたい。

二言語併用（バイリンガリズム）

▶第 14 章◀

14.1　はじめに

前章で概観した言語二層状態は，北アフリカ諸国でも同じだが，旧宗主国フランスの言語が第 2 の威信言語として存在しているために状況は複雑である。マグレブ地方に関する研究では，このような状況を「二言語併用」(bilingualism) の一種とするのがふつうである。ファーガソンのもともとのモデルでは，「二言語併用」は 1 つの言語社会において，系統の異なる 2 つの言語が併存することをさしていた (⇨ 13.1)。最近の研究では，「二言語併用」のほうは心理言語的な用語として，話者による 2 つないしそれ以上の言語の高い熟達度をさしているが，ことマグレブ地方の言語状況に関する研究では，「二言語併用」(フランス語では bilinguisme) をたいていはファーガソンのもともとの意味で用いている。したがって本書でも，「二言語併用」という用語はマグレブ地方におけるアラビア語とフランス語（また，ときにはアラビア語とベルベル=アマズィグ語）の併存状態をさすことにする。

本章ではまず，北アフリカ（およびレバノン）におけるフランスの植民地政策と，それによるこれらの地域の言語状況への影響をみる (14.2)。そして，各国が独立後にアラビア語化政策をおこなったさまざまな方法について検証する (14.3)。そのあと，アラビア語とフランス語の言語混合や借用に対する見方（言語観）をみる (14.4)。最後に，ベルベル語（アマズィグ語）に対する言語政策と，モロッコとアルジェリアにおけるベルベル語の現在の状況を扱う (14.5)。

マグレブ地方（およびレバノン）の現在の言語状況を表すのにどの用語が使われても，こうなった根っこには，フランス植民地時代にフランス語がこの地域と不可分のものとして結びついたことがある。イギリスの植民地とは違って，フランス当局は現地人のフランスへの同化や統合をめざしており，フランスは公式には，搾取するために他国を植民地にしたのではなく，現地人にフランス文明をもたらすことを目的としていた。したがって，フランス当局はフランスの植民地政策を「文明化の使命」(mission civilisatrice) とし，実際にその信念をもつ者もいたが，この見方は一方で，現地人に教育を与える施策に反対している，ほとんどのフランス人入植者たち (colons) とは共有されていなかった。

フランスが占領していた長い期間(モロッコ 1912〜56 年，アルジェリア 1830〜1962 年，チュニジア 1881〜1956 年) に，「植民地」の民衆たちはつねにフランス語とフランス文化にふれていた。この公式の目標 (フランス帝国の住民が等しく権利を有するものとして現地人にも教育を与えること) はほとんど実現しなかったが，フランス人とアラブ人の関係を規定する原則ではありつづけた。実際にフランス語を学ぶ機会を得られたのは，植民地のアラブ住民のほんの一握りのエリートにすぎなかった。このような人たちはフランス語，フランス文学，フランス文化を自分のものとして身につけてかなりフランス人化したが，そうした教育や生活態度を身につけた彼らでさえ，真のフランス市民として受け入れられているわけではなかった。そのことが判明したとき，この一握りのフランス=アラブ人は，フランスによる支配への反対運動の中核になったのである。全体的にみれば住民たちにとって，フランス語を少しでも知っておくことはフランス当局とやりとりするためには必須だったが，ほとんどの住民はフランス語の正規教育を受けることはできなかった。

14.2　国の独立とアラビア語化

植民地時代には，植民地当局がアラビア語話者の子どもたちに二言語教育をおこなったが，これは中途半端なものであり，この制度を提供していた学校でさえも，アラビア語は教科外のクラブ活動くらいの位置づけに追いやられていた。独立直後もしばらくはほぼこの状況が続いていて，二言語教育校でも数学，物理，経済などの「重要」科目を教える言語は相かわらずフランス語であり，アラビア語が使われるのは文学，歴史，宗教教育の授業だけであった。政治的にはアラビア語が国語として宣言されていたが，当初，教育や行政の主要言語は依然としてフランス語のままであった。マグレブ地方の 3 か国はいずれも，教育と行政の両方でこの言語状況をかえようとして早い段階にいくつものアラビア語化キャンペーンを張っている。キャンペーンの背景は 3 か国ともよく似ているが，それがたどった道のりはかなり違っており，これについてはグランギヨーム (Grandguillaume 1983) が詳しく分析している。その違いが生まれた背景には，フランスが支配した期間の長さ，フランス人入植者の数，そしてマイノリティーであるベルベル人の存在といったいくつかの要因が考えられる。

チュニジア

チュニジアでは，フランスの統治によって二言語併用のエリートがかなり多く生まれていた。ここではベルベル語は，南部に人口の 5%にも満たない話者しかいなかったから，あまり影響力をもっていなかった。独立後，アラビア語化が政府の公式な政策になったが，速度はゆっくりとしたものだった。初代チュニジア大統領 (在位 1957〜1987) のブルギバ自身，たしかにアラビア語の導入に尽力はしたものの，性急な転換には賛成していなかった。ブルギバ大統領は，演説では中層レベルの言葉を使うようにしていた。また，ことあるごとに，古典アラビア語はチュニジア民衆の言語ではないと言明していたが，これはチュニジアにおける言語論争でポイントとなる考え方の 1 つになった。アラビア語化とはいっても，アラビア語の標準語を全面的に導入することをめざしたのではなく，フランス語との二言語併用をかなり許容しており，また少なくとも一部にはチュニジア方言に関心を寄せているものもいた。

公式な論議ではアラビア語の重要性が強調されたが，多くの知識人は，世俗化が完全に実現したチュニジア社会に，行きすぎたアラビア語化によって再びイスラム教正統主義が導入されてしまうことを恐れていた。政府機関ではアラビア語化が組織的にはおこなわれなかったが，法務省や内務省などいくつかの省庁は 1970 年に完全にアラビア語化された。しかし同時に，二言語併用のほうがよいと公言する人がまだ多くいたし，チュニジア社会がそれまで積み上げてきたものを失うことは望まれていなかった。また，国民の多くは，チュニジアのアラビア語はチュニジア方言であるというブルギバ大統領と同じ意見だった。

チュニジアの学校では 1958 年，革命的な改革が始まった。学校のアラビア語化をめざして 2 つのカリキュラムを設定し，親たちが子どもを単一言語のアラビア語クラス (セクション A) に通わせるか，二言語併用のフランス語・アラビア語クラス(セクションB)に通わせるかを選択できるようにしたのである。結果は目に見えていた。アラビア語による教材はなく，アラビア語による教育を身につけた教師もいない。そして何よりも親たちは，子どもに社会で成功する機会を与えてやることを望んでいたから，アラビア語には関心がなかったのである。これは，子どもを二言語併用の学校へやることを意味していた。このプロジェクトは10年たって公式に断念され，セクションAは姿を消した。ただ，アラビア語化の施策はいくつか実行され，初等教育の1年生から3年生までは完全にアラビア語になり，中等教育でもいくつかの科目(哲学，地理，歴史)はアラビア語でおこなわれるようになった。

ブルギバ大統領以降は，チュニジアの状況はアラビア語支持のほうへとかわり始めている。大学レベルでも，授業では教師が標準アラビア語を使うよう迫られ，自分の専門科目をアラビア語で教えるのは不可能だと考えている教師も，そのほとんどはフランス語だけで教えることを断念している。小学校教育は現在，アラビア語でおこなわれているが，3年生以降にフランス語が外国語として週9〜11時間の割合で教えられている。中学校では文系科目はアラビア語で，理系科目はフランス語で教えられている(Daoud 2007: 267–70)。1990年代にはイスラム原理主義が起こり，その大きな影響を受けた。基本的に原理主義者は，フランス語によるあらゆる教育に反対し，アラビア語をカリキュラムにおける正式な言語とした。これによって，言語問題はいきおい宗教問題と結びつくことになったのである。2011年，ジャスミン革命によってズィン=アビディン=ベンアリ大統領が失脚した後，言語と宗教のこのような結びつきは，復興党(ナハダ[*347] *al-nahḍa*)のラシード=ガンヌーシ(1941年生まれ)によって再び強調された。2011年の選挙による復興党の歴史的な勝利のあと，ガンヌーシは，ミドル=イースト=オンライン[*348]のインタビューに答えて(2011年10月26日)，アラビア語・フランス語の二言語併用はチュニジア国民意識の「言語的汚染」であると述べた。つまり，今後のチュニジアにおけるアラビア語化と二言語併用状態との戦いは，政治の流れによって大いにかわりうるということである。これによる2次的な影響について，ダウード(Daoud 2007: 277ff)が興味深い言及をしている。英語は，チュニジアにおいて直接にフランス語の地

*347「ナハダ(アラブ民族意識の目覚め)」と同じ語。
*348 イギリスのインターネット中東ニュースサイト。

位をおびやかしているわけではないが，徐々に重要性を増しており，日常でも目にするようになっているという。これは表面的な現象ではあるが，たしかに，学校の低学年のカリキュラムに英語を取り入れようという本格的な対策もなされている。英語がこのように広まっている理由の 1 つは，英語はフランス語がもち込んだようなある種のルサンチマンをもたらしていないため，世俗主義者だけでなく，フランスの影響力に断固として抵抗しているイスラム主義者にとっても受け入れやすいことがあげられるだろう。

モロッコ

モロッコの言語状況にはいくつもの要因がからんでいる。その第 1 は，モロッコには少数民族アマズィグ人*349 がマグレブ諸国の中で最も多く，ある統計では 50%にものぼるほどである。第 2 に，モロッコとヨーロッパの貿易関係によって，フランス語が実質的に重要な役割をはたしていることである。そして第 3 に，言語問題が，政治状況，つまり王権とつねにかたく結びついていることである。1956 年にムハンマド 5 世王によってモロッコが独立したとき，君主制とイスラム教とアラビア語が三位一体となったのである。

植民地時代には就学率が非常に低く，フランス系の学校に通う生徒は，圧倒的多数がフランス人であり，モロッコ人はほんの一握りの子どもが通うのみだった。たとえば 1945 年には，フランス人生徒数は 45,000 人，モロッコ人生徒は 1,150 人だった。これに対して 1957 年，独立直後の小学校と中学校それぞれの総生徒数は，小学校が 53 万人，中学校が 3 万 1 千人，そして 1965 年には小学校が 100 万人，中学校が 13 万人になった (Grandguillaume 1983)。これが，2002 年のユネスコの統計によると，小学校に入学した子どもたちが 4,100 万人，中学校が 1,700 万人である。植民地時代には，モロッコ人の子どもたちが通うことができたのは伝統的な学校だけで，それはまずクッターブ (*kuttāb*「寺子屋」) に始まって，頂点はフェズにある伝統的なカラウィーン大学だけだった。

独立後，学校をアラビア語化する試みがいくつかなされたが，小学校と中学校のアラビア語化を 1959 年までに完了させる計画は，理系科目にアラビア語を導入する段になって現実的な問題のため引き伸ばされた。現在，公立の小学

*349 ベルベル人のこと。

校と中学校ではアラビア語化が完成しており，フランス語は外国語として教えられる時間数が増えている (Ennaji 2005: 105–7)。高等教育では，技術系の分野はフランス語，人文系はアラビア語というように，科目によって使用言語が決まってくる。私立学校もかなりあり，そこでは使用言語は自由に決められているが，完全にフランス語による教育をしている私立学校もある。

行政機構をアラビア語化するキャンペーンは，ほとんど中途半端なままである。アラビア語化は，政治課題と同様，とくにベルベル語の影響力に対抗して，アラビア語を国の唯一の言語として確立させるという意味で重要だったが，実際には 30 年たってもいくつかの省庁ではフランス語が業務言語として使われ続けていた。たとえば，アラビア語化委員会の職員たちは，アラビア語化の支援と保護が自分たちの明確な目的であるのに，国の言語問題を議論するときには相かわらずフランス語を使っていたという報告が多数にのぼっている。そういうわけで，大都市の，少なくとも「ヨーロッパ系地区」に限れば，かなり多くのフランス語を目にしたとしてもそれほど不思議ではない。たとえば，書店ではまだフランス語の新聞や書籍が売られ，看板や広告はフランス語で書かれ，フランス風カフェではフランス語でコーヒーを注文する。

アルジェリア

マグレブの 3 つめの国アルジェリアは，フランス統治が最も長かった国として知られ，最も多くのフランス人入植者 (colons) を抱えている。この国は 1830 年から，事実上フランスの州になっており，独立のための激しい戦争が 1962 年まで続いた。フランス統治下のアルジェリアでは，アラビア語が危うい状態にあった。古典アラビア語による教育はつねに差し止めの圧力を受け，ついに 1936 年には，政令によってアラビア語が“外国語”として宣告されるにいたる。フランス語以外での教育と言えば，口語体アラビア語かベルベル語によるものだった。1961 年，ド=ゴール・フランス大統領が再びアラビア語を小学校 (écoles du 1er degré) の必須科目としたが，これによって当時の状況をかえることはもはやできなかった。また，他のマグレブ諸国と同じく，アルジェリアもアラビア語を国語とし，イスラム教を国教としたが，そうしたところで多くのアルジェリア人はアラビア語の標準文語体に習熟しているわけではなく，口語体さえできない人々がいる事実がかわるわけではなかった。たとえば 1963 年，国民会議で議事の進行をアラビア語に通訳することが提案された。もちろん会議参加者の多くはアラビア語で話すことができなかったから，議論のほとんどはフランス語でおこなわれていた。この提案は全体の承認は得たものの，首相が指摘しているように，じゅうぶんな訓練を受けた通訳者などは願うべくもなかったので，議事は当分フランス語で進行せざるをえなかった。ベンラバ（Benrabah 2007: 112）は，1990 年のアルジェリアにおけるフランス語のみの単一言語話者が約 15 万人いたと見積もっている。

アラビア語化は教育の分野から始められるべきであることは当初から認識されていたが，最初，アラビア語化プログラムは，おしなべて控えめだった（初等教育では，アラビア語でおこなわれる授業が週 7 時間）。教師がほとんどいなかったから，すぐにエジプト人教師を 1000 人，その後にシリア人も 1000 人導入した。1965 年のクーデターのあと，ブーメディエンが大統領に就任し，アラビア語化は中心的な政策の 1 つになった。約 10 年の間に初等教育はほとんどアラビア語化され，中等教育でも多くの進展があり，さらに大学でもアラビア語に切り替える圧力がいっそう強まった。

フランス当局は独立直前に，自分たちが去ったあとの行政を引き継がせるためにアルジェリアの国家公務員による部隊を創設した。10 万人ほどいた公務員たちは自分の特権的な地位を守りたかったので，言語状況がかわることを容認できなかった。したがって，政府が 1968 年に，国家公務員は 3 年以内にアラビア語習熟度の検定を受けなければならないと布告したものの，この法令も徹底されずじまいになった。この布告は 1980 年に再び出され，今度は 1985 年までの全面的なアラビア語化をめざして強化された。

アルジェリアでは，マスメディアや大衆的な領域へのアラビア語導入は，支配的だったイスラム教運動と固く結びついていた。なかには，このように徹底的なアラビア語化が，アルジェリアでの原理主義の成長の一因であり，またアラビア語・フランス語の二言語併用に反対する人々と，徹底的なアラビア語化に激しく抵抗する人々に両極化した一因である，という意見がある。

一方，モロッコではイスラム教の求心力は君主制がもっていってしまったし，チュニジアは世俗主義の道を選んだ。ところがアルジェリアでは，社会主義政権によってイスラム教が支持されなかったにもかかわらず，イスラム教は，フランス語をアラビア語に置きかえる取り組みを進める 1 つの大衆的な動きになった。1976 年，アルジェリアの街から，通りの名前，掲示板，広告など，フランス語によるものが一晩のうちにすべて姿を消し，まるで別の街になってしまった。おそらくこれら全部が行政のおこなった措置だったわけではなく，中には大衆的な運動として自発的におこなわれたものもあったろう。こうして1990年代に国が分裂した内戦時にあっても，言語問題はもはや生じなかった。

1991年，アラビア語以外の言語の使用を禁止することが法律に規定されたことをもって，アラビア語化が全領域で完了したときは，単一言語主義の時代が来たように見えた。しかし，表面的には成功したように見えて，手落ちがあった。公的な場や教育におけるアラビア語化運動は成功したものの，同時に教育水準の低下も招いていたのである。行政機構におけるアラビア語化も明らかに完了していなかった。ベンラバ（Benrabah 2007: 101）は，地方行政機関と市民との間で交わされた文書は依然としてその70%がフランス語であったと見積もっている。また，中央行政でもしばしば文書は，まずフランス語で書かれてからアラビア語に訳されていた。ところが1990年代後半，ブーテフリカ新大統領が公的な場でフランス語を使い，二言語併用国家としてのアルジェリアのイメージを打ち出し始めてから，事態に変化が起きた。ブーテフリカ大統領は，国の経済を発展させ近代化するには，教育水準を大幅に引き上げなくてはならないと考えていた。新しい改革は，フランス語を最も重要な外国語として再び導入することをめざした。この改革で徹底的なアラビア語化の圧力が弱まり，今度は，アルジェリアの高等教育でフランス語や，フランス語とアラビア語を組み合わせたものが使われ続けることになりそうである。フランス語で書いていたアルジェリアの作家の中には，2000年代の新しい言語政策の方向性について，フランス語を使うときに感じていた罪悪感が取り除かれ，解放されたと感じているものもいる（Benrabah 2007: 65, 114–5）。中学生に対する最近の意識調査（Benrabah 2007: 55）によって，若者世代が将来のことを考えるときには，あたりまえのようにフランス語が入ってくることが明らかになった。

レバノン

ここまで北アフリカの言語状況を述べてきたが，東アラブ世界でもレバノンとシリアはフランス語の勢力圏内にあった。シリアではフランス語の痕跡はほとんど払拭されたが，レバノンはアラブ人キリスト教徒（マロン派教徒）が多数暮らしており，特殊なケースである。レバノンのキリスト教徒はかなり古い昔からヨーロッパのキリスト教会と関係を築き，マロン派教徒たちはバチカンで学び，その後はパリで学ぶなど，ヨーロッパとの強いつながりがあった。1860

年にマロン派とイスラム教ドルーズ派の間で衝突が起きたときも，ヨーロッパ列強が介入し，オスマン朝との間で協定が結ばれて，レバノンの位置づけをシリア県の一部ではなく，独立したムタサッルフ(*mutasarrıf* オスマン帝国の特別行政地区)とした。この地域ではマロン派が多数派であったため，キリスト教の宣教師たちが非常に活動しやすくなった(1866 年には，後にアメリカン大学ベイルート校となるシリア=プロテスタント=カレッジが設立され，1875 年には聖ヨゼフ=カトリック大学が設立された)。19 世紀に入る直前に，ヨーロッパ列強，特にフランスの干渉によって，キリスト教徒の知識層が文化語としてフランス語を使うようになった。

レバノンでは，フランスによる委任統治(1918〜43 年)の混乱の中，マロン派が独立のアラブ系国家としての大レバノンを打ち立てようとしていた。最終的にフランスが独立を認めた時点で，マロン派の支配はベカー高原や今のレバノン南部など，イスラム教徒の地域まで広く含んでいたので，マロン派はもはや多数派ではなくなっていた。したがって残された道は，二文化性や二言語性を打ち出して，レバノン独自のレバノン国家主義を形成する方向だけだった。

内戦以前には，レバノンのマロン派の出版物では，レバノンでフランス語とアラビア語が併存していることを好意的にみていた。たとえば，アブー(Abou 1961，1962)は言語使用状況の概説や研究を出版し，その中で，自分は今後もレバノンは二文化統一体であるべきだとする考え方の熱烈な提唱者であると表明していた。また，レバノンが歴史的にヨーロッパとレヴァント地方の仲介者の役割を担ってきたことも強調され，二言語教育の強みが賞賛されている。同時に，アブーは著書の中で，イスラム教徒住民とキリスト教徒住民はフランス語の習熟度の点で違いがあることを統計によって示しているが，この状況は言うまでもなく，内戦以来ずいぶんかわってきており，言語勢力図が再びもとに戻ることはないだろう。残念ながら現在の状況についてはあまりわかっていないが，フランス語が支配的な地位を失ってきていることは間違いない。首都ベイルートでさえ，国際社会とのコミュニケーションに際しては，東ベイルートではまだフランス語が使われているものの，西ベイルートではかなり英語にかわってきている。

ベイルート=アメリカン大学ではずっと英語が使われてきている。最近，英語が広く使われるようになった状況は，おそらくチュニジアの党派間対立の中で中立的な位置を占めていることから英語が使われるようになってきていることと同じであろう。またレバノンでは，内戦によって言葉の勢力関係（言語市場）に再編が起きた。とくにメディアは大きくかわった。その影響の 1 つが，日常的に広くアラビア語の方言が使われるようになったことであろう。前述したように，ヒズボラの指導者も，政治的な発言の中で標準アラビア語とレバノン方言を切り替えながら話しているが，これはエジプトのナセル元大統領の政治演説（⇨ 13.4）を彷彿とさせる。レバノンの最大テレビ局 LBCI は，テレビ番組で標準アラビア語とレバノン方言を混合して使っているが，これは，この 2 つの言語変種を切り替えているのではなく，組み合わせていることが非常に独特である（Al Batal 2002）。

14.3 北アフリカにおける言語選択と言語観

マグレブ諸国では，旧宗主国の言語であるフランス語がフランス統治の間に象徴的な価値を帯びるようになっていたため，アラビア語が公式に新しい国語になってからも，相かわらずフランス語を知っていることが成功への重要な鍵と考えられていた。また公式には，それまでフランス語が担っていた領域を「アラビア語化（タァリーブ *ta'rīb*）」する，つまりアラビア語を導入する政策を敷いたのだが，アラビア語もフランス語と同じように公用語として機能しうると人々が思えるようになるまでには長い時間がかかった。今でもフランス語は文化語としては重要な役割を担っており，モロッコでもチュニジアでも，知識層が話の途中でフランス語とアラビア語を切り替えるのをよく耳にする。

また，フランス語の習熟度という点からみても，言語状況はかわってきている。植民地期には，教育をすべてフランス語でおこなう学校に通っていたのは，人口の割合からすればほんの少しだった。このエリート集団は，フランス語と口語体アラビア語の 2 言語を併用し，家庭環境や学校教育の度合いによってはフランス語のほうが優勢となるものもいた。とくにアルジェリアでは，極端なケースとして，フランス語のみの単一言語使用者も生まれていた。このようなエリートたちは，家庭では口語体アラビア語を使っていたものも，完全にフランス語に切り替えたものも，そのほとんどは，事実上，標準文語体アラビア語の知識はなく，アラビア語では読み書きもできなかった。独立後，学校に文語体アラビア語が導入されるにつれてこのような集団は姿を消し，状況はかわっていった。マグレブ諸国では，年配の世代には文語体アラビア語を学ぶことをかたくなに拒み続けている人もいるが，全体的には職業生活の中で文語体アラビア語を使うことへの圧力から逃れられなくなっている。

植民地期には，フランス語の学校に入ることができたエリートのほかにも，当局やフランス人入植者とやりとりすることのある人は，フランス語にふれることで必要最低限の(くずれた)フランス語を身につけていた。このような人々もある種の二言語併用者ではあったが，彼らの第1言語は口語体アラビア語であり，フランス語のほうはもちろん補助的なものにとどまっていた。フランス語の習熟度は，フランス語にふれる量や，当局や入植者とどのような関係をもっているかによって決まっていた。独立後も同じような二言語併用は続いていたが，現在，習熟度は，どのくらい学校に通ったかによって決まっている。また，植民地期とは対照的に，独立後は学校に通えばみな同じように標準アラビア語を習うようになった。

フランス語やアラビア語の習熟度の変遷は，現存のわずかな統計資料から推計するのみである。表14.1は，1968年に各種の学校の卒業者数から推計したものである。また，国際フランコフォニー機構(Organisation internationale de la francophonie)[*350]の統計(2007)によると，モロッコでは13.5%が完全なフランス語話者，19.5%がある程度のフランス語話者，チュニジアでは全体で63.6%がフランス語話者であるとなっている。ベンラバ(Benrabah 2007: 112)によれば，アルジェリアのフランス語話者数は2004年には約60%であった。さらに最近の調査では，ほとんどの人がいまだに文語体アラビア語で話したり書いたりする能力がフランス語よりも低いと感じていることが示されている。また，自身の標準文語体アラビア語が(非常に)うまいと答えたのは学生の約25%，教師の約35%であるのに対し，フランス語ではそれぞれ55%，70%であった(Ennaji 2002: 78–9)。

この数字には不正確な部分があるが，1つの言語使用領域で文語体アラビア語とフランス語の2つの威信言語が競合しているという，北アフリカの基本的な状況は反映されている。つまり，この2つの言語に対する話者の言語観には，過去の植民地時代の影響が色濃く残っているのである。ベンタヒラ(Bentahila 1983)は，この2言語を使うことに対する人々の見方を，反応を引き出すMG法(Matched Guise Technique 対比偽装法)を使って調査した。この調査によって，一般的に，質の高いフランス語であれば，相手がアラビア語で話

[*350] フランコフォニーとは，フランス語で「フランス語圏」の意。

	チュニジア	モロッコ	アルジェリア
アラビア語のみ	300,000	400,000	100,000
二言語併用	500,000	700,000	300,000
フランス語のみ	100,000	100,000	900,000
合計	900,000	1,200,000	1,300,000
	20%	10%	12%

【表 14.1】 北アフリカの識字層の言語習熟度
(Gallagher 1968: 148)

すよりもフランス語で話すほうを好意的にとらえていることを明らかにした。フランス語を話す者はモダンで，垢抜けていて，教養があり，身分も高い人と認識され，その同じ人物がアラビア語で話すと，社交性や親しみやすさといった要素に関して評価が高くなる。興味深いことに，言語を混合して使うことに対しては，ほとんどの回答者がかなり否定的にみていたが，両方の言語に習熟している二言語併用については，回答者の 3 分の 2 が，個人にとっても，また社会や，とくに教育にとってもそのほうが有利だと見ている。また，アラビア語化に対しては，ほとんどの回答者が古典アラビア語でおこなわれるアラビア語化には好意的であると同時に，二言語併用が続くことにも賛成していた。そして，ほとんどすべての回答者が，科学はアラビア語でもじゅうぶんに教育できるが，フランス語によるほうがより好ましいと断言している。このような反応が出てくるのは，独立後の二言語併用社会に対する人々のとらえ方と，「公式」見解とが深いところで葛藤していることの現れである。言語選択の面では，同じくベンタヒラ (Bentahila 1983) の研究で，回答者はお年寄りや貧しい人々，また家族とはもっぱらアラビア語で話し，医者や雇い主とはもっぱらフランス語で話すと答えている。ベンタヒラは，それぞれの言語が使われる領域に順位をつけ，モロッコ方言が使われる領域として最小なのが教育，最大が家庭で，フランス語は最小が友人どうし，最大が教育になっていることを示した。友人どうしで好まれるのは，アラビア語とフランス語の混合であった。

メディアの言語としてはどちらの言語が好ましいか，という質問に対する回答者の反応は，書かれるものと話されるものとで興味深い対照を示している

s=87	フランス語	混合	アラビア語	無回答
実際に読んでいる新聞	37	53	15	4
新聞として好ましい	58	13	26	12
実際に読んでいる本	45	54	7	3
本として好ましい	62	14	20	13
実際に聞いているラジオ	25	60	19	5
ラジオとして好ましい	54	14	27	14
テレビとして好ましい	55	26	20	8
映画として好ましい	79	13	6	11

【表 14.2】　モロッコのメディアにおいて好ましいと思う言語
（Bentahila 1983: 68, 70）

（⇨表 14.2）。回答者が回答の際につけたコメントから，人々がこの 2 つの言語をどう考えているかがわかる。フランス語で考えているから，当然フランス語のほうがよいのだが，国への義務感からアラビア語のほうがよいとしているのである。

モロッコ人の言語観に対する，より新しい調査（Ennaji 2002）によって，これまでの状況がほとんど変化していないことが示された。科学においてアラビア語とフランス語を使うことについて，多く（約 60%）が（高等）教育にはフランス語のほうが好ましいと答えている（これに対して，標準アラビア語が好ましいとしたのは 25%であった）。回答者の 3 分の 2 は，アラビア語とフランス語の併用がよいとしている。また，回答者のほとんどは，アラビア語は歴史的遺産であり人文系にふさわしく，フランス語は技術や進歩を表すと考えている。1 人として，完全なアラビア語化を支持する回答者はおらず，現在の二言語併用状態が望ましい選択であるとしている。またこの調査では，通俗語であるモロッコ方言が，この 2 つの標準語（文語体アラビア語とフランス語）のどちらにでも置きかわりうるとした回答者はほとんどいなかった。言語学者の中には，ユースィ（Youssi 1995）のように，通俗モロッコ語（ダーリジャ *dārija*「方言，訛り」）ならばはるかに多くの国民が使えるのだから，これを教育システムに取り入れるのが最善の解決策であるとする者もいるが，少数派である。これまで，モロッコ方言を著述に使う試みはいくつかあった（⇨ 9.5）ものの，その後の発展は見られない。

モロッコにおいても標準アラビア語に威信があることは，話者が，標準アラビア語を使う中で不必要修正を犯すことからもうかがい知ることができる。メディアでは，標準アラビア語で話すとき，おそらく定冠詞の方言形 *l-* を回避しようとして，文中であるのに声門閉鎖音をはっきり入れて *'al-* としたり[*351]，句末形にまで格語尾をつけたりすることがある[*352]が，このようなことは，エジプト以東の東アラビア語世界ではけっして起こらない。この結果，次のモロッコのラジオ番組の例のように，発話中の切り替えがはっきりと対照的に見える（訳者注：太字は口語体要素）。

そして　本当　すること［定］　聴衆　見つけた　要素［単］　から　要素［複］［定］　演劇　［関係詞］だろう
wa-ḥaqīqa 'anna l-mutafarrižīn ktašfu ʿunṣur mən ʿanāṣir l-masraḥ ***lli ġad-***

なる　本当　に［定］　将来　で　分野　［定］　演劇　成功　輝かしい
ikun ḥaqīqa fə-l-mustəqbal fī mīdān l-masraḥ nažāḥ^an bāhir

じつに聴衆は，将来，演劇の分野で輝かしい成功をおさめるであろう演劇要素の 1 つを見つけました。（Forkel 1980: 93）

次のような例もある。

感謝する　に　兄弟　の上　この［定］機会　［関係詞］与えられる　私に　ために　私が　表現する　について　私の意見　をめぐる
'aškuru l-'aḫ ʿla had l-furṣa ***lli*** *tutāḥ lī* ***baš n*** *ʿəbbər ʿan ra'yī ḥawl*

役割　［定］　放送
dawr l-'iḏāʿa

放送の役割に関する私の意見を述べるという，こんな機会を与えてくれた仲間に感謝します。（Forkel 1980: 85）

かなり標準語に近い言い方と方言的な言い方を混在させる（方言のアスペクト接頭辞がついた *ġad-ikun*，文語体の目的格語尾がついた *nažāḥ^an*，方言の関係詞 *lli*「〜ところの」，文語体の動詞受動形の *tutāḥ*「与えられた」[*353]）のは，北アフリカ＝メディアの話し方の特徴である。

---

*351　文中では，標準語であっても定冠詞は方言と同じ *l-* であるから，文頭形の *'al-* とする必要がない。

*352　標準語でも，句末形（文末）ではふつうは格語尾をつけない。

*353　ほかにも，*n'əbbər*「表現する」の *n-* は方言での 1 人称単数「私」の接頭辞であり，古典語ならば *a-* となる。

14.4　言語混合と借用

フランス語とアラビア語が長期にわたって並存していたため，当然ながらアラビア語にもその痕跡が残っている。前述したように（⇨ 12.4），北アフリカで一般的に使われる標準アラビア語の中には，フランス語の慣用句的な言い回しを見ることができる。またフランス語からの借用語には，方言化しているものも多い。ヒース（Heath 1989）は，別の言語からの借用語が現地語化するには，その直前に言語切り替えが激しくおこなわれる時期が必要だとしているが，ほかのいろいろな状況から判断すると，フランス語からの借用語で最もアラビア語に溶け込んだものは，人々がまだフランス語をほとんど知らなかった時期にまでさかのぼるようである。そしてかなり後に，本当の二言語併用者が多くなって，その場その場で借用することが増えてきたのである。

ヒースはとくに，フランス語からの借用語がモロッコ方言化していくパターンに注目している。ずっと早い段階では，スペイン語から不定形で借用された動詞がアラビア語化している例もある。

fṛinaṛ-t「私はブレーキをかけた」
n-fṛinaṛ「私はブレーキをかける」
（いずれもスペイン語 frenar より）

これに対してフランス語から借用した動詞は，語幹末を母音にするという規則を拡大適用することによって基本形ができたようである。フランス語の *-er* 動詞の活用形には母音で終わる形が多い（たとえば，「表明する」の不定形 *déclarer*，過去分詞 *déclaré*，現在形 2 人称複数 *déclarez*，半過去形 *déclarais* は，みな語末の発音が *e*）。ヒースによると，このような借用語がモロッコ方言の弱子音語根動詞の未完了形 *-i*，完了形 *-a* として新解釈され，未完了形 *y-diklari*，完了形 *ḍiklaṛa* のような活用規則ができあがっていった。マルタ語でも，外来語には弱子音語根動詞の活用形が適用された。他にもフランス語からの借用語の例として，次のようなものがある。

	〈完了形〉	〈未完了形〉	〈フランス語〉
「傷つける」	*blisa*	*yblisi*	*blesser*
「監督する」	*kuṇṭṛula*	*ykuṇṭṛuli*	*contrôler*
「跳ねる」	*ṣuṭṭa*	*yṣuṭi*	*sauter*

これらの動詞からは，たいてい受動形や分詞も作られる。たとえば，上の例の *yblisi*「傷つける」からは，受動形の *ttblisi*「傷つけられる」，分詞の *mblisi*「傷ついた」などが作られる。名詞で注目に値するのは，語末母音の有無によって性が決まることである[*354]。たとえば，*duš*「シャワー」(フランス語 *douche* は女性名詞) はモロッコ方言では男性，*anṭirṇa*「大学構内」(フランス語 *internat*「寄宿生」は男性名詞) は女性である。また，フランス語から借用した名詞の複数形は，その多くが -*at* で作られる。

	〈単数形〉	〈複数形〉	〈フランス語〉
「シャワー」	*duš*	*dušat*	*douche*
「駅」	*gaṛ*	*gaṛat*	*gare*

借用語でも語幹内複数形がかなり一般化している。たとえば，*gid*「ツアーガイド」(フランス語 *guide*) の複数形は *gyad*，*mašina*「列車」(フランス語 *machine*) の複数形は *mašinat* (語尾複数) もあるが *mwašn* もある。*tənbər*「切手」(フランス語 *timbre*) の複数形は *tnabər* である。

いわゆるフランス=アラビア語 (Franco- Arabe) とは，フランス語と口語体アラビア語の間で切り替え (code-switching) をするような特異なケースのことで，これはモロッコ，チュニジア，レバノンで，もっぱら学生や，完全な二重文化の家族の中で使われる。次の文はその例である。この中では，フランス語と (レバノンの) アラビア語が，接続詞の内部でも切り替わっているもの (*avant mā*「〜する前」など) がある (訳者注：太字がフランス語)。

よ	親切	どう	［定］世の中	［現在］	かわる	それは〜だった	に	夏	前	こと	起こった	［定］問題
yā	*laṭīf*	*kīf*	*ed-dine*	*b*	*-titġayyar,*	***c'était***	***en***	***été***	***avant***	*mā*	*ṣāret*	*el-mašēkil,*

想像してごらん	と	［複数定冠詞］		すべて	物	彼らが	した	［否定］	だれも	彼らに言った	1つ	たった	単語
imagine-toi	*inno*	***les***	*X:*	*kil*	*ši*	***ils***	***ont fait,***	*mā*	*ḥadan*	*qallon*	***un***	***seul***	***mot***

ねえ，何と世の中はかわるね。問題が起こる前，夏のことだった。X 家の人々が何をしたって，だれも彼らに一言も言わなかったと想像してごらん。(Abou 1962: 67)

このようなフランス=アラビア語を使っている本人たちはこれを 1 つの言語とは呼ばないだろうし，学生たちがこれを使うことは一般に好まれていない。それでもなお，フランス語とアラビア語を混ぜながら話すことは，いくつかの

[*354] 語末に母音 -*a* があると女性名詞になり，なければ男性名詞になる。

層，とくに若者どうしのくつろいだ雰囲気の中ではかなり一般的である。フランス=アラビア語が使い続けられるかどうかは，社会状況にかかっている。レバノンで内戦後には使われなくなったように，言語状況が変化したとたんに使われなくなるものである。フランス=アラビア語はその場の気まぐれで切り替えられるものであり，家庭ではめったに使われないし，話者自身もそれを独立した 1 個の言語とは感じていないので，新しい 1 つの言語とみなすことはできない。言語混合に対しては否定的な見方が一般的で，ほとんどの人は，この混合した話し方を，言語習得が不足している印だとか，子どもの場合は社会性の発達に不利であるとみている。

言語切り替えがひんぱんに起こるフランス=アラビア語の研究は，二言語併用の性質を知る上では重要である。一見，気まぐれで切り替えられているようだが，いくつかの統語的な制約もあり，単語の組み合わせによって避けられたり好まれたりしていることがわかる。たとえばアッバースィ(Abbassi 1977: 162–3)は，次のような組み合わせは一般に受け入れられていると指摘している(訳者注：太字がフランス語の単語)。

私たちは行った に その [定] ホール の 映画
mšina l-dak **la salle de cinéma**　私たちはその映画館に行った。

[定] 初め の [定] 月
al-lawwal dyal **le mois**　今月の初め

住んでいる に [不定] 大きい 家
*saknin f-***une grande maison**　彼らは大きな家に住んでいる。

[人名] だった [不定] 歌手 すばらしい
umm kalṯum kanet **une chanteuse** *mumtaza*　ウンム=カルスームは素晴らしい歌手だった。

これらの文のように，フランス語の名詞や形容詞に，アラビア語の指示詞，所有格表示語，前置詞，名詞が組み合わされるが，この逆の組み合わせはほとんど許容されない(訳者注：太字がフランス語の単語。「*」は許容されないこと)。

この ホール [定] 映画
***cette** *qāʿat as-sinima*

[定] 初め の 月
***le début du** *šhar*,

の中 [不定] 家
***dans** *waḥəd ḍ-ḍaṛ*

[不定] すばらしい 歌手
***une excellente** *muġanniya*

オランダに暮らすモロッコ人の若者の言葉についての研究でも，モロッコ方言とオランダ語を混ぜて使うときに同じような制約があることが明らかにされている（⇨ 15.7）。

このような2つの言語の併存が，語彙の面から見える例もある。アルジェリアの若者言葉では，フランス語と結合させる単語構成が広がっている。ベンマユーフ（Benmayouf 2008）は，次の例をあげている。

infehmable「理解しがたい」[*355]
inšarḥable「説明がつかない」[*356]
tarbiyation「教育」[*357]

さらに，「大惨事」の意味のアラビア語 *kāriṯa* とフランス語 catastrophe を結合させた *kariṯastrophe*「大惨事」のようなものまである。「大惨事」の例は，単語形成の通常の制約を超えて，単語遊びの領域にまで行っている。

また，フランス語がマグレブ地方のごく自然な言語要素としてなじんでくるにつれて，フランス語にもマグレブ地方色が顕著になってきている。植民地期にはさまざまなレベルのフランス語が使われていたが，その中でも入植者たちが自分たちの使用人に話すときに，対外国人話体（⇨ 16.2）で話すことによって，パタウェート（*Pataouète*）と呼ばれる最下層のフランス語ができた。今日でも，きちんと習っていない人のフランス語には，この下層フランス語の痕跡が見られる。たとえば，*au*[*358] のかわりに *à le* を使ったり，*ta mère y t'appelle*「君の母が君を呼んでいる」のような文に代名詞の助けを借りたり，*un enfant que je connais son frère*「私がその兄を知っている子」のような関係節における照合代名詞を使ったりしている（Lanly 1970: 213, 215, 228）。

14.5 アマズィグ語＝ベルベル語

マグレブ地方の言語選択についての研究は，ほとんどアラビア語とフランス

*355 フランス語 incompréhensible「理解しがたい」の in-（否定），-(a)ble（可能）を利用して，-compréhens-「理解」の部分にアラビア語の *fehm*「理解」を入れた造語。
*356 inexplicable「説明しがたい」の explic(ation)「説明」の部分に，アラビア語の *šarḥ*「説明」を入れた造語。
*357 アラビア語の *tarbiya*「教育」に，フランス語の名詞化語尾 -tion をつけた造語。
*358 au は，前置詞 à と定冠詞 le の融合形。

語の言語切り替えに焦点をあてており，人口のかなりの部分がアラビア語とアマズィグ語の言語併用であるにもかかわらず，アマズィグ語は無視されている。この言語やその話者は，アラビア語で一般的に *barbarī*「ベルベル語・ベルベル人」と呼ばれており，欧米の文献でもふつうはこれを使っている。しかしこれは単一の言語ではなく，広い地域にわたって話されている，互いに通じないほどの言語の集合である（⇨ 地図 11.3）。ここではそのうち，アルジェリアのタクビリート（Taqbilit カビール語）[*359]，モロッコのリファ語（Tarifit），シルハ語（Tachelhit），アマズィグ語（Tamazight）についてふれる。モロッコやアルジェリアでは，自分たちのことをアマズィグ（Amazigh，複数形は Imazighen）と呼んでおり，その女性形「タマズィグト」はさまざまなベルベル語の全体をさす集合名詞として使われている。アルジェリアでは，カビール語はアズィグ語とは呼ばれていないが，アマズィグ語という総称はアルジェリアでも広まりつつある。最近モロッコでは，アマズィグという用語がモロッコ内のベルベル諸語の総称として普及し始めている。

アラブによる征服の初期から，ベルベル人とアラブ人は密に接触してきた。アンダルス地方を征服したターリク=イブン=ズィヤード将軍はベルベル人である。彼がイスラム軍を引き連れて渡ったジブラルタル海峡の名は，彼の名前からつけられたものである[*360]。北アフリカでは，イスラム教の重要な宗教活動にもベルベル人が携わっていた。東方イスラム世界でも，宗教教育には非アラビア語が使われていたように，ベルベル語は書かれはしなかったものの，たびたび使われていた。場合によっては，アラビア文字の助けを借りてベルベル語を書きしるすこともあった。遅くとも 16 世紀以降，モロッコのスース地方はイスラム教育の中心地の 1 つになっていて，アラビア語やベルベル語で数百もの写本が作られている。このように何世紀間にもわたってアラビア語とベルベル語が併存していたことは，言語にも顕著な影響を及ぼした。前述したように，マグレブ諸方言の特徴の多くは，基層言語であるベルベル語の影響として説明が可能である（⇨ 8.3）。モロッコやアルジェリアの人口の大きな部分がベルベル語を保持しており，アラビア語からベルベル語への干渉も，またその逆

[*359] ベルベル語の女性形は単語の前後を *t-...-t* で挟む。タクビリート（*Taqbaylit*）はカビールの，タリフィート（*Tarifit*）はリファの，タシュルヒート（*Tachelḥit*）はシルハの，タマズィグト（*Tamazight*）はアマズィグのそれぞれ女性形。

[*360] *Jabal al-Ṭāriq*「ターリクの山」より。

の干渉も多い。

ところが，このような密な接触にもかかわらず，またアラビア語とアマズィグ語を併用する人口の割合が高いにもかかわらず，ごく最近まで，アマズィグの言語や文化に関わることは，モロッコでもアルジェリアでもきびしくタブー視されていた。ベルベル語が隅に追いやられている理由の1つに，フランス植民地時代の影響がある。フランス当局は1930年，ベルベル人地域における法手続きを政令（ベルベル勅令 daher berbère）で規定し，ベルベル人の地域の司法は，イスラム法ではなく慣習法のもとにおかれた。勅令の文面ではベルベルの文化や言語にはふれていないが，フランス当局が，アラブとベルベルの不和の種をまき，ベルベル語地域でのアラビア語の教育をやめさせようとしたことは間違いない。またこれらの地域では，フランス語とベルベル語による教育が促進され，さまざまな手段によってベルベル語話者とアラビア語話者の間の距離が広げられたのである。後の国家主義者は，この政策にベルベル人も加担していたと言っているが，ベルベル協会がフランス当局と共同で何かをおこなった証拠は何もない。モロッコでもアルジェリアでも，ベルベルの大義というとフランス帝国主義が連想され，ベルベルの文化や言語への公的な支援はきびしく禁じられ，アルジェリアではベルベル語による出版も1976年にすべて禁止された。当然ながらアラビア語化運動は，たくさんのアマズィグ語話者にも向けられ，彼らも子どもたちをアラビア語の学校に送らなければならなくなった。その結果，アマズィグ語の話者は辺境のリーフ地方（Rif）[*361]を除くほとんどすべてが，少なくともアラビア語とアマズィグ語の二言語併用者となった。

モロッコでは1994年，驚くべきことに国王ハッサン2世が自ら方向転換（volte-face）し，アマズィグの言語や文化を，モロッコ社会の重要な構成要素であると公に宣言した。国王は，小学校教育の使用言語にアマズィグ語を導入するように命じた。しかし，この政策転換によって実質的な変化が起こるまでにはしばらくかかった。2003年には王立アマズィグ文化研究所（Institut royal de la culture amazighe）が設立され，アマズィグのすべての文化活動を企画，運営するとされたが，これはアマズィグ運動を国の管理下に置くための手段というのがおおかたの見方である。2011年の新憲法では，アラビア語がモロッコの公用語であるが，アマズィグ語も公用語の1つに加えると定められた。アラビア

[*361] モロッコ北部の地方。

語は明らかに特別な地位にあるが，こうしてアマズィグ語（モロッコ国内の3つのベルベル語の総称）をだれも否定することができなくなった。アマズィグ語は，公式にはすべての小学校で教えなければならないことになっているが，実際にこれをカリキュラムに取り込んでいる学校は非常にわずかである。アマズィグ人言語学者が非常に憂慮しているのは，アマズィグ語を書き表すのにモロッコではティフナグ文字が選ばれたが，これによってモロッコとアルジェリアで話されるベルベル語の間の距離が広がることである。

アルジェリアでも国側は当初，アマズィグ民族運動を国の政策に取り込もうとした。ブジー市（Bougie）とティズィ=ウズー市（Tizi-Ouzou）*362 にアマズィグ研究のための公立研究所を設立したが，カビール民族運動家は中央政府から懐疑的に見られつづけており，またイスラム教原理主義者や汎アラブ民族主義者からも敵対視されている。1990年代を通じて，イスラム原理主義の各党派は概してアマズィグ人を異端イスラム教徒とみていた。しかしブーテフリカ政権の改革政策によって，アマズィグ人に対する国の政策はかわった。アルジェリアでは，アマズィグ語は公用語の地位は（まだ）得ていないものの，今や第2国語になっている。

この数十年間，アマズィグに関係するあらゆることが話題を呼んできたが，その中でもおそらく最も驚くべき進展と言えるのが，2003年にモロッコ人学者ジュハーディ（Jouhadi）がカサブランカ市でコーランのアマズィグ語訳『*Tarurt m wammaken n Leqran*』を出版したことである。この翻訳によってどのような影響があるかはまだわからないが，ベンラバ（Benrabah 2007: 101）によると，カビール地方のモスクでは説教はふつうカビール語で話されているので，イスラム教の領域はアマズィグ語にも開かれたようである。

14.6　文献案内

フランスのどのような植民地政策によって現在の言語状況がもたらされたかは，Bidwell（1973）とGallup（1973）が検証している。とくにフランス当局の言語イデオロギーについてはHoffman（2008）を参照。チュニジアとモロッコに関する古い研究を，現在の状況と比較してみると興味深い。そのような研究にはGallagher（1968），Garmadi（1968），Maamouri（1973）などがあり，これらは独

*362 2つはカビール地方にある町。

立直後のものなので，当時，起きていたことがふんだんに入っている。モロッコ，アルジェリア，チュニジアの独立後の言語政策については Grandguillaume (1983, 2004) を参照。

チュニジア　Talmoudi (1984a) は，チュニジアにおける言語二層状態の全般的な研究である。Hamzaoui (1970) はチュニジア交通警察のアラビア語化を記述し，Riguet (1984) はチュニジアの学校のアラビア語化を分析している。最近の研究には，Daoud (2007) がある。チュニジアではベルベル人が少数であるが，その地位については Belgacem (2007) を参照。

モロッコ　モロッコのラジオにおけるアラビア語の標準語と通俗語の言語二層状態についての現代的な研究には，Forkel (1980) がある。これは，エジプト (とシリア・レバノン) のラジオ=アラビア語に関する Diem の研究と同じ手法でなされている。モロッコのアラビア語化については Ennaji (2002, 2005) を，モロッコ方言とフランス語の言語切り替えについては Ziamari (2007) を参照。Laroui (2011) は，モロッコにおける言語問題について個人的な見解を述べている。

アルジェリア　Benrabah (2007) は，最新の研究に広範囲な文献目録をつけている。Benmayouf (2009) は，アルジェリアにおける近代化へ向かう唯一の道としてのフランス語の役割について個人的な見解を述べている。

レバノン　レバノンに関しては，17 世紀のマロン派と西欧の交流を Haddad (1970) が扱っている。レバノン独立後の言語状況についてはいくつか古い資料がある。Abou (1961, 1962) は，歴史的な観点から興味深い。ラジオ番組での方言アラビア語と標準アラビア語の混合については，Al Batal (2002) が分析している。

Abbassi (1977) が，フランス=アラビア語における統語的な制約も概観しており有用である。学生たちが使うフランス=アラビア語については，古い研究だが Ounali (1970) がある。植民地期に北アフリカで話されていたフランス語については Lanly (1970) を参照。フランス語・アラビア語の言語切り替えについては Bentahila and Davies (1983) を参照されたい。モロッコ方言へのフランス語からの借用語に関する最も重要な研究に Heath (1989) があり，それには借用語リストもついている。またアラビア語とフランス語の言語接触の全般については Benzakour et al. (2000) を参照。アルジェリアの通俗語へのフランス語からの借用語については Hadj-Sadok (1955) を参照。Benmayouf (2008) は，アルジェリアにおけるフランス語とアラビア語の混成語形成を分析している。ベルベル語の古い文書は，van den Boogert (1997) が扱っている。基層言語ベルベル語によるアラビア語への影響については第 8 章を参照。ベルベル語へのアラビア語の影響は，Aguadé and Behnstedt (2006) が扱っている。ベルベル勅令 (Dahir berbère) は，Hart (1997) と Hoffman (2010) が分析している。モロッコとアルジェリアにおけるベルベル問題については Willis (2012: 203–30) を参照。ティフナグ文字についての情報は Elghamis (2011) にあり，ニジェールのトゥアレグ語を書くときにこれを使っていることにもふれている。モロッコでアマズィグ語の表記体系としてティフナグ文字を採用したことについては Pouessel (2008) を参照。

本章では北アフリカとレバノンの，アラビア語とフランス語，およびアラビア語とアマズィグ語の二言語併用しか扱っていないが，アラビア語世界における二言語併用はこれだけではない。チュニジア，またおそらくレバノンでも，フランス語が占めていた領域に英語が浸食していることは上述した。アラビア語と英語の言語切り替えについては Atawneh (1992) を参照。英語からの借用語がますます重要性を増していることは明らかである。アラビア語方言への英語からの借用語のケース=スタディーは，サウジアラビアのハサー方言 (*al-Ḥaṣā*) についての Smeaton (1973) がある。パレスチナ方言における英語やヘブライ語からの借用語については Amara and Mar’i (1986) を参照。このほか，言語飛び地でも二言語併用は起きている。たとえば，ウズベキスタンではアラビア語方言とウズベク語・タジク語との併用 (⇨ 15.5)，アナトリアではアラビア語方言とトルコ語・クルド語との併用 (⇨ 15.4) などである。イスラエル国内でのアラビア語とヘブライ語の二言語併用については Amara (1999) を参照。移民のアラビア語の状況については，第 15 章で言語切り替えの検討とともに扱う。

マイノリティー言語としてのアラビア語

▶第15章◀

15.1　はじめに

歴史の流れの中で，アラビア語中核地域から分離してしまったアラビア語話者がいる。別の言語を話す人々の中で暮らし，社会生活を営むためには，周囲の人々が話す優勢言語（dominant language）を使う必要があり，一方でアラビア語は，自分たちだけの家庭言語として使い続けることになる。そのような，言語の「飛び地（enclave，ドイツ語 Sprachinsel「言語島」）」では，家庭言語はたいてい威信をもっておらず，外での日常のやりとりは公用語によっているのがふつうである。もともと話していた言語はひんぱんに優勢言語への言語切り替え（code-switching）が起きたり，優勢言語からの借用語が完全に自分たちのもとの言語に取り込まれるなど，優勢言語からのあるゆる言語的圧力を受ける（接触言語からの影響 adstratal influence）。このため，飛び地はいろいろな面で言語接触の研究にとって興味深い対象になる。

また，アラビア語の飛び地を研究すると，アラビア語の歴史についてもいろいろなことがわかってくる。飛び地ではイスラム帝国の中核部とは違って，言葉を古典語風にしてしまうような標準語の影響力がはるかに弱かったので，そのような方言は，いろいろな点で，話者たちがもともと住んでいた地域の昔の口語体アラビア語を反映している。アラビア語中核地域のアラビア語話者たちが目標とする，古典語からの圧力がないのである（⇨ 8.3）。とはいえ，分離した時点での口語体と現時点での口語体が直系というわけではない。飛び地とは言っても，おそらくマルタ語を別にすれば，中核地域から完全に孤立していることはまずない。たいていの場合，飛び地の話者たちもイスラム教を信仰していたから，イスラム帝国内各地の威信のある中心地と何らかのつながりを保っていた。

本章では，アラビア語が話されている飛び地の言語状況をいくつか簡単に検討し，次に西欧やアメリカに移住したアラブ人の言語状況についても見ることにしよう。

15.2　マルタ語

西暦 870 年（回暦 256 年），チュニジアのアグラブ朝がマルタ島を征服したとき，住人たちはキリスト教徒で，おそらくはロマンス語の方言を話していたが，それがイスラムによる支配の期間にみなアラビア語を話すようになった，と言われている。あるいは，イスラム暦 8=西暦 14 世紀の地理学者ヒムヤリー（*Muḥammad ibn ʿAbd al-Munʿim al-Ḥimyarī*）による『芳(かぐわ)しき園の書（*Kitāb ar-rawḍ al-miʿṭār*）』の記述を信じるならば，征服から 180 年間はまったく居住者がおらず，島はその後にアラビア語の話者が再入植したのだという（Brincat 1991）。いずれにしても，もとの住人の言語の痕跡はマルタ語にはまったく残っていない。

イスラム暦 445=西暦 1054 年，ノルマン族がマルタ島を征服したが，資料によると 13 世紀当時の住人はその 3 分の 2 がイスラム教徒だったとある。これらのイスラム教徒は，14 世紀になると追放されるかキリスト教に改宗させられるかして，イスラム教とともに古典アラビア語も姿を消した。しかし，ラテン語やイタリア語が宗教語，文化語として導入されてからもマルタ通俗語は使われ続け，司祭と信者たちとの間の言語として受け入れられていた。公用語はイタリア語だった。

マルタ語の現存する最古の文書（ピエトロ=カシャロ Pietru Caxaro による『カンティレナ（il-Cantilena）』）には，15 世紀後半の日付がある。その最初の 2 行は，次のようになっている。

見よ　［定］　不幸 *Xideu il cada,*	Witness the situation,
おお　我が隣人たち　来い　私は君たちに語る *ye　gireni　, tale nichadíthịcum*	my neighbours, about which I am speaking to you.
私は見出さない　に［定］　過去 *Mensáb　fil　gueri*	There wasn’t one like it in the past,

でもない 私は見出す に 君たちの人生
uẹ le nisáb fọ homórcom nor in your lifetime

見よ，この苦境,
我が隣人たちよ，来い，君らに語る。
それは過去に見たこともなく,
君らの人生にも見たことがない。
（文面と英語訳は Brincat 2011: 171–2 による）

しかし，1796 年にミキエル=ヴァッサッリ（Mikiel Vassalli）による文法書『マルタ語の書（クティーブ=イル=クリーム=マルティ *Ktyb yl klym Malti*（本 ［定］ 言葉 マルタの））』が出るまでは 1 個の言語としては認められていなかった。マルタが大英帝国の一部になった 1814 年以降は，イタリア語にかわって英語が公用語になり，同時に学校のカリキュラムにマルタ語が入った。1933 年，マルタ語は第 2 国語マルタ語として認められ，独立後はマルタ共和国の公用語マルタ語になり，ラテン文字で書かれる正書法をもつことになった。現在，約 40 万人の話者をもつ。

1970，80 年代には，マルタ政府がマルタ語のアラビア文字化を主張し，アラビア語を必修科目にしようとしたが，ほとんどのマルタ人は自分たちの言語がアラビア語起源と思われることを快く思わず，また，自分たちがアラブ世界に結びつけられることを望まず，マルタ語もアラビア語とともにセム語の 1 つであると見られるほうを好んでいる。マルタ語をポエニ語[*363] 起源とする，以前の説は，すでにまじめに取り合われなくなったが，バレッタ大学[*364] でもアラビア語研究は東洋学科に入り，マルタ語学科には入っていない。

マルタ語ではアラビア語のいくつかの子音音素が合流したが，正書法では区別している。

- /q/ は，/ʼ/ になった。例: *qagħad*［ʔaːt］「座る」（アラビア語 *qaʿada*）
- /ʿ/ と /ġ/ はほとんどの場合に消えたが，文字では *għ* と書かれる。例: *bogħot*［boːt］「距離」（アラビア語 *buʿd*）
- /ḥ/ と /ḫ/ は /ḥ/ に合流し，ħ[*365] と書かれる。
- /h/ は，正書法上では残されているが，ほとんどの位置で消えた。例: *deher*

*363 北アフリカのフェニキア語。
*364 マルタ共和国の首都バレッタにある。
*365 発音は［ħ］。

[deːr]「現れる」(アラビア語 *ḏahara*)

- 強勢子音は，すべて非強勢になった*[366]。

多くのマルタ人が自分たちの言語をアラビア語とは別言語としているわりには，正書法がほとんど歴史的綴りになっていて，発音の変化によって崩れたアラビア語の姿を復元しようとしている。たとえば，次のように同じく[aː]の発音になる単語が，正書法では *għa* と *agħ* として区別されている*[367]。

għamlu「彼らはおこなった」，発音は[aːmlu](アラビア語 では *ʿamilū**[368])
jagħmlu「彼らはおこなう」，発音は[jaːmlu](アラビア語では *yaʿmalū*)

マルタ語で最も目をひく特徴要素は，イタリア語とシチリア語からの借用語が多く，しかもそれらが完全にマルタ語に溶け込んでいることである。他のアラビア語方言でも，借用語がその方言に溶け込んでいる例はあげられるが，とりわけマルタ語が特異なのは，イタリア語から(最近は英語からも)の借用の数の多さと，その流入によってマルタ語の動詞活用体系のほうが影響を受けたことである。ほかのアラビア語諸方言では，借用語を溶け込ませるプロセスと言えばたいていは語根抽出(⇨ 12.3)であり，マルタ語でも古くに借用した単語はこの方法で取り込まれている。語根抽出とは，外来語の単語の子音がアラビア語の新たな語根となり，それをアラビア語の語形枠へあてはめることである。たとえば，イタリア語の *serpe*「へび」を借用した *serp* に語幹内複数形を適用して *srīp* としたり*[369]，イタリア語の *pittore*「画家」を借用した *pittūr*「画家」から新しい動詞 *pitter*「描く」を作るなどである*[370]。

ミフスド(Mifsud 1995)が述べているように，マルタ語には外来語が大量にどっと押し寄せたので，単語の構造も「語根」基盤型から「語幹」基盤型へ変化した。語根抽出の操作はなされなくなり，外来語が別の方法で取り入れられる

*366 古典アラビア語の強勢子音 *ṭ, ṣ, ḍ, ḏ̣* が，マルタ語ではそれぞれ *t, s, d, d* に対応する。
*367 正書法の「*għ*」は，アラビア語の有声咽頭音(ʕ)にあたる。*għa* と *agħ* は，アラビア語でそれぞれ *ʿa* と *aʿ*。
*368 古典語では *ʿamilūna*。古典語では，「働く」の意味で使われる。
*369 *serp* を *CvCC* 型の名詞として，それに *CCīC* 型複数形を適用して *srīp* が得られる。マルタ語の正書法では sriep。
*370 語根として *p-t-r* を抽出し，これに語根第2子音重ね型動詞の型枠を適用すると *pitter* が得られる。

ようになったのである。イタリア語の動詞は，だいたい命令形や 3 人称単数現在形をもとにして借用され，その語末に *-a* がつけられた。

čēda「降参する」（イタリア語 *cedere* より）
falla「破産する」（イタリア語 *fallire* より）

このやり方が多く使われるようになった背景として，マルタ語の動詞で最も多いのが弱子音語根動詞で，その語末に *-a* があることがあげられる。それで，*ċeda*（*ċ* は *č*［tʃ］を表す）や *falla* のようなイタリア語からの外来語が *mexa*「歩く」，*mexxa*「導く」（*x* は *š*［ʃ］を表す）のような，アラビア語固有の動詞と区別されなくなったのである。もっと複雑な語幹の動詞にも同じように適用された。

splōda「爆発する」[*371]
sōfra「苦しむ」[*372]

このようにイタリア語から弱子音語根動詞として入って来たたくさんの借用語によって，動詞活用形に新解釈が生じた。

meššeyna「私たちは導いた」
falleyna「私たちは失敗した」

これは，語根子音 *m-š-y* の第 2 派生型に 1 人称複数活用語尾 *-na* がついたもの（語根 + 動詞語形枠 + 接尾辞 *meššey-na*）ではなく，単なる語幹に接尾辞がついたもの，つまり *mešš-eyna* と新解釈された。また，マルタ語の動詞の未完了形の語末には *-a* と *-i* の 2 種類があるが，イタリア語の動詞もこのどちらかに振り分けられた。

	〈イタリア語〉		〈完了形〉	〈未完了形〉
「救う」	*salvare*	>	*salva*	*ysalva*
「解く」	*solvere*	>	*solva*	*ysolvi*

これはおそらくイタリア語での活用形をもとにしており，*-are* 動詞は，マルタ語の未完了形では *-a* になり，*-ere* 動詞と *-ire* 動詞は *-i* になっているのであろ

[*371] イタリア語 esplodere「爆発する」より。
[*372] イタリア語 soffrire「苦しむ」より。

う。借用されたこのような動詞は，1人称単数の接頭辞が *n-* であるなど，完全にマグレブ諸方言の活用にしたがって活用する（表15.1）。

完了形「歌った」（*j* の発音は *y* [j]）

	男性	女性	複数
3人称	*kanta*	*kantat*	*kantaw*
2人称	*kantajt*		*kantajtu*
1人称	*kantajt*		*kantajna*

未完了形「歌う」

	男性	女性	複数
3人称	*jkanta*	*tkanta*	*jkantaw*
2人称	*tkanta*		*tkantaw*
1人称	*nkanta*		*nkantaw*

【表15.1】　マルタ語の借用動詞 *kanta*「歌う」（イタリア語 *cantare* より）の活用

名詞の語形変化体系も同じようにかわってきている。アラビア語の名詞はふつう3子音が語根となって，複数形はそこへ非添加型[*373]の単語構成素（ここでは語幹内複数形の語形枠のこと）を当てはめることによって形成されるため，外来語はなかなか溶け込むことができない。そこでイタリア語からの借用語は，語末の2音節部分をアラビア語形として新解釈することでマルタ語に取り込まれた。たとえば，*umbrella*「傘」（イタリア語 *ombrello*，英語 *umbrella*）や *gwerra*「戦争」（イタリア語 *guerra*）の語幹内複数形は *umbrelel*，*gwerer* になった。こうして接尾辞で語形変化させるイタリア語と，非添加型，すなわち語形枠によって変化させるマルタ語との葛藤は解消され，あらゆる外来語を取り込む門戸が開かれたのである。ただ最近では，英語の単語には語幹内複数形を適用せず，*telefon*「電話」の複数形を *telefons* にするなど，英語における複数表示の構成素 -s も同時に借用する傾向が出てきている。

[*373] 6.1 を参照。

[文例 1] マルタ語(『L'Orizzont』紙 1990 年 5 月 9 日)

[定] 状況 の[定] 不足 の 水 ている いつも 悪化する
1. *Is-sitwazzjoni tan-nuqqas ta' ilma qegħda dejjem tiggrava.*

水不足の状況はつねに悪化しつつある。

今 ている 直面する も 場所 ところの まれ だった である 直面する で
2. *Issa qegħdin jintlaqtu wkoll postijiet li rari kienu jkunu ffaċċjati bi*

問題 の 不足 の 水
problema ta' nuqqas ta' ilma.

今や，水不足問題にはほとんど直面していなかった地域も直面している。

ている 大きくなる も [定] 圧力 上に[定] 部署 の[定] 給水 の[定] 局 の
3. *Qed tikber ukoll il-pressjoni fuq it-Taqsima tal -Bowsers tad-Dipartiment ta'*

[定] 水
l-Ilma.

水道局の給水部署への圧力も大きくなりつつある。

にもかかわらず[関係] 彼らの下に 4 線(複) の[定] 電話 3 それらから 直接 より多く はい
4. *Minkejja li għandhom erba' linji tat-telefon, tlieta minnhom diretti, aktar iva*

よりも[関係] ない 彼らを見出す 通話中 鳴る 時 あなたが鳴らす
milli le ssibhom 'engaged' - iċċempel meta ċċempel.

そこには 4 本の電話があり，そのうち 3 本が直通であるにもかかわらず，たいてい「通話中」である。つまり，電話すると電話中である。

15.3 マロン派教徒キプロス方言

マロン派教徒キプロス方言は，北西キプロスにあるコルマキティ村(ギリシャ語で *Kormakítis*)の小さな集落の家庭語である。キプロス島のマロン派教徒の人々の起源は，9 世紀ないし 12 世紀にまでさかのぼる。1974 年にトルコがキプロスに侵攻したあと，この集落の住人のほとんどは島内に散って，コルマキティ村に残ったのはわずか 165 人(国連 2001 年の統計)であった。2003 年以来，島内に 2 か所あるマロン派教徒の集落間の連絡はとりやすくなった。キプロスにいる 4,800 人のマロン派教徒のうち，アラビア語を話すのは村に残った者たちだけだが，それもすでにギリシャ語との二言語併用である。マロン派教徒キプロス方言は，集落こそ小さいが，その独特さのゆえにシリア方言とメソポタミア方言の歴史研究には非常に重要である。特徴要素は，ほとんど大シリア地方の定住民型諸方言と共通している。たとえば動詞の非過去接頭辞の *p(i)-* は，シリア・レバノン方言の *bi-* から来たものである。ボルグ(Borg 1985)も，キプロス方言とメソポタミア=グループ，いわゆる"*qəltu*"方言との共通の特徴要素をいくつもあげている。たとえば未来接頭辞の *tta-*（古典語の *ḥattā*「〜まで」より）は，アナトリアの“*qəltu*”方言でも未来のアスペクト接頭辞として使われているし，過去接頭辞の *kan-*（古典語の叙述詞 *kāna*「だった」より）もある。ボルグは，これら共通の特徴要素はメソポタミアとシリアが1つの連続した方言地域だった時期にさかのぼるとしている。

キプロス方言を「独特」なものにしている特徴要素が，アラビア語の閉鎖音の変化，語形枠の種類の減少，そしてギリシャ語からの大量の借用語の存在の3つである。この方言では，おそらくギリシャ語の音韻体系からの影響で，閉鎖音の有声と無声を区別しなくなった。合流した音素は，母音間では有声閉鎖音になり，語末では無声閉鎖音になるといったように，音環境によって実際の発音が異なってくる。たとえば古典語の *kataba*「書いた」は，音韻的には /kitep/ であり，発音は［kidep］となる。また，別の閉鎖音の前では摩擦音になる。

ḫtuft　<　*ktupt*　「私は書いた」*374

paḫtop　<　*p-aktop*　「私は書いている」*375

閉鎖音が3つ連続すると，真ん中の閉鎖音が脱落する。

pkyaḫpu　<　*p-yak**t**pu*　<　*bi-yak**tu**bu*　「彼らは書く」

また，*p**k**yut* < *buyūt*「家［複数］」のように，*y* の前に *k* が挿入されるのも，ギリシャ語からの影響の例である。キプロス方言は強勢子音は失ったが，歯間音を2つ保持している。***ṯ**awp* < *ṯawb*「衣服」の *ṯ* と，***ḏ**ahr*「背中」（古典語 *ḏ̣ahr*）のように，古典語の *ḍ* や *ḏ̣* に由来する *ḏ* である。もとの有声歯間音の *ḏ* は，***t**apaḫ* < *ḏabaḥ*「屠殺する」のように，*d* / *t**376 になった。

名詞複数形の語形枠の数は大幅に少なくなり，ふつうのアラビア語方言の語幹内複数形に相当する語形枠は5種類しかない。複数形の語形枠の多くは語尾 *-at* にかわった。

patn「腹」の複数形は *patn**at***（古典語 *baṭn*，複数形 *buṭūn*「腹」）

moḫḫ「頭」の複数形は *moḫḫ**at***（古典語 *muḫḫ*，複数形 *miḫāḫ*「脳」）

*374 シリア方言 *katabt*，古典語 *katabtu* にあたる。

*375 シリア方言（北シリア）の *baktob*（非過去表示要素 *b* + *aktob*「私は書く」）にあたる。

*376 有声か無声かを区別しない /t/。前後関係により，*d* になったり *t* になったりする。

この語尾 *-at* はまた，次のように複数形のまま使われている単語にもつけられる。

> *ḫum**at*** < **luḥūmāt*「数種類の肉」(古典語 *luḥūm*) *377
> *ḫpur**at***「墓（複数）」(古典語 *qubūr*。語頭の *q* が，次の子音が閉鎖音であるために摩擦音 *ḫ* になっている) *378

所有格表示語は，*tel*（男性），*šayt*（女性），*šat*（複数）である。

ギリシャ語からの借用語は公的な語彙の多くを占めているが，次のように日常の語彙にも入っている。

> *kiryakí*「日曜日」　*tiléfono*「電話」　*pólemo*「戦争」　*ayróplana*「飛行機」
> *ḏískolo*「難しい」　*záḫari*「砂糖」　*maṯités*「生徒」　*ístera*「後で」

同じような言語状況ではいつもそうだが，これらがギリシャ語への言語切り替えなのか，ギリシャ語からの借用語なのかの判断は困難である。ギリシャ語の動詞が活用した形で借用された場合は，(1) のようにとくに複雑である。

(1)
そして　私・強いられた　私・入れる
w- anankástika ta-ḫoṭṭ
そして入れなければならなかった。

この文で，*w-*「そして」と *ta-ḫoṭṭ*「入れる」はアラビア語であり，*anankástika*「強いられた」はギリシャ語の動詞が活用したものである (Borg 1985: 182)。また，次のようないくつかの機能語は言語切り替えではなく，明らかに借用されたものである。

> *kaṯe-veḫen*「全員」(ギリシャ語 *kaṯe*「それぞれ」＋古典語 *wāḥid*「1人」より）の *kaṯe*「それぞれ」
> *paytui*「小さな家」(古典語 *bayt*「家」＋ギリシャ語接尾辞 *-uḏi* より）の指小辞のような接尾辞

*377 古典語 *laḥm*「肉」の複数形 *luḥūm* に，さらに複数語尾 *āt* がついている。
*378 古典語 *qabr*「墓」の複数形 *qubūr* に，さらに複数語尾 *āt* がついている。

[文例 2] キプロス方言（Borg 1985: 165）

1 若者 時 彼が愛する を 1 娘 彼が送る を 彼の両親 そして［定］彼の名づけ親 横 ［定］
1. *eḫen šípp ámma piḫúpp il-éḫte pínt, piváddi l- éḫlu u t- tatátu žump il-*
彼女の両親 そして 彼らは彼女に求める
éḫla u kyitilpúa

ある若者がある少女と恋に落ちると，両親と名づけ親を彼女の両親のところへ送り，彼女に結婚を申し込む。

もし［定］娘 そして［定］両親 彼らが彼を欲する そしたら［定］若者 彼が求める 結納 のような 家 土地 そして
2. *an p-pínt u l- éḫl pirítúḫ , tóte š-šípp kyítlop príka miḫ páyt ḫkáli u*
お金
flús

少女と両親が彼と結婚したいと思えば，若者は家や土地やお金といった結納金を求める。

もし ない 彼らに どれも ところのもの 彼が求める そしたら［定］ 縁組 解消する
3. *an má-liḫon aš ma kyítlop, tóte l-iproksenyá kyinthírpu*

彼が求めたものをもっていなければ彼らは婚約を解消する。

もし 彼が彼女を愛すると共に 彼の心 彼女を取る と共に どれも ところのもの 彼らがそれをあげた 彼女の両親
4. *an piḫúppa ma kálpu, pkyaḫúta ma áš ma kyatúa éḫla*

彼が心から彼女を愛していれば，彼女の両親がくれたものにかかわらず，めとる。

彼らは置く どれくらい 時間 必要とする ために 彼女が彼と結婚する そして 中間に これ ［定］ 時間
5. *piḫóttu aška zmán kyaʿatézzu pšan tentžawzu , u ḫost áḏa l-izmán,*
準備する ［定］ 家 そして［定］ 物 の 嫁 と 後で 準備する ［定］ 日 の 結婚式
pitáylpu[*379] *l-páyt u š-šáya tel-ʿarús, w-ístera pitáylpu l -iḫár*[*380] *tel-ʿórs*

両親は結婚までにどれだけ時間が必要かを決め，その間に両親が家や嫁入り道具，そして結婚の日取りを準備する。

15.4　アナトリア諸方言

アナトリア半島では，セルジューク朝トルコが11世紀に征服したあともアラビア語方言が完全には消え去らなかった。そして，セルジューク朝トルコにつづくオスマン帝国までの間は，トルコ語が公用語となったので，古典アラビア語は宗教語として，あるいは文化語としていくぶんかは残ったものの，アナトリアでは，口語アラビア語の地位がすっかりかわってしまった。ほとんどの話者は結局，トルコ語かクルド語へ切り替えてしまったのである。アナトリア

*379 シリア方言 *ṭayeb* にあたる（Borg 1985: p.94）。
*380 古典語 *nahār*「日，昼」にあたる。

中部のわずかな地域では，いくつかの小さな集落で家庭語としてアラビア語が使われ続けているが，それもほとんどが二言語併用，三言語併用である。

ヤストロウ (Jastrow 1978) の分類では，メソポタミアの“*qəltu*”方言は 3 つの下位グループに分けられ，アナトリア諸方言はそのうちの 1 つとされる。話者の総数は約 14 万人だが，ほとんどはアラビア語，クルド語，トルコ語の二言語併用，三言語併用である。話者の大部分はイスラム教徒である。ユダヤ教徒やキリスト教徒が話していたアナトリア方言は絶滅したか，あるいは話者が移住してしまっている。アナトリア諸方言は，さらに次の 5 つに分けられる。

- ディヤルバクル諸方言 (Diyarbakır)：ユダヤ教徒およびキリスト教の少数派によって話されるが，現在ではほとんど消滅している。
- マルデイン諸方言 (Mardin)
- スィイルト諸方言 (Siirt)
- コズルク諸方言 (Kozluk)
- サソン諸方言 (Sason)

マルディン市とスィイルト市は比較的多くの人がアラビア語を話す町であるが，スィイルト市では徐々にトルコ語に置きかわりつつある。

アナトリア諸方言は，“*qəltu*”方言群の他の方言と比べても，はるかに古典語から離れている。そしてこれらを，他の方言とは異なる 1 つの方言群とするさまざまな指標もある。たとえば，2，3 人称複数接尾辞の *-m* が *-n* であること (マルディン方言では *baytkən*「君たちの家」，*baytən*「彼らの家」[*381]) や，未完了形動詞の否定詞が *mā* ではなく *mō* であることなどがあげられる。これらの小さな現象のほかに，アナトリア方言をさらに独特なものにしている特徴要素もいくつかある。

アナトリア諸方言の中でも，音韻や語形変化はさまざまである。たとえば，アラビア語の歯間音はそれぞれの方言で独自に変化した。*ḏ̣ahr*「背中」は，それぞれ *ḏ̣ahər*，*ḍahər*，*ỵahr*，*ẓahər* である。

[*381] 古典語では，それぞれ *baytkum*「君たちの家」，*baythum*「彼らの家」。シリア方言ではそれぞれ，*-kon*，*-on*。

		「背中」
古典アラビア語	/ṯ/, /ḏ/, /ḏ̣/	*ḏ̣ahər*
マルディン方言	/ṯ/, /ḏ/, /ḏ̣/	*ḏ̣ahər*
ディヤルバクル方言	/t/, /d/, /ḍ/	*ḍahər*
スィイルト方言	/f/, /v/, /ɣ̣/	*ɣ̣ahr*
コズルク，サソン方言	/s/, /z/, /ẓ/	*ẓahər*

これが示しているのは，各方言がそれぞれ別な変化を経てきているということである。

機能語素も，方言によってかなりの違いがある。たとえば，所有格表示語も異なっており，**ḏī-la*（関係詞 + 前置詞 *li-*「〜のために」）から変化したもの（*dīla*, *ḏīl*, *ḏēl* など）を使う方言と，*lē-* + *l-* の組み合わせを使う方言がある。たとえば，ダラギョズュ方言（Daragözü）の *lē-*（接尾代名詞の前では *līl-*）などがある。また，アナトリア諸方言は，動詞につけて使う小詞がとくに豊富である。

- 現在進行を表すアスペクト接頭辞 *kū-*
- 未来接頭辞 *ta-*, *tə-*（*ḥattā*「〜まで」より）
- 過去進行 *kān*, *kən*, *kā*
- 完結相 *kəl*, *kūt*, *kū*
- 前過去 *kə*, *kan*, *kāt*（動詞完了形につける）

大きな改変としては，人称代名詞が叙述詞（「〜だ」）に発達して，それを通常は述語の後ろに置くことがあげられる。

〈カルトミーン方言（*Qarṭmīn*）〉（Jastrow 1978: 131–42）

　　くち　[定]-井戸　せまい　彼が…だ
(2)　*ṯəmm əjjəbb ḏayyəq -we*（*-we* < 古典語 *huwa*「彼」）
　　井戸の口が狭い。

　　[定]・牧場　持ち主なし　君女が…だ
(3)　*əlmērje mfállate -ye*（*-ye* < 古典語 *hiya*「彼女」）
　　牧草地はもち主がいない。

　　君　だれ　君男が…だ
(4)　*ənti mə́n- ənti* ?
　　君は誰だ？

　　オオカミ　彼が…だ
(5)　*žib - u*
　　（それは）オオカミだ。

さらに，指示詞から，指示要素 *k-* および *hā-* をともなった叙述詞が発達した。

〈カルトミーン方言〉(Jastrow 1978: pp. 131–42)

（6） *əbnu-**kū** qəddām əmmu*（息子 前 彼の母）

彼の息子は彼の母の前にいる。

（7） ***kēh** maṛa*（女）

あそこに女がいる。(*kēh < k- + hā + hā*)

単なる叙述詞ならキリスト教徒バグダード方言にも見られるが，それが活用したり，新しい機能がつけ加わったりしているのはアナトリア諸方言だけである。

アナトリア諸方言の語彙体系の特徴は，トルコ語やクルド語からの借用語が大量にあることである。トルコ語からの借用語は，ほとんどが行政や軍事関係のものである。

	〈ダラギョズュ方言〉	〈トルコ語〉
「拳銃」	*damanča*	*tabanca*
「銃」	*čəfta*	*çifte*

トルコ語からの借用語には，それ自体もともとはアラビア語起源のものもある。たとえばムハッラミ方言(*Mḥallami*)の *ḥaqsəz*「不公平」は，トルコ語 *haksız*（アラビア語 *ḥaqq*「正当性」+ トルコ語 *-sız*「～無し」より）に由来する。クルド語からの借用語は，多くが農業や家庭内のものに関するものである。

〈ダラギョズュ方言〉

qāzə́ke「甕（かめ）」

tōv「種」

jōt「鋤（すき）」[*382]

また，*dōst*「友人」のようなごく基本的な単語もある。最初の例 *qāzə́ke*「甕」には，クルド語の指小辞 *-ik* が含まれている。

---

*382 それぞれクルド語の *qazik*（「柄つきポット」に指小辞 *-ik* がついたもの），*tow*「種」，*cot*, *cot'*「鋤」を参照(Michael L. Chyet, *Kurdish–English Dictionary*, 2003, Yale University Press)。

古くに借用された単語は，音韻的にも，また語形も，それぞれの方言に溶け込んでおり，語幹内複数形なども適用されている。たとえば，トルコ語 *potur*「ズボン（の一種）」から借用されたムハッラミ方言の *panṭūr*「ズボン」の複数形は *pənēṭīr* である。こうなっていれば借用語に違いないが，自言語の音韻に合わせないまま使うこともかなりひんぱんにあり，しかもそれと完全な同義語が使われていることもある。外来語をこのようにひんぱんに使うのは，二言語併用状況の中で，自分たちの言語からより威信の高い言語への，よくある言語切り替えである。最近の調査（Vocke and Waldner 1982）でも，収集した文面資料の中に一度しか出てこないようなその場限りの借用が大量に見られることからもそう言える。同調査によると，アナトリア諸方言は，語彙全体の 24%を借用語が占めている。どの言語から多くを借用しているかは方言ごとに異なっており，ダラギョズュ方言では語彙の 32%が外来語で，そのうちトルコ語 5%，クルド語 12%，残りは起源不明である。マルディン方言は 15%の外来語のうちトルコ語 12%，クルド語 0.5%，残りは起源不明である。しかし，これらの借用語のほとんどはひんぱんには使われない語彙であり，ひんぱんに使われる語彙ではアラビア語起源でない単語はわずか 5%しかない。

興味深い現象として，ダミー動詞として *sawa*「する，作る」を使った，動詞=名詞句の表現法がある。これは，アラビア語から他の言語への借用にも見られる方法である（⇨第 17 章）。アナトリア諸方言では，この表現法がトルコ語の単語だけでなく，アラビア語の単語にも見られる。

sawa talafōn「電話する」
sawa īšāra「合図する」*383
sawa mḥāfaza「保護する」（*muḥāfaḏa*「保護」）

これらの表現法は，おそらく *etmek*「する」を使ったトルコ語の表現法からの翻訳借用であろう（⇨ 17.5）。

[文例 3] ダラギョズュ方言（Jastrow 1973: 118）

[定]日	1つと共に	私のヤギ	私は～だった	後	[定]丘	私たちのヤギ	登っていた	上	[定]坂	そして	私	
1. *lōm*	*mēḥəd*	*maljaləm*	*kəntu*	*qfā*	*lxašne,*	*ġalámi*	*$k^{ə}$ẓarbo*	*fāk*	*əlpāl,*	*w*	*nā*	*lē*

*383 古典語 *išāra*「合図」。アナトリア方言では，*i* が長母音になっている（Vocke and Waldner, *Der Wortschatz des anatolischen Arabisch*, p. 215）。

見た　何か1つ　から　上　の方 来る
ʿīyantu šīwaʿd mᵊ havṛās-va īji

ある日，私はヤギとともに丘の裏側にいた。私のヤギは坂を登っていた。そこで私は，丘の頂の方から何やら急いでやって来るのを見た。

私は言った　神よ　それ　ようだ［定]オオカミ　見た　オオカミ である
2. *qəltu wəḷḷā ukkā īžba　zzīb　, ʿīyantu　zīb - u*

私は言った。「わっ，あれはオオカミのようだ」見るとオオカミだった。

すぐ　来た ない 来た　乗った　［定]ヤギ　乗った それに　そしてそれを転がしたの上から　［定]石
3. *hama jā ma jā, rakəb əlġalme, rᵊkáb　a　,　w　gəndāra　mfō　lḥajər*

オオカミは来るとすぐ，ヤギに乗っかり，それに乗っかりそれを石の上から転がした。

私　見た　それの頭　垂らして　それの口に
4. *nā lē ʿiyantu qōqə́ta sāġē fṣəmmu*

すぐに，私は，どのようにオオカミがヤギの頭を口に入れたかを見た。

それをした　それに　私たちの犬　1　あったチャーロ　私は彼に叫んだ チャーロ　チャーロちゃん
5. *saytu　ʿlayu rətto hárətto, kalbᵊna waʿd kᵊfī čāḷo, zīyaqtullu čāḷo,　čāḷo-ji*

から　下　の方来た　彼の舌　1　出てきた　そして来た その上
mbaržēr-va jā saynu šəbər waʿd ṭalaḥ, w-　jā ʿlayu

私はそれに「*rətto hárətto*」と叫んだ。私たちには一匹の犬，チャーロがいた。私はチャーロに「チャーロ」と叫んだ。チャーロは，舌を口から出して，丘の下からやって来た。チャーロは来てオオカミの上に（乗った）。

15.5　ウズベキスタンとアフガニスタンのアラビア語

1960年代，ウズベキスタン=ソビエト共和国（当時）で話されているアラビア語の情報が入り始めた。西欧のアラビア語研究者はこの地域に行くことはできなかったので，現地調査はソ連のアラビストであるヴィンニコフとツェレテリ（Vinnikov and Tsereteli）によるものしかなかった。それが出版されたおかげで，西欧の学者たちはウズベキスタンのカシュカ=ダリヤ州（Qašqa Darya，1938年の話者数1,000人）とブハラ州（1938年の話者数400人）でアラビア語の方言が話されていることを知ったのである。その地域ではタジク語やウズベク語が使われており，アラビア語方言の話者のほとんどは二言語併用，三言語併用の話者である。この方言は，メソポタミアおよびアナトリアの“*qəlt*”方言の系統であるが，独自の変遷をたどってきたことがわかった。1996年のデレリによる現地調査（Dereli 1997）と2002年のツィマーマン（Zimmermann 2002）によれば，ブハラ市の北35kmのジョガリ村（Ǧogari）の住民は，まだ日常のコミュニケーションにアラビア語を使ってはいるが，ひんぱんにウズベク語やタジク語への言語切り替えが起きている。

ウズベキスタンに，このアラビア語を話す集落がどのようにしてできたかについては諸説ある。トランス=オクシアナ地方（Transoxania あるいは Transoxiana）にアラブ人がやって来てイスラム化されたのは，イスラム暦 87 年（西暦 709～710 年）にクタイバ=イブン=ムスリム（*Qutayba ibn Muslim*）がブハラとサマルカンドを征服し，ホーラーサーン地方（*Ḫurāsān*）の統治者となった時期にさかのぼるとする伝承もあれば，この地にアラブ人がやって来たのは 14 世紀にティムール王[*384]が征服したときであるとか，16 世紀にアフガニスタンからベドウィン人が移住してきたときであるとする伝承もある。おそらくこの地域のアラビア語化は，いくつかの段階をへていると思われる。というのは，語彙にもいろいろな特徴要素をもつものが混在しているからである。

イラン東部のホラサーン地方，アフガニスタンとトルクメニスタンの国境付近のいくつかの村には，まだアラビア語の話者が 5,000 人から 1 万人くらいいるようである（Seeger 2002, 2009）。彼らは，自分たちをアラブ（*ʿArab*）と呼んでいる。彼らの話すアラビア語は，フーゼスタン（⇨ 11.3）で話されているアラビア語とはまったく異なっている。ウズベキスタンのアラビア語と同系統なのかも知れない。ホラサーンで話されている方言はペルシャ語から干渉を受けていて，チュルク語から強い影響を受けているウズベキスタン方言とは異なっている。音素の面では，強勢子音はなくなり，またいくつかの方言では歯間音が歯茎摩擦音になっている。

	〈ホラサーン方言〉	〈古典語〉
「名前」	*iṯim*	*ism*
「羊毛」	*ṯūf*	*ṣūf*
「卵」	*bēḏ*	*bayḍ*

古典アラビア語の /q/ と /k/ に対応する音素が，前舌母音（/a/ を含む）の前では /j/, /č/ である。たとえば，*bugar*「家畜」（古典アラビア語 *baqara*「牛」）の複数形は *bājir* である。この特徴要素は，他のベドウィン型方言（⇨ 10.3）には見られるが，ウズベキスタン方言には見られない。ホラサーン方言には定冠詞 *al-* と不定冠詞 *fal-* があり，いずれもその次の子音（つける単語の語頭子音）に同化

*384 Timur Lenk「びっこのティムール」。

する。

aḥ-ḥurme「女」
fab-bājir「牛」

動詞については，分詞形が接中辞 *-inn-* をとる。これは，ウズベキスタン方言と似ている。

āhd-unn-he「私（男）が彼女を取る（妻にする）」
āhidt-inn-ah「私（女）が彼を取る（夫にする）」

アフガニスタンで話されているアラビア語についてはさらに情報がない。アフガニスタンにアラビア語が残っていることについて，西欧の言語で初めて出版されたのは 1973 年である。当時，北アフガニスタンのバルク県（Balkh）とジャウズジャーン県（Jawzjān）に約 4,000 人のアラビア語方言の話者がおり，そのほとんどは，アラビア語とペルシャ語（タジク語）の二言語併用話者だった。彼らはきびしい同族結婚を守る閉鎖的な社会をつくり，自分たちがアラブの子孫であることを誇りにしていた。土地の言い伝えでは，彼らはクライシュ族の子孫であり，14 世紀にティムール王によってこの地に連れてこられたという。全体としてみると，この方言はウズベキスタンで話されている方言と同じ系統で，しかもかなり近い関係にあると思われる。それは，どちらにも同じように，古典語の *q* が，*q* で現れる単語も，*g* で現れる単語もあり，また強勢子音は消失し，歯間音（*ṯ*, *ḏ*, *ḏ̣*）は歯擦音（*s*, *z*, *ẓ*）になっているからである。また，アフガニスタンのアラビア語では，ウズベキスタンとは異なり，/ḥ/ と /ʿ/ の 2 つの音素が保持されている。

ウズベキスタンのアラビア語は“*qəlt*”方言群に属しており，定住民型方言の典型的な特徴要素を数多くもっているが，ベドウィン諸部族の影響もあって，古典語の *q* がすべての単語で無声音であるわけではなく，*gidir*「ポット」のようなベドウィン型の単語[*385] と *qalb*「心臓」のような定住民型の単語の両方がある（⇨ 10.2）。また，ジェイナウ方言（Jeinau）では *galib*「心臓」であり，ウズベキ

[*385] *gidir* は，古典語の *qidr* にあたる。*q* が有声の *g* になっていることと，*d* と *r* の間に母音 *i* が挿入されていることがベドウィン型方言の特徴。次の *qalb* では，古典語の *q* が無声音 *q* であることが定住民型の特徴。ジェイナウ方言の *galib* はベドウィン型。

スタンの中でも，別のアラビア方言を起源にもっていることもある。歯間音でも状況は似ており，古典アラビア語の歯間音はふつうは歯間音の ṯ, ḏ, ḏ̣ だが，ジェイナウ方言では，おそらくタジク語の影響で s, z, ẓ に変化している。

	〈ジェイナウ方言〉	〈古典語〉
「服」	*sūb*	*ṯawb*
「地」	*orẓ*	*'arḍ*

またほとんどの場合，強勢子音は軟口蓋性を失って強勢ではなくなっており，ḏ̣ は単なる z になっている。しかし，古典アラビア語の歯間音が歯茎音で発音される単語もある。たとえば，ジェイナウ方言で「これ」は *hād*（男），*hādi*（女）[*386]，「あれ」は *dūk*（男），*dīki*（女）である。

古典語の定冠詞はウズベキスタンでは消滅したが，メソポタミア方言と同じく，新たに不定冠詞 *fat*（*fard*「1 人，1 つ」より）ができた。名詞の複数形は，語根内複数形は少数の単語に限られ，男性生物名詞のほとんどは語尾複数の *-īn* になった[*387]。

	〈単数〉	〈複数〉
「大臣」	*wazīr*	*wazīrīn*
「兄弟」	*uḫū*	*uḫwīn*

生物の女性と無生物名詞は，複数語尾 *-āt* による。

「母」	*umm*	*ummāt*
「物」	*šī*	*šiyāt*
「頭」	*rās*	*rasāt*
「戸」	*balbeyt*	*balbeytāt*（*bāb il-bēt*「家の戸」より）

（単数形は Vinnikov（1962）にもとづき訳者が補入した）

名詞句において，被修飾語名詞に接尾辞 *-in* や *-hin* をつけて，その次の語が修飾語（形容詞，関係節，後続の名詞など）であることを示している。この接尾辞

[*386] 古典語では，それぞれ *hāḏā*，*hāḏihi* など，歯間音 ḏ である。

[*387] 古典語の複数形はそれぞれ，*wuzarā'*「大臣」，*'iḫwa*「兄弟」，*'ummahāt* あるいは *'ummāt*「母」，*'ašyā'*「物」，*ru'ūs*「頭」。「戸」は古典語では，単数形 *bāb*，複数形 *'abwāb* あるいは *bībān*。

は，おそらくアラビア半島諸方言の *-in*，*-an* から来ている (⇨ 11.1)。次の (8) 〜 (13) の例は，Fischer (1961) からの引用である。

(8)　水 *mu-hin* 赤い *aḥmar*　金の水 (「紅茶」のこと)

(9)　物 *šiyāt-in* 高い *ġāli* 高い *ġāli*　(値が) 高い，高い物

(10)　[不定] *fat* 石 *ḥajart-in* 大きい *kabīra*　ある大きな石

(11)　[不定] *fat* 娘 *bint-in* 泣いている *tibki*　ある泣いている娘

(12)　人 *ādami-n* から *min* 神 *alla* [関係詞] *il* 恐れる *miḫōf*　神を恐れる人

(13)　半 *nuṣṣ-in* 夜 *lēl*　夜半

動詞体系では，分詞が動作の完了を表すものとして使われており，名詞的な用法は失われている。この分詞が接尾代名詞と結合し，次のような新解釈が起こった。*zōrib*「彼が叩いた」(古典語の分詞形 *ḏārib*) に目的接尾代名詞 *-nī*「私」がついた形 *zorb-in-nī*「彼が私を叩いた」[*388] が，新しく主語接尾代名詞 *-ī* のついた形として新解釈され，*zorbin-ī*「私が叩いた」となった。同じようにして，*zorbin-ak*「君が叩いた」が得られる。これにさらに目的接尾辞がつくと，次のようになる。

*zorbinī**k***　「私 (男) が君を叩いた」
*zorbinā**h***　「私が彼を叩いた」
*zorbinī**him***　「私が彼らを叩いた」
*zorbinakā**ni***　「君 (男) が私を叩いた」
*zorbinakā**h***　「君 (男) が彼を叩いた」
*zorbinakā**hum***　「君 (男) が彼らを叩いた」

これに似たもので，能動分詞に目的語代名詞をつけるときの連結辞 *-in-* が，オマーン，バーレーン，イエメン，バギルミ=アラビア語[*389] (Owens 2006: 159–62) などに広く分布している。

他のアラビア語諸方言がすべて，主語–動詞–目的語の語順である中で，ウズ

[*388] 連結辞 *-in-* を介してつけられている。
[*389] チャド南部の方言。

ベキスタンのアラビア語だけが唯一，主語–目的語–動詞である。語順がこのようになったのは，当初，目的語を先に置くことが文体的なバリエーションとしてあって，このバリエーションが，周囲でウズベク語（チュルク諸語の 1 つで，動詞が文末に置かれる）が話されている環境で強められ，固定化したためであろう。目的語が「定」である場合は，動詞にその目的語を示す接尾人称代名詞がもう一度加えられ，結果的にウズベキスタンのアラビア語の文は，(14)，(15) のようになる (Fischer 1961)。

［不定］ 男 牛 ［過去］ 世話する ［継続］
(14)　*fat ādami baqarīn kom-misūq-nāyim*
ある男が牛を世話していた。

小さい 石 彼の手に それを取った
(15)　*zaġīr ḥağara fīdu ḫadāha*
若者が石を手に取った。

次の (16) のように，同じ語順が，述語など，文の他の要素にも適用される。

まだ 魚 私は 残す か？
(16)　*ʿō sámaka anā maṣōr-mi*[*390]
まだ魚を残しましょうか？

語順の変遷に対する上の推測が正しければ，文体的バリエーションの 1 つが，その地の優勢言語であり，接触言語であるウズベク語の影響で強められ，言語変化が起きたよい例ということになる。

[文例 4] ウズベキスタン方言 (Vinnikov 1956: 192)

不定 物［定］ 売る だった 不定 息子 だった 彼が持っている 不定 娘 だった 彼が持っている 彼の娘 に 説教師 渡した
1. *fat šī il mebīʿ kon, fat walád kun ʿéndu , fat bint kun ʿéndu , bíntu i-ḫaṭīb sabára*
1 人の物売りがいた。彼には息子が 1 人いた。娘が 1 人いた。娘を説教師に嫁がせた。

物 買った と共に 彼の息子 に 不定 町 1つ 出かけた 物 売るため
2. *šī šarā, wey wáladu i-fat madínt-in wáḥad ġadāk šī taybīʿ*
彼は物を買ってきた。息子と一緒にある 1 つの町に物を売りに行った

---

*390 *-mi* は，ウズベク語の疑問接辞。

のだ。

説教師 に 彼の妻 言った その 娘 物[定] 売る 私に 彼女を見せろ 娘 だった 恥じる 彼から
3. *ḫaṭīb i-máratu qōl: hamat bínt šī il mebīʿ iláy wurīya; bint kun tístaḥi mínnu*
説教師は彼の妻に言った。「物売りのその娘を私に見せてくれ。」娘は彼の前では恥ずかしがっていた。

妻 説教師 言った 私が彼女を見せる 君に 私は 出かける に 彼女の家 私の頭 に 彼女の前
4. *mart ḫaṭīb qōlet: mawūra iléyk! ana móġdi fi béyta, rāsi fi giddāma*
私がそれを置く それをさぐるため 君は から 後ろ 壁 見ろ 君は彼女を見る
maḥeṭṭā^{h} *tatfillā*^{h}*; hint min waro ḥāyṭ ʿáyyin, miššūfa*
説教師の妻が言った。「彼女をあなたに見せてあげよう。」私は彼女の家へ行き，私は頭をきれいにしてもらうために頭を彼女の前に出す。「あなたは壁の後ろから見なさい，そしたら見えるでしょう。」

15.6 ナイジェリア方言

ほとんど知られていないが，ナイジェリア北部のボルノ州に，シュワ=アラブ人（Shuwa-Arabs）というアラビア語話者のグループが暮らしている。東は白ナイル川から西はチャド湖まで伸びる，いわゆるバッガーラ*391=ベルト地帯で，牛を飼う遊牧民がアラビア語を話していて，シュワ=アラブ人はその1つである（Braukämper 1994）。このグループは，サハラ以南のサバンナ地方を通って東から移住してきた。この地域にアラビア語が現れたのは，少なくとも西暦14世紀にまでさかのぼる。これと似たさまざまな方言が，チャド，カメルーン，中央アフリカ共和国，ニジェールにまたがるバッガーラ=ベルト地帯で話されている。この諸方言は，2つのグループに分けられる。1つはナイジェリア，カメルーン，チャドの一部の諸方言で，オーウェンズは「バギルミ=アラビア語」（Bagirmi Arabic）と呼んでいる。もう1つは，チャドのンジャメナ市やアベシェ市などの都市型方言である。

これらの方言がナイジェリアからスーダン東部まで連続体としてのびている中で，ナイジェリアのシュワ=アラブ人は他から孤立した位置にあるため，言語の飛び地になっていると言える。オーウェンズ（Owens 1993:11）によると，これはボルノ州で2番目に大きなグループ（1番目はカヌリ族 Kanuri）であるが，全体の話者数は不明である。エスノローグ*392では10万人となっている

*391 「牛飼い」の意。古典語 *baqqāra* に当たる（*baqara*「牛」を参照）。
*392 世界の言語を紹介する，国際 SIL（Summer Institute of Linguistics）によるウェブサイ

が，いずれもアラビア語と，カヌリ語やフルフルデ語（Fulfulde）などとの二言語併用者である。

ナイジェリア方言は全般に，ベドウィン型方言である。音素は，古典アラビア語と次のように対応している。

	〈ナイジェリア方言〉		〈古典語〉
	単数形	複数形	
	/g/		/q/
「首」	*rágaba*	*rugúbbe*	*raqaba*
「友」	*rafíig*	*rufugáan*	*rafīq*
	/q/		/ġ/
「太い」	*qalíid*	*quláad*	*ġalīḏ̣*
「ガゼル」	*qazáal*	*quzúlle*	*ġazal*

古典アラビア語の声門閉鎖音 /ʼ/ と咽頭音 /ʽ/ は声門閉鎖音 /ʼ/ に合流し，/ḫ/ と /ḥ/ は /ḫ/ に合流している。また，古典アラビア語の /ṭ/ に対応するのは，咽頭化した歯茎入破音 /ɗ̣/ である。

	〈ナイジェリア方言〉	〈古典語〉
	/ɗ̣/	/ṭ/
「渇かせる」	*ʼaḍɗ̣aš*	*ʽaṭṭaš*

ナイジェリア方言の複数形は，上で示した *rugúbbe*「首」，*quzúlle*「ガゼル」がよくある語形枠だが，他にも次のような複数形語形枠がある。

	〈ナイジェリア方言〉	
	単数形	複数形
「場所」	*bakáan*[*393]	*bikínne*
「舌」	*lisáan*	*lusúnne*
「背中」	*ḍáhar*	*ḍuhúrra*
「火」	*naar*	*ni'rre*

ト。

*393 古典語の単数形／複数形はそれぞれ，*makān* / *'amkina*「場所」，*lisān* / *'alsina*「舌」，*ḏ̣ahr* / *ḏ̣uhūr*「背中」，*nār* / *nīrān*「火」。

所有格表示語に *hana*，*abu* の 2 つがあるほか，直接に後置する所有句もある（例は Owens 1993: 64–9 より）。直接に後置する所有句と *hana* のどちらを使うかは，意味的な理由ではなく統語的なものであるらしい。*áḫu ammí*（兄弟 私の母）「私の母の兄弟」のように接尾代名詞がつくと，直接所有句のほうが多い。*hana*（女性形 *hiil*，複数形 *hinée*）は（17），（18）のように，どのような関係にも使うことができる。

　　　　［定］アラブ人　の　西　に　マイドゥグリ
（17）*al-'arab* ***hinée*** *maqíib le maydúguri*　マイドゥグリの西のアラブ人

　　　　［定］家　［定］長い　の　［定］男
（18）*al-béet aḍ-ḍayíil* ***hána*** *ar-ráajil*　その男の背の高い家

所有格表示語 *abu*（女性形 *am*，複数形 *mahaníin*，女性複数形 *mahanáat*）はふつう，生まれつきもっているものを表す。さらに特徴的なのは，所有されている名詞の後ろに形容詞が来るとき，その名詞には（19）のように関連づけの接尾辞 *-an* がつけられることである。

　　　　［定］男　の　肌　赤い
（19）*ar-ráajil* ***abu*** *jíld-an áhamar*　赤褐色の肌の男

この接尾辞は，アラビア半島のベドウィン型方言（⇨ 11.1）やウズベキスタン方言（⇨ 15.5）に残る *N* 語尾から来ている。

動詞の活用形では，代名詞と同じく，3 人称複数形で男女を区別する（表 15.2）。

完了形「書いた」

	単数	複数
3人称男性	*kátab*	*kátabo*
3人称女性	*kátabat*	*kátaban*
2人称男性	*katáb*	*katábtu*
2人称女性	*katábti*	*katábtan*
1人称	*katáb*	*katábna*

未完了形「書く」

	単数	複数
3人称男性	*búktub*	*biktubu*
3人称女性	*táktub*	*biktuban*
2人称男性	*táktub*	*tiktubu*
2人称女性	*táktubi*	*tiktuban*
1人称	*báktub*	*niktub*

【表 15.2】　ナイジェリア方言の動詞活用

また，ナイジェリア方言には，周辺の諸言語から借用したために，バッガーラ=ベルト地帯の他のアラビア語にはない特徴要素がある。そのような特徴要素のうちで興味深いのが，知覚されたことや出来事を表す，さまざまな擬態語，擬声語が使われることである。これは周辺のいくつかの言語では非常によく使われているものである。ナイジェリア方言では，(20) や (21) のように擬態語が動詞を修飾する。

(20)　ている 過ぎる さっと 前 君の
bi- mšan ***cirr*** *giddām-ak*　(Owens 2004: 214)
君の前をさっと過ぎる。

(21)　［定］ 火 焦がした ［定］ なべ 真っ黒く
an-nār zarrag-at al-gidir ***cil***　(Owens 2004: 211)
火がなべを真っ黒に焦がした。

擬態語はまた，(22) のように形容詞も修飾する。

(22)　［定］ 水 熱い グラグラ
al-alme hāmi ***co***　(Owens 2004: 209)
お湯がグラグラに熱い。

上の例の *cirr*, *cil*, *co* には独立した意味はなく，素早さ，色の濃さ，温度の高さを表すだけの機能をもち，多くの場合は決まった単語と組み合わされる。

[文例 5] ナイジェリア方言（Owens 1993: 256）

ところの物 彼女たちは運ぶ［定］ミルク 彼女たちは歩く で 足
1. *ali- b-íšīil-an al-laban b-ínš-an be rījil*
   ミルクを運ぶ女たちは歩くんだ。

しかし ［定］ 村 もし のような の許に それ 車 （彼女）歩く 彼女たちは乗る ［定］ 車［複］
2. *ammá al-hille kán mísil ind- e watíir t- ímši le b-ərkab-an al-watáayir*
   けれども村が，村へ行く車をもっているときは，車に乗るさ。

もし ［定］ 村 そう ない の許に それ 車 彼女たちは歩く で 彼女たちの足
3. *kán al-hílle ké, ma índe-he watíir b-ínš-an be rijíl-an*
   村に車がなかったら，歩いていくよ。

しかし ［定］ほとんど そのようだ 彼女たちは歩く で 足 だけ
4. *ammá l- áktar ké da b-ínš-an be rijíl bas*
   けれども，ほとんどはただ歩いていくんだ。

15.7　移民のアラビア語

世界の中でのアラビア語の役割を概観するとなると，世界各地に移住していったたくさんのアラビア語の話者のことにふれないわけにいかない。古くからアラビア語の話者は故国を離れ，他国へ移住してそこに定住し，異なる言語が話される環境で新しい生計を立ててきた。アラビア語の話者は，あの歴史的なイスラム征服のときには新天地の人々に自分たちの言語を押しつけ，その土地をアラビア語世界の一部に変えた。しかし，アラビア語がマイノリティー言語になったケースもある。そのような状況の例として，すでに上でふれたキプロス，ウズベキスタン，アナトリアの，いわゆる言語の飛び地がある。これよりももっと大規模なことが，現代に入ってから起こっている。西欧諸国にはかなり多くのアラビア語の話者が移住しているのである。たとえば，アメリカ合衆国やラテン=アメリカへのレバノン人（およびシリア人）の移民，西欧諸国（フランス，イギリス，ベルギー，オランダ，ドイツ）への，主としてモロッコ人やアルジェリア人の移民などである。

このような移住は当然，当人たちに甚大な心理的，社会的な影響を及ぼしているが，ここでは言語への影響に話をしぼる。状況は，次の2種に分けられる。1つは，移住者たちが移住先の国の優勢言語を学ぶ必要を感じている言語状況で，このような状況では家庭言語としてのアラビア語の存続が危ぶまれる。もう 1 つは，もとの言語を話し続ける状況だが，ここでもやはり周囲の言語の影響からのがれることはできない。

この 2 つの状況は，1 つはレバノンからの移民，もう 1 つはマグレブ諸国からの移民に当たる。2 つは異なる道をたどったが，それは環境が異なっていたことにも原因はあるが，さらに重要なのは，移住先でのグループのでき方の違いである。移住したレバノン人は，たいてい教育レベルの比較的高い社会階層に属しており，新しい仕事として貿易や中流階層の職業についたのに対し，マグレブ諸国からの移住者のほとんどは単純労働や工場労働についたのである。さらに，2 つの移民の波が起きた時代も違っていた。アメリカへのレバノン移民が最高潮に達したのは 19 世紀から 20 世紀前半であり，マグレブ諸国から西欧への移民は 1960，70 年代のことだった。

アメリカへのアラブ移民にはいくつもの波があった。最初のグループはほとんどが 20 世紀のかわり目に渡ったレバノンのキリスト教徒で，2 番目のグループは 1960 年代，3 番目のグループは 1975 年のレバノン内戦勃発のときに渡り始めた。これらのグループは 3 つとも，言葉に対する考え方は同じで，言葉も含めて一生懸命にアメリカ社会に溶け込み同化しようとした。いずれのグループも，第 3 世代が育つころまでには，アラビア語は話すだけに限られるか，あるいはほとんど完全に消えてしまった。これらの移民たちにもアラブ系アメリカ人という民族意識はあるが，これは言語よりも歴史的背景のほうと結びついているようである。120 万人いるアラブ系アメリカ人のうちのほとんどは，英語に移行しつつある状況にあると言える。2000 年の国勢調査では，アラビア語を話すのはそのうちのわずか 61 万 4,000 人だけであった (Belnap 2008)。しかしこの図式は，増え続けるイスラム教徒移民によってかわりつつあると，ベルナップ・サワイエ (Belnap and Sawaie 1992) は指摘する。ミシガン州のディアボーン市には，アラブ系アメリカ人が暮らす最大のコミュニティーがあるが，そこでは英語の動詞が比較的容易にアラビア語に借用され，アラビア語の動詞活用体系に溶け込むといった注目すべき現象がたくさん見られる。ルシュディー (Rouchdy 1992b) は，次の例にふれている。

私たち・修理した　［定］自動車
fakkasna is-sayāra[394]　私たちは車を修理した。

私・掃除した［定］家
kalnīt il-bēt[395]　私は家を掃除した。

ない　彼・飲む
lā yudarnik[396]　彼は飲まない。

借用語をこのようにアラビア語に溶け込ませることは，言語切り替えがおこなわれ，言葉遊びもできるようなコミュニティーがあることを示している。

ラテン=アメリカのアラブ人移民の状況は比較的恵まれている。彼らの多くは商業に従事し，ブラジル=ポルトガル語やスペイン語をみな流暢に話している。彼らの多くは貿易にたずさわっていたから，その社会にすばやく溶け込まなければならなかったし，ブラジル人やアルゼンチン人と緊密に接する仕事をしていた。この移民コミュニティーではほとんどの人がアラビア語方言を使い続けているが，同時に標準語で書くこともある。レバノンからの新規の移住者たちも，このコミュニティーに入った。移住者の言葉にはブラジル=ポルトガル語やスペイン語からの借用語が大量に入っているが，そのほとんどは仕事や職業的な領域のものであり，さらには親族関係の領域に及んでいることから，そのレバノン人たちと現地の人々との通商関係の緊密さがうかがえる（Nabhan 1994 を参照）。

	〈移民のアラビア語〉	〈ポルトガル語〉
「靴」	*sàbàt*	*sapato*
「靴」複数形	*sàbàbīt*	
「従業員」	*ībrigadu*	*empregado*
「販売者」	*vẽdedor*	*vendedor*
「工場」	*fàbraka*	*fábrica*
「卸売り」	*bi-l-atakado*	*no atacado*
「いとこ（男）」	*brimu*	*primo*
「いとこ（女）」	*brima*	*prima*

---

*394 *fakkasna* は，英語の fix から語根 *f-k-s* を抽出し，それを動詞第 2 型（第 2 子音を重ねる *fa‘‘al* 型）へはめたもの。*-na* は，動詞完了形の 1 人称複数の接尾辞。

*395 *kalnīt* は，英語の clean から語根 *k-l-n* を抽出したもの。*-īt* は，完了形 1 人称単数の接尾辞。

*396 *yudarnik* は，英語の drink から語根 *d-r-n-k* を抽出し，4 子音語根動詞の未完了形の語形枠へはめたもの。

次のような動詞もある。

	〈移民のアラビア語〉		〈ポルトガル語〉
	過去形	現在形	
「デートする」	*nawmar*	*bi-nawmir*	*namorar*
「充電する」	*kawbar*	*bi-kawbir*	*cobrar*
「旅行する」	*vayaž*	*bi-vayež*	*viajar*

ラテン=アメリカやアメリカ合衆国への移民のほとんどが，識字力があり，教育を受けているのに対して，現在，西欧へ渡ってくる移民は根本的に状況が異なり，たいていは農村地帯から出て来て，教育はなく，非熟練手工業労働者として働いている。西欧へのアラブ移民の言語状況は，その初期には調査されているが，調査はもっぱら新しい言語の習得に焦点が当てられている。応用言語学の分野における研究は，移民たちが第 2 言語習得の中で直面する問題を見つけ，この特殊な学習者たちの教授法改善に役立てようとするものであり，アラビア語の歴史との関連はあまりない。

ごく最近の研究では，移民の言語そのものに関心が寄せられている。この種の研究には基本的に，言語喪失と，言語混合あるいは言語切り替えという 2 つの領域があると考えられる。言語喪失あるいは言語摩滅とは，その言語の話者の熟達度が全般的に低下することである。その子どもたちの言語の質が落ちていくことを移民たちが嘆くことが多い一方で，子どもたちは新しい国で生まれ育ち，新しい言葉を親たちよりも流暢に話す。第 2 世代の子どもたちは，日常の会話の中でひんぱんに言語切り替えをしているので，彼らには純粋なアラビア語の発話は期待できない。すでに失われている特徴要素が，彼らの言葉にも当初はあったと考えられるかどうかも疑わしい。子どもたちが親の言語にふれる量は比較的限られているから，その言語の特徴要素を完全には習得できていないと考えられる。したがって，親世代の言語は，従来の使用領域を失い，すでに別言語への移行過程に入っていると言ってよい。オランダへのモロッコ移民にとって，モロッコ方言の領域は家庭語という位置づけにまで縮小してきており，また第 3 世代の子どもたちにとっては，モロッコ方言の領域である家庭にまでオランダ語が侵食してきている。移民の子どもたちは，理解については，まだモロッコ方言での家族どうしのコミュニケーションはとれているが，正しいモロッコ方言を産出する能力は著しく落ちている。最近の研究では，エル=エッサティ(El Aissati 1996)がオランダにいる青年期のモロッコ人たちの言語喪失を研究し，音韻も，ある程度の影響を受けていることを報告している。調査対象者は，*qbəṭ*「彼は捕まえた(古典語 *qabaḍ*)」を *kbət*，*ḍaṛṣa*「歯」を *ḍaġṣa*，*mša*「彼は行った」を *msa*，*šaf*「彼は見た」を *saf* というなど，有標音素 /q/, /ṛ/, /ṭ/, /š/ を，それぞれ無標の音素である /k/, /ġ/, /t/, /s/ で代用しているという。また，彼らはごく一般的な単語の複数形すら正しく生成できていない。たとえば，*qəṭṭ*「猫」，*ḥmar*「ロバ」の正しい複数形はそれぞれ *qṭuṭ*，*ḥmir* であるが，複数形を作る一般的なやり方*397 を頼りにして，*qiṭin*「猫」，*ḥmarin*「ロバ」としたり，あるいは *tə'ləb*「キツネ」はまるっきり形をゆがめて *tə'blitat* としたりしている(モロッコ方言では複数形は *t'aləb*)。

	〈単数形〉	〈オランダのモロッコ移民の複数形〉	〈モロッコ方言の複数形〉
「猫」	*qəṭṭ*	*qiṭin*	*qṭuṭ*
「ロバ」	*ḥmar*	*ḥmarin*	*ḥmir*
「キツネ」	*tə'ləb*	*tə'blitat*	*t'aləb*

中には一貫してオランダ語の複数形語尾を使い，*tə'ləbs*，*qəṭṭs*，*ḥmars* のような単語を作り出す調査対象者もいた。これら青年期の人々は，言語切り替えをせずにモロッコ方言で話してもらうと，たびたび話を止めて単語を探すようになり，また，語彙体系や構文を単純化してしまう発話が目立つ。

このような言語の移行が，部分的に停止することもある。西欧諸国では，政府が国内の言語マイノリティーに対する新しい政策を進めたが，そこにはマイノリティーの権利として「自」言語を習い，「自」言語で教育を受ける権利が含まれている。スウェーデンやオランダのような国ではこの権利がかなり実現されており，小学校や中学校などでもアラビア語のカリキュラムが確立している。ただ，モロッコ移民の場合は，その大部分がベルベル語の話者であって，どの言語で教育を受けさせるべきかが必ずしも明確でないという特殊な問題がある。さらに，アラビア語だとしても，教育の照準を高位体(現代標準アラビア語)に定めるべきか，口語体に定めるべきかという問題もいまだ解決されて

*397 複数語尾 *-in* をつけるやり方のこと。この語尾は，一般に人間名詞にしか使われない。

いない。

小中学校での教育を家庭語でおこなうという規定は，少なくともオランダでは短命で，2004 年には完全に廃止されてしまったが，全盛期には約 7 万人の児童がこの課程を（部分的であっても）受けていた。政策転換が決定された主たる理由は，少数派に対する政策がかわったこと，そしてそれぞれの言語で教育を受ける権利よりも，現地に溶け込ませることが焦点になったことに加えて，この課程の有効性も疑わしく思われたことにある。スウェーデンでは当分の間は，家庭語による教育体制（modersmålundervising）がおこなわれる。

多くの移民の子どもたちにとっては，すでにふれたフランス=アラビア語（Franco- Arabe，⇨ 14.4）のような，言語切り替えをしながら話すのが通常の話し方になっている。さらにいくつかの国では，このような話し方が，移民の言語コミュニティーの中に一定程度確立された 1 つの方言になっているとさえ言いうる場合がある。フランスの北アフリカ系移民のアラビア語（ボア=アラブ Beur-Arabe）などはこの例である。これは一般に，威信の高さが違う言語どうしであっても，言語社会の中で 2 つが競合したときには起こる話し方である。このような話し方では，2 つの言語間での言語切り替えが，文と文の間（文間切り替え）だけでなく文の内部（文内切り替え）でも起こる。このような切り替えは，統語的な区切りでよく起こる（太字がモロッコ方言，「/」は切り替え位置。Nortier 1989: 124–40）。

〈動詞と目的語の間で言語切り替えをする例〉

　　　もって来い　私に　1つ　コップ　水
(23)　***žib -liya*** / *een glas water*
　　　一杯の水を／もって来て

〈動詞と主語の間で言語切り替えをする例〉

　　　ここ［進］　住む　両方　モロッコ人たち　として　オランダ人
(24)　***hna ka-ysəknu*** / *zowel marokkanen als nederlanders*
　　　モロッコ人もオランダ人も／ここには住んでいる。

〈前置詞句の前で言語切り替えをする例〉

　　　そして　出る　とともに　彼ら　へ［定］町
(25)　***u -təḫruž mʿa -hŭm*** / *naar de stad*
　　　町へ／彼らと一緒に町へ出かける。

さらに，名詞句の内部で言語切り替えをする例も見られる。

とても　難しい
bezzaf / *moeilijkheden*　とても／難しい

に　同じ　時間
f- / *zelfde tijd*　同時／に

某か　情報
ši / *informatie*　いくらかの／情報

マイヤーズ=スコットン（Myers-Scotton 1993）は，最近の言語切り替えモデルとして，文面に機能語を提供する型枠言語（the matrix language）と，内容語を提供する埋め込み言語（the embedded language）とに分けることを提案している（⇨ 13.2）。また，言語切り替えの中で 2 つの異なる文法に矛盾が生じたときには，話者がその解決策を講じる際に，両方の言語の構造が重要な役割をはたす。たとえば，フランス語・モロッコ方言の間での言語切り替えは，オランダ語・モロッコ方言の間での切り替えとはいくつかの点で違いがある。フランス語の単語がモロッコ方言の語形枠に入ると，フランス語の定冠詞は維持されることもあるし，アラビア語の定冠詞が使われることもある。ノーティエ（Nortier 1994）のあげた例では，アラビア語の文法にしたがって，定冠詞は指示詞 *dak*「あの」や不定冠詞 *waḥəd*「ある」（⇨ 11.5）の後ろに置かれている。

あの ［定］　シャツ
dak ***la*** *chemise*　あのシャツ

ある　［定］　風景
waḥəd ***l*** *-paysage*　ある風景

アラビア語の定冠詞は，アラビア語が型枠語として使われるときにたいていは維持される（アラビア語からヨーロッパの言語への借用語と同様。⇨ 17.2）。ところが，オランダ語とモロッコ方言の言語切り替えでは定冠詞が落とされて
あの　教育　ある　脅威
dak opleiding「その教育」や *waḥəd bedreiging*「ある脅威」のような組み合わせがよく聞かれる。フランス語とオランダ語にこのような違いがあるということは，フランス語の定冠詞はおそらく接語的で，その点でオランダ語の冠詞とは異なる性質をもっていることを示している。

モロッコ方言の動詞は語形変化が複雑なため，他の言語から借用した動詞が必ずしもすべて容易に溶け込めているわけではない。前述したマルタ語（⇨ 15.2）の体系にはイタリア語の動詞が完全に溶け込んでおり，また，フランス語の借用語はモロッコ方言でも，アルジェリア方言（⇨ 11.5）でも，同様に容易に溶け込んでいることが報告されているが，オランダ語の動詞はこのように溶け込むことはまずなく，ほとんどの話者は，いろいろな言語で借用語を溶け

込ませるときに使うような合成動詞を使おうとする。借用した動詞を活用させるというやっかいな問題を回避するために，一方の言語のダミー動詞ともう一方の言語の名詞を組み合わせるのである（⇨ 17.4，17.5，17.6）。オランダ語とモロッコ方言の間での言語切り替えでは，モロッコ方言の動詞「する」（完了形 *dar*，未完了形 *ydir*）とオランダ語の動詞不定形とを組み合わせて，(26) のようにするか，あるいは「動詞＋名詞」の連語で (27) のようにする (Boumans 1996)。このような方策によって，言語切り替えはかなり容易になっている。

［進行］する　彼らとともに　サッカーする［不定］
(26)　***ka-tdir*** *mʿahum* ***voetballen***　(Boumans 1996: 60)
君は彼らとサッカーをする？

べき　する -彼らに　チャンス　与える［不定］
(27)　*ḫəṣṣək* ***tdirhum*** *kans* ***geven***　(Boumans: 1996: 62)
君は彼らにチャンスを与えるべきだ。

言語接触の状況下ではたいていそうだが，話者が移住した先でアラビア語の将来がどうなるかを予言することは不可能である。これはけっして言語だけの問題ではなく，政治，イデオロギー，文化，そしておそらくは宗教的な要因もその結果を左右することになるだろう。ラテン=アメリカではアラビア語の遺産を誇り，アラビア語とその文学をつちかう文化団体が設立されている。このような状況で予想できるのは，そのコミュニティーの家庭語にはたくさんの借用語が入ってきているが，同時に，家庭言語の喪失を防ぐために，2 つの言語を引き離すという意識的な努力もなされるということである。そして，そのコミュニティーのメンバーのほとんどは学校に通い，受け入れ国の言語の完全な運用力を身につけていく。これとは逆に，アメリカ移民は言語的にも溶け込もうとする強い動機があり，彼らには民族意識の象徴としての言語というものは必要ないようである。

ヨーロッパ諸国の多くでも言語の移行は食い止められないようである。そして，たいていは故国の言語をできる限り守ろうと努力する者がいて，現地政府も移行への流れをくい止めるために明確な政策をとってはいるが，それでもなお，移民の子どもたちは現地の国の優勢言語に移行していくことになる。つまり，言語切り替えをひんぱんにおこなっている状態はかなり不安定なものであり，その世代限りで消え去ってしまう可能性が高いのである。

これまでのところで未解決な問題は，移民が話すのがその地の優勢言語であるとき，その言葉がコミュニティー方言（ethnolect）なのかどうか，つまり，同じ民族的な背景をもつ共同体に特有なものとみなすことができる標準語の一変種なのかどうか，という問題である。民族コミュニティー方言はたいてい，若者たちの内輪の言葉や通俗語として使われ，異なる民族背景をもつ若者たちをも引きつける。オランダでは，オランダ語の /ɣ/ を口蓋垂音・咽頭音で発音したり，オランダ語の /z/ を長く発音するなどの特徴要素があり，これらを聞くと，しばしば典型的なモロッコ人たちの民族コミュニティー方言であると感じる。

本章で扱ったウズベキスタン，アフガニスタン，アナトリア，キプロス，ナイジェリアなどの飛び地では，言語保護の政策もなく，また，これらマイノリティー言語には威信がないために絶滅に瀕していると言える。もちろん，マルタ語の状況は，それとはまったく異なっており，マルタ語ははっきりとした民族的実体のシンボルになっている。イタリア語や，最近では英語もマルタ語の領域に入り込んできているが，マルタ語への誇りがその影響に対抗するのにじゅうぶんな力をもっている。

15.8　文献案内

マルタ語には，文法書（Sutcliffe 1936）から基礎コース（Aquilina 1956），そして辞書（Aquilina 1987 の大辞典，Busuttil 1976, 1977 の小辞典）にいたるまで広範囲におよぶ教材がある。マルタ語の最も新しい記述には，Vanhove (1993) と Borg and Azzopardi-Alexander (1997) がある。1981 年に，方言地図帳である Aquilina and Isserlin (1981) の第 1 巻が作成された。また，マルタ語の歴史や方言地理に関しては，アクィリーナによるたくさんの小さな研究（Aquilina 1970, 1976）がある。マルタ語の歴史についての総合的な手引書は，Brincat (2011) である。Mifsud (1995) のマルタ語への借用語の研究があり，本書はこれを参照している。Schabert (1976) の方言文法では，首都バレッタの標準語化したマルタ語や，まだ変化をこうむっていない郊外の方言を研究している。また，マルタ語の中のさまざまな方言については，Borg (2011) を参照されたい。現在の社会言語状況については Mifsud and Borg (1994) を参照。

マロン派教徒キプロス方言については Borg (1985) がほぼ唯一の資料であり，また辞書（Borg 2004）も出版された。

アナトリア方言については，Jastrow の“*qəltu*”方言群の研究（Jastrow 1978,

1981）を参照されたい。最新の調査報告は，Jastrow（2006）である。個々の方言についての単著もある。ダラギョズュ方言（Daragözü）には Jastrow（1973），ムハッラミ方言（Mḥallamīye）には Sasse（1971），マルディン方言（Mardin）には Grigore（2007），ハスキョイ方言（Hasköy）には Talay（2001, 2002），アーゼハ方言（Āzəx）には Wittrich（2002），キンデリブ方言（Kinderib）には Jastrow（2003）がある。Vocke and Waldner（1982）は，アナトリア諸方言の辞書である。

ウズベキスタン方言のフィールド=ワークによるデータが，Dereli（1997）にある。この言語についての古い研究を，Fischer（1961）がまとめている。それ以降，これらの方言を，Tsereteli（1970a, b）と Versteegh（1984–6）など，いくつかの論文が扱っている。Vinnikov（1962）は，ウズベキスタン方言の記述的な辞書で，ブハラのアラブ人の民話（Vinnikov 1956, 1969）の文面も記録している。ホラサーン地方のアラビア語については，Seeger（2002, 2009）を参照されたい。アフガニスタン方言は，Sirat（1973）や Kieffer（1980）が記述，整理している。また，Ingham（1994b, 2003）にいくらか詳細な記述がある。中央アジアのイスラム化の歴史については，Akiner（1983）を参照されたい。

中央アフリカのアラビア語諸方言について，古い研究には Kampffmeyer（1899）がある。アラビア語がサハラ以南の地域で西方に拡大したことについては Braukämper（1994）を参照。アフリカのサハラ以南のアラビア語については，Owens（1985）と Prokosch（1986）を参照されたい。また，トゥルク（Turku）と呼ばれる方言については Tosco and Owens（1993）を参照。ナイジェリア方言に関する古い文献は，Kaye（1982）のようにたいてい語彙集がついている。現代の文法記述については Owens（1993）を参照。また Owens（1998）は，ナイジェリア方言の中の，ボルノ州の州都マイドゥグリの都市部の方言も研究している。

移民への心理的，社会的影響についてはたくさんの研究があるが，マイノリティーとしてのアラビア語の話者の言語を研究したものは驚くほど少ない。ブラジルの言語状況を，Nabhan（1994）が扱っている。アメリカにおけるアラビア語についての論文集（Rouchdy 1992 編）がある。西欧各国の状況については，フランスは Abu-Haidar（1994b）や Caubet（2001, 2004），イギリスは Abu-Haidar（1994a），ドイツは Mehlem（1994），スペインは Vicente（2007）が扱っている。オランダの移民言語についての研究は他の国のものに比べてたいへん多く，それらをまとめたものには，Extra and de Ruiter（1994）がある。言語摩耗と言語消失の問題は，El Aissati and de Bot（1994），El Aissati（1996）が扱っている。オランダ語・モロッコ方言の言語切り替えは，Nortier (1989, 1994) が検証している。本書で引用したダミー動詞使用の例は Boumans (1996) から取った。モロッコ人子女の二言語併用の初期段階については，Bos and Verhoeven (1994) が扱っている。言語切り替えと借用の違いについては，たとえば Heath (1989) を参照されたい。Myers-Scotton (1993) には，例がたくさんあげられている。民族コミュニティー方言や民族ごとのスタイルが生成されていることについては，Nortier and Dorleijn (2008)，Hinskens (2011) がある。

アラビア語のピジン語，クレオール語

▶第 16 章◀

16.1　ピジン語化とクレオール語化

第 8 章でみたように，アラビア語は，アラブ人によって征服された地域にいた数多くの人々によって第 2 言語として習得されていき，ついにはイスラム帝国内に暮らす大部分の人の第 1 言語になった。このように新たに習得した人々が話すアラビア語には，どうしても現地の言語からの影響がある。アラブの歴史家の中には，こうしたアラビア語の変化をファサード=ッ=ルガ（*fasād al-luġa*「アラビア語の腐蝕」）と呼んで，その原因を第 2 言語習得に帰するものがいる。たとえばイブン=ハルドゥーンは，アラブ人たちが，崩れたアラビア語を話す者たちと交わり，その言葉にさらされることで，その子どもたちまでがその話し方になってしまった，と言っている（⇨ 8.3）。この考え方を現代に復活させたのがフェルステーヘ（Versteegh 1984）の提案で，これはイスラム以前のアラビア語から新しい口語体アラビア語への移行を，ピジン語化，つまり大量の人々が第 2 言語として習得することによる，抜本的な言語再構築の 1 つと考えるものである。ここでは背景として，母語話者が外国人に対して話すときに，アラビア語を簡素化していたことが想定されている。短期間で，きちんとした語学教育がなされない場合，人々は，相手が母語話者にせよ，また別言語の話者にせよ，意思疎通のためにこの簡素化された言葉を第 2 言語として身につけていく。人は，言葉を身につけようとするとき，聞き取った言葉に対して自分なりの習得戦略をあてはめるのである。その結果，簡素化した言い方であるピジン語が補助言語として長い間使われつづけることになる。別言語の話者どうしが通婚し始めると，その簡素化した話し方でコミュニケーションをとり，それがその子どもたちに伝わっていく。すると子どもたちは，このピジン語を自分の第 1 言語として獲得し，これを広め，文法を構築することでクレオール語にする。つまり，ピジン語を新しい自然言語，すなわちクレオール語へと変換するのである。ピジン・クレオール語化として最もよく知られているのは，印欧諸語（英語，フランス語，オランダ語，ポルトガル語，スペイン語）のそれで，これはアフリカから新天地に輸出された奴隷たちが習得し，この奴隷たちから生まれた子どもが，生まれた瞬間からこのピジン語を浴び，そのピジン語をクレオール語化したものである。

この，ピジン語化による現代アラビア語諸方言成立のモデルには，いろいろな批判がなされている。ほとんどの研究者は，イスラム以前の時期にすでに始まっていた変化が現代諸方言で現れたものだと考え，イスラム以前のアラビア語と現代諸方言を連続的な変遷と見るほうを支持しており，両者間の移行に断絶があったいう考え方は受け入れられていない。一方，オーウェンズ（Owens 1989, 2006）は，すでにイスラム以前に 2 種類のアラビア語が併存していたとして，アラビア語に旧と新の 2 つがあるとする二分法は根本的に間違っていると考えている。この考え方では，通常，新アラビア語の特徴要素とされるものがすでにイスラム以前の時期からあったものであり，被征服地の住民による習得（⇨ 8.3）とは無関係であるとされる。

批判の 2 つめは，征服後の社会状況ではクレオール語化にはつながらないとするものである。ほとんどの研究者は，アラビア語化の初期の段階にさまざまな中間言語があったという説は受け入れているが，その次の時期に完全なアラビア語が習得されたと考えている。つまり，最後には話者はみなネイティブスピーカーのアラビア語を獲得し，さまざまあった中間言語はピジン・クレオール語化する間もなくアラビア語世界全体から姿を消したとする。

3 つめは，古典アラビア語の影響と関連する。ピジン・クレオール語モデルでは，クレオール語化の後，古典アラビア語の標準規範が存在感を増し始め，話していた言葉は徐々に古典アラビア語に近づき，現在のアラビア語世界における様な言語二層状態の連続体になったとする。そして，この連続体の最下層にあった特徴要素のいくつかは消えたと考えている。アラビア語世界全体において，すでにクレオール語化した言語の中にこうした脱クレオール語化として知られている動きが起こった，とするのである。このモデル（⇨ 8.3「ピジン語化説」）に対する批判の多くは，古典語からの影響がそれほど強かったはずがない，というものである。古典語を学べるような学校システムがなかったのだから，ほとんどの人は古典語にふれる機会はなかったというわけである。

イスラム時代の初期にピジン語化が起きたとする説が受け入れられないとしても，後にアラビア語の話者と他言語の話者との間に言語接触があって，そこでは簡素化したアラビア語がコミュニケーション手段として使われ，とくにアフリカではそうであった，ということはだいたい受け入れられている。ピジン語に関する研究のほとんどは，英語やフランス語などのヨーロッパの植民地言語がもとになったピジン語しかみていないため，アラビア語のピジン語やクレオール語の研究は，それと対照できる非常に意味のある研究である。非ヨーロッパ語のピジン語やクレオール語に関する知見が，ピジン語化の過程をさらに解明するために不可欠であることが最近わかってきている。本章では，この簡素化したアラビア語の現代の例を見る。そこには，貿易語，ピジン語，そしてクレオール=アラビア語であるヌビ語が含まれる。

16.2　アラビア語の貿易語・その他の業界語

別言語どうしの間でのコミュニケーションは，まず母語話者が簡素化した言葉で外国人に話すことから始まる。これが，対外国人話体（foreigner talk あるいは foreigner-directed talk）である。この話し方（あるいは言語というべきか）が貿易にはとくに重要である。2つの言語の話者の間でひんぱんに取引きがおこなわれるようになると，日常的に使う意思疎通手段が生まれることになる。これは，「貿易語（貿易業界語）（trade jargon）」と呼ばれることがある。

アラブ商人たちは，7世紀には商売の可能性を求めて，アフリカのサハラ以南にまでたどり着いている。最初はベルベル人商人に仲介に入ってもらっていたが，11世紀にはすでにガーナ帝国やガオ帝国の主要都市にアラブ人地区をつくって，サハラ砂漠を渡る貿易航路を利用していたから，西アフリカや中央アフリカではアラビア語の貿易語ができていたであろう。たしかに，トマソン・エルギバリ（Thomason and Elgibali 1986）によって，アラブ地理学者アブー=オベイド=ル=バクリー（*'Abū 'Ubayd al-Bakrī*，回暦487=西暦1094年没）の書物の中に，11世紀の貿易語の存在を裏づけるものが発見されている。そこには，モーリタニアにあったマリーディー（*Marīdī*）と呼ばれる町でのことと思われるが，アスワンから来た男が旅の途中で，黒人が「崩れた」アラビア語を話すのを聞いたと書かれている。引用されている短い文面を見ると，ピジン語化したアラビア語のようである。たとえば，*bin*（息子） *mū*（じゃない） *rūḥ*（行け）[*398]「息子，行かない」や *'ūl*（言え）「(彼)言った」のような文があって，どちらの動詞も，人称活用した形ではなく，命令形をもってきている。このような貿易語が，サハラ縦断交易ルートではどこでも話されていたことは疑いない。アフリカの角(ソマリア)や，とくにエリトリアでは，今でもこのような言葉が話されている。この地域ではさまざまな言語が話されており，他に共通の意思疎通手段がない時には，貿易語が多民族間共通語(リンガ=フランカ)として機能している。簡素化したアラビア語を貿易上の言語として使っていることは，エチオピアでも報告されている。

また別の地域，とくにインド洋交易では，アラブ人が乗り出す以前から貿易語が使われていた。アラブ人は，インド洋では主要な位置を占めていなかったので，取引きのときにはその業界語を使わざるをえなかった。アラブ商人たちは，アフリカ東海岸では，また別のさまざまな言語を話す人々と接触した。彼らは貿易語としてスワヒリ語を使っていた。東方では，マレー語がさまざまな言語の間のコミュニケーション手段として長い間使われてきていたので，アラビア語による貿易語は存在しなかった。中央アジアでは，通商ルートを探り開拓したのは，主にペルシャ語を話す商人たちであった。そのあと間もなく，ペルシャ語を話すイスラム教の布教者(ダーイー *dā'ī*)たちがやってきて，ペルシャ語を使って中央アジアにイスラム教をもたらした。後述するように(第17章)，アジアの諸言語が借用したアラビア語はだいたいペルシャ語を通ってきている。

崩れた言語が使われる状況は，貿易だけではない。移住労働者たちがコミュニケーションをとるのも，これと同じ状況下である。たとえば，インド亜大陸を中心に数千のアジア人労働者がサウジアラビアや湾岸諸国の石油産業に働きに来ている。彼らが，雇用主や，自分とは別言語の話者である同僚たちとコミュニケーションをとるときにも，崩れたアラビア語を使う。ちょうど，アラビア語世界からヨーロッパへの移住者と同じ状況である(⇨ 15.7)。このような崩れたアラビア語，あるいはピジン語が，アラビア半島の東海岸にそって，クウェートからオマーンにかけて存在していることが知られている。これを湾岸ピジン=アラビア語と呼んで初めて記述したのが，スマート(Smart 1990)である。記述に使った資料は，新聞のマンガや，ユーモアのコーナーからとっ

[*398] *mū* は，いくつかの方言で名詞や形容詞などを否定する語。

た，外国人労働者の話すアラビア語を皮肉って書いた文面である。そこにはまさに，母語話者が外国人のアラビア語に対してもっている固定したイメージが現れている。外国人に対して話す時にはこの資料に現れているようなイメージを使うため，この資料からはむしろ，外国人労働者が実際に使っているピジン語化されたアラビア語というよりも，逆に母語話者の話す対外国人話体について，より多くのことがわかる。

崩れたアラビア語に関する，より最近の記述には，サウジアラビアや湾岸諸国の外国人労働者に対する現地調査にもとづいたものがある。それらは，労働者たちが使う実際の言葉を正確に記述してくれている。サウジアラビアの外国人労働者が使う言葉には，ウルドゥー=ピジン=アラビア語のように，その人々の出身地から名称がつけらていれる（Al-Moaily 2008）。名称にはほかに，湾岸ピジン=アラビア語（Naess 2008），湾岸アジア人ピジン語（Al-Azraqi 2010）などがある。

これらの業界語がもつ主要な特徴は，ヨーロッパの言語がもとになっている別の地域のピジン語に知られる特徴要素と共通している。アラビア語の動詞活用はほぼ完全に消えて，いくつかの分解的な表現法になっている。次の（1）のように，定冠詞はなく（不定冠詞はあるようだ），名詞には複数形がなく，形容詞には性の区別がなく，前置詞は省略される。

　　1　娘　大きい[男]　する[語幹]　花嫁　息子　の　私
（1）*wāhed binti kabīr sawwi arus walad māl ana*
　　上の娘が私の息子と結婚した。（Naess 2008: 55）

動詞の活用については，上でアル=バクリーから例を引いたように，1 つの形がどの時制のどの人称にも使われ，人称は独立代名詞で表し，時制は文脈か時の副詞で表す。次の（2）のような例がある。

　　私　に　夜　起きる　欲しい　行く　彼が飲む　水
（2）*ana fī lēl gūm yabi rūh yišrab māy*
　　私は夜，行って水を飲もうと起きた。（Bakir 2010: 208）

これらの例からわかるように，人によっても，また 1 人の中でも，さまざまなものがある（*yabi*「欲しい」と *yišrab*「飲む」は未完了形より）が，ほとんどの動詞はアラビア語の命令形から来ている（*sawwi*「しろ」，*gūl*「言え」，*gūm*「立て」）。これらのピジン語で，動詞が命令形をもとにした形で広まるのは，おそらく外国人労働者が最も耳にすることが多いのが命令形であることからしても当然であろう。もう 1 つの興味深い特徴要素は，存在を表す *fī*「ある」を (3) のように動詞述語を表すために使うことである。これは，とくに習慣や継続動作の表示要素としてよく使われているようである (Avram 2012)。

人　増加　ある　行く　学校
(3) *nafar ziyāda fī irūh madrasa*
たくさんの人が学校へ通っている。(Al-Moaily 2008: 81)

さらにもう 1 つ，職業に関連した言語が，東南アジアや南アジアから移住してきてサウジアラビアやレバノンで家政婦として働く人たちの中から生まれている。レバノンにおけるスリランカ人の家政婦とレバノン人の主婦の間で使われるコミュニケーション手段を，ビズリ (Bizri 2010) は「奥様ピジン語 (Pidgin Madame)」と呼んでいる。ビズリは，家政婦の言葉だけでなく，家政婦に向けた「奥様」の言葉も記録することで，奥様ピジン語が発生するまでの言葉のやりとりと両者の役割を追うことができた。家政婦は，レバノンにやってきてから，アラビア語と言えば，ほとんど雇い主からしか習わない。雇い主は，やって欲しいことをわかってもらうのに必要なだけのアラビア語しか教えず，アラビア語を上達させることには無関心である。

このピジン語は，動詞の形が非常に特徴的である。主語が自分であってもなくても，この家政婦は (4) のように女性に対する命令形を使うのである。

私　行く　寝る
(4) *ana rūyi nēmi*
私は寝ます。(Bizri 2009:5)

主動詞も従属動詞も，2 人称女性に対する命令形 (*rūḥī*「行って」，*nāmī*「寝て」) から来ている。なるほどこれが，彼らがやり取りの中で間違いなくいちばんひんぱんに耳にしている形なのである。

またさらに，ふだん人に指示する形ではあまり出てこない動詞にまで，この形が使われる。(5) は，女性に対する命令形から来た動詞 *mūtī*「死ぬ」の例である。

お父さん　で　家　死ぬ
(5) *bāba bil*[*399] *bēt mūti*

[*399] 前置詞 *b(i)-* に定冠詞 *l-* がついて固定化したもの。シリア・レバノン方言では，場所

お父さんが家で死にました。(Bizri 2010:215)

前の例でもそうであるが，動詞はこの1つの形だけで現在，未来のほか，過去も表す。ほかのピジン語が全般的にそうであるように，奥様ピジン語でも時制の表示要素がなく，動詞の時制は文脈から推測したり，*awwal*「さっき」[*400]や *bādēṃ*「後で」[*401]のような時間の補助語を入れたりする。(6) のように，動詞が存在を表す *pi*(口語アラビア語の *fi*「ある」より) と組み合わされることがある。

私　ある　行く　クウェート
(6) *ana pi rūhi kuwēt*

私はクウェートに行ったことがある。(Bizri 2010:7)

この例でもやはり，*pi* という表示要素が状態を表しているのであろう(「私はクウェートに行ったことがある人という状態にある」のように)[*402]。

奥様ピジン語には，家政婦の母語であるシンハラ語(スリランカの大部分の人が話すインド=アーリア系言語) からの干渉も見られる。たとえば音韻の面では，アラビア語の *f* を[pf](ここでは *p* と表記)で，語末の *-n* や *-m* を軟口蓋鼻音[ŋ](ここでは *ṃ* と表記)で，強勢子音 *ṭ* を反り舌音[ʈ] で発音するといった干渉がある。統語の面での干渉としては，おそらく奥様ピジン語の特殊なイントネーションがあげられるであろう。(7) のように，上がり調子にしたあと，間(「>」印で示す) を入れて下がり調子にして，主題と叙述の関係を表している。

だけど　私　行く　新しい
(7) *bas ana rūhi > sīde*

だけど私行く，新しい(けれども，私がスリランカに戻ったら，
私たちは新しい家に移ります)。(Bizri 2010: 135)

奥様ピジン語の中には，かなり高いレベルのものもある。家政婦たちの中には何年もその地に暮らす例もあるが，スリランカ人の仲間と話す機会はほとんどなく，またその家族以外のアラビア語話者とも話すことなく孤立している。

を表す前置詞は *fi* ではなく *b(i)-*。

*400 アラビア語 *awwal*「最初」より。

*401 アラビア語方言の単語 *ba'dēn*「後で」より。

*402 日本語の「〜ことがある」も参照。

つまり，そのピジン語を共通のコミュニケーション手段として使うコミュニティーがないため，上達していかない。上達のレベルは，雇い主とのやりとりに間に合うだけの低いレベルにとどまり，言語技術を伸ばす機会を得ることはほとんどないのである。にもかかわらず，広い交友のある環境で仕事を得て，命令形ではない動詞を使うなど，より進んだ話し方を習得する若い女性の例もいくつかある。

[文例 1] 奥様ピジン語（Bizri 2010: 175–6）

私 毎 日 起きて 朝 早く 行って 起きる
1. *ana kel yom þäyye soboh bakkir rūh þäyyik*
私，毎日，朝早く起きる，早く起きる。

ちょっと 彼女が来た 台所 見て ある 食器 洗って 食器 おしまい
2. *sway, esit matbah sūþi þi säle > gasle sale kalas*
後で，台所行く。見る，皿があると，皿洗っちゃう。

後で 私 飲んで ネスカフェ こう 茶 と ネスカフェ
3. *badēṃ ana srabi neskaþe hēke, sāy u neskaþe*
後で，私，ネスカフェ飲む。お茶かネスカフェ。

後で 彼らが来た ミスター 彼は行った 働く こう
4. *badēṃ iso misṭer, rāha istogol hēke*
後で旦那さん来る，こうやって仕事行く。

作って コーヒー つまり こう 後で 私は君にあげる コーヒー 後で 彼 彼は行った
5. *säwi ahwe, yane hēk, badēṃ atik ahwe, badēṃ huwe räha*
コーヒー作る，あの，こうやって。後でコーヒーあげる。後で彼行く。

16.3　ピジン=アラビア語

貿易語やその他の業界語は，母語話者とそれを新たに習得する者の間で見られるさまざまなやりとりの 1 つの形である。要するに，そのピジン語は，使われたその場にしか存在しない一過性のものであり，それをコミュニケーション手段としてふだんから使っているコミュニティーもないし，暮らしている事情もそれぞれであり，しかも新しい人々が絶え間なくやってくるから，まったく一定しない。

前述したように，アラビア語がもとになった貿易語は，アフリカではすでに 11 世紀には使われていたと考えられるが，アフリカで完全なピジン=アラビア語が現れるのはもっと後のことである。19 世紀の終わりに，ラベヘ（Rabeh

[*403]）というアラブ商人が，おそらくアラビア語のピジン語化したものをチャド南部にもたらした。それが現在，トゥルク語（Turku）という名で知られているものである。チャドでは，チャド湖やナイジェリア北部までのサバンナ地帯に広がる，いわゆるバッガーラ=ベルト地帯でいろいろな通商言語が使われていて（⇨ 15.6），そのうちのいくつかはこの地域のコミュニケーション手段として確立している。現代のチャドでは，ピジン語化したアラビア語が，ンジャメナ市やアベシェ市といった中心都市で，主に通俗語として使われている。それらピジン語化した言語と並んで，本来的なアラビア語であるチャド方言もあるが，これはカメルーンやナイジェリアなどの西スーダン方言の流れをくんでいる（⇨ 15.6）。

トゥルク語は現在，アラブ=アナ=ボンゴル（Arab aná Bongor「ボンゴルのアラビア語」）と呼ばれ，南西チャドのボンゴル市で使われている（Luffin 2008）。音素面では，/ḥ/ は /h/ に，/ḫ/ は /k/ になど，いくつもの音素が合流している。

	〈ボンゴル=アラビア語〉		〈古典語〉	
h < *ḥ*	*lahása*	「今まで」	*ḥattā*	「〜まで」
k < *ḫ*	*kámsa*	「5」	*ḫamsa*	「5」

índi árpu「君は知っている」[*404] のように，/f/ が［p］で，/t/ が［d］で発音されることは特筆に値する。ボンゴル=アラビア語は高低の声調があり，高調のほとんどはアラビア語の長母音に対応する。声調によって区別される単語がいくつかある。

ána「私」
aná「〜の」（所有格表示語）

名詞の単数と複数は，指示詞から来た表示要素[*405] を後ろに置くことで区別する。これはまた，定・不定も表示している。

道　［単数］
dérib dá　この道路

[*403] アラビア語で *rābiḥ ibn al-zubayr*。軍を率いてチャドに王国を建てたスーダンの軍人，奴隷商人。
[*404] それぞれ，アラビア語の *int(a)*「君」，*'ārif*「知っている」に当たる。
[*405] エジプト方言の *da*「これ」，*dōl*「これら」を参照。

市長　［複数］
mér dólda　これらの市長たち

所有格表示語は，*aná* である。

nádum aná sar　サル市の男

前述したように，アラビア語の貿易語では動詞に時制，人称による語形変化はないが，ボンゴル=アラビア語では時制の区別が新たにできあがった。*árpu*「知っている」のような状態動詞は，語幹の形のままで現在の意味をもち，*mási*[*406]「行く」のような非状態動詞は，語幹の形で過去時制を表す。非状態動詞の現在進行を表すには，接頭辞 *gáy*（おそらく *gāʿid*「座っている」より）を使う。

hú mási　彼は行った。
hú gáy-mási　彼は向かっている。

gáy- によって区別するのはこれだけでなく，状態動詞につけて使うこともある。

ána gáy-dóru　私は欲しい。

否定は，文末に *mapí* を置いて表される。

ána gáy-gáta mapí　私は切らない。[*407]

ピジン=アラビア語の例として最もよく知られているのは，スーダンのジュバ=アラビア語である。19 世紀にエジプト軍が，そしてその後にはイギリス・エジプト軍がスーダンの「平定」に向かったとき，上エジプトやスーダンでたくさんの先住民を兵士として採用した。これらの中には，ディンカ族（Dinka），ヌエル族（Nuer），シッルク族（Shilluk），ルオ族（Luo），ヌバ族（Nuba）の若者たちが含まれていたが，そのほとんどがナイル諸語（東スーダン語派）の話者であった。おそらく採用された中で最も多かったのはヌバ族である。エジプト南部のエドフ村（Edfu）周辺の駐屯宿営地では，採用された補充兵たちと下級士官が話すために通常使っていたコミュニケーション手段は，ピジン語化した（エジプト・スーダンの）アラビア語だった。これは軍営地で使われていたこ

---

*406 古典語 *māši*「歩く，行く」（分詞形）を参照。
*407 *gáta* は，古典語 *qataʿ*「切る」を参照。

とから，ビンバシ=アラビア語（*bimbaši* は軍の下級士官のこと）として知られるようになった。1860年以前には，エジプト軍内部をアラビア語化する施策はまだおこなわれていなかったから，おそらくこのピジン語化したアラビア語は，この地域においてエジプト・スーダン間の商業交流，とくに奴隷貿易の中で数世紀にわたって流通していた初期のピジン=アラビア語がもとになっている。この地域では，マハディーの反乱後も多民族間共通語としてピジン語化したアラビア語が使われていた。このアラビア語はとくに南スーダンの首都ジュバ（Juba）において，異なる言語の話者の間のコミュニケーション手段としてしばしば使われ，地名にちなんでジュバ=アラビア語（*arabi juba*）として知られるようになった。

南スーダンにおけるこの言葉のその後の変遷は，方言史の中でも興味深い。20世紀の終わりごろ，この地域の中心都市ジュバでは，ジュバ=アラビア語とヌビ語の二言語併用者間の結婚が増加した。その結果，ジュバ=アラビア語を母語としつつ，ウガンダやケニアで話されるクレオール=アラビア語であるヌビ語に多くの点で類似したクレオール語も話すグループが発生した。その話者たちは次第に標準アラビア語やハルトゥーム方言も知るようになって，ついにはジュバ=アラビア語が，「ふつうの」アラビア語方言に作りなおされるまでにいたったのである。

マハムード（Mahmud 1979）によると，ジュバ=アラビア語では動詞の語形は1つしかなく，（8）に示した *bi-* や *gi-* のようなアスペクト接頭辞と組み合わせて使われる。

　　　毎　日　私　［進行］見る　君
（8）*kul yom ana gi -suf ita*
　　私は毎日あなたに会っている。（Mahmud 1979: 90）

ジュバ=アラビア語の話者は，メディアを通して標準アラビア語やハルトゥーム方言にふれ，動詞の未完了形（接頭辞人称活用）と完了形（接尾辞人称活用）を知るようになった。すると，まず未完了形の人称接頭辞 *ya-*，*ta-*，*na-*（それぞれ，3，2，1人称）をアスペクト接頭辞として新解釈し，ジュバ=アラビア語のアスペクト接頭辞のかわりにしたり，それと組み合わせて使うようになった。すなわち，人称の一致はさせないままである。マハムード（Mahmud 1979: 187）のあげている例の中で，ある話者がひとつづきの語りの中で，同じ3人称複数の「彼らが気をつける」の意味で，*bi-kutubalu* も *ta-kutubalu* も *ya-kutubalu*[*408] も使っていた（アラビア語の *ḫud bāl*「気をつけろ」より）が，その後，それが人称接頭辞であることを知って，"正しく"使うことを身につけた。通時的に見るとこれは，彼らの言葉の中に新しく動詞の完了形と未完了形の区別がもち込まれ，それがその方言の文法構造を「ふつうの」アラビア語方言に近づけたということになる。

ジュバ=アラビア語のこの変化は，ほんの一部の話者の中で起きたことにすぎないが，これが示しているのは，ピジン=アラビア語では，いったん完了・未完了の区別を失い，そしてそれが後に威信のあるアラビア語からの干渉によって修復された可能性もある，ということである。もしこの一部の話者たちの最初の段階の状態をわれわれが知らなかったとしたら，おそらく今の彼らの言葉を，他のアラビア語方言と同じだと思っていたであろう。

2011 年，南スーダンが独立し，英語が公用語とされたことで，ハルトゥーム方言からジュバ=アラビア語への影響が止まることは明らかであろう。イスラム教徒は人口の約 18%しかいないため，標準アラビア語から影響を受けることもあまりないであろう。南スーダンは 60 以上の言語が話される多言語国であるから，ジュバ=アラビア語が国語，あるいは民族意識の象徴になる可能性も考えられる。現在は，ジュバ=アラビア語はほとんどの国民の第 2 言語であるが，時がたつうちに，とくに中心都市のように多言語話者間の通婚がひんぱんに起こるところでは，ジュバ=アラビア語の母語話者が生まれてくるかも知れない。すでに，たとえば裁判所やポップ音楽などの領域へ少なからず拡大してきている（Miller 2007c）。

16.4 クレオール=アラビア語

クレオール語化したピジン=アラビア語の 1 つに，ジュバ=アラビア語から生まれたヌビ語がある。イギリス・エジプト軍のドイツ人司令官であるエミン=パシャ（Emin Pasha）が，スーダンでマハディーの反乱が起きたために，上エジプトの基地から孤立してしまった。エミン=パシャは，ケニアとウガンダのイギリス軍に合流することにしたが，このとき彼にしたがっていたヌビ人兵士たちの中から，最終的にそのイギリスの入植地に定住したものが多く出たので

[*408] それぞれ，1 人称，2 人称，3 人称の接頭辞がつけられている。

ある。彼らは，ケニアではスワヒリ語やキクユ語，ウガンダではルガンダ語を話す女たちを妻にした。この異民族間の結婚でのコミュニケーション言語は，兵士たちがスーダンの軍営で習得したピジン=アラビア語であった。これらの通婚の中で育った子どもたちが，そのピジン語をクレオール語にし，その結果，新しいアラビア語方言となったのである。これは，兵士たちの中で最も数の多かった部族名から，ヌビ語，あるいはキヌビ（部族名 Nubi にバンツー語の言語名接頭辞 ki- がついたもの）として知られるようになった。これは現在もなお，ウガンダでは 26,000 人，ケニヤでは 15,000 人によって話されている（エスノローグによる）。1970 年代のイディ=アミン大統領の時代には，ウガンダ国内のヌビ語話者たちの軍事力が統治側に有利と考えられて，社会的に高い地位を享受した。1979 年，イディ=アミンの失脚後，ヌビ語話者の中には，ウガンダ国内での社会・政治的な地位を維持するためにその言語の保存に向けて歩み始めたものもあった。

ヌビ語は，ジャマイカ英語やハイチ=クレオール語のような「従来型」クレオール言語がもつ特徴要素をたくさんもっている。ヌビ語の起源は，つきつめていけば上エジプトの言葉であるが，音素体系はこれと比べて大幅な再編がなされている。強勢子音（/ṭ, ḍ, ṣ, ẓ/）は対応する非強勢子音（/t, d, s, z/）へ合流し，/ḥ/ と /ʿ/ は消失し，/ḫ/ と /ġ/ は /k/ へ合流した。古典語の /q/，/j/ に相当するヌビ語の子音は，上エジプトが起源であるため，/g/，/j/ である[*409]。語末の子音は，多くの場合，脱落している。例をいくつか見るだけで，ヌビ語の単語が，どの程度もとのアラビア語の単語と異なっているかがわかる。

	〈ヌビ語〉	〈古典語〉
「男」	*rági*	*rajul*（エジプト方言 *rāgil*）
「箱」	*sondú*	*ṣundūq*
「物（複数）」	*sokolá*	（*šuġl* から作られた複数形 **šuġūlāt*[*410] より）

定冠詞がついた状態のままヌビ語に取り入れられた単語も多い。

[*409] カイロ方言ではそれぞれ /ʾ/，/g/ であるが，上エジプトでは /g/，/j/。
[*410] 古典語では，*šuġl* の複数形は *ʾašġāl*。また，*šuġl* は古典語で「仕事」。シリア方言で同じ語根の *šaġle*「こと」を参照。

	〈ヌビ語〉	〈古典語〉
「骨」	*láádum*	*al-ʿaḏm*
「夕方」	*lasía*	*al-ʿašiyya*
「象」	*lifíli*	*al-fīl*

ヌビ語で新たに生まれた特徴要素は，ボンゴル=アラビア語のような高声調（H）と低声調（L）の区別である（Wellens 2005: 54–5）。ウガンダで優勢であるルガンダ語にも声調がある。ヌビ語の声調は，文法関係を表示する機能ももっているようである。ウェレンスによれば，声調には，強調する機能に加えて，動詞活用の機能もある。第 1 音節にアクセントが置かれ，声調パターン（H と L の組み合わせ）によって，動詞の語幹そのままであることが示される。

kásulu HLL 「洗う」

これ以外の動詞の 3 つの形も，アクセントや声調パターンの違いによって示される。

kásulu HHL「洗い」（不定形）
kasúlu LHL「洗うこと」（動名詞）
kasulú LLH「洗われる」（受動）

動名詞と不定形は，（9）と（10）に示されるように，名詞として使われる。

　　話す（動名詞）　難しい　君に
（9） *wonúsu*（LHL）*gílibu ítokum*
話すことは君には難しい。（Wellens 2005: 186）

　　子　年だ　持ち（不定形）　クワ
（10） *nyerekú tím ámsuku*（HHL）*mulódo*
子はクワを持つにじゅうぶんな年だ。（Wellens 2005: 191）

受動形は，（11）のような例がある。

　　入る（受動）　君　に　地
（11） *dakulú*（LLH）*íta fi turá*[*411]
君は埋められた。（Wellens 2005: 179）

これらが声調であるとするこのような分析が正しいとすると，ヌビ語はクレオール語の中でも声調を発達させためずらしいケースということになる。ただ

[*411] アラビア語の *daḫala*「入る」，*ʾanta*「君」，*turāb*「土」を参照。

し，これらの現象はアクセントとして解釈できるものであり，声調は 2 次的なものにすぎないとする分析もある (Gussenhoven 2006)。

ヌビ語には，名詞はふつう単数形と複数形の区別はないが，*laájer*「石」(アラビア語 *al-ḥajar*) の複数形 *laajerá* の *-á* のような複数表示要素もある。人間の集団を示すときに，*nas-babá*「父親たち (集合)」，*nas-yalá*「子どもたち (集合)[*412]」のように集合を表す接頭辞 *nas-* をつけることがある。これは，アラビア語の単語 *nās*「人々」からきたものである。形容詞に，*-in* (アラビア語の *-īn*) がついて複数を示すことがある。所有格表示語の *ta* は，明らかにエジプト方言の所有格表示語 *bitā'* から来ている。これは，名詞につけるほか，接尾代名詞にもつけられる。

taí「私の」	*téna*「私たちの」
táki「君の」	*tákum*「君たちの」
to「彼・彼女の」	*toúmon*「彼らの」

ヌビ語でも他のクレオール語と同じように，動詞の形は 1 つになる。

	〈ヌビ語〉	〈古典語 (完了形)〉
「建てる」	*ábinu*	*banā*
「遊ぶ」	*álabu*	*laʿiba*
「移す」	*áángulu*	*naqala*
「戻る」	*áárija*	*rajaʿa*

動詞の語源の多くがアラビア語の動詞命令形であることは，前述の *gúm*「立つ」(古典アラビア語の完了形 *qāma*，未完了形 *yaqūmu*，命令形 *qum*) で見たとおりである。動詞は，語幹だけの形でどの人称にも使われ，また非状態動詞はそのまま過去時制を表す。そしてこれが，さまざまなアスペクト接頭辞を用いて展開される。

[*412] エジプト方言 *'iyāl*「子供たち」を参照。

rúa 「行く」(< アラビア語 *rāḥ* の命令形 *rūḥ*)
áána rúa 「私は行った」(点過去)
áána bì-rúa 「私は行くだろう」(未来)
áána gí-rúa 「私は向かっているところだ」(進行)
áána bì-gí-rúa 「私は向かっていることだろう」(未来進行)
áána káàn-rúa 「私は行ってしまっていた」(前過去)
áána káàn-gí-rúa 「私は向かっているところだった」(過去進行)
áána káàn-bì-rúa 「私は行っていたことだろう」(仮定)

状態動詞は語幹の形で現在時制を表し，過去時制を表すには *kán* *413 を使う。

(過去) 君 考えている
kán íta féker
君は考えていた。(Wellens 2005: 57)

多くの動詞に接尾辞 *-u* がついているが，これは他動詞に使われ，自動詞にはつけられない。

他動詞 *dúgu*「叩く」，*róbutu*「結ぶ」，*ákulu*「食べる」
自動詞 *gúm*「立つ」，*núm*「寝る」

この *-u* の有無によって，他動詞と自動詞になる動詞もある。

wónusu「語る」(他動詞) *wónus*「語り合う」(自動詞)

この語尾は，おそらく接尾代名詞 *-hu*（それ，彼）が他動詞の表示要素として新解釈されるようになって残存したものであろう。ヌビ語では (12) のように，文の構成要素を対照させたり目立たせたりする焦点化小詞 *yá*（おそらくアラビア語の呼びかけの *yā*「〜よ」より）ができている。

母 の 君 ない (進行) 叩く
(12) *mamá tá-ki yá má gi- dúgu*
君を叩いていたのは君の母ではなかった。(Wellens 2005: 237)

否定は *má* や *mafí* で示されるが，これはボンゴル=アラビア語と同様，(13) のようにふつうは文末に置かれる。

*413 アラビア語の *kān*「〜だった」(古典語 *kāna*) を参照。

　　　家 の　彼ら　良い　ない
(13) *bé tó-umon kwéis má*

彼らの家はよくない。(Wellens 2005: 251)

ヌビ語の語彙体系はアラビア語が基礎になっているが，スワヒリ語や，最近は英語からの借用語も相当数含まれている。その中には同義語も見られ，ヌビ語と周囲のバンツー語世界との密接な関係をうかがわせる。

	〈アラビア語起源〉	〈スワヒリ語起源〉
「ライオン」	*áseti* (*'asad* より)	*símba* (*simba* より)
「卵」	*bééda* (*bayḍa* より)	*mayáái* (*mayai* より)
「シャツ」	*gemís* (*qamīṣ* より)	*šáti* (*shati* ← 英語 shirt)

また，スワヒリ語から来た *wéza*「できる」がひんぱんに使われるが，同じ意味でアラビア語から来た *ágder* (アラビア語完了形 *qadira*) もある。

[文例 2] ヌビ=アラビア語 (Heine 1982: 50)

ヌビ人 みんな ない 人々 の 国 [関係詞] 彼ら そこ [定] 以外 高齢者 は 来る 生む
1. *núbi kúlu má aanás ta béle alí úmon fógo dé íla wazée yaá já wéledú*

ヌビ人はみんな，今いる国の人ではない。大人は除いてね。彼らは来て，子を得たんだ。

子供たち も 生む 彼ら [関係詞] 大きい [複数] [定] 死ぬ 子供たち [関係詞] 残る [定] すべて
2. *yalá kamán wéledú, úmon alí kubar- ín dé mútu, yalá al fádul dé kúlu*
人々 新しい [複数]
aanási jedid- ín

その子どもたちも子を得て，老いた者たちは死に，残った子どもたちはすべて新しい人たちだ。

滞在 の ヌビ人 彼ら [進行] 滞在 所 1つ 滞在 に 村
3. *gén ta núbi, úmon gí gén bakán wái, gén fu kámbi*

ヌビ人の滞在については彼らは1つ所に，村に滞在している。

彼ら 好き 互い 彼ら [進行] 着る 服 ガウン knicker ズボン シャツ コート と
4. *úmon ááju bádu, úmon gí lébisí gumási, káánzu, bóuzá tróúz, šátí, kóti ma*
帽子 これ 側 に 側 の 男[複数]
tóróbús, dé sáfa fi sáfa ta rujal-á

彼らは互いに好き合っているよ。彼らは服，ガウン，半ズボン，シャツ，コートと帽子を身につけている。これは男についてのこと。

女 [進行] 着る グルバパ シャツ 上着 に 足 彼ら [進行] 着る 木靴 と
5. *nuswán gí lébis kurbába, gemís, tóob, fi kurá úmon gí lébis borotús ma*

サンダル
ndála

女は，グルババ，シャツ，上着を着ている。足には，彼らは木靴とサンダルを身につけている。

彼ら　[進行]　編む　頭　彼ら　[進行]　突き刺す　耳　と　鼻　の　耳輪　と
6. *úmon gí másatú rásu, úmon gí gídu adán ma nyangáratu ta kipín ma*

鼻輪
kisááfu

女たちは頭を編んでいる。彼らは耳と鼻を，耳輪と鼻輪で突き通している。

16.5　文献案内

アラビア語を基盤としたピジン語やクレオール語について，全般的に概観したものに Owens (1996) と Manfredi and Tosco (2013) があり，関連する研究には Miller (2002) がある。Versteegh (1984) によるアラビア語諸方言発生モデルについての批判的な議論は，Ferguson (1989)，Owens (1989)，Diem (1991)，Fischer (1995)，Holes (1995a: 19–24)，al-ʿAjamī (1997) を参照。また，Versteegh (2004) も参照。

Thomason and Elgibali (1986) は，アル=バクリー (al-Bakrī) の記述に現れる初期のアラビア語貿易ピジン語の例を検証している。アフリカにおけるアラブ商人の活動によってイスラム教とアラビア語がもたらされたことについては，Miquel (1975: 127–202) が扱っている。とくに西アフリカのアラブ商人については Levtzion (2000) を参照。エチオピアでの貿易語としてのアラビア語については Ferguson (1972)，アフリカの角（ソマリア）における現代のアラビア語貿易語については Simeone-Senelle (2007) を参照。なぜ中央アフリカではアラビア語の貿易語が使われなかったかについては，Baker (1996) の説明がある。

アラビア語の対外国人話体についてはまだ研究されていないが，多少の情報が，Tweissi (1990) や Al-Sharkawi (2010) にある。奥様ピジン語 (Pidgin Madame) の記述 (Bizri 2010) には，スリランカ人家政婦による文例だけでなく，レバノン人主婦が家政婦に話した文面も入っている。

湾岸のピジン語や，サウジアラビア語で使われるピジン語は，Smart (1990) によって初めて記述された。その後，Al-Moaily (2008)，Naess (2008)，Al-Azraqi (2010)，Bakir (2010) が記述している。Avram (2006–2007) は，イラクの油田で使われたルーマニア人のピジン=アラビア語を記述し，Avram (2012) は動詞体系の中で使われる存在詞 *fi* を研究している。

トゥルク語と呼ばれるアラビア語については，Tosco and Owens (1993) を参照。アベシェ市 (Abbéché) で多くの人に第2言語として話されるチャド方言は，Roth-Laly (1979) が記述している。ボンゴル=アラビア語には Luffin (2008) の簡単な記述がある。

ジュバ=アラビア語とヌビ語の初めての比較研究は，Nhial (1975) がおこなっている。ジュバ=アラビア語には，Miller (2007b) の簡単な記述がある。少し詳しいものとしては，Manfredi and Petrollino (2013) がある。ジュバ=アラビア語の動詞体系は，Tosco (1995) が分析している。Mahmud (1979) は，ジュバ=アラビア語の中の変異とハルトゥーム方言からの干渉について検討している (Versteegh 1993b も参照)。アラビア語の南スーダンにおける言語的，社会的変遷については，一連の Miller (1985–6, 1987, 1994, 2007a, c) の論文が出ている。南コルドファン州のカドゥグリ市 (Kadugli) の言語状況については，Manfredi (2013) を参照されたい。これはアフリカの角 (ソマリア) の非母語話者によるアラビア語とジュバ=アラビア語を対照している。これらはすべて，2011年の南スーダン独立前に書かれたものであり，現在の状況はあまりわかっていないが，Nakao (2012, 2013) がある。ジュバ=アラビア語の小さな辞書が，Smith and Ama (2005) によって出版されている。Manfredi によるジュバ=アラビア語のかなり長い文面資料が，全訳と逐語訳がつけられて，アフロ=アジア諸語コーパス (www.corpafroas.tge-adonis.fr.) で入手できる。

ヌビ=アラビア語の記述には Owens (1977) の学位論文があるが，出版はされていない。ヌビについて広く関心がもたれるようになったのは，Heine (1982) の文法記述が初めて出版されてからである。Owens (1990) など，ヌビの変遷史や基層言語との関係を中心に扱ったものがいくつか出版されている。ほかに，クレオール語研究という視点から扱ったものもある (Miller 1994 を参照)。

ボンボ市 (ウガンダ) で話されるヌビ語を詳細に記述したものに，Wellens (2005) がある。ここでは，サハラ以南のさまざまなピジン語との比較もなされている。ルフィンは，文法概説 (Luffin 2005) と文面資料 (Luffin 2004) を出している。

世界語としてのアラビア語

▶第 17 章◀

17.1　はじめに

ざっと見積もっても 1 億 5 千万人あまりの人々が，何らかの形で母語としてアラビア語を使っている。しかし，アラビア語の分布範囲はアラビア語地域にとどまらず，アラビア語の話者は歴史をとおして他の言語を話す人々とひんぱんに接触し，その言語の語彙や単語構造にまで影響を与えてきた。ある 2 つの言語が接触している状況では，影響する方向や影響の起こり方はどちらの言語の威信が高いかや，混住の経緯によって決まってくる。アラビア語のほうがマイノリティー言語で，アラビア語でないほうが威信言語である地域として，いわゆる飛び地や移民先 (⇨ 15.7) があるが，このような地域では受入国側の言語からアラビア語が影響を受けている。しかし，アラビア語は国際語であるため，アフリカの広い範囲，トルコ，イラン，南アジア，東南アジアなど，アラビア語の影響力が及ぶ範囲では，逆に現地の言語に影響を与えてきた。

イスラム教はこれらの地域の新たな宗教として取り入れられたが，アラビア語のほうはアラビア語中核地域のように現地の言語に取ってかわることはなかった。ペルシャ語 (*Farsi* 新ペルシャ語。ダリー語 *Dari* とも呼ばれる) はもともとササン朝ペルシャ帝国辺境の 1 言語にすぎず，帝国の公用語は中世ペルシャ語 (パーレヴィー語) であった。パーレヴィー語はイスラム征服直後の 100 年間は，アラビア語より下位にありながらも 9 世紀まで使われ続け，10 世紀にサーマーン朝支配の下で国語がペルシャ語にかわった (⇨ 5.5)。そしてペルシャ語はイスラム征服の最初期から，(まだ) アラビア語を習得できていない改宗者たちにイスラム教教育をする言語として使われていた*414から，イスラム教の教えをさらに東方へと運んでいったのがペルシャ語だったとしても不思議はない。アジアでは，アラビア語はコーランの言語という地位を越えることはなく，ウルドゥー語やインドネシア語といった現地の言語へ入ったアラビア語からの借用語も，ペルシャ語を経ているのである。

イスラム諸国ではどこでもアラビア語の影響が行き渡っているが，それは極度に言語にこだわるイスラム教の性質のためである。実際にはイスラム教教育に現地語が使われ，朗誦まで現地語でおこなわれたりしたが，多くの人は，コーランが翻訳不可能なものであり (⇨ 5.5)，入信した者はこの言語を学ばなければならない，と信じている。信者たるもの，アラビア語の会話は学ばずともコーランの本文には畏敬の念をもたなければならない。イスラム教が多数派である国では，宗教教育の中に，ある程度のアラビア語教育が必ず含まれている。イスラム教教育やコーランの説明は現地語でおこなわれるのがほとんどであるが，それでも子どもたちはコーランをほぼ正しく暗唱し，書くのである。ただし，これはしばしば内容は理解されない暗唱である。また，アラビア語を教育するコーラン学校が広いネットワークをもっている国もある。宗教語としてのアラビア語の存在がはっきり見えるのは，何と言ってもアラビア語の単語が豊富に入っている語彙体系である。そのような言語では，アラビア語を基盤とした語彙に2つの層があることが多い。第1層はイスラム拡大の時代にアラビア語から直接に借用された層で，これらはふつうその言語の語彙体系の中に完全に溶け込んでいる。第2層は学習によって入った借用語の層で，これらは学者エリートを通して紹介され，もとのアラビア語の発音をかなりの程度，残そうとしている。

アラビア語の影響を，イスラム教に関することだけと考えるのは限定しすぎた見方であろう。世界の広い範囲に，アラビア語なくしてはふれることができなかった知識があったし，今でもある。18，19世紀にアフリカ東海岸のラム島やパテ島で花開いた，スワヒリ語による学問においては，執筆のモデルとしてアラビア語による資料を使った，混成的な著作文化が発展した。また現代でも，西アフリカの学生たちがアラビア語の上達をめざしているのは，マドラサ (学校) のカリキュラムから得られる資料が限られていて，アラビア語ならばは

*414 イスラム教布教者 (ダーイー) などを参照。

るかに広範囲な資料を使うことができるようになるからである。

アラビア語が科学と宗教の両方の言語であったからこそ，現地のさまざまな言語を文字にするときにも，しばしばアラビア文字が使われたのである。イスラム教世界の主要な言語であるペルシャ語，トルコ語，マレー語，スワヒリ語，ウルドゥー語も，アラビア文字を加工して使うようになった。もともと使っていた文字が取ってかわられたものもある。たとえば，ペルシャ語はパーレヴィー文字で書かれていたが，ペルシャ語（*Farsi*）がこの地域の新しい文化語となってからは，アラビア文字がその媒体に採用された。

アフリカでは，ものを書く媒体として初めて採用したのがアラビア文字であった言語がたくさんある。そうした文字体系は，総じてアジャミ（*ajami*，アラビア語の *'aʿjamī*「外国の，非アラブの」より）と呼ばれる。アラビア語とはまったく異なる音韻体系をもつ言語にアラビア文字を導入するには，たくさんの，そして時には非常に巧妙な作りかえが必要になる。ウルドゥー語では，反り舌音を表すのに，それに対応する反り舌でない音の文字の上に小さな *ṭā'* の字をのせる。また有気音を表すには，その子音の文字の後ろに文字 *hā'* をつづける。ほかに，文字についている点を使って作りかえた例もたくさんある。ハウサ語では文字 *bā'* の下の 1 点を 2 点にして入破音［ɓ］とし，クルド語では文字 *fā'* の上の 1 点を 3 点にして［v］を表す。母音は，アラビア語には 3 つしかないため，各言語の母音を表すにはさらにいろいろな方法を工夫する必要があった。この問題の解決には，母音記号の組み合わせを利用する方法がある。アラビア文字アフリカーンス語（Arabic-Afrikaans）では，ファタハ符号とカスラ符号[*415]を組み合わせて母音 /e/ を表す（Davids 2011: 180–8）。トゥアレグ語などのアフリカ諸言語では，いわゆるワルシュ点（*Warš* dot）が母音 /e/ を表すのに使われている（Kossmann and Elghamis 2013）。この名称は，コーラン朗誦家のワルシュ（回暦 197=西暦 812 年没）の名からとられたものだが，その起源は，コーラン写本の中で母音 /a/ が前舌の［æ］になることを表していたマグレブの書記伝統にある。

アラビア語およびアラビア文字によって識字が発達した例もあり，また通俗語を標準語にまで発展させた例もある。南アフリカでは，南アジアや東南アジ

[*415] ファタハは斜めの短い直線を文字の上に添えたもので母音 /a/ を表し，カスラはそれを文字の下に添えたもので /i/ を表す。

アからやって来た移民のイスラム教徒たちが，ケープ植民地の話し言葉であるアフリカーンス語をイスラム教教育の中でアラビア文字で書くことを始めた。これによってアラビア文字で書かれたアフリカーンス語のまとまった量の著作が生み出され，アラビア文字アフリカーンス語（Arabic- Afrikaans）という名前で知られるようになった。アフリカーンス語が書かれるようになったことは，それが公用語に発展していくなかで重要な役割をはたした。それまでは，オランダ語が支配的な標準語であり，アフリカーンス語は威信のない，話されるだけの言葉にすぎなかったのである。

本章では，アラビア語が優勢言語にはならなかった地域での，他言語との併存の様子，また言語接触による現地語へのアラビア語の影響を見ていく。

17.2　アンダルス地方のアラビア語

711 年，イベリア半島の大部分がイスラムに征服されると，そのアラブ=スペイン（アラビア語でアンダルス地方 *al-'Andalus*）の地ではアラブ人とロマンス語を話す人々が直接交流するようになり，この交流は 1492 年，キリスト教諸王国によるレコンキスタの終了まで続いた。長期にわたる交流の間に，現地の人々のロマンス語はほとんどアラビア語に置きかわったと考える学者もいる。これを示す当時の証拠として，9 世紀，コルドバ出身のパウルス=アルヴァルス（Paulus Alvarus）が，若いキリスト教徒たちがロマンス語を学ぼうとせずにアラビア語詩にばかり興味を示すことに不満をもらしているという記述がある（Wright 1982: 156–7）。これとは逆に，アラビア語はけっして話し言葉としてのロマンス語を追い出すことはせず，さらにラテン語さえも文化語として使い続けていたことを示す証拠もある。たしかに，イベリア半島をアラブが支配していた時代を通じてロマンス語が通用していた痕跡は見られるが，1085 年にカステリャ人がトレドを征服して以降，とくに 12 世紀にムラービト朝，次いでムワッヒド朝が侵入してからは，アラブ人の手に残っていた地域ではロマンス語の重要性は後退していった。しかし，イスラムによる支配の時期にはかなりの程度，二言語併用が存続していたと考えられる。イブン=クズマーン（*Ibn Quzmān*，回暦 555=西暦 1160 年没）のようなザジャル詩（*zajal*）の詩人たちは方言を使い，またムワッシャハ詩（*muwaššaḥa*）にも反復句（ハルチャ *jarchas*，アラビア語でハルジャ *ḫarja*）の中にロマンス語が見られる。これはちょうど，東アラブでムワッシャハ詩の詩人が詩の最後を口語体でしめくくっていたのと同じ手法である。次の例は，そのような口語体アラビア語とロマンス語が文体上の必要から混ぜられているハルチャの例である（Zwartjes 1997: 264）。

白い 日 この 日 *álba* ***díya esta díya***	白い日はこの日だ
日 の［定］聖ヨハネ 実に ***díya*** *d-al-ʿánṣara ḥáqqa*	この聖ヨハネの日，じつに
私は着よう 私の ［定］ 装飾された ***bestiréy mew*** *al-mudabbáj*	私は錦織りのドレスを着よう
そして 割る ［定］ 槍 割ること *wa-nišúqq ar-rumḥa šáqqa*	そして槍を割る。

この詩で，*álba*「白い」と *díya*「日」，動詞 *bestiréy*「私は着よう」と代名詞 *mew*「私の」がロマンス語であり，それ以外がアラビア語である。

小国だったグラナダ王国の方言は 1492 年のレコンキスタ終了まで存続していたが，これがロマンス語からの借用語を数多く取り込んでいたことは，ペドロ=デ=アルカラ（Pedro de Alcalá）の 1505 単語の語彙集の中に次のような単語が収められていることからわかる。

〈アラビア語〉		〈スペイン語〉
xintilla「火花」	<	*centella*
banq「ベンチ」	<	*banco*
複数形 *bunúq*		
cornéja「カラス」	<	*corneja*
複数形 *caránic̦*		
指小形 *coráyneja*		

アラブ人はロマンス語の方言をリサーヌ=ル=アジャム（*lisān al-ʿAjam*「外国人の言葉」）とかアジャミーヤ（*ʿAjamiyya*「非アラブ語，外国語」）と呼び，同化した二言語話者を ムスタアリブーン（*mustaʿribūn*「アラブ人のようになった者たち」と呼んだ（ここから，スペイン語ではモサラベ *Mozárabes* と呼ばれる）。彼らは，自分たちのロマンス語をアラビア文字で書いた。このような文書には彼らの方言が残っていて，ふつうアルハミアド（*aljamiado*，アラビア語 *al-ʿajamiyya*「外国のもの」より）と呼ぶ。アラビア文字で書かれたロマンス語にはもう 1 つ，モリスコ（*Moriscos*）の文学がある。モリスコとはレコンキスタ以降もそこに残り，1525 年に強制的にキリスト教に改宗させられ，最終的には（1609 年）イベリア半島から追放された人々である。モリスコはアラビア文字

を使ってはいたが，アラビア語を知っていたわけではなく，多くはロマンス語の単一言語話者だったと思われる。

アラビア語は数世紀間もその地を支配していただけに，やはりロマンス語に影響を与えている。スペイン語に入ったアラビア語の借用語の総数は約 4,000 語と見積もられている。これらは語彙体系のほとんど全体にわたっているが，とりわけ次の分野に多い。

	〈スペイン語〉		〈アラビア語〉
［戦争］	*alcázar*「砦」	<	*qaṣr*
	almirante「提督」	<	*'amīr*
［農業］	*albaricoque*「杏」	<	*barqūqa*
	（ギリシャ語 *praikokkia* < ラテン語 *praecoquum* より）		
［商業］	*aduana*「税関」	<	*dīwān*
	almacén「倉庫」	<	*maḫzan*
［建築］	*albañil*「れんが職人」	<	*bannā'*

借用語の多くは名詞で，そのうちほとんどは上の例のように，アラビア語の定冠詞 *al-* がついたままの形で借用されている。また，アラビア語起源の形容詞もいくつか入っている。

〈スペイン語〉	〈アラビア語〉
mezquino「哀れな」	*miskīn*「哀れな」
gandul「怠惰な」	*ġandūr*「しゃれ男」
azul「青い」	*lāzuward*「ラピス=ラズリ」

また，*halagar*「なだめる，撫でる」（アラビア語 *ḥalaqa*「剃る」）のような動詞の借用語も若干ある。スペイン語には「某」を表す単語として *fulano*（アラビア語 *fulān* より）と *mengano*（アラビア語 *man kāna*「彼は誰だったか？」より）の 2 つがあるが，どちらもアラビア語起源である。また，間投詞の *ojala*「願わくば」もアラビア語の *wašallāh* から来ている。接尾辞を借用して，スペイン語の単語にもつけることができるようになった例が *-í* である。借用語には *baladí*「とるに足りない」（アラビア語 *baladī*「地方の」より）などについているが，これがスペイン語の単語でも *alfonsí*「アルフォンソ王の」のように使われる。ところが，統語の面ではアラビア語からスペイン語への影響の痕跡はほとんどない。

アラビア語 *ḥattā*「〜さえ，〜まで」から来たと思われる接続詞の *hasta*「〜さえ，〜まで」くらいである。また，スペイン語の表現に神の名を含んだものがたくさんあるのは，アラビア語が意味の面で影響している可能性がある。

数多くのアラビア語の単語が，スペインから西欧の他の諸国へ伝播していった。前述したように(⇨第 1 章)，中世にはアンダルス地方だけでなく西欧でも，大学ではアラビア語が学問の言語とみなされていた。トレドがカステリャ王国の手に落ちたあと，数学，医学，化学，天文学に関するたくさんのアラビア語文書がラテン語に翻訳され，この過程で多くのアラビア語の専門用語がそのままの語形で借用されたのである。たとえば数学では，ほとんどのヨーロッパの言語に「アルゴリズム」という単語が取り入れられているが，これはフワーリズミー(*al-Ḫwārizmī*)という人名から来ている。この人物による著作『復元と比較(アル=ジャブル=ワ=ル=ムカーバラ *al-Jabr wa-l-muqābala*)』も，「アルゲブラ(algebra「代数学」)」という用語として生きている。天文学では，次の単語がある。

〈ラテン語〉	〈アラビア語〉
almanac「暦」	*al-manāḫ*「十二宮の位置」
azimuth「方位角」	*as-samt*「方位」
zenith「天頂」	*samt ar-ra's*「頭の方位，天の頂点」
nadir「天底」	*naḏīr*「対応物」

このほか，ベテルギウス(*Betelgeuse* ← *bayt al-Jawzā'*「双子座」)やアルデバラン(*Aldebaran* ← *ad-Dabarān*「追随者」)のような星の名称もアラビア語から来ている。医学では，現在も使われている用語でラテン語のものの多くは，ギリシャ語を起源としたアラビア語からの翻訳借用である。たとえば，ラテン語の *retina*「網膜」や *cornea*「角膜」は，それぞれアラビア語の *šabakiyya* と *qarniyya*[*416] を翻訳したものであり，ギリシャ語の *amphiblēstroeidēs* や *keratoeidēs*[*417] から直接に翻訳したものではない。

アラビア語は，スペイン以外からもヨーロッパの言語に借用語として入っていった。ヨーロッパへのルートは，他にはまずアラブ=シチリアを，またベネ

*416 それぞれ *šabak*「網」，*qarn*「つの」の形容詞女性形で，「〜のようなもの」という造語。
*417 それぞれ，「網」，「つの」からの造語。ラテン語も，同じく「網」，「つの」からつくった造語。

チア商人やジェノバ商人によってイタリアを通って来たものもある。スペイン語とイタリア語のどちらを経由してきたのかが，音形から垣間見られることがある。イタリア語化された借用語はたいてい定冠詞なしで取り入れられているが，スペイン語へ入った借用語にはアラビア語の定冠詞がついた形で借用されている。このことは，たとえば次のイタリア語とスペイン語のペアを比べるとわかる。

	〈イタリア語〉	〈スペイン語〉	〈アラビア語〉
「朝鮮アザミ」	*carciofo*	*alcachofa*	*ḫaršūf*
（北イタリア語 *articiocco*）			
「綿」	*cotone*	*algodón*	*quṭn*
「砂糖」	*zucchero*	*azúcar*	*sukkar*

この3つの単語について，他のヨーロッパの言語ではイタリア語から取り入れている。

17.3　アフリカにおけるアラビア語

アラビア語は，アフリカでもマグレブ地方やエジプトだけでなく，サハラ以南の地域や東アフリカなどにまで母語として広がっている。ウガンダやケニアのヌビ語（Nubi）のような特殊なケース（⇨ 16.4）以外にも，スーダンやチャドでは多くの人々の母語であり，また，ナイジェリア（⇨ 15.6）やニジェールでもかなり大きなマイノリティー集団の母語である。これらの地域では，アラビア語が現地語に取ってかわることはなかったが，それでもアフリカ大陸全体にアラブ人たちが確立していた通商網を通して実質的な影響を残している。イスラムが拡大したアフリカ大陸の北半分では多くの文化に影響がもたらされ，その結果，宗教，文化，科学の分野で何百におよぶ単語が借用された。

ハウサ語とアラビア語

アフリカには探検・開拓のルートが2つあって，イスラム教とアラビア語はおおむねこれに沿って拡大していった。ルートの第1は，ナイルに沿ってスーダンへ南下し，そこからサバンナ=ベルト地帯に沿ってサハラ砂漠と森の間を進み，アラブ人たちがビラード=ッ=スーダーン（*bilād as-Sūdān*「黒人たちの土地」）と呼んだ地域を西方へ抜けるものである。第2のルートは，サハラ砂漠内のいくつもの細道に沿って南下するルートである。アラブ人たちはサバンナ=ベルト地帯に沿って拡大し，ハウサ語を話す人々と接触するようになった。ハウサ語はふつうアフロ・アジア諸語の下位グループとみなされている言語で，ニジェールやナイジェリアの主要ないくつかの中心地や中央アフリカの大部分にわたる範囲で多民族間共通語として広がっている。アラビア語からハウサ語に入った借用語の構造には，アラブ人とハウサ人の関係がどういう歴史をたどってきたかが現れている。スーダン西部のハウサ語話者がアラビア語を借用した方法は，他の西アフリカ諸言語の話者と同じである。アラビア語からの借用語は，ハウサ語を通ってさらに広く，たとえばカヌリ語，バンバラ語，フルフルデ語にも入っていった。スーダンでは，ハウサ語話者の大きなグループが，アラビア語話者がいる環境で暮らしているため，ほぼ完全にハウサ語とアラビア語の二言語併用であり，彼らが話すのは相当に混合した言語である。

西アフリカでは，最も古い層の借用語はハウサ語の構造に完全に溶け込んでおり，とくに音韻的にはかなりハウサ語らしくなっている。

- アラビア語の /b/ が，/f/ で発音される。
  littaafìi（複数 *lìttàtàafay*）「本」（アラビア語 *kitāb*「本」より）
- ほとんどの軟口蓋・咽頭音は消えている。
  làabaarìi（複数 *làabàaruu*）「ニュース」（アラビア語の複数形 *'aḫbār*「ニュース」より）
  maalàmii（複数 *maalàmaa*）「学識者」（アラビア語 *mu'allim*「教師」より）

ここにあげた例からもわかるとおり，早い時期に借用した単語にはたいていアラビア語の定冠詞がついたままであり，また複数形はハウサ語式である。これに対して，後になって西アフリカのハウサ語に借用されたものは，すべて宗教やイスラム科学に関するもので，語形もオリジナルの語形とほぼ同じである。

nahawù「文法」（アラビア語 *naḥw* より）

さらに，アラビア語の定冠詞を含む場合には，口語体の *il-*, *l-*, *li-* ではなく，文語体の *'al* という形をとっている。

〈ハウサ語〉	〈アラビア語〉
àḷaadàa「習慣」	*'āda*「習慣」
àlhajìi「巡礼」	*al-ḥājj* あるいは *al-ḥajji*「巡礼者，巡礼」
àlbarkàa「祝福」	*baraka*「祝福」

宗教教育を受けた者たちの間では，古くに借用された単語でもアラビア語の /ḏ/ に由来する /d/ を /z/ に言いかえるなど，アラビア語式に発音する傾向がある。ハウサ語では，アラビア語からの借用語はほとんどが名詞類だが，接続詞もいくつか入っている。

〈ハウサ語〉	〈アラビア語〉
in「もし」	*'in*
ìdan「もし」	*'iḏan*
sabòo dà「なぜなら」	*sabab*「理由」＋ハウサ語 *dà*
lookàcii dà「とき」	*al-waqt*「時」＋ハウサ語 *dà*

スーダンでアラビア語と接触しているハウサ語は，著しい言語混合の様相を見せており，アラビア語の名詞が定冠詞つきで取り入れられることはなく，また，語彙全体の 5 分の 1 にも達するアラビア語動詞がすべて完全にハウサ語動詞化されている (Abu-Manga 1999)。

〈ハウサ語〉	〈アラビア語〉
halàkaa「殺す」	*halaka*「滅びる，死ぬ」
sàllamàa「挨拶する」	*sallama*「挨拶する」
káràntáa「読む」	*qara'a*「読む」

このような動詞のハウサ語化は，声調体系にも現れている。実際の法則はかなり複雑であるが，アラビア語でアクセントの置かれた音節は高声調となり，アクセントの置かれない音節は低声調となる傾向がある。西アフリカのハウサ語では，動詞類もときおり借用されるが，ふつうはダミー動詞 *yi*「する」を用いた「動詞+名詞」句を使う。

〈ハウサ語〉	〈アラビア語〉
yi kàráatuu「読む」	*qirā'a*「読書」

スワヒリ語とアラビア語

アフリカ東海岸では，南アラビアやオマーンから来た商人たちがスワヒリ語を話す沿岸の住人たちとの通商を確立した。スワヒリ（Swahili）という名称もアラビア語のサワーヒル（*sawāḥil*「海岸」の複数形）から来ており，アラブ商人たちがその地のバンツー諸語の話者たちを呼んだ名称である。彼らはアラブ商人がここまで到達したのとほぼ同じく，西暦 1000 年頃に西方からアフリカ東岸へやって来て，ソマリアからモザンビークのあたりに住みついた。海岸に沿って居住地や都市国家が建てられ，そこでアラブ商人とバンツー人との商取引が生まれた。17 世紀以降，ここにやって来て支配するようになったザンジバルのオマーン系王朝が，象牙や奴隷を売買したため，それを求めてスワヒリ商人たちが内陸へ向かった結果，19 世紀にはスワヒリ語が西はザイールにまで拡大した。

アラブ・イスラム文化とスワヒリ文化が密に交流したことで，古くは 12 世紀から，スワヒリ語による著作も発達した。アラビア文字で書かれたスワヒリ語が，多くの宗教上，非宗教上の著作の言語として使われた。これらのアラビア語の単語の一部は，植民地だった時代に英語に置きかわっている。海岸部の，もとからスワヒリ語の話者だった人々はイスラム教徒で，文化や言葉もアラビア語起源のものを好んだのに対し，内陸の住人たちにとって，スワヒリ語は単なる媒介言語であり，たいていはイスラム教徒ではなかったため，この両者間ではある種の摩擦が起きてきた。後者は直前のオマーン系王朝の支配に対して不満をもっており，アラビア語の影響に抵抗し，英語に切り替えていったのである。1890 年，ヘルゴランド条約でザンジバル=スルタン国がイギリスの保護国になったとき，この国だけでなくそれ以外の東アフリカの多くの地域で，アラビア語が英語とスワヒリ語に置きかわった。当のザンジバル島では，アラビア語が 1964 年の共和制革命まで第 1 公用語であり，その後も教育では相かわらず大きな位置を占めていた。ほかの東アフリカ諸国（ケニア，タンザニア，ウガンダ）ではおおよそ人口の半分がイスラム教徒だったが，アラビア語の知識はチュオ（*chuo*，複数形 *vyuo*）と呼ばれる学校でのコーラン教育くらいしかなく，アラビア語を実用的に身につけている者はほとんどなかった。

宗教，文化を担っていた従来の上流階級がなくなり，アラビア語の単語の流入はほぼ止まっていた。ところが最近になって，タンザニアやケニアでスワヒリ語が国語になると，新たな流れが生じ，英語からの借用語がアラビア語起源のものに置きかえられてきている。それらはたいてい以前に使われていたアラビア語系の単語であるが，それを話者たちがオリジナルのスワヒリ語だと感じているのである。

	〈英語系〉			〈アラビア語系〉
「報告」	*ripoti*	(report)	→	*taarifu*
「裁判所」	*korti*	(court)	→	*mahakama*
「判決」	*jaji*	(judge)	→	*hakimu*

また，とくに科学に関する用語には，英語系よりもアラビア語系の借用語のほうがよく使われる。

	〈英語系〉	〈アラビア語系〉
「心理学」	*saikolojia*	*elimunafsi*
「社会学」	*sosholojia*	*elimujamii*

スワヒリ語はアラビア文字では書かれなくなったが，年配の人がごくまれに個人的な手紙や宗教教育の中などで使うことがある。アラビア語が国語として残ったのはコモロ=イスラム連邦共和国（現コモロ連合）だけで，この国ではアラビア語と現地語であるコモロ語（Shingazija，アラビア文字系の文字で書かれる）の両方が国語として認められている。

スワヒリ語には辞書で見ると，アラビア語から来ている語彙が 50% くらいある。しかし，現代ジャーナリズムのスワヒリ語ではそれが 30% ほどに落ち，口語ではさらに少ない。アラビア語の影響はもちろん宗教の領域で抜きん出て大きいが，他に法律，政治，経済・通商，教育，そして科学までいろいろな領域の語彙に広がっている。例を 1 つあげれば，スワヒリ語がいかに抽象語をアラビア語に頼っているかがわかる。スワヒリ語では，「見積もる，計算する，考える」という概念を表現するのに，アラビア語の単語が少なくとも 4 つ使われる。

〈アラビア語起源のスワヒリ語単語〉

〈スワヒリ語〉	〈参考となるアラビア語〉*418
kisi「見積もる，計算する」	*qāsa*「測る」
fikiri「考える，熟考する」	*fikra*「考え」
kadiri「計算する，評価する」	*qaddara*「評価する」
hesabu「数える，計算する」	*ḥisāb*「計算」あるいは *ḥasiba*「数える」

これと並んで，ペルシャ語からの *bahatisha*「予測，推測する」やバンツー語の *pima*「計る」も使われる。

アラビア語からの借用語は，語形がかなりスワヒリ語化している。たとえば，アラビア語の単語 *ʿilm*「科学，知識」や *muʿallim*「教師」から，次のようなスワヒリ語が派生している。

〈スワヒリ語〉
elimu「科学，教育」(アラビア語 *ʿilm* より)
mwalimu (複数形 *walimu*)「教授」(アラビア語 *muʿallim* より)
mtaalamu (複数形 *wataalamu*)「学者」
utaalamu「文化，教育」
-taalamu「学のある」
kutaalamu「に専門的な」
kuelimisha「教える」

これらの派生語をみると，アラビア語の名詞が他の名詞，形容詞や動詞など，いろいろな品詞の単語を派生させる起点として使われていることがわかる。たとえば，*mwalimu*「教授」はアラビア語の単語であるが，*mw-* がスワヒリ語の名詞の第 1 クラスの接頭辞*419 と同じであるために，その複数形クラスである第 2 クラスの *wa-* がつけられたのである (*m-tu*「人」の複数形 *wa-tu* を参照)。同様に，アラビア語の *kitāb*「本」からきた *kitabu* の複数形 *vitabu*「本」は，スワヒリ語名詞の第 7，第 8 クラスによる (*kitu*「物」の複数形 *vitu* を参照) *420。また，アラビア語起源の接続詞や前置詞も多い。

*418 参考に示したアラビア語の単語は，必ずしも語源とは限らない。
*419 第 1 クラスの接頭辞 *m-* が母音の前で *mw-* となる。
*420 第 8 クラスは，第 7 クラスの複数。

〈スワヒリ語〉	〈アラビア語〉
kama「〜のように」	*kamā*
kabla「〜の前」	*qabla*
baada「〜の後」	*baʿda*
baina「〜の間」	*bayna*
lakini「しかし」	*lākin*
wala「〜でもない」	*walā*
au「あるいは」	*aw*
zaidi「加えて」	*zāʾid*「プラス」
karibu「ほとんど」	*qarīb*「近い」

また，話し言葉で使われる *asante*「ありがとう」(アラビア語 *ʾaḥsanta*「君は善をおこなった」) のような表現にもアラビア語の借用語がある。

アラブ商人と接触をもった多くのアフリカの諸言語と同じように，スワヒリ語は数詞のいくつかもアラビア語から借用している。

	〈スワヒリ語〉	〈アラビア語〉
「6」	*situ*	*sitta*
「7」	*saba*	*sabʿa*
「9」	*tisa*	*tisʿa*

10 の倍数は，すべてアラビア語からの借用語である。

「20」	*ishirini*	*ʿišrīna*
「40」	*arobaini*	*ʾarbaʿīna*

ただし「8」(*nane*) のほか，1 から 5 まで (*moja*，*mbili*，*tatu*，*nne*，*tano*) と「10」(*kumi*) は，バンツー語の単語が使われている。

ギニアからチャドにかけて

ギニアからチャドにかけての広い地域で話されるフラ語 (Ful，あるいはフラニ語) のように，アラブ人との接触がそれほど強くないところでも，アラビア語からの借用が大規模に起こっている。550 語ほどあるアラビア語からの語彙はほぼすべてがイスラム教や通商関係のものだが，これらはかなりフラ語化されている。たとえば，*albasal*「玉ねぎ」(アラビア語 *baṣal*「玉ねぎ」に定冠詞をつけたものより）は，語末の音節 *-al* がフラ語の分類接辞 *-al* として新解釈され，*lisal*「枝」の複数形 *licce* のように，*albacce* になっている。借用語には一般に，フラ語の分類接辞がつけ加えられる。

	〈アラビア語〉	〈フラ語〉	
		単数形	複数形
「文字」	*ḥarf*	*harfeere*	*karfeeje*
「世の中」	*dunyā*	*dunyaaru*	*duuniyaaru*

したがって，アラビア語の *ḫinzīr*「豚」がフラ語では *hinjiiru*（複数形 *kunjiiji*）となるなど，借用語かどうかも見分けられなくなることがある。ここでも他のアフリカ文化圏と同じく，知識人や宗教的な学者エリート層がイスラム教との接触によって生まれ，古典アラビア語に精通した彼らのアラビア語の宗教文献にフラ語で注釈をつけたりしている。彼らはアラビア語に精通していることを示すために，借用語の発音をアラビア語風にしたりする。たとえば，一般的には *jikru*「神の名を唱えること」と発音するものを *ḏikru* [*421] と発音したり，ふつうは *jamanu*, *jamaanu*, *jamanuuru* などと発音するものを *zamaan* [*422] と発音したりする。

アラビア語の影響を受けた言語として，マダガスカルの公用語であるオーストロネシア系のマダガスカル語（Malagassy）は特異なケースである。アラブ商人と通商関係をもって何世紀にもなるが，アラビア語からの借用語はほぼ占星術（*alikilili* と呼ばれる。アラビア語 *al-'iklīl*「さそり座の頭」より）の分野に限られている。とはいえ，アラビア語と関連した書記体系も存在していたと考えられる。改変したアラビア文字でマダガスカル語の文学も書かれ，ソラベ文書（sorabe）と呼ばれる数百の写本が残っている。また，マダガスカルの南西部では，アンテモロ族の1つが，「砂の人々の言葉」（*kalamon'Antesitesy*）と呼ばれる秘密の言葉を使っているが，これはアラビア語の単語がもとになっている。たとえば，「女」はふだん使われるマダガスカル語 *vehivàvi* ではなく *maratsi* やアラビア語 *mar'a* を使い，「日」はふだん使われる *andru* ではなく *dzoma* やアラビア語 *yawm* を使う。

[*421] アラビア語 *ḏikr*。

[*422] アラビア語 *zamān*「時」。

17.4　イランにおけるアラビア語

ササン朝ペルシャ帝国が支配していた諸州では，ペルシャ帝国がイスラム軍によって倒されて，アラブの支配が始まって数世紀の間に，アラビア語が優勢言語，そして威信言語になった。しかし，政治的なさまざまないきさつによってこの状況もかわった (⇨ 5.5)。東イランやアッバース朝の後を継いだ中央アジア諸国では，古典アラビア語はコーランの言語としての地位は保っていたものの，新ペルシャ語 (*Farsi*) が国語になったのである。また，イランのフーゼスタン県では，現在でもアラブ人マイノリティーによってアラビア語が話されている (⇨ 11.3)。奇妙なことに，イラン当局はアラビア語を話すマイノリティーに対してその民族的，言語的背景を育成することを奨励しないのに，その一方で聖なる書物の言語としてのアラビア語を崇敬しており，その間に矛盾は感じていないようである。

アラビア語とペルシャ語との接触は当初から密であった。アラビア語へは，相当な数の借用語がペルシャ語から入っていったが (⇨ 5.3)，逆にペルシャ語も，アラビア語と接触した言語のうちで，借用によって最も大きな影響を受けた言語である。アラビア語からの借用語は書き言葉の中だけでなく，日常の話し言葉の中にも膨大な数が入っている。ことあるごとに政治的な理由などによって，ペルシャ語語彙の脱アラビア語化の波があったが，アラビア語の要素がペルシャ語の中にあまりにも深く根づいているため，これを完全に根絶することは不可能であろう。トルコ語の言語改革はアラビア語語彙の完全な根絶をめざしていたが，それと比べるとイランの言語改革はずっと穏やかである。アタチュルク政権下のトルコの言語改革に触発されて，レザー=シャー[*423] は1928年にイラン言語アカデミー (ファルハンゲスターン *Farhangestān*) を設立した。目的は明確で，言語の近代化にあったが，その中にはアラビア語の借用語をペルシャ語の単語に置きかえることも含まれていた。この言語純粋主義の動きの中に，政治的世俗化に向けた意図を感じとった者たちが，これに反発した。ペルシャ語の単語に置きかえる取り組みはモハンメド=レザー=シャー[*424] のもとでも，また1979年のイスラム革命のあとも続けられ，一定程度の成功をおさめ，実際にペルシャ語に置きかわったアラビア語の単語もある。

[*423] 1924年にカジャール朝を廃して，パーレヴィー朝を創設したイラン皇帝。
[*424] パーレヴィー朝第2代皇帝 (在位1941–79年)。

ペルシャ語は，アラビア語のアルファベットに4文字 (*p*, *č*, *ž*, *g*) を加えたもので書かれる。借用の過程でアラビア語のいくつかの音素が合流したため，1つの発音に複数の文字が対応することになった。次のアラビア語音素は，ペルシャ語では右の発音となる。

〈アラビア語の音素〉	〈ペルシャ語の音素〉
/ṯ s ṣ/	/s/
/t ṭ/	/t/
/ḏ z ḍ ḍ̱/	/z/
/ġ q/	/ġ/
/ʿ ʾ/	/ʾ/
/ḥ h/	/h/

しかし，アラビア語からの借用語はすべてアラビア語の綴字法にしたがって書かれるから，これはペルシャ語話者の子供たちが読み書きを学ぶときには余計な負担になっている。

アラビア語からの借用語のほとんどは抽象的な単語で，とりわけ宗教，科学，学問，文学の分野に多い。アラビア語による影響の大きさは，とくに借用語の語形変化に見ることができる。アラビア語の単語は多くの場合，もとのアラビア語式の複数語尾 (*-īn*, *-ūn*, *-āt*) を残している。

	〈アラビア語〉	〈ペルシャ語〉	〈複数形〉
「教師」	*muʿallim*	*mo'allem*	*mo'allemīn*
「乗客，旅行者」	*musāfir*	*mosāfer*	*mosāferīn*
「社会主義者」	*ijtimāʿi*	*ejtemā'i*	*ejtema'iyūn*
「程度」	*daraja*	*daraje*	*darajāt*
「記事」	*maqāla*	*maġāle*	*maġālāt*
「動物」	*ḥayawān*	*hejvān*	*hejvānāt*

さらに，複数語尾の *-āt* は，アラビア語起源でない単語にまで適用された。

	〈単数形〉	〈複数形〉
「村」	*deh*	*dehāt*（複数形の意味は「国」）
「果物」	*mīve*	*mīvejāt*

また，しばしば単数形とともに語幹内複数形も取り入れられた。

	〈ペルシャ語〉		〈アラビア語〉	
	単数	複数	単数	複数
「時」	*vaġt*	*'ouġāt*	*waqt*	*'awqāt*
「状況」	*hāl*	*'ahwāl*	*ḥāl*	*'aḥwāl*
「食物」	*ġazā*	*'aġziye*	*ġiḏā'*	*'aġziya*

しかし，一般に現代ペルシャ語では語幹内複数形は使われなくなり，ペルシャ語の複数語尾をつけた単語が当てられる。

	〈ペルシャ語複数形〉		〈アラビア語〉	
	アラビア語式	ペルシャ語式	単数形	複数形
「ニュース」	*'aḫbār*	*ḫabar-hā*	*ḫabar*	*'aḫbār*
「本」	*kotob*	*ketāb-hā*	*kitāb*	*kutub*

いくつかの単語では，語幹内複数形が単数として扱われる。たとえば *'arbāb*「主人」(アラビア語で，*'arbāb* は *rabb* の複数形) はペルシャ語の複数語尾をつけて *'arbāb-hā* になる。

また，アラビア語の女性語尾 *-a*[*425] に起きた変化は興味深い。ペルシャ語では，これが *-at* で現れるときと，*-e* (無音の *-h* で書かれる) で現れるときがある。ペリー (Perry 1991) がこの 2 つの語尾の分布を調べたところによると，語尾 *-at* になっているのは文章に書かれてきた単語で，抽象的な意味の単語が多いのに対し，語尾 *-e* になった単語のほうは，より具体的な意味の単語で，口伝えに伝わってきたものだという。また，*baladiyat*「専門知識」と *baladiye*「市役所」のように，語尾で異なっている単語もある。

アラビア語の動詞の語形変化は，名詞の語形変化よりもさらにペルシャ語動詞の変化形をあてはめにくいため，アラビア語からの借用語を語尾変化させる必要性を回避するために，動詞+名詞複合語という迂言法を使っている。ほとんどの複合語は，*kardan*「する」や *šodan*「なる」のようなダミー動詞を使って，アラビア語の動名詞や分詞や形容詞と組み合わせている。このような例は数多い。

[*425] 語末にター=マルブータが綴られるもの。

	〈迂言法〉	〈アラビア語〉
「文通する」	*mokātebe kardan*	*mukātaba*「文通」
「考える」	*fekr kardan*	*fikr*「思考」
「出発する」	*harakat kardan*	*ḥaraka*「動き」
「待つ」	*sabr kardan*	*ṣabr*「辛抱」(方言で「待つこと」)
「負かす」	*maġlūb kardan*	*maġlūb*「負け」

kardan は能動的な複合語に使われ，*šodan* は受動的な複合語に使われるという規則的な対応がある。

〈能動〉	〈受動〉	〈アラビア語〉
'e'lām kardan「公表する」	*'e'lām šodan*「公表される」	*'i'lām*
rāzi kardan「満足させる」	*rāzi šodan*「満足する」	*rāḍi*
'asīr kardan「捕虜にする」	*'asīr šodan*「捕虜にされる」	*'asīr*

このような複合語に代名詞の目的語をつけるときは，複合語の名詞部分に接尾辞としてつけられる。

知らせ　彼らの　する
ḫabar-ešan kard「彼らに知らせた」(文字通りには「彼らの知らせをした」)

前置詞もかなり多く借用しているが，これらはしばしばペルシャ語の前置詞と組み合わせて使われる。

ba'd 'az「〜の後で」(アラビア語の *ba'da* + ペルシャ語の *'az*「〜から」)
bar lahe「〜に賛成して」(ペルシャ語の *bar*「〜の上」+ アラビア語の *lahu*「彼に」)
bar 'aleh「〜に反対して」(ペルシャ語の *bar*「〜の上」+ アラビア語の *'alayhi*「彼に対して」)
判事　賛成して　そして　判決　与えた
(例: *ġazi bar lahe u hokm dād*「判事は彼に有利な判決を下した」)

ペルシャ語の多くの接続詞がアラビア語の単語を使って作られている。

vaġtīke「〜のとき」(アラビア語の *waqt*「時」より)
mādāmīke「〜の間」(アラビア語の *mā dāma*「〜である限り」より)
ġabl 'az 'ānke「〜より前」(アラビア語の *qabla*「〜の前」より)

アラビア語からは他の言語へも大量に不変化詞が借用されているが，同じようにペルシャ語にも取り入れられている。

hattā「〜さえ」
faġat「〜のみ」[*426]
dāyeman「絶えず」
bal「そうではなく」(ふつうペルシャ語の接尾辞 *ke* をつけて使われる)
va「そして，〜と」[*427]
'ammā「ところで，しかし」
lāken「しかし」

17.5　オスマン帝国とトルコ共和国におけるアラビア語

セルジューク朝がアナトリア地方を支配するようになって，イスラム帝国語としての特権的なアラビア語の地位はかなり低下した。トルコの諸王朝は文語にはペルシャ語を採用し，アラビア語は宗教語として残すのみだった。オスマン帝国では，トルコ語が国の公用語になったが，同時にペルシャ語とアラビア語は文化語として保持された。この 3 つの言語は，まとめてエルスィネイ=セラーセ *elsine-i selāse*（アラビア語の *'alsina*「言語（複数）」と *ṯalāṯa*「3」と，ペルシャ語の接続小詞 *-e*[*428] から構成されている！）と呼ばれ，エリート知識人としての素養となった。15，16 世紀になると，ペルシャ語とアラビア語の 2 つの文化語の影響力があまりに強くなって，ある種の文語文においては語彙がほぼ完全にこの 2 言語のものになり，トルコ語は語形変化や文の骨組みとしてしか残っていなかったほどである。

オスマン帝国の末期には，アラブ諸州ではアラブ人たちが自分たちの言語自立権，すなわちアラビア語を公用語の 1 つとして使う権利を主張し始め（⇨ 12.2），この意識はトルコ革命の進展にしたがってさらに強まっていった。まず，青年トルコ党，次いでアタチュルク（Atatürk，1881〜1938 年）がイスラムとアラビア語という 2 つの概念を分離させた。新しいトルコ共和国は世俗化路線を歩んでおり，この中でアラビア語は特別な地位にとどまることはできなかった。このことを象徴的に示しているのが，1928 年の，それまではオスマ

[*426] アラビア語 *faqaṭ*「〜のみ」より。
[*427] アラビア語 *wa*「そして，〜と」より。
[*428] オスマン語では -i になっている。

ン語[*429]の表記に使われてきたアラビア文字の廃止だった。トルコ人としての新しい民族意識が主張され，トルコ語の純粋性を守り，また回復させようという運動が起こった。改革者たちは，トルコ語が地球上で最も完全な言語であると考えていたから，トルコ語の語彙にペルシャ語やアラビア語が大量に含まれることになるなどとは思いもよらなかっただろう。

現代トルコ語では言語改革の結果，オスマン時代に一般的だった借用語や構文の多くは使われなくなったが，それでもなおペルシャ語やアラビア語から(あるいはペルシャ語を経由してアラビア語から)の借用語はまだたくさん存在している。それらが借用語であることはたいてい見分けがつく。トルコ語には後舌母音と前舌母音[*430]が1つの単語の中には同居できないというきびしい母音調和の規則があるが，借用語にはこれが適用されないからである。*kitap*「本」(アラビア語 *kitāb*「本」より)のような単語では，前舌母音(*i*)の後に後舌母音(*a*)がきていて，母音調和の規則にしたがっていない。また，*saat*「時間」(アラビア語 *sāʿa*「時間」より)は，これがもしトルコ語の固有語であれば所有接尾辞としては3人称単数の *-ı*[*431]がつけられるはずだが，アラビア語の単語であるため *-i* がつけられて *saat-i* となるのである。借用の過程で音変化も起こっている。オスマン語ではアラビア文字を使っていたから，アラビア語の強勢子音や咽頭子音は発音はされなかったものの，綴りの上では区別されていた。綴り字が改革され，もはや正書法上ではこれらの発音は区別されず，トルコ語の発音がそのまま反映されている(アラビア語の *a* は *e* で，*w* は *v* で，*ḥ* と *ḫ* は *h* で綴るなど)。

またオスマン語では，アラビア語の名詞の多くが複数形も一緒に借用され，たとえば，*hâdise*「事件」の複数形は *havadis*（アラビア語 *ḥādiṯa*，複数形 *ḥawādiṯ*)であるが，一方現代トルコ語では，トルコ語の複数語尾 *-ler* を使って *hâdiseler* とする。また，*akide*「信条」(アラビア語 *ʿaqīda*)の複数形も，オスマン語では *akait*（アラビア語 *ʿaqāʾid*)だが，現代語では *akideler* となっている。*kitab*「本」のようによく使われる単語の複数形は，みな *kitaplar* のようなトルコ語の複数形になる。抽象名詞の中には *edebiyat*「文学」，*tafsilât*「詳細」のように女性複数形で借用されたものがあり，これらは統語的にも複数として扱わ

[*429] オスマン=トルコ語とも。オスマン帝国の公用語として使われていたトルコ語。

[*430] トルコ語の後舌母音は *a ı o u*，前舌母音は *e i ö ü*。発音は，*ı*[ɯ]，*ö*[œ]，*ü*[y]。

[*431] 発音[ɯ]。

れている。

オスマン語の散文の特徴として，アラビア語を起源とする長い複合語があげられる。これらのうち，改革で廃止されなかったものは，慣用句的な 1 単語となって残っている。

kuvveianelmerkeziye「遠心力」
（アラビア語 *quwwa*「力」+ *ʼan*「〜から」+ *al-markaz*「中心」+ *iyya*（抽象名詞を作る語尾）より）
mukabeleibilmisil「報い」
（アラビア語 *muqābala*「出会い」+ *bi*「〜による」+ *al-miṯl*「同様」より）

どちらの例においても，複合語の主要な要素を結びつけているのは，ペルシャ語の（またペルシャ語からの借用語でも使われる）所有句（エザーフェ *ezāfe*）を表す接尾辞 *-i*[*432] である。このしくみはオスマン語では生きていたが，現代トルコ語では固定した表現にしか使われない。一方，アラビア語の形容詞と名詞の組み合わせは，アラビア語の性・数一致の規則も守っている。

知性　健全な
aklıselim「良識」（アラビア語 *ʿaql salīm* より）[*433]

理由[複数形]　義務的な
esbabı mucibe「やむにやまれぬ事情」（アラビア語 *ʼasbāb mūjiba* より）[*434]

トルコ語でもペルシャ語と同じく，後置詞としてアラビア語から借用された名詞がたくさんある。いくつか例をあげればじゅうぶんであろう。

nisbetle「〜に比べて」（アラビア語 *nisbatan li-* より）
rağmen「〜にもかかわらず」（アラビア語 *raġman* より）
itibaren「〜以来」（アラビア語 *iʿtibāran* より）

また，代名詞を使った表現 *leh*（アラビア語 *lahu*「それへ」より）や *aleyh*（アラビア語 *ʿalayhi*「その上へ」より）が，それぞれ「〜に有利に」,「〜に対して」の

---

*432 オスマン語におけるペルシャ語の所有格接尾辞は *-i*, *-ı*（母音調和によって使い分ける）。ペルシャ語では *-e*。「エザーフェ」は，アラビア語のイダーファ（*ʼiḍāfah*）「付加，所有格構文」より。
*433 *ʿaql*「知性」は男性名詞，*salīm*「正常な」も男性形。
*434 アラビア語では，事物名詞の複数形は女性単数扱い。*mūjib*「義務づける」に女性語尾 *-a* がつけられ，これがトルコ語の語尾 *-e* として反映している。

意味で使われる。たとえば，トルコ語の固有語の代名詞接尾辞などをともなって，*lehimizde*「私たちに有利に」，*aleyhinde*「彼に対して」となる。もともとトルコ語には英語の「and」に当たる接続詞がなかったが，アラビア語の *wa-*（トルコ語で ve）が，おそらくペルシャ語を通って借用されたのであろう。

オスマン語では，関係形容詞[*435] はそのまま形容詞として使われ，副詞的表現には名詞の目的格（“*ḥāl*”「状況」構文と呼ばれる）が好まれる。

〈関係形容詞〉　〈副詞〉
resmî「公的な」　*resmen*「公的に」（アラビア語の *rasmī*, *rasm* を参照[*436]）
zarurî「必要だ」　*zarureten*「必ず」（アラビア語 *ḍarūrī*, *ḍarūratan* を参照[*437]）

この“*ḥāl*”の目的格による表現は，現代トルコ語では，しばしばトルコ固有語の *olarak*「〜として」をつけた形容詞におき替わっている（*resmen* は *resmî olarak* になっている）。ペルシャ語もトルコ語も，「なる」（トルコ語 *olmak*）と「する，つくる」（トルコ語 *etmek*）（またはその類義語）をダミー動詞として使って，名詞+動詞複合という同じ方法で借用していることが興味深い。

sebep olmak「原因する，引き起こす」（アラビア語 *sabab*「原因」より）
memnun olmak「喜ぶ，嬉しい」（アラビア語 *mamnūn*「恩恵を受けた」より）
refakat etmek「同行する」（アラビア語 *rafaqa* より[*438]）
ziyaret etmek「訪問する」（アラビア語 *ziyāra*「訪問」より）
rica etmek「頼む」（アラビア語 *rajā'*「要請」より）
tebdîl etmek「取り替える」（アラビア語 *tabdīl*「交換」より）

オスマン語の時代には，このような表現がアラビア語の構文であることは知られており，たとえば「服を替える」は *tebdîl*（交換）*-i qïyâfet*（服）*etmek*（する）「服の交換をする」

[*435]「関係形容詞」とは，アラビア語で，名詞に語尾 *-ī* をつけて形容詞化したもの。
[*436] アラビア語は *rasmī*「公的な」，*rasmiyyan*「公的に」。*resmen* は，アラビア語 *rasm* に目的格・不定語尾 *-an* をつけたもの。アラビア語 *rasm* は「料金，絵」の意で，「公的」の意はない。
[*437] アラビア語 *ḍarūrī*「必要だ」。これの目的格不定 *ḍarūriyyan* や，*ḍarūra*「必要性」の目的格不定 *ḍarūratan* に，アラビア語では「必ず」などの用法はない。
[*438] *refakat* は，アラビア語の *rifāqa*「親切」が，ペルシャ語 *refāqat*「友情，交際」を経て来た語形。意味はおそらく，アラビア語の *rifāq*「同行」から来ている。ペルシャ語にも *refāqat kardan*「同行する」などがある。

のように表現した。これが現代トルコ語では，*kıyafeti*（服を） *tebdîl*（交換） *etmek*（する） という表現になる。これは，文字通りには「服を交換する」(「服」に目的格接尾辞 *-i* がついている) であり，統語的に名詞 (「交換」) と動詞 (「する」) との結合のほうが強くなっている。この組み合わせを受動にするには，*olunmak*[*439] を使う。アラビア語の第 7 型派生形動詞の動名詞との複合語である場合は，その動名詞そのものが受身の意味をもっているので，*etmek*「する」が用いられる。

intişar etmek「出版される」(アラビア語 *intišār*「出版」より)

これの能動形は，トルコ語の使役形で表現される。

intişar ettirmek「出版する」

17.6　インド亜大陸におけるアラビア語

イスラム世界とインドとの接触は，西暦 9 世紀にイスラム教徒の商人たちが東方のインドや中国へと乗り出していったころにまでさかのぼる。インダス地方のイスラム化はそれよりかなり遅れて，11 世紀にガズナ朝によって征服されたときである。ガズナ朝の中心地は，アフガニスタンのガズナ州だった。ペルシャ語を話し，書くときにも，この地の他の多くの王朝の多くと同じくペルシャ語を使った。1526 年のムガール帝国の創設者バーブル自身は，ものを書くときにはチャガタイ語[*440] を使っていたが，ムガール宮廷での書記言語は相かわらずペルシャ語であった。一方，話されていたのはウルドゥー語 (ヒンダウィーとかヒンディーとも呼ばれる) で，これは北インドを起源とするプラークリット語 (Prākrit) の方言の 1 つだった。ウルドゥー語はヒンドゥー教徒とイスラム教徒の間のコミュニケーション言語としてガズナ朝の時代から使われ，ムガール帝国の皇帝たちのもとで，この国固有の通俗語文学に使われるようになった。威信言語がペルシャ語だったため，ペルシャ語からの大量の借用語がこの時代に入ってきた。

この通俗語とペルシャ語との関係は均衡を保っていたが，英語の到来によってこの均衡が崩れ，言語問題で論争が起きた。西部の諸県では，ウルドゥー語

[*439]「なる，される」の意。

[*440] チュルク諸語の 1 つ。

を，ヒンドゥー教徒でさえもアラビア=ペルシャ文字で書くのが一般的であったが，東部の諸県ではヒンドゥー教徒たちは同じ言語をデーヴァナーガリー文字で書き，その言語をヒンディー語という名称で広めていった。文字の問題が議論の焦点になり，結局，インドではデーヴァナーガリー文字が採用され，パキスタンではアラビア文字が使われ続けた。ウルドゥー語の音素を書き表すために，アラビア文字のアルファベットのほかに，*č*，*ž*，*g*，*p* など多くの文字が追加された。反り舌の子音はその文字の上に *ṭ* の小字をのせ，有気音はその文字の後ろに *h* の字を続けることは前述した (⇨ 17.1)。

1947 年にパキスタンとインドが分離して，言語も 2 つに分離した。ウルドゥー語はパキスタンの公用語となり，そして北西インドでもイスラム教徒の間では公用語になって，アラビア語，ペルシャ語からの語彙を保持した。これに対して，ヒンディー語はインドの 2 つの公用語の 1 つ (もう 1 つは英語) になった。ヒンドゥー教徒がヒンディー語の純化運動を始め，アラビア語やペルシャ語の借用語をサンスクリット語に由来する単語に置きかえ始めた。現代ヒンディー語は，書き言葉からはペルシャ語の語彙のかなりの部分を排除したが，話し言葉には，書き言葉から排除した単語もまだ使われている。

実際にはウルドゥー語とヒンディー語は文法は同じなので，この 2 言語間の違いといえば，ほとんどは語彙的なものに限られる。ヒンディー語の書き言葉ではサンスクリット語の単語が使われるようになり，ヒンディー語の口語やウルドゥー語ではペルシャ語やアラビア語の単語が使われているが，このような同義語のペアはかなり多い。

	〈サンスクリット語起源〉	〈ペルシャ・アラビア語起源〉
「答え」	*uttar*	*javāb*
「季節，天気」	*ṛtu*	*mausim*
「家」	*ghar*	*makān* (アラビア語「場所」)
「本」	*pustak*	*kitāb*

アラビア語の単語は，すべてペルシャ語を通ってウルドゥー語に入ってきたようである。ペルシャ語固有の単語もこのときに相当数が一緒に入ってきている。アラビア語の単数形と複数形の両方が借用されている単語も，ペルシャ語経由で入ってきている。

〈ウルドゥー語〉		〈アラビア語〉		
		単数	複数	
aḫbār	「新聞」	*ḫabar*	*'aḫbār*	「ニュース」
asbāb	「道具，荷物」	*sabab*	*'asbāb*	「理由」

これらは複数形だが，ウルドゥー語ではふつうは単数として扱われる。アラビア語の男性複数形語尾 *-īn* をもつ単語（例: *hāzirīn*「聴衆」，アラビア語 *ḥāḍirīn* よりペルシャ語を経て）と，女性複数形語尾 *-āt* をもつ単語（例: *dehāt*「村，田舎」，ペルシャ語 *dehāt*「村」より）はウルドゥー固有語とは区別され，斜格語尾 *-õ* を取らない。

ペルシャ語とまったく同様に，ウルドゥー語にも相当数の前置詞，副詞表現，接続詞がアラビア語から借用されている。これらの単語もアラビア語から独自に借用したのではなく，つねにペルシャ語を通って入ってきたのである。

〈ウルドゥー語〉	〈アラビア語〉
lekin「しかし」	*lākin*「しかし」
va「そして」	*wa*「そして」
balke「そうではなく」	アラビア語 *bal*「そうではなく」 ＋ペルシャ語 *ke*（接続詞）
taqrīban「だいたい」	*taqrīban*「だいたい」
fauran「ただちに」	*fawan*「ただちに」
bilkul「まったく」	*bi-l-kull*「全体に，総計で」
barkhilāf「反対に」	ペルシャ語 *bar*「〜の上」 ＋アラビア語 *ḫilāf*「違い」
bāvujūd「それにもかかわらず」	ペルシャ語 *bā*「〜とともに」 ＋アラビア語 *wujūd*「存在」

ウルドゥー語でも，ペルシャ語やトルコ語と同じように，アラビア語の動詞は借用されなかったようである。理由はおそらく，アラビア語の動詞は語形変化が複雑で，ウルドゥー語の動詞活用が適用されにくいからであろう。そのかわりにダミー動詞 *karnā*「する」の助けを借りて，名詞+動詞複合語として作られた。これは，ペルシャ語の動詞 *kardan*「する」（上記を参照）の影響かもしれない。ただ，同じような複合語はサンスクリット語の単語からも作られている。

	〈ウルドゥー語〉	
「待つ」	*intezār karnā*	（アラビア語 *intaḏara*「待つ，期待する」の動名詞 *intiḏār*「待つこと」より）
「待つ」	*pratīkṣā karnā*	（サンスクリット語より）
「拒否する」	*inkār karnā*	（アラビア語 *'inkār*「拒否」より）

受動形は，動詞 *hōnā*「である，なる」を使って作られる。

khātam hōnā / samāpt hōnā「終わる」（アラビア語 *ḫātam* より）

他の動詞も，ときおりダミー動詞として使われる。

denā「与える」例: *javāb denā*「答える」（アラビア語 *jawāb*「答え」より）
lenā「取る」例: *badlā lenā*「復讐する」（アラビア語 *badla*「交替，代償」より）

アラビア語とペルシャ語からの，他の現代インド諸語への影響は，話者のイスラム化の度合いと強い相関性がある。ベンガル語には，インドのベンガル州で話されているベンガル語と，かつて東パキスタンであり，1971 年から独立国になったバングラデシュで話されているベンガル語の 2 つがあり，その語彙にはかなりの差異がある。バングラデシュではイスラム教徒が優勢で，古くからのサンスクリット語の単語がアラビア・ペルシャ語からの借用語に置きかわる傾向が強く，これはとくに宗教の分野に多い。一方，インドの西ベンガル州では，文語（*sādhu-bhāšā*）にはアラビア・ペルシャ語からの借用語はわずかしかない。ただ，口語（*čalit-bhāšā*）では，いくつかのサンスクリット語の単語の同義語としてアラビア・ペルシャ語の単語が使われている。

	〈サンスクリット語系〉	〈アラビア語系〉
「ニュース」	*šǫbad*	*khǫbor*（アラビア語 *ḫabar* より）
「要塞」	*prakar*	*buruj*（アラビア語 *burj*「塔」より）

インド洋の交易網は，イスラム教やアラビア語の借用語を広めたもう 1 つの源である。西暦 11 世紀の初め以来，サウジアラビア商人たちは，タミル語やその他のドラヴィダ諸語を話す南インドの人々と接触していた。この接触を通じて，アラビア語からたくさんの借用語がタミル語に入ったが，そのほとんど

は *cūrattu*[*441]「(コーランの) 章」(アラビア語 *sūra* より) など，宗教や行政の領域のものであった。とくにイスラム教徒が話す方言には，日常の単語もいくつか借用されている (*mauttu*「死」は，アラビア語の *mawt*「死」より)。語末の *-u* はタミル語の発音規則によるものであり，アラビア語の格語尾とは関係ない。タミル語の事情で *-u* がつけられたものなので，インドネシア語 (⇨ 17.7) に入ったアラビア語借用語にも似たような語尾があるが，それはタミル語が媒介となっているのではないかというチャヒャー (Tschacher 2009: 434) の指摘はもっともである。また，*pa̱rulu*「義務」(アラビア語の *fardٖ*「義務」より) のように，アラビア語の /ḍ/ や /ḏ̣/ がタミル語で側面音 [l] になっていることは，タミル語の音韻では説明がつかない。おそらく初期の商人たちがほとんど南アラビア人であったことが原因であろう。

また，現在のタミル=ナドゥ州では，イスラム教徒によってタミル語の文書がアラビア文字を使って書かれている。これは，アルウィ (Arwi) として知られている。

17.7　東南アジアにおけるアラビア語

イスラム世界と東南アジアとの最初の直接の接触は，13，14 世紀にまでさかのぼる。それ以前は，ペルシャ人やアラブ人の交易のほとんどは南アラビアと南インドの間でおこなわれ，その先のマレーシア諸島へのルートは南インドの商人たちが独占していた。14 世紀以降，商人たちの中にはスマトラ島の海岸や，のちにはジャワ島の海岸に住みつく者が現れた。その数は正確にはわからないが，12 世紀の初めには 3 万人以上のハドラマウト[*442] 人移民がいたという報告がある (Lombard 1990: 65–6)。マレー語がマレー半島で確固たる地位を確立しており，またインドネシアの島々でも多民族間共通語となっていたため，アラビア語は，ここでは中東や北アフリカ各地で獲得していたような地位を得ることはできなかった。しかし，コーランとイスラム教の言語として大きな影響を及ぼしたことは間違いない。アラビア語の影響は，マレー語やその現代の分派であるインドネシアの国語であるインドネシア語に，アラビア語の借用語が使われていることからも明らかである。かつてはマレー語がアラビア文字で

---

*441 発音は [suːrattu]。

*442 現在のイエメンの一地方。

書かれていたこともあり，また今でも宗教語として多くの人が使っている。

インドネシア諸島にアラブ人がやって来た最初の印は，13 世紀以降の墓石に刻まれている。現在残っている最古のアラビア文字碑文は，マレー半島のトレンガヌ州で発見された 14 世紀の法律の布告で，ジャウィ（Jawi）の名で知られるタイプのアラビア文字で書かれている。これはアラビア=アルファベットに変更を加え，特別な符号をつけて *č*，*g*，*ng*，*ny*，*p*，*v* を表すようにしたもので，16 世紀まで写本の中で使われている。インドネシアでは，20 世紀にオランダによる支配の時代にラテン文字正書法に変えられるまで，この文字が使われ続けた。

インドネシアは，アラブ世界の外では最大のイスラム教徒社会である。約 2 億 4 千万の人口の大多数がイスラム教徒であり，彼らはアラビア語を自分たちの宗教の聖なる言語と考えている。したがって，宗教語としてのアラビア語の地位に揺るぎがないことは驚くにあたらない。ほとんどのインドネシア人はコーランを学んでいて，アラビア語の基本的な知識はもっている。ただ，宗教と関係のない普通教育の中では，アラビア語の知識を増やすことはできず，当局側も一時はアラビア語能力を向上させようと試みたが，アラビア語を学べる場所は今では伝統的なイスラム塾（プサントレン *pesantren*）だけになっている。このプサントレンという制度は，宗教教育制度としてはかなり成功している。いわゆる「メッカ」モデルと呼ばれ，「伝承許可」（イジャーザ *'ijāza*）の付された本文が伝承されるものである。これによって，コーランを読む受身的な文語知識は得られる。

現代インドネシア語の中に入っているアラビア語の単語の数はかなり多く，少なくとも 3,000 語はアラビア語起源と見積もられている。当然ながらそれらの多くは宗教に関係があるが，アラビア語からの借用は語彙体系の全般にわたっており，政治，哲学，動物学，植物学，医学，教育，そして科学の分野のものもある。借用語の多くは，あるいはほとんどかも知れないが，ウルドゥー語の場合と同じようにペルシャ語経由で入ってきていると考えられ，現在の語形からもその起源がはっきり見てとれる場合がある。たとえば，「消化」を表す単語には，アラビア語の *haḍm* から直接に来たと思われる *hadam* と，ペルシャ語の *haẓm* から借用されたと思われる *hajam* の 2 つの形がある。また，女性名詞の多くが *nasihat*「忠告」のように，ペルシャ語と同じく語尾 *-at* がついた形を引き継いでいる（アラビア語 *naṣīḥa*「忠告」，ペルシャ語 *nasīhat*）。

アラビア語からインドネシア語に入った単語は，表現をまるごと取り入れたもの（*silaturahmi*「友情」*443 など）から，接尾辞を取り入れたものまで多岐にわたる。関係形容詞を作るアラビア語の接尾辞 *-i* / *-iah* は *abadi*「永遠なる」*444，*alami*「自然な」*445，*ilmiah*「科学的」*446 のようにアラビア語の単語だけでなく，ポルトガル語起源の *gereja*「教会」から作った *gerejawi*「教会の」などの造語にも使われる。表現がまるごと借用されたものの中には，書かれたものから来ていると思われるものもある。定冠詞が，直後の舌先子音に同化していない，綴り字どおりのもの（下例の *aldubul* を参照）などである。

〈インドネシア語〉	〈アラビア語〉
ahlulnujum「占星術師」	人々 ［定］ 星 *'ahl an-nujūm*
aldubul akbar「大熊座」	［定］ 熊 ［定］ 大 *ad-dubb al-'akbar*

ahlussunnah「スンナ派の人々」*447 のように，定冠詞（*al-*）が直後の子音 *s* に同化している表現もあるが，これらはおそらく話されていたものから来ているのであろう。

発音には，次のような変化がみられる。アラビア語からインドネシア語へ入って来た単語は，ほとんどがペルシャ語を経由しており，アラビア語の /'/ と /ʿ/ は，ペルシャ語と同じようにインドネシア語でも合流している。したがって，この 2 つの音素はどちらも声門閉鎖音で発音され，現代の正書法では ' か，音節末では *k*（発音は '）で書かれる。

〈インドネシア語〉	〈アラビア語〉
maklum「知られている」	*maʿlūm*
iklan「広告」	*'iʿlān*

アラビア語の /f/ の多くは，*palak*「天球」（アラビア語 *falak* より）のように *p* として現れる。このような単語は，知識層には「正しく」*f* で発音されることがあ

*443 アラビア語の *ṣila*「つながり」と *raḥm*「慈悲」をつけたものより。
*444 アラビア語 *'abadī*「永遠の」より。
*445 アラビア語 *ʿālam*「世界」を借用した *alam*「世界，自然」より
*446 アラビア語 *ʿilm*「科学」，*ʿilmī*「科学的な」を参照。
*447 アラビア語の *'ahl*「人々」，*al-*（定冠詞），*sunnah*「スンナ」より。*al* は *s* に同化している。

る。アラビア語の /ḍ/ が，*l* や *dl* で現れる借用語がある。たとえば，アラビア語の *ʿaraḍ*「障害物」はインドネシア語では *aral*「妨げ」になり，*ḥāḍir*「出席」は *hadlir* [*448]，*qāḍī*「裁判官」は *kadi* や *kadli*「（イスラム教の）裁判官」[*449] などと綴られる。このような綴り方が，アラビア語の *ḍād* のもともとの側面音から来たものかどうかはわからない。同様の発音は，アチェ語[*450] にもある。側面音になっていることについては，初期に南アラビアのハドラマウト人商人と接触していたためという説明があるが，ほかにも，同様の音対応があるタミル語との接触によるものという説明も可能である（⇨ 17.6）。さらに，インドネシア語に入ったアラビア語の名詞のいくつかに語末に母音がついているのも，タミル語との接触から説明ができるかも知れない。

	〈インドネシア語〉	〈アラビア語〉
「時間」	*waktu*	*waqt*
「しもべ」	*abdu* あるいは *abdi*	*ʿabd*
「雪」	*salju* あるいは *salji*	*ṯalj*

これらの語末の母音が，アラビア語の格語尾と何らかの関係があるとは考えられない。

借用されたのは名詞がほとんどだが，インドネシア語でもスワヒリ語とちょうど同じで，いろいろな接頭辞や接尾辞の助けを借りて，アラビア語からの借用語をインドネシア語の語形に同化させることができる。たとえば，アラビア語の *ʾinkār*「否認」からは名詞 *ingkar*「否認」の他に，動詞の *mengingkari*「否定する」ができ，アラビア語の *ḥukm*「判決」からは名詞 *hukum*「法律」の他に，動詞の *menghukumkan*「刑を言い渡す」ができた。名詞合成語も使われ，たとえば，*perlu*「必要だ」（アラビア語 *farḍ*「義務」より）からは *keperluan*「必要」ができた。抽象名詞は接頭辞 *tata-* を用いて，*tata-hukum*「法制」，*tatakalimat*「統語論」（アラビア語の *kalima*「単語」より）のように作られる。また，*fikir* ないし *pikir*「考え」（語根は *f-k-r*）のように，語根を借用したと考えられるものもある。

現代インドネシア語には，1 つの起源からできた 2 つの語形が並存するおもしろい現象がある。*fikir* と *pikir*「考える」の 2 つはアラビア語 *fikra*「意見，思

---

*448 一般的には，*hadir*「出席する」が使われる。
*449 一般的には，*kadi* が使われる。
*450 スマトラ島のアチェ州で話される。

想」[*451] を起源とし，*kadi* あるいは *kadli*「（イスラム教の）裁判官」はアラビア語 *qāḍī*「裁判官」を起源としている。アラビア語 *farḍ*「義務」の場合は，よく使われる 2 つの単語として，*perlu*「必要」と，公式的な表現 *fard*「べきである（多くは宗教的意味）」になっている。アラビア語からの借用語は，インドネシア語に入って意味がかわり，ヨーロッパの言語（とくにオランダ語）の単語が意味的にしばしば威信をもつ。たとえば，オランダ語から入った *dokter* が現代の医師に使われるのに対して，*tabib*（アラビア語の *ṭabīb*「医師」より）は従前のイスラム医師の意味で使われるようになっている。そうでない場合は，スワヒリ語と同じように（⇨ 17.3），ヨーロッパ起源の単語は植民地時代を思い起こさせるため，アラビア語の単語のほうが好まれることがある。

17.8　文献案内

アラビア語も含めた言語接触の全般の概観には，Thomason (2007) と Versteegh (2010) がある。アンダルス地方，ダゲスタン，バクトリア，イスラエル，ナイジェリア，トルコのアラビア語に関する重要な論文は，Owens (2000) に収められている。

アラビア文字が他の言語（ペルシャ語，クルド語，パシュトー語，カシミール語，ウルドゥー語，スィンディー語，オスマン語，ウイグル語，マレー語，ベルベル語）で使われていることと，その言語に合わせるための改変については，Kaye (1996) と Daniels (2014) を参照。アラビア文字がアフリカのアジャミ（*ajami*）に取り入れられたことについては，Mumin (2009, 2014) を参照。ベルベル語，スワヒリ語，カヌリ語，フルフルデ語，マンデ語，アフリカーンス語を含め，アフリカのアジャミのさまざまな変異についての論文集として Mumin and Versteegh eds. (2014) がある。アラビア文字アフリカーンス語の状況については Davids (2011) を参照。

アンダルス地方における言語状況については，R. Wright (1982: 151–61), Zwartjes (1997: 5–22) を参照されたい。モサラベ（Mozárabe）の言語，およびロマンス語とアラビア語の関係については，Galmés de Fuentes (1983) を参照されたい（ペドロ=デ=アルカラ Pedro de Alcalá があげているロマンス語からの借用語については pp. 213〜44）。また，Corriente (1988) も参照されたい。アン

*451 あるいは，*fikr*「思考，思想」からか。

ダルス方言の標準文法は Corriente (1977) があり，これは 2013 年に再版されている。シチリアのアラビア語については，Agiùs (1996) を参照されたい。Dozy and Engelmann (1869) は，スペイン語とポルトガル語の中のアラビア語の単語リストをあげている。今はこれにかわるものとして，Corriente (2008) の，スペイン語，ポルトガル語，カタルーニャ語に入ったアラビア語借用語辞典がある。フランス語の中のアラビア語は Devic (1876)，英語の中のアラビア語は Cannon (1994) を参照。

アフリカでのイスラム教の拡大についての全般的な事柄は，Fisher (1970) を参照されたい。アフリカの諸言語へのアラビア語の影響についての論文が集められた *Langue arabe et langues africaines* (アラビア語とアフリカの諸言語) が 1983 年に出版されている。アフリカのサハラ以南におけるイスラムの学問については Reichmuth (2000)，西アフリカのマドラサの役割については Brenner (2000) を参照されたい。マリにおける，知識へのカギとしてのアラビア語の役割については Bouwman (2005) を参照。Baldi (1988) は，スワヒリ語とハウサ語のアラビア語借用を比較している。ハウサ語の中のアラビア語借用語については Greenberg (1947) を参照。スーダンにおけるハウサ語とアラビア語の言語併用については，Abu-Manga (1999) が扱っている。スワヒリ語へのアラビア語の影響と，アラビア・スワヒリ文化については Haddad (1983) と Lodhi (1986) を参照。借用語がスワヒリ語の名詞クラスに及ぼした影響については，Zawawi (1979) が分析している。スワヒリ語文学の変遷については Vierke (2014) を参照。本書のフルフルデ語 (Fulfulde) の例は，Labatut (1983) から引用した。マダガスカル語については Beaujard (1998) や Versteegh (2001) を参照。ソラベ文書と秘密の言語 kalamo についての基本的な研究に，Rajaomarinana (1990) がある。

ペルシャ語の中のアラビア語要素は，標準文法書の中で別個に扱われるのが通例である。たとえば，Lambton (1961: 181–250)，Alavi and Lorenz (1972: 167–70, 174–8, 181–3) などがある。ペルシャ語の中のアラビア語借用語の意味論については，Asbaghi (1987)，Perry (1991) を参照されたい。純粋言語主義と Farhangestān (イラン言語アカデミー) の取り組みについては Karimi-Hakkak (1989) と Paul (2010) を参照。イスラム教の拡大にペルシャ語が果たした役割は，Fragner (2006) が研究している。

オスマン語の中のアラビア語の単語については，標準的なオスマン語文法書ならどれでも扱われている。Kissling (1960) では，とくに p. 45，p. 67，p. 152 以降，p. 243 以降にあり，本書の例はここから取った。アラビア語やペルシャ語からのオスマン語への借用については，Battersby (1966) を参照されたい。トルコ語純化運動については，Zürcher (1985) を参照されたい。言語改革運動について，トルコとイランの比較を，Perry (2004) がおこなっている。

インド亜大陸の言語の問題については，Kanungo (1962) を参照されたい。ヒンディー語における，アラビア語などとサンスクリット語の借用語のペアの例は，Pořízka (1972) から取った。ベンガル語に 2 つあることについては，Dil (1972) を参照されたい。タミル語によるアルウィ (Arwi) については Tschacher (2001) を参照。タミル語の中のアラビア語借用語の性質については Tschacher (2009) を参照。

最初のマレー語文法におけるアラビア語の役割については Ogloblin (1981)，インドネシア語へのアラビア語からの借用については Versteegh (2003) や van Dam (2010) を参照。すべての借用語を集めた辞書は，Jones (1978) が編纂した。本書の例はほとんどここから取った。インドネシア語におけるアラビア語の位置についての概観は，Meuleman (1994)，Campbell (2007) にある。アチェ語へのアラビア語からの借用語については，Al-Harbi (1991) を参照されたい。インドネシアにおける知識伝承の「メッカ」システムは，Laffan (2008) が分析している。

本書では，アラビア語との接触の状況をすべては扱えなかった。イスラエルの言語状況については，Kinberg and Talmon (1994) を参照されたい。ヘブライ語のスラングにあるアラビア語要素については，Kornblueth and Aynor (1974) を参照されたい。パレスチナのさまざまなコミュニティーでの言語使用やその差違については，Amara (1999) が書いている。アラブによる征服時代にイスラム帝国で話されていた諸言語の基層言語からの影響については前述した (⇨ 8.3)。アラビア語からもそれらの言語に影響を与え，現在でも影響しつづけているケースがある。コプト語へのアラビア語の影響については Richter (2001) を参照。ヌビ語・アラビア語の二言語併用と，ヌビ語へのアラビア語の影響については Rouchdy (1991) を参照。ベルベル語へのアラビア語の影響については Chaker (1984)，Aguadé and Behnstedt (2006) がある。オマーンのメヘリ語 (Mehri) にみられるアラビア語からの影響 (Arabism) については，Rubin (2010: 307–9) を参照されたい。

[付説] アラビア文字の転写と逐語訳

1. アラビア文字とその転写

本書では，アラビア文字を読めない人にも理解しやすいように，古典アラビア語や現代標準アラビア語の単語や文を引用する際にも，アラビア文字ではなく，それを転写して載せることにした。転写にあたっては，アラビア文字アルファベットの 1 字にラテン文字 1 字を当てるために符号をつけている。

研究などのために広く使われる標準的な転写はなく，残念ながら非常にたくさんの転写法が使われている。本書で使う転写法は，『*EALL*（アラビア語・アラビア語学百科事典）』の転写法とだいたい同じにしたが，ただし，*x* は *ḫ* とした。表 1 の第 3 列には転写を，第 4 列にはその発音を IPA（International phonetic alphabets，国際音声字母）で示した。これは国際音声学協会で標準として認められた記号である。発音の表示が必要な場合は必ず IPA を使い，それは[ ]で囲んである。なお，転写文字の *y* は[j]の発音を表し，転写文字の *j* は[ʤ]の発音を表すので，IPA とは異なっている。アラビア語の強勢子音は，調音的に軟口蓋化なのか（IPA[tˠ]，[dˠ]，[sˠ]），咽頭化なのか（IPA[tˤ]，[dˤ]，[sˤ]）という議論があるので，その発音を示すときには，どちらの可能性も残しつつ，字中のティルダで[t̴]，[d̴]，[s̴]と表すことにした。

古典アラビア語の母音は *a*，*i*，*u* とし，それぞれの長母音は *ā*，*ī*，*ū*，二重母音は *ay*，*aw* と表す。ター=マルブータ（*tā' marbūṭa*）が綴られる女性語尾は，所有句（イダーファ構造）以外では，便宜上 *-a* と表す（*madīna* は，所有句では *madīnat an-nabī*「預言者の町」とし*452，所有句でなければ *al-madīna al-kabīra*「大きい町」とする）。定冠詞 *al-* は，太陽文字*453 の前ではそれに同化した形

*452 本訳書では，*madīna*^{t} としている。

*453 定冠詞 *al-* がつくとき，その *l* を自身に同化させる語頭子音のこと。古典・文語アラビア語では舌先音（歯間音，歯茎音，*j* を除く後部歯茎音）をさす。*aš-šams*「太陽」が定冠詞を同化させていることからの名称。同化させない子音は，*al-qamar*「月」より「月文字」と呼ぶ（W. Wright, *A Grammar of the Arabic Language, 3rd edition.* 1984, New Delhi, p.15）。方言では，たとえばエジプト方言では *k* や *g* など，他にも定冠詞を同化させる子音がある。

文字名	アラビア文字	転写文字	発音記号(IPA)
'alif (hamza)	أ	'	[ʔ]
bā'	ب	*b*	[b]
tā'	ت	*t*	[t]
ṯā'	ث	*ṯ*	[θ]
jīm	ج	*j*	[ʤ]
ḥā'	ح	*ḥ*	[ħ]
ḫā'	خ	*ḫ*	[x]*454
dāl	د	*d*	[d]
ḏāl	ذ	*ḏ*	[ð]
rā'	ر	*r*	[r]*455
zāy	ز	*z*	[z]
sīn	س	*s*	[s]
šīn	ش	*š*	[ʃ]
ṣād	ص	*ṣ*	[s̴]
ḍād	ض	*ḍ*	[d̴]
ṭā'	ط	*ṭ*	[t̴]
ḏ̣ā'	ظ	*ḏ̣*	[ð̴]
'ayn	ع	'	[ʕ]
ġayn	غ	*ġ*	[ɣ]*456
fā'	ف	*f*	[f]
qāf	ق	*q*	[q]
kāf	ك	*k*	[k]
lām	ل	*l*	[l]
mīm	م	*m*	[m]
nūn	ن	*n*	[n]
hā'	ه	*h*	[h]
wāw	و	*w*	[w]
yā'	ي	*y*	[j]

【表 1】　アラビア文字の転写一覧表

で表す(*aš-šajara*)。　基本的に，動詞の語尾の短母音は転写するが，名詞の語尾の格変化母音は，とくに説明に必要な場合やコーランからの引用以外では省略する[*457]。語頭のハムザ(*hamza*)は，*'aktubu*「私は書く」のように活用形の一部である場合は「'」で転写するが，*ibn*「息子」のようなハムザト=ル=ワスル(*hamzat al-waṣl*「連結のハムザ」)は転写しない。*uktub*「書け」と *'aktib*「書かせろ」は，前者はハムザト=ル=ワスルなので「'」を書かないが，後者は活用形の一部なので転写する。

アラビア語方言の転写には，さらにいくつかの転写文字が必要となる。そのような転写文字は，アラビア語以外の言語の転写にも使う。それらを，表2に示した。

転写文字	その発音
g	[ɡ]
ž	[ʒ]
ǵ	[dz]
ǧ[*458]	[dʒ]
č	[ʧ]
ć	[ts]
ṛ（アラビア語）	[ᵲ]
ṛ（ウルドゥー語）	[ṛ][*459]
ḷ	[ɫ]
ḅ	[ᵬ]
ṃ	[ᵯ]
ṇ	[ᵰ]

転写文字	その発音
ŋ	[ŋ]
ɗ	[ɗ]
ɓ	[ɓ]
ƫ	[ƫ]
kh	[kh]
th	[th]
ty	[tj]
dy	[dj]
ñ	[nj][*460]
ä	[æ], [ɛ]
ö	[œ], [ø]
ü	[y]

【表2】　補足転写文字

*454 あるいは口蓋垂摩擦音[χ]。
*455 はじき音[ɾ]。これが連続すると，ふるえ音[r]となる。
*456 あるいは後部軟口蓋，ないし口蓋垂の有声摩擦音[ʁ]。
*457 本訳書では，これを上つき小字で示した。

アラビア語方言の転写には，上記の母音転写に加えて *e*，*ē*，*o*，*ō* が使われ，また /a/ の前舌の［æ］の発音を表す *ä* と，後舌の［ɑ］ないし［ɒ］の発音を表す *ḁ* も使う。*ĕ* や *ă* のように母音につけた短音記号は，母音がごく短いことを表す。また，*ã* や *õ* のようにティルダをつけた母音は鼻母音を表す。ə（シュワー記号）は中間母音を表す（後述）。ペルシャ語の転写は，Junker and Alavi (1986) の方式にしたがったが，*j* ではなく *y* を，*w* ではなく *v* を，*ğ* ではなく *ẓ̌* を使った。また，「ʼ」（声門閉鎖音）と「ʻ」（咽頭音）はペルシャ語では合流しているので，「ʻ」のところも「ʼ」とした。また，長母音の *ī* と *ū* は，それぞれ単に *i*，*u* とした[*461]。トルコ語は，トルコ語の正書法を使った（オスマン語ではいくつか例外がある）。ヘブライ語の単語の引用にあたっては，Lipiński (1997) の方式にしたがった。ティベリア式母音符号はそのまま転写し，いわゆるベガドケファト（begadkefat）子音（*b*，*g*，*d*，*k*，*p*，*t*）は，*p* が *f* になるとき以外は，それぞれが摩擦音（*v*，*ḡ*，*ḏ*，*ḫ*，*ṯ* [*462]）になることを表示していない。古典アラビア語の音素の転写は，異音はアラビア文字にも表されていないので，転写にも表さない。たとえば，長短 3 つの母音音素は /a/，/i/，/u/ とする。前後の関係で異音として，たとえば /ā/ が咽頭音の直前では［aː］と発音され，強勢子音の前後では［ɑː］と発音され，それ以外では［æː］ないし［ɛː］で発音される。このような発音上の違いは，前後を見ればどの発音か予測できるので，アラビア文字でも転写でも示さない。第 12 章で主要な方言について文例をあげたが，これは実際の発音と音素の転写の間でさまざまな方式がとられている。引用元の原著者の転写方式を使うのが最善と考え，いくつか変更はしたものの，おおむねそのまま使った。文例によっては，音素を転写したり，異音をすべて転写に反映させようとしているものもある。たとえばシリア方言では，古典アラビア語の /i/ と /u/ が多くの音環境では 1 つの音素に合流しているが，これを /ə/（シュワー）で示してある。この転写では，/ə/ の実際の発音の違いは表されない。この /ə/ には，音環境によって次の異音がある。

[*458] トルコ語の綴字「ğ」（文字名 yumuşak ge「柔らかいゲ」）との区別に注意。

[*459] インド語学では，反り舌音［ɽ］を，文字に下点をつけて表すことが多い。

[*460]［ɲ］と同じ。

[*461] ペルシャ語は音韻的には 3 母音体系で，短母音は /a/［æ］，/i/［e］，/u/［o］，長母音は /ā/［ɒː］，/ī/［iː］，/ū/［uː］。短母音 /i/ を *e*，/u/ を *o* と転写している。

[*462] 現代ヘブライ語では，このうち *b* → *v*，*k* → *ḫ*，*p* → *f* になるが，*g*，*d*，*t* は摩擦音にならない。古典ヘブライ語を発音するときは，これらも *ḡ*［ɣ］，*ḏ*［ð］，*ṯ*［θ］とする。

- 単語に後舌母音や強勢子音がなければ，歯茎音の前では英語の pit のような前舌の［ɪ］になる。/sətt/［sɪtt］「女性」
- 咽頭音の前では，英語の pet の［e］と putt の［ʌ］の間の発音になる。/nəḥna/［nʌħna］「私たち」
- 強勢子音がある場合は，英語の put のような［ʊ］の発音になる。/ḍədd/［ɗʊdd］「～に対抗して」

どの異音になるかは音環境によって決まり，語源的にどの母音であったかは関係ない。シリア方言の転写では従来，上記の例は *sitt*，*ḍudd* のように実際の発音をできるだけ表そうとしていた。11.2 の文例はグロツフェルトによるダマスカス方言文法（Grotzfeld 1965）から引用したが，そこでは音素による転写を使っているため，本書でも異音はすべて /ə/ で転写した。このほかは，テトゥアン方言の文面集（Singer 1958a），チュニスのユダヤ教徒アラビア語の文面集（Cohen 1964）などでも発音の転写になっている。その結果，さまざまな音環境における異音を表すためにたくさんの記号を使うことになった。発音の転写も音素の転写も，どちらにも利点があって，音素の転写にするとその方言の音韻体系が見やすいし，発音の転写にすれば書いてあるとおりなので発音が容易にわかる。文例はなるべくもとの資料の転写をそのまま保持したため，音素で転写した文面も，発音で転写した文面もある。前述のとおり，発音の転写はつねに IPA を［ ］に入れて示している。音韻分析の説明においては，表 1，表 2 の便宜的な記号をスラッシュ / / の間に入れて示した。転写記号の /"/ は，アラブ伝統文法の理論の中でアリフ（*'alif*）にあたる抽象的な要素を表すのに使った（第 7 章）。語形変化を分析するところでは，表 1，表 2 の記号を縦線 | | で挟んで示した。文字の説明でもこの記号を使ったが，その場合には〈 〉に入れて示した。

アラビア語の語句や文面を，必要に応じて単語構成要素（形態素）ごとに略号を使って逐語訳（gloss）をつけて示した。逐語訳のつけ方は，おおむね Payne（1997）の方式にしたがった（訳者注：この「逐語訳に使う略号」は，原著における略号の説明なので，本訳書では省略する）。

2. 文献案内

転写に関する全般的な問題については Reichmuth（2009）が検証している。国

際音声学協会 (International Phonetic Asociation, IPA) が標準としている転写は，www.langsci.ucl.ac.uk/ipa/ を参照されたい。アラビア文字の起源については 5.2 を参照。アラビア文字をアラビア語以外の言語に使っていることについては，第 17 章を参照。語形変化・統語を記述し，逐語訳を付す方法論については，Payne (1997) を参照されたい。

訳者による付記

1. 欧文およびラテン文字転写ほか

本文中の人名，地名はカタカナで示した。書名は日本語訳し，いずれもその欧文を（　）に入れて示した。各章末の文献案内では人名，書名は欧文のまま示し，欧文書名は斜字体にした。

本訳書に引用されている語例や文例，および人名・地名などは，転写法や書体を含めすべて原著のとおりに示した。ただし，古典・文語アラビア語名詞の格語尾は右肩つき縮小文字にした。

本文では，カタカナの単語が続く場合には，それを構成するのが何かにかかわらず，分かち書きの区切り目をすべて「=」で示した。たとえば外国語の固有名詞は，人名「イブン=ハルドゥーン」，「ペドロ=デ=アルカラ」，地名「テル=マルディーハ」のように示した。アラビア語名の定冠詞は分かち書きしないが，「タウフィーク=ル=ハキーム」のように，定冠詞の後ろにも「=」を入れた。また，外国語単語のカタカナ転写（知恵の館「バイト=ル=ヒクマ」など）や，外来語の組み合わせ（「オスマン=トルコ」，「ピジン=アラビア語」など）も同様にした。

区切り記号として一般的な「・」は，本文中では並列の場合に限定して用いた（「アフロ・アジア諸語」は「アフリカ」と「アジア」の並列，「アーノルド・ベーンシュテット」は人名「アーノルド」と「ベーンシュテット」の並列）。したがって，本書の著者名は一般的には「ケース・フェルステーヘ」だが，本文中では上の方針により，「ケース=フェルステーヘ」と表記している。

2. アラビア語例文の逐語訳

原著では，文法説明の例文の逐語訳に詳しい文法情報がつけられているが，本訳書では訳語のみを示すにとどめ，説明に必要な文法事項だけを［　］に入れて示した。定冠詞は［定］と示した。

アラビア語文献からの引用文，および諸方言の文例などの逐語訳は訳者がつけた。原著ではつけられていないので，この逐語訳はすべて訳者の責任である。

3. アラビア語文献の日本語訳

コーランの章句の日本語訳は，諸訳を参考にしつつ，逐語に近づけるように訳した。その他のアラビア語文献の日本語訳は，原著における英語訳をもとにしつつ，アラビア語文を訳者が独自に訳した。

4. 参照箇所の提示

本文では，「⇨」で参照箇所を示した。原著では参照先をページ数や章節番号，「前述，後述」などで示しているが，本訳書ではすべて章節番号で示した。

5. 脚注

序文（初版）にあるように，原著は教科書をめざしているために脚注がないが，本訳書では，説明が必要と思われるところを，訳者の判断により脚注で説明した。

6. 用語の訳語

言語名，方言名など

いわゆる「フスハー」（⇨ 13.1）について，本書では古典アラビア語，古典語，現代標準語，現代アラビア語など，さまざまに書かれているが，これらはすべて同じものである。ただし，「古典」を冠しているものは，とくに古典アラビア語のみをさしていることがある。

アラビア語の方言名は，原著では Egyptian dialect（エジプト方言）や Egyptian Arabic（エジプト=アラビア語）など，いくつかの表現があるが，本訳書では「エジプト方言」のように「〜方言」で統一した。ただし，周縁方言は「ジュバ=アラビア語」などのようにした。Maltese や Maltese Arabic は，「マルタ語」とした。

第 13 章では，「標準語」と「古典語」，「口語」と「通俗語」と「方言」，「語」（language）と「形態」（variety）のようにいくつかの言い方が使われているが，それぞれ別のニュアンスをもたせて使い分けているわけではないので，文意をすっきりさせるために，すべて「文語体」と「口語体」にそろえた。原著では「文体」（style）とはしていないが，13.3 にもあるように，「別個の言語ではなく，言語連続体の両端」であるので，従来の「文語，口語」ではなく「文体」ととらえるほうが理解しやすい。

言語学用語

本訳書では，言語学用語を次の表のように訳した。言語の専門家だけでない幅広い読者を想定しているので，意味を理解しやすい用語を作ったものもある。その結果，言語学用語としてはなじみのないものになっている場合がある。

原著での用語	本訳書での用語	解　説
adstratum	接触言語	2つの言語が消滅せずに併存し，接触しつづけているとき，その双方が接触言語（adstratum）である。モロッコでは，アラビア語とベルベル語は互いに接触言語である。
agent subject	主語	文法説明では，agent も subject も「主語」とした。topic「主題」とは区別される。論理の説明では，agent を「行為者」とした。
aspect	アスペクト	本書では，本来の完結・非完結などではなく，主に「進行，継続，習慣」のことをさしている。また，「アスペクト接頭辞」は，「進行＝継続」と「未来・意志」を表す動詞接頭辞を一括してこう呼んでいる。
continuous	進行	継続ともいう。アラビア語の動詞は，活用上，「進行」と「習慣」の区別はない。
copula	叙述詞	ラテン語 copula（英語読みでコピュラ）。「繋辞」とも呼ばれる。日本語の「です，だ」，英語の be 動詞，標準アラビア語の *kāna*。

feature	特徴要素	区別の基準となる事象。地域 A と B の方言が同じ方言で，それに対して地域 C の方言を別方言とするときに，その基準となる具体的な言語的事象。
koine	通用話体	コイネー。ある 1 つの言語の中で，方言差を薄めて，その言語のさまざまな方言の話者間で広く通用している話し方。「標準語」に近いが，規範としての性格は少ない。
lingua-franca	多民族間共通語	リンガ=フランカ。多民族（多言語）社会で別言語の者どうしが会話するときに広く使われる共通語。
measure	派生型	一般に「派生形」。本書では，語形枠を連想しやすいように「型」を用いた。欧米では派生型の番号をローマ数字で示し，原著でもそうしているが，本書ではアラビア数字で示した。
morpheme	単語構成要素 語素	一般に「形態素」という。単語を構成している，意味をもつ最小の要素。
morphology	語形変化（論）	一般に「形態論」という。動詞の人称活用や，名詞の曲用（格変化など）のほか，派生語の形成など，単語の形がかわること全般をさす。
perfect	結果状態アスペクト	「座った」の後の「座っている」のような結果状態をいう。いわゆる「完了」であるが，動詞の「完了形」とは関係がない。

perfect imperfect	完了形 未完了形	欧米のアラビア語学では，アラビア語動詞の時制を完了形，未完了形とするのがふつうであるが，実質的には過去形，現在形と考えてよい。多くの場合，アスペクトではない。
perfective imperfective	完結アスペクト 非完結アスペクト	本来の意味でのアスペクト。「終わった，完了した」の意味ではなく，回数を数えられるような「1まとまり」として動作をとらえた動詞についていう。
phoneme allophone	音素 異音	エジプト方言の音素 /a/ は，前後関係により［æ］と発音されたり［ɑ］と発音されたりする。そのとき，［æ］や［ɑ］を異音という。古典ヘブライ語の音素 /t/ は，前後関係により異音［t］，［θ］(/ṯ/) で発音される。
relative	関係詞	古典アラビア語の *allaḏī*，口語の *illi* などを，著者は relative (pronoun) と呼んでいる。統語的には定冠詞 *al-* と同じ働きをするので，訳者は「節定冠詞」と呼んでいる。マルタ語などでは節を引用するなど，代名詞でない用法もあるので，本訳書では「関係詞」とした。

substratam superstratum	基層言語 上層言語	基層言語とは，ある土地を外部の言語が征服したとき，その地でもともと話されていたが，今では消滅した言語をいう。エジプトでは，アラビア語が征服し，もともと話されていたコプト語が消滅した。このとき，コプト語が基層言語（substratum）で，アラビア語が上層言語（superstratum）になる。
synthetic analytical	融合型 分解型	それぞれ，「総合的」，「分析的」ともいう。本書では，主に所有句や格語尾に関する議論でこの概念が使われる。「融合型」は，名詞の内部に所有格の機能も含めていること。「分解型」は，所有格の機能を別単語にして，2 単語で表すこと。
tense	時制	時間的な過去，現在，未来の表し方。アラビア語では，動詞，および動詞につける要素などによって表す。
text	文面 文面資料	「テキスト」や「テクスト」ともいう。文字で書かれたものとは限らず，話されているものも含む。text を大量に集積した「文面資料群」が corpus「コーパス」。

参考文献

Aartun, Kjell（1963）. *Zur Frage altarabischer Tempora*, Oslo: Universitetsforlaget.

Abbassi, Abdelaziz（1977）. ‘A Sociolinguistic Analysis of Multilingualism in Morocco’, Ph.D. thesis, University of Texas.

Abbott, Nabia（1939）. *The Rise of the North Arabic Script and its Kur’anic Development*, Chicago, IL: Chicago University Press.

Abbott, Nabia（1941）. ‘The Development of Early Islamic Scripts’, AI, 8: 65–104.

Abbott, Nabia（1972）. *Studies in Arabic Literary Papyri, vol. III: Language and Literature*, Chicago, IL: University of Chicago Press.

Abboud, Peter and Ernest McCarus（[1968] 1983）. *Elementary Modern Standard Arabic*, vols I, II, Cambridge: Cambridge University Press.

Abboud-Haggar, Soha（2010）. *Introducción a la dialectología de la lengua árabe*, 2nd edn, Granada: Fundación el Legado Andalusí.

ʿAbd al-Jawād, Ḥasan（1977）. *Kurat al-qadam: al-Mabādi’ al-’asāsiyya, al-’alʿāb al-’iʿdādiyya, al-qānūn ad-duwalī*, Beirut: Dār al-ʿIlm li-l-Malāyīn.

Abdelfattah, Nabil M. S.（1996）. ‘Reflections of the Sociolinguistic Force of Journalism in the Process of Language Development in Egypt’, in Alaa Elgibali (ed.), *Understanding Arabic: Essays in Contemporary Arabic Linguistics in Honor of El-Said Badawi*, Cairo: American University in Cairo Press, pp. 129–36.

Abdel-Masih, Ernest, Zaki N. Abdel-Malek and El-Said M. Badawi（1978–9）. *A Comprehensive Study of Egyptian Arabic*, 3 vols, Ann Arbor, MI: University of Michigan.

Abou, Selim（1961）. *Enquête sur les langues en usage au Liban*, Beirut: Imprimerie Catholique.

Abou, Selim（1962）. *Le bilinguïsme arabe-français au Liban: Essai d’anthropologie culturelle*, Paris: Presses universitaires de France.

Abu Absi, S.（1990）. ‘A Characterization of the Language of *Iftaḥ yā Simsim*: Sociolinguistic and Educational Implications for Arabic’, LPLP, 14: 33–46.

Abu-Haidar, Farida（1979）. *A Study of the Spoken Arabic of Baskinta*, Leiden: Brill.

Abu-Haidar, Farida（1988a）. ‘Arabic with English: Borrowing and Code-switching in Iraqi Arabic’, *Abhath al-Yarmouk*, Literature and Linguistics Series, 6(1): 45–58.

Abu-Haidar, Farida（1988b）. ‘Speech Variation in the Muslim Dialect of Baghdad: Urban vs. Rural’, *ZAL*, 19: 74–80.

Abu-Haidar, Farida（1990）. ‘Maintenance and Shift in the Christian Arabic of Baghdad’, *ZAL*, 21: 47–62.

Abu-Haidar, Farida (1994a). 'Cross-dialectal Interaction: Examples from Three Arabic Speech Communities in the UK', *IJoAL*, 20: 215–28.

Abu-Haidar, Farida (1994b). 'Beur Arabic: Continuity in the Speech of Second Generation Algerian Immigrants in France', in Aguadé *et al.* (eds), *Actas del Congreso Internacional*, pp. 7–14).

Abu-Manga, Al-Amin (1999). *Hausa in the Sudan: Process of Adaptation to Arabic*, Cologne: Köppe.

Abul Fadl, Fahmi (1961). 'Volkstümliche Texte in arabischen Bauerndialekten der ägyptischen Provinz Šarqiyya mit dialektgeographischen Untersuchungen zur Lautlehre', Ph.D. thesis, University of Münster.

Afnan, Soheil M. (1964). *Philosophical Terminology in Arabic and Persian*, Leiden: Brill.

Agiùs, Dionisius A. (1990). *Diglossic Tension: Teaching Arabic for Communication*, Leeds: Folia Scholastica.

Agiùs, Dionisius A. (1996). *Siculo Arabic*, London: Kegan Paul.

Aguadé, Jordi (2006). 'Writing Dialect in Morocco', *EDNA*, 10: 253–74.

Aguadé, Jordi and Peter Behnstedt (2006). 'Berber', *EALL*, vol. I, pp. 289–93.

Aguadé, Jordi, Federico Corriente and Marina Marugán (eds) (1994). *Actas del Congreso Internacional sobre Interferencias Lingüísticas Árabo-Romances y Paralelos Extra-Ibéricos*, Zaragoza: Navarro y Navarro.

Aguadé, Jordi, Patrice Cressier and Ángeles Vicente (eds) (1998). *Peuplement et arabisation au Maghreb occidental: dialectologie et histoire*, Zaragoza: Casa de Velázquez.

Aguadé, Jordi and Mohammad Elyaacoubi (1995). *El dialecto árabe de Skūra (Marruecos)*, Madrid: Consejo Superior de Investigaciones Científicas.

Ahmed, Mokhtar (1981). *Lehrbuch des Ägyptisch-Arabischen*, Wiesbaden: Harrassowitz.

ʿAjamī, Fāliḥ ibn Šabīb al- (1997). 'al-Lahajāt al-ʿarabiyya al-ḥadīṯa bayna t-tahjīn wa-t-tawlīd', *Majalla Jāmiʿa 'Umm al-Qurā*, 10: 374–426.

Åkesson, Joyce (2001). *Arabic Morphology and Phonology Based on the* Marāḥ al-arwāḥ *by Aḥmad b. ʿAlī b. Masʿūd Presented with an Introduction, Arabic Edition, English Translation and Commentary*, Leiden: Brill.

Akiner, Shirin (1983). *Islamic Peoples of the Soviet Union*, London: Kegan Paul.

Al-Ani, Salman H. (1970). *Arabic Phonology: An Acoustical and Physiological Investigation*, The Hague: Mouton.

Alavi, Bozorg and Manfred Lorenz (1972). *Lehrbuch der persischen Sprache*, Leipzig: VEB Verlag Enzyklopädie.

Al-Azraqi, Munira (2007). 'The Use of *kaškašah/kaskasah* and Alternative Means among Educated Urban Saudi Speakers', in Miller *et al.* (eds), *Arabic in the City*, pp. 230–45.

Al-Azraqi, Munira (2010). 'Pidginisation in the Eastern Region of Saudi Arabia: Media Presentation', in Bassiouney (ed.), *Arabic and the Media*, pp. 159–73.

Al Batal, Mahmoud (2002). 'Identity and Language Tension in Lebanon: The Arabic of Local News at LBCI', in Rouchdy (ed.), *Language Contact and Language Conflict in Arabic*, pp. 91–115.

Al-Harbi, Awwad Ahmad Al-Ahmadi (1991). 'Arabic Loanwords in Acehnese', *PAL*, vol. III, pp. 93–117.

Ali, Abdul Sahib Mehdi (1987). *A Linguistic Study of the Development of Scientific Vocabulary in Standard Arabic*, London: Kegan Paul.

Al Khatib, Sam (2008). 'On the Directionality of Emphasis Spread', in Susie Jones (ed.), *Actes du congrès annuel de l'Association canadéenne de linguistique*, University of British Columbia, Vancouver, available at: http://homes.chass.utoronto.ca/~claacl/actes2008/actes2008.html.

Al-Mansour, Abdulrahman (2011). 'Subgrouping of West-Semitic Revisited', *AJH*, 29(113): 263–86.

Al-Moaily, Mohammad (2008). 'A Data-based Description of Urdu Pidgin Arabic', M.A. thesis, University of Newcastle.

Al-Nassir, ʿAbd al-Munʿim ʿAbd al-ʾAmīr (1993). *Sibawayh the Phonologist: A Critical Study of the Phonetic and Phonological Theory of Sibawayh as Presented in his Treatise* Al-Kitab, London: Kegan Paul.

Alosh, M. Mahdi (1994). 'Arabic in the United States: The Educated Native Speaker Construct and its Implications for Curriculum Design', *IJoAL*, 20: 55–86.

Alsharif, Ahmad and Louisa Sadler (2009). 'Negation in Modern Standard Arabic: An LFG Approach', in Miriam Butt and Tracy Holloway King (eds), *Proceedings of the LFG'09 Conference, Cambridge, Trinity College*, Stanford, CA: CSLI Publications, pp. 5–25.

Al-Sharkawi, Muhammad (2010). *The Ecology of Arabic: A Study in Arabicization*, Leiden: Brill.

Al-Tajir, Mahdi Abdalla [= Mahdī ʿAbdallāh at-Tājir] (1982). *Language and Linguistic Origins in Baḥrain: The Baḥārnah Dialect of Arabic*, London: Kegan Paul.

Altheim, Franz and Ruth Stiehl (1964–9). *Die Araber in der alten Welt*, 5 vols in 6 tomes. Berlin: de Gruyter.

Altoma, Salih J. (1969). *The Problem of Diglossia in Arabic: A Comparative Study of Classical and Iraqi Arabic*, Cambridge, MA: Harvard University Press.

Al Wer, Enam (1999). 'Why do Different Variables Behave Differently? Data from Arabic', in Yasir Suleiman (ed.), *Language and Society in the Middle East and North Africa*, London: Curzon, pp. 38–58.

Al Wer, Enam (2002). 'Education as a Speaker Variable', in Rouchdy (ed.), *Language Contact and Language Conflict in Arabic*, pp. 41–53.

Al Wer, Enam (2003). *Variation and Change in Jordanian Arabic: Women, the Vernacular and Linguistic Innovations*, London: RoutledgeCurzon.

Al Wer, Enam (2004). 'Variability Reproduced: A Variationist View of the [d̠]/[ḍ] Opposition in Modern Arabic Dialects', in Haak *et al.* (eds), *Approaches to Arabic Dialects*, pp. 21–31.

Al Wer, Enam (2007a). 'Jordanian Arabic (Amman)', *EALL*, vol. II, pp. 505–17.

Al Wer, Enam (2007b). 'The Formation of the Dialect of Amman: From Chaos to Order', in Miller *et al.* (eds), *Arabic in the City*, pp. 55–76.

Al Wer, Enam and Rudolf de Jong (eds) (2009). *Arabic Dialectology: In Honour of Clive Holes on the Occasion of his Sixtieth Birthday*, Leiden: Brill.

Amara, Muhammad Hasan (1999). *Politics and Sociolinguistic Reflexes: Palestinian Border Villages*, Amsterdam: Benjamins.

Amara, Muhammad Hasan and Abd Al-Rahman Mar'i (2002). *Language Education Policy: The Arab Minority in Israel*, Dordrecht: Kluwer Academic.

Amara, Muhammad Hasan and Bernard Spolsky (1986). 'The Diffusion and Integration of Hebrew and English Lexical Items in Spoken Arabic in an Israeli Village', *AL*, 28: 43–58.

Ambros, Arne (1994). 'Zur Inschrift von ʿĒn ʿAvdat: Eine Mahnung zur Vorsicht', *ZAL*, 27: 90–2.

Ambros, Arne and Stephan Prochazka (2004). *A Concise Dictionary of Koranic Arabic*, Wiesbaden: Reichert.

Anawati, Georges C. (1975). 'Factors and Effects of Arabization and Islamization in Medieval Egypt and Syria', in Speros Vryonis, Jr (ed.), *Islam and Cultural Change in the Middle Ages (= Fourth Giorgio Levi della Vida Biennial Conference)*, Wiesbaden: Harrassowitz, pp. 17–41.

Anghelescu, Nadia (1984). *Problemele limbii în cultura arabă*, Bucharest: University of Bucharest.

Anghelescu, Nadia (1986). *Limbaj şi cultură în civilizaţia arabă*, Bucharest: Editura Stiinţifică şi Enciclopedică (French trans. Viorel Visan, *Language et culture dans la civilisation arabe*, Paris: L'Harmattan, 1995).

Angoujard, Jean-Pierre (1990). *Metrical Structure of Arabic*, Dordrecht: Foris.

'Anīs, 'Ibrāhīm ([1952] 1973). *Fī l-lahajāt al-ʿarabiyya*, 4th edn, Cairo: al-Maktaba al-'Anglū al-Miṣriyya.

Aoun, Joseph E., Elabbas Benmamoun and Lina Choueiri (2010). *The Syntax of Arabic*, Cambridge: Cambridge University Press.

Aquilina, Joseph (1956). *Teach Yourself Maltese*, London: English Universities Press.

Aquilina, Joseph (1970). *Papers in Maltese Linguistics*, Valletta: Royal University of Malta.

Aquilina, Joseph (1976). *Maltese Linguistic Surveys*, Msida: University of Malta.

Aquilina, Joseph (1987). *Maltese-English Dictionary*, 2 vols, Malta: Midsea Books.

Aquilina, Joseph and B. S. J. Isserlin (1981). *A Survey of Contemporary Dialectal Maltese, vol. I: Gozo*, Leiden: Brill.

Arnold, Werner (1996). 'Arabian Dialects in the Turkish Province of Hatay', *AIDA*, II, pp. 1–10.

Arnold, Werner and Peter Behnstedt (1993). *Arabisch-aramäische Sprachbeziehungen im Qalamūn (Syrien)*, Wiesbaden: Harrassowitz.

Arnold, Werner and Hartmut Bobzin (eds) (2002). *Sprich doch mit deinen Knechten aramäisch, wir verstehen es!: 60 Beiträge zur Semitistik. Festschrift fur Otto Jastrow zum 60, Geburtstag*, Wiesbaden: Harrassowitz.

Arnold, Werner, Michael Jursa, Walter W. Müller and Stephan Procházka (eds) (2009). *Philologisches und Historisches zwischen Anatolien und Sokotra: Analecta Semitica in Memoriam Alexander Sima*, Wiesbaden: Harrassowitz.

Asbaghi, Asya (1987). *Die semantische Entwicklung arabischer Wörter im Persischen*, Stuttgart: Steiner.

Asbaghi, Asya (1988). *Persische Lehnwörter im Arabischen*, Wiesbaden: Harrassowitz.

Ashtiany, Julia (1993). *Media Arabic*, Edinburgh: Edinburgh University Press.

Atawneh, Ahmad (1992). 'Code-mixing in Arabic-English Bilinguals', *PAL*, vol. IV, pp. 219–41.

Avram, Andrei A. (2006–7). 'Romanian Pidgin Arabic', *R-A*, 6–7: 13–27.

Avram, Andrei A. (2012). 'On the Functions of fi in the Verbal System of Arabic Pidgins', *R-A*, 12: 35–58.

Ayalon, Ami (1987). *Language and Change in the Arab Middle East: The Evolution of Modern Political Discourse*, Oxford: Oxford University Press.

Ayoub, Georgine (1981). 'Structure de la phrase en arabe standard', Ph.D. dissertation, Université de Paris VII.

Ayoub, Georgine and Georges Bohas (1983). 'Les grammairiens arabes, la phrase nominale et le bon sens', in Kees Versteegh, E. F. Konrad Koerner and Hans-Josef Niederehe (eds), *The History of Linguistics in the Near East*, Amsterdam: Benjamins, pp. 31–48.

Baalbaki, Munir (1991). *al-Mawrid qāmūs 'inglīzī-'arabī*, 25th edn, Beirut: Dār al-ʿIlm li-l-Malāyīn.

Baalbaki, Ramzi Munir (1990). *Dictionary of Linguistic Terms: English-Arabic*, Beirut: Dār al-ʿIlm li-l-Malāyīn.

Baalbaki, Ramzi Munir (2008). *The Legacy of the* Kitāb: *Sībawayhi's Analytical Methods within the Context of the Arabic Grammatical Theory*, Leiden: Brill.

Baalbaki, Ramzi Munir (2014). *The Arabic Lexicographical Tradition from the 2nd/8th to the 12th/18th Century*, Leiden: Brill.

Baalbaki, Rohi (1988). *al-Mawrid qāmūs ʿarabī-'inglīzī*, Beirut: Dār al-ʿIlm li-l-Malāyīn.

Badawī, as-Saʿīd Muḥammad (1973). *Mustawayāt al-ʿarabiyya al-muʿāṣira fī Miṣr*, Cairo: Dār al-Maʿārif.

Badawī, as-Saʿīd Muḥammad and Martin Hinds (1986). *A Dictionary of Egyptian Arabic:*

Arabic-English, Beirut: Librairie du Liban.

Badawi, Elsaid, Michael G. Carter and Adrian Gully (2004). *Modern Written Arabic: A Comprehensive Grammar*, London: Routledge.

Badawi, Elsaid and Muhammad Abdel Haleem (2008). *Arabic-English Dictionary of Qur'anic Usage*, Leiden: Brill.

Badran, Margot, Fatima Sadiqi and Linda Rashidi (eds) (2002). *Language and Gender in the Arab World* (= *Languages and Linguistics: an International Journal of Linguistics*, 9), Fes: University of Sidi Mohamed Ben Abdellah.

Baerman, Matthew (2005). 'Directionality and (Un)natural Classes in Syncretism', *Lg*, 80: 807–27.

Bahloul, Maher (2006). 'Agreement', *EALL*, vol. I, pp. 43–8.

Bahloul, Maher (2007). 'The *qaaf* across Arabic Dialects', *PAL*, vol. XIX, pp. 247–65.

Bakalla, Muhammad Hasan (1979). *The Morphological and Phonological Components of the Arabic Verb (Meccan Arabic)*, London: Longman; Beirut: Librairie du Liban.

Bakalla, Muhammad Hasan (1982). *Ibn Jinnī, an Early Arab Muslim Phonetician: An Interpretative Study of his Life and Contribution to Linguistics (A Chapter from the History of Arabic Linguistics)*, London: European Language Publications.

Bakalla, Muhammad Hasan (1983). *Arabic Linguistics: An Introduction and Bibliography*, London: Mansell.

Bakalla, Muhammad Hasan (1984). *Arabic Culture Through its Language and Literature*, London: Kegan Paul.

Baker, Philip (1996). 'The Potential for the Development of Arabic-based and other Contact Languages along the Maritime Trade Routes between the Middle East and China, from the Start of the Christian Era', in Stephen A. Wurm, Peter Mühlhäusler, and Darrell T. Tryon (eds), *Atlas of Languages of Intercultural Communication in the Pacific, Asia, and the Americas*, Berlin: Mouton de Gruyter, pp. 637–72.

Bakir, Murtadha J. (2010). 'Notes on the Verbal System of Gulf Pidgin Arabic', *JPCL*, 25: 201–28.

Baldauf, Richard B. and Robert B. Kaplan (eds) (2007), *Language Planning and Policy in Africa, vol. 2: Algeria, Côte d'Ivoire, Nigeria and Tunisia*, Clevedon: Multilingual Matters.

Baldi, Sergio (1988). *A First Ethnolinguistic Comparison of Arabic Loanwords Common to Hausa and Swahili*, Naples: Istituto Universitario Orientale di Napoli.

Barthélemy, A. (1935–69). *Dictionnaire arabe-français, dialectes de Syrie: Alep, Damas, Liban, Jérusalem*, Paris: Institut de France.

Bassiouney, Reem (2006). *Functions of Code Switching in Egypt: Evidence from Monologues*, Leiden: Brill.

Bassiouney, Reem (2009a). *Arabic Sociolinguistics: Topics in Diglossia, Gender, Identity, and Politics*, Washington, DC: Georgetown University Press.

Bassiouney, Reem (2009b). 'The Variety of Housewives and Cockroaches: Examining Code-choice in Advertisements in Egypt', in Al Wer and de Jong, *Arabic Dialectology*, pp. 273–84.

Bassiouney, Reem (ed.) (2010). *Arabic and the Media: Linguistic Analysis and Applications*, Leiden: Brill.

Bassiouney, Reem (2013). 'The Social Motivation of Code-switching in Mosque Sermons in Egypt', *IJSL*, 220: 49–66.

Bateson, Mary Catherine (1967). *Arabic Language Handbook*, Washington, DC: Center for Applied Linguistics (repr., Washington, DC: Georgetown University Press, 2003).

Battersby, H. R. (1966). 'Arabic and Persian Elements in Ottoman Turkish (Osmanlıca)', in *Reşit Rahmeti Arat için*, Ankara: Türk Kültürünü Araştırma Enstitüsü, pp. 93–141.

Bauer, Leonhard (1909). *Das palästinische Arabisch, die Dialekte des Städters und des Fellachen: Grammatik, Übungen und Chrestomathie*, Leipzig: Hinrichs (repr. Leipzig, 1970).

Beaujard, Philippe (1998). *Le parler secret arabico-malgache du sud-est de Madagascar*, Paris: L'Harmattan.

Beck, Edmund (1946). 'ʿArabiyya, Sunna und ʿĀmma in der Koranlesung des zweiten Jahrhunderts', *Orientalia* (NS), 15: 180–224.

Beeston, Alfred F. L. (1968). *Written Arabic: An Approach to the Basic Structures*, London: Cambridge University Press.

Beeston, Alfred F. L. (1981). 'Languages of pre-Islamic Arabia', *Ar*, 28: 178–86.

Behnstedt, Peter (1978). 'Zur Dialektgeographie des Nildeltas', *ZAL*, 1: 64–92.

Behnstedt, Peter (1985). *Die nordjemenitischen Dialekte, vol. I: Atlas*. Wiesbaden: Reichert.

Behnstedt, Peter (1987). 'Anmerkungen zu den Dialekten der Gegend von Ṣaʿdah (Nord-Jemen)', *ZAL*, 16: 93–107.

Behnstedt, Peter (1992). *Die nordjemenitischen Dialekte, vol. II: Glossar (Buchstaben Alif-Dal)*, Wiesbaden: Reichert.

Behnstedt, Peter (1996). 'Texte aus der jemenitischen Tihāmah', *QSA* 14: 137–63.

Behnstedt, Peter (1997). *Sprachatlas von Syrien*, Wiesbaden: Harrassowitz.

Behnstedt, Peter (2006). 'Coptic Loanwords', *EALL*, vol. I, pp. 501–5.

Behnstedt, Peter and Manfred Woidich (1982). 'Die ägyptischen Oasen: Ein dialektologischer Vorbericht', *ZAL*, 8: 39–71.

Behnstedt, Peter and Manfred Woidich (1985). *Die ägyptisch-arabischen Dialekte, vol. I: Einleitung und Anmerkungen zu den Texten; vol. II: Sprachatlas von Ägypten*, Wiesbaden: Reichert.

Behnstedt, Peter and Manfred Woidich (1987). *Die ägyptisch-arabischen Dialekte, vol. III:*

Texte. I. Delta-Dialekte, Wiesbaden: Reichert.

Behnstedt, Peter and Manfred Woidich (1988). *Die ägyptisch-arabischen Dialekte, vol. III: Texte II. Niltaldialekte. III. Oasendialekte*, Wiesbaden: Reichert.

Behnstedt, Peter and Manfred Woidich (1994). *Die ägyptisch-arabischen Dialekte, vol. IV: Glossar Arabisch-Deutsch*, Wiesbaden: Reichert.

Behnstedt, Peter and Manfred Woidich (1999). *Die ägyptisch-arabischen Dialekte, vol. V: Glossar Deutsch-Arabisch*, Wiesbaden: Reichert.

Behnstedt, Peter and Manfred Woidich (2005). *Arabische Dialektgeographie: Eine Einführung*, Leiden: Brill.

Behnstedt, Peter and Manfred Woidich (2011). *Wortatlas der arabischen Dialekte, vol. I: Mensch, Natur, Fauna und Flora*, Leiden: Brill.

Behnstedt, Peter and Manfred Woidich (2012). *Wortatlas der arabischen Dialekte, vol. II: Materielle Kultur*, Leiden: Brill.

Bekkum, W. Jacques van (1983). 'The "Risāla" of Yĕhuda Ibn Quraysh and its place in Hebrew Linguistics', in Kees Versteegh, E. F. Konrad Koerner and Hans-Josef Niederehe (eds), *The History of Linguistics in the Near East*, Amsterdam: Benjamins, pp. 71–91.

Belgacem, Hamza (2007). 'Berber Ethnicity and Language Shift in Tunisia', Ph.D. thesis, University of Sussex.

Bellamy, James A. (1985). 'A New Reading of the Namārah Inscription', *JAOS*, 105: 31–51.

Bellamy, James A. (1988). 'Two pre-Islamic Arabic Inscriptions Revised: Jabal Ramm and Umm al-Jimāl', *JAOS*, 110: 369–85.

Bellamy, James A. (1990). 'Arabic Verses from the First/Second Century: The Inscription of ʿEn ʿAvdat', *JSS*, 25: 73–9.

Bellem, Alex (2007). *Towards a Comparative Typology of Emphatics: Across Semitic and into Arabic Dialect Phonology*, Ph.D. thesis, SOAS, University of London.

Belnap, R. Kirk (2008). 'North America', *EALL*, vol. III, pp. 394–400.

Belnap, R. Kirk and Niloofar Haeri (eds) (1997). *Structuralist Studies in Arabic Linguistics: Charles A. Ferguson's Papers, 1954–1994*, Leiden: Brill.

Belova, Anna Gr. (2009). 'South Semitic Languages', *EALL*, vol. IV, pp. 300–15.

Ben Abdessalem Karaa, Wahiba (2008). 'Language, a Phenomenon of Culture and Communication: Preserving the Language through a Phonetic Map', in *Mediterranean Conference on Information Systems (2008) Proceedings*, paper 9, available at: http://aisel.aisnet.org/mcis2008/9.

Ben Abdessalem Karaa, Wahiba (2012). 'al-ʾAṭlas al-luġawī: qāʿida bayānāt luġawiyya', *JCCE*, 2: 4–8.

Bengtsson, Per A. (1995). *Two Arabic Versions of the Book of Ruth: Text Edition and Language Studies*, Lund: Lund University Press.

Benmamoun, Elabbas (2000). *The Feature Structure of Functional Categories: A Comparative Study of Arabic Dialects*, Oxford: Oxford University Press.

Benmayouf, Chafia Yamina (2008). *Renouvellement social, renouvellement langagier dans l'Algérie aujourd'hui*, Paris: L'Harmattan.

Benmayouf, Chafia Yamina (2009). *La question linguistique en Algérie: Enjeux et perspectives*, Biarritz: Séguier.

Benrabah, Mohamed (2007). 'The Language Situation in Algeria', in Baldauf and Kaplan (eds). *Language Planning and Policy in Africa*, vol. 2, pp. 25–148.

Bentahila, Abdelâli (1983). *Language Attitudes among Arabic-French Bilinguals in Morocco*, Clevedon: Multilingual Matters.

Bentahila, Abdelâli and Eirlys E. Davies (1983). 'The Syntax of Arabic-French Codeswitching', *Lingua*, 59: 301–30.

Benzakour, Fouzia, Driss Gaadi and Ambroise Queffélec (2000). *Le français au Maroc: lexique et contacts de langues*, Brussels: De Boeck & Larcier.

Bergsträßer, Gotthelf (1915). 'Sprachatlas von Syrien und Palästina', *ZDPV*, 38: 169–222 (+ maps XX–LXII).

Bergsträßer, Gotthelf (1928). *Einführung in die semitischen Sprachen*, Munich (repr. Darmstadt: Wissenschaftliche Buchgesellschaft, 1963; trans. Peter T. Daniels, *Introduction to the Semitic Languages: Text Specimens and Grammatical Sketches*, Winona Lake, IN: Eisenbrauns, 1983).

Bernards, Monique (1997). *Changing Traditions: al-Mubarrad's Refutation of Sībawayh and the Subsequent Reception of the* Kitāb, Leiden: Brill.

Bidwell, Robin (1973). *Morocco under Colonial Rule*, London: Cass.

Bielawski, Józef (1956). 'Deux périodes dans la formation de la terminologie scientifique arabe', *RO*, 20: 263–320.

Birkeland, Harris (1940). *Altarabische Pausalformen*, Oslo: Norske Videnskabs-Akademi.

Birkeland, Harris (1952). *Growth and Structure of the Egyptian Arabic Dialect*, Oslo: Dybwad.

Birkeland, Harris (1954). *Stress Patterns in Arabic*, Oslo: Norske Videnskabs-Akademi.

Bishai, Wilson B. (1960). 'Notes on the Coptic Substratum in Egyptian Arabic', *JAOS*, 80: 225–9.

Bishai, Wilson B. (1961). 'Nature and Extent of Coptic Phonological Influence on Egyptian Arabic', *JSS*, 6: 175–82.

Bishai, Wilson B. (1962). 'Coptic Grammatical Influence on Egyptian Arabic', *JAOS*, 82: 285–9.

Bizri, Fida (2010). *Pidgin Madame: une grammaire de la servitude*, Paris: Geuthner.

Blachère, Régis (1961). *Eléments de l'arabe classique*, Paris: Maisonneuve & Larose (4th edn, 1985).

Blachère, Régis, Moustafa Chouémi and Claude Denizeau (1967–). *Dictionnaire arabe-français-anglais*, Paris: Maisonneuve & Larose.

Blachère, Régis and Maurice Gaudefroy-Demombynes (1952). *Grammaire de l'arabe classique (Morphologie et syntaxe)*, 3rd edn, Paris: G.-P. Maisonneuve.

Blanc, Haim (1964). *Communal Dialects in Baghdad*, Cambridge, MA: Harvard University Press.

Blanc, Haim (1967). 'The "Sonorous" vs. "Muffled" Distinctions in Old Arabic Phonology', in *To Honor Roman Jakobson*, The Hague: Mouton, vol. I, pp. 295–390.

Blanc, Haim (1969). 'The Fronting of Semitic g and the *qāl-gāl* Dialect Split in Arabic', in *Proceedings of the International Conference on Semitic Studies held in Jerusalem, 19–23 July 1965*, Jerusalem: Israel Academy of Sciences and Humanities, pp. 7–37.

Blanc, Haim (1970a). 'Dual and Pseudo-dual in the Arabic Dialects', *Lg*, 46: 42–57.

Blanc, Haim (1970b). 'The Arabic Dialect of the Negev Bedouins', *Israel Academy of Sciences and Humanities Proceedings*, 4(7): 112–50.

Blau, Joshua (1960). *Syntax des palästinensischen Bauerndialektes von Bir-Zēt*, Walldorf-Hessen: Verlag für Orientkunde.

Blau, Joshua (1965). *The Emergence and Linguistic Background of Judeo-Arabic: A Study of the Origins of Middle Arabic*, London: Oxford University Press (2nd edn, Jerusalem: Ben Zwi, 1981).

Blau, Joshua (1966–7). *A Grammar of Christian Arabic, Based Mainly on South-Palestinian Texts from the First Millennium*, 3 vols, Louvain: Imprimerie Orientaliste.

Blau, Joshua (1969). 'Some Problems of the Formation of the Old Semitic Languages in the Light of Arabic Dialects', in *Proceedings of the International Conference on Semitic Studies held in Jerusalem, 19–23 July 1965*, Jerusalem: Israel Academy of Sciences and Humanities, pp. 38–44.

Blau, Joshua (1970). *On Pseudo-corrections in Some Semitic Languages*, Jerusalem: Israel Academy of Sciences and Humanities.

Blau, Joshua (1972–3). 'On the Problem of the Synthetic Character of Classical Arabic as Against Judeo-Arabic (Middle Arabic)', *JQR*, 63: 29–38.

Blau, Joshua (1977). *The Beginnings of the Arabic Diglossia: A Study of the Origins of Neo-Arabic*, Malibu, CA: Undena.

Blau, Joshua (1978). 'Hebrew and Northwest Semitic: Reflections on the Classification of the Semitic Languages', *HAR*, 2: 21–44.

Blau, Joshua (1979). 'Some Observations on a Middle Arabic Egyptian text in Coptic Characters', *JSAI*, 1: 215–62.

Blau, Joshua (1980). *has-Sifrot ha-ʿaravit ha-yəhudit: Pəraqim nibḥarim* (*Judaeo-Arabic Literature: Selected Texts*), Jerusalem: Magnes Press.

Blau, Joshua (1981). 'The State of Research in the Field of the Linguistic Study of Middle

Arabic', *Ar*, 28: 187–203.

Blau, Joshua (1982). 'Das frühe Neuarabisch in mittelarabischen Texten'. *GAP*, vol. I, pp. 83–95.

Blau, Joshua (1988). *Studies in Middle Arabic and its Judaeo-Arabic Variety*, Jerusalem: Magnes Press.

Blau, Joshua and Simon Hopkins (1984). 'On Early Judaeo-Arabic Orthography', *ZAL*, 12: 9–27.

Bloch, Ariel A. (1965). *Die Hypotaxe im Damaszenisch-Arabischen, mit Vergleichen zur Hypotaxe im Klassisch-Arabischen*, Wiesbaden: Steiner.

Bloch, Ariel A. and Heinz Grotzfeld (1964). *Damaszenisch-Arabisch: Texte mit Übersetzung, Anmerkungen und Glossar*, Wiesbaden: Steiner.

Bobzin, Hartmut (1992). 'Geschichte der arabischen Philologie in Europa bis zum Ausgang des achtzehnten Jahrhunderts', *GAP*, vol. III, pp. 155–87.

Bohas, Georges (1981). 'Quelques aspects de l'argumentation et de l'explication chez les grammairiens arabes', *Ar*, 28: 204–21.

Bohas, Georges (1985). 'L'explication en phonologie arabe', *SHAG*, I, pp. 45–52.

Bohas, Georges (ed.) (1993). 'Le PCO et la structure des racines', in *Développements récents en linguistique arabe et sémitique*, Damascus: Institut français de Damas, pp. 9–44.

Bohas, Georges (1995). 'Au-delà de la racine', in Nadia Anghelescu and Andrei A. Avram (eds), *Proceedings of the Colloquium on Arabic Linguistics Bucharest August 29–September 2, 1994*, Bucharest: University of Bucharest, vol. I, pp. 29–45.

Bohas, Georges (1997). *Matrices, étymons, racines: eléments d'une théorie lexicologique du vocabulaire arabe*, Louvain: Peeters.

Bohas, Georges and Jean-Patrick Guillaume (1984). *Etude des théories des grammairiens arabes, vol. I: Morphologie et phonologie*, Damascus: Institut français de Damas.

Bohas, Georges, Jean-Patrick Guillaume and Djamel Eddine Kouloughli (1990). *The Arabic Linguistic Tradition*, New York: Routledge.

Bomhard, Allan R. (1984). *Toward Proto-Nostratic: A New Approach*, Amsterdam: Benjamins.

Boogert, Nico van den (1997). *The Berber Literary Tradition of the Sous with an Edition and Translation of 'The Ocean of Tears' by Muḥammad Awzal (d. 1749)*, Leiden: Nederlands Instituut voor het Nabije Oosten.

Borg, Albert (2011). 'Lectal Variation in Maltese', in Sandro Caruana, Ray Fabri, and Thomas Stolz (eds), *Variation and Change: The Dynamics of Maltese in Space, Time and Society*, Berlin: Akademie Verlag, pp. 11–31.

Borg, Albert and Marie Azzopardi-Alexander (1997). *Maltese*, London: Routledge.

Borg, Alexander (1985). *Cypriot Arabic: A Historical and Comparative Investigation into the Phonology and Morphology of the Arabic Vernacular spoken by the Maronites of Kormakiti Village in the Kyrenia District of North-Western Cyprus*, Stuttgart: Deutsche Morgenländische Gesellschaft.

Borg, Alexander (2004). *Comparative Glossary of Cypriot Maronite Arabic (Arabic-English) with an Introductory Essay*, Leiden: Brill.

Borg, Gert (2007). 'How to be kool in Arabic Writing: Linguistic Observations from the Side Line', in Ditters and Motzki (eds), *Approaches to Arabic Linguistics*, pp. 527–42.

Bos, Petra and Ludo Verhoeven (1994). 'Moroccan-Arabic Dutch Bilingual Development', *IJoAL*, 20: 119–50.

Boucherit, Aziza (2002). *L'arabe parlé à Alger: aspects sociolinguistiques et énonciatifs*, Paris: Peeters.

Boumans, Louis (1996). 'Embedding Verbs and Collocations in Moroccan Arabic/Dutch Code-switching', *PAL*, Amsterdam: Benjamins, vol. IX, pp. 45–76.

Boussofara-Omar, Naïma (2003). 'Revisiting Arabic Diglossic Switching in Light of the Matrix Frame Model and its Submodels: The 4-M and the Abstract Level Models', *BLC*, 6(1): 33–46.

Boussofara-Omar, Naïma (2006a). 'Diglossia', *EALL*, vol. I, pp. 629–37.

Boussofara-Omar, Naïma (2006b). 'Neither Third Language nor Middle Varieties but Arabic Diglossic Switching', *ZAL*, 45: 55–80.

Bouwman, Dinie (2005). 'Throwing Stones at the Moon: The Role of Arabic in Contemporary Mali', Ph.D. thesis, University of Leiden.

Brame, Michael (1970). 'Arabic Phonology: Implications for Phonological Theory and Historical Semitic', Ph.D. thesis, MIT, Cambridge, MA.

Branden, Albert van den (1950). *Les inscriptions thamoudéennes*, Louvain: Bureaux du Muséon.

Braukämper, Ulrich (1994). 'Notes on the Origin of Baggara Arab Culture with Special Reference to the Shuwa', *SGA*, 14: 13–46.

Bravmann, Max (1934). *Materialien und Untersuchungen zu den phonetischen Lehren der Araber*, Göttingen: Kaestner.

Brenner, Louis (2000). *Controlling Knowledge: Religion, Power and Schooling in a West African Muslim Society*, Bloomington, IN: Indiana University Press.

Brett, Michael (1995). 'The Way of the Nomad', *BSOAS*, 58: 251–69.

Brincat, Joseph M. (1991). *Malta 870–1054: Al-Himyarī's Account*, Valletta: Said International.

Brincat, Joseph M. (2011). *Maltese and Other Languages: A Linguistic History of Malta*, Sta Venera, Malta: Midsea Books.

Britto, Francis (1985). *Diglossia: A Study of the Theory with Application to Tamil*, Washington, DC: Georgetown University Press. Brockelmann, Carl (1908–13). *Grundriß der vergleichenden Grammatik der semitischen Sprachen*, 2 vols, Berlin (repr. Hildesheim: Olms, 1966).

Brockelmann, Carl (1964). 'Das Arabische und seine Mundarten', *HdO*, vol. I:3, pp. 207–45.

Brockelmann, Carl (1965). *Arabische Grammatik. Paradigmen, Literatur, Übungsstücke und Glossar*, 16th edn, ed. Manfred Fleischhammer, Leipzig: VEB Verlag Enzyklopädie.

Brockett, Adrian A. (1985). *The Spoken Arabic of Khābūra on the Bāṭina of Oman*, Manchester: Journal of Semitic Studies.

Broselow, Ellen (1976). 'The Phonology of Egyptian Arabic', Ph.D. thesis, University of Massachusetts, Amherst.

Broselow, Ellen (1979). 'Cairene Arabic Syllable Structure', *LA*: 345–82.

Broselow, Ellen (1992). 'Parametric Variation in Arabic Dialect Phonology', *PAL*, vol. IV, pp. 7–45.

Brugnatelli, Vermondo (1982). *Questioni di morfologia e sintassi dei numerali cardinali semitici*, Florence: La Nuova Italia.

Brugnatelli, Vermondo (2013). 'Arab-Berber Contacts in the Middle Ages and Ancient Arabic Dialects: New Evidence from an Old Ibāḍite Religious Text', in Lafkioui (ed.) *African Arabic*, pp. 271–92.

Brustad, Kristen (2000). *The Syntax of Spoken Arabic: A Comparative Study of Moroccan, Egyptian, Syrian and Kuwaiti Dialects*, Washington, DC: Georgetown University Press. Brustad, Kristen, Mahmoud Al-Batal and Abbas Al-Tonsi (2004–5). *Al-Kitaab fii Ta'allum al-'Arabiyya*, 2nd edn, Washington, DC: Georgetown University Press, vols I, II.

Bulliet, Richard W. (1990). *The Camel and the Wheel*, 2nd edn, New York: Columbia University Press.

Busuttil, E. D. (1976). *Kalepin: Dizzjunarju Ingliz-Malti*, Valletta: Muscat.

Busuttil, E. D. (1977). *Kalepin (Dizzjunarju) Malti-Ingliz*, is-Sitt Harġa: A. C. Aquilina.

Cadora, Frederic J. (1992). *Bedouin, Village, and Urban Arabic: An Ecolinguistic Study*, Leiden: Brill.

Campbell, Stuart (2007). 'Indonesian/Malay', *EALL*, vol. II, pp. 340–5.

Cannon, Garland (1994). *The Arabic Contribution to the English Language: An Historical Dictionary*, Wiesbaden: Harrassowitz.

Cantarino, Vicente (1974–5). *Syntax of Modern Arabic Prose*, 3 vols, Bloomington, IN: Indiana University Press.

Cantineau, Jean (1930–2). *Le nabatéen*, 2 vols, Paris: Leroux.

Cantineau, Jean (1932). 'Accadien et sudarabique', *BSLP*, 33: 175–204.

Cantineau, Jean (1935). *Grammaire du palmyrénien épigraphique* (= *Publications de l'Institut d'études orientales de la faculté des lettres d'Alger*, 4), Cairo.

Cantineau, Jean (1936, 1937). 'Études sur quelques parlers de nomades arabes d'Orient',

AIEO, 2: 1–118; 3: 119–237.

Cantineau, Jean (1938). 'Remarques sur les parlers syro-libano-palestiniens', *BSLP*, 40: 80–9.

Cantineau, Jean (1940, 1946). *Les parlers arabes de Ḥōrān, vol. I: Notions générales, grammaire, vol. II: Atlas*, Paris: Klincksieck.

Cantineau, Jean (1960). *Études de linguistique arabe (Mémorial Jean Cantineau)*, Paris: Klincksieck.

Carter, Michael G. (1981). *Arab Linguistics: An Introductory Classical Text with Translation and Notes*, Amsterdam: Benjamins.

Carter, Michael G. (2004). *Sībawayhi*, London: Tauris.

Carter, Michael G. (2007). 'Grammatical Tradition: History', *EALL*, vol. II, pp. 182–91.

Casanova, M. P. (1902). 'Un texte arabe transcrit en caractères coptes', *BIFAO*, 1: 1–20.

Caspari, C. P. (1887). *Arabische Grammatik*, 5th edn, ed. August Müller, Halle.

Caubet, Dominique (1993). *L'arabe marocain, vol. I: Phonologie et morphosyntaxe; vol. II: Syntaxe et catégories grammaticales, textes*, Paris: Peeters.

Caubet, Dominique (2000–1). 'Questionnaire de dialectologie du Maghreb (d'après les travaux de W. Marçais, M. Cohen, G. S. Colin, J. Cantineau, D. Cohen, Ph. Marçais, S. Lévy, etc.)', *EDNA*, 5: 73–92.

Caubet, Dominique (2001). 'Maghrebine Arabic in France', in Guus Extra and Durk Gorter (eds), *The Other Languages of Europe*, Clevedon: Multilingual Matters, pp. 261–77.

Caubet, Dominique (ed.) (2004). *Les mots du bled: création contemporaine en langues maternelles, les artistes ont la parole*, Paris: L'Harmattan.

Chaabani, Zinelabidine (1984). *Der Einfluß des Französischen auf das Arabische in Tunesien: Zur Beschreibung morphosyntaktischer Phänomene des Neuhocharabischen*, Frankfurt am Main: Lang.

Chaker, Salem (1984). *Textes en linguistique berbère: introduction au domaine berbère*, Paris: Centre national de la recherche scientifique.

Chejne, Anwar G. (1969). *The Arabic Language: Its Role in History*, Minneapolis, MN: University of Minnesota Press.

Chekayri, Abdellah and Tobias Scheer (2003). 'The Appearance of Glides in Classical Arabic Defective Verbs', *FO*, 3: 5–34.

Clarity, Beverly E., Karl Stowasser and Ronald Wolfe (1964). *A Dictionary of Iraqi Arabic: English-Arabic*, Washington, DC: Georgetown University Press (repr., 2003, together with the Arabic-English part).

Cleveland, Ray L. (1963). 'A Classification for the Arabic Dialects of Jordan', *BASOR*, 167: 56–63.

Cohen, David (1963). *Le dialecte arabe Ḥassānīya de Mauritanie (parler de la Gəbla)*, Paris: Klincksieck.

Cohen, David (1964). *Le parler arabe des juifs de Tunis, vol. I: Textes et documents linguistiques et ethnographiques*, The Hague: Mouton.

Cohen, David (1970). 'Koinè, langues communes et dialectes arabes', in David Cohen, *Études de linguistique sémitique et arabe*, The Hague: Mouton, pp. 105–25.

Cohen, David (1975). *Le parler arabe des juifs de Tunis, vol. II: Etude linguistique*, The Hague: Mouton.

Cohen, Marcel (1912). *Le parler arabe des juifs d'Alger*, Paris: Champion.

Comrie, Bernard (1982). 'Syntactic-Morphological Discrepancies in Maltese Sentence Structure', *LC*, 15: 281–306.

Comrie, Bernard (1991). 'On the Importance of Arabic to General Linguistic Theory', *PAL*, vol. III, pp. 3–30.

Comrie, Bernard (2008). 'Linguistics and Arabic', *EALL*, vol. III, pp. 64–71.

Corriente, Federico (1971a). *Problemática de la pluralidad en semítico: el plural fracto*, Madrid: Consejo Superior de Investigaciones Científicas.

Corriente, Federico (1971b). 'On the Functional Yield of some Synthetic Devices in Arabic and Semitic Morphology', *JQR*, 62: 20–50.

Corriente, Federico (1975). 'Marginalia on Arabic Diglossia and Evidence thereof in the *Kitab al-Agani*', *JSS*, 20: 38–61.

Corriente, Federico (1977). *A Grammatical Sketch of the Spanish Arabic Dialect Bundle*, Madrid: Instituto Hispano-Árabe de Cultura (revised edn, *A Descriptive and Comparative Grammar of Andalusi Arabic*, ed. Institute of Islamic Studies of the University of Zaragoza, Leiden: Brill, 2013).

Corriente, Federico (1980). *Gramática, métrica y texto del Cancionero hispano-árabe de Abán Quzmán*, Madrid: Instituto Hispano-Árabe de Cultura.

Corriente, Federico (1988). *El léxico árabe andalusí según P. de Alcalá (ordenado por raíces, anotado y fonémicamente interpretado)*, Madrid: Universidad Complutense.

Corriente, Federico (2008). *Dictionary of Arabic and Allied Loanwords: Spanish, Portuguese, Catalan, Gallician and Kindred Dialects*, Leiden: Brill.

Cowell, Mark W. (1964). *A Reference Grammar of Syrian Arabic (Based on the Dialect of Damascus)*, Washington, DC: Georgetown University Press (repr. 2005).

Cressier Patrice (1998). 'Urbanisation, arabisation, islamisation au Maroc du nord: quelques remarques depuis l'archéologie', in Aguadé *et al.* (eds), *Peuplement et arabisation au Maghreb occiental*, pp. 27–38.

Cuvalay, Martine (1996). 'The Arabic Verb: A Functional Grammar Approach to Verbal Expression in Arabic', Ph.D. thesis, University of Amsterdam.

Czapkiewicz, Andrzej (1975). *The Verb in Modern Arabic Dialects as an Exponent of the Development Processes Occurring in Them*, Wroclaw: Wydawnictwo Polskiej Akademii Nauk.

Dagorn, René (1981). *La geste d'Ismaël d'après l'onomastique et la tradition arabes*, Geneva: Droz.

Daher, Jamil (1997). 'Gender in Linguistic Variation: The Variable (q) in Damascus Arabic', *PAL*, vol. XI, pp. 183–205.

Daher, Nazih Y. (1992). 'A Lebanese Dialect in Cleveland: Language Attrition in Progress', in Rouchdy (ed.), *The Arabic Language in America*, pp. 25–35.

Dam, Nikolaos van (2010). 'Arabic Loanwords Revisited', *Bijdragen tot de Taal-, Land- en Volkenkunde*, 166: 218–43.

Danecki, Janusz (1989). *Wstep do dialektologii języka arabskiego*, Warsaw: Wydawnictwa Uniwersytetu Warszawskiego.

Daniel, Norman (1979). *The Arabs and Mediaeval Europe*, 2nd edn, London: Longman and Librairie du Liban (3rd rev. edn, Oxford: Oneworld Publications, 1993).

Daniels, Peter (2014). 'The Type and Spread of Arabic Script', in Mumin and Versteegh (eds), *Arabic Script in Africa*, pp. 25–39.

Daoud, Mohamed (2007). 'The Language Situation in Tunisia', in Baldauf and Kaplan (eds), *Language Planning and Policy in Africa*, vol. 2, pp. 256–307.

Darir, Hassane (1993). 'The Unification of Arabic Scientific Terms: Linguistic Terms as an Example', *PCALL*, vol. I, pp. 155–79.

Davids, Achmat (2011). *The Afrikaans of the Cape Muslims from 1815 to 1915*, ed. Hein Willemse and Suleman E. Dangor, Pretoria: Protea Book House.

Davies, Humphrey (2006). 'Dialect Literature', *EALL*, vol. I, pp. 597–604.

Davis, Stuart (1995). 'Emphasis Spread in Arabic and Grounded Phonology', *LI*, 26: 465–98.

Ḍayf, Šawqī (1968). *al-Madāris an-naḥwiyya*, Cairo: Dār al-Maʿārif.

Ḍayf, Šawqī (1982). *Kitāb ar-radd ʿalā n-nuḥāt li-bn Maḍāʾ al-Qurṭubī*, 2nd edn, Cairo: Dār al-Maʿārif.

Denizeau, Claude (1960). *Dictionnaire des parlers arabes de Syrie, Liban et Palestine*, Paris: Maisonneuve.

Denz, Adolf (1971). *Die Verbalsyntax des neuarabischen Dialektes von Kwayriš (Irak) mit einer einleitenden allgemeinen Tempus- und Aspektlehre*, Wiesbaden: Steiner.

Denz, Adolf (1982). 'Die Struktur des klassischen Arabisch', *GAP*, vol. I, pp. 58–82.

Dereli, Belgin (1997). 'Het Uzbekistaans Arabisch in Djogari', M.A. thesis, University of Nijmegen.

Déroche, François (2005). *Islamic Codicology: An Introduction to the Study of Manuscripts in Arabic Script*, London: Furqan Foundation (French original, *Manuel de codicologie des manuscrits en écriture arabe*, Paris: Bibliothèque nationale de France, 2000).

Déroche, François (2010). 'The Codex Parisino-petropolitanus and the *Ḥijāzī* Scripts', in Macdonald (ed.), *The Development of Arabic as a Written Language*, pp. 113–20.

Devic, L. Marcel (1876). *Dictionnaire étymologique des mots français d'origine orientale (arabe, persan, turc, hébreu, malais)*, Paris (repr. Amsterdam: Oriental Press, 1965).

Diakonoff, I. M. [Djakonov, Igor Mixailovič] (1965). *Semito-Hamitic Languages*, Moscow: Nauka.

Dichy, Joseph (2007). '*Fa'ula, fa'ila, fa'ala*: dispersion et régularités sémantiques dans les trois schèmes simples du verbe arabe', in Ditters and Motzki (eds), *Approaches to Arabic Linguistics*, pp. 313–65.

Diem, Werner (1971). 'Zum Problem der Personalpronomina *hənne* (3. Pl.), *-kon* (2. Pl.) und *-hon* (3. Pl.) in den syrisch-libanesischen Dialekten', *ZDMG*, 121: 223–30.

Diem, Werner (1973a). 'Die nabatäischen Inschriften und die Frage der Kasusflexion im Altarabischen', *ZDMG*, 123: 227–37.

Diem, Werner (1973b). *Skizzen jemenitischer Dialekte*, Wiesbaden: Steiner.

Diem, Werner (1974). *Hochsprache und Dialekt im Arabischen: Untersuchungen zur heutigen arabischen Zweisprachigkeit*, Wiesbaden: Steiner.

Diem, Werner (1975), 'Gedanken zur Frage der Mimation und Nunation in den semitischen Sprachen', *ZDMG*, 125: 239–58.

Diem, Werner (1976). 'Some Glimpses at the Rise and Early Development of the Arabic Orthography', *Orientalia* (NS), 45: 251–61.

Diem, Werner (1978). 'Divergenz und Konvergenz im Arabischen', *Ar*, 25: 128–47.

Diem, Werner (1979a). 'Studien zur Frage des Substrats im Arabischen', *Der Islam*, 56: 12–80.

Diem, Werner (1979b). 'Untersuchungen zur frühen Geschichte der arabischen Orthographie. I. Die Schreibung der Vokale', *Orientalia* (NS), 48: 207–57.

Diem, Werner (1980a). 'Untersuchungen zur frühen Geschichte der arabischen Orthographie. II. Die Schreibung der Konsonanten', *Orientalia* (NS), 49: 67–106.

Diem, Werner (1980b). 'Die genealogische Stellung des Arabischen in den semitischen Sprachen: Ein ungelöstes Problem der Semitistik', in Werner Diem and Stefan Wild (eds), *Studien aus Arabistik und Semitistik Anton Spitaler zum siebzigsten Geburtstag von seinen Schülern überreicht*, Wiesbaden: Harrassowitz, pp. 65–85.

Diem, Werner (1981). 'Untersuchungen zur frühen Geschichte der arabischen Orthographie. III. Endungen und Endschreibungen', *Orientalia* (NS), 50: 332–83.

Diem, Werner (1984). 'Philologisches zu den arabischen Aphrodito-Papyri', *Der Islam*, 61, 251–75.

Diem, Werner (1991). 'Vom Altarabischen zum Neuarabischen: Ein neuer Ansatz', in Kaye (ed.), *Semitic Studies in Honor of Wolf Leslau*, vol. I, pp. 297–308.

Dikken, Berend Jan (2012). 'Some Remarks about Middle Arabic and Sa'adya Gaon's Arabic Translation of the Pentateuch in Manuscripts of Jewish, Samaritan, Coptic Christian, and Muslim Provenance', in Zack and Schippers (eds) *Middle Arabic and Mixed Arabic*, pp. 51–81.

Dil, Afia (1972). 'The Hindu and Muslim Dialects of Bengali', Ph.D. thesis, Stanford University.

Ditters, Everhard (1992). 'A Formal Approach to Arabic Syntax: The Noun Phrase and the Verb Phrase', Ph.D. thesis, University of Nijmegen.

Ditters, Everhard (2013). 'Issues in Arabic Computational Linguistics', in Owens (ed.), *Oxford Handbook of Arabic Linguistics*, pp. 213–40.

Ditters, Everhard and Jan Hoogland (2006). 'Corpus Linguistics', *EALL*, vol. I, pp. 511–18.

Ditters, Everhard and Harald Motzki (eds) (2007). *Approaches to Arabic Linguistics Presented to Kees Versteegh on the Occasion of his Sixtieth Birthday*. Leiden: Brill.

Doniach, Nakdimon S. (1972). *The Oxford English-Arabic Dictionary of Current Usage*, Oxford: Clarendon Press.

Donner, Fred McGraw (1981). *The Early Islamic Conquests*, Princeton, NJ: Princeton University Press.

Doss, Madiha (1996). 'Comparative Sources for the Study of 17th Century Egyptian Arabic', *AIDA*, II, pp. 31–40.

Dossin, Georges (1959), 'Les bédouins dans les textes de Mari', in Gabrieli (ed.), *L'antica società beduina*, pp. 35–51.

Dostal, Walter (1959). 'The Evolution of Bedouin Life', in Gabrieli (ed.), *L'antica società beduina*, pp. 11–34.

Dozy, Reinhart (1881). *Supplément aux dictionnaires arabes*, 2 vols, Leiden: Brill (repr. Beirut: Librairie du Liban, 1968).

Dozy, Reinhart and Willem Herman Engelmann (1869). *Glossaire des mots espagnols et portugais dérivés de l'arabe*, 2nd edn, Leiden: Brill (repr. Amsterdam: Oriental Press, 1965).

Drop, Hanke and Manfred Woidich (2007). *ilBaḥariyya: Grammatik und Texte*, Wiesbaden: Harrassowitz.

Druel, Jean N. (2012). 'Numerals in Arabic Grammatical Theory: An Impossible Quest for Consistency?', Ph.D. dissertation, University of Nijmegen.

Dubai School of Government (2011). *Facebook Usage: Factors and Analysis* (= *Arab Social Media Report* 1:1), Dubai: Dubai School of Government.

Dubai School of Government (2012). *Social Media in the Arab World: Influencing Societal and Cultural Change?* (= *Arab Social Media Report* 2:1), Dubai: Dubai School of Government.

Durand, Olivier (1995). *Introduzione ai dialetti arabi*, Milan: Centro Studi Camito-Semitici.

Eche, Youssef (1967). *Les bibliothèques arabes publiques et sémi-publiques, en Mé-*

sopotamie, en Syrie et en Egypte au Moyen Age, Damascus: Institut français de Damas.

Edzard, Lutz (1998). *Polygenesis, Convergence, and Entropy: An Alternative Model of Linguistic Evolution Applied to Semitic Linguistics*, Wiesbaden: Harrassowitz.

Effat, Ragia M. and Kees Versteegh (2008). 'Media Arabic', *EALL*, vol. III, pp. 199–204.

Ehret, Christopher (1989). 'The Origin of Third Consonants in Semitic Roots: An Internal Reconstruction Applied to Arabic', *JAAL*, 2: 109–202.

Eid, Mushira (1988). 'Principles for Code-switching between Standard and Egyptian Arabic', *al-'Arabiyya*, 21: 51–79.

Eid, Mushira (1990). 'Arabic Linguistics: The Current Scene', *PAL*, vol. I, pp. 3–37.

Eid, Mushira (1991). 'Verbless Sentences in Arabic and Hebrew', *PAL*, vol. III, pp. 31–61.

Eid, Mushira (2007). 'Arabic on the Media: Hybridity and Styles', in Ditters and Motzki (eds), *Approaches to Arabic Linguistics*, pp. 403–34.

Eisele, John C. (1999). *Arabic Verbs in Time: Tense and Aspect in Cairene Arabic*, Wiesbaden: Harrassowitz.

Eisele, John C. (2002). 'Approaching Diglossia: Authorities, Values, and Representations', in Rouchdy (ed.), *Language Contact and Language Conflict in Arabic*, pp. 3–23.

Eksell Harning, Kerstin (1980). *The Analytical Genitive in the Modern Arabic Dialects* (= *Orientalia Gothoburgensia*, 5), Gothenburg: Acta Universitatis Gothoburgensis.

El Aissati, Abderrahman (1996). 'Language Loss among Native Speakers of Moroccan Arabic in the Netherlands', Ph.D. thesis, University of Nijmegen.

El Aissati, Abderrahman and Kees de Bot (1994). 'Moroccan Arabic in the Netherlands: Acquisition and Loss', *IJoAL*, 20: 177–92. El-Ayoubi, Hashem, Wolfdietrich Fischer and Michael Langer (2001, 2011). *Syntax der arabischen Schriftsprache der Gegenwart, vol. I: Das Nomen und sein Umfeld; vol. II: Die Verbalgruppe*, Wiesbaden: Reichert.

Elghamis, Ramada (2011). 'Le tifinagh au Niger contemporain: étude sur l'écriture indigène des Touaregs', Ph.D. thesis, University of Leiden.

Elgibali, Alaa (1985). 'Towards a Sociolinguistic Analysis of Language Variation in Arabic: Cairene and Kuwaiti Dialects', Ph.D. thesis, University of Pittsburgh.

Elgibali, Alaa and Nevenka Korica (2008), *Media Arabic: A Coursebook for Reading Arabic News*. Cairo: American University in Cairo Press.

El-Hajjé, Hassan (1954). *Le parler arabe de Tripoli*, Paris: Klincksieck.

El-Hassan, Shahir A. (1977). 'Educated Spoken Arabic in Egypt and the Levant: A Critical Review of Diglossia and Related Concepts', *ArchLing* (NS), 8: 112–32.

El Houri, Walid (2012). 'The Meaning of Resistance: Hezbollah's Media Strategies and the Articulation of a People', Ph.D. thesis, University of Amsterdam.

Endreß, Gerhard (1982). 'Die arabische Schrift', *GAP*, vol. I, pp. 165–97. Endreß, Gerhard and Dimitri Gutas (1992–). *A Greek and Arabic Lexicon: Materials for a Dictionary of the Mediaeval Translations from Greek into Arabic*, Leiden: Brill.

Ennaji, Moha (2002). 'Language Contact, Arabicization Policy and Education in Morocco', in Rouchdy (ed.), *Language Contact and Language Conflict in Arabic*, pp. 70–88.

Ennaji, Moha (2005). *Multilingualism, Cultural Identity, and Education in Morocco*, New York: Springer.

Ermers, Rob (1995). 'Turkic Forms in Arabic Structures: The Description of Turkic by Arabic Grammarians', Ph.D. thesis, University of Nijmegen.

Erwin, Wallace M. (1963). *A Short Reference Grammar of Iraqi Arabic*, Washington, DC: Georgetown University Press (repr., 2004).

Erwin, Wallace M. (1969). *A Basic Course in Iraqi Arabic*, Washington, DC: Georgetown University Press (repr., 2004).

Extra, Guus and Jan Jaap de Ruiter (1994). 'The Sociolinguistic Status of the Moroccan Community in the Netherlands', *IJoAL*, 20: 151–76.

Fassi Fehri, Abdelkader (1982). *Linguistique arabe: forme et interprétation*, Rabat: Faculté des lettres et sciences humaines.

Fassi Fehri, Abdelkader (1993). *Issues in the Structure of Arabic Clauses and Words*, Dordrecht: Kluwer Academic.

Feghali, Michel (1928). *Syntaxe des parlers arabes actuels du Liban*, Paris: Geuthner.

Ferguson, Charles A. (1959a). 'The Arabic Koine', *Lg*, 25: 616–30.

Ferguson, Charles A. (1959b). 'Diglossia', *Word*, 15: 325–40.

Ferguson, Charles A. (1959c). 'Myths about Arabic', *Georgetown University Monograph Series on Languages and Linguistics*, 12: 75–82.

Ferguson, Charles A. (1962). 'Problem of Teaching Languages with Diglossia', *Georgetown University Monograph Series*, 15: 165–77.

Ferguson, Charles A. (1972). 'The Role of Arabic in Ethiopia: A Sociolinguistic Perspective', in John B. Pride and Janet Holmes (eds), *Sociolinguistics*, Middlesex: Penguin Books, pp. 112–24.

Ferguson, Charles A. (1989). 'Grammatical Agreement in Classical Arabic and the Modern Dialects: A Response to Versteegh's Pidginization Hypothesis', *al-ʿArabiyya*, 22: 5–17.

Fernández, Mauro (1993). *Diglossia: A Comprehensive Bibliography 1960–1990 and Supplements*, Amsterdam: Benjamins.

Ferrando, Ignacio (2001). *Introducción a la historia de la lengua árabe: Nuevas perspectivas*, Zaragoza: Navarro y Navarro.

Fischer, Wolfdietrich (1959). *Die demonstrativen Bildungen der neuarabischen Dialekte: Ein Beitrag zur historischen Grammatik des Arabischen*, The Hague: Mouton.

Fischer, Wolfdietrich (1961). 'Die Sprache der arabischen Sprachinsel in Uzbekistan', *Der Islam*, 36: 232–63.

Fischer, Wolfdietrich (1972). *Grammatik des klassischen Arabisch*, Wiesbaden: Harrassowitz.

Fischer, Wolfdietrich (1982). 'Frühe Zeugnisse des Neuarabischen', *GAP*, vol. I, pp. 83–95.

Fischer, Wolfdietrich (1986). *Lehrgang für die arabische Schriftsprache der Gegenwart*, Wiesbaden: Reichert, vol. II.

Fischer, Wolfdietrich (1995). 'Zum Verhältnis der neuarabischen Dialekte zum Klassisch-Arabischen', in Harviainen and Halen (eds), *Dialectologia Arabica*, pp. 75–86.

Fischer, Wolfdietrich (1997). 'Classical Arabic', in Hetzron (ed.), *The Semitic Languages*, pp. 187–219.

Fischer, Wolfdietrich and Otto Jastrow (1977). *Lehrgang für die arabische Schriftsprache der Gegenwart*, Wiesbaden: Reichert, vol. I.

Fischer, Wolfdietrich and Otto Jastrow (1980). *Handbuch der arabischen Dialekte*, Wiesbaden: Harrassowitz.

Fisher, Humphrey (1970). 'The Western and Central Sudan', in Peter Malcolm Holt, Ann K. S. Lambton and Bernard Lewis (eds), *The Cambridge History of Islam*, Cambridge: Cambridge University Press, vol. II, pp. 345–405.

Fishman, Joshua A. (1967). 'Bilingualism With and Without Diglossia; Diglossia With and Without Bilingualism', *JSI*, 23: 29–38.

Fishman, Joshua A. (ed.) (1972). 'Societal Bilingualism: Stable and Transitional', in *Language in Sociocultural Change*, Stanford, CA: Stanford University Press, pp. 135–52.

Fleisch, Henri (1958). '*Mağhūra, mahmūsa*, examen critique', *MUSJ*, 35: 193–210.

Fleisch, Henri (1961). *Traité de philologie arabe, vol. I: Préliminaires, phonétique, morphologie nominale*, Beirut: Imprimerie Catholique.

Fleisch, Henri (1964). 'Arabe classique et arabe dialectal', *TJ*, 12: 23–64 (repr. in Henri Fleisch, *Études d'arabe dialectal*, Beirut: Imprimerie Catholique, 1974, pp. 3–43).

Fleisch, Henri (1968). *L'arabe classique: esquisse d'une structure linguistique*, 2nd edn, Beirut: Dar el-Machreq.

Fleisch, Henri (1974). *Études d'arabe dialectal*, Beirut: Imprimerie Catholique.

Fleisch, Henri (1979). *Traité de philologie arabe, vol. II: Pronoms, morphologie verbale, particules*, Beirut: Dar el-Machreq.

Forkel, Fritz (1980). 'Die sprachliche Situation im heutigen Marokko: Eine soziolinguistische Untersuchung', Dissertation, University of Hamburg.

Fraenkel, Siegmund (1886). *Die aramäischen Fremdwörter im Arabischen*, Leiden: Brill (repr. Hildesheim: Olms, 1962).

Fragner, Bert G. (2006). 'Das Persische als Hegemonialsprache in der islamischen Geschichte: Überlegungen zur Definition eines innerislamischen Kulturraums', in Lars Johanson and Christiane Bulut (eds), *Turkic-Iranian Contact Areas: Historical and Linguistic Aspects*, Wiesbaden: Harrassowitz, pp. 39–48.

Frisch, Stefan, Janet Pierrehumbert and Michael Broe (2004). 'Similarity Avoidance and the OCP', *NLLT*, 22: 179–228.

Fück, Johann (1950). *Arabiya: Untersuchungen zur arabischen Sprach- und Stilgeschichte*, Berlin: Akademie-Verlag (French trans. Claude Denizeau, *'Arabīya: Recherches sur l'histoire de la langue et du style arabe*, Paris: Didier, 1955).

Fück, Johann (1955). *Die arabischen Studien in Europa bis in den Anfang des 20. Jahrhunderts*, Leipzig: Harrassowitz.

Fück, Johann (1964). 'Geschichte der semitischen Sprachwissenschaft', *HdO*, vol. I:3, pp. 31–9.

Gabrieli, Francesco (ed.) (1959). *L'antica società beduina*, Rome: Centro di Studi Semitici.

Gacek, Adam (2001). *The Arabic Manuscript Tradition: A Glossary of Technical Terms and Bibliography*, Leiden: Brill.

Gacek, Adam (2008). *The Arabic Manuscript Tradition: A Glossary of Technical Terms and Bibliography, Supplement*, Leiden: Brill.

Gacek, Adam (2009). *Arabic Manuscripts: A Vademecum for Readers*, Leiden: Brill.

Gafos, Adamantios (2002). 'An Argument for a Stem-based View of Arabic Morphology: Double Verbs Revisited', *PAL*, vol. XIII–XIV, pp. 59–86.

Gafos, Adamantios (2003). 'Greenberg's Asymmetry in Arabic: A Consequence of Stems in Paradigms', *Lg*, 79: 317–55.

Gairdner, William Henry Temple (1925). *Phonetics of Arabic*, London: Oxford University Press.

Gallagher, Charles F. (1968). 'North African Problems and Prospects: Language and Identity', in Joshua A. Fishman, Charles A. Ferguson and Jyotirinda Dasgupta (eds), *Language Problems of Developing Nations*, New York: Wiley & Sons, pp. 129–50.

Gallego, María Ángeles (2006). *El judeo-árabe medieval: Edición, traducción, y estudio lingüístico del* Kitāb al-taswi'a *de Yonah ibn Ǧanāḥ*, Bern: Lang.

Gallup, Dorothea M. (1973). 'The French Image of Algeria: Its Origin, its Place in Colonial Ideology, its Effect on Algerian Acculturation', Ph.D. thesis, University of California, Los Angeles.

Galmés de Fuentes, Álvaro (1983). *Dialectología mozárabe*, Madrid: Gredos.

Garbell, Irene (1958). 'Remarks on the Historical Phonology of an East Mediterranean Arabic Dialect', *Word*, 14: 303–37.

Garbini, Giovanni (1974). 'La position du sémitique dans le chamito-sémitique', in André Caquot and David Cohen (eds), *Actes du Premier Congrès International de Linguistique Sémitique et Chamito-Sémitique Paris 16–19 juillet 1969*, The Hague: Mouton, pp. 21–6.

Garbini, Giovanni (1984). *Le lingue semitiche: Studi di storia linguistica*, 2nd edn, Naples: Istituto Universitario Orientale.

Garmadi, Salah (1968). 'La situation actuelle en Tunisie: problèmes et perspectives', *RTSS*,

13: 13–24.

Gätje, Helmut (1985). 'Arabische Lexikographie: Ein historischer Übersicht', *HL*, 12: 105–47.

Ghannam, Jeffrey (2011). *Social Media in the Arab World: Leading up to the Uprisings of 2011*, Washington, DC: Center for International Media Assistance, available at: http://cima.ned.org/publications/social-media-arab-world-leading-uprisings-2011-0.

Gibson, Maik (2002). 'Dialect Levelling in Tunisian Arabic: Towards a New Spoken Standard', in Rouchdy (ed.), *Language Contact and Language Conflict in Arabic*, pp. 24–40.

Glaß, Dagmar (2011). 'Creating a Modern Standard Language from Medieval Tradition: The *Nahḍa* and the Arabic Academies', in Weninger (ed.), *The Semitic Languages*, pp. 835–43.

Gouttenoire, Marie-Andrée (2010). 'Représentations et écritures du voyage au désert des lexicographes et grammairiens en langue arabe de l'espace iraquien des II/ VIIIe et III/IXe siècles', Thèse de doctorat, Aix-Marseille Université.

Graf, Georg (1905). *Der Sprachgebrauch der ältesten christlich-arabischen Literatur: Ein Beitrag zur Geschichte des Vulgär-Arabisch*, Leipzig.

Graf, Georg (1944–66). *Geschichte der christlichen arabischen Literatur*, 5 vols, Città del Vaticano: Bibliotheca Apostolica Vaticana.

Gragg, Gene (1997). 'Geʿez (Ethiopic)', in Hetzron (ed.), *The Semitic Languages*, pp. 242–60.

Grandguillaume, Gilbert (1983). *Arabisation et politique linguistique au Maghreb*, Paris: Maisonneuve & Larose.

Grandguillaume, Gilbert (2004). 'L'arabisation au Maghreb', *RAL*, 107: 15–39.

Grand'Henry, Jacques (1972). *Le parler arabe de Cherchell (Algérie)*, Louvain-la-Neuve: Université Catholique de Louvain.

Grand'Henry, Jacques (1984). 'Traits linguistiques de la version arabe du discours 24 de Grégoire de Nazianze', in Renato Traini (ed.), *Studi in onore di Francesco Gabrieli nel suo ottantesimo compleanno*, Rome: Università di Roma 'La Sapienza', pp. 389–410.

Grand'Henry, Jacques (2012). 'Deux types de moyen arabe dans la version arabe du discours 41 de Grégoire de Nazianze', in Zack and Schippers (eds), *Middle Arabic and Mixed Arabic*, pp. 95–112.

Greenberg, Joseph H. (1947). 'Arabic Loan-words in Hausa', *Word*, 3: 85–97.

Greenberg, Joseph H. (1950). 'The Patterning of Root Morphemes in Semitic', *Word*, 6: 162–81.

Greenman, Joseph (1979). 'A Sketch of the Arabic Dialect of the Central Yamani Tihāmah', *ZAL*, 3: 47–61.

Griffith, Sidney H. (1996). 'The *Kitāb miṣbāḥ al-ʿaql* of Severus Ibn al-Muqaffaʿ: A Profile of the Christian Creed in Arabic in Tenth-century Egypt', *ME*, 2: 15–41.

Griffith, Sidney H. (1997). 'From Aramaic to Arabic: The Languages of the Monasteries of Palestine in the Byzantine and Early Islamic Periods', *DOP*, 51: 11–31.

Grigore, George (2007). *L'arabe parlé à Mardin: Monographie d'un parler arabe 'périphérique'*, Bucarest: Editura Universităţii din Bucureşti.

Grohmann, Adolf (1958). 'The Problem of Dating Early Qur'āns', *Der Islam*, 33: 213–31.

Grohmann, Adolf (1966). 'Arabische Papyruskunde', *HdO*, vol. I:2, pp. 1, 49–118.

Grohmann, Adolf (1967). *Arabische Paläographie, vol. I: Einleitung, die Beschreibstoffe, die Schreibgeräte, die Tinte*, Vienna: Österreichische Akademie der Wissenschaften.

Grohmann, Adolf (1971). *Arabische Paläographie, vol. II: Das Schriftwesen: Die Lapidarschrift*, Vienna: Österreichische Akademie der Wissenschaften.

Grotzfeld, Heinz (1965). *Syrisch-arabische Grammatik (Dialekt von Damaskus)*, Wiesbaden: Harrassowitz.

Gruendler, Beatrice (1993). *The Development of the Arabic Scripts from the Nabataean Era to the First Islamic Century According to Dated Texts*, Atlanta, GA: Scholars Press.

Guerssel, Mohand and Jean Lowenstamm (1996). 'Ablaut in Classical Arabic Measure I Active Verbal Forms', in Jacqueline Lecarme, Jean Lowenstamm and Ur Shlonsky (eds), *Research in Afroasiatic Grammar*, Amsterdam: Benjamins, pp. 123–34.

Gully, Adrian (1995). *Grammar and Semantics in Medieval Arabic: A Study of Ibn-Hisham's* 'Mughni l-Labib', Richmond: Curzon Press.

Gully, Adrian (2008). *The Culture of Letter-Writing in Pre-Modern Islamic Society*, Edinburgh: Edinburgh University Press.

Gumperz, John J. (1962). 'Types of Linguistic Communities', *AL*, 4: 28–40.

Gussenhoven, Carlos (2006). 'Between Stress and Tone in Nubi Word Prosody', *Phonology*, 23: 192–223.

Gutas, Dimitri (1998). *Greek Thought, Arabic Culture: The Graeco-Arabic Translation Movement in Baghdad and Early 'Abbāsid Society (2nd–4th/8th–10th centuries)*, London: Routledge.

Haak, Martine, Rudolf de Jong and Kees Versteegh (eds) (2004). *Approaches to Arabic Dialects: A Collection of Articles Presented to Manfred Woidich on the Occasion of his Sixtieth Birthday*, Leiden: Brill.

Haarmann, Ulrich (1988). 'Arabic in Speech, Turkish in Lineage: Mamluks and their Sons in the Intellectual Life of Fourteenth-century Egypt and Syria', *JSS*, 33: 81–114.

Haddad, Adnan (1983). *L'arabe et le swahili dans la république du Zaïre: études islamiques, histoire et linguistique*, Paris: SEDES.

Haddad, Robert M. (1970). *Syrian Christians in Muslim Society: An Interpretation*, Princeton, NJ: Princeton University Press.

Hadj-Sadok, Mahammed (1955). 'Dialectes arabes et francisation linguistique de l'Algérie', *AIEO*, 13: 61–97.

Haeri, Niloofar (1992). 'How Different are Men and Women: Palatalization in Cairo', *PAL*, vol. IV, pp. 169–80.

Haeri, Niloofar (1996). *The Sociolinguistic Market of Cairo: Gender, Class and Education*, London: Kegan Paul.

Haeri, Niloofar (2003). *Sacred Language, Ordinary People: Dilemmas of Culture and Politics in Egypt*, New York: Palgrave Macmillan.

Hajjar, Joseph (1983). *Mounged classique français-arabe dictionnaire moderne*, 5th edn, Beirut: Dar el-Machreq.

Hamam, Marco (2011). 'Text vs. Comment: Some Examples of the Rhetorical Value of the Diglossic Code-switching in Arabic — a Gumperzian Approach', *Pragmatics*, 21: 41–67.

Hamilton, Alastair (2006). 'Arabic Studies in Europe', *EALL*, vol. I, pp. 166–72.

Hamzaoui, Rached (1965). *L'académie arabe de Damas et le problème de la modernisation de la langue arabe*, Leiden: Brill.

Hamzaoui, Rached (1970). 'L'arabisation au ministère de l'intérieur: la brigade de la circulation de la garde nationale', *CERES*, 3: 10–73.

Hamzaoui, Rached (1975). *L'académie de langue arabe du Caire: histoire et oeuvre*, Tunis: Université de Tunis.

Harrell, Richard Slade (1962). *A Short Reference Grammar of Moroccan Arabic*, Washington, DC: Georgetown University Press (repr., 2010).

Harrell, Richard Slade (1965). *A Basic Course in Moroccan Arabic*, Washington, DC: Georgetown University Press (repr., 2006).

Harrell, Richard Slade (1966). *A Dictionary of Moroccan Arabic: Moroccan-English*, Washington, DC: Georgetown University Press (repr., 2004, together with English-Moroccan).

Harrell, Richard Slade and Harvey Sobelman (1963). *A Dictionary of Moroccan Arabic: English-Moroccan*. Washington, DC: Georgetown University Press (repr., 2004, together with Moroccan-English).

Hart, David M. (1997). 'The Berber Dahir of 1930 in Colonial Morocco: Then and Now (1930–1996)', *JNAS*, 2(2): 11–33.

Hartmann, Regina (1974). *Untersuchungen zur Syntax der arabischen Schriftsprache: Eine generativ-transformationelle Darstellung*, Wiesbaden: Harrassowitz.

Harviainen, Tapi and Harry Halen (eds) (1995). *Dialectologia Arabica: A Collection of Articles in Honour of the Sixtieth Birthday of Professor Heikki Palva*, Helsinki: Finnish Oriental Society

Hasselbach, Rebecca and John Huehnergard (2008). 'North-west Semitic Languages', *EALL*, vol. III, pp. 408–22.

Hava, Joseph G. (1964). *Al-Faraid Arabic-English Dictionary*, Beirut: Catholic Press.

Hayajneh, Hani (2011). 'Ancient North Arabian', in Weninger (ed.), *The Semitic Lan-*

guages, pp. 756–81.

Haywood, John A. (1965). *Arabic Lexicography: Its History and Place in the General History of Lexicography*, 2nd edn, Leiden: Brill.

Healey, John F. (2007). 'Nabataean Inscriptions: Language and Script', in Konstantinos D. Politis (ed.), *The World of the Nabataeans*, Stuttgart: Steiner, pp. 45–54.

Healey, John F. (2009). *Aramaic Inscriptions and Documents of the Roman Period* (= *Textbook of Syrian Semitic Inscriptions*, 4), Oxford: Oxford University Press.

Heath, Jeffrey (1987). *Ablaut and Ambiguity: Phonology of a Moroccan Arabic Dialect*, Albany, NY: State University of New York Press.

Heath, Jeffrey (1989). *From Code-Switching to Borrowing: A Case Study of Moroccan Arabic*, London: Kegan Paul.

Heath, Jeffrey (2002). *Jewish and Muslim Dialects of Moroccan Arabic*, New York: Routledge-Curzon.

Heath, Jeffrey (2004). *Hassaniya Arabic (Mali)-English-French Dictionary*, Wiesbaden: Harrassowitz.

Heath, Jeffrey and Moshe Bar-Asher (1982). 'A Judeo-Arabic Dialect of Tafilalt (Southeastern Morocco)', *ZAL*, 9: 32–78.

Hebbo, Ahmed Irhayem (1970). 'Die Fremdwörter in der arabischen Prophetenbiographie des Ibn Hischam (gest. 218/834)', Dissertation, University of Heidelberg.

Hecker, Karl (1982). 'Das Arabische im Rahmen der semitischen Sprachen', *GAP*, vol. I, pp. 6–16.

Heijer, Johannes den (1989). *Mawhūb ibn Manṣūr ibn Mufarriğ et l'historiographie copto-arabe: étude sur la composition de l'histoire des patriarches d'Alexandrie*, Leuven: Peeters.

Heijer, Johannes den (2009). 'Remarques sur la langue de quelques textes copto-arabes médiévaux', in Lentin and Grand'henry (eds), *Moyen arabe*, pp. 113–39.

Heine, Bernd (1982). *The Nubi Language of Kibera: An Arabic Creole*, Berlin: Reimer.

Heinrichs, Wolfhart (1969). *Arabische Dichtung und griechische Poetik: Ḥāzim al-Qarṭağannīs Grundlegung der Poetik mit Hilfe aristotelischer Begriffe*, Wiesbaden: Steiner.

Henkin, Roni (2010). *Negev Arabic: Dialectal, Sociolinguistic, and Stylistic Variation*, Wiesbaden: Harrassowitz.

Henninger, Joseph (1959). 'La société bédouine ancienne', in Gabrieli (ed.), *L'antica società beduina*, pp. 69–93.

Hetzron, Robert (1974). 'La division des langues sémitiques', in André Caquot and David Cohen (eds), *Actes du Premier Congrès International de Linguistique Sémitique et Chamito-Sémitique Paris 16–19 juillet 1969*, The Hague: Mouton, pp. 181–94.

Hetzron, Robert (1976). 'Two Principles of Genetic Classification', *Lingua* 38: 89–108.

Hetzron, Robert (ed.) (1997). *The Semitic Languages*, London: Routledge.

Hinskens, Frans (2011), 'Emerging Moroccan and Turkish Varieties of Dutch: Ethnolects or Ethnic Styles?', in Friederike Kern and Margret Selting (eds), *Ethnic Styles of Speaking in European Metropolitan Areas*, Amsterdam: Benjamins, pp. 101–29.

Hoffman, Katherine E. (2008). 'Purity and Contamination: Language Ideologies in French Colonial Native Policy in Morocco', *CSSH*, 50: 724–52.

Hoffman, Katherine E. (2010). 'Berber Law by French Means: Customary Courts in Moroccan Hinterlands, 1930–1956', *CSSH*, 52: 851–80.

Höfner, Maria (1959). 'Die Beduinen in den vorislamischen arabischen Inschriften', in Gabrieli (ed.), *L'antica società beduina*, pp. 53–68.

Holes, Clive (1983). 'Bahraini Dialects: Sectarian Differences and the Sedentary/Nomadic Split', *ZAL*, 10: 7–38.

Holes, Clive (1984). 'Bahraini Dialects: Sectarian Differences Exemplified through Texts', *ZAL*, 13: 27–67.

Holes, Clive (1987). *Language Variation and Change in a Modernising Arab State*, London: Kegan Paul.

Holes, Clive (1990). *Gulf Arabic*, London: Routledge.

Holes, Clive (1993). 'The Use of Variation: A Study of the Political Speeches of Gamal Abd EnNasir', *PAL*, vol. V, pp. 13–45.

Holes, Clive (1995a). *Modern Arabic: Structures, Functions and Varieties*, London: Longman.

Holes, Clive (1995b). 'Community, Dialect and Urbanization in the Arabic-speaking Middle East', *BSOAS*, 58: 270–87.

Holes, Clive (2001). *Dialect, Culture, and Society in Eastern Arabia, vol. I: Glossary*, Leiden: Brill.

Holes, Clive (2005). *Dialect, Culture, and Society in Eastern Arabia, vol. II: Ethnographic Texts*, Leiden: Brill.

Hoogland, Jan (1993). 'Collocations in Arabic (MSA) and the Treatment of Collocations in Arabic Dictionaries', *BSA*, 6–7: 75–93.

Hoogland, Jan (1996). *Marokkaans Arabisch: Een cursus voor zelfstudie en klassikaal gebruik*, Amsterdam: Bulaaq.

Hoogland, Jan (2013). 'L'arabe marocain langue écrite', in Montserrat Benítez-Fernández, Catherine Miller, Jan Jaap de Ruiter and Youssef Tamer (eds), *Evolution des pratiques et répresentations langagières dans le Maroc du XXIe siècle*, Paris: L'Harmattan, pp. 175–88.

Hoogland, Jan, Kees Versteegh and Manfred Woidich (2003). *Woordenboek Nederlands-Arabisch, Arabisch-Nederlands*, Amsterdam: Bulaaq.

Hopkins, Simon (1984). *Studies in the Grammar of Early Arabic based upon Papyri Dat-*

able to Before A.H. 300/A.D. 912, London: Oxford University Press.

Hospers, Johannes H. (1974). *A Basic Bibliography for the Study of the Semitic Languages*, Leiden: Brill, vol. II.

Hourani, Albert (1970). *Arabic Thought in the Liberal Age (1798–1939)*, London: Oxford University Press.

Hoyt, Frederick (2008a). 'Noun Phrase', *EALL*, vol. III, pp. 428–34.

Hoyt, Frederick (2008b). 'Nominal Clauses', *EALL*, vol. III, pp. 381–8.

Hoyt, Frederick (2009a). 'Verb Phrase', *EALL*, vol. IV, pp. 646–52.

Hoyt, Frederick (2009b). 'Verb Clause', *EALL*, vol. IV, pp. 653–9.

Howell, Mortimer Sloper (1883–1911). *A Grammar of the Classical Arabic Language Translated and Compiled from the Most Approved Native or Naturalized Authors* (repr. Delhi: Gian Publishing, 1986).

Høygilt, Jakob (2008). 'Varieties of Persuasion in Modern Forms of Islamic Proselytizing in Egypt', in Miller and Haeri (eds), *Langues, religion et modernité*, pp. 243–62.

Hoyland, Robert G. (2001). *Arabia and the Arabs from the Bronze Age to the Coming of Islam*, London: Routledge.

Hudson, Alan (2002). 'Outline of a Theory of Diglossia', *IJSL*, 157: 1–48.

Huehnergard, John (1991). 'Remarks on the Classification of the Northwest Semitic Languages', in Jacob Hoftijzer and Gerrit van der Kooij (eds), *The Balaam Text from Deir 'Alla Re-evaluated. Proceedings of the International Symposium*, Leiden, 21–24 August 1989, Leiden: Brill, pp. 282–93.

Humbert, Geneviève (1995). *Les voies de la transmission du* Kitāb *de Sībawayhi*, Leiden: Brill.

Ibrahim, Zeinab (2008). 'Lexical Variation: Modern Standard Arabic', *EALL*, vol. III, pp. 13–21.

Ibrahim, Zeinab (2009). *Beyond Lexical Variation in Modern Standard Arabic: Egypt, Lebanon, and Morocco*, Cambridge: Cambridge Scholars Publishing.

Idrissi, Ali, Jean-François Prunet and Renée Béland (2008). 'On the Mental Representation of Arabic Roots', *LI*, 39: 221–59.

Ingham, Bruce (1971). 'Some Characteristics of Meccan Arabic', *BSOAS*, 34: 273–97.

Ingham, Bruce (1973). 'Urban and Rural Arabic in Khuzistan', *BSOAS*, 36: 533–53.

Ingham, Bruce (1976). 'Regional and Social Factors in the Dialect Geography of Southern Iraq and Khuzistan', *BSOAS*, 39: 62–82.

Ingham, Bruce (1982). *North-east Arabian Dialects*, London: Kegan Paul.

Ingham, Bruce (1994a). 'The Arabic Language in Iran', *IJoAL*, 20: 103–16.

Ingham, Bruce (1994b). 'The Effect of Language Contact on the Arabic Dialect of Afghanistan', in Aguadé *et al.* (eds), *Actas del Congreso Internacional*, pp. 105–17.

Ingham, Bruce (1994c). *Najdi Arabic: Central Arabian*, Amsterdam: Benjamins.

Ingham, Bruce (2003). 'Language Survival in Isolation: The Arabic Dialect of Afghanistan', *AIDA*, V, pp. 21–37.

Ismail, Hanadi (2007). 'The Urban and Suburban Modes: Patterns of Linguistic Variation and Change in Damascus', in Miller *et al.* (eds), *Arabic in the City*, pp. 188–212.

Ismail, Hanadi (2008). 'Suburbia and the Inner City: Patterns of Linguistic Variation and Change in Damascus', Ph.D. thesis, University of Essex.

Jabbari, Mohammad Jafar (2013). 'Arabic in Iraq: A Diglossic Situation', *IJALEL*, 2(1): 139–50.

Jamme, Albert (1967). 'New Hasaean and Sabaean Inscriptions from Saudi Arabia', *OA*, 6: 181–7.

Janssens, Gerard (1972). *Stress in Arabic and Word Structure in the Modern Arabic Dialects*, Leuven: Peeters.

Jaritz, Felicitas (1993). *Die arabischen Quellen zum heiligen Menas*, Heidelberg: Heidelberger Orientverlag.

Jastrow, Otto (1973). *Daragözü, eine arabische Mundart der Kozluk-Sason-Gruppe (Südostanatolien): Grammatik und Texte*, Nuremberg: Carl.

Jastrow, Otto (1978). *Die mesopotamisch-arabischen* Qəltu-*Dialekte, vol. I: Phonologie und Morphologie*, Wiesbaden: Steiner.

Jastrow, Otto (1979). 'Der arabische Mundart von Mossul', *ZAL*, 2: 36–75.

Jastrow, Otto (1981). *Die mesopotamisch-arabischen* Qəltu-*Dialekte, vol. II: Texte*, Wiesbaden: Steiner.

Jastrow, Otto (1982). 'Die Struktur des Neuarabischen', *GAP*, vol. I, pp. 128–41.

Jastrow, Otto (1990). *Der arabische Dialekt der Juden von ʿAqra und Arbīl*, Wiesbaden: Harrassowitz.

Jastrow, Otto (1994). 'The *qəltu* Arabic Dialects of Mesopotamian Arabic', in Aguadé et al. (eds), *Actas del Congreso Internacional*, pp. 119–23.

Jastrow, Otto (2003). *Arabische Texte aus Kinderib*, Wiesbaden: Harrassowitz.

Jastrow, Otto (2004). 'Jüdisches, christliches und muslimisches Arabisch in Mosul', in Haak *et al.* (eds), *Approaches to Arabic Dialects*, pp. 135–50.

Jastrow, Otto (2006). 'Anatolian Arabic', *EALL*, vol. I, pp. 87–96.

Jaussen, Antonin and Raphaël Savignac (1909, 1914). *Mission archéologique en Arabie*, Paris: Leroux.

Jeffery, Arthur (1938). *The Foreign Vocabulary of the Qur'ān*, Baroda: Oriental Institute.

Jensen, Hans (1970). *Sign, Symbol and Script*, 3rd edn, London: George Allen & Unwin, 1970.

Jiha, Michel (1964). *Der arabische Dialekt von Bišmizzīn: Volkstümliche Texte aus einem libanesischen Dorf mit Grundzügen der Laut- und Formenlehre*, Beirut: Orient-Institut.

Jindī, 'Aḥmad ʿAlam ad-Dīn al- (1983). *Al-Lahajāt al-ʿarabiyya fī t-turāṯ, vol. I: Fī n-*

niḏāmayn aṣ-ṣawtī wa-ṣ-ṣarfī; vol. II: an-Niḏām an-naḥwī (2nd edn, Tripoli: ad-Dār al-ʿArabiyya li-l-Kitāb).

Johnstone, Thomas M. (1967). *Eastern Arabian Dialect Studies*, London: Oxford University Press.

Jones, Russell (2007). *Loan-words in Indonesian and Malay Compiled by the Indonesian Etymological Project*, Leiden: KITLV Press.

Jong, Rudolf de (2000). *A Grammar of the Bedouin Dialects of the Northern Sinai Littoral: Bridging the Linguistic Gap between the Eastern and Western Arab World*, Leiden: Brill.

Jong, Rudolf de (2011). *A Grammar of the Bedouin Dialects of Central and Southern Sinai*. Leiden: Brill.

Jullien de Pommerol, Patrice (1999a). *Grammaire pratique de l'arabe tchadien*, Paris: Karthala.

Jullien de Pommerol, Patrice (1999b). *Dictionnaire arabe tchadien-français suivi d'un index français-arabe et d'un index des racines arabes*, Paris: Karthala.

Junker, Heinrich F. J. and Bozorg Alavi (1986). *Wörterbuch Persisch-Deutsch*, 5th edn, Leizpig: VEB Verlag Enzyklopädie.

Kager, René (2009). 'Stress', *EALL*, vol. IV, pp. 344–53.

Kaizer, Ted (2002). *The Religious Life of Palmyra: A Study of the Social Patterns of Worship in the Roman Period*, Stuttgart: Steiner.

Kallas, Elie (2003). 'Une bibliographie géolinguistique du libanais du 20ème siècle', *AIDA*, V, pp. 511–26.

Kampffmeyer, Georg (1899). 'Materialien zum Studium der arabischen Beduinendialekte Innerafrikas', *MSOS*, 2: 143–221.

Kanungo, Gostha Behari (1962). *The Language Controversy in Indian Education: Historical Study*, Chicago, IL: University of Chicago.

Karimi-Hakkak, Ahmad (1989). 'Language Reform Movement and its Language: The Case of Persian', in Björn H. Jernudd and Michael J. Shapiro (eds), *The Politics of Language Purism*, Berlin: Mouton de Gruyter, pp. 81–104.

Kaye, Alan S. (1972). 'Remarks on Diglossia in Arabic: Well-defined versus Ill-defined', *Linguistics*, 81: 32–48.

Kaye, Alan S. (1976). *Chadian and Sudanese Arabic in the Light of Comparative Arabic Dialectology*, The Hague: Mouton.

Kaye, Alan S. (1982). *A Dictionary of Nigerian Arabic*, Malibu, CA: Undena.

Kaye, Alan S. (ed.) (1991). *Semitic Studies in Honor of Wolf Leslau*, 2 vols, Wiesbaden: Harrassowitz.

Kaye, Alan S. (1996). 'Adaptations of Arabic Script', in Peter T. Daniels and William Bright (eds), *The World's Writing Systems*, London: Oxford University Press, pp. 743–62.

Kaye, Alan S. and Judith Rosenhouse (1997). 'The Arabic Dialects and Maltese', in Hetzron (ed.), *The Semitic Languages*, pp. 263–311.

Kenstowicz, Michael (1994). *Phonology in Generative Grammar*, Oxford: Blackwell.

Khafaifi, Hussein Mabrok el- (1985). 'The Role of the Cairo Academy in Coining Arabic Scientific Terminology: An Historical and Linguistic Evaluation', Ph.D. thesis, University of Utah.

Khalafallah, Abdelghany A. (1969). *A Descriptive Grammar of Saidi Egyptian Colloquial Arabic*, The Hague: Mouton.

Khan, Geoffrey (2011). 'Middle Arabic', in Weninger (ed.), *The Semitic Languages*, pp. 817–34.

Khuli, Mohamed al- (1979). *A Contrastive Transformational Grammar: Arabic and English*, Leiden: Brill.

Kieffer, Charles M. (1980). 'L'arabe et les arabophones de Bactriane (Afghanistan). I. Situation ethnique et linguistique', *WdI*, 20: 178–96 (all published).

Kienast, Burkhart (2001). *Historische Semitische Sprachwissenschaft*, Wiesbaden: Harrassowitz.

Kinberg, Naphtali and Rafael Talmon (1994). 'Learning of Arabic by Jews and the Use of Hebrew among Arabs in Israel', *IJoAL*, 20: 37–54.

Kissling, Hans Joachim (1960). *Osmanisch-türkische Grammatik*, Wiesbaden: Harrassowitz.

Klein-Franke, Felix (1980). *Die klassische Antike in der Tradition des Islam*, Darmstadt: Wissenschaftliche Buchgesellschaft.

Klengel, Horst (1972). *Zwischen Zelt und Palast: Die Begegnung von Nomaden und Seßhaften im alten Vorderasien*, Vienna: A. Schroll.

Knauf, Ernst Axel (1988). *Midian: Untersuchungen zur Geschichte Palästinas und Nordarabiens am Ende des 2. Jahrtausends vor Christ*. Wiesbaden: Harrassowitz.

Knauf, Ernst Axel (2010). 'Arabo-Aramaic and ʿArabiyya: From Ancient Arabic to Early Standard Arabic, 200 ce–600 ce', in Neuwirth *et al.* (eds), *The Qurʾān in Context*, pp. 197–254.

Kofler, Hans (1940–2). 'Reste altarabischer Dialekte', *WZKM*, 47: 60–130, 233–62; 48: 52–88, 247–74; 49: 15–30, 234–56.

Koningsveld, Pieter Sjoerd van (1976). 'The Latin-Arabic Glossary of the Leiden University Library: A Contribution to the Study of Mozarabic Manuscripts and Literature', Ph.D. thesis, University of Leiden.

Kopf, Lothar (1956). 'Religious Influences on Medieval Arabic Philology', *SI*, 5: 33–59.

Kornblueth, Ilana and Sarah Aynor (1974). 'A Study of the Longevity of Hebrew Slang', *IJSL*, 1: 15–37.

Kossmann, Maarten (2013). *The Arabic Influence on Northern Berber*, Leiden: Brill.

Kossmann, Maarten and Ramada Elghamis (2014). 'Preliminary Notes on Tuareg in Arabic

Script from Niger', in Mumin and Versteegh (eds), *Arabic Script in Africa*, pp. 79–89.

Kouloughli, Djamel Eddine (1979). 'Pour une grammaire de transfert dialectes/arabe standard', *TA*, 2/3: 125–34.

Kouloughli, Djamel Eddine (1994). *Grammaire de l'arabe d'aujourd'hui*, Paris: Pocket-langues pour Tous.

Krahl, Günther and Wolfgang Reuschel (1980, 1981). *Lehrgang des modernen Arabisch*, 4th edn, Leipzig: VEB Enzyklopädie, vols I, II/1–2,.

Kremers, Joost (2003). 'The Arabic Noun Phrase: A Minimalist Approach', Ph.D. thesis, University of Nijmegen.

Kropfitsch, Lorenz (1977). 'Der französische Einfluß auf die arabische Schriftsprache im Maghrib', *ZDMG*, 128: 39–64.

Kropfitsch, Lorenz (1980). 'Semantische Tendenzen im Neuhocharabischen', *ZAL*, 5, 118–36.

Kropp, Manfred (2006). 'Burden and Succession: A Proposed Aramaicism in the Inscription of Namāra, or the Diadochs of the Arabs', *PSAS*, 36, 101–9.

Kuryłowicz, Jerzy (1972). *Studies in Semitic Grammar and Metrics*, Warsaw: Polska Akademie Nauk Komitet Językoznawstwa.

Labatut, Roger (1983). 'Les emprunts du peul à l'arabe', in *Langue arabe et langues africaines*, pp. 41–70.

Ladefoged, Peter and Ian Maddieson (1996). *The Sounds of the World's Languages*, Oxford: Blackwell.

Laffan, Michael (2008). 'The New Turn to Mecca: Snapshots of Arabic Printing and Sufi Networks in late 19th Century Java', in Miller and Haeri (eds), *Langues, religion et modernité dans l'espace musulman*, pp. 113–31.

Lafkioui, Mena (ed.) (2013). *African Arabic: Approaches to Dialectology*, Berlin: Mouton de Gruyter.

Lambton, Ann K. S. (1961). *Persian Grammar*, Cambridge: Cambridge University Press.

Landberg, Carlo de (1888). *Bāsim le Forgeron et Harun er-Rachid: texte arabe en dialecte d'Egypte et de Syrie, publié d'après les manuscrits de Leyde, de Gotha, et du Caire*, Leiden: Brill.

Lane, Edward William (1863–93). *An Arabic-English Lexicon, Derived from the Best and the Most Copious Eastern Sources ..., Book I*, in eight parts (all published), London: Williams & Norgate (repr. Beirut: Librairie du Liban).

Lanly, André (1970). *Le français de l'Afrique du Nord: étude linguistique*, Paris: Bordas.

Langue arabe et langues africaines: Mémoire spécial du Centre d'études sur le monde arabe et l'Afrique et du Centre d'études sur l'Océan Indien occidental (1983). Paris: Conseil international de la langue française.

Larcher, Pierre (2006). 'Derivation', *EALL*, vol. I, pp. 573–9.

Larcher, Pierre (2012). *Le système verbal de l'arabe classique*, 2nd edn, Aix-en-Provence: Presses Universitaires de Provence.

Larcher, Pierre (2014). *Linguistique arabe et pragmatique*, Beirut: Institut français du Proche-Orient.

Laria, Massimo (1996). 'Some Characteristic Features of Cyrenaican Arabic', *AIDA*, II, pp. 123–32.

Laroui, Fouad (2011). *Le drame linguistique marocain*, Casablanca: Éditions le Fennec.

Latham, Derek (1983). 'The Beginnings of Arabic Prose Literature: The Epistolary Genre', *CHAL*, vol. I, pp. 154–79.

Latham, Derek (1990). 'Ibn al-Muqaffa' and Early 'Abbasid Prose', in Julia Ashtiany, Thomas M. Johnstone, J. Derek Latham and Robert B. Serjeant (eds), *Abbasid Belles Lettres*, Cambridge: Cambridge University Press, pp. 48–77.

Lazard, Gilbert (1975). 'The Rise of the New Persian Language', *CHI*, vol. IV, pp. 566–94.

Lebedev, Viktor Vladimirovič (1977). *Pozdnij srednearabskij jazyk (XIII–XVIII vv.)* [*Late Middle Arabic (13th–18th Centuries)*], Moscow: Nauka.

Lebedev, Viktor Vladimirovič (1993). ''Anāṣir fūlklūriyya fī l-'adab al-'arabī fī l-qurūn al-wusṭā', *al-Karmil*, 14: 131–46.

Leder, Stefan and Hilary Kilpatrick (1992). 'Classical Arabic Prose Literature: A Researchers' Sketch Map', *JAL*, 23: 2–26.

Leemhuis, Fred (1977). *The D and H Stems in Koranic Arabic: A Comparative Study of the Function and Meaning of the* fa''ala *and* 'af'ala *Forms in Koranic Usage*, Leiden: Brill.

Lentin, Jérôme (1997). 'Recherches sur l'histoire de la langue arabe au proche orient à l'époque moderne (1600–1860)', Thèse de doctorat d'état, Université de Paris III.

Lentin, Jérôme (2009). 'Moyen arabe et variétés mixtes de l'arabe: premier essai de bibliographie', in Lentin and Grand'henry (eds), *Moyen arabe*, pp. xxv–lxxxvii.

Lentin, Jérôme and Jacques Grand'henry (eds) (2009). *Moyen arabe et variétés mixtes de l'arabe à travers lhistoire*, Louvain: Peeters.

Lentin, Jérôme (2012), 'Moyen arabe et variétés mixtes de l'arabe: premier essai de bibliographie supplément no. 1', in Zack and Schippers (eds), *Middle Arabic and Mixed Arabic*, pp. 27–49.

Le Tourneau, Mark S. (1996). 'The Interaction of Causativity and Reflexivity in Derived Arabic Verbs', *PAL*, vol. VIII, pp. 99–131.

Levin, Aryeh (1975). 'The Vernacular Poetry of Ṣafiyy al-Dīn al-Ḥillī: A Source for the Reconstruction of Iraqi Arabic in the 14th Century', *IOS*, 5: 259–76.

Levin, Aryeh (1994). 'Sībawayhi's Attitude to the Spoken Language', *JSAI*, 17: 204–43.

Levin, Aryeh (1998). *Arabic Linguistic Thought and Dialectology*, Jerusalem: Hebrew University Press.

Levtzion, Nehemia (2000). 'Islam in the Bilad al-Sudan to 1800', in Levtzion and Pouwels (eds), *History of Islam in Africa*, pp. 127–202.

Levtzion, Nehemia and Randall L. Pouwels (eds) (2000). *The History of Islam in Africa*, Athens, OH: Ohio University Press.

Levy, Kurt (1936). *Zur masoretischen Grammatik: Texte und Untersuchungen*, Stuttgart: Kohlhammer.

Lévy, Simon (1998). 'Problématique historique du processus d'arabisation au Maroc: pour une histoire linguistique du Maroc', in Aguadé *et al.* (eds), *Peuplement et arabisation au Maghreb occidental*, pp. 11–26.

Lévy, Simon (2009). *Parlers arabes des Juifs du Maroc: histoire, sociolinguistique et géographie dialectale*, Zaragoza: Instituto de Estudios Islámicos y del Oriente Próximo.

Lewis, Bernard (1988). *The Political Language of Islam*, Chicago, IL: Chicago University Press.

Lipiński, Edward (1997). *Semitic Languages: Outline of a Comparative Grammar*, Louvain: Peeters.

Littmann, Enno (1943). *Safaitic Inscriptions*, Leiden: Brill.

Lodhi, Abdulaziz Y. (1986). 'The Status of Arabic in East Africa', in Tryggve Kronholm and Eva Riad (eds), *On the Dignity of Man: Oriental and Classical Studies in Honour of Frithiof Rundgren*, Stockholm: Almqvist & Wiksell, pp. 257–62.

Lombard, Denys (1990). *Le carrefour javanais: essai d'histoire globale, vol. II: Les réseaux asiatiques*, Paris: Écoles des hautes études en sciences sociales.

Luffin, Xavier (2004). *Kinubi Texts*, Munich: Lincom Europa.

Luffin, Xavier (2005). *Un créole arabe: le kinubi de Mombasa, Kenya*, Munich: Lincom Europa.

Luffin, Xavier (2008). 'Pidgin Arabic: Bongor Arabic', *EALL*, vol. III, pp. 634–9.

Luffin, Xavier (2013). 'Some New Information about Bongor Arabic', in Lafkioui (ed.), *African Arabic*, pp. 161–84.

Luxenberg, Christoph (2000). *Die syro-aramäische Lesart des* Koran: *Ein Beitrag zur Entschlüsselung der Koransprache*, Berlin: Das arabische Buch (English trans. *The Syro-Aramaic Reading of the* Qur'ān, Berlin: H. Schiler, 2007).

Maamouri, Mohamed (1973). 'The Linguistic Situation in Independent Tunisia', *AJAS*, 1: 50–65.

Macdonald, Michael C. A. (2000). 'Reflections on the Linguistic Map of pre-Islamic Arabia', *AAE*, 11: 28–79.

Macdonald, Michael C. A. (2004). 'Ancient North Arabian', in Roger D. Woodard (ed.), *The Cambridge Encyclopedia of the World's Ancient Languages*, Cambridge: Cambridge University Press, pp. 488–533.

Macdonald, Michael C. A. (2008). 'Old Arabic (Epigraphic)', *EALL*, vol. III, pp. 464–77.

Macdonald, Michael C. A. (2009). 'ARNA Nab 17 and the Transition from the Nabataean to the Arabic Script', in Arnold *et al.* (eds), *Philologisches und Historisches zwischen Anatolien und Sokotra*, pp. 207–40.

Macdonald, Michael C. A. (ed.) (2010a). *The Development of Arabic as a Written Language*, Oxford: Archaeopress.

Macdonald, Michael C. A. (2010b). 'Ancient Arabia and the Written Word', in Macdonald (ed.), *The Development of Arabic as a Written Language*, pp. 5–28.

MacNamara, John (1967). 'Bilingualism in the Modern World', *JSI*, 23(2): 1–7.

Macuch, Maria, Christa Müller-Kessler and Bert G. Fragner (eds) (1989). *Studia semitica necnon iranica Rodolpho Macuch septuagenario ab amicis et discipulis dedicata*, Wiesbaden: Harrassowitz.

Mahdī, Muḥsin (1984). *Kitāb* 'Alf layla wa-layla *min 'uṣūlihi l-'arabiyya al-'ūlā.* Leiden: Brill.

Mahmoud, Youssef (1982). 'Towards a Functional Arabic', *al-'Arabiyya*, 15: 82–9.

Mahmud, Ushari Ahmad [= 'Ušārī 'Aḥmad Maḥmūd] (1979). 'Variation and Change in the Aspectual System of Juba Arabic', Ph.D. thesis, Georgetown University, Washington, DC.

Malaika, Nisar (1963). *Grundzüge der Grammatik des arabischen Dialektes von Bagdad*, Wiesbaden: Harrassowitz.

Malina, Renate (1987). *Zum schriftlichen Gebrauch des Kairinischen Dialekts anhand ausgewählter Texte von Sa'daddīn Wahba*, Berlin: Schwarz.

Manfredi, Stefano (2013). 'Native and Non-native Varieties of Arabic in an Emerging Urban Centre of Western Sudan: Evidence from Kadugli', in Lafkioui (ed.), *African Arabic*, pp. 13–51.

Manfredi, Stefano and Sara Petrollino (2013). 'Juba Arabic', in Susanne Maria Michaelis., Philippe Maurer, Martin Haspelmath, and Magnus Huber (eds), *The Survey of Pidgin and Creole Languages, vol. III: Contact Languages Based on Languages from Africa, Australia, and the Americas*, Oxford: Oxford University Press, pp. 54–65.

Manfredi, Stefano and Mauro Tosco (2013). 'Pidgins and Creoles', in Jonathan Owens (ed.), *The Oxford Handbook of Arabic Linguistics*, Oxford: Oxford University Press, pp. 495–519.

Mansour, Jacob (1991). *The Jewish Baghdadi Dialect: Studies and Texts in the Judaeo-Arabic Dialect of Baghdad*, Or-Yehuda: Babylonian Jewry Heritage Center.

Mansour, Jacob (2006). 'Baghdad Arabic: Jewish', *EALL*, vol. I, pp. 231–41.

Marbach, Amikam (1992). 'Ma'nā l-muṣṭalaḥ "'Arab" ḥasaba l-ma'ājim wa-l-Qur'ān wa-l-Kitāb li-Sībawayh wa-Muqaddimat Ibn Ḫaldūn', *al-Karmil*, 13: 145–78.

Marçais, Philippe (n.d. [1956]). *Le parler arabe de Djidjelli (Nord constantinois, Algérie)* (= *Publications de l'Institut d'études orientales d'Alger*, 16), Paris: Librairie d'Amérique et d'Orient Adrien-Maisonneuve.

Marçais, Philippe (1977). *Esquisse grammaticale de l'arabe maghrébin*, Paris: Maisonneuve.

Marçais, William (1930). 'La diglossie arabe', *EP*, 104(12): 401–9.

Marçais, William (1961). 'Comment l'Afrique du Nord a été arabisée', in William Marçais, *Articles et Conférences*, Paris: Adrien-Maisonneuve, pp. 171–92.

Marogy, Amal (2010). Kitāb Sībawayhi: *Syntax and Pragmatics*, Leiden: Brill.

Mazraani, Nathalie (1996). 'Style Variation and Persuasion in the Speeches of Gamal Abdel Nasser', *AIDA*, II, pp. 41–9.

McCarthy, John (1985). *Formal Problems in Semitic Phonology and Morphology*, New York: Garland Press.

McCarthy, John (2008). 'Morphology', *EALL*, vol. III, pp. 297–307. McCarthy, John and Alan Prince (1990a). 'Prosodic Morphology and Templatic Morphology', *PAL*, vol. II, pp. 1–54.

McCarthy, John and Alan Prince (1990b). 'Foot and Word in Prosodic Morphology: The Arabic Broken Plural', *NLLT*, 8: 209–83.

McCarus, Ernest N. (2008). 'Modern Standard Arabic', *EALL*, vol. III, pp. 238–62.

McLoughlin, Leslie (1972). 'Towards a Definition of Modern Standard Arabic', *ArchLing* (NS), 3: 57–73.

Mehlem, Ulrich (1994). 'Linguistic Situation and Mother Tongue Teaching for Migrants from Arab Countries in the Federal Republic of Germany', *IJoAL*, 20: 249–69.

Mejdell, Gunvor (2006). *Mixed Styles in Spoken Arabic in Egypt: Somewhere between Order and Chaos*, Leiden: Brill.

Mejdell, Gunvor (2012a). 'Playing the Same Game? Notes on Comparing Spoken Contemporary Mixed Arabic and (Pre)modern Written Middle Arabic', in Zack and Schippers (eds), *Middle Arabic and Mixed Arabic*, pp. 235–45.

Mejdell, Gunvor (2012b). 'The Elusiveness of luġa wusṭā — or, Attempting to Catch its "True Nature"', in Reem Bassiouney and E. Graham Katz (eds), *Arabic Language and Linguistics*, Washington, DC: Georgetown University Press, pp. 157–67.

Mejri, Salah (2002). 'L'Atlas linguistique de Tunisie: le questionnaire morphosyntaxique', *AIDA*, IV, pp. 55–9.

Meuleman, John H. (1994). 'Arabic in Indonesia', *IJoAL*, 20: 11–34.

Mifsud, Manwel (1995). *Loan Verbs in Maltese: A Descriptive and Comparative Study*, Leiden: Brill.

Mifsud, Manwel and Albert Borg (1994). 'Arabic in Malta', *IJoAL*, 20: 89–102.

Miller, Ann M. (1986). 'The Origin of the Modern Arabic Sedentary Dialects: An Evaluation of Several Theories', *al-'Arabiyya*, 19: 47–74.

Miller, Catherine (1985–6). 'Un exemple d'évolution linguistique: le cas de la particle "Ge" en "Juba Arabic"', *MAS*, 3: 155–66.

Miller, Catherine (1987). 'De la campagne à la ville: évolution fonctionnelle de l'arabe véhiculaire en Equatoria (Sud-Soudan)', *BCEPSP*, 9: 1–23.

Miller, Catherine (1994). 'Créolisation et acquisition: quelques phénomènes observés à propos de l'arabe du Soudan', in Daniel Véronique (ed.), *Créolisation et acquisition des langues*, Aix-en-Provence: Publications université de Provence, pp. 225–46.

Miller, Catherine (2002). 'The Relevance of Arabic-based Pidgins-Creoles for Arabic Linguistics', in Gerda Mansur and Madiha Doss (eds), *al-Lugha*, Cairo: Arab Development Center, pp. 7–46.

Miller, Catherine (2004). 'Variation and Change in Arabic Urban Vernaculars', in Haak *et al.* (eds), *Approaches to Arabic Dialects*, pp. 177–206.

Miller, Catherine (2005). 'Between Accommodation and Resistance: Upper Egyptian Migrants in Cairo', *Linguistics*, 43: 903–56.

Miller, Catherine (2007a). 'Do they Speak the Same Language? Language use in Juba Local Courts', in Ditters and Motzki (eds), *Approaches to Arabic Linguistics*, pp. 507–38.

Miller, Catherine (2007b). 'Juba Arabic', *EALL*, vol. II, pp. 517–25.

Miller, Catherine (2007c). 'Arabic Urban Vernaculars: Development and Change', in Miller *et al.* (eds), *Arabic in the City*, pp. 1–31.

Miller, Catherine, Enam Al Wer, Dominique Caubet, and Janet C. E. Watson (eds) (2007). *Arabic in the City: Issues in Dialect Contact and Language Variation*, London: Routledge.

Miller, Catherine and Niloofar Haeri (eds) (2008). *Langues, religion et modernité dans l'espace musulman* (= *Revue des mondes musulmans et de la Méditerranée*, No. 124), Aix-en-Provence: Publications université de Provence.

Miquel, André (1975). *La géographie humaine du monde musulman jusqu'au milieu du 11e siècle, vol. II: Géographie arabe et représentation du monde: La terre et l'étranger*, Paris: Mouton (repr. Paris: École des hautes études en sciences sociales, 2002).

Mitchell, Terence F. (1962). *Colloquial Arabic: The Living Language of Egypt*, London: English Universities Press.

Mitchell, Terence F. (1990). *Pronouncing Arabic*, Oxford: Clarendon Press, vol. I.

Mitchell, Terence F. and Shahir El-Hassan (1994). *Modality, Mood and Aspect in Spoken Arabic with Special Reference to Egypt and Lebanon*, London: Kegan Paul.

Mohammad, Mohammad (1999). *Word Order, Agreement and Pronominalization in Standard and Palestinian Arabic*, Amsterdam: Benjamins.

Mol, Marc van (2003). *Variation in Modern Standard Arabic in Radio News Broadcasts: A Synchronic Descriptive Investigation in the Use of Complementary Particles*, Leuven: Peeters.

Molan, Peter D. (1978). 'Medieval Western Arabic: Reconstructing Elements of the Dialects of al-Andalus, Sicily, and North Africa from the laḥn al-ʿāmma Literature', Ph.D. thesis, University of California, Berkeley.

Monteil, Vincent (1960). *L'arabe moderne*, Paris: Klincksieck.

Moscati, Sabatino (ed.) (1964). *An Introduction to the Comparative Grammar of the Semitic Languages: Phonology and Morphology*, Wiesbaden: Harrassowitz.

Moscoso García, Francisco (2003). *El dialecto árabe de Chauen (N. de Marruecos)*, Cádiz: Universidad de Cádiz.

Mosel, Ulrike (1975). 'Die syntaktische Terminologie bei Sībawaih', Dissertation, University of Munich.

Motzki, Harald (1991). 'Der Fiqh des -Zuhrī: Die Quellen-problematik', *Der Islam*, 68: 1–44.

Moutaouakil, Ahmad (1989). *Pragmatic Functions in a Functional Grammar of Arabic*, Dordrecht: Foris.

Mseddi, Abdessalam [= ʿAbd as-Salām Musaddī] (1984). *Qāmūs al-lisāniyyāt, ʿarabī-firansī, firansī-ʿarabī*, Tunis: ad-Dār al-ʿArabiyya li-l-Kitāb.

Müller, August (1884). 'Über Text und Sprachgebrauch von Ibn Abī Uṣeibiʿa's Geschichte der Aerzte', *SbBAW*, vol. V, pp. 853–977.

Müller, Walter M. (1982). 'Das Altarabische der Inschriften aus vorislamischer Zeit', *GAP*, vol. I, pp. 30–6.

Mumin, Meikal (2009). 'The Arabic Script in Africa', M.A. thesis, University of Cologne.

Mumin, Meikal (2014). 'The Arabic Script in Africa: Understudied Literacy', in Mumin and Versteegh (eds), *The Arabic Script in Africa*, pp. 41–76.

Mumin, Meikal and Kees Versteegh (eds) (2014). *The Arabic Script in Africa: Studies in the Use of a Writing System*, Leiden: Brill.

Munjid (1990). *al-Munjid al-ʿarabī al-firansī li-ṭ-ṭullāb*, Beirut: Dar el-Machreq.

Myers-Scotton, Carol (1993). *Duelling Languages: Grammatical Structure in Code-switching*, Oxford: Clarendon Press.

Myers-Scotton, Carol (2010). 'Patterns and Predictions for Code-switching with Arabic', in Bassiouney (ed.), *Arabic and the Media*, pp. 97–121.

Nabhan, Neuza Naif (1994). 'The Speech of the Arabic-Lebanese in Brazil: A Lexical Study', *IJoAL*, 20: 229–47.

Naess, Unn Gyda (2008). '"Gulf Pidgin Arabic": Individual Strategies or a Structured Variety? A Study of Some Features of the Linguistic Behaviour of Asian Migrants in the Gulf Countries', M.A. thesis, University of Oslo.

Nagel, Tilman (1983). 'Vom "*Qur'ān*" zur "Schrift": Bells Hypothese aus religionsgeschichtlicher Sicht', *Der Islam*, 60: 143–65.

Naïm-(Sanbar), Samia (1985). *Le parler arabe de Rās Beyrouth*, Paris: Geuthner.

Naïm-(Sanbar), Samia (2006).'Beirut Arabic', *EALL*, vol. I, pp. 274–86.

Nakao, Shuichiro (2012). 'Revising the substratal/adstratal influence on Arabic creoles', in Hieda Osamu (ed.), *Challenges in Nilotic Linguistics and More: Phonology, Morphology, and Syntax*, Tokyo: ILCAA, pp. 127–49.

Nakao, Shuichiro (2013). 'The Prosody of Juba Arabic: Split Prosody, Morphophonology, and Slang', in Lafkioui (ed.), *African Arabic*, pp. 95–120.

Nasser, Shady Hekmat (2012). *The Transmission of the Variant Readings of the Qur'ān: The Problem of Tawātur and the Emergence of* Shawādhdh, Leiden: Brill.

Nebes, Norbert (1982). *Funktionsanalyse von* kāna yafʿalu: *Ein Beitrag zur Verbalsyntax des Althocharabischen mit besonderer Berücksichtigung der Tempus- und Aspektproblematik* (= *Studien zur Sprachwissenschaft*, 1), Hildesheim: Olms.

Negev, Avraham (1986). 'Obodas the God', *IEJ*, 36: 56–60.

Nehmé, Laïla (2010). 'A Glimpse of the Development of the Nabataean Script into Arabic-based on Old and New Epigraphic Material', in Macdonald (ed.), *The Development of Arabic as a Written Language*, pp. 47–88.

Neuwirth, Angelika, Nicolai Sinai, and Michael Marx (eds) (2010). *The Qur'ān in Context: Historical and Literary Investigations into the Qur'ānic Milieu*, Leiden: Brill.

Nhial, Abdon Agaw Jok (1975). 'Ki-Nubi and Juba Arabic: A Comparative Study', in Herman Bell and as-Sayyid Ḥāmid Hurreiz (eds), *Directions in Sudanese Linguistics and Folklore*, Khartoum: University of Khartoum Press, pp. 81–93.

Nishio, Tetsuo (1996). 'Word Order and Word Order Change of wh-Questions in Egyptian Arabic: The Coptic Substratum Reconsidered', *AIDA*, II, pp. 171–9.

Noja Noseda, Sergio (1989). 'Über die älteste arabische Inschrift, die vor kurzem entdeckt wurde', in Macuch *et al.* (eds), *Studia semitica necnon iranica*, pp. 187–94.

Noja Noseda, Sergio (1993). 'A Further Discussion of the Arabic Sentence of the 1st century A.D. and its Poetical Form', in Riccardo Contini, Fabrizio A. Pennachietti and Mauro Tosco (eds), *Semitica: Serta Philologica Constantino Tsereteli Dicata*, Turin: Zamorani, pp. 183–88.

Nolan, John V. (2002). *Saracens: Islam in the Medieval European Imagination*, New York: Columbia University Press.

Nöldeke, Theodor (1891). 'Das arabische Märchen vom Doctor und Garkoch', *AKAWB*, 14: 1–54.

Nöldeke, Theodor (1897). *Zur Grammatik des klassischen Arabisch.* Wien (repr. ed. Anton Spitaler, Darmstadt: Wissenschaftliche Buchgesellschaft, 1963, with an appendix containing the handwritten notes of Nöldeke's private copy).

Nöldeke, Theodor (1904). 'Das klassische Arabisch und die arabischen Dialekte', in *Beiträge zur semitischen Sprachwissenschaft*, Strasburg: Trübner, pp. 1–14.

Nöldeke, Theodor and Friedrich Schwally (1961). *Geschichte des Qorans*, ed. Gotthelf Bergsträßer and Otto Pretzl, 2nd edn, Hildesheim: Olms.

Nortier, Jacomien (1989). 'Dutch and Moroccan Arabic in Contact: Code-switching among Moroccans in the Netherlands', Ph.D. thesis, University of Amsterdam.

Nortier, Jacomien (1994). 'Dutch-Moroccan Code-switching in the Netherlands', *IJoAL*, 20: 193–214.

Nortier, Jacomien and Margreet Dorleijn (2008). 'A Moroccan Accent in Dutch: A Sociocultural Style Restricted to the Moroccan Community?' *IJB*, 12: 125–42.

Noth, Albrecht (1973). *Quellenkritische Studien zu Themen, Formen und Tendenzen frühislamischer Geschichtsüberlieferung, vol. I: Themen und Formen*, Bonn: Selbstverlag des orientalischen Seminars der Universität Bonn.

Ogloblin, A. K. (1981). 'Tradicionnoe jazykoznanie v Indonezii i Malajzii' ['Traditional Linguistics in Indonesia and Malaysia'], in Agnija Vasil'evna Desnickaja and Solomon Davidovič Kacnel'son (eds), *Istorija lingvističeskix učenij: Srednevekovyj vostok* [*History of the Language Sciences: Middle East*], Leningrad: Nauka, pp. 210–23.

Orel, Vladimir E. and Olga V. Stolbova (1994). Hamito-Semitic Etymological Dictionary: Materials for a Reconstruction. Leiden: Brill.

Otten, Roel (1983). *Basiswoordenboek van het Marokkaans Arabisch: Marokkaans / Nederlands, Nederlands / Marokkaans*, Muiderberg: Coutinho.

Ouhalla, Jamal (2002). 'The Structure and Logical Form of Negative Sentences in Arabic', in Ouhalla and Slonsky (eds), *Themes in Arabic and Hebrew Syntax*, pp. 299–320.

Ouhalla, Jamal and Ur Shlonsky (eds) (2002). *Themes in Arabic and Hebrew Syntax*, Dordrecht: Kluwer.

Ounali, Mohamed (1970). 'La langue des étudiants', *CERES*, 3: 167–213.

Owens, Jonathan (1977). 'Aspects of Nubi Grammar', Ph.D. thesis, University of London, School of Oriental and African Studies.

Owens, Jonathan (1984). *A Short Reference Grammar of Eastern Libyan Arabic*, Wiesbaden: Harrassowitz.

Owens, Jonathan (1985). 'Arabic Dialects of Chad and Nigeria', *ZAL*, 14: 45–61.

Owens, Jonathan (1988). *The Foundations of Grammar: An Introduction to Medieval Arabic Grammatical Theory*, Amsterdam: Benjamins.

Owens, Jonathan (1989). 'Zur Pidginisierung und Kreolisierung im Arabischen', *AÜ*, 2: 91–107.

Owens, Jonathan (1990). 'East African Nubi: Bioprogram vs. Inheritance', *Diachronica*, 7: 217–50.

Owens, Jonathan (1993). *A Grammar of Nigerian Arabic*, Wiesbaden: Harrassowitz.

Owens, Jonathan (1994). 'Nigerian Arabic in Comparative Perspective', *SGA*, 14: 85–175.

Owens, Jonathan (1996). 'Arabic-based Pidgins and Creoles', in Sarah G. Thomason (ed.), *Contact Languages: A Wider Perspective*, Amsterdam: Benjamins, pp. 125–72.

Owens, Jonathan (1998). *Neighborhood and Ancestry: Variation in the Spoken Arabic of Maiduguri, Nigeria*, Philadelphia, PA: Benjamins.

Owens, Jonathan (ed.) (2000). *Arabic as a Minority Language*, Berlin: Mouton de Gruyter.

Owens, Jonathan (2004). 'Remarks on Ideophones in Nigerian Arabic', in Haak *et al.* (eds), *Approaches to Arabic Dialects*, pp. 207–20.

Owens, Jonathan (2006). *A Linguistic History of Arabic*, Oxford: Oxford University Press.

Owens, Jonathan (2007). 'Grammatical Tradition: Approach', *EALL*, vol. II, pp. 175–82.

Owens, Jonathan (ed.) (2013). *The Oxford Handbook of Arabic Linguistics*, Oxford: Oxford University Press.

Palfreyman, David and Muhamed al Khalil (2003). '"A Funky Language for Teenzz to Use": Representing Gulf Arabic in Instant Messaging', *Journal of Computer-Mediated Communication*, available at: http://jcmc.indiana.edu/vol9/issue1/palfreyman.html.

Palva, Heikki (1969a). *Notes on Classicization in Modern Colloquial Arabic* (= *Studia Orientalia* 40: 1–2), Helsinki: Snellmanink.

Palva, Heikki (1969b). 'Notes on the Alleged Coptic Morphological Influence on Egyptian Arabic', *OS*, 18: 128–36.

Palva, Heikki (1976). *Studies in the Arabic Dialect of the Semi Nomadic əl-ʿAjārma Tribe (al-Balqāʾ District, Jordan)*, Göteborg: Acta Universitatis Gothoburgensis.

Palva, Heikki (1980). 'Characteristics of the Arabic Dialect of the Bani Ṣaxar Tribe', *OS*, 29: 112–37.

Palva, Heikki (1984–6). 'Characteristics of the Dialect of the Ḥwēṭāt Tribe', *OS*, 33–5: 295–312.

Palva, Heikki (1991). 'Is there a North West Arabian Dialect Group?', in Martin Forstner (ed.), *Festgabe für Hans-Rudolf Singer*, Frankfurt am Main: Lang, pp. 151–66.

Panović, Ivan (2010), 'The beginning of Wikipedia masry', *al-Logha*, 8: 93–127.

Parkinson, Dilworth (2003). 'Verbal Features in Oral fuṣḥā in Cairo', *IJSL*, 163: 27–41.

Parkinson, Dilworth (2010). 'Communities of Use in Arabic Newspaper Language: The Meaning of the Country Effect', in Bassiouney (ed.), *Arabic and the Media*, pp. 47–60.

Paul, Ludwig (2010). 'Iranian Language Reform in the Twentieth Century: Did the First Farhangestān (1935–40) Succeed?' *JPS*, 3: 78–103.

Payne, Thomas E. (1997). *Describing Morphosyntax: A Guide for Field Linguistics*, Cambridge: Cambridge University Press.

Peled, Yishai (2009). *Sentence Types and Word-Order Patterns in Written Arabic: Medieval and Modern Perspectives*, Leiden: Brill.

Pellat, Charles ([1956] 1985). *Introduction à l'arabe moderne*, new edn, Paris: Maisonneuve.

Penrice, John (1873). *A Dictionary and Glossary of the Kor-ān with Copious Grammatical References and Explanations of the Text* (repr. New York: Praeger, 1971).

Pereira, Christophe (2007). 'Urbanization and Dialect Change: The Arabic Dialect of Tripoli (Libya)', in Miller *et al.* (eds), *Arabic in the City*, pp. 77–96.

Pereira, Christophe (2010). *Le parler arabe de Tripoli (Libye)*, Zaragoza: Instituto de Estudios islámicos y del Próximo Oriente.

Pérez Lázaro, José (1990). *Ibn Hišām al-Lajmī (m. 577/1181–1182)*, al-Madjal ilà taqwīm al-lisān wa-taʿlīm al-bayān *(Introducción a la corrección del lenguaje y la enseñanza de la elocuencia): Edición crítica, estudio e índices*, 2 vols, Madrid: Instituto de Cooperación con el Mundo Árabe.

Perry, John R. (1991). *Form and Meaning in Persian Vocabulary: The Arabic Feminine Ending*, Costa Mesa, CA: Mazda Publishers.

Perry, John R. (2004). 'Language Reform in Turkey and Iran', in Touraj Atabaki and Erik J. Zürcher (eds), *Men of Order: Authoritarian Modernization under Atatürk and Reza Shah*, London: Tauris, pp. 238–59.

Peterson, John (2009). '"Pseudo-verbs": An Analysis of Non-verbal (co-)Predication in Maltese', in Bernard Comrie, Ray Fabri, Elizabeth Hume, Manwel Mifsud, Thomas Stolz and Martine Vanhove (eds), *Introducing Maltese Linguistics*, Amsterdam: Benjamins, pp. 181–204.

Petráček, Karel (1981). 'Le système de l'arabe dans une perspective diachronique', *Ar*, 28: 162–77.

Petráček, Karel (1982). 'La racine en indoeuropéen et en chamitosémitique et leurs perspectives comparatives', *AION*, 42: 381–402.

Petráček, Karel (1984). 'La méthodologie du chamitosémitique comparé: état, problèmes, perspectives', in James Bynon (ed.), *Current Progress in Afro-Asiatic Linguistics*, Amsterdam: Benjamins, pp. 423–62.

Piamenta, Moshe (1966). *Studies in the Syntax of Palestinian Arabic*, Jerusalem: Israel Oriental Society.

Plonka, Arkadiusz (2004). *L'idée de langue libanaise d'après Saʿīd ʿAql*, Paris: Geuthner.

Poliak, Abraham N. (1938). 'L'arabisation de l'Orient sémitique', *REI*, 12: 35–63.

Pořízka, Vincenc (1972). *Hindština, Hindī Language Course*, Prague: Státní Pedagogické Nakladatelství.

Pouessel, Stéphanie (2008). 'Ecrire la langue berbère au royaume de Mohamed VI: les enjeux politiques et identitaires du tifinagh au Maroc', in Miller and Haeri (eds), *Langues, religion et modernité*, pp. 219–39.

Prätor, Sabine (1993). *Der arabische Faktor in der jungtürkischen Politik: Eine Studie zum osmanischen Parlament der II. Konstitution (1908–1918)*, Berlin: Klaus Schwarz.

Prevost, Virginie (2007). 'Les dernières communautés chrétiennes autochtones d'Afrique du nord', *RHR*, 4: 461–83.

Procházka, Stephan (1993). *Die Präpositionen in den neuarabischen Dialekten*, Vienna: VWGO.

Prochazka, Theodore (1981). 'The Shīʿī Dialects of Bahrain and their Relationship to the Eastern Arabian Dialect of Muḥarraq and the Omani Dialect of al-Ristāq', *ZAL*, 6: 16–55.

Prochazka, Theodore (1988). *Saudi Arabian Dialects*, New York: Kegan Paul.

Prokosch, Erich (1986). *Arabische Kontaktsprachen (Pidgin- und Kreolsprachen) in Afrika*, Graz: Institut für Sprachwissenschaft, University of Graz.

Qāsim, ʿAwn aš-Šarīf (1972). *Qāmūs al-lahja al-ʿāmmiyya fī s-Sūdān*, Khartoum: Dār as-Sūdāniyya li-l-Kutub (3rd edn, 2002).

Qutbuddin, Tahera (2008). 'Khuṭba: The Evolution of Early Arabic Oration', in Beatrice Gruendler and Michael Cooperson (eds), *Classical Arabic Humanities in their Own Right: Festschrift for Wolfhart Heinrichs*, Leiden: Brill, pp. 176–273.

Rabin, Chaim (1951). *Ancient West-Arabian*, London: Taylor's Foreign Press.

Rabin, Chaim (1955). 'The Beginnings of Classical Arabic', *SI*, 4: 19–37.

Rabin, Chaim (1960). 'ʿArabiyya', *EI(2)*, vol. I, pp. 564–6.

Rabin, Chaim (1969). 'The Structure of the Semitic System of Case Endings', *Proceedings of the International Conference on Semitic Studies, Jerusalem, 19–23 July 1965*, Israel Academy of Sciences and Humanities, Jerusalem, pp. 190–204. Rajaonarimanana, Narivelo (1990). 'Sorabe: traités divinatoires et recettes médicomagiques de la tradition malgache antemoro', Thèse de doctorat, African Studies, Institut National des Langues et Civilisations Orientales, Paris.

Ratcliffe, Robert R. (1998). *The 'Broken' Plural Problem in Arabic and Comparative Semitic*, Amsterdam: Benjamins.

Ravid, Dorit (2003). 'A Developmental Perspective on Root Perception in Hebrew and Palestinian Arabic', in Joseph Shimron (ed.), *Language Processing and Acquisition in Languages of Semitic, Root-based, Morphology*, Amsterdam: Benjamins, pp. 293–319.

Rebhan, Helga (1986). *Geschichte und Funktion einiger politischen Termini im Arabischen des 19. Jahrhunderts (1798–1882)*, Wiesbaden: Harrassowitz.

Reckendorff, Hermann (1895–8). *Die syntaktischen Verhältnisse des Arabischen*, 2 vols, Leiden: Brill (repr. 1967).

Reckendorff, Hermann (1921). *Arabische Syntax*, Heidelberg: Winter.

Reese, Johannes (2011), 'Das Aktivpartizip im Marokkanischen', Ph.D. thesis, University of Leipzig.

Reichmuth, Philipp (2009). 'Transcription', *EALL*, vol. IV, pp. 515–20.

Reichmuth, Stefan (1983). *Der arabische Dialekt der Šukriyya im Ostsudan*, Hildesheim: Olms.

Reichmuth, Stefan (2000). 'Islamic Education and Scholarship in Sub-Saharan Africa', in Levtzion and Pouwels (eds), *History of Islam in Africa*, pp. 419–40.

Reig, Daniel (1987). *Dictionnaire arabe-français, français-arabe: as-Sabīl al-wasīṭ*, Paris: Larousse.

Reinhardt, Carl (1894). *Ein arabischer Dialekt gesprochen in ʿOman und Zanzibar*, Stuttgart: Spemann (repr. Amsterdam: Philo Press, 1972).

Retsö, Jan (1983). *The Finite Passive Voice in Modern Arabic Dialects*, Göteborg: University of Göteborg.

Retsö, Jan (1989). *Diathesis in the Semitic Languages: A Comparative Morphological Study*, Leiden: Brill.

Retsö, Jan (2003). *The Arabs in Antiquity: Their History from the Assyrians to the Umayyads*, London: RoutledgeCurzon.

Retsö, Jan (2006), 'ʿArab', *EALL*, vol. I, pp. 126–33.

Retsö, Jan (2011). 'Classical Arabic', in Weninger (ed.), *The Semitic Languages*, pp. 782–810.

Revell, Ernest John (1975). 'The Diacritical Dots and the Development of the Arabic Alphabet', *JSS*, 20: 178–90.

Richter, Tonio Sebastian (2001). 'Arabische Lehnwörter und Formeln in koptischen Rechtsurkunden', *JJP*, 31: 75–89.

Richter-Bernburg, Lutz (1974). 'Linguistic Shuʿūbiyya and early Neo-Persian Prose', *JAOS*, 94: 55–64.

Riguet, Maurice (1984). *Attitudes et représentations liées à l'emploi du bilinguisme: analyse du cas tunisien*, Paris: Publications de la Sorbonne.

Rippin, Andrew (2008). 'Syriac in the Qur'ān: Classical Muslim Theories', in Gabriel Said Reynolds (ed.), *The Qur'ān in its Historical Context*, London: Routledge, pp. 249–81.

Rizk, Sherin (2007). 'The Language of Cairo's Young University Students', in Miller et al. (eds), *Arabic in the City*, pp. 291–308.

Robin, Christian (1992). *L'Arabie antique de Karib'īl à Mahomet: nouvelles données sur l'histoire des Arabes grâce aux inscriptions*, Aix-en-Provence: Éditions Edisud.

Robin, Christian (2006). 'La réforme de l'écriture arabe à l'époque du califat médinois', *MUSJ*, 59: 319–64.

Roman, André (1983). *Etude de la phonologie et de la morphologie de la koine arabe*, 2 vols, Aix-en-Provence: Université de Provence.

Rosenbaum, Gabriel (2000). 'Fuṣḥāmmiyya: Alternating Style in Egyptian Prose', *ZAL*, 38: 68–87.

Rosenbaum, Gabriel (2004). 'Egyptian Arabic as a Written Language', *JSAI*, 29: 281–340.

Rosenberger, Bernard (1998). 'Les villes et l'arabisation: fonction des centres urbains du Maġrib al-Aqṣā (VIIIe–XVe s.)', in Aguadé *et al.* (eds), *Peuplement et arabisation au Maghreb occidental*, pp. 39–52.

Rosenhouse, Judith (1984). *The Bedouin Arabic Dialects: General Problems and a Close Analysis of North Israel Bedouin Dialects*, Wiesbaden: Harrassowitz.

Rosenhouse, Judith (1996). 'Features of Women's Speech in Arabic Dialects: An Interim Survey', *AIDA*, II, pp. 207–16.

Rosenthal, Franz (1968). *A History of Muslim Historiography*, 2nd edn, Leiden: Brill.

Rosenthall, Sam (2006). 'Glide Distribution in Classical Arabic Verbal Stems', *LI*, 37: 405–40.

Rosenthall, Sam (2008). 'Obligatory Contour Principle', *EALL*, vol. III, pp. 461–4.

Rossi, Ettore (1939). *L'arabo parlato a Ṣan'ā': Grammatica, testi, lessico*, Rome: Istituto per l'Oriente.

Roth-Laly, Arlette (1969). *Lexique des parlers arabes tchado-soudanais*, Paris: Éditions du CNRS.

Roth-Laly, Arlette (1979). *Esquisse grammaticale du parler arabe d'Abbéché (Tchad)*, Paris: Geuthner.

Rouchdy, Aleya (1991). *Nubians and the Nubian Language in Contemporary Egypt: A Case of Cultural and Linguistic Contact*, Leiden: Brill.

Rouchdy, Aleya (ed.) (1992a). *The Arabic Language in America*. Detroit, MI: Wayne State University Press.

Rouchdy, Aleya (1992b). 'Borrowing in Arab-American Speech', in Rouchdy (ed.), *The Arabic Language in America*, pp. 36–49.

Rouchdy, Aleya (ed.) (2002). *Language Contact and Language Conflict in Arabic: Variations on a Sociolinguistic Theme*, New York: Routledge.

Rubin, Aaron D. (2010). *The Mehri Language of Oman*. Leiden: Brill.

Ryding, Karin C. (1990). *Formal Spoken Arabic: Basic Course*, Washington, DC: Georgetown University Press.

Saad, George Nehmeh (1982). *Transitivity, Causation and Passivization: A Semantico-Syntactic Study of the Verb in Classical Arabic*, London: Kegan Paul.

Sabuni, Abdulghafur (1980). *Laut- und Formenlehre des arabischen Dialekts von Aleppo*, Frankfurt am Main: Lang.

Sadiqi, Fatima (2003). *Women, Gender and Language in Morocco*, Leiden: Brill.

Sáenz-Badillos, Ángel (1993). *A History of the Hebrew Language*, trans. John Elwolde, Cambridge: Cambridge University Press (English trans. of *Historia de la lengua hebrea*, Sabadell: Editorial AUSA, 1988).

Salib, Maurice (1981). *Spoken Arabic of Cairo*, Cairo: American University of Cairo Press.

Sasse, Hans-Jürgen (1971). 'Linguistische Analyse des arabischen Dialekts der Mḥallamīye in der Provinz Mardin (Südosttürkei)', Dissertation, University of Munich.

Sawaie, Mohammed (1987). 'Jurjī Zaydān (1861–1914): A Modernist in Arabic Linguistics', *HL*, 14: 283–304.

Sawaie, Mohammed (1990). 'An Aspect of 19th-century Arabic Lexicography: The Modernizing Role and Contribution of Faris al-Shidyak (1804?–1887)', in Hans-Josef Niederehe and Konrad Koerner (eds), *History and Historiography of Linguistics*, Amsterdam: Benjamins, vol. I, pp. 157–71.

Sawaie, Mohammed (1992). 'Arabic in the Melting Pot: Will it Survive?' in Rouchdy (ed.),

The Arabic Language in America, pp. 83–99.

Sawaie, Mohammed (1994). *Linguistic Variation and Speakers' Attitudes: A Sociolinguistic Study of some Arabic Dialects*, Damascus: Al-Jaffan & Al-Jabi Publishers.

Sawaie, Mohammed (2007). 'Language Academies', *EALL*, vol. II, pp. 634–42.

Schabert, Peter (1976). *Laut- und Formenlehre des Maltesischen anhand zweier Mundarten* (= *Erlanger Studien*, 16), Erlangen: Palm & Enke.

Schall, Anton (1982). 'Geschichte des arabischen Wortschatzes: Lehn- und Fremdwörter im klassischen Arabisch', *GAP*, vol. I, pp. 142–53.

Schen, Israel (1972–3). 'Usāma ibn Munqidh's Memoirs: Some Further Light on Muslim Middle Arabic', *JSS*, 17: 218–36; 18: 64–97.

Schimmel, Annemarie (1982). 'Die Schriftarten und ihr kalligraphischer Gebrauch', *GAP*, vol. I, pp. 198–209.

Schippers, Arie and Kees Versteegh (1987). *Het Arabisch: Norm en realiteit*, Muiderberg: Coutinho.

Schoeler, Gregor (1985). 'Die Frage der schriftlichen oder mündlichen Überlieferung der Wissenschaften im frühen Islam', *Der Islam*, 62: 201–30.

Schoeler, Gregor (1989a). 'Weiteres zur Frage der schriftlichen oder mündlichen Überlieferung der Wissenschaften im Islam', *Der Islam*, 66: 38–67.

Schoeler, Gregor (1989b). 'Mündliche Thora und Ḥadīth: Überlieferung, Schreibverbot, Redaktion', *Der Islam*, 66: 213–51.

Schoeler, Gregor (1992). 'Schreiben und Veröffentlichen: Zu Verwendung und Funktion der Schrift in den ersten islamischen Jahrhunderten', *Der Islam*, 69: 1–43.

Schoeler, Gregor (1996). *Charakter und Authentie der muslimischen Überlieferung über das Leben Mohammeds*, Berlin: de Gruyter.

Schregle, Goetz (1974). *Deutsch-arabisches Wörterbuch*, 2nd edn, Wiesbaden: Harrassowitz.

Schregle, Goetz (1981–6). *Arabisch-deutsches Wörterbuch*, Wiesbaden: Steiner.

Schreiber, Giselher (1970). 'Der arabische Dialekt von Mekka: Abriß der Grammatik mit Texten und Glossar', Dissertation, University of Münster.

Seeger, Ulrich (2002). 'Two Texts in the Arabic Dialect of Khorasan', in Arnold and Bobzin (eds), *Sprich doch mit deinen Knechten aramäisch*, pp. 629–46.

Seeger, Ulrich (2009). 'Khalaf: ein arabisches Dorf in Khorasan', in Arnold *et al.* (eds), *Philologisches und Historisches zwischen Anatolien und Sokotra*, pp. 307–17.

Seidensticker, Tilman (2008). 'Lexicography: Classical Arabic', *EALL*, vol. III, pp. 30–7.

Semaan, Khalil I. (1968). *Linguistics in the Middle Ages: Phonetic Studies in Early Islam*, Leiden: Brill.

Serjeant, Robert B. (1983). 'Early Arabic Prose', *CHAL*, vol. I, pp. 114–53.

Sezgin, Fuat (1982). *Lexikographie bis ca. 430 H* (= *GAS*, vol. VIII), Leiden: Brill.

Sezgin, Fuat (1984). *Grammatik bis ca. 430 H* (= *GAS*, vol. IX), Leiden: Brill.

Shahid, Irfan (1984). *Byzantium and the Arabs in the Fourth Century*, Washington, DC: Dumbarton Oaks.

Sharon, Moshe. (1997–), *Corpus Inscriptionum Arabicarum Palaestinae* (*CIAP*), vols I (1997), II (1999), III (2004), IV (2009), V (2013), Leiden: Brill.

Shlonsky, Ur (1997). *Clause Structure and Word Order in Hebrew and Arabic: An Essay in Comparative Semitic Syntax*, Oxford: Oxford University Press.

Shlonsky, Ur (2004). 'The Form of Semitic Noun Phrases', *Lingua*, 114: 1465–526.

Shraybom-Shivtiel, Shlomit (1993). 'Methods of Terminological Innovation used by the Cairo Language Academy', *PCALL*, vol. I, pp. 195–202.

Sieny, Mahmoud Esma'il [= Maḥmūd 'Ismā'īl Ṣīnī] (1978). *The Syntax of Urban Hijazi Arabic (Sa'udi Arabia)*, London: Longman.

Sijpesteijn, Petra M. (2007). 'New Rule over Old Structures: Egypt after the Muslim Conquest', in Harriet Crawford (ed.), *Regime Change in the Ancient Near East and Egypt: from Sargon of Agade to Saddam Hussein*, Oxford: Oxford University Press, pp. 183–202.

Sijpesteijn, Petra M. (2008). 'Palaeography', *EALL*, vol. III, pp. 513–24.

Sijpesteijn, Petra M. (2009). 'Arabic Papyri and Islamic Egypt', in Roger S. Bagnall (ed.), *The Oxford Handbook of Papyrology*, Oxford: Oxford University Press, pp. 452–72.

Sijpesteijn, Petra M. (2013). *Shaping a Muslim State: The World of a Mid-Eighth-Century Egyptian Official*, Oxford: Oxford University Press.

Siloni, Tal (1997). *Noun Phrases and Nominalizations: The Syntax of DP's*, Dordrecht: Kluwer.

Simeone-Senelle, Marie-Claude (2007). 'Horn of Africa', *EALL*, vol. II, pp. 268–75.

Singer, Hans-Rudolf (1958a). 'Neuarabische Texte im Dialekt der Stadt Tetuan', *ZDMG*, 108: 106–25.

Singer, Hans-Rudolf (1958b). 'Grundzüge der Morphologie des arabischen Dialektes von Tetuan', *ZDMG*, 108: 229–65.

Singer, Hans-Rudolf (1982). 'Der neuarabische Sprachraum', *GAP*, vol. I, pp. 96–109.

Singer, Hans-Rudolf (1984). *Grammatik der arabischen Mundart der Medina von Tunis*, Berlin: de Gruyter.

Singer, Hans-Rudolf (1994). 'Die Beduinen als Träger der Arabisierung im islamischen Machtbereich', in Dieter Bellmann (ed.), *Gedenkschrift Wolfgang Reuschel. Akten des III. Arabistischen Kolloquiums, Leipzig, 21.–22. November 1991*, Stuttgart: Steiner, pp. 263–74.

Sirat, Abdul-Sattār (1973). 'Notes on the Arabic Dialect Spoken in the Balkh Region of Afghanistan (annotated by Ebbe Egede Knudsen)', *AO*, 35: 89–101.

Smart, Jack R. (1990). 'Pidginization in Gulf Arabic: A First Report', *AL*, 32: 83–118.

Smeaton, B. Hunter (1973). *Lexical Expansion due to Technical Change as Illustrated by the Arabic of Al Hasa, Saudi Arabia*, Bloomington, IN: Indiana University Press.

Smith, Ian and Morris T. Ama (2005). *Juba Arabic-English Dictionary/Kamuus ta Arabi Jubi wa Ingliizi*, Kampala: Fountain Publishers.

Smrž, Otakar, Petr Pajas, Zdeněk Žabokrtský, Jan Hajič, Jiří Mirovský and Petr Němec (2007). 'Learning to Use the Prague Arabic Dependency Treebank', *PAL*, vol. XIX, pp. 77–93.

Sobhy, Gregory P. G. (1926). 'Fragments of an Arabic Manuscript in Coptic Script in the Metropolitan Museum of Art', in Hugh Gerard Evelyn-White (ed.), *Egyptian Expedition, The Monasteries of the Wadi 'n Natrūn, vol. I: New Coptic Texts from the Monastery of St. Marcus*, New York: Metropolitan Museum of Art, pp. 231–69.

Sobhy, Gregory P. G. (1950). *Common Words in the Spoken Arabic of Egypt, of Greek or Coptic Origin*, Cairo: Société d'archéologie Copte.

Soden, Wolfram von (1960). 'Zur Einteilung der semitischen Sprachen', *WZKM*, 56: 177–91.

Soliman, Abdelmeneim (2008). 'The Changing Role of Arabic in Religious Discourse: A Sociolinguistic Study of Egyptian Arabic', Ph.D. thesis, Indiana University of Pennsylvania.

Sourdel-Thomine, Janine (1966). 'Les origines de l'écriture arabe: à propos d'une hypothèse récente', *REI*, 34: 151–7.

Sprengling, Martin (1939). 'From Persian to Arabic', *AJSLL*, 56: 175–224.

Spitaler, Anton (1953). 'Review of Fück (1950)', *BiOr*, 10: 144–50.

Spitta-Bey, Wilhelm (1880). *Grammatik des arabischen Vulgärdialektes von Aegypten*, Leipzig.

Spuler, Bertold (1964a). 'Die Ausbreitung der arabischen Sprache', *HdO*, vol. I:3, pp. 245–52.

Spuler, Bertold (1964b). 'Der semitische Sprachtypus', *HdO*, vol. I:3, pp. 3–25.

Spuler, Bertold (1964c). 'Ausbreitung der semitischen Sprachen', *HdO*, vol. I:3, pp. 25–31.

Stadlbauer, Susanne (2010). 'Language Ideologies in the Arabic Diglossia of Egypt', *CRL*, 22(1).

Starcky, Jean (1966). 'Petra et la Nabatène', *Dictionnaire de la Bible*, ed. Fulcran Grégoire Vigouroux, Supplément, VII, 886–1,017, Paris: Letouzey et Ané.

Stein, Peter (2010). 'Literacy in pre-Islamic Arabic: An Analysis of the Epigraphic Evidence', in Neuwirth *et al.* (eds), *The Qur'ān in Context*, pp. 255–80.

Steiner, Richard C. (1977). *The Case for Fricative Laterals in Proto-Semitic*, New Haven, CT: American Oriental Society.

Stetkevych, Jaroslav (1970). *The Modern Arabic Literary Language: Lexical and Stylistic Developments*, Chicago, IL: University of Chicago Press.

Stiehl, Ruth (1971–3). 'Neue Liḥyanische Inschriften aus al-ʿUḏayb', in Franz Altheim and Ruth Stiehl (eds), *Christentum am Roten Meer*, Berlin: de Gruyter, vol. I, pp. 3–40.

Stowasser, Karl and Moukhtar Ani (1964). *A Dictionary of Syrian Arabic: English-Arabic*, Washington, DC: Georgetown University Press (repr., 2004).

Stroumsa, Rachel (2008). 'People and Identities in Nessana', Ph.D. thesis, Duke University.

Suleiman, Camelia and Russell E. Lucas (2012). 'Debating Arabic on Al-Jazeera: Endangerment and Identity in Divergent Discourses', *MEJCC*, 5: 190–210.

Suleiman, Saleh M. (1985). *Jordanian Arabic between Diglossia and Bilingualism*, Amsterdam: Benjamins.

Suleiman, Yasir (1999). *The Arabic Grammatical Tradition: A Study in* taʿlīl, Edinburgh: Edinburgh University Press.

Suleiman, Yasir (2003). *The Arabic Language and National Identity: A Study in Ideology*, Edinburgh: Edinburgh University Press.

Suleiman, Yasir (2004). *A War of Words: Language and Conflict in the Middle East*, Cambridge: Cambridge University Press.

Sutcliffe, Edmund F. (1936). *A Grammar of the Maltese Language, with Chrestomathy and Vocabulary*, London: Oxford University Press.

Taine-Cheikh, Catherine (1988–98). *Dictionnaire ḥassāniyya-français*, vols 1–8, Paris: Geuthner (8 vols published, *hamza-gāf*).

Taine-Cheikh, Catherine (1994). 'Le ḥassānīya de Mauritanie: un dialecte non-marginal de la périphérie', in Aguadé *et al.* (eds), *Actas del Congreso Internacional*, pp. 173–99.

Talay, Shabo (2001). 'Der arabische Dialekt von Hasköy (Dēr-Khāṣ), Ostanatolien. I. Grammatikalische Skizze', *ZAL*, 40: 71–89.

Talay, Shabo (2002). 'Der arabische Dialekt von Hasköy (Dēr-Khāṣ), Ostanatolien. II. Texte und Glossar', *ZAL*, 41: 46–86.

Talmon, Rafael (1985). 'Who was the First Arab Grammarian? A New Approach to an Old Problem', *SHAG*, I, pp. 128–45.

Talmon, Rafael (2002). 'Preparation of the North-Israeli Arabic *Sprachatlas*', *AIDA*, IV, pp. 68–77.

Talmoudi, Fathi (1980). *The Arabic Dialect of Sūsa (Tunisia)*, Gothenburg: Acta Universitatis Gothoburgensis.

Talmoudi, Fathi (1981). *Texts in the Arabic Dialect of Sūsa (Tunisia): Transcription, Translation, Notes and Glossary*, Gothenburg: Acta Universitatis Gothoburgensis.

Talmoudi, Fathi (1984a). *The Diglossic Situation in North Africa: A Study of Classical Arabic/Dialectal Arabic Diglossia with Sample Text in 'Mixed Arabic'*, Gothenburg: Acta Universitatis Gothoburgensis.

Talmoudi, Fathi (1984b). 'Notes on the Syntax of the Arabic Dialect of Sūsa', *ZAL*, 12: 48–85.

Téné, David (1980). 'The Earliest Comparisons of Hebrew with Aramaic and Arabic', in Konrad Koerner (ed.), *Progress in Linguistic Historiography*, Amsterdam: Benjamins, pp. 355–77.

Testen, David (1996). 'On the Arabic of the ʿEn ʿAvdat Inscription', *JNES*, 55, 281–92.

Thomason, Sarah G. (2007). 'Language Contact', *EALL*, vol. II, pp. 664–74.

Thomason, Sarah G. and Alaa Elgibali (1986). 'Before the Lingua Franca: Pidginized Arabic in the Eleventh Century A.D.', *Lingua*, 68: 317–49.

Toll, Christopher (1983). *Notes on Ḥijāzī Dialects: Ġāmidī*, Copenhagen: Reitzel.

Tomiche, Nada (1964). *Le parler arabe du Caire*, The Hague: Mouton.

Tosco, Mauro (1995). 'A Pidgin Verbal System: The Case of Juba Arabic', *AL*, 37: 423–59.

Tosco, Mauro and Jonathan Owens (1993). 'Turku: A Descriptive and Comparative Study', *SGA*, 14: 177–267.

Tourneux, Henry and Jean-Claude Zeltner (1986). *L'arabe dans le bassin du Tchad: Le parler des Ulâd Eli*, Paris: Karthala.

Trimingham, J. Spencer (1946). *Sudan Colloquial Arabic*, 2nd edn, London: Oxford University Press.

Troupeau, Gérard (1976). *Lexique-index du Kitāb de Sībawayhi*, Paris: Klincksieck.

Tschacher, Torsten (2001). *Islam in Tamilnadu: Varia*, Halle (Saale): Institut für Indologie und Südasienwissenschaften der Martin-Luther Universität.

Tschacher, Torsten (2009). 'Tamil', *EALL*, vol. IV, pp. 433–6.

Tsereteli, George V. (1970a). 'The Verbal Particle m/mi in Bukhara Arabic', *FO*, 12: 291–5.

Tsereteli, George V. (1970b). 'The Influence of the Tajik Language on the Vocalism of Central Asian Arabic dialects', *BSOAS*, 33: 167–70.

Tweissi, Adel (1990). '"Foreigner Talk" in Arabic: Evidence for the Universality of Language Simplification', *PAL*, vol. II, pp. 296–326.

Ullendorff, Edward (1958). 'What is a Semitic Language?' *Orientalia* (NS), 27: 66–75.

Ullendorff, Edward (1970). 'Comparative Semitics', in Thomas Sebeok (ed.), *Current Trends in Linguistics, vol. VI: Linguistics in South West Asia and North Africa*, The Hague: Mouton, pp. 261–73.

Ullmann, Manfred (1966). *Untersuchungen zur Rağazpoesie: Ein Beitrag zur arabischen Sprach- und Literaturwissenschaft*, Wiesbaden: Harrassowitz.

ʿUmar, ʾAḥmad Muḫtār (1992). *Taʾrīḫ al-luġa al-ʿarabiyya fī Miṣr wa-l-Maġrib al-ʾAdnā*, Cairo: ʿĀlam al-Kutub.

Vagelpohl, Uwe (2009). 'Translation Literature', *EALL*, vol. IV, pp. 542–8.

Vanhove, Martine (1993). *La langue maltaise*, Wiesbaden: Harrassowitz.

Versteegh, Kees (1984). *Pidginization and Creolization: The Case of Arabic* (= *Current Issues in Linguistic Theory*, 33), Amsterdam: Benjamins.

Versteegh, Kees (1984–6). 'Word Order in Uzbekistan Arabic and Universal Grammar', *OS*,

33–5: 443–53.
Versteegh, Kees (1985). 'The Development of Argumentation in Arabic Grammar: The Declension of the Dual and the Plural', *SHAG*, I, pp. 152–73.
Versteegh, Kees (1990). 'Grammar and Exegesis: The Origin of Kufan Grammar and the Tafsīr Muqātil', *Der Islam*, 67: 206–42.
Versteegh, Kees (1993a). *Arabic Grammar and Qur'ānic Exegesis in Early Islam*, Leiden: Brill.
Versteegh, Kees (1993b). 'Leveling in the Sudan: From Arabic Creole to Arabic Dialect', *IJSL*, 99: 65–79.
Versteegh, Kees (1994). 'The Notion of "Underlying Levels" in the Arabic Linguistic Tradition', *HL*, 21: 271–96.
Versteegh, Kees (1995). *The Explanation of Linguistic Causes: Az-Zağğāğī's Theory of Grammar, Introduction, Translation and Commentary*, Amsterdam: Benjamins.
Versteegh, Kees (1997a). *Landmarks in Linguistic Thought, vol. III: The Arabic Linguistic Tradition*, London: Routledge.
Versteegh, Kees (1997b). 'The Arabic Tradition', in Wout van Bekkum, Jan Houben, Ineke Sluiter and Kees Versteegh (eds), *The Emergence of Semantics in Four Linguistic Traditions: Hebrew, Sanskrit, Greek, Arabic*, Amsterdam: Benjamins, pp. 227–84.
Versteegh, Kees (1999). 'Loanwords from Arabic and the Merger of ḍ/ḏ̣', *IOS*, 19: 273–86.
Versteegh, Kees (2001). 'Arabic in Madagascar', *BSOAS*, 64: 177–87.
Versteegh, Kees (2003). 'The Arabic Component of the Indonesian Lexicon', in Lilie Suratminto and Munawar Holil (eds), *Rintisan kajian leksikologi dan leksikografi*, Jakarta: Fakultas Pengetahuan Budaya Universitas Indonesia, pp. 216–29.
Versteegh, Kees (2004). 'Pidginization and Creolization Revisited: The Case of Arabic', in Haak *et al.* (eds), *Approaches to Arabic Dialects*, pp. 343–57.
Versteegh, Kees (2010). 'Contact and the Development of Arabic', in Raymond Hickey (ed.), *The Handbook of Contact Languages*, Chichester: Wiley-Blackwell, pp. 634–51.
Vial, Charles (1983). *L'égyptien tel qu'on l'écrit d'après un choix d'oeuvres littéraires égyptiennes contemporaines*, Cairo: Institut français d'archéologie orientale du Caire.
Vicente, Ángeles (2007). 'Two Cases of Moroccan Arabic in the Diaspora', in Miller et al. (eds), *Arabic in the City*, pp. 123–43.
Vicente, Ángeles (2009). 'Gender and Language Boundaries in the Arab World: Current Issues and Perspectives', *EDNA*, 9: 7–30.
Vierke, Clarissa (2014). 'Akhi patia kalamu: Writing Swahili Poetry in Arabic Script', in Mumin and Versteegh (eds), *Arabic Script in Africa*, pp. 319–39.
Vinnikov, Isaak Natanovič (1956). 'Fol'klor Buxarskix Arabov', *AOASH*, 6: 181–206.
Vinnikov, Isaak Natanovič (1962). *Slovar' dialekta buxarskix Arabov* (= *PS* 10 [73]), Moscow: Izd. Nauka.

Vinnikov, Isaak Natanovič (1969). *Jazyk i fol'klor buxarskix Arabov*, Moscow: Izd. Nauka.

Violet, Bruno (1902). *Ein zweisprachiges Psalmfragment aus Damaskus*, Berlin: Peiser.

Vocke, Sibylle and Wolfram Waldner (1982). 'Der Wortschatz des anatolischen Arabisch', Dissertation, University of Erlangen.

Voigt, Rainer M. (1987). 'The Classification of Central Semitic', *JSS*, 32: 1–21.

Voigt, Rainer M. (1988). *Die infirmen Verbaltypen des Arabischen und das Biradikalismus-problem*, Stuttgart: Steiner.

Voigt, Rainer M. (2009), 'Semitic Languages', *EALL*, vol. IV, pp. 170–9.

Vollers, Karl (1906). *Volkssprache und Schriftsprache im alten Arabien*. Strasburg: Trübner (repr. 1981).

Vrolijk, Arnoud (1998). *Bringing a Laugh to a Scowling Face: A Study and Critical Edition of the* Nuzhat al-nufūs wa-muḍḥik al-ʿabūs *by ʿAlī Ibn Sūdūn al-Bašbuġāwī (Cairo 810/1407 – Damascus 868/1464)*, Leiden: Research School CNWS.

Walters, Keith (1989). 'Social Change and Linguistic Variation in Korba, a Small Tunisian Town', Ph.D. thesis, University of Texas, Austin.

Walters, Keith (1991). 'Women, Men, and Linguistic Variation in the Arab World', *PAL*, vol. III, pp. 199–229.

Watson, Janet C. E. (1993). *A Syntax of Ṣanʿānī Arabic*, Wiesbaden: Harrassowitz.

Watson, Janet C. E. (1996). *Ṣbaḥtū: A Course in Ṣanʿānī Arabic*, Wiesbaden: Harrassowitz.

Watson, Janet C. E. (1999). 'The Directionality of Emphasis Spread in Arabic', LI, 30: 289–300.

Watson, Janet C. E. (2002). *The Phonology and Morphology of Arabic*, Oxford: Oxford University Press.

Wehr, Hans (1952). 'Review of Fück (1950)', *ZDMG*, 102: 179–86.

Wehr, Hans (1956). *Das Buch der wunderbaren Erzählungen und seltsamen Geschichten*, Wiesbaden: Steiner.

Wehr, Hans (1979). *A Dictionary of Modern Written Arabic (Arabic-English)*, ed. J Milton Cowan, Wiesbaden: Harrassowitz.

Wehr, Hans (〔1952〕 1985). *Arabisches Wörterbuch für die Schriftsprache der Gegenwart: Arabisch-Deutsch*, 5th edn, Wiesbaden: Harrassowitz.

Wellens, Ineke (2005). *The Nubi Language of Uganda: An Arabic Creole in Africa*, Leiden: Brill.

Weninger, Stefan (ed.) (2011). *The Semitic Languages: An International Handbook*, Berlin: Mouton de Gruyter.

Wild, Stefan (1965). *Das* Kitāb al-ʿain *und die arabische Lexikographie*, Wiesbaden: Harrassowitz.

Wild, Stefan (1982). 'Die arabische Schriftsprache der Gegenwart', *GAP*, vol. I, pp. 51–7.

Willis, Michael J. (2012). *Politics and Power in the Maghreb: Algeria, Tunisia and Mo-*

rocco from Independence to the Arab Spring, London: Hurst.

Wise, Hilary (1975). *A Transformational Grammar of Spoken Egyptian Arabic*, Oxford: Blackwell.

Wise, Lindsay (2003). '"Words from the Heart": New Forms of Islamic Preaching in Egypt', M.Phil. thesis, University of Oxford.

Wittrich, Michaela (2001). *Der arabische Dialekt von Āzəx*, Wiesbaden: Harrassowitz.

Woidich, Manfred (1969). 'Negation und negative Sätze im Ägyptisch-Arabischen', Dissertation, University of Munich.

Woidich, Manfred (1979). 'Zum Dialekt von il-ʿAwāmṛa in der östlichen Šarqiyya (Ägypten). I. Einleitung, grammatische Skizzen und volkskundliches', *ZAL*, 2: 76–99.

Woidich, Manfred (1980). 'Zum Dialekt von il-ʿAwāmṛa in der östlichen Šarqiyya (Ägypten). II. Texte und Glossar', *ZAL*, 4: 31–60.

Woidich, Manfred (1985). *Übungsbuch zur arabischen Schriftsprache der Gegenwart*, Wiesbaden: Reichert.

Woidich, Manfred (1990). Ahlan wa sahlan: *Eine Einführung in die Kairoer Umgangssprache*, Wiesbaden: Reichert.

Woidich, Manfred (1993). 'Die Dialekte der ägyptischen Oasen: westliches oder östliches Arabisch?' *ZAL*, 25: 340–59.

Woidich, Manfred (1994). 'Cairo Arabic and the Egyptian Dialects', *AIDA*, I, pp. 493–507.

Woidich, Manfred (1995). 'Das Kairenische im 19. Jh.: Gedanken zu Ṭanṭāwī's "*Traité de la langue arabe vulgaire*"', in Harviainen and Halen (eds), *Dialectologia Arabica*, pp. 271–87.

Woidich, Manfred (2000). 'The Arabic Dialect of ilBašandi at Dakhla Oasis (Egypt)', *AIDA*, III, pp. 145–50.

Woidich, Manfred (2002). 'Zum Dialekt von al-Qaṣr in der Oase Dakhla (Ägypten)', in Arnold and Bobzin (eds), *Sprich doch mit deinen Knechten aramäisch*, pp. 821–40.

Woidich, Manfred (2006). *Das Kairenisch-Arabische: Eine Grammatik*, Wiesbaden: Harrassowitz.

Woidich, Manfred and Rabha Heinen-Nasr (1995). Kullu tamām: *Inleiding tot de Egyptische omgangstaal*, Amsterdam: Bulaaq.

Woidich, Manfred and Jacob M. Landau (1993). *Arabisches Volkstheater in Kairo im Jahre 1909: Aḥmad ilFār und seine Schwänke*, Stuttgart: Steiner.

Woodhead, Daniel and Wayne Beene (1967). *A Dictionary of Iraqi Arabic: Arabic-English*, Washington, DC: Georgetown University Press (repr. 2003, together with the English-Arabic part).

Worrell, William H. and Werner Vycichl (1942). 'Popular Traditions of the Coptic Language', in William H. Worrell (ed.), *Coptic Texts in the University of Michigan Collection*, Ann Arbor, MI: University of Michigan Press, pp. 297–342.

Wright, Roger (1982). *Late Latin and Early Romance in Spain and Carolingian France*, Liverpool: F. Cairns.

Wright, William ([1859–62] 1964). *A Grammar of the Arabic Language*, 2 vols, Cambridge: Cambridge University Press (3rd rev. edn W. Robertson Smith and M. J. de Goeje, Cambridge: Cambridge University Press, 1896–8). [『アラビア語文典』後藤三男訳, ごとう書房, 1987]

Yoda, Sumikazu (2005). *The Arabic Dialect of the Jews in Tripoli (Libya)*, Wiesbaden: Harrassowitz.

Younes, Munther, Makda Weatherspoon and Maha Foster (2013). *'Arabiyyat al-Naas: Part One*, London: Routledge.

Younes, Munther and Hanada Al-Masri (2013). *'Arabiyyat al-Naas: Part Two*, London: Routledge.

Youssi, Abderrahim (1995). 'The Moroccan Triglossia: Facts and Implications', *IJSL*, 112: 29–43.

Zaborski, Andrzej (1991a). 'The Position of Arabic within the Semitic Language Continuum', *BSA*, 3–4: 365–75.

Zaborski, Andrzej (1991b), 'Biconsonantal Roots and Triconsonantal Root Variation in Semitic: Solutions and Prospects', in Kaye (ed.), *Semitic Studies in Honor of Wolf Leslau*, vol. II, pp. 1675–702.

Zaborski, Andrzej (2006a). 'Afro-Asiatic Languages', *EALL*, vol. I, pp. 35–40.

Zaborski, Andrzej (2006b). 'Biradicalism', *EALL*, vol. I, pp. 313–16.

Zack, Liesbeth (2009). 'Egyptian Arabic in the Seventeenth Century: A Study and Edition of Yūsuf al-Maġribī's Daf' al-iṣr 'an kalām ahl Miṣr', Ph. D. dissertation, University of Amsterdam.

Zack, Liesbeth and Arie Schippers (eds) (2012). *Middle Arabic and Mixed Arabic: Diachrony and Synchrony*. Leiden: Brill.

Zadeh, Travis (2012). *The Vernacular* Qur'ān: *Translation and the Rise of Persian Exegesis*, Oxford: Oxford University Press.

Zarrinkūb, 'Abd al-Ḥusain (1975). 'The Arab Conquest of Iran and its Aftermath', *CHI*, vol. IV, pp. 1–56.

Zavadovskij, Ju. N. (1981). *Mavritanskij dialekt Arabskogo jazyka (Chassanija)*, Moscow: Nauka.

Zawawi, Sharifa (1979). *Loan Words and their Effect on the Classification of Swahili Nominals*, Leiden: Brill.

Ziadeh, Farhat J. and R. Bayly Winder (1957). *An Introduction to Modern Arabic*, Princeton, NJ: Princeton University Press.

Ziamari, Karima (2007). 'Development and Linguistic Change in Moroccan Arabic- French Codeswitching', in Miller *et al.* (eds), *Arabic in the City*, pp. 275–90.

Zimmermann, Friedrich Wilhelm (1972). 'Some Observations on al-Fārābī and Logical Tradition', in Samuel M. Stern, Albert Hourani and Vivian Brown (eds), *Islamic Philosophy and the Classical Tradition: Essays Presented by his Friends and Pupils to Richard Walzer on his Seventieth Birthday*, Oxford: Cassirer, pp. 517–46.

Zimmermann, Gerit (2002). 'Das Arabische von Buchara zwischen alten Quellen und neuen Forschungsgebieten', M.A. thesis, University of Bayreuth.

Zughoul, Muhammad Raji and Lucine Taminian (1984). 'The Linguistic Attitude of Arab University Students: Factorial Structure and Intervening Variables', *IJSL*, 50: 155–79.

Zürcher, Erik-Jan (1985). 'La théorie du "langage-soleil" et sa place dans la réforme de la langue turque', in Sylvain Auroux, Jean-Claude Chevalier, Nicole Jacques-Chaquin and Christiane Marchello-Nizia (eds), *La linguistique fantastique*, Paris: Clims, pp. 83–91.

Zwartjes, Otto (1997). *Love Songs from al-Andalus: History, Structure and Meaning of the Kharja*, Leiden: Brill.

Zwartjes, Otto and Manfred Woidich (2012). 'Damascus Arabic According to the Compendio of Lucas Caballero (1709)', in Zack and Schippers (eds), *Middle Arabic and Mixed Arabic*, pp. 295–333.

Zwettler, Michael (1978). *The Oral Tradition of Classical Arabic Poetry: Its Character and Implications*, Columbus, OH: Ohio State University Press.

Zwettler, Michael (2006). 'Binding on the Crown', *PSAS*, 36, 87–99.

【雑誌略号】

AAE *Arabian Archaeology and Epigraphy*, Chichester.

AI *Ars Islamica*, Ann Arbor.

AIDA I *Actes des premières journées internationales de dialectologie arabe de Paris*, eds Dominique Caubet and Martine Vanhove, Paris: INALCO.

AIDA II *Proceedings of the 2nd International Conference of L'Association Internationale pour la Dialectologie Arabe*, held at Trinity Hall, University of Cambridge, 10–14 September 1995, Cambridge: University of Cambridge, 1996.

AIDA IV *Aspects of the Dialects of Arabic Today: Proceedings of the 4th Conference of the International Arabic Dialect Association (AIDA)*, Marrakesh, 1-4 April 2000, ed. Abderrahim Youssi, Rabat: Amapatril, 2002.

AIDA V *Association Internationale de Dialectologie Arabe (AIDA): 5th Conference*, Cádiz, September 2002, eds Ignacio Ferrando and Juan José Sánchez Sandoval, Cadiz: Universidad de Cádiz, 2003.

AIDA VI *L'arabe dialectal: enquêtes, descriptions, interprétations. Actes d'AIDA 6: travaux offerts au Professeur Taïeb Baccouche*, ed. Salah Mejri, Tunis: Centre d'études et de recherches economiques et sociales, 2006.

AIEO *Annales de l'Institut d'études orientales*, Algiers.

AION *Annali del Istituto Orientale di Napoli*, Naples.

AJAS *American Journal of Arabic Studies*, Leiden.

AJH *Arab Journal of the Humanities*, Kuwait.

AJSLL *American Journal of Semitic Languages and Linguistics*, Chicago.

AKAWB *Philosophische und historische Abhandlungen der königlichen Akademie der Wissenschaften zu Berlin*, Berlin.

AL *Anthropological Linguistics*, Bloomington, IN.

AO *Acta Orientalia*, Copenhagen.

AOASH *Acta Orientalia Academiae Scientiarum Hungaricae*, Budapest.

Ar *Arabica. Revue d'études arabes*, Leiden.

al-'Arabiyya *al-'Arabiyya. Journal of the American Association of Teachers of Arabic*, Columbus, OH.

ArchLing *Archivum Linguisticum: A Review of Comparative Philosophy and General Linguistics*, Leeds.

AÜ *Afrika und Übersee*, Berlin.

BASOR *Bulletin of the American Schools of Oriental Research*, Jerusalem.

BCEPSP *Bulletin du Centre d'étude des plurilinguismes et des situations pluriculturelles*, Nice.

BIFAO *Bulletin de l'Institut français d'archéologie orientale*, Cairo.

BiOr *Bibliotheca Orientalis*, Leiden.

BLC *Blingualism: Language and Cognition*, Cambridge.

BSA *Budapest Studies in Arabic*, Budapest.

BSLP *Bulletin de la Société de linguistique de Paris*, Paris.

BSOAS *Bulletin of the School of Oriental and African Studies*, London.

CERES *Cahiers du Centre d'études et de recherches economiques de l'Université de Tunis*, série linguistique, Tunis.

CHAL *The Cambridge History of Arabic Literature, vol. I: Arabic Literature to the End of the Umayyad Period*, eds Alfred F. L. Beeston, Thomas M. Johnstone, Robert B. Serjeant and Gerald R. Smith, Cambridge: Cambridge University Press, 1983.

CHI *The Cambridge History of Iran, vol. IV: The Period from the Arab Invasion to the Saljuqs*, ed. Richard N. Frye, Cambridge: Cambridge University Press, 1975.

CIAP *Corpus Inscriptionum Arabicarum Palaestinae*, ed. Moshe Sharon, Corpus Inscriptionum Arabicarum Palaestinae, vol. I (1997), vol. II (1999), vol. III (2004), vol. IV (2009), vol. V (2013), Leiden: Brill.

Concordances *Concordances et indices de la Tradition Musulmane*, eds Arent Jan Wensinck, Wim Raven and Jan Just Witkam, 7 vols, Leiden: Brill, 1936–69.

CRL *Colorado Research in Linguistics*, Boulder, CO.

CSSH *Comparative Studies in Society and History*, Cambridge.

Diachronica *Diachronica. International Journal for Historical Linguistics*, Amsterdam.

DOP *Dumbarton Oaks Papers*, Washington, DC.

EALL *Encyclopedia of Arabic Language and Linguistics*, eds Mushira Eid, Alaa Elgibali, Kees Versteegh, Manfred Woidich and Andrzej Zaborski, 5 vols, Leiden: Brill, 2006–9.

EDNA *Estudios de dialectología norte-africana y andalusí*, Zaragoza.

EI(2) *The Encyclopaedia of Islam*, Leiden: Brill, 1908–34. New edition prepared by a number of leading Orientalists, Leiden: Brill, 1960–2004.

EP *L'enseignement public*, Paris.

FO *Folia Orientalia. Revue des études orientales*, Cracow.

GAP *Grundriß der arabischen Philologie, vol. I: Sprachwissenschaft*, ed. Wolfdietrich Fischer; *vol. II: Literaturwissenschaft*, ed. Helmut Gätje; *vol. III: Supplement*, ed. Wolfdietrich Fischer, Wiesbaden: Reichert, 1983, 1987, 1992.

GAS Fuat Sezgin, *Geschichte des arabischen Schrifttums*, Leiden: Brill, 1967–.

HAR *Hebrew Annual Review*, Columbus, OH.

HdO *Handbuch der Orientalistik*, Leiden: Brill.

HL *Historiographia Linguistica*, Amsterdam.

IEJ *International Education Journal*, Scarsdale, NY.

IJALEL *International Journal of Applied Linguistics and English Literature*, Maidstone (Australia).

IJB *International Journal of Bilingualism*, Thousand Oaks, CA.

IJoAL *Indian Journal of Applied Linguistics*, Delhi.

IJSL *International Journal of the Sociology of Language*, Berlin.

IOS *Israel Oriental Studies*, Tel Aviv.

Der Islam *Der Islam. Zeitschrift für Geschichte und Kultur des islamischen Orients*, Berlin.

JAAL *Journal of Afroasiatic Languages*, Princeton, NJ.

JAL *Journal of Arabic Literature*, Leiden.

JAOS *Journal of the American Oriental Society*, New Haven, CT.

JCCE *Journal of Communications and Computer Engineering*, Cairo.

JJP *Journal of Juristic Papyrology*, Warsaw.

JNAS *Journal of North African Studies*. London and New York.

JPCL *Journal of Pidgin and Creole Languages*, Amsterdam and Philadelphia.

JPS *Journal of Persianate Studies*, Leiden.

JQR *Jewish Quarterly Review*, Leiden.

JSAI *Jerusalem Studies in Arabic and Islam*, Jerusalem.

JSI *Journal of Social Issues*, New York.

JSS *Journal of Semitic Studies*, Manchester.

al-Karmil *al-Karmil. Studies in Arabic Language and Literature*, Haifa.

LA *Linguistic Analysis*, New York.

LC *Language and Cognition*, Berlin and New York.

Lg *Language. Journal of the Linguistic Society of America*, Baltimore, MD.

LI *Linguistic Inquiry*, Cambridge, MA.

Lingua *Lingua. International Review of General Linguistics*, Amsterdam.

Linguistics *Linguistics: An Interdisciplinary Journal of the Language Sciences*, London.

LPLP *Language Problems and Language Planning*, Amsterdam.

MAS *Matériaux arabes et sudarabiques*, Paris.

ME *Medieval Encounters*, Leiden.

MEJCC *Middle East Journal of Culture and Communication*, Leiden.

MSOS *Mitteilungen des Seminars für Orientalische Sprachen, westasiatische Studien*, Berlin.

MUSJ *Mélanges de l'Université Saint-Joseph*, Beirut.

NLLT *Natural Language and Linguistic Theory*, Dordrecht.

OA *Oriens Antiquus. Rivista del Centro per le Antichità e la Storia dell' Arte del Vicino Oriente*, Rome.

Orientalia *Orientalia. Commentarii Periodici Pontificii Instituti Biblici*, Rome.

OS *Orientalia Suecana*, Stockholm.

PAL *Perspectives on Arabic Linguistics*, vol. I, ed. Mushira Eid (1990); vol. II, eds Mushira Eid and John McCarthy (1990); vol. III, eds Bernard Comrie and Mushira Eid (1991); vol. IV, eds Ellen Broselow, Mushira Eid and John McCarthy (1992); vol. V, eds Mushira Eid and Clive Holes (1993); vol. VIII, ed. Mushira Eid (1996); vol. XI, eds Elabbas Benmamoun, Mushira Eid and Niloofar Haeri (1997); vol. XIII–XIV, eds Dilworth B. Parkinson and Elabbas Benmamoun (2002); vol. XIX, ed. Elabbas Benmamoun (2007), Amsterdam and Philadelphia: Benjamins.

PCALL *Proceedings of the Colloquium on Arabic Lexicology and Lexicography*, Budapest, 1–7 September 1993, eds Kinga Dévényi, Tamás Iványi and Avihai Shivtiel, Budapest: Eötvös Loránd University.

Phonology *Phonology*, Cambridge.

Pragmatics *Pragmatics*, Antwerp.

PS *Palestinskij Sbornik*, Moscow and Leningrad.

PSAS *Proceedings of the Seminar for Arabian Studies*, Oxford.

Q *Qur'ān.*

QSA *Quaderni di Studi Arabi*, Rome.

R-A *Romano-Arabica*, Bucarest.

RAL *Revue d'aménagement linguistique*, Quebec.

REI *Revue des études Islamiques*, Paris.

RHR *Revue de l'histoire des religions*, Paris.
RO *Rocznik Orientalistyczny*, Warsaw.
RTSS *Revue tunisienne des sciences sociales*, Tunis.
SbBAW *Sitzungsberichte der philosophisch-philologischen Classe der kaiserlichen bayerischen Akademie der Wissenschaften*, Munich.
SGA *Sprache und Geschichte in Afrika*, Cologne.
SHAG I *Studies in the History of Arabic Grammar. Proceedings of the First Symposium on the History of Arabic Grammar*, held at Nijmegen 16–19 April 1984, eds Hartmut Bobzin and Kees Versteegh (= *ZAL* 15), Wiesbaden: Harrassowitz, 1985.
SI *Studia Islamica*, Paris.
Théorie Analyses *Travaux Vincennois. Études Arabes. Théorie Analyses*, Paris [aka. *Analyses Théorie*].
TJ *Travaux et Jours*, Beirut.
WAD Behnstedt, Peter and Manfred Woidich, *Wortatlas der arabischen Dialekte, vol. I: Mensch, Natur, Fauna und Flora; vol. II: Materielle Kultur; vol. III: Verbe, Adjektive, Zeit und Zahlen*, Leiden: Brill, 2010, 2011, 2014.
WALS *The World Atlas of Language Structures*, eds Martin Haspelmath, Matthew S. Dryer, David Gil and Bernard Comrie, Oxford: Oxford University Press, 2005.
WdI *Die Welt des Islams*, Leiden.
WKAS *Wörterbuch der klassischen arabischen Sprache*, Wiesbaden: Harrassowitz, 1957–.
Word *Word. Journal of the International Linguistics Association*, New York.
WZKM *Wiener Zeitschrift für die Kunde des Morgenlandes*, Vienna.
ZAL *Zeitschrift für arabische Linguistik*, Wiesbaden.
ZDMG *Zeitschrift der deutschen morgenländischen Gesellschaft*, Leipzig and Wiesbaden.
ZDPV *Zeitschrift des deutschen Palästina-Vereins*, Leipzig and Wiesbaden.

アラビア語引用文献（→の後は本書の掲載ページ）

『アインの書』*Kitāb al-ʿayn*（ハリール著）ed. *al-Maḫzmī* & *as-Sāmarrāʾī*, Beirut, 1988. → 107, 181, 185
『アラビア半島の特質』*Ṣifat jazīrat al-ʿArab*（ハムダーニー *al-Hamdānī* 著）ed. Müller, Leiden, 1884–91. → 67
『アラブの言葉』*Lisān al-ʿarab*（イブン=マンズール *Ibn Manḏ̣ūr* 著）→ 186
『イスラム戦記』*al-Maġāzī*（ワーキディー *al-Wāqidī* 著）→ 93, 114
『エジプトの民の言葉からの罪除去』*Rafʿ al-ʾiṣr ʿan kalām ʾahl Miṣr*（ユースフ=ル=マグリビー *Yūsuf al-Maġribī* 著）ファクシミリ版, Moscow 1968. → 263
『回想録』*Kitāb al-iʿtibār*（ウサーマ=イブン=ムンキズ）ed. *Qāsim as-Sāmarrāʾī*, Riyadh

1987.（藤本，池田，梅田訳注『回想録』，関西大学，1987）→ 122, 240
『学者たちの会合』*Majālis al-'ulamā'*（ザッジャージー著 *az-Zajjājī*）ed. *Hārūn*, Kuwait, 1962. → 101
『ガレノスの著作からの翻訳の思い出について，アリー=イブン=ヤハヤーへの，フナイン=イブン=イスハークの書簡』*Risāla Ḥunayn ibn 'Ishāq 'ilā 'Alī ibn Yaḥyā fī ḏikr mā turjima min kutub Jālīnūs bi-'ilmihi wa-ba'ḍ mā lam yutarjam*（フナイン=イブン=イスハーク *Ḥunayn ibn 'Isḥāq* 著）ed. G. Bergsträßer, Leipzig, 1925. → 119
『公正な判断』*al-'Inṣāf fī masā'il al-ḫilāf*（イブヌ=ル=アンバーリー著）ed. Weil, Leiden, 1913. → 110, 143
『言葉学に関するサーヒブの書』*aṣ-Ṣāḥibī fī fiqh al-luġa*（イブン=ファーリス著 *Ibn Fāris*）ed. *'Aḥmad Ṣaqr*, 1977 Cairo ／ ed. M. Chouémi, Beirut, 1964. → 121, 129
『言葉の集まり』*Jamharat al-luġa*（イブン=ドゥライド *Ibn Durayd* 著）ed. Baalbaki, Beirut, 1987 → 187
『言葉の矯正と修辞教育の入門』*Madḫal 'ilā taqwīm al-lisān wa-ta'līm al-bayān*（イブン=ヒシャーム *Ibn Hišām al-Laḫmī* 著）ed. Pérez Lázaro 1990. → 197
『言葉の躾（しつけ）』*Tahḏīb al-luġa*（アズハリー *al-'Azharī* 著）ed. *Hārūn*, Cairo, 1964–7. → 108
『コーランの意味』*Ma'ānī l-Qur'ān*（ファッラー *al-Farrā'* 著）II 巻 ed. *an-Najjār*, Cairo, 1955–72. → 78
『コーランの文意』*Majāz al-Qur'ān*（アブー=ウバイダ *'Abū 'Ubayda* 著）ed. F. Sezgin, Cairo, 1954. → 103
『宿命に関する書簡』*Risāla fī-l-qadar*（ハサヌ=バスリー *al-Ḥasan al-Baṣrī* 著）ed. *'Amāra*, Beirut, 1987. → 116
『書』*Kitāb*（スィーバワイヒ著 *Sībawayhi*）ed. Bulaq, n.d. → 111, 124, 161, 166, 182
『情熱（ハマーサ）詩集』*Ḥamāsa*, Reckendorf 1921. → 79
『諸国征服史』*Futūḥ al-buldān*（バラーズリー *al-Balāḏurī* 著）ed. *Riḍwān*, Cairo, 1959.（熊谷哲也，花田宇秋訳『諸国征服史』全 3 巻，岩波書店，2012–4）→ 98
『諸地方の知識についての最良の分類の書』*Kitāb 'aḥsan at-taqāsīm fī ma'rifat al-'aqālīm*（ムカッダスィー *al-Muqaddasī* 著）→ 261
『諸特性』*Ḫaṣā'iṣ*（イブン=ジンニー *Ibn Jinnī* 著）ed. *an-Najjār*, Cairo, 1952–6. → 109, 187
『人間の本性についてのヒポクラテスの書』*Kitāb Buqrāṭ fī ṭabī'at al-'insān*, ed. J. N. Mattock & M. C. Lyons, Cambridge, 1968. → 118
『文学』*'Adab*（イブヌ=ル=ムカッファア *Ibn al-muqaffa'* 著）Beirut, 1964. → 117
『文人層の知的楽しみ（ヌズハ）』*Nuzhat al-'alibbā' fī ṭabaqāt al-'udabā'*（イブヌ=ル=アンバーリー著 *Ibn al-'Anbārī*）ed. *Amer*, Stockholm, 1963. → 88, 96, 162
『文法学者たちの情報』*'Aḫbār an-naḥwiyyīn*（アブー=ターヒル *Abū Ṭāhir* 著）, ed. *al-Bannā*, Cairo, 1981. → 123
『文法詳解（ムファッサル）』*Mufaṣṣal*（ザマハシャリー *az-Zamaḫšarī* 著）ed.Broch,

Christianiae, 1889. → 121

『明快さと説明の書（バヤーン）』*al-Bayān wa-t-tabyīn*（ジャーヒズ *Jāḥiẓ* 著）ed. *as-Sandūbī*, Beirut 出版年不詳. → 261

『目録（フィヒリスト）』*The Fihrist of al-Nadīm : a tenth-century survey of Muslim culture*（イブン=アン=ナデイーム *Ibn an-Nadīm* 著）Bayard Dodge, Columbia U.P. 1970. ／ ed. *Riḍā Tajaddud*, Beirut, 3rd edn, 1988（訳者が参照したのは, *al-Fihrist li-bn al-nadīm, al-maṭba'a al-raḥmāniyya bi-miṣr*, 1929/30）→ 59

『預言者伝』*as-Sīra an-Nabawiyya*（イブン=ヒシャーム *Ibn Hišām* 編）ed. *as-Saqā, al-'Ibyārī* & *Šalabī*, Cairo, 1936.（後藤他訳『預言者ムハンマド伝』，岩波書店，2010）→ 120

『歴史序説』*Muqaddima*（イブン=ハルドゥーン *Ibn Ḫaldūn* 著）Beirut, n.d.（森本公誠訳『歴史序説』全 4 巻，岩波文庫，2001）→ 208, 261, 263

索　引

［記号］

'aktib / niktibu 269
'anna 250
'illā 80
'in
　条件詞—— 31
　否定詞—— 79
'in, *'an*（軽くされた——） 78
'inna 77
'islām 104

［**A**］

ā 50, 74
Al Wer　アル=ウェール 277, 382, 383, 385
ALT 266

［**B**］

Bassiouney　バスユーニー 378, 385
Behnstedt　ベーンシュテット 194, 266, 267, 268, 276, 293, 320
Blanc　ブラン 291, 305, 384
Blau　ブラウ 21, 84, 229, 246

［**C**］

/č/, *č* 124, 428
čān 307
Corriente　コリエンテ 28, 84

［**D**］

/ḏ/, *ḏ* 34, 49, 282
ḏū（タイイ族の——） 79
/ɗ̣/ 434
/ḏ̣/, *ḏ̣* 36, 49, 201, 231, 250
/ḍ/ と /ḏ̣/ の区別 306, 328
/ḍ/, *ḍ* 25, 30, 37, 49, 132, 183, 201, 231, 494, 497
de Jong　デ=ヨング 293, 315
Diem　ディエム 49, 51, 86, 88, 216, 225, 374, 375

［**E**］

ē 74
Edzard　エツァート 24, 26, 211

［**F**］

Ferguson　ファーガソン 129, 130, 210, 223, 367

［**G**］

Garbini　ガルビニ 23, 26, 31, 33, 42

［**H**］

"*ḥāl*"「状況」構文 489

Hetzron　ヘツロン　21, 32
/ḫ/, /ġ/ と /ḥ/, /ʿ/　34
ḫōḫ　268
Holes　ホールズ　225, 266, 382, 384, 385
/ḫ/ と /ḥ/　434

［**I**］
-in-（連結辞）　212, 431

［**J**］
/j/　37, 275
jāb　207, 210

［**K**］
/k/　77
ḳ　37
Kienast　キーナスト　19, 24

［**L**］
lam（否定詞）　31

［**M**］
m-（受動分詞接頭辞）　29
mā
　ヒジャーズ地方の――　79
　否定詞――　78
Mejdell　メイデル　254, 372, 377
mō（否定詞）　423

［**O**］
Owens　オーウェンズ　71, 199, 200, 211, 212, 312, 433, 437, 449

［**P**］
p　29, 124

［**Q**］
/q/, *q*　37, 75, 77, 215, 263, 273, 274, 275, 282, 292, 299, 306, 371, 374, 428, 429
qad　143

［**R**］
r　239
rāḥ　208

［**S**］
/s/　37
/š/　37
šāf　207, 210
ṣalāh　50, 74, 104
sawwa　208

［**T**］
/ṯ/　34, 282
ṭ　49

［**V**］
/v/, *v*　327
/ṿ/　424
Vinnikov　ヴィンニコフ　145, 427, 430, 432

［**W**］
WAD 268
WALS 130, 131, 133, 152
“*wāw*”倒置法 31
Woidich　ヴォイディヒ 144, 274, 276, 313, 316, 319

［**Z**］
zakāh 50, 74, 104

［**あ行**］
アーミル（統率語） 164, 176
アァラーブ 64
アウィケンナ 6
アウレリアヌス帝 43
アカデミー 345
　イラン言語―― 482
アガピウス 247
アクセント 133, 314
　――移動 134
アクル（論理的な推論） 100
アジャミ 469
アシュムネイン市 194
アズハリー 108
アスペクト
　継続―― 31, 144
　結果状態（完了）―― 30, 144
アスペクト接頭辞 143, 206, 219, 273, 277, 293, 306, 308, 318, 424, 458
　ʿam 302
　b- 302
　laḥ(a), raḥ(a) 303
アスル（根源） 164, 165
アタチュルク 486
アチェ語 497
アッカド語 16, 23
　――の発見 27
　古―― 35
アッシュールバニパル王 41
アッシリア語 16, 192
アッバース朝 92
アドナーン族 66
アニーザ族 280
アブ=ル=アスワド 95, 99, 162
アブー=アムル=イブヌ=ル=アラー 78, 100
アブー=ウバイダ 103
アブー=ターヒル 123
アフガーニー 342
アフガニスタン 428
アフリカ 474
アフリカーンス語
　アラビア文字―― 469, 470
アフロ・アジア諸語 26
アフロディト文書群 237
アマズィグ
　――語 196, 407
　　公用語 409
　　第2国語 410
　――人 394
アマル（統率・支配） 162, 358
アムハラ語 18
アムル（*ʾamr, ʾmrw*） 48, 51

アムル=イブヌ=ル=アース 193
アモリ語 16
アモリ人 21
アラビア=ペルシャ文字 491
アラビア語
——化 225, 348, 360, 391, 399
——書き言葉 110
——辞典 10
——の位置 27
イスラム教徒中層—— 236
移民の—— 437
ウルドゥー=ピジン=—— 452
北アフリカ系移民の—— 442
旧と新 449
キリスト教徒中層—— 246
クレオール=—— 450
原—— 44
現代の中層—— 251
現代標準—— 337, 355
古—— 199
口語—— 49
口語体—— 12
古代北—— 44, 45
古典—— 22
古典——らしさ 237
純粋な—— 86
初期の—— 40, 44
新—— 190, 198, 208
中層—— 229
西—— 134
バギルミ=—— 433
半島西部—— 69
半島東部—— 69
東—— 134
ピジン=—— 455
ビンバシ=—— 458
ヘブライ単語を——化 245
ボンゴルの—— 456
ユダヤ教徒—— 242, 310
湾岸ピジン=—— 452
アラビア語の腐蝕 448
アラビア半島 191, 289
アラビア文字 59, 408, 469, 481, 494
——の廃止 487
アラビー 64
アラビーヤ 64, 68, 87, 199
アラビザンテ 4
アラビッシュ 257
アラブ 41
——会議 342
——諸族の王 65
——人 40
——世界分裂 264
——民族意識の目覚め →ナハダ
——の言葉 66, 68, 110
真の——族 66
アラブ=アナ=ボンゴル 456
アラム
——語 8, 16, 47, 48
——人 21
——文字 48, 49
古——語 17
東——語 192
アリフ

仮想要素の―― 180, 184
直立の―― 50
アルウィ 494
アルゲブラ 473
アルゴリズム 473
アルジェリア 323, 395
アルジャズィーラ放送局 361
アルファベット 49
アンダルス地方 4, 470
アンマーニー 277
アンマン市 277
アンミーヤ 367
イヴリート（ヘブライ語） 41
イェフダ=イブン=クライシュ 8
イエメン 293
イエメンの民の言葉 67
医学 105
イスナード 119
イスム（名詞） 166, 174
イスラム教運動 396
イスラム共同体 344
イダーファ →所有句
擬似―― 152
イタリア語 414, 474
イッディガーム（同化） 129
イトバーク（強勢） 131
イドリースィー 195
イブヌ=ル=アンバーリー 88, 96, 110, 143, 162
イブヌ=ル=ムカッファア 116
イブヌ=ン=ナディーム 59
イブン=アージュッルーム 188
イブン=アッバース 185
イブン=アビー=ウサイビア 122
イブン=イスハーク 119
イブン=クズマーン 470
イブン=ジンニー 109, 124, 139, 187
イブン=ドゥライド 187
イブン=ハルドゥーン 86, 88, 208, 261, 340, 448
イブン=ヒシャーム=ッ=ラハミー 197
イブン=ファーリス 121, 129
イブン=マダー 358
イブン=マンズール 186
イベリア半島 3
イマーラ現象 74, 184, 236, 244, 248, 299, 313
意味拡張 104, 350
イムル=ル=カイス 54
イラク 192
イラン 192, 482
印欧（インド・ヨーロッパ）語学 19
インターネット投稿交流媒体 361
インタビュー 381
イントネーション 454
インドネシア語 37, 494
ウィキペディア=マスリ（エジプト語版） 256, 381
ウガリト語 16
ウガンダ 460
ウサーマ=イブン=ムンキズ 122, 240
ウズベキスタン 427
ウズベク語 427

ウマイヤ朝 91, 111
ウマル 48
ウマル=イブン=アビー=ラビーア 111
埋め込み言語 373, 443
ウルドゥー語 490, 492
ウンマ（イスラム共同体） 344
ウンミー（文盲） 92
エァラーブ（格変化） 71, 87, 129, 164, 279
英語 393, 398
エザーフェ 488
エジプト 193
エジプト人教師 277, 382
エチオピア語 22, 24
エブラ語 16, 23
エミン=パシャ 459
エルペニウス 7
エレミア書 41
エン=アウダト 55
演劇 381
演説 378
オスマン
　——語 340, 487
　——帝国 341, 486
　新——人 340
オボダス神 56
重さ（音素の） 180
オランダ 440
　——語 440, 498
　——政府 253
音韻論 181

［**か行**］

ガーナ帝国 450
『カームース』 186
カール=ブロッケルマン 11
外国人労働者 452
開始語（ムブタダァ） 167, 170
改宗 87, 197
カイス族 67
改変 22, 33, 279
　活用体系の—— 23
カイラワーン 195
書き言葉 71
格 51, 80
　——語尾 24, 35, 48, 57, 81, 85, 86, 178
　——語尾の誤り 88
　——語尾母音 86
　——変化 71, 87, 129, 130, 164, 167, 211, 279, 359
　間接—— 142
　主—— 167
　所有—— 167
　所有——語尾 142
　直接—— 142
　2段——変化語 142, 174
　目的—— 51, 77, 168
　目的——語尾 *-an* 78
　目的——の *-ā* 57
格上げ 265, 266, 384
拡張（measure） 180
『芳しき園の書』 414
カサブランカ市 278

カシカシャ現象 77
カシュカ=ダリヤ州 427
カスカサ現象 77
ガズナ州 490
型
　'af'ala—— 204, 245
　'af'al^u—— 140
　fā'ala—— 29, 35
　fa'awwil—— 217
　fa'ula—— 204
　fi'wal—— 217
　fu'ayl—— 141
　fū'ila—— 35
　if'alla—— 140
　"sa-"—— 329
　tafa''ala—— 245
　第15—— 147
　第2—— 140
　第4—— 245
　第5—— 245
　第9—— 140
　ヒトパエル—— 245
　ヒフイル—— 245
型枠言語 443
ガッサーン族 43
活用体系改変共有言語の同祖原則 21
カナン語 16
カヌリ語 434, 475
カハターン語，族 52, 66
"gahawa"症候群 291, 296, 316
カメルーン 433
カラウィーン大学 394
『カリーラとディムナ』 116
カリグラフィ 97
カリフ・アブド=ル=マリク 97, 114, 123, 192
カリフ・ウスマーン 94
カリフ・ウマル 123
カリフ・ヒシャーム 114
カリフ・マアムーン 105, 117
カリフ・ムアーウィヤ 114
カルトヴェリ諸語 27
カルブ族 67
関係詞 204
　——ḏū 55
干渉
　古典アラビア語からの—— 223, 225
『カンティレナ』 414
ガンヌーシ 393
完璧 110
　——さにもとづく等級 109
完了形 31, 142
擬似動詞 153
基層言語 215
帰属意識 379, 386
キターブ(コーラン) 94
北アフリカ 194
擬態語 436
基底レベル 164
ギニア 480
キヌビ(ヌビ語) 460
規範 163, 231, 232, 235, 238, 248, 249, 256

基盤言語枠モデル 372
キプロス島 419
義務的音調曲線原則 135
疑問詞 208
　——の語順 217
　——接尾辞 *-man* 309
キヤース →類推
教育 357
　——程度 383
　——レベル 438
強勢 131
　——子音 20, 35, 131, 460
　——特徴の伝わり 132
共通特徴要素 29, 32
切り替え 369, 372, 428, 443
　文間—— 442
　文内—— 442
ギリシャ語 5, 473
ギリシャ文字 247
ギリシャ論理学 105
キリスト教徒 343
均整化 22, 30, 32, 383
キンダ王国 43
ギンディブ 41
クーファ市 261
クッターブ 114
グトム（不可解） 68, 191
句末形 51, 82, 83
　——*-ā* 83
クライシュ族 43
グラナダ大学 4
クリュニー修道院 4
クルド=アリー 345
クルド語 425
クレオール=アラビア語 459
クレオール語 448
　脱——化 449
「君主制」 396
「携帯電話」 268, 357
系統 18
系統関係 8, 23
形容詞
　関係—— 203, 489, 496
　複合—— 152
ゲエズ語 17, 22, 28
ゲニーザ文書群 242
権威 385
言語混合 404
言語的汚染 393
言語島，飛び地 413
言語二層状態（ダイグロシア） 71, 230, 366, 367
言語連続体 370
源泉資料 99
権利を有する 163
語彙 207, 263, 344
語彙創出の流れ 347
語彙体系 245
　——の拡充 346
コイネー →通用話体
広域的同一傾向（general trend） 210
行為者（ファーイル） 167
高位体 367
喉音説（laryngeal theory） 27

口語　13
広告　378
口語体　366
講談師　113
後置詞　488
公用語　123, 486
コーラン　50, 78, 91, 94, 468
——の明晰性　64
——朗誦　94, 165
第2(牝牛)章282節　93
第4(女)章90節　143
第7(高壁)章73節　44
第9(改悛)章3節　85, 87
第9(改悛)章97節　65
第20(ターハー)章63節　77
第20(ターハー)章133節　104
第43(装飾)章2〜3節　64
アマズィグ語訳　410
権威版　92
公式版　94
ゴーリウス　10
語幹　136
——母音　22
語境界線　267
語形変化論(タスリーフ)　161, 164
語形枠　135, 140, 418
新造語の産出に使ってよい——　349
語根　135, 165
——抽出　348, 416
——彫りだし　352
外来語——　348
——基盤型　416
3子音——　20
2子音——　138
——2子音起源説　139
語順　85, 206, 356, 431
指示詞や疑問詞の——　317
コダーマ=イブン=ジャアファル　121
言葉の腐蝕　208
言葉の乱れ　100
語尾
-iyy ——　141
-k- ——　67
-m ——　108
M ——　35
N ——(タヌウィーン)　35, 83, 96, 290, 435
-um ——　223
-w ——　48, 57
-y ——　48, 82
3人称複数——*-um*　314
女性——　29, 32, 52, 155, 204, 501
女性——*-h*　46
女性——*-t*　46
女性——*-a*　484
ゼロ——　57
双数——　57, 176
複数——　176, 483, 487
不定表示——　290
コプト語　193, 218
——の影響　215
コプト文字　248

コミュニティー方言 (ethnolect) 445
コモロ連合 478
コルドバ大学 4
混合 (code-mixing) 369
コンスタンティノープル 5

［さ行］

ザーイダ (補助子音) 173, 181
サアディヤ 244
サイーディー (→方言) 314
サイード=アクル 255
ザイド=イブン=サービト 94
サジァ体 115
ザジャル詩 112, 470
サダト大統領 379
ザッジャージー 101
サッダーム=フセイン 274
サバ
　——語 31
　——文字 52
　擬似——語 52
サファー語，碑文群 45, 46
ザマハシャリー 121
サムード語，碑文群 44
サルト市 383
ザンジバル島 477
サンスクリット語 491
散文
　——のモデル 99
　押韻—— 115
　初めてアラビア語—— 99
『散文批評』 121
詩 111
　イスラム以前の—— 91
　公式—— 111
　ザジャル—— 112, 470
　ストロペー型の—— 111
　ムワッシャハ—— 112, 240
　ラジャズ調 111
シーア派 296
子音連続 317, 325
シェイフ=キシュク 380
使役
　——形 204, 291
　——動詞 46
　——動詞接頭辞 *h-* 47
死海文書 17
歯間音 201, 282, 296, 299, 323, 420, 423, 429
指示詞 31
　女性——*tī* 55
指小形 29, 141
辞書編纂 100, 185
詩人語 81
ジズヤ (人頭税) 191
時制 31, 177, 457, 463
シチリア語 416
シドヤーク 344
ジブラルタル海峡 408
ジャーヒズ 122, 260
ジャウハリー 186
弱強韻律パターン 141
借用
　——動詞 443

——表現　350
アヴェスター語から　102
アラビア語から　479, 497
英語の動詞　438
エチオピア語から　103
ギリシャ語から　102, 420
サファー語から　103
シリア・アラム語から　102
前置詞　485
中世ペルシャ語から　102
動詞　404
パーレヴィー語から　102
ペルシャ語から　105
ベルベル語から　324
翻訳——　350
南アラビア語から　103
ラテン語から　102
ロマンス語から　471
借用語　347, 404, 482
——の発音　481
シャッダ符号　96
ジャッル（所有格）　167
ジャバルティー　338
ジャワ島　494
シャンマル族　280, 285
シュウービーヤ運動　124, 193
宗教による変移　384
宗教領域　380
集合名詞　28, 155
十字軍　4
修正
——間違い　89, 231, 237, 250
不完全——　231
不必要——　88, 231
自由変異　183
収斂　24
——説　210
樹形系統図　19
主語（ファーイル）　167
述語　106
受動　485
——形　313, 326, 329, 405
くぼみ動詞の——形　74
語幹内——形　203, 237, 291
ジュバ=アラビア語　458
受容と拡大適用　274
ジュルフム族　58
シュレーツァー　9
純血性　104
純粋主義　347, 482
小辞（ハルフ）　167
状態形　22
情報（ハバル）　167, 170
書簡の文体　115
叙述詞（コピュラ）　148
čān　307
所有格表示語　84, 211, 219, 235, 249, 265, 306, 421, 424, 435, 457, 462
所有句（＝イダーファ）　150, 167, 218, 501
——構造　358
所有表現　154
シリア　192

——語 17, 94, 192
——地域 26, 33
——平原 23
——文字 95, 247
自立分節音韻論 157
シルヴェストル=ド=サスィ 9
新解釈
アスペクト接頭辞として 458
動詞活用形 417
シンハラ語 454
スィーバワイヒ 75, 99, 109, 111, 166, 182
推定（タクディール） 164
ズィンミー（庇護民） 191
スウェーデン 441
数詞 480
スーダン 312, 474
スズメバチ問題 109
スペイン語 5, 37, 404, 439, 472
スューティー 103
スライム族 195, 280, 285
ズルーフ（時や場所の表現） 168
スワヒリ語 468, 477
スンニー派 296
性
——・数一致 149, 152
——一致の逆転現象 154
——の区別 203
聖カタリナ修道院 246
聖書学 7
聖書文献学 10
声調 456, 461, 476
性別 386
性別による変移 385
聖ミナス伝 249
声門化子音 20, 36
声門化子音説（Glottalic theory） 27
声門閉鎖音 75, 80, 201, 434
セヴェルス 194
セクション A 392
セサミ=ストリート 360
接触言語 213
接続詞
'an 207
'anna 250
'inna 77
接中辞 *-inn-* 296, 429
接頭辞 351
a- —— 213
gáy —— 457
kan- —— 420
nas- —— 462
sa- —— 328
1 人称単数の——*n-* 324
人称—— 20, 202, 459
未来—— 306, 308, 318
接尾辞
-an 435
-hin 430
-i（エザーフェ） 488
-i（関係形容詞） 496
-in 430
-u 463
直説法を表す—— 31

動詞の女性複数——*-na*　32
人称——　20, 22, 30
複数を表す——　29
接尾代名詞
——*-tu*　178
——*-w*　172
*-h-*の消失　203
-na　270
1 人称——　272
主語——　431
セム・ハム諸語　26
セム語　9, 138
——化　26
——の故地　20
セム諸語　16
中央——　32
南西——　28
北西——　31
南——　28, 29, 31
セム祖語　11, 19, 31, 33, 37
南西——　18
西——　18
北西——　18, 28
北東——　18
セム語比較文法概論　11
セルジューク朝　125
千一夜物語集　238
前置詞　167
造語　107
新——　349
双数形　203
擬似——　223
真性——　224
側面化音　37
側面破擦音　132
祖語
現代諸方言の共通——　211
ソコトラ語　24
ソラベ文書　481
反り舌音　469, 491

［た行］

ター=マルブータ　83, 155, 197, 501
ダーイー　451
ダードの言語　132, 183
ターハー　103
タァリーブ（アラビア語化）　348, 360, 399
ダーリジャ（方言，訛り）　367
対外国人話体　407, 450
ダイグロシア　→言語二層状態
大衆の訛り（ラハヌ=ル=アーンマ）　163, 197
大単語家族　187
タイマー=オアシス　44
代名詞
3 人称——　31
接尾——　31
『大洋の大洋』（ムヒート=ル=ムヒート）　344
タウフィーク=ル=ハキーム　252
タクディール　164
ダゲシュ符号　243
多元発生説　24, 212

タジク語　427
タジュウィード（コーラン朗誦）　165
タスリーフ（語形変化論）　161
『正しさ』　186
他動詞　168, 463
他動性　180
タドモル（パルミラ）　42, 48
タヌウィーン　→語尾（*N*——）
タヌーハ族　192
タバリー　120
タフヒーム（強勢化）　74, 184, 300
ダミー動詞　444, 476, 484, 489, 492
　qāma bi-　355
　sawa　426
　tamma　355
ダミエッタ=ルート　276, 314
タミル語　493, 497
多民族間共通語（リンガ=フランカ）　17, 21, 47, 451, 458, 475
タルタラ現象　77, 202, 236
ダワーグラ族　289
単一起源説　209
単語集　5
単純化（言語の，文法の）　358
段々畑　269
地域主義　379
知恵の館（バイト=ル=ヒクマ）　105, 117, 347
地図帳　266
チャガタイ語　490
チャド　433, 456, 480
『注釈書（*Tafsīr*）』　101
チュオ（*chuo*）　477
チュニジア　323, 392
チュルク語
　オグズ=——　125
　キプチャク=——　125
調音点　181
　——クラス　185
調査者の矛盾　264
通俗語　367
通用話体（コイネー）
　——化　277, 382
　軍隊——　210
　詩・コーランの——　81, 199
　詩の——　71, 81, 84
綴字法　82, 92
　確立　97
低位体　367
ディーワーン　97, 98, 114, 123
低位話体　222, 223
　——が消失　223
定冠詞　31, 32, 35, 245, 475, 496
　'am-　67
　'l-　43, 47, 57
　-ā　47
　al-　47
　h-　44, 45, 46
　hn-　45, 47
　l-　52
　後置される　47
ティグリニャ語　18
ティグレ語　18
定住民型（方言）　282

ティハーマ地方　270
ティフナグ文字　410
ティムール王　428
デーヴァナーガリー文字　491
デーリッゾール　278
テオドール=アブー=クッラ　247
テオフォリック名　48, 82
デダーン=オアシス　45
哲学　105
「デモ」　356
デルタ地方　270
テレビ局 LBCI　399
伝記集　247
伝承家　81
伝承者　119
　詩の――　93
トゥアレグ語　469
ドゥーマト=ル=ジャンダル市　44
同化（イッディガーム）　129
統語論　161, 166
動詞　167, 177
　――時制体系　31
　擬似――　153
　くぼみ――　179
　健全――　179
　弱――　179
　弱子音語根――　204
　二重子音――　204
動詞文　148, 170
統率　162, 358
　――語　164, 176
トゥルク語　456
都市型（方言）　279
図書館　114
飛び地，言語島　413
ドミニコ会　6
トルクメニスタン　428
トルコ　298
　――語　125, 341, 425, 486
トレド　470
　――陥落　4

［**な行**］

ナイジェリア　433
ナイル諸語　457
ナクル（伝承されてきた知識）　100
ナスブ（目的格）　167, 169
ナセル大統領　378
ナハウ（統語論）　161
ナハダ（アラブ民族意識の目覚め）　125, 343, 345, 361
ナバテア
　――王国　33, 42, 47
　――語　47
　――文字　53, 59
ナハト（語根の彫りだし）　352
ナポレオン　337
二言語併用　368, 390
ニコラウス=クレナルドゥス　7
入破音［ɓ］　469
人称活用
　接頭辞――　142
　接尾辞――　142
人称接頭辞　77, 202, 459

　——の母音　22, 77
　——母音　22, 283
　n-　269
ヌビ語(キヌビ)　450, 458, 459, 460, 474
ネゲブ　55, 59
ネッサナ文書群　98, 237
ネマーラ碑文　53, 65
ノア　9, 25
ノストラティック大語族　27
「蚤に噛まれた」症候群　79, 150

［は行］

バースィム物語　230, 232
パーレヴィー語　192, 467
パーレヴィー文字　469
バーレーン　294
バイト=ル=ヒクマ(知恵の館)　117, 347
配列
　アルファベット——　186
　脚韻——　186
ハウサ語　474
パウルス=アルヴァルス　470
パキスタン　491
『バグダード史』　119
ハサー碑文群　46
破擦音化　292
ハサヌ=ル=バスリー　115
バスラ人　261
派生
　——型　326
　——型動詞　145
　——母体　139
　大——　187
バッガーラ=ベルト地帯　433, 456
ハッサーン族　322
ハッジャージ　112
ハディース(預言者言行録)　119
ハティーブ=ル=バグダーディー　119
ハドラマウト　494
話し言葉　71
『花嫁の冠』　186
バハールナ人　294, 384
ハバル(情報)　167, 170
パピルス文書　88, 237
バビロニア語　16
　新——　16
ハム　25
ハムザ記号　69, 75, 96
ハム諸語　25
ハムダーニー　67, 109, 191
バラーズリー　98
ハリーリー　122
ハリール　96, 106, 181
ハリール=イブン=アハマド　185
ハルシューニー文書　247
ハルチャ(反復句)　240, 470
ハルフ(小辞)　167
パルミラ(タドモル)　42
　——語　48
　——征服　43
汎アラブ民族主義　379
バンバラ語　475

反復句（ハルチャ）　240, 470
ヒーラ市　58, 66, 102, 192
ピエトロ=カシャロ　414
比較言語学　12
東南アジア　494
ヒザーナ（書物保管所）　115
ビザンチン　3
ヒジャーズ地方　69, 280
ビシュミッズィーン村　300
ピジン・クレオール語化　449
ピジン語　448
　Pidgin Madame　453
　奥様——　453
　湾岸アジア人——　452
ピジン語化説　221, 449
ヒズボラの指導者ナスラッラー　379
筆記者　94, 98, 114
否定　463
　——詞　152
　　'in　79
　　lam　31, 377
　　lan　372, 377
　　mā　79
　　mā- -š　153, 372
　　mō　423
否定表現
　2つの要素からなる——　153
ヒムヤリー　414
ヒムヤル　43
　——語　67, 294
　——族　67
標準化　91, 98
標準語　11
病名　106
ヒラール族　195, 225, 273, 280, 285, 321
ファーイル（主語）　167
ファーリスィー　124
ファールスィー（新ペルシャ語）　125
ファイサル王　345
ファスィーハ（純粋なアラビア語）　86
ファッラー　78
フィエル（動詞）　167, 177
フィルザバーディー　186
フーゼスタン県　309
ブーメディエン大統領　396
フェニキア
　——語　16
　——文字　40
不均整活用体系の先行原則　21
複合語　352, 488
複数形　29, 441, 487
　語幹内——　28, 32, 141, 405, 484
　接尾辞　46
符号点　50, 95, 97, 126
フサハー（アラビア語の真の話者たち）　108
プサントレン（イスラム塾）　495
フスタート　194, 311
ブスターニー　344
フスハー　367
「復活の日」　104
不定冠詞　452

fal- 428
fat 430
waḥd 322
waḥəd 443
フナイン=イブン=イスハーク 106, 118
ブハラ州 427
プラークリット語 490
フラ語 480, 481
ブラジル=ポルトガル語 439
フラニ語 480
フランス 391
フランス=アラビア語 406, 442
フランス語 392, 399, 404
フリシウス 6
ブルギバ大統領 392
フルフルデ語 434, 475
フワーリズミー 473
文 170
分解型 84
文学 356
評価 122
文学的通俗体 239
文語体 366, 382
分詞 144
文体 121
——イメージ 377
——混合 369
——選択 373
——操作 377
——の変移 382, 385
文法 9
文法学 161
『文法学者たちへの反論』 358
文明化の使命 391
ベイルート 301
ベドウィン型 282
ベドウィン諸方言
西方—— 285
東方—— 284
ベドウィン人 262
——化 33, 42
ベドウェル 7
ペトラ 42
ペトルス(尊者——) 4
ペドロ=デ=アルカラ 5, 471
ヘブライ語 8, 16, 17, 28
現代—— 17
聖書—— 17
ミシュナ=—— 17
ヘブライ文字 242
ベヘーラ県 281
ヘルゴランド条約 477
ペルシャ語 124, 486, 490, 491, 495
新—— 125, 482
中世—— 192, 467
ベルベル語 196, 395, 407
——からの影響 213
ベルベル人 195
ベルベル勅令 409
ベン=エズラ会堂 242
ベンガル語 493
変形・生成文法 159
母音

——活用 137
——調和 72, 487
——点 96
——の名称 96
——符号 59, 94
ティベリア式—— 244
短—— 202, 325
——1つ 324
長—— 46, 184
動詞語幹—— 178
二重—— 46
法 82, 206
——語尾 207
——語尾の消失 219
方言
"*gilit*"—— 225, 274, 305
"*-k-*"—— 294
"*qəlt*"—— 427
"*qəltu*"—— 225, 298, 305, 419, 423
アナトリア諸—— 422
アニーザ諸—— 289
アルジェリア—— 264
ウズベキスタン—— 144, 212, 273
エジプト—— 381
エジプト諸—— 311
カイロ—— 319
上エジプト—— 320
カルトミーン—— 424
サイーディー—— 277
シーア派—— 294, 382
ジェイナウ—— 430
ジジェリ—— 213
シャンマル諸—— 289
シリア—— 206
シリア・レバノン諸—— 298
スクーラ—— 273, 327
スンニー派—— 205, 382
西方オアシス諸—— 274, 316
ダハラ東—— 268
タミーム—— 77
ダラギョズュ—— 425
ダワーグラ—— 316
中央シリア—— 299
チュニジア—— 383
定住民型—— 281
都市型—— 279
ナイジェリア—— 433
ネジド—— 290, 291
バーレーン—— 205, 294, 382
ハッサーニーヤ—— 195, 322, 324, 327
バハールナ諸—— 296
半島西部(諸)—— 72, 201, 293
半島東部(諸)—— 72, 201, 290
ヒジャーズ(諸)—— 75, 82, 290, 293
ヒラール族—— 322
ヒラール族以前—— 322
ファラフラ—— 268, 274, 316
フーゼスタン—— 310
ベドウィン型—— 279, 281, 282
マグレブ諸—— 321

マルディン―― 423
マロン派教徒キプロス―― 419
メソポタミア諸―― 304
モロッコ―― 253, 440
ユダヤ教徒バグダード―― 205
ラバト―― 273
ルワラ族―― 293
方言の音韻体系 201
方言の特徴要素
ベドウィン型―― 282
方向転換(volte-face) 409
ポール=ロワイヤル 9
誇り 278
保守的 279
補助子音(ザーイダ) 173, 181
ボップ 10
骨組み(CV-skeleton) 135
ホラーサーン地方 192, 428
翻訳 105, 118, 338
文語体に―― 379
「翻訳」説 71

[ま行]

マァキル部族連合 195, 322
マアナー(機能) 164, 165
マアナー(思想) 122
マアルーラ村 192, 215
マイーン王国 45
マイモニデス 242
マイヤーズ=スコットン 372
マウラー(改宗非アラブ) 87, 197
マカーマート文学 122
マグレブ諸国 438
マジュフール(有声音) 182
マスダル(動名詞) 151
マダガスカル語 481
マトン(本体) 120
マハディーの反乱 458, 459
マハムース(無声音) 182
マムルーク 125
マラケシュ市 273, 280
マリ文書 16
マルタ語 414, 415
『マルタ語の書』 415
マルタ島 196
マレー語 494
マロン派教徒 7, 397
マンダ語 17
未完了形 31, 142, 169
ミシガン州 438
南アラビア
――語 24, 37, 217
――語からの影響 216
――諸語 31, 33, 191
――文字 40
現代――諸語 17, 24, 40
古――諸語 40
碑文――諸語 17, 35, 40
南スーダン独立 459
未来接頭辞 306, 308, 318
民営化 356
民族主義 343
ムカーティル=イブン=スレイマーン 101

ムカッダスィー　261
ムジャーヒド　103
ムスタアリブーン　471
ムスハフ(コーラン)　94
無声音(マハムース)　182
ムダーレァ(未完了形)　169
ムタナッビー　111
ムダル族　261
ムハンマド=アブドゥフ　342
ムハンマド=アリー　337
ムブタダァ(開始語)　167, 170
ムルタダ=ッ=ザビーディー　186
ムワッシャハ詩　470
名詞(イスム)　166, 174
名詞文　148, 170
命令形　451, 452, 453, 462
メッカ　43
メディア説教師アムル=ハーレド　380
メディアの言語　401
メヘリ語　24, 191, 217
モーリタニア　195, 322, 450
文字
　アラビア——　59
　シリア——　59
　ナバテア——　59
モリスコ　5, 471
モロッコ　195, 394
文盲(ウンミー)　92

［や行］
ヤーズィジー　343
ヤペテ　25
融合性　84
ユースフ=ル=マグリビー　263
有声音(マジュフール)　182
優勢言語　372, 413
優勢言語仮説　255, 372
ユーモア　234
幽霊単語　107, 148
ユダヤ教徒　8, 242
用語
　現代言語学——　354
　コンピューター——　354
　サッカー——　353

［ら行］
ラクダの家畜化　42
ラジオ　253, 374, 375, 403
ラジャズ調　107, 111
ラテン語　473
ラテン語に翻訳　4
ラテン文字　255
ラハヌ=ル=アーンマ(大衆の訛り)　163, 197
ラハム朝　59
ラハン(訛り)　261
ラビ文書　17
ラフア(主格)　167, 169
ラフズ(表現法)　122
ラベヘ(アラブ商人の名)　455
「リウィシュ」　380
リッダ戦争　190
リヒヤーン

——碑文群　45
——文字　52
リンガ=フランカ　→多民族間共通語
類型　18
類似形　→ムダーレア
類推（キヤース）　163, 269, 340, 349, 358
語内——　349
ルガート（言葉の違い）　68, 71
レヴァント地方　7, 343
歴史言語学　10
レコンキスタ　5, 470
レバノン　397
——内戦　438
連結辞 *-in-*　212, 431

［わ行］

ワーキディー　93, 114
ワタン（祖国）　342
ワルシュ点　97, 469

訳者あとがき

本書を読んでどんな感想をおもちになっただろうか。私が十数年前にはじめてこの本を読んだときの感想は，アラビア語について，これほど多くのことを，よくも1冊に凝縮できたものだという驚きであった。アラビア語はどこから来たのか，7世紀に歴史に登場して以後，どのように広がり，変遷し，今の姿になり，そして今，どのように“ある”のかについて，あらゆる角度から解説されている。

本書は，ケース=フェルステーヘ先生（Kees Fersteegh）による『The Arabic Language 第2版』（2014年）の全訳である。じつは私が初版（1997年）の日本語訳を出版社に持ち込もうと決意したのが2011年で，ほぼ翻訳を終え，三省堂で出版の話が具体的に進み始めたころ，編集を担当してくださっている松田徹氏より，原著の第2版が刊行される予定との報が入り，あらためて第2版を翻訳することになった。さっそく著者フェルステーヘ先生に連絡を取り，第2版の新原稿を送ってくださるようにお願いしたところ，快く送ってくださった。第2版の原稿には，私が初版を読んで学んだ頃からの十数年間に進んだ研究の成果がつけ加わっており，アラビア語をめぐってどんな研究が進んでいるのかを目の前で見ているかのような印象だった。著者フェルステーヘ先生は，アラビア語のあらゆる方面に精通し，あらゆる研究をフォローしているので，このように生き生きとした研究史が書けたのだろう。

とくに，本書の主要なテーマの1つでもある，アラビア語の口語体と文語体という「言語二層状態」（ダイグロシア）の研究は，この十年で目覚ましい発展を遂げた。アラビア語は，日本に暮らす私たちにはなかなか想像しにくい“あり方”をしている。この十年の研究は，その社会の中で個々人が一回一回，どのような言葉を使っているかというミクロな“あり方”をとくに明らかにしてきた。本書はそれを，社会現象というマクロな“あり方”と合わせて，みごとにその全体像を描いて見せてくれている。アラビア語は，しばしば，難しい言語だと言われるが，その原因は，文法にあるのではなく，言語のこうした二層状態にある。会話は口語体によるが，読み書きするためには文語体の学習も避けては通れない。その“あり方”を，本書の中で具体的に垣間見ることができる。

口語体はまた，話される地域の広さと相まって，地域による方言差が大きく，アラビア諸語とでも呼ぶべきほどの違いがある。方言についての章では，各地の方言の現在の姿や，それぞれが歴史の中で形作られてきた過程を見ることができる。発音の違いと同時に，逆に，モロッコとシリアではなぜ発音が同じなのか，といった問題もそうした背景から説明される。また，古典アラビア語には「〜の」(英語の of) にあたる単語がないが，方言はどれもこの単語をもっている。問題は，その語源が方言ごとに別々で，形が違うことである。それまで存在しなかった単語について，同時多発的にその必要を感じたものの，それぞれの方言が独自に別々の語源から作ったのであろうか。アラビア語方言には，このような謎がいくつかある。これらの謎を解くべくさまざまな説明が提案されており，フェルステーヘ先生は「ピジン化」説を提案している。本書では，このような謎に対し，これまでだれが，どういう説を提案し，どういう反論がなされ，今どのような議論がなされているのかが，具体的に論文を引用しつつ紹介されている。

このような研究史的な書き方は，本書全体に一貫している。それぞれのテーマについて，あたかも最初からわかっていた“事実”であるかのように読者に示すのではなく，現在の知識や認識が，研究史の中に位置づけられているのである。読者は，本書の説明が当たり前の事実なのではなく，研究による成果であり，これからの研究によって変わっていくものであることを再認識する。ということは同時に，いまだに解明できていない部分についても浮き彫りにされてくる，ということである。これは，アラビア語の研究をこころざす者にとってたいへんよい道標になる。

ところで私たちがアラビア語の文法についてアラブ圏の人々に質問すると，聞いたことのない説明が返され，面食らうことがある。アラブ文法学者たちは文法に対して，ヨーロッパの文法学者や私たちとはまったく異なるとらえ方をしてきたのである。本書の著者は現代言語学の研究者でありながら，このアラブ伝統理論にも精通しており，両方の視点から説明してくれている。アラビア語に限ることではないが，伝統文法学を含めた，いろいろな視点から言葉を見なおすことの重要さを改めて思い知らされる。

本書初版の翻訳に携わる中で，原文に不明な部分や疑問点などがあり，東京外国語大学の大学院で私の指導教官であった恩師ロバート=ラトクリフ先生 (Robert Ratcliffe) にご相談したところ，著者フェルステーヘ先生と連絡を取ってくださり，著者に疑問点や指摘をお送りすることができた。ラトクリフ先生に感謝申し上げたい。また著者フェルステーヘ先生は，その1つ1つに丁寧に回答してくださった。おかげで原著の真意を正確に伝えられる翻訳になったと思っている。また，第2版には私の細部にわたる指摘も反映され，よりよい記述になった部分もあると自負している。さらに，出版前の第2版の原稿を快く送ってくださったおかげで，第2版の翻訳作業は通常よりはるかにスムーズに進んだ。フェルステーヘ先生には，すべての点で感謝を申し上げたい。

私が言語研究を始めたころに読んだこの名著の日本語訳を，これからアラビア語について知りたいと思っている読者の皆様に提供できることは，私の大きな喜びである。かなり専門的な内容にも触れているが，翻訳にあたってはできるかぎり専門用語を避け，言語学を学んでいない読者にもわかりやすくなるように工夫したつもりである。また，原著では本文で説明されていた例語などは表の形式で示し，見やすくした。

最後に，昨今，アラブ地域が注目されるようになってきたとはいえ，かなり専門的で特殊なテーマをもつ本書の翻訳出版を提案したときに，快く検討してくださった三省堂の柳百合氏，出版事情の厳しい中，本書の価値を認めて出版を決断してくださった三省堂，また，大部で，まだ読みにくかった初期の翻訳原稿の段階から細部にわたってチェックしてくださり，細かな矛盾点や訳語の食い違いなども指摘してくださった編集者の松田徹氏，さらには，ルビ形式の逐語訳など複雑な紙面づくりにとりくんでくださった白川俊氏に御礼を申し上げたい。

訳者 長渡陽一

［著 者］（「訳者あとがき」も参照）

ケース・フェルステーヘ（Kees Versteegh）

1947 年生まれのオランダ人言語学者・アラビア語学者。
オランダのラドバウド大学（ナイメーヘン）を卒業し，長く同大学でイスラム研究，アラビア語学研究に携わる。古代ギリシャ語のアラビア語への影響に関する研究で博士号を取得。現在，同大学名誉教授。
主要英文著書：
The Arabic Linguistic Tradition（Routledge, 1997）
The Arabic Language（Edinburgh University Press, 1997 本訳書初版）
Arabic Grammar and Qur'anic Exegesis in Early Islam（Brill, 1993）
Pidginization and Creolization. The Case of Arabic（John Benjamin, 1984）
など。
他に共著として，『アラビア語・オランダ語辞典』『オランダ語・アラビア語辞典』（Bulaag, 2003）などがある。

［訳 者］
長渡陽一（ながと・よういち）

1966年，東京生まれ。
東京外国語大学外国語学部アラビア語学科卒業。
東京外国語大学大学院修了。言語学博士。
現在：東京外国語大学，国際基督教大学，外務省研修所等の非常勤講師。
専攻：言語学，アラビア語学，朝鮮語学。
著書：NHK ラジオ アラビア語 2009年
『ニューエクスプレス エジプトアラビア語』(白水社，2011年)
『初級を卒業した人のための韓国語文法』(ナツメ社，2013年)

アラビア語の世界―歴史と現在―

2015年9月20日 第1刷発行
著　者　ケース・フェルステーヘ
訳　者　長渡 陽一
発行者　株式会社　三　省　堂　　代表者　北口 克彦
印刷者　三省堂印刷株式会社
発行所　株式会社　三　省　堂
〒101–8371　東京都千代田区三崎町二丁目22番14号
電話　編集 (03) 3230–9411，営業 (03) 3230–9412
振替口座 00160–5–54300
http://www.sansedo.co.jp/

ISBN978-4-385-36316-5

〈アラビア語・616pp.〉